我的大学我来选

主　编　暴岗山　千志勇

河南大学出版社
HENAN UNIVERSITY PRESS
·郑州·

图书在版编目（CIP）数据

我的大学我来选 / 暴岗山，千志勇主编 . -- 郑州：河南大学出版社，2023.12（2024.3 重印）

ISBN 978-7-5649-5701-8

Ⅰ . ①我… Ⅱ . ①暴… ②千… Ⅲ . ①高等学校 – 招生 – 介绍 – 河南 Ⅳ . ① G647.32

中国国家版本馆 CIP 数据核字 (2023) 第 231731 号

我的大学我来选
WO DE DAXUE WO LAI XUAN

责任编辑　陈　巧
责任校对　孙增科
装帧设计　郭　灿

出版发行　河南大学出版社
地址：郑州市郑东新区商务外环中华大厦 2401 号
邮编：450046
电话：0371-86059750（高等教育与职业教育出版中心）
0371-86059701（营销部）
网址：hupress.henu.edu.cn
印　　刷　河南文华印务有限公司
版　　次　2023 年 12 月第 1 版
印　　次　2024 年 3 月第 2 次印刷
开　　本　890 mm × 1240 mm　1/16
印　　张　28
字　　数　907 千字
定　　价　99.00 元

本书编委会

主　编　暴岗山　千志勇

副主编　白光庆　刁文涛　付晴晴　刘成海（郑州大学）
王锦杰　王　婕　姚　鹏　余　菲

编　委　艾传伟　陈高振　黄瑶咪　姜合民　李浩冰
李克克　梁书琴　刘　玲　马占波　苗倩雯
牛巧梅　庞　潞　彭贵兴　孙梁琦　仝燕子
王海明　温新源　薛磊博　杨新茂　于　洋
张　莹

目　录

第一章 河南省普通高校招生政策解读

第一节 河南省2023年普通高校招生录取控制分数线

河南省2023年普通高校招生录取控制分数线(见表1-1)。

表1-1 河南省2023年普通高校招生录取控制分数线

<table>
<tr><th rowspan="2">类别</th><th rowspan="2">录取批次</th><th colspan="2">文化分数线(分)</th><th rowspan="2">专业分数线(分)</th></tr>
<tr><th>文科</th><th>理科</th></tr>
<tr><td rowspan="3">普通类</td><td>本科一批</td><td>547</td><td>514</td><td>—</td></tr>
<tr><td>本科二批</td><td>465</td><td>409</td><td>—</td></tr>
<tr><td>高职高专批</td><td>185</td><td>185</td><td>—</td></tr>
<tr><td rowspan="2">体育类</td><td>本科</td><td>389</td><td>361</td><td>115</td></tr>
<tr><td>专科</td><td>185</td><td>195</td><td>105</td></tr>
</table>

<table>
<tr><td rowspan="11">艺术类</td><td colspan="2">专业考试类别</td><td>本科A段</td><td>本科B段</td><td>专科</td><td>本科A段</td><td>本科B段</td><td>专科</td></tr>
<tr><td rowspan="8">全省统一组织的专业考试类</td><td>美术类</td><td>370</td><td>358</td><td>165</td><td>216</td><td>200</td><td>182</td></tr>
<tr><td>音乐类</td><td>368</td><td>354</td><td>165</td><td>160</td><td>155</td><td>130</td></tr>
<tr><td>艺术舞蹈类</td><td>328</td><td>321</td><td>165</td><td>162</td><td>155</td><td>140</td></tr>
<tr><td>国际标准舞类</td><td>328</td><td>321</td><td>165</td><td>162</td><td>156</td><td>140</td></tr>
<tr><td>播音与主持类</td><td>405</td><td>385</td><td>165</td><td>305</td><td>294</td><td>268</td></tr>
<tr><td>表演类</td><td>358</td><td>340</td><td>165</td><td>166</td><td>163</td><td>145</td></tr>
<tr><td>编导制作类</td><td>405</td><td>385</td><td>165</td><td>141</td><td>134</td><td>115</td></tr>
<tr><td>书法类</td><td>370</td><td>358</td><td>165</td><td>226</td><td>217</td><td>185</td></tr>
<tr><td colspan="2">招生学校单独组织的专业考试类</td><td colspan="3">339</td><td colspan="3">达到省统考专业合格线并达到学校划定的校考合格线</td></tr>
</table>

备注:1. 国家专项计划批和地方专项计划批执行本科一批分数线,专科提前批执行高职高专批分数线;

2. 艺术类文、理科执行相同分数线,艺术本科提前批执行艺术本科A段分数线。

第二节　河南省2023年普通高等学校招生工作规定

为做好2023年普通高等学校（以下简称高校）招生工作，保障高校选拔符合培养要求的新生，根据有关文件精神，制定本规定。

高校招生工作应贯彻公平竞争、公正选拔、公开透明的原则，德智体美劳全面考核、综合评价、择优录取新生。

一、报名

1. 符合下列条件的人员，可以申请报名：

（1）遵守中华人民共和国宪法和法律；

（2）高级中等教育学校毕业或具有同等学力；

（3）身体状况符合相关要求。

2. 下列人员不得报名：

（1）具有普通高等学历教育资格的高校在校生，或已被普通高校录取并保留入学资格的学生；

（2）高级中等教育学校非应届毕业的在校生；

（3）在高级中等教育阶段非应届毕业年份以弄虚作假手段报名并违规参加普通高校招生考试（包括全国统考、省级统考和高校单独组织的招生考试，以下简称高考）的应届毕业生；

（4）因违反国家教育考试规定，被给予暂停参加高考处理且在停考期内的人员；

（5）因触犯刑法已被有关部门采取强制措施或正在服刑者，其中，未成年人按相关法律规定执行。

3. 报名办法：

《按照河南省教育考试院关于做好2023年普通高校招生报名工作的通知》（豫考院〔2022〕29号）文件要求办理。

二、考生电子档案

1. 考生电子档案是高校录取新生的主要依据。考生电子档案内容主要包括考生基本信息、思想政治品德考核鉴定或评语、高中学业水平考试成绩和反映学生综合素质的材料、体检信息、志愿信息、高考成绩信息、考生参加高校招生及有关考试的诚信记录（主要指高校招生考试、高中学业水平考试过程中违规的简要事实、处理结果，以及往年被录取的事实）等内容。考生电子档案数据要确保真实准确、图像规范，且与考生报名登记表、体检表、报考学校（专业）志愿表等纸介质材料相对应部分的内容一致。

2. 各级招生考试机构要完善信息采集、确认、比对校验等办法，建立健全相应的管理制度，确保考生相关信息的完整、准确、安全，确保考生电子档案与纸介质表或相应信息数据库内容一致。

3. 省教育考试院按教育部规定的格式建立考生电子档案库。切实加强考生电子档案管理，电子档案库一经建立，任何人不得擅自更改。

三、思想政治品德考核

1. 思想政治品德考核主要是考核考生本人的现实表现。

考生所在学校或单位应对考生的政治态度、思想品德作出全面鉴定，并对其真实性负责。无就读学校或工作单位的考生原则上由所属的乡镇、街道办事处鉴定。鉴定内容应完整、准确地反映在考生报名登记表中。

2. 考生有下列情形之一且未能提供对错误的认识及改正错误的现实表现等证明材料的，应认定为思想政治品德考核不合格：

（1）有反对宪法所确定的基本原则的言行或参加邪教组织，情节严重的；

（2）触犯刑法、治安管理处罚法，受到刑事处罚或治安管理处罚且情节严重、性质恶劣，尚在处罚期内的。

四、身体健康状况检查

1. 报考高校的所有考生均须参加身体健康状况检查(以下简称体检),如实填写本人的既往病史。体检标准按教育部、原卫生部、中国残疾人联合会印发的《普通高等学校招生体检工作指导意见》和人力资源社会保障部、教育部、原卫生部《关于进一步规范入学和就业体检项目维护乙肝表面抗原携带者入学和就业权利的通知》等有关要求执行。考生如因身体等特殊原因,无法参加特定项目检查时,须出具体检医院相应材料。

2. 体检工作由县级以上招生考试机构和卫生健康行政部门组织实施。考生的体检须在指定的二级甲等以上医院或相应的医疗单位进行。主检医师应由具有副主任医师以上职称、责任心强的医生担任。主检医院或相应的医疗单位须按有关要求对考生身体健康状况作出相应的、规范准确的体检结论,并对其真实性负责。体检结论由主检医师审核签字并加盖体检医院(医疗单位)公章方为有效。体检结论于体检结束后告知考生,并由其本人确认签字。非指定的医疗机构为考生做出的体检结论无效。

我省指定河南省人民医院为终检医院,省教育考试院负责协调终检医院对有关方面有异议的体检结论做出最终裁定。

3. 高校在《普通高等学校招生体检工作指导意见》等有关要求的基础上,可根据本校的办学条件和专业培养要求,提出对考生身体健康状况的补充要求。补充要求必须合法、合理,有详细的说明和解释,并在招生章程中向社会公布。

五、考试

1. 教育部授权教育部教育考试院、省级招生考试委员会或高校承担高校招生考试有关工作。

2. 全国统考(含分省命题,下同)、省级统考试题的命制和参考答案、评分参考(指南)的制订,分别由教育部教育考试院、有关省级招生考试委员会负责。教育部授权有关高校自行命题的,按教育部有关规定办理。各级招生考试机构和高校要按照有关要求,结合本省本校实际,为残疾人平等报名参加考试提供合理便利。

3. 全国统考、省级统考及高校自行命制的试题(包括副题、参考答案)、评分参考(指南)等应按照教育工作国家秘密范围的有关规定严格管理。

4. 各级招生考试委员会和有关高校均须按国家规定加强安全保密设施建设,完善安全保密规章制度,采取有效措施加强监督和检查,建立健全应急处置机制、值班制度和第一时间报告制度,确保安全保密工作万无一失。一旦发生失(泄)密事件,事发单位须在第一时间直接报省教育考试院,并立即采取有效措施,防止失(泄)密范围的进一步扩大。省教育考试院接到报告后须立即报省招生考试委员会和教育部。

5. 我省高考科目设置为“3+文科综合/理科综合”。“3”为语文、数学(分文科数学、理科数学)、外语(含听力),是考生必考科目;文科综合(包括政治、历史、地理)和理科综合(包括物理、化学、生物),由考生根据本人情况选考其一。“文科综合/理科综合”每科满分为 300 分,其他各科满分均为 150 分,总分满分为 750 分。

报考体育、艺术类专业的考生,除参加文化科目考试外,还须通过相应的专业考试,专业考试由省教育考试院和相关高校组织安排。

6. 全国统考科目中的外语分英语、俄语、日语、法语、德语、西班牙语等 6 个语种,由考生任选其中一个语种参加考试。我省外语考试使用教育部教育考试院统一命制的含有听力的试卷(其中笔试部分 120 分,听力部分 30 分),考生听力部分的测试成绩不计入总分,作为单列的一项成绩在投档时提供给高校参考;非听力部分 120 分换算为 150 分,换算办法:按考生非听力部分的卷面成绩乘以 1.25,换算为外语科目成绩。

我省今年暂不组织报考外语专业考生的口试工作。

7. 全国统考于 6 月 7、8 日举行,具体安排见表 1-2:

表 1-2　2023 年全国统考科目及时间安排

日期	时间	科目
6 月 7 日	9:00—11:30	语文
	15:00—17:00	数学
6 月 8 日	9:00—11:30	文科综合/理科综合
	15:00—17:00	外语

8. 考试必须在国家教育考试标准化考点举行。考点应设在县级以上人民政府所在地。若因特殊情况需要在县级人民政府所在地以外增设考点，须报经省教育考试院批准。教育部授权有关高校组织的考试一般在标准化考点举行，确需安排在室外或其他场所的，应配备身份识别、防作弊和考试监控等功能设备。考务工作按照教育部及我省的有关考务管理规定执行。

9. 全国统考所有科目均实行网上评卷。省教育考试院严格按照网上评卷有关工作要求和办法负责组织实施评卷工作，加强评卷工作人员管理，确保评卷过程安全、结果准确。高校有责任承担评卷工作任务。考试结束后，各地须配合做好考试内容改革的宣传工作，发挥高考的育人功能和积极导向作用，并按有关要求及时、准确上报有关考试信息。

10. 省教育考试院通过普通高招考生服务平台只读邮件向考生发送电子成绩单。考生也可在省教育考试院公布的网站上查询本人成绩。除教育部规定的特定事项外，只能将考生的高考成绩信息提供给考生本人及有关投档高校，不得向考生所在中学及其他任何单位和个人提供。严禁公布、宣传、炒作或变相炒作高考“状元”“升学率”“上线率”等内容。

11. 考生对成绩有疑问的，可在规定的时间内到报考所在地的县（市、区）招生考试机构登记申请成绩复核。复核工作由招生考试机构组织进行，主要检查答题卡信息是否与考生本人一致、是否漏评、小题得分是否漏统、各小题得分合成后是否存在差错，是否与公布的考生成绩一致，不复核评分宽严。复核结果由当地招生考试机构以适当方式及时通知考生。

12. 考生答题卡由省教育考试院按国家秘密级事项管理保存至考试成绩发布后半年，保管期满按秘密级材料处理办法集中销毁。未经省教育考试院批准，任何人不得接触考生答题卡。考生答题卡扫描图像、评卷信息等考试信息按国家秘密级事项管理。

六、招生章程

1. 高校依据《中华人民共和国教育法》《中华人民共和国高等教育法》和教育部及我省有关规定制订本校的招生章程。

高校的招生章程是高校向社会公布有关招生信息的必要形式，其内容必须合法、真实、准确、表述规范，经主管部门依据国家有关法律和招生政策规定核定后方能向社会公布。招生章程一经公布，不得擅自更改，如有补充说明，应及时向社会公布并报有关省级招生考试机构。各高校在招生宣传（广告）中要准确描述本校的办学类型、层次、学费，使用与办学许可证或批准文件相一致的学校名称，不得使用简称，国家另有规定的除外。学校法定代表人应对本校招生章程及有关宣传材料的真实性负责。高校依据招生章程开展招生工作。

各高校要按照省教育厅要求，将招生章程上传至“河南省普通高校招生章程核定系统”（网址：http://zszcba.haedu.gov.cn）进行核定，并在教育部规定时间内将省教育厅核定通过的招生章程上传至中国高等教育学生信息网（https://gaokao.chsi.com.cn）“阳光高考”招生信息发布及管理平台（以下简称“阳光高考”平台）。

2. 高校招生章程主要内容包括：高校全称、校址（涉及分校、校区等均须注明），层次（本科、专科），办学类型（如普通或成人高校、公办或民办高校或独立学院、高等专科学校或高等职业技术学校等），招生计划分配的原则和办法，预留计划数及使用原则，专业教学培养使用的外语语种，身体健康状况要求，进档考生的录取规则（如对考生加分成绩的使用、投档成绩相同考生的处理、进档考生的专业安排办法及专业调剂录取办法等)，学费和住宿费标准，学生资助政策及有关程序，颁发学历证书的学校名称及证书种类及其他信息，联系电话、网址，以及其他须知等。

高校制定的特殊类型招生办法须符合教育部及生源省份相关规定，且不得与本校招生章程内容相违背。高校特殊类型考试工作方案和招生办法经学校党委常委会研究确定后，报省教育厅核定。

3. 高校应在规定的时间内，及时将经主管部门核定的招生章程在本校网站公布，并通过“河南省普通高校招生计划网上核对系统”填报本校公布招生章程的网址，省教育考试院汇总并向社会及考生公布高校招生计划时一并公布高校网址。河南省教育考试院网站(http://www.haeea.cn)、河南招生考试信息网(http://www.heao.com.cn)链接教育部“阳光高考”平台，以便考生查阅高校招生章程。高校未按时在“阳光高考”平台传送招生章程或其内容不全、未经高校主管部门核定、与国家及我省规定不符而产生的有关问题，由招生学校负责处理。

七、填报志愿

1. 志愿分批

(1)本科(非艺术类)志愿分为本科提前批(含体育、军队、公安、司法、地方公费师范生及其他有特殊要求的本科专业，公安、司法专科专业随该批录取)、国家专项计划本科批、本科一批、地方专项计划本科批、本科二批。本科提前批各类不得兼报，考生只能选报其中一类。

(2)艺术类本科分艺术本科提前批、艺术本科 A 段、艺术本科 B 段。

艺术类本科与非艺术类的本科批次录取同时进行，与非艺术类的本科提前批不能兼报，其他批次如出现兼报，按照各批次投档录取时间顺序进行投档。

(3)专科层次分专科提前批和高职高专批。专科提前批包括艺术、体育、定向培养军士、空乘、航海、医学、师范等专科，各类别不得兼报。

2. 志愿设置

(1)本科提前批(除体育类、地方公费师范生外)、专科提前批(除艺术、体育类和地方公费师范生外)，第一志愿可填报 1 个高校志愿，第二志愿为平行志愿，可填报 1—4 个高校志愿，每个志愿可填报 1—5 个专业和是否同意调剂专业。

本科提前批和专科提前批的地方公费师范生实行平行志愿，“1 个院校+1 个专业+1 个设岗县(市、区)”为 1 个志愿，每批次设 12 个志愿，不设志愿调剂。

(2)国家专项计划本科批、本科一批、地方专项计划本科批、本科二批和高职高专批均实行平行志愿；每批均可填报 1—12 个高校志愿；每个高校志愿可填报 1—5 个专业和是否同意调剂专业。

(3)艺术类各批次志愿设置按艺术类招生文件执行。

(4)体育类专业各批次均实行平行志愿，“1 个院校+1 个专业”为 1 个志愿，每批次设 12 个志愿，不设志愿调剂。

(5)设军队招收飞行学员(简称“招飞”)志愿，考生可填报 1 个高校志愿和 1 个专业志愿，海、空军招飞全面检测合格的考生方可填报。

(6)设特殊类型招生志愿(包括高校专项计划、高水平艺术团、高水平运动队招生)，考生可填报 1 个高校志愿，每个高校可填报 1—5 个专业和是否同意调剂专业。已取得相应资格的考生，可在以上 3 类中选报 1 类，不得兼报。

(7)在相应批次设民族预科班志愿，考生可填报 1 个志愿。经审核、公示合格的少数民族考生方可填报。

(8)定向就业招生专业在平行志愿批次须填报在相应批次所规定的定向志愿栏中；在设有第一志愿的顺序志愿批次中，定向就业招生专业填在相应批次的第一院校志愿栏中。学生录取为定向生后，入学报到前应与培养学校和定向就业单位签订定向就业协议。填报定向西藏志愿的考生在志愿填报截止后按要求递交定向西藏就业承诺书。填报地方公费师范生志愿的考生，录取时须按照有关规定签订相关协议，入学时凭录取通知书和定向就业意向书报到。

3. 志愿填报时间

考生志愿在网上填报，分三次进行：

(1)6月26日8:00—28日18:00。填报：军队招飞、本科提前批（公安、司法专科随该批）、国家专项计划本科批、艺术本科提前批、对口招生（本、专科）志愿；

(2)6月30日8:00—7月2日18:00。填报：艺术本科A段、艺术本科B段、特殊类型招生、本科一批、地方专项计划本科批、本科二批志愿；

(3)7月4日8:00—6日18:00。填报：专科提前批和高职高专批志愿。

4. 志愿填报要求

(1)考生必须在规定时间内严格按要求和规定程序完成志愿填报并保存，逾期不予补报。在规定的截止期前允许有2次修改，此后将无法更改。

(2)考生网上填报志愿完成提交后，即视为与高校之间的志愿约定生效，录取时不得擅自放弃；考生的志愿信息任何人不得改动，否则，将依法依纪严肃追究有关人员的责任。县（市、区）招生考试机构依据考生网上保存的志愿信息打印出志愿表并加盖公章后存入考生档案。

(3)考生填报志愿前应认真阅读有关高校招生章程、网上填报志愿的说明，依据省教育考试院公布的招生专业计划，按有关规定和要求填报学校和专业志愿，并对所填报志愿的真实性和准确性承担责任。志愿须由考生本人填报，家长、老师、同学及其他任何人不得代替考生填报。考生应妥善保管登录密码等个人信息，因考生本人填报疏漏或失误或未按规定程序操作造成的后果，由考生本人承担责任。

5. 各级招生考试机构和高级中等教育学校要组织力量，加强对考生志愿填报的政策解读和技术指导。考生填报志愿结束前各级招生考试机构不得将考生高考成绩提供给高校。

6. 对生源不足的高校进行网上征集志愿。未被录取且符合征集条件的考生可以重新填报志愿。

八、录取

1. 高校录取新生工作在省招生考试委员会领导下，由省教育考试院组织实施，实行计算机远程网上录取。各高校应在校内采取远程异地方式开展录取工作。录取期间，高校和省教育考试院要保证相互通信联络的畅通。

2. 高校和省教育考试院按照“学校负责、招办监督”的原则实施新生录取工作。高校应按照向社会公布的招生章程中的录取规则进行录取，并将普通高中学业水平考试成绩和综合素质评价结果作为学校招生录取时的重要参考。对思想政治品德考核合格、身体健康状况符合相关专业培养要求、投档成绩达到同批录取控制分数线并符合学校调档要求的考生，是否录取以及所录取的专业由高校自行确定，高校负责对已投档但未被录取考生的退档原因做出解释，高校不得超计划录取。省教育考试院负责监督在本地区招生高校执行国家招生政策、招生计划情况，纠正违反国家招生政策、规定和违背录取规则等行为。

3. 高校录取新生要按照远程网上录取的规定程序，按时完成调档、阅档、审核、预录取、退档等各环节工作，保证考生电子档案正常流转和录取工作顺利进行。对超过时间未按要求完成相关环节工作的高校，省教育考试院应主动与之沟通，对无故拒绝联系或故意拖延时间的高校，省教育考试院可根据所发出的考生电子档案按照该高校计划数及录取规则将考生电子档案设置为预录取状态，同时立即书面通知该高校，并将有关情况上报教育部备案。

4. 同一高校、同一学历层次、同一招生类型的招生计划在同一省（区、市）原则上应安排在同一批次录取。高校中外合作办学专业须与高校在同一地区招生的其他专业安排在同一批次录取。除军事、公安、飞行学员、公费师范生、优师专项、农村订单定向医学生、部分艺术体育专业、航海类等艰苦专业、全国重点马克思主义学院的马克思主义理论专业以及其他经教育部批准的特殊高校（专业）、有关高校综合评价招生等教育部规定可安排在提前批次录取的情况外，其余高校和专业一律不得安排在提前批次录取。高校相关专业的录取批次安排与上一年度有变化的，省教育考试院应事先与高校沟通协商。

5. 录取工作分批进行，依次为本科提前批、国家专项计划本科批、本科一批、地方专项计划本科批、本科二批、专科提前批和高职高专批。

（1）强基计划在录取工作全面开始前按照高校提供的拟录取名单办理录取手续。

（2）军队招飞安排在本科提前批之前录取。如军队招飞未被录取，考生仍可参加提前录取批次的军队、公安、司法、民航等院校的录取。

（3）本科提前批录取的院校或专业为：体育类、军队院校、公安类（本、专科专业）、司法类（本、专科专业）、飞行学员、航海类本科专业、国家公费师范生、国家优师专项、地方公费师范生本科专业、免费医学定向就业类、全国重点马克思主义学院的马克思主义理论专业，经批准实行综合评价模式招生等教育部规定可安排在提前批次录取的高校或专业。

（4）国家专项计划本科批安排在本科提前批结束后、本科一批开始前录取；地方专项计划本科批安排在本科一批结束后、本科二批开始前录取；特殊类型招生志愿在本科一批之前投档录取。

（5）本科一批录取的院校或专业为："双一流"建设高校和经我省批准的高校本科专业。

（6）本科二批录取的院校或专业为：除参加本科提前批和本科一批录取的院校和专业之外的其他高校本科专业。

（7）专科提前批录取的院校或专业为：有特殊要求的专科专业。

（8）高职高专批录取的院校或专业为：其他无特殊要求的普通类专科专业。

6. 艺术类本科录取依次为艺术本科提前批、艺术本科 A 段、艺术本科 B 段。原则上，经教育部批准的独立设置的本科艺术院校（含部分艺术类本科专业参照执行的高校）、可不编制分省计划的高校以及"双一流"建设高校的艺术类本科专业参加艺术本科提前批录取；艺术本科提前批以外的公办高校和经我省批准的高校的艺术类本科专业参加艺术本科 A 段录取；独立学院、民办院校的艺术类本科专业参加艺术本科 B 段录取。

7. 省招生考试委员会根据各录取批次招生计划数和考生的统考成绩，按文、理科分别划定各批次录取控制分数线，并分别划定艺术及体育类本、专科专业录取控制分数线和文化录取控制分数线。

国家专项计划本科批和地方专项计划本科批均执行本科一批分数线。

8. 在投档成绩达到同批录取控制分数线的考生中，省教育考试院根据投档规则，向高校投放考生电子档案。

9. 本科提前批的军队、公安及其他有特殊要求的普通类院校（非艺术、体育类）第一志愿批量投档比例，一般省外普通高校按不超过招生计划数的 120%确定，省内高校和军队院校不超过招生计划数的 110%，后续补充投档按计划余额 1∶1投档。

10. 国家专项计划本科批、本科一批、地方专项计划本科批、本科二批和高职高专批、本科提前批和专科提前批的地方公费师范生实行平行志愿投档，投档原则为"分数优先，遵循志愿，一轮投档"。即：由高考成绩总分加上照顾政策分值后生成排序成绩（成绩相同的考生，依次按语文、数学、外语听力成绩排序），按排序成绩分科类从高分到低分排定位次，然后按位次优先的原则，根据考生平行志愿的自然顺序从前到后进行检索，一经检索到计划未满额的学校，即向该校投档。

本科一批、本科二批在正式投档前进行模拟投档，省教育考试院按计划数 105%以内适当比例向高校提供上线生源情况，高校应根据本校计划和生源分布情况，合理提出调档比例意见，省教育考试院根据高校调档比例意见进行模拟投档。高校根据模拟投档情况在正式投档前完成计划调整，调档比例原则上控制在105%以内，并确保符合录取规则的调档考生能够录取。省教育考试院根据高校最终确定的调档比例进行正式投档。

平行志愿一次性投档录取后，未录满的计划向社会公布征集志愿。对计划余额不大的高校，在原分数线上征集；对计划余额大的高校征集志愿时视情况降分备档。征集志愿后线上生源仍不足的，降分投档，降分幅度一般不超过 20 分。当次征集志愿的计划只按考生当次所报的征集志愿投档。征集志愿平行志愿投档后，根据计划余额和生源情况进行补档。

艺术类平行志愿投档办法按艺术类招生文件执行。

体育类平行志愿投档办法按体育类招生文件执行。

11. 特殊类型招生志愿投档时，根据入选资格考生（含高校专项计划、高水平运动队和高水平艺术团）高考成绩总分、高校给予的优惠分值和高校模拟投档线进行投档。

12. 除军事、国防和公共安全等部分特殊院校(专业)外,高校不得规定男女生录取比例,不得对报考非外国语言文学类专业的考生作统考外语语种限制,不得在国家政策规定外作其他限制。

13. 有下列情形之一的考生,可在统考成绩总分基础上加 20 分投档;达到高校投档条件的,由高校审查决定是否录取:

(1)烈士子女;

(2)在服役期间荣立二等功以上或被战区(原大军区)以上单位授予荣誉称号的退役军人。

14. 下列考生可在统考成绩总分基础上加 10 分投档,达到高校投档条件的,由高校审查决定是否录取:

(1)自主就业的退役士兵;

(2)归侨、华侨子女、归侨子女、侨眷和台湾省籍(含台湾户籍)考生。

15. 少数民族考生可在统考成绩总分基础上加 5 分投档,达到高校投档条件的,由高校审查决定是否录取。

16. 第 45 条、第 46 条、第 47 条加分规定不累加计算,即同一考生如符合多项增加分数投档条件的,只能取其中幅度最大的一项分值,且不得超过 20 分。符合以上加分规定的考生,须经过本人申报,省、省辖市、县(市、区)招生考试机构及有关部门审核并逐级公示后方予认可。高级中等教育学校还须按有关规定公示到考生所在班级。未经公示的考生及其加分项目、分值不得计入投档成绩并使用。各有关部门和学校要认真落实《河南省教育厅等六部门关于印发河南省进一步调整和规范高考加分工作的实施方案的通知》(豫教学〔2021〕116 号)的要求,认真做好考生资格审核工作。

17. 平时荣获二等功或者战时荣获三等功以上奖励的军人的子女,一至四级残疾军人的子女,因公牺牲军人的子女,驻国家确定的三类以上艰苦边远地区和西藏自治区,解放军总部划定的二类以上岛屿工作累计满 20 年军人的子女,在国家确定的四类以上艰苦边远地区或者解放军总部划定的特类岛屿工作累计满 10 年的军人的子女,在飞或停飞不满 1 年或达到飞行最高年限空勤军人的子女,从事舰艇工作满 20 年军人的子女,在航天和涉核岗位工作累计满 15 年的军人的子女,参加全国统考录取并达到有关高校投档要求的,应予以优先录取。

公安烈士、公安英模和因公牺牲、一级至四级因公伤残公安民警子女参加全国统考录取的,按照《公安部教育部关于进一步加强和改进公安英烈和因公牺牲伤残公安民警子女教育优待工作的通知》(公政治〔2018〕27 号)的有关规定执行。国家综合性消防救援队伍人员及其子女参加全国统考录取的,参照军人有关优待政策执行。退出部队现役的考生、残疾人民警察参加全国统考录取并达到有关高校投档要求的,在与其他考生同等条件下优先录取。经共青团中央青年志愿者守信联合激励系统认定获得 5A 级青年志愿者的以及农村户籍的独生子女参加全国统考录取,并达到有关高校投档要求的,在与其他考生同等条件下优先录取。

18. 定向就业招生计划在本校调档分数线上不能完成计划的,可在本校调档分数线下 20 分以内、同批录取控制分数线以上补充投档,定向西藏的可在本校调档分数线下 40 分以内补充投档。高校根据考生定向志愿择优录取。经降分仍未完成的定向就业招生计划,在实行平行志愿的批次,根据计划余额征集志愿或就地转为非定向就业招生计划后征集志愿,非平行志愿批次则就地转为非定向就业招生计划执行。

地方公费师范生、免费医学定向就业类等有特殊要求的,按有关规定执行。

19. 民族预科班招生随高校相应的批次录取。本科预科班、专科预科班、民族班录取分数线分别不得低于所在批次有关高校提档分数线以下 80 分、60 分、40 分。我省高校如果生源不足,剩余计划全省统一调整使用。

20. 对各批(不含艺术、体育等提前批)第一志愿填报农、林院校的考生,以及报考军队院校航空飞行与指挥专业的检测与政审合格考生,如生源不足,可在录取控制分数线下 20 分内投档。

省外农林院校对此项规定是否认可,须在报送生源计划时明确意见,我省将随生源计划一并向社会公布。

21. 高校及其主管部门要切实加强对调整计划使用的管理和监督。高校应集体研究决定本校调整计划的使用原则，调整计划应安排在生源人数多、质量好的省（区、市）使用。要加强招生录取工作的档案管理，招生计划调整等重要决策要做好会议研究的记录和归档工作。省教育考试院根据高校提出的调整计划数及其使用的有关要求，经核实确认后，于同批次投档前投放，并在高校所在批次录取控制分数线上按照调整后的计划数、考生志愿及分数进行投档。高校负责处理因调整计划使用不当造成的遗留问题，不得降低录取标准指名录取考生，严禁利用调整计划指名录取考生或向考生收取与录取挂钩的任何费用。省教育考试院不得为争取计划随意放宽录取政策或降低分数要求。

高校生源计划调整必须在其招生规模内，征得有关省级招生考试机构和高校主管部门的同意。未完成的生源计划，须在生源计划所在地公开征集志愿录取。

22. 对高考成绩达到要求、身体条件能够完成所报专业学习、生活能够自理的残疾考生，高校不能因其残疾而不予录取。

23. 高校须将拟录取考生名单（包括统考、保送、单独考试拟录取的考生等）标注录取类型后，报生源所在地省级招生考试机构核准，并增补或调整相应计划。省教育考试院核准后形成录取考生数据库，并据此打印相应录取考生名册，加盖省教育考试院录取专用章，作为考生被有关高校正式录取的依据，予以备案，并寄送给有关高校。

高校根据经省教育考试院核准备案的录取考生名册填写录取通知书，经校长签发并加盖本校校章后，连同有关入学报到须知和资助政策办法等相关材料一并直接寄送被录取考生。高校、中学等任何单位和个人不得扣押考生录取通知书。录取通知书寄递工作要按照教育部、国家邮政局有关工作要求执行。

24. 考生纸介质档案包括考生高级中等教育阶段档案和考生报名登记表、体检表、志愿表等。各地高级中等教育学校要加强考生档案建立与管理，并对毕业生纸质档案（或人事档案）客观真实性负责。对弄虚作假的，一经发现，严肃追责问责。考生报名登记表、体检表、志愿表等由县（市、区）招生考试机构打印并盖章后存入考生档案。考生纸介质档案由县（市、区）招生考试机构统一管理，不得交由中学代管。档案材料必须齐全、完整。已录取考生的纸介质档案经县（市、区）招生考试机构密封后，由考生本人凭录取通知书、准考证、身份证到县（市、区）招生考试机构领取，报到时交给录取高校。领取档案时考生和县（市、区）招生考试机构工作人员双方要履行签字交接手续。

各级招生考试机构要加强对纸介质档案的管理，不得将未经省教育考试院核准录取的考生档案提供给高校或个人。档案保存期为录取结束后半年，保存期满县（市、区）招生考试机构将考生高级中等教育阶段档案退回其毕业中学，高考报名登记表、体检表、志愿表等按秘密级材料销毁。

25. 除按规定应向社会公开的信息外，对属于考生个人信息及有关录取过程中需要阶段性保密的工作内容，任何单位和个人不得擅自向他人提供或向社会公开，严禁非法传播、出售。

26. 我省普通高校录取的本省新生，入学后一律不办理户口迁移手续。学生毕业后，凭《毕业证》、《就业报到证》、接收单位证明到户口所在地公安派出所办理户口迁移手续。被外省高校录取的新生，按国家规定执行。

27. 考生收到录取通知书后，应及时通过省教育考试院或高校指定的信息发布渠道进行核实和确认。考生凭录取通知书并按高校规定的时间及有关要求，办理报到等手续；不能按时报到的，应向高校提出书面申请，经同意后方可延期报到。

高校根据经省教育考试院核准的录取考生名单和本校核发的已录取考生所持录取通知书，按有关规定及要求为新生办理入学等相关手续。新生报到后，高校应将考生电子档案信息打印并加盖学校公章后存入考生纸质档案。

高校应将自行放弃入学资格的考生名单（含考生号）按生源所在省（区、市）分别汇总，于本校规定的正常报到截止日期以后 20 日之内报送有关生源所在省级招生考试机构。严禁高校为未报到考生注册学籍。

填报志愿是考生自我承诺与高校的约定，对于在普通高校招生录取中不履行志愿约定的考生，当批次录取电子档案停止运转；结合我省平行志愿各批次志愿设置数量总体增加等因素，对上一年录取后不入学实际就读等造成招生计划浪费的，本年度报名参加高考，在实行平行志愿的各批次（类别），允许其填报志愿的数量不超过 4 个；对本年度录取后不入学实际就读等造成招生计划浪费的，下一年报名参加高考，仍将根据我省志愿设置情况适度限制其填报志愿的数量。

考生履行志愿约定情况将如实记入其个人电子档案，在普通高招录取中向高校提供，高校可以作为对考生品德衡量的依据。

28. 招收保送生的高校须按规定时间将本校已测试合格拟录取的保送生数据库上传至教育部“阳光高考”平台（https://gaokao. chsi. com. cn）。省教育考试院在“阳光高考”平台上审核确认后下载数据并按程序办理录取审批手续，及时将保送生录取名册寄至相关高校。

单独组织招生考试的高校须在相关文件规定的时间内向省教育考试院报送有关拟录取数据和书面报告。

录取结束后省教育考试院按教育部规定的时间上报录取数据库（包括统考、保送、单独考试录取的考生等），作为新生学籍电子注册的依据。

常规录取工作结束后，我省本、专科层次招生均不组织补录。

29. 由于网络传输、工作失误等其他因素造成的招生遗留问题，由省教育考试院和高校通过协商，妥善解决。

九、信息公开公示

1. 建立分级负责、规范有效的国家、地方、高校、中学等多级高校招生信息公开制度。高校招生信息公开工作要做到信息采集准确、公开程序规范、内容发布及时。

各级教育行政部门、招生考试机构、高校和中学应按照各自职责和有关要求，分别公开招生政策、高校招生资格、高校招生章程、高校招生计划、考生资格、录取程序、录取标准、咨询及申诉渠道、重大违规事件及处理结果、录取新生复查情况等相关信息。

省教育考试院负责公布有关招生政策、招生来源计划、考生咨询及申诉渠道、重大违规事件及处理结果、考生统考成绩和录取结果的查询办法、各录取批次控制分数线、填报志愿和录取时间安排、各录取批次未完成的分专业招生计划；公示享受照顾政策类别及具有相应资格的考生等。高校在其网站上公布本校招生计划、招生章程、录取结果查询办法，以及取得本校保送生资格学生以及特殊类型招生测试合格的考生名单等。各级教育行政部门、招生考试机构和中学分别在其所在地公示本地区、本校享受照顾政策类别及具有相应资格的考生等。

特殊类型招生的资格考生信息和录取要求须及时上传教育部“阳光高考”平台进行公示，未经公示的考生不得录取。

2. 省教育厅、省教育考试院和高校公示的信息保留至当年年底。市、县（市、区）招生考试机构和中学公示的考生有关信息，上报前至少公示10个工作日，并保留至当年8月底。

3. 各级教育行政部门、招生考试机构、高校和中学要在公示有关信息的同时，提供举报电子信箱、电话号码、受理举报的单位和通信地址，并按照国家有关信访规定对举报事项及时调查处理。

十、新生入学复查

新生入学后，高校应认真组织复查并负责协调处理有关问题，对不符合条件或有舞弊行为的，取消入学资格，考生档案退回考生所在县（市、区）招生考试机构。

十一、招生经费

1. 按照国家文件要求，各省辖市、县（市、区）招生经费由地方教育事业费列支。高校招生经费由本校事业费列支。

2. 考生报名时应按《关于调整我省高校招生报名考试收费标准的通知》（豫价费字〔2000〕145号、豫财预外字〔2000〕21号、豫教财字〔2000〕59号）文件核定的标准缴纳报名考试费，按《河南省人民政府关于公布取消停止征收和调整有关收费项目的通知》（豫政〔2008〕52号）文件规定缴纳电子信息采集费。

高校（含单独组织考试招生的高校）按《关于收取普通招生网上录取费的通知》（豫财办综〔2005〕50号）

文件规定缴纳网上录取费。

3. 对参与报名、体检、命题、制卷、运卷、安全保密、监考、巡考、评卷、录取等工作的招生考试工作人员，应付给相应的劳动报酬。具体办法由各地教育行政部门及有关高校协调有关部门根据实际制定。

十二、对违反规定行为的处理

1. 考生、考试工作人员、社会其他人员在高校招生的报名、考试、录取等各环节出现违规行为的，严格按照《中华人民共和国教育法》《国家教育考试违规处理办法》（教育部令第 33 号）和《普通高等学校招生违规行为处理暂行办法》（教育部令第 36 号）确定的程序和规定严肃处理，依法依规追究当事人及相关人员责任；涉嫌犯罪的，应严格按照《中华人民共和国刑法》《最高人民法院最高人民检察院关于办理组织考试作弊等刑事案件适用法律若干问题的解释》等有关规定，及时移送司法机关追究法律责任。对公职人员违规违纪的，依据《中国共产党纪律处分条例》《行政机关公务员处分条例》和《事业单位工作人员处分暂行规定》等相关规定严肃处理。对因教育行政部门、招生考试机构、高校疏于管理，造成考场秩序混乱、作弊情况严重、招生违规严重的党员，依照《中国共产党问责条例》等对直接责任人和负有领导责任的人员，依纪依规进行严肃追责问责。对违规承诺争抢生源的高校和工作人员，要追究相关责任。

授权省级招生考试委员会组织的省级统一考试和授权高校组织的单独招生考试及强基计划、保送生、少年班、综合评价试点、高水平艺术团、高水平运动队、艺术体育类专业、运动训练和武术及民族传统体育、高职分类招考等类型招生考试均属国家教育考试的组成部分，按照上述法律法规及党内法规执行。对在上述类型招生考试中违规的考生、高校、中学及有关工作人员要从严查处。其中，凡提供虚假个人信息或申请材料的，均应当认定为在国家教育考试中作弊。对被认定为作弊的考生，取消其相关类型招生的报名、考试和录取资格，同时通报有关省级招生考试机构或教育行政部门取消其当年高考报名、考试和录取资格，并视情节轻重给予暂停参加各类国家教育考试 1—3 年的处理。

对违规参加高校招生考试的高级中等教育学校非应届毕业的在校生，取消其当年高校招生考试各科成绩，同时给予其应届毕业当年不得报名参加高校招生考试的处理。

2. 考生或者其法定监护人认为所报考高校的招生录取行为违反本规定或其他相关规定的，可向所报考高校提出异议、申诉或者举报。高校应当进行调查、处理，属于对政策执行存在异议的，应当及时书面或者口头答复申请人；属于对违规违纪行为举报的，应当组织纪检监察机构或者专门的招生监督机构进行调查，并按照信访条例和有关规定作出书面答复。

考生或者其监护人对高校作出的政策解释不服的，可以向省教育考试院申请复查；对违规违纪行为举报的处理不服的，可以向省教育考试院或者省教育厅申请复查。对复查结论不服的，可以按照相关规定向省教育考试院或者教育行政部门的上级机关提出复核。

十三、附则

1. 普通高校联合招收华侨港澳台学生，按有关规定执行。经批准的部分高校特殊类型招生，按教育部和省教育厅有关规定执行。

全国统考的考务工作，由省教育考试院根据教育部有关规定并结合我省实际作出规定。

2. 普通高校对口招收中等职业学校应届毕业生和普通高等学校专科应届毕业生升入本科阶段学习的招生办法，按有关规定执行。

3. 现役军人报考高校，按中央军委有关部门的规定办理。

第三节　河南省2023年普通高校招生考生指南

一、河南省2023年普通高校招生志愿填报及录取时间安排(见表1-3)

表1-3　河南省2023年普通高校招生志愿填报及录取时间安排

批次	志愿填报时间	录取时间	征集志愿填报时间	备注
本科提前批	6月26日8:00—6月28日18:00	7月8日—10日	7月12日 9:00—18:00	公安、司法专科同批进行
国家专项计划本科批		7月11日		
本科一批	6月30日8:00—7月2日18:00	7月19日—21日	7月23日 9:00—18:00	特殊类型招生(含高校专项、高水平艺术团、高水平运动队)同批进行
地方专项计划本科批		7月22日		
本科二批		7月30日—8月1日	8月2日 9:00—18:00	
专科提前批	7月4日8:00—7月6日18:00	8月5日—7日	8月8日 9:00—18:00	
高职高专批		8月11日—13日	8月14日 9:00—18:00	
体育本科	6月26日8:00—6月28日18:00	7月10日	7月12日 9:00—18:00	与普通类本科提前批同时录取
体育专科	7月4日8:00—7月6日18:00	8月5日—7日	8月8日 9:00—18:00	专科提前批录取
艺术类本科提前批	6月26日8:00—6月28日18:00	7月8日—11日	7月12日 9:00—12:00	
艺术本A段	6月30日8:00—7月2日18:00	7月17日—18日	7月19日 9:00—18:00	
艺术本B段	6月30日8:00—7月2日18:00	7月22日	7月23日 9:00—18:00	
艺术类专科	7月4日8:00—7月6日18:00	8月5日—7日	8月8日 9:00—18:00	专科提前批录取

二、河南省2022年普通高校招生考生指南

(一)高考成绩和录取结果查询

高考成绩及批次录取控制分数线于6月25日向社会公布。

考生可通过以下途径查询本人高考成绩及后续的录取结果等相关信息:

1. 网站查询。河南省教育厅网站(http://jyt. henan. gov. cn/)、河南省教育考试院网站(http://www. haeea. cn)、河南招生考试信息网(http://www. heao. com. cn)。

2. 省教育考试院通过河南省普通高校招生考生服务平台（https://pzwb.haeea.cn/）只读邮件向考生发送电子成绩单、录取信息以及高招体检报告。

3. 河南省教育考试院微信公众号将向关注公众号并绑定考生信息的考生一对一推送成绩和录取结果。

4. “豫事办”小程序查询。考生可在支付宝首页搜索“豫事办”小程序（安卓系统可在应用市场搜索下载“豫事办”App），进入“高考成绩查询”“录取结果查询”服务事项，查询自己的成绩及录取结果。

5. 县（市、区）招生考试机构综合服务大厅查询。

6. 招生院校网站亦可查询录取结果。

考生对成绩有疑问的，可于6月27日18:00前持本人准考证向考生所在报名点提交申请，县（市、区）招生考试机构汇总后报省辖市招生考试机构，逾期不予受理。各级招生考试机构按照要求进行复核，主要检查答题卡信息是否与考生本人一致、是否漏评、小题得分是否漏统、各小题得分合成后是否存在差错，是否与公布的考生成绩一致，不复核评分宽严。考生须在规定时间内到县（市、区）招生考试机构领取成绩复核结果。

以上服务均免费。

（二）招生咨询与信息发布渠道

1. 各省辖市、济源示范区、县（市、区）招生考试机构综合服务大厅：提供考试招生全过程咨询服务。

2. 省内外院校咨询电话、网站：提供相关院校的招生咨询。

3. 河南省教育考试院网站、河南招生考试信息网：

（1）公布往年院校录取情况统计信息；

（2）公布院校招生计划信息；

（3）在志愿填报期间，公布各批次控制分数线和分数段统计信息；

（4）公布军事、公安、司法类专业以及定向培养军士面试、体检分数线；

（5）在录取期间，公布相关批次投档情况统计信息、各批征集志愿的有关信息。

4. 河南省普通高校招生考生服务平台：录取期间，提供考生电子档案运转信息查询。

5.《招生考试之友》杂志（专业目录）：

（1）公布各批各院校分专业招生计划和学费标准等；

（2）各院校联系方式（咨询电话、通信地址、网址等）；

（3）招生政策问答及填报志愿指导等。

6. 河南省教育考试院今年继续开展普通高招考生咨询服务，考生可以通过河南省教育考试院官网咨询留言栏目和河南省教育考试院官方微信服务号在线咨询，或拨打河南省考生服务热线电话0371-55610639进行咨询。

7. 河南省教育考试院将于6月25日—26日在中原科技学院、黄河科技学院组织开展2023年普通高招现场咨询活动，邀请在豫招生高校参加，为考生提供填报志愿咨询服务。届时考生可与高校面对面交流互动，详细了解学校招生政策、专业特色、人才培养、就业情况等相关信息。6月25日—27日，开展2023年普通高招网上咨询活动，考生可登录“河南招生考试信息网”（www.heao.com.cn）或关注“河南省教育考试院”微信公众号，点击“微服务”进入“高考咨询活动”进行登录、注册。现场及网上咨询活动均为服务性、公益性活动，不收取高校、考生和家长任何费用。

为帮助广大考生科学填报志愿，充分满足考生咨询需求，在考生和高校之间搭建交流平台，省教育考试院联合河南广播电视台，于6月19日—7月3日举办2023年高招“网络面对面”视频直播活动，考生可通过“大象新闻”客户端参与有关活动。

(三)公示和监督渠道

1. 省教育考试院网站:

(1)公示全省各类享受政策性照顾的考生(含重点高校招生专项计划资格)名单;

(2)公示保送生、高水平运动队等特殊类型招生入选考生名单;

(3)公示艺术校考合格考生名单;

(4)公示艺术、体育类专业录取规则。

2. 县级招生考试机构和中学:公示各类享受政策性照顾的考生名单,符合报考重点高校招生专项计划的考生资格名单,本级和上级举报电话。

(四)填报志愿注意事项

1. 网上志愿填报系统于6月26日开通。考生须首先登录河南省教育考试院网站(http://www.haeea.cn),然后点击首页服务大厅中的"河南省普通高校招生考生服务平台"(https://pzwb.haeea.cn),在登录界面输入考生号、身份证号和报名时的密码登录系统(开通动态密码的考生登录成功后还需输入动态密码)并填报志愿。

2. 考生要妥善保管好自己的密码,不要把密码透露给他人,更不要让他人代替填报志愿。如忘记密码,可通过河南省普通高校招生考生服务平台的"忘记密码"功能进行密码重置,考生如无法自行重置密码,请本人持准考证和身份证到报名所在地的招生考试机构重置,对口招生考生可持本人准考证和身份证到就近市县招生考试机构重置。开通动态密码的考生如动态密码信息丢失,可尝试关注"河南省教育考试院"微信公众号,在微服务→考生服务菜单中绑定考生号,然后通过微服务→密码验证重新获取动态密码,也可按照重置密码的办法前往报名所在地的招生考试机构重置。为了提高考生个人账号的安全,强烈建议考生开通动态密码,确保自身的权益不受非法侵害。

3. 请考生关注"河南省教育考试院"官网、官微并绑定考生信息,可通过官网的咨询留言栏目直接向省教育考试院咨询,平时留意查看微信公众号、10639639短信服务平台等推送的消息,保持与河南省教育考试院和报名所在地基层招生考试机构的联系畅通。

4. 考生必须在规定时间内完成志愿填报并保存,在规定的截止期前可以进行不超过两次的修改,以网上最后一次保存的志愿为准,填报时间截止后将无法更改。考生网上填报志愿完成提交后,即视为与高校之间的志愿约定生效,录取时不得擅自放弃;考生的志愿信息任何人不得改动,否则,将依法依纪严肃追究有关人员的责任。县(市、区)招生考试机构依据考生网上保存的志愿信息打印出志愿表并加盖公章后存入考生档案。

为了提高网上填报志愿的效率,正式志愿填报时,考生可提前从考生服务平台下载志愿草表,按要求认真查阅专业目录以及招生章程,打印或者按照草表格式线下填写拟报考志愿,再进行线上志愿填报,志愿信息填写完成后,须进行认真细致的检查,确认无误后尽快保存,整个过程应在30分钟内完成,切勿长时间等待,避免超时导致无法保存。

5. 考生在当次志愿填报时间截止前,若想放弃所填志愿,可以在志愿浏览页面下方直接点击"放弃志愿"进行志愿放弃操作。由于"放弃志愿"操作将取消考生已报的志愿,并且考生无法再次报考被放弃的志愿,系统为了确保安全,将根据考生账号绑定的安全措施验证考生身份。

普通类本科提前批、艺术本科提前批、体育类本科批共用一个"放弃志愿"按钮,一旦点击,则上述类别的这些批次全部放弃,不能再填报。普通类专科提前批各类别、体育类专科、艺术类专科也是共用一个"放弃志愿"按钮,操作方法同上。放弃志愿操作界面也有相应的提醒。放弃志愿操作成功,考生将不能再填报当前该批志愿。

6. 填报志愿需了解招生政策和规定,认真查阅《专业目录》说明及其中有关院校和专业情况,重点了解拟填报院校的各项信息，特别是高校的招生章程。章程中有学校招生说明、招生要求以及明确的录取规则。高校招生章程在教育部“阳光高考”信息平台统一公布，在河南省教育考试院网站和河南招生考试信息网站均有教育部“阳光高考”平台链接，《专业目录》中也有相关的院校网址。

7. 填报国家专项计划、地方专项计划和高校专项计划志愿须注意：通过相应专项计划资格审核合格的考生方可填报。国家专项计划和地方专项计划均单独设立批次，原则上执行本科一批分数线。高校专项计划纳入特殊类型招生志愿，考生应按特殊类型招生志愿填报。考生如同时符合三个专项计划的资格，志愿可以兼报。

公安、司法类专业的国家专项计划随本科提前批次录取。

8. 本科提前批（除体育类、地方公费师范生外）、专科提前批（除艺术、体育类和地方公费师范生外），第一志愿可填报1个高校志愿，第二志愿为平行志愿，可填报1—4个高校志愿，每个志愿可填报1—5个专业和是否同意调剂专业。

地方公费师范生（本科提前批和专科提前批）均实行平行志愿，“1个院校+1个专业+1个设岗县（市、区）”为1个志愿，每批次设12个志愿，不设志愿调剂。艺术类、体育类的地方公费师范生随艺术类、体育类专业批次投档录取，按相关招生文件执行。

国家专项计划本科批、本科一批、地方专项计划本科批、本科二批和高职高专批均实行平行志愿；每批均可填报1—12个高校志愿；每个高校志愿可填报1—5个专业和是否同意调剂专业。

9. 在普通类本科提前批志愿中，专设军队招收飞行学员（简称“招飞”）志愿，考生可填报1个高校志愿和1个专业志愿，海、空军招飞全面检测合格的考生方可填报。

军队招飞志愿先于其他本科提前批次志愿投档，未被录取该志愿的考生，继续参加本科提前批次其他志愿投档。

10. 设特殊类型招生志愿（包括高校专项计划、高水平艺术团、高水平运动队招生），考生可填报1个高校志愿，每个高校可填报1—5个专业和是否同意调剂专业。已取得相应资格的考生，可在以上3类中选报1类，不得兼报。高水平运动队考生，其取得资格的高校无论在哪一批次录取，选报该志愿必须填在特殊类型招生志愿栏内。

11. 在相应批次设民族预科班志愿，考生可以选报1个招收预科班的高校。如果分专业方向，每个高校可填报1—5个预科班专业方向和是否同意调剂（专业）。经审核、公示合格的少数民族考生方可填报。

12. 艺术类专业批次分为艺术本科提前批、艺术本科A段、艺术本科B段、艺术专科批。其中艺术本科提前批为顺序志愿，可填报2个志愿，1个“学校+专业（或专业类）”为1个志愿，每个志愿设置是否同意调剂专业（专业调剂仅适用于在豫招生计划设有专业组的高校，不设专业组的高校无法调剂）。艺术本科A段、艺术本科B段和艺术专科批实行平行志愿，每个批次可填报12个志愿，1个“学校+专业（或专业类）”为1个志愿，不设置学校调剂和专业调剂志愿。

13. 体育类专业各批次均实行平行志愿，“1个院校+1个专业”为1个志愿，每批次设12个志愿，不设志愿调剂。报考体育类的考生，须参加全省统一组织的体育专业术科考试。考生在提前批填报体育类专业志愿，不得兼报同批次其他类别志愿，但可兼报其他批次的院校志愿。

14. 本科提前批各类不得兼报，考生只能选报其中一类。艺术类本科与非艺术类的本科批次录取同时进行，在本科提前批不能兼报，其他批次如出现兼报，按照各批次投档录取时间安排顺序进行投档。专科提前批包括艺术、体育、定向培养军士、空乘、航海、医学、师范等有特殊要求的专业类别，各类别不得兼报。

15. 由于本科一批、本科二批和高职高专批实行平行志愿，为解决同一高校专业间因学费标准差别较大等因素而产生的专业生源不均问题，提高考生填报志愿的针对性和投档的有效性，部分高校按学费标准将本校较高学费专业集中单列，排列在本校普通类专业之后；类似情况还有，少数高校将医护类专业、农林矿类等专业单独列出为一类。在同一高校志愿栏只能选择其中一类专业，不能跨类选择专业，专业调剂在所报专业类内进行。如报考同一所院校普通类、较高收费类和民族限定和医护类等专业，应按不同院校志愿分别填报。

16. 定向就业招生专业在平行志愿批次中，须填报在相应批次所规定的定向志愿栏中；普通类本科提前批中，定向就业招生专业填在第一院校志愿栏。填报定向西藏、定向免费本科医学生志愿后，系统将直接在志愿浏览页面显示打印承诺书按钮并发送只读邮件提醒，考生须按时打印签字，交报名所在地县（区）招生考试机构，免费本科医学生还应同时提交资格审核相关证明材料。考生录取为定向生后，入学报到前应与培养学校和定向就业单位签订定向就业协议。地方公费师范生按照有关文件执行。

17. 填报征集志愿应注意：录取时对生源不足的学校，公开征集志愿。届时，符合条件的考生可以选择填报征集志愿。考生应确认自己尚未被任何院校录取，已被录取、预录取及阅档状态的考生不可填报。剩余计划量大的院校或专业可能会降分征集志愿，考生应进一步查阅拟报高校招生章程的对应内容，全面了解专业情况和学费标准。征集志愿投档时，以当次征集的志愿为投档依据，即使原来报有这些学校志愿，也须重新填报。

（五）平行志愿投档办法

平行志愿投档原则为“分数优先，遵循志愿，一轮投档”。

1. 普通类平行志愿投档办法

高考成绩总分加上照顾政策分值后生成排序成绩（成绩相同的考生，依次按语文、数学、外语听力成绩排序），按排序成绩分科类从高分到低分排定位次，然后按位次优先的原则，根据考生平行志愿的自然顺序从前到后进行检索，一经检索到计划未满额的学校，即向该校投档。

2. 艺术类平行志愿投档办法

（1）艺术本科 A、B 段：按照院校录取规则，遵照考生所报志愿，分别计算出考生在所报院校的投档排序成绩，根据考生平行志愿的自然顺序和对应的投档排序成绩逐一进行检索匹配，一经检索到符合投档条件且计划未满额的志愿，即进入该志愿拟投档队列；如计划已满额，但考生投档排序成绩高于该志愿拟投档队列中的考生最低分，则进入拟投档队列，同时将最低分考生从拟投档队列中移出，对被移出考生的后续志愿继续检索，直至考生全部志愿检索完毕。当符合投档要求的考生全部志愿检索完毕后，将已进入拟投档队列的考生电子档案一次性投给招生院校。

（2）艺术类专科：按照我省设定的投档规则，计算出考生投档排序成绩，从高分到低分排位，按照位次优先的原则，根据考生志愿一次性投档。

3. 体育类平行志愿投档办法

（1）体育类本科：根据招生院校确定的在我省体育类各专业的投档排序成绩计算办法，按照考生所报志愿，在文化、专业成绩均达到体育本科控制分数线基础上，分别计算出考生在所报院校的投档排序成绩，根据考生平行志愿的自然顺序和对应的投档排序成绩逐一进行检索匹配，一经检索到符合投档条件且计划未满额的志愿，即进入该志愿拟投档队列；如计划已满额，但考生投档排序成绩高于该志愿拟投档队列中的考生最低分，则进入拟投档队列，同时将最低分考生从拟投档队列中移出，对被移出考生的后续志愿继续检索，直至考生全部志愿检索完毕。当符合投档要求的考生志愿全部检索完毕后，将已进入拟投档队列的考生电子档案一次性投给招生院校。

（2）体育类专科：按照我省统一投档排序成绩计算办法，在文化、专业成绩均达到体育专科控制分数线基础上，计算出考生投档排序成绩，将排序成绩从高分到低分排位，按招生院校计划的 100% 比例，将考生电子档案一次性投给院校。

（六）如何确认自己被正式录取

录取通知书由录取学校根据省教育考试院核准备案的录取考生名册发放。考生收到录取通知书，应通过第一条所述查询途径确认。

（七）领取和移交纸介质档案办法

录取过程中，使用的是考生的电子档案，电子档案的主要内容与纸介质档案（包括考生高级中等教育阶段档案和考生报名登记表、体检表、志愿表等）相对应部分的内容一致。已录取考生的纸介质档案由县（市、区）招生考试机构整理密封，考生本人凭录取通知书、准考证、身份证到县（市、区）招生考试机构领取，报到时交给录取学校。考生接到录取通知书后，应及早办理档案领取手续，以免延误。未经省教育考试院核准录取的考生，各级招生考试机构不向其提供档案。

（八）被录取后务必按时报到入学

升学志愿是考生意愿的体现，也是考生对录取院校的书面承诺，录取时充分尊重考生志愿，严格按志愿投档，被录取后应如期到校报到。按所报志愿录取后不报到，既浪费宝贵的招生计划，浪费高校的教育资源，客观上也占用了他人的升学机会。为维护入学机会公平，教育考生增强诚信意识、履行志愿约定，对于在普通高校招生录取中不履行志愿约定的考生，当批次录取电子档案停止运转；结合我省平行志愿各批次志愿设置数量总体增加等因素，对上一年录取后不入学实际就读等造成招生计划浪费的，本年度报名参加高考，在实行平行志愿的各批次（类别），允许其填报志愿的数量不超过 4 个；对本年度录取后不入学实际就读等造成招生计划浪费的，下一年报名参加高考，仍将根据我省志愿设置情况适度限制其填报志愿的数量。考生履行志愿约定情况将如实记入其电子档案。

根据教育部文件规定，从 2023 年招生起，往年被重点高校招生专项计划（国家专项计划、地方专项计划、高校专项计划）录取后放弃入学资格或退学的考生，不再具有专项计划报考资格。

（九）警惕和防范招生诈骗和非法助考活动

在高校招生期间，一些不法分子和中介组织利用考生求学心切和家长望子成龙的心理，打着种种幌子以谋取钱财为目的，进行招生诈骗和非法助考活动。其主要伎俩，诸如故意混淆留学培训、网络教育与普通高校招生的区别，蒙骗考生；以“定向招生”“自主招生”“单招”诱骗等，谎称花钱买试题、买答案、买分数、保录取进行诈骗活动，甚至承诺达不到预定分数或上不了理想大学就退款，骗取家长钱财。过去曾有个别考生或考生家长因轻信别人的承诺，上当受骗，教训十分深刻。考生及家长要高度警惕，切莫轻信，防止陷入骗局；一旦发现可疑情况，要及时向有关部门反映举报。

第四节　河南省 2023 年普通高校艺术类专业招生志愿填报问题解答

为满足广大考生升学和高校选拔要求，2023 年我省继续在艺术本科 A 段、艺术本科 B 段和艺术专科批次实行平行志愿投档模式。为帮助考生准确理解相关政策，科学填报志愿，现就有关问题作如下解答。

一、艺术类批次是怎么划分的？

2023 年普通高校招生艺术类专业批次分为艺术本科提前批、艺术本科 A 段、艺术本科 B 段和艺术专科批。各批次按顺序依次进行录取。

原则上，经教育部批准的部分独立设置的本科艺术院校（含部分艺术类本科专业参照执行的少数高校）、可不编制分省计划的高校以及“双一流”建设高校的艺术类本科专业参加艺术本科提前批录取。

艺术本科提前批以外的公办高校和经我省批准的部分高校的艺术类本科专业参加艺术本科 A 段录取。

民办院校、独立学院、中外合作办学等较高学费的艺术类本科专业参加艺术本科 B 段录取。

二、2023 年我省各艺术类批次是如何设置志愿的?

2023 年我省艺术类志愿分为顺序志愿和平行志愿。其中艺术本科提前批实行顺序志愿,设 2 个志愿,1 个“学校+专业(或专业类)”为 1 个志愿,每个志愿设置是否同意调剂专业(专业调剂仅适用于在豫招生计划设有专业组的高校,不设专业组的高校无法调剂);

艺术本科 A 段、艺术本科 B 段和艺术专科批均实行平行志愿,每个批次设 12 个志愿,1 个“学校+专业(或专业类)”为 1 个志愿,不设置学校调剂和专业调剂志愿。

三、艺术类平行志愿投档录取办法?

1. 艺术类本科平行志愿投档办法:依据招生院校的录取规则、按照考生所报志愿,分别计算出考生的投档排序成绩,由计算机根据考生平行志愿的自然顺序(1—12)和对应的投档排序成绩逐一进行检索匹配。一经检索到符合投档条件且计划未满额的志愿,即进入该志愿拟投档队列;如计划已满额,但考生投档排序成绩高于该志愿拟投档队列中的考生最低分,则进入拟投档队列,同时将最低分考生从拟投档队列中移出,对被移出考生的后续志愿继续检索,直至考生全部志愿检索完毕。当符合投档要求的考生全部志愿检索完毕后,将已进入拟投档队列的考生电子档案一次性投给各院校。

2. 艺术类专科平行志愿投档办法:依据我省设定的统一投档规则,计算出考生投档排序成绩,将排序成绩从高分到低分排位,按照位次优先的原则,由计算机根据考生平行志愿的自然顺序(1—12)逐一进行检索匹配,一经检索到计划未满额的志愿,即进入该志愿拟投档队列;当符合投档要求的考生全部志愿检索完毕后,将已进入拟投档队列的考生电子档案一次性投给各院校。

我省艺术类专科平行志愿排序成绩计算方法是:[(考生文化课成绩/文化课成绩满分)×100×50%]+[(考生专业课成绩/专业课成绩满分)×100×50%],其中文化课成绩满分为 750 分。

3. 同分考生处理办法:按照本、专科平行志愿投档办法计算出的考生投档排序成绩,四舍五入保留小数点后 3 位,仍相同的,我省依次按照语文、数学成绩排序,若仍有并列,并列考生全部投档,由学校按照章程上规定的录取规则进行录取。

四、填报艺术类志愿的注意事项有哪些?

1. 报志愿之前,考生和家长须查阅并认真研读学校《招生章程》相关规定,准确了解学校的相关专业录取规则和其他相关规定(如成绩要求、身体条件要求、对器乐考生的乐器种类要求、培养方向、学费等重要信息)。考生和家长可通过学校官网查阅,如有疑问,务请联系招生学校咨询。

省教育考试院汇总各学校报送的录取规则,于 6 月 24 日通过省教育考试院网站(http://www.haeea.cn)“公示信息”栏向社会公布。

2. 考生填报志愿应查阅招生专业目录(《招生考试之友》2023 年 No. 10—21)所列学校及专业,并认真阅读学校招生章程,充分了解有关要求。

3. 艺术类本科提前批与非艺术类本科提前批不能兼报,其他批次如出现兼报,按照各批次投档录取时间安排顺序进行投档。

4. 填报艺术类专业平行志愿时,1 个“学校+专业(或专业类)”为 1 个志愿,如考生填报同一所学校的不同专业,须作为不同志愿分别填报。

5. 尽量完整填写相应批次设置的所有平行志愿。从政策上讲,少填甚至不填都是没有限制的,但少填意味着录取机会的减少。对于意向非常明确的考生,可以根据自己的意愿有选择地进行填报;对于大多数考生而言,建议充分表达自己的报考意愿,完整填写全部志愿,增加自己被投档和录取的机会。

6. 艺术类各批次填报志愿时间:

(1)6 月 26 日—6 月 28 日,填报艺术本科提前批志愿。

(2)6 月 30 日—7 月 2 日,填报艺术本科 A 段、艺术本科 B 段志愿。

(3)7 月 4 日—7 月 6 日,填报艺术专科批志愿。

第五节　普通高等学校招生体检工作指导意见

一、患有下列疾病者，学校可以不予录取

1. 严重心脏病(先天性心脏病经手术治愈,或房室间隔缺损分流量少,动脉导管未闭返流血量少,经二级以上医院专科检查确定无须手术者除外)、心肌病、高血压病。

2. 重症支气管扩张、哮喘,恶性肿瘤、慢性肾炎、尿毒症。

3. 严重的血液、内分泌及代谢系统疾病、风湿性疾病。

4. 重症或难治性癫痫或其他神经系统疾病;严重精神病未治愈、精神活性物质滥用和依赖。

5. 慢性肝炎病人并且肝功能不正常者(肝炎病原携带者但肝功能正常者除外)。

6. 结核病除下列情况外可以不予录取。

(1)原发型肺结核、浸润型肺结核已硬结稳定;结核性胸膜炎已治愈或治愈后遗有胸膜肥厚者;

(2)一切肺外结核(肾结核、骨结核、腹膜结核等)、血行性播散型肺结核治愈后一年以上未复发,经二级以上医院(或结核病防治所)专科检查无变化者;

(3)淋巴腺结核已临床治愈无症状者。

二、患有下列疾病者，学校有关专业可不予录取

1. 轻度色觉异常(俗称色弱)不能录取的专业:以颜色波长作为严格技术标准的化学类、化工与制药类、药学类、生物科学类、公安技术类、地质学类各专业,医学类各专业;生物工程、生物医学工程、动物医学、动物科学、野生动物与自然保护区管理、心理学、应用心理学、生态学、侦查学、特种能源工程与烟火技术、考古学、海洋科学、海洋技术、轮机工程、食品科学与工程、轻化工程、林产化工、农学、园艺、植物保护、茶学、林学、园林、蚕学、农业资源与环境、水产养殖学、海洋渔业科学与技术、材料化学、环境工程、高分子材料与工程、过程装备与控制工程、学前教育、特殊教育、体育教育、运动训练、运动人体科学、民族传统体育各专业。

2. 色觉异常Ⅱ度(俗称色盲)不能录取的专业,除同轻度色觉异常外,还包括美术学、绘画、艺术设计、摄影、动画、博物馆学、应用物理学、天文学、地理科学、应用气象学、材料物理、矿物加工工程、资源勘探工程、冶金工程、无机非金属材料工程、交通运输、油气储运工程等专业。专科专业与以上专业相同或相近专业。

3. 不能准确识别红、黄、绿、蓝、紫各种颜色中任何一种颜色的导线、按键、信号灯、几何图形者不能录取的专业:除同轻度色觉异常、色觉异常Ⅱ度两类列出专业外,还包括经济学类、管理科学与工程类、工商管理类、公共管理类、农业经济管理类、图书档案学类各专业。不能准确在显示器上识别红、黄、绿、蓝、紫各颜色中任何一种颜色的数码、字母者不能录取到计算机科学与技术等专业。

4. 裸眼视力任何一眼低于 5.0 者,不能录取的专业:飞行技术、航海技术、消防工程、刑事科学技术、侦查。专科专业:海洋船舶驾驶及与以上专业相同或相近专业(如民航空中交通管制)。

5. 裸眼视力任何一眼低于 4.8 者,不能录取的专业:轮机工程、运动训练、民族传统体育。专科专业:烹饪与营养、烹饪工艺等。

三、患有下列疾病不宜就读的专业

1. 主要脏器:肺、肝、肾、脾、胃肠等动过较大手术,功能恢复良好,或曾患有心肌炎、胃或十二指肠溃疡、慢性支气管炎、风湿性关节炎等病史,甲状腺功能亢进已治愈一年的,不宜就读地矿类、水利类、交通运输类、能源动力类、公安学类、体育学类、海洋科学类、大气科学类、水产类、测绘类、海洋工程类、林业工程类、

武器类、森林资源类、环境科学类、环境生态类、旅游管理类、草业科学类各专业，及土木工程、消防工程、农业水利工程、农学、法医学、水土保持与荒漠化防治、动物科学各专业。专科专业不宜就读烹饪工艺、西餐工艺、面点工艺、烹饪与营养、表演、舞蹈学、雕塑、考古学、地质学、建筑工程、交通土建工程、工业设备安装工程、铁道与桥梁工程、公路与城市道路工程、公路与桥梁工程、铁道工程、工业与民用建筑工程专业。

2. 先天性心脏病经手术治愈，或房室间隔缺损分流量少，动脉导管未闭返流血量少，经二级以上医院专科检查确定无须手术者不宜就读的专业同第三部分第一条。

3. 肢体残疾(不继续恶化)，不宜就读的专业同第三部分第一条。

4. 屈光不正(近视眼或远视眼，下同)任何一眼矫正到4.8镜片度数大于400度的，不宜就读海洋技术、海洋科学、测控技术与仪器、核工程与核技术、生物医学工程、服装设计与工程、飞行器制造工程。专科专业：与以上相同或相近专业。

5. 任何一眼矫正到4.8镜片度数大于800度的，不宜就读地矿类、水利类、土建类、动物生产类、水产类、材料类、能源动力类、化工与制药类、武器类、农业工程类、林业工程类、植物生产类、森林资源类、环境生态类、医学类、心理学类、环境与安全类、环境科学类、电子信息科学类、材料科学类、地质学类、大气科学类及地理科学、测绘工程、交通工程、交通运输、油气储运工程、船舶与海洋工程、生物工程、草业科学、动物医学各专业。专科专业：与以上相同或相近专业。

6. 一眼失明另一眼矫正到4.8镜片度数大于400度的，不宜就读工学、农学、医学、法学各专业及应用物理学、应用化学、生物技术、地质学、生态学、环境科学、海洋科学、海洋技术、生物科学、应用心理学等专业。

7. 两耳听力均在3米以内，或一耳听力在5米另一耳全聋的，不宜就读法学各专业、外国语言文学各专业以及外交学、新闻学、侦查学、学前教育、音乐学、录音艺术、土木工程、交通运输、动物科学、动物医学各专业、医学各专业。

8. 嗅觉迟钝、口吃、步态异常、驼背，面部疤痕、血管瘤、黑色素痣、白癜风的，不宜就读教育学类、公安学类各专业以及外交学、法学、新闻学、音乐表演、表演各专业。

9. 斜视、嗅觉迟钝、口吃不宜就读医学类专业。

此部分内容供考生在报考专业志愿时参考。学校不得以此为依据，拒绝录取达到相关要求的考生。

四、其他

未列入专业目录或经教育部批准有权自定新的学科专业，学校招生时可根据专业性质、特点，提出学习本专业对身体素质、生理条件的要求，并在招生章程中明确刊登，做好咨询解释工作。

第六节　平行志愿投档规则

平行志愿是指高考志愿的一种投档录取模式，即一个志愿中包含若干所平行的院校。河南考生在填报高考志愿时，可在指定的批次同时填报12所平行院校志愿。录取时，按照“分数优先、遵循志愿、一次性投档”的原则进行投档，对同一科类分数线上未被录取的考生，按总分从高到低排序进行一次性投档，即所有考生排一个队列，高分者优先投档。每个考生投档时，根据考生所填报的院校顺序，投档到排序在前且有计划余额的院校。

1. 分数优先：也可以说是“位次优先”，在投档时优先对位次靠前的学生进行投档，之后才会考虑位次靠后学生的志愿。

2. 遵循志愿：平行志愿并不是完全没有先后顺序。每个考生投档时，先按志愿中的第1个学校，再第2个学校，再第3个学校……的顺序检索，如报考的第1个学校档案未投满，就投档到第1个学校，如已经投满，则紧接着看第2个学校，以此类推。如果在检索某考生志愿时，其报考的12个学校志愿均已经投满，该考生志愿将会无法投出，即出现“滑档”，只能参加当批次的征集志愿和后续批次的录取。

平行志愿一定要拉开梯度,“冲、稳、保”有机结合,才能够有效规避“滑档”的风险;由于平行志愿是按照志愿顺序进行检索,平行志愿排序一定不是哪个高校往年录取分数高就排在前面,一定是最想被哪所高校录取哪所高校排在前面,只有这样才最有可能被最心仪的高校录取。

3. 一次性投档:每个考生投档时,按志愿的先后顺序检索,一旦前面学校符合进档条件,会直接投档到该学校,后面的志愿将不会再进行检索。

每年有大量考生和家长担心专业被调剂,前面学校不服从专业调剂,想当然地认为报考的专业不录取会将档案退到下一个学校。平行志愿只有一次投档的机会,一旦被前面学校提档,后面的志愿将不再检索,也就是将会作废。投档是由省教育考试院计算机进行检索,只看位次是否符合,不考虑是否录取;而专业录取工作由投档高校负责。如果不服从专业调剂,而我们报考的专业无法录取时,将会被直接做退档处理。所以,如果不能够接受征集志愿或者后续批次录取,一定要服从专业调剂!

4. 河南省 2023 年实行平行志愿的批次见表 1-4:

表 1-4　河南省 2023 年实行平行志愿的批次

序号	批次	填报学校数量	填报专业数量	专业调剂
1	本科提前批地方公费师范生、专科提前批地方公费师范生	1—12 个	1 个	不设置
2	国家专项计划本科批	1—12 个	1—5 个	设置
3	本科一批	1—12 个	1—5 个	设置
4	地方专项计划本科批	1—12 个	1—5 个	设置
5	本科二批	1—12 个	1—5 个	设置
6	高职高专批	1—12 个	1—5 个	设置
7	艺术类本科 A 段	1—12 个	1 个	不设置
8	艺术类本科 B 段	1—12 个	1 个	不设置
9	艺术类专科	1—12 个	1 个	不设置
10	体育类本科	1—12 个	1 个	不设置
11	体育类专科	1—12 个	1 个	不设置

第七节　顺序志愿投档规则

顺序志愿是指在同一个录取批次设置的多个院校志愿有先后顺序,其表述方式为:第一志愿、第二志愿。例如一个第一志愿院校,若干个第二志愿院校,计算机检索投档时将相同院校志愿的考生分别排队,然后根据分数从高到低向对应的院校投档。

这种投档办法的第一步是对所有批次分数线上的考生按其第一志愿投档,投档后所有考生的第一志愿学校都必须反馈确切的结果(包括分数未达学校提档线没能投出、被学校录取或退档)后,第二步再将所有未录考生重新汇总,然后再同时分别投向他们报考的第二志愿学校,也就是在第一志愿学校录取完成后再进行第二志愿的投档。

顺序志愿实际上就是按“志愿+分数”投档,投档规则明确,最大限度地保证了程序公平。但问题也是显而易见的:首先是强化了志愿的作用,因为是先按志愿分别排队,考生能否被所报志愿录取,不完全取决于考试成绩,还取决于与其他考生的志愿,如考生志愿扎堆,学校提档线会大幅提高,转而次年又有可能大幅下降,使得考生填报志愿,尤其是第一志愿的填报有一定的偶然性,甚至不失博弈色彩;再者就是如果考生未被第一志愿录取,当填报的第二志愿的学校已经录满其他第一志愿报考的考生时,该生最后的录取结果可能是该批次无法录取,只能参与该批次征集志愿的填报、录取或者后续填报批次的录取工作。

河南省 2023 年实行顺序志愿的批次见表 1-5：

表 1-5　河南省 2023 年实行顺序志愿的批次

序号	批次	填报学校数量	填报专业数量	专业调剂
1	本科提前批军队招飞	1 个	1 个	不设置
2	本科提前批（军队、公安、司法院校以及其他有特殊要求的高校，公安、司法专科同批进行）	第一志愿：1 个 第二志愿：1—4 个	1—5 个	设置
3	公安类、司法类专科（随本科提前批填报）	第一志愿：1 个 第二志愿：1—4 个	1—5 个	设置
4	特殊类型招生志愿（含高校专项计划、高水平艺术团、高水平运动队）	1 个	1—5 个	设置
5	定向西藏就业志愿（本科一批/二批）	1 个	1—5 个	设置
6	少数民族预科（本科一批/二批）	1 个	1—5 个	设置
7	边防军人子女预科（本科二批）	1 个	1—5 个	设置
8	专科提前批（定向培养军士、空乘、航海、医学等有特殊要求的专业类别）	第一志愿：1 个 第二志愿：1—4 个	1—5 个	设置
9	艺术类本科提前批	第一志愿：1 个 第二志愿：1 个	1 个	设置

第八节　招生专有名词解读：大类招生、单列计划

一、大类招生

在每年的招生中，不少高校在宣传中都会提到“大类招生”，那么到底什么是大类招生呢？大类招生是不是就不用选择专业了呢？下面以高校在河南的实际招生计划为例，给大家展示一下高校在河南招生专业的若干种形式以及“大类招生”的几种情况：

（一）细分专业进行招生

以江南大学 2023 年河南省本科一批（文科）招生计划为例（1150 是江南大学在河南招生的代码，专业前面的两位数字是该专业在河南招生的代码，仅仅是一个代码而已，方便网上填报志愿使用，没有任何的其他含义，下同）：

1150　江南大学 28 人

11　国际经济与贸易 4 人

12　法学 4 人

13　社会工作 4 人

14　小学教育（师范）3 人

15　汉语言文学 8 人

16　英语（只招英语语种考生）3 人

17 工商管理 2 人

(二)按照专业类(相近专业的组合)进行招生

以国防科技大学(非军籍学生)2023 年河南省本科一批(理科)招生计划为例:

0305 国防科技大学 50 人(考生须为应届普通高中毕业生,政治面貌为中共党员或共青团员)

71 大气科学类 5 人(包含专业:大气科学、气象技术与工程)

72 理论与应用力学(航天力学拔尖班)3 人

73 电子信息类 15 人(包含专业:电子信息工程、电子科学与技术、通信工程、微电子科学与工程、信息工程、集成电路设计与集成系统、光电信息科学与工程)

74 自动化类 10 人[包含专业:自动化(无人机方向)、机器人工程、人工智能]

75 计算机类 5 人[包含专业:计算机科学与技术(计算机系统方向)、计算机科学与技术(并行计算方向)、计算机科学与技术(大数据方向)、软件工程、网络工程、信息安全]

76 计算机科学与技术(天河拔尖班)3 人

77 航空航天类 9 人(包含专业:航空航天工程、飞行器动力工程、材料科学与工程)

(三)细分专业和专业类混合招生

以北京化工大学 2023 年河南省本科一批(文科)招生计划为例:

1225 北京化工大学 18 人

02 法学(卓越实验班)1 人

03 英语 2 人

04 工商管理类(新文科经管法)15 人(包含专业:财务管理、会计学、工商管理、国际经济与贸易、公共事业管理、行政管理、法学)

(四)以专业组(若干个专业组合在一起)进行招生

以同济大学 2023 年河南省本科一批(理科)招生计划为例:

1310 同济大学 109 人

05 经济管理试验班 9 人(包含专业:工程管理、信息管理与信息系统、物流管理、会计学、金融学;含双学位培养项目:金融学-数学与应用数学,环境科学-会计学。可参加拔尖人才培养特区选拔)

06 工科试验班(智能交通与车辆类)13 人(包含专业:交通工程、交通运输、车辆工程(汽车)、车辆工程;含双学位培养项目:交通工程-数学与应用数学。可参加拔尖人才培养特区选拔。分流专业中车辆工程(汽车)为五年制)

07 工科试验班(智能化制造与先进材料类)15 人(包含专业:新能源材料与器件、材料科学与工程、机械设计制造及其自动化、能源与动力工程、智能制造工程、飞行器制造工程、建筑环境与能源应用工程;含双学位培养项目:能源与动力工程-应用化学。可参加拔尖人才培养特区选拔)

08 工科试验班(智慧建造与低碳环境类)15 人(包含专业:土木工程、智能建造、环境工程、给排水科学与工程、环境科学;含双学位培养项目:土木工程-法学,环境科学-会计学,土木工程-数学与应用数学,环境工程-数学与应用数学。可参加拔尖人才培养特区选拔)

09 工科试验班(信息类)34 人(包含专业:计算机科学与技术、信息安全、数据科学与大数据技术、电气工程及其自动化、自动化、通信工程、人工智能、微电子科学与工程、软件工程、测绘工程、光电信息科学与工程;含双学位培养项目:光电信息科学与工程-应用物理学,测绘工程-应用物理学,视觉传达设计-人工智能。可参加拔尖人才培养特区选拔)

10 工科试验班(国豪精英班)4 人(工科拔尖人才培养计划。所有工科专业任选、本博贯通培养)

11 工科试验班(建筑规划景观与设计类)9 人(包含专业:建筑学、历史建筑保护工程、城乡规划、风景

园林、城市设计、工业设计;可参加拔尖人才培养特区选拔。该专业不招色盲、色弱考生。分流专业中建筑学和城乡规划为五年制)

12　理科试验班10人(包含专业:海洋科学、工程力学、数学与应用数学、统计学、应用物理学;含双学位培养项目:金融学-数学与应用数学,光电信息科学与工程-应用物理学,土木工程-数学与应用数学,环境工程-数学与应用数学,交通工程-数学与应用数学,测绘工程-应用物理学,能源与动力工程-应用化学。可参加拔尖人才培养特区选拔)

(五)所有专业统一进行招生

以北京航空航天大学2023年河南省本科一批(文科)招生计划为例:

1485　北京航空航天大学10人

03　社会科学试验班10人(包含专业:经济学、行政管理、法学、英语、翻译、德语、法语)

综上,按照专业类、专业组或者所有专业统一进行招生的均可以称之为大类招生。大类招生不是不需要选择专业,以专业类、专业组进行的大类招生仍旧是需要进行专业类、专业组的选择的。

很多家长会咨询,以大类招生进入大学后如何进行二次专业选择呢?不同学校专业分流时间不一致,大部分学校都是在大一结束或者大二结束后,按照考生的期末考试成绩(部分学校按照期末考试成绩和高考成绩各占一定比例)让学生重新填报专业,按照学生的成绩和专业选择进行专业分流。此类专业录取方式:

1. 优势:学生在不明确学习某一个具体专业的前提下,以后拥有可以根据个人兴趣来选择的机会。

2. 劣势:如果大学不努力学习,就会有比较大的可能被分流到相对不太喜欢或者不适合的专业去。

二、单列计划

(一)什么是单列计划?

我们以郑州大学2023年河南省本科一批(理科)招生计划为例,郑州大学2023年河南省本科一批(理科)共有4个招生计划:

1. 郑州大学(中外合作办学),包含专业:所有中外合作办学专业。

2. 郑州大学(其他单列),包含专业:临床医学("5+3"一体化)、临床医学("5+3"一体化,儿科学)。

3. 郑州大学,包含专业:除护理学、临床医学("5+3"一体化)、临床医学("5+3"一体化,儿科学)以外的所有普通收费专业。

4. 郑州大学(医护类),包含专业:护理学专业。

【编者按】

1. 单列计划和其他普通计划报考和录取时相互独立,以郑州大学为例,理科总共是4个招生计划。报考时每个计划均需要占用一个学校志愿;如都报考,就需占用4个学校的志愿。

2. 中外合作办学和较高收费的区别:中外合作办学均属于较高收费;较高收费除了中外合作办学外,还包含部分收费比普通收费高的非中外合作办学专业。

(二)单列计划主要包含哪些?

1. 中外合作办学专业单列:绝大部分高校在河南招生的中外合作办学专业均为单列计划。

2. 护理学专业单列:大部分高校护理学专业合并在学校整体进行招生,少部分高校护理学专业单列招生。

3. 软件类专业单列:

(1)由于软件类专业培养成本较高,部分学校软件类专业学费大概在4年共计4万—6万元,无相对普通专业而言学费较贵,所以有可能会单列;

(2)不是所有学校软件类专业收费都比较贵,例如郑州大学软件工程专业收费为5700元/年;

(3)软件类(高收费)专业,仅有部分高校单列,剩余高校仍旧是和其他专业合并招生。

4. 农林矿等专业单列:此类单列计划相对而言较少。

5. 分校、分校区单列:例如东北大学秦皇岛分校、华北电力大学(保定)等和本部分开进行招生。

6. 联办计划招生:例如河南大学(与开封大学联合办学)和河南大学本部分开进行招生。

【编者按】高校在招生环节出于某些方面(主要担心影响学校整体招生)的考虑,将部分专业单独列出来进行招生。单列计划招生可以让有更高意向学习此类专业的考生进行报考,进而减少专业调剂风险,提高学生专业录取的满意度。

(三)单列计划和普通计划录取时会不会相互调剂?

按照河南省招生政策的规定,专业调剂只允许在同一招生计划下进行调剂,例如报考郑州大学普通收费非护理学专业,如果没有被报考专业录取而又服从专业调剂,则会被调剂到同计划下其他未招满专业,不会被调剂到中外合作办学专业。

【编者按】以郑州大学为例,4个不同的计划可以给看成是4个不同的学校,我们都知道不同学校不会相互调剂,同样不同计划也不会相互调剂。

(四)单列计划是否允许转专业到其他计划?

1. 一般情况下单列计划不允许转专业或者只允许在单列计划内部转专业,不允许转到其他计划下的专业。

2. 个别学校允许转专业,如郑州大学:护理学专业允许转到其他计划专业:大一第一学期成绩达到一定条件后,护理学专业允许转到学校所有专业。

【编者按】单列计划一般情况下都不允许转到其他计划专业,报考时请尽量不要将转专业的因素考虑在内,以免影响报考时的选择。毕竟即使允许转专业,转专业的条件也会比较高,最终绝大多数学生无法转成专业。

(五)单列计划和普通计划是否在同一批次招生?

1. 双一流高校单列计划和普通计划基本上都在同一批次进行招生。

2. 有大量的普通一本高校高收费专业在本科二批单列进行招生,离一本线差距不大的考生可以重点考虑。

【编者按】一本、二本是高考报考的分法,而步入社会,主要看你的毕业院校。例如,若上的是一本院校的二本招生专业,你毕业后是一本院校的学生;若上的是二本院校的一本专业,则是二本院校的学生。

(六)单列计划在历年招生中是不是一直不变的?

单列计划不是一直不变的,会有一定的变动。以河南省2022年、2023年理科招生为例:

1. 河南大学(其他单列)(包含专业:人工智能、自动化)2022年和本部其他普通收费专业合并在同一计划下招生,2023年分开单列计划招生。

2. 海南大学儋州校区所有专业2022年单列计划招生,2023年和海南大学其他普通收费专业合并在同一计划下进行招生。

【编者按】单列计划仅仅是高校根据招生情况做出的招生政策,单列计划专业(除分校、分校区、联办单列)和大校招生计划的含金量方面没有太大区别,只是专业比较特殊或者学费相对较高而已。单列计划在报考中相对而言是比较不错的低分高就的机会点,适合的考生可以重点考虑。

第九节　高校招生章程的“话外音”

每年,因不了解学校专业录取原则而导致专业被调剂的考生比比皆是,因不了解高校录取规则而惨遭退档的考生也大有人在,因为志愿填报失误而导致录取结果不理想确实非常惋惜。

高校的录取政策,我们究竟要注意哪些内容?下面给大家说一说高校招生章程中的“话外音”。

一、专业录取原则

同样的专业排序,不同的录取原则下,学生最终被录取的专业则可能会完全不同,所以我们在报考时候必须认真研究报考院校的专业录取原则,以减少专业被调剂的概率问题。

我们来看一个案例,一名理科考生高考成绩 650 分,报考某知名高校,学校提档线 636 分,专业志愿顺序及专业最终录取分数线见表 1-6:

表 1-6　专业志愿顺序及专业最终录取分数线

专业志愿	专业名称	专业最终录取分数线
专业 1	经济学类	655
专业 2	数学类	652
专业 3	电子信息类	649
专业 4	动力与机械类	647
专业 5	电气工程及其自动化	645
服从专业调剂		

很多家长和考生都会想当然的认为会被第三个专业电子信息类专业录取,如果学校录取原则为“分数清”时,确实会被电子信息类专业录取,但如果是“专业清”或者“专业级差”的时候,则很有可能被调剂专业的,下面我们来看一下不同录取原则下该考生被录取专业的情况(见表 1-7):

表 1-7　不同录取原则下,专业录取结果分析

录取原则	录取专业	备注
分数清	电子信息类	对高分考生有利,压线或超线不多考生很难选到好的专业,报不好基本要被调剂专业
专业清	被调剂	给了压线或超线不多考生机会,报好了有可能上一个还不错的专业
专业级差 33110	被调剂	既照顾了高分考生的成绩,又照顾了低分考生的专业,主要就是拼专业选择和专业排序的合理性
专业级差 21100	电气工程及其自动化	

大家一定要了解目标院校的专业录取原则,合理利用录取原则,高分考生完全可以被喜欢的专业录取,压线或者超线不多的考生也有很大的可能被可以接受的专业录取,避免专业被调剂的情况发生,给自己交上一份完美的答卷。

二、平行志愿批次关于退档的规定

在社会分工越来越精细化的时代,很多家长越来越认识到专业的重要性,报考时总担心孩子被调剂专业，却不知道还有一件事情比调剂专业更加严重，那就是“退档”。造成退档的原因有很多种，平行志愿批次最主要的原因有哪些呢？

1. 不服从专业调剂导致退档

基本上各个高校的招生章程中都有针对不服从专业调剂的规定，我们来看看郑州大学2023年招生章程是如何规定的：考生专业志愿无法满足时，若服从专业调剂，则调剂到招生计划尚未完成的专业；若不服从专业调剂，则作退档处理。

所以，平行志愿下，除非我们能够接受退档，否则一定要同意专业调剂；专业调剂固然可怕，但相对于被退档而言似乎更好一些，两者相权取其轻。

2. 单科成绩不符合高校规定导致退档

高校普通收费的专业一般情况下对学生的单科成绩不会做出规定，但不少中外合作办学专业由于有英文授课，所以对考生的英语成绩会有一定的限制，我们来看看安徽大学2023年招生章程中关于中外合作办学专业的规定：应用物理学、应用统计学、数字媒体技术三个中外合作办学专业，因部分课程使用英文原版教材和外籍教师全英文授课，高考英语单科分数不得低于115分（满分150分）。如果报考安徽大学中外合作办学应用物理学、应用统计学、数字媒体技术单列计划，英语成绩未达到115分，投档后会直接做退档处理。

不是所有的高校的中外合作办学都会有英语成绩要求，比如西交利物浦大学虽然英语授课很多，但考生英语成绩在招生中不做硬性要求。但招生章程中也有明确的注明：西交利物浦大学实施专业课全英文教学，大学不设英语单科高考成绩最低线，但希望考生具有良好的英语水平并对英语有浓厚的兴趣，以适应全英文教学环境。

如果考生英语相对一般甚至比较差，尽量不要去选择中外合作办学，尤其是外教授课比较多的专业，不管高校对英语单科成绩有无限制。毕竟被录取不是我们的目的，我们还得考虑孩子上学后能否跟得上的问题。

3. 外语语种限制导致退档

近些年来，不少考生由于英语不好或者外语科目想考更高的分数而选择高中阶段放弃英语，选择其他语种，例如日语、俄语等，有部分高校会对高中外语语种有一定的限制，我们来看看陆军工程大学在河南省本科二批无军籍学生招生计划的规定：只招收英语语种考生。

如果你高中学的不是英语而是日语，你高考报考了陆军工程大学本科二批招生专业，投档后即使总分很高也会被做退档处理；不少高校外语类专业及中外合作办学专业也会有外语语种的限制，请非英语语种的考生密切关注高校的招生要求。

4. 身体条件限制导致退档

我们都知道，军校、公安、司法、航海类等特殊类招收对身体条件有一定的要求，除此以外，还有部分专业对身体条件也会有一定的要求，我们来看看北京中医药大学2023年招生章程的规定：根据专业培养和就业特点，从对考生负责、维护考生利益的原则出发，色盲、色弱及其他各类不能准确识别颜色考生不予录取至医药学类专业；不能准确识别红、黄、绿、蓝、紫各种颜色中任何一种颜色的导线、按键、信号灯、几何图形者不能录取至公共管理类专业。不鼓励躯干或肢体残疾考生报考医药学类专业，否则将难以完成学业。

如果高考体检发现存在色盲、色弱等情况，请一定要规避开相关不允许报考的专业。在考生体检后会拿到一张表格，里面对考生不能和不适宜就读的专业均有标注，请考生和家长密切关注。

5. 只录取有专业志愿的考生

普通收费专业一般不存在此类问题，主要还是集中在中外合作办学单列计划，如东北师范大学：中外合作办学专业只录取填报本专业志愿的考生,不接受专业调剂。东北师范大学中外合作办学单列计划2023年在河南本科一批(理科)有英语、计算机科学与技术、会计学3个专业进行招生,假设某考生只报考了其中2个专业,该考生成绩达到了该招生计划的投档分数线但未达到报考专业的分数,根据东北师范大学招生章程的规定,即使考生服从专业调剂也会被直接退档。

【编者按】2023年有此项规定并且在河南省进行招生的计划中,暂未发现有超过5个专业的招生计划,所有招生专业均填报上,即可规避此类问题的退档风险。

第十节　军队院校招生

一、军队选拔军官和文职人员体检标准

第一章　总则

第一条　为做好军队选拔军官和文职人员体检工作,制定本标准。

第二条　本标准适用于军队选拔补充军官(含直读研究生军官学员、军队院校从地方应届毕业本科生中招录入伍攻读研究生人员)、军队招录聘用文职人员的体检工作。

本标准所称体检,是指依据规定标准,对受检人员的生理和心理健康状况进行综合性检查,评定其是否合格的专业活动。

第二章　通用标准

第一节　外科

第三条　男性身高低于162 cm,女性身高低于158 cm,不合格。

第四条　体重指数(BMI)在下列范围的,不合格。

(一)男性体重指数低于17.5或者30以上,女性体重指数低于17或者24以上;

(二)男性体重指数17.5以上且低于30,女性体重指数17以上且低于24,空腹血糖7.0 mmol/L以上;

(三)男性体重指数28以上且低于30,糖化血红蛋白6.5%以上。

第五条　颅脑损伤,颅骨畸形,颅骨缺损或者颅盖凹陷,颅内异物存留,颅骨及颅内手术史,脑外伤后综合征,不合格。

第六条　颈部运动功能受限,斜颈,Ⅲ度单纯性甲状腺肿,甲状腺切除术后,不合格。

可自行矫正的斜颈,合格。

第七条　脊柱、骨盆、胸廓的畸形或者骨折及骨折史,脊柱、骨盆、胸廓的手术史,腰椎间盘突出症及病史,强直性脊柱炎及病史,其他明显影响脊柱功能的疾病及病史,不合格。

下列情况合格:

(一)轻度胸廓畸形;

(二)可自行矫正的脊柱侧弯;

(三)无合并伤的肋骨单纯性骨折,2根以下,治愈1年以上,X线片显示骨折线消失,无功能障碍及其后遗症。

第八条　骨、关节畸形或者残缺,骨、关节、滑囊疾病或者损伤及其后遗症,关节习惯性脱位,重度扁平足,肘关节过伸大于15度,肘关节外翻大于20度,肘关节过伸或者外翻虽未超过前述规定但存在功能障碍,影响肢体功能的腱鞘疾病,周围神经损伤影响功能,不合格。

下列情况合格:

(一)四肢骨单纯性骨折,治愈1年以上,X线片显示骨折线消失,复位良好,无功能障碍及其后遗症;

(二)关节弹响排除骨关节疾病或者损伤,不影响正常功能;

(三)大骨节病仅指、趾关节稍粗大,无自觉症状,无功能障碍;

(四)双足仅单个足小趾缺如(无症状且不影响功能);

(五)女性肘关节过伸17度以下,不存在功能障碍。

第九条　下蹲不全,两下肢不等长大于2 cm,膝内翻股骨内髁间距离大于7 cm,膝外翻胫骨内踝间距离大于7 cm,或者虽未超过以上规定但步态异常,不合格。

并腿下蹲(双足间距不超过肩宽),膝后夹角45度以内,除外臀肌挛缩综合征、跟腱短缩、下肢骨关节疾病等病理性原因,合格。

第十条　面部、颈前部影响五官结构、功能或者装备穿戴,长径大于3 cm的增生型或者异色显著的瘢痕,身体其他部位影响运动或者装备穿戴的瘢痕,面部、颈前部长径大于1 cm的异色显著的斑或者痣,面颈部文身,着军队制式短袖体能训练服其他裸露部位长径大于3 cm的文身,其他部位长径大于10 cm的文身,男性文眉、文眼线、文唇,女性文唇,不合格。

文身图案和内容由政治审查把关。

第十一条　中重度特应性皮炎,银屑病,白癜风,重度痤疮,穿凿性毛囊炎,斑秃,重度鱼鳞病,疥疮,其他难以治愈的自身免疫性皮肤病,其他重症遗传性皮肤病或者严重的传染性皮肤病,不合格。

下列情况合格:

(一)斑秃脱发部位数量3个以内,且脱发区长径1 cm以下;

(二)面部、颈前部单发且长径1 cm以下的白癜风,身体其他部位数量3个以内、长径3 cm以下的白癜风;

(三)疥疮已治愈,且全身未见疥疮结节;

(四)股癣,手(足)癣,甲(指、趾)癣,躯干花斑癣。

第十二条　重度腋臭,不合格。

腋臭术后超过6个月,无并发症,无腋臭或者轻度腋臭,合格。

第十三条　脉管炎,动脉瘤,中、重度下肢静脉曲张,不合格。

第十四条　泌尿生殖系统疾病或者损伤及其后遗症,生殖器官畸形或者发育不全,临床型Ⅲ度精索静脉曲张,不合格。

下列情况合格:

(一)无自觉症状的轻度非交通性精索鞘膜积液,不大于健侧睾丸;

(二)无自觉症状的睾丸鞘膜积液,包括睾丸在内不大于健侧睾丸1倍;

(三)包茎,包皮过长,轻度急性包皮炎,阴囊炎;

(四)精索静脉曲张手术半年以上,无复发,无后遗症;

(五)交通性鞘膜积液手术半年以上,无复发,无后遗症;

(六)隐睾经手术下降至阴囊,术后半年以上,无并发症,无后遗症;

(七)附睾囊肿,无自觉症状,经专科诊断无须手术。

第十五条　胸、腹腔手术史,疝,不合格。

下列情况合格:

(一)阑尾炎手术半年以上,无后遗症;

(二)腹外疝手术半年以上,无后遗症;

(三)胆石症微创手术(保留胆囊)半年以上,无后遗症;

(四)胸腔镜下交感神经链切断术半年以上,无后遗症。

第十六条　脱肛,肛瘘,肛旁脓肿,重度陈旧性肛裂,环状痔,混合痔,不合格。

下列情况合格：

(一)混合痔2个以内,且长径均1 cm以下；

(二)低位单纯性肛瘘(只有一个瘘管),术后1年以上,无复发。

第十七条　梅毒、淋病、非淋菌性尿道炎、尖锐湿疣、生殖器疱疹、软下疳、性病性淋巴肉芽肿,以及其他性传播疾病及其并发症、后遗症,不合格。

第十八条　恶性肿瘤及病史,恶性肿瘤术后,不合格。

面颈部长径超过1 cm的良性肿瘤、囊肿,其他体表部位长径超过3 cm的良性肿瘤、囊肿,或者虽未超出前述规定但影响功能和训练的,不合格。

颅脑、纵隔、心脏的良性肿瘤、囊肿,不合格。

甲状腺、乳腺、眼、耳、鼻、咽、喉、口腔等其他部位的良性肿瘤、囊肿,无须手术治疗或者已行手术符合恢复时限,术后无并发症、后遗症,不影响功能和训练,合格。

第二节　内科

第十九条　高血压,器质性心脏病(含先天性心脏病术后),严重的血管疾病,右位心脏,不合格。

下列情况合格：

(一)听诊发现心律不齐、心脏杂音,经检查系生理性；

(二)心脏射频消融术后痊愈半年以上,无复发,无并发症,无须服药,心电图及心脏彩色多普勒超声检查正常。

第二十条　收缩压低于90 mmHg或者140 mmHg以上,舒张压低于60 mmHg或者90 mmHg以上,不合格。

第二十一条　心率低于50次/分或者高于100次/分,不合格。

心率高于100次/分且在110次/分以下,排除病理性原因,合格。

第二十二条　慢性支气管炎,支气管哮喘,支气管扩张,肺大泡,肺纤维化,气胸及气胸史,以及其他呼吸系统慢性疾病,不合格。

第二十三条　严重的消化道溃疡、慢性胰腺炎、溃疡性结肠炎、克罗恩病、肠结核等严重的消化系统疾病,不合格。

第二十四条　泌尿、血液、内分泌系统疾病,代谢性疾病,免疫性疾病,以及经确诊的以上慢性严重性疾病治愈未达稳定年限,不合格。

下列情况合格：

(一)急性膀胱炎、急性肾盂肾炎、急性前列腺炎,治愈半年以上,无复发,无并发症；

(二)单纯性缺铁性贫血,血红蛋白大于90 g/L；

(三)巨幼细胞贫血治愈5年以上,血常规检查正常；

(四)儿童青少年时期患过敏性紫癜,治愈10年以上,无复发,无并发症,血、尿常规等相关检查正常；

(五)亚急性甲状腺炎治愈1年以上,甲状腺功能(甲功五项)正常,无须服药,无症状和体征。

第二十五条　鼠疫,霍乱,艾滋病,病毒性肝炎,结核病,传染性肺炎,人感染高致病性禽流感,新型冠状病毒、腺病毒、诺如病毒感染,细菌性和阿米巴性痢疾,伤寒和副伤寒,沙门菌肠炎,脊髓灰质炎,麻疹,风疹,流行性出血热,流行性乙型脑炎,流行性脑脊髓膜炎,流行性腮腺炎,急性出血性结膜炎,麻风病,白喉,猩红热,狂犬病,布鲁菌病,疟疾,炭疽,钩端螺旋体病,血吸虫病,丝虫病,黑热病,水痘等具有传染性的疾病,不合格。

下列情况合格：

(一)急性甲型、戊型病毒性肝炎,治愈半年以上,无症状和体征,实验室检查正常,无复发;急性乙型、丙型、丁型病毒性肝炎,治愈1年以上,无症状和体征,实验室检查正常,无复发；

(二)肺结核、浅表淋巴结结核、结核性胸膜炎无胸膜肥厚或者粘连、结核性腹膜炎无腹膜肥厚或者粘连、结核性脑膜炎无后遗症,治愈3年以上,无复发(泌尿生殖系统结核除外);

(三)细菌性痢疾、阿米巴性痢疾、伤寒、副伤寒、沙门菌肠炎,治愈半年以上,无复发;

(四)布鲁菌病、疟疾、黑热病、血吸虫病、钩端螺旋体病、流行性出血热,治愈1年以上,无复发,无后遗症;

(五)丝虫病,治愈半年以上,无后遗症;

(六)腺病毒感染,治愈1年以上,无后遗症;

(七)诺如病毒感染,治愈3个月以上;

(八)其他传染性疾病,已达到临床治愈标准且病原体被清除。

第二十六条　癫痫、脑血管疾病、脱髓鞘性疾病、运动障碍性疾病、骨骼肌肉疾病、中枢神经系统感染性疾病以及其他神经系统疾病及后遗症,不合格。

轻型流行性乙型脑炎已治愈,无后遗症,合格。

第二十七条　晕血,不合格。

第二十八条　影响正常表达的口吃,不合格。

第三节　耳鼻咽喉科

第二十九条　双耳中至少一耳耳语听力达到5米,且另一耳耳语听力3米以上,合格。

第三十条　眩晕症,不合格。

第三十一条　明显的耳廓畸形及先天性耳畸形,外耳道闭锁,全耳廓再造术后,外耳道胆脂瘤,耳廓及外耳道良、恶性肿瘤,不合格。

下列情况合格:

(一)耳前瘘管,耳廓及外耳道良性肿瘤,经专科明确无须手术或者治疗,无不适症状,不影响功能和穿戴;

(二)耳前瘘管,外耳道胆脂瘤,耳廓及外耳道良性肿瘤,术后痊愈,无并发症,无后遗症。

第三十二条　鼓膜穿孔,慢性分泌性中耳炎,化脓性中耳炎,耳源性颅内、外并发症,中耳炎后遗症,中耳胆脂瘤,耳硬化症,中、内耳术后,中耳肿瘤,以及其他难以治愈的耳病,不合格。

鼓膜穿孔修补术后半年以上,鼓膜修复良好,合格。

第三十三条　嗅觉丧失,不合格。

第三十四条　严重的鼻畸形,鼻中隔穿孔,鼻骨骨折及骨折史,中、重度变应性鼻炎,急性鼻窦炎,严重的慢性鼻窦炎,鼻息肉,鼻部肿瘤以及其他严重影响鼻功能的慢性鼻病,不合格。

下列情况合格:

(一)鼻中隔穿孔术后半年以上,鼻中隔修补完整,无复发,无后遗症;

(二)单纯性鼻骨(粉碎性骨折除外)骨折,术后3个月以上,复位良好,无并发症,无后遗症;

(三)鼻骨无错位性骨折3个月以上,无并发症,无后遗症。

第三十五条　Ⅲ度肿大的慢性扁桃体炎,阻塞性睡眠呼吸暂停低通气综合征,慢性喉炎,鼻咽血管纤维瘤,咽部恶性肿瘤,喉肿瘤,以及影响吞咽、发音、呼吸功能或者其他难以治愈的咽、喉疾病,不合格。

下列情况合格:

(一)慢性喉炎治愈后(无声音嘶哑,声带无充血、肥厚、萎缩,声带闭合良好);

(二)鼻咽血管纤维瘤术后半年以上,无并发症,无后遗症。

第四节　眼科

第三十六条　双眼中任何一眼裸眼视力小于4.5,不合格。

下列情况合格:

（一）双眼中任何一眼裸眼视力小于4.8时，需进行矫正视力检查，双眼中任何一眼矫正视力均4.8以上且矫正度数均在600度以下；

（二）双眼中任何一眼行激光手术（有晶体眼人工晶体植入术除外），术后时间在半年以上，手术眼裸眼视力4.8以上，无并发症，且眼底检查正常；

（三）双眼中任何一眼行激光手术（有晶体眼人工晶体植入术除外），术后时间在半年以上，无并发症，且眼底检查正常，但手术眼裸眼视力小于4.8的，需进行矫正视力检查，双眼中任何一眼矫正视力均4.8以上且矫正度数均在600度以下。

第三十七条　经色觉图谱检查判定为色盲者，不合格。

第三十八条　影响眼功能的眼睑、睑缘、结膜、泪器疾病，不合格。

第三十九条　眼球突出，眼球震颤，眼肌疾病，不合格。

共同性内、外斜视15度以下，合格。

第四十条　角膜、巩膜、虹膜睫状体疾病，瞳孔变形、运动障碍，不合格。

不影响视力的角膜云翳，合格。

第四十一条　晶状体、玻璃体、视网膜、脉络膜、视神经疾病，青光眼，不合格。

点状、花冠状、前极等不影响视力的先天性晶状体混浊，相对静止，合格。

第五节　口腔科

第四十二条　深度龋齿4颗以上，缺齿4颗以上或者连续缺齿2颗以上（智齿或者经正畸治疗拔除、牙列整齐的除外），重度牙周炎，不合格。

下列情况合格：

（一）经治疗、修复后功能良好的龋齿、缺齿；

（二）牙体疾病、牙髓、根尖周急慢性炎症治愈后。

第四十三条　全口义齿及复杂的可摘局部义齿，牙列重度磨损，颞下颌关节疾病，戴有隐形矫治器、固定矫治器，不合格。

颞下颌关节弹响，但不伴有颞下颌关节区疼痛、咀嚼肌疼痛、下颌运动异常，不影响正常功能者，合格。

第四十四条　慢性腮腺炎，口腔颌面部肿物，不合格。

口腔颌面部囊肿、良性肿瘤术后1年以上，无复发，无症状和体征，无功能障碍，无后遗症，合格。

第四十五条　颌面部骨折及骨折史，唇裂及唇裂术后明显瘢痕，腭裂及腭裂术后，影响咀嚼及发音功能的其他口腔疾病，不合格。

下颌骨、上颌骨、颧骨骨折，治愈1年以上，复位良好，X线检查显示骨折线消失，无咀嚼功能障碍及明显面部畸形者，合格。

第六节　妇科

第四十六条　异常子宫出血，严重痛经及子宫内膜异位症，子宫、附件手术史，不合格。

下列情况合格：

（一）子宫肌瘤剔除术半年以上，无后遗症；

（二）巧克力囊肿剥除术半年以上，无复发，无后遗症；

（三）卵巢黄体破裂部分楔形切除术半年以上，无后遗症。

第四十七条　内外生殖器畸形或者缺陷，不合格。

第四十八条　盆腔肿物，不合格。

第四十九条　妊娠，不合格。

第七节　精神心理

第五十条　神经发育障碍，精神分裂症和其他原发性精神病性障碍，紧张症，心境障碍，焦虑及恐惧相关障碍，强迫及相关障碍，应激相关障碍，分离性障碍，喂养及进食障碍，排泄障碍，躯体痛苦和躯体体验障碍，物质使用和成瘾行为所致障碍，冲动控制障碍，破坏性行为和脱社会障碍，人格障碍，性欲倒错障碍，做作障碍，神经认知障碍，痴呆，与妊娠、分娩和产褥期有关的精神或者行为障碍，与分类于他处的障碍或者疾病相关的继发性精神或者行为综合征，睡眠觉醒障碍，严重精神障碍诊断史或者治疗史，不合格。

第五十一条　数学或者语言任一基本职业能力异常，情绪稳定性、尽责性、自律性、怀疑性、忧虑性或者紧张性任一职业人格特质异常，分离性、神经性、敏感性、抑郁性、焦虑性、强迫性、偏离性、冲动性、悖逆性或者自杀倾向任一健康人格特质异常，不合格。

第八节　医学影像

第五十二条　胸部 X 线检查结果在下列范围内合格：

(一)胸部 X 线检查未见异常；

(二)孤立散在的钙化点，数量 3 个以下，单个直径 5 mm 以下，密度高，边缘清晰，周围无浸润现象；

(三)孤立散在的钙化点，数量大于 3 个且在 6 个以下(与血管和肺纹理伴行的除外)，单个直径 5 mm 以下，密度高，边缘清晰，周围无浸润现象，必要时增加相应检查除外肺结核等疾病；

(四)肺纹理增强(需临床除外呼吸系统疾病)；

(五)胸膜轻度增厚、一侧肋膈角轻度变钝(需临床除外呼吸系统疾病)；

(六)轻度脊柱侧弯。

第五十三条　心电图检查结果在下列范围内合格：

(一)正常心电图；

(二)大致正常心电图：

1. 窦性心动过速(心率大于 100 次/分且在 110 次/分以下)，排除病理性原因；

2. 窦性心律不齐(P-P 间期互差小于 0.40 s)，经屏气后改善或者消失；

3. 窦房结内游走心律；

4. P 波电轴左偏(P 波在Ⅰ、aVL 导联直立且电压较高，Ⅱ导联低平或者正负双相，Ⅲ导联正负或者负正双相或者浅倒，aVF 导联正负双相，aVR 导联负正双相或者浅倒)；

5. 单纯 P-R 间期缩短(100~119 ms)且无心动过速发作史；

6. 一度房室阻滞，P-R 间期在 0.24 s 以内，起卧活动 20 次后，P-R 间期恢复到正常范围(P-R 间期在 0.20 s 以内)；

7. 单纯的 QRS 电轴偏移在-30 度至+120 度；

8. 单纯逆钟向或者顺钟向转位；

9. 左心室高电压(不伴 ST 段压低、T 波低平、双相)；

10. R 波显示，RV1、V2 高，但肢体导联 QRS 波电压无变化，QRS 电轴无明显右偏，右胸导联无 ST-T 改变；

11. 室上嵴型 QRS 波(V_1 呈 rsr′ 型，r>r′，I、V_5 导联无 s 波或者 s 波在正常范围内)；

12. 不完全性右束支阻滞，经心脏彩超检查排除心脏器质性病变；

13. 每分钟 5 次以下的偶发早搏，若为室性偶发早搏需起卧活动 20 次后复查，复查后早搏消失[早搏呈二、三联律除外，室性早搏呈 Ron-T、多源性(含双源性)、多形性(含双形性)、特宽型(QRS 时间在 0.16 s 以上)、特矮型(QRS 振幅小于 1.0 mV)除外]；

14. 心室早复极，心率较慢时以 R 波为主导联 J 点抬高，ST 段呈凹面向上型抬高小于 0.1 mV；

15. 以 R 波为主导联 ST 段呈水平型压低 0.05 mV 以下(aVL、Ⅲ导联可压低 0.1 mV)，或者呈上斜型压低小于 0.1 mV；

16. T 波显示，Ⅱ导联直立，电压大于 1/10R 波，aVF 导联低平，Ⅲ导联倒置；在 V_1、V_2 导联大于 V_5、V_6(TV_5、V_6 大于 1/10R 波)；

17. U 波明显，但未高于 T 波。

第五十四条　腹部超声检查发现恶性征象，肝肾弥漫性实质损害，肾盂积水，单肾，结石，胰腺病变，内脏反位，以及其他病变和异常的，不合格。

下列情况合格：

（一）轻、中度脂肪肝；

（二）胆囊息肉样病变，数量 5 个以下，且最大一个息肉的最大径小于 0.6 cm；

（三）肝脾肾囊肿和血管瘤单脏器数量 3 个以下，且最大一个长径 3 cm 以下；

（四）肝、脾内钙化灶，肝内串珠样钙化灶性质稳定；

（五）肾实质钙化灶数量 3 个以下，且最大一个长径 1.0 cm 以下；

（六）肾错构瘤数量 2 个以下，且最大一个长径 1.0 cm 以下；

（七）肾盂宽 1.5 cm 以下，输尿管不增宽；

（八）副脾；

（九）脾脏长径 12.0 cm 以下，厚度 4.0 cm 以下；脾脏长径虽大于 12.0 cm 或者厚径大于 4.0 cm，但脾面积测量（0.8×长径×厚径）在 38 cm^2 以下，排除器质性病变。

第五十五条　妇科超声检查发现子宫肌瘤，附件区不明性质包块，盆腔不明性质包块，以及其他病变和异常的，不合格。

下列情况合格：

（一）不伴其他异常的盆腔积液深度 2.0 cm 以下；

（二）单发附件区、卵巢囊肿最大径 3.0 cm 以下。

第五十六条　器质性心脏病，不合格。

第九节　医学检验

第五十七条　血液、尿液常规检查应当结合临床及地区进行综合判定，除血红蛋白可作为贫血诊断指标、血小板计数可作为血小板疾病诊断参考指标，其他检查项目原则上不作单项淘汰。

粪便常规检查，在地方性寄生虫病和血吸虫病流行地区为必检项目，在体检期间未发现流行趋势的其他地区不做检查。

第五十八条　血清丙氨酸氨基转移酶大于 80 U/L，不合格。

男性血清丙氨酸氨基转移酶大于 50 U/L 且在 80 U/L 以下，女性血清丙氨酸氨基转移酶大于 40 U/L 且在 80 U/L 以下，除外病理性因素，合格；有轻、中度脂肪肝，但未发现标准内其他相关疾病，合格。

第五十九条　血清肌酐酶法检测结果：男性 59～104 μmol/L，女性 45～84 μmol/L，合格。

血清肌酐苦味酸速率法检测结果：男性 62～115 μmol/L，女性 53～97 μmol/L，合格。

血清肌酐检测结果大于正常参考区间上限，通常判定不合格；复查正常或者轻微增高，临床除外肾脏功能受损，通常判定合格。

第六十条　血清尿素正常值参考区间：2.9～8.2 mmol/L。

血清尿素检测结果大于正常参考区间上限，肌酐正常时，应当结合临床进行综合判定。

第六十一条　空腹血糖 7.0 mmol/L 以上，不合格。

第六十二条　糖化血红蛋白 6.5%以上，不合格。

第六十三条　乙型肝炎表面抗原阳性，不合格。

第六十四条　人类免疫缺陷病毒抗体阳性，不合格。

第六十五条　梅毒螺旋体特异性抗体和非特异性抗体均为阳性，不合格。

第六十六条　尿液毒品检测阳性，不合格。

第六十七条　尿液妊娠试验阴性，合格。

尿液妊娠试验阳性，但血清绒毛膜促性腺激素（HCG）结果在参考区间内，合格。

第三章　选拔军官补充标准

第一节　外科

第六十八条　装甲类岗位，身高超过 182 cm，不合格。

航海类中的舰艇、潜艇岗位，身高超过 185 cm，不合格。

防化类岗位，航海类中的潜水岗位，身高低于 168 cm 或者超过 185 cm，不合格。

航空类中的伞降、机降岗位，特战类岗位，男性身高低于 168 cm，女性身高低于 165 cm，不合格。

中央警卫团岗位，男性身高低于 170 cm，女性身高低于 165 cm，不合格。

解放军仪仗司礼大队岗位，男性身高低于 180 cm，女性身高低于 173 cm，不合格。

第六十九条　航海类中的舰艇、潜艇、潜水岗位，单纯性甲状腺肿，不合格。

第七十条　特战类岗位，航海类中的潜水岗位，航空类中的伞降、机降岗位，轻度胸廓畸形，不合格。

特战类岗位，无合并伤的肋骨单纯性骨折，2 根以下，X 线检查显示骨折线消失，无功能障碍及其后遗症，治愈后不足 3 年，不合格。

第七十一条　特战类岗位，上肢单纯性骨折，复位良好，X 线片显示骨折线消失，无功能障碍及其后遗症，治愈后不足 3 年，不合格。

特战类岗位，航空类中的伞降、机降岗位，发生在 14 岁前的下肢单纯性骨折，复位良好，X 线片显示骨折线消失，无功能障碍及其后遗症，治愈后不足 3 年，不合格。

特战类岗位，中度以上扁平足，不合格。

特战类岗位，航海类中的舰艇、潜艇、潜水岗位，航空类中的伞降、机降岗位，大骨节病（含仅指、趾关节稍粗大，无自觉症状，无功能障碍），不合格。

第七十二条　特战类岗位，航空类中的伞降、机降岗位，膝内翻股骨内髁间距离大于 4 cm，膝外翻胫骨内踝间距离大于 4 cm，并腿下蹲（双足间距不超过肩宽）膝后夹角大于 0 度，不合格。

第七十三条　中央警卫团岗位、解放军仪仗司礼大队岗位，面颈部、着军队制式短袖体能训练服其他裸露部位的文身，非裸露部位长径大于 3 cm 的文身，不合格。

第七十四条　中央警卫团岗位、解放军仪仗司礼大队岗位，面颈部的白癜风，不合格。

第七十五条　装甲类岗位，航海类中的舰艇、潜艇、潜水岗位，腋臭，不合格；腋臭术后 6 个月以上，无并发症，无腋臭，合格。

第七十六条　特战类岗位，航空类中的伞降、机降岗位，下肢静脉曲张，不合格。

第七十七条　特战类岗位，航空类中的伞降、机降岗位，临床型Ⅱ度以上（含Ⅱ度）精索静脉曲张，不合格。

航空类中的伞降、机降岗位，精索鞘膜积液，睾丸鞘膜积液，不合格。

第七十八条　特战类岗位，航空类中的伞降、机降岗位，疝术后者，不合格。

第二节　内科

第七十九条　特战类岗位，航海类中的舰艇、潜艇、潜水岗位，航空类岗位，心率 101 次/分以上，不合格。

航海类中的潜水岗位，心率 59 次/分以下，不合格。

第八十条　特战类岗位，航海类中的舰艇、潜艇、潜水岗位，航空类中的伞降、机降岗位，心脏射频消融术后，心脏杂音，不合格。

第八十一条　航海类中的潜水岗位，有肺结核病史，结核性胸膜炎、腹膜炎、脑膜炎病史者，不合格。

第三节　耳鼻咽喉科

第八十二条　通信导航类岗位，特战类岗位，航海类中的舰艇、潜艇、潜水岗位，航空类岗位，双耳中任一耳耳语听力低于 4 m，不合格。

第八十三条　特战类岗位，航海类中的舰艇、潜艇、潜水岗位，航空类岗位，严重的外耳湿疹或者真菌病，不合格。

第八十四条　特战类岗位，航海类中的潜水岗位，航空类中的伞降、机降岗位，鼓膜中度以上内陷，鼓膜瘢痕或者钙化斑，鼓膜穿孔修补术后，不合格。

第八十五条　防化类岗位，后勤类的医疗卫生、油料岗位，特战类岗位，航海类中的舰艇、潜艇、潜水岗位，嗅觉迟钝，不合格。

第八十六条　防化类岗位，后勤类的医疗卫生、油料岗位，特战类岗位，航海类中的舰艇、潜艇、潜水岗位，航空类岗位，萎缩性鼻炎，慢性鼻窦炎，病理性鼻中隔偏曲，不合格。

前款规定岗位，鼻中隔偏曲矫正术后 1 个月以上，无并发症，无后遗症，合格。

第四节　眼科

第八十七条　特战类岗位，航海类中的潜水岗位，航空类中的伞降、机降岗位，任何一眼裸眼视力小于 4.8，任何屈光不正手术史，不合格。

第八十八条　防化类，导弹类，电子对抗类，通信导航类，测绘类，后勤类中的医疗卫生、油料岗位，特战类岗位，航海类中的舰艇、潜艇、潜水岗位，航空类中的伞降、机降岗位，经色觉图谱检查判定为色弱者，不合格。

第八十九条　航海类中的潜水岗位，共同性内、外斜视（含 15 度以下），不合格。

第五节　口腔科

第九十条　航海类中的潜水岗位，超𬌗超过 5 mm，开𬌗超过 3 mm，上下颌牙咬合到对颌牙龈的深覆𬌗、反𬌗，重度牙列不齐等严重错𬌗畸形，不合格。

航海类中的舰艇、潜艇、潜水岗位，重度牙龈炎，中度牙周炎，不合格。

第九十一条　特战类岗位，航海类中的舰艇、潜艇、潜水岗位，航空类的伞降、机降岗位，颌面部骨折术后（未取出钛板钛钉等固定物），不合格。

特战类岗位，航海类中的潜水岗位，唇裂术后不合格。

第六节　医学影像

第九十二条　特战类岗位，航空类中的伞降岗位，航海类中的潜水岗位，钙化点大于 3 个，肺纹理增强，胸膜轻度增厚、一侧肋膈角轻度变钝，不合格。

第九十三条　特战类岗位，航海类中的潜水岗位，航空类中的伞降、机降岗位，一度房室阻滞，不合格。

第九十四条　特战类岗位，航海类中的潜水岗位，航空类中的伞降、机降岗位，胆囊息肉样病变，肝、脾、肾囊肿及血管瘤，肾错构瘤，肾盂宽大于 1.0 cm，不合格。

第四章　选拔文职人员补充标准

第一节　外科

第九十五条　年龄 40 岁以上，男性体重指数 30 以上且 32 以下、女性体重指数 24 以上且 32 以下，空腹血糖低于 7.0 mmol/L 且糖化血红蛋白低于 7.0%，无心、脑、肾、眼等靶器官并发症，合格。

第九十六条　年龄 40 岁以上，腰椎间盘突出症及其病史，治疗后不影响正常活动，合格。

第九十七条　肘关节过伸、外翻超出标准，除外病理性原因，不影响功能，合格。

第九十八条　膝内翻股骨内髁间距离、膝外翻胫骨内踝间距离超出标准范围，但不存在功能障碍，合格。

第九十九条　白癜风，重度痤疮，穿凿性毛囊炎，斑秃，不影响所聘岗位工作，合格。

第一百条　年龄 40 岁以上，中度下肢静脉曲张，经治疗病情稳定，无严重并发症，合格。

第一百〇一条　胆囊摘除术后无严重并发症，合格。

第一百〇二条　良性肿瘤、囊肿经治疗病情稳定，无严重并发症，合格。

第二节　内科

第一百〇三条　年龄 40 岁以上，高血压病经药物控制，血压可稳定在合格范围内，未出现心、脑、肾、眼底等靶器官损伤或者相关并发症，合格。

第一百〇四条　年龄40岁以上，慢性支气管炎，无并发症，无心肺功能障碍，合格。

第一百〇五条　年龄40岁以上，下列情况合格：

（一）Ⅱ型糖尿病，血糖控制达标（空腹血糖低于7 mmol/L且糖化血红蛋白低于7%），无心、脑、肾、眼等靶器官并发症；

（二）甲状腺功能亢进，治愈1年以上，无症状和体征，甲状腺功能（甲功五项）正常且甲状腺受体抗体（TRAb）阴性；

（三）桥本甲状腺炎，仅甲状腺球蛋白抗体（TgAb）和抗甲状腺过氧化物酶抗体（TPOAb）阳性，甲状腺功能（甲功五项）正常。

第一百〇六条　除专业技术类中的医疗卫生岗位外，晕血，合格。

第三节　耳鼻咽喉科

第一百〇七条　双耳中至少一耳耳语听力达到4米，且另一耳耳语听力3米以上，合格。

第一百〇八条　专业技术类中的医疗卫生、实验、农业、工程岗位，嗅觉迟钝，不合格。

第一百〇九条　专业技术类中的医疗卫生、实验、农业岗位，萎缩性鼻炎，慢性鼻窦炎，病理性鼻中隔偏曲，不合格。

前款规定岗位，鼻中隔偏曲矫正术后1个月以上，无并发症，无后遗症，合格。

第一百一十条　除专业技术类中的播音岗位，声带息肉、声带小结术后治愈，无发音障碍，合格。

第四节　眼科

第一百一十一条　除管理类和专业技术类中的医疗卫生、实验、体育岗位外，每一眼矫正视力4.8以上且矫正度数800度以下，无明显视功能损害眼病，合格。

第一百一十二条　专业技术类中的医疗卫生岗位，经色觉图谱检查判定为色弱，不合格。

第一百一十三条　眼睑、睑缘、结膜、泪器疾病，经治疗后不影响所聘岗位工作，合格。

第一百一十四条　角膜斑翳，角膜白斑，不影响视功能，合格。

第一百一十五条　晶状体术后视功能良好，合格。

第五节　口腔科

第一百一十六条　年龄40岁以上，深度龋齿，缺齿，重度牙周炎，经治疗后咀嚼功能良好，合格。

第一百一十七条　年龄40岁以上，下列情况合格：

（一）戴用复杂可摘局部义齿，牙列及咬合功能恢复良好；

（二）牙列重度磨损者，经治疗咬合功能恢复良好，伴发的牙体牙髓及牙周黏膜疾病经治疗病情稳定，未伴发严重颞下颌关节疾病；

（三）颞下颌关节疾病者经治疗病情稳定，无明显疼痛及张口受限等下颌运动障碍。

第一百一十八条　唇裂术后留有瘢痕，但不影响咀嚼及发音功能，合格。

第六节　妇科和医学影像

第一百一十九条　子宫肌瘤术后（含正常子宫、残余子宫、子宫缺如）无后遗症，剖宫产术后无后遗症，合格。

第一百二十条　二度Ⅰ型房室阻滞（不伴早搏、ST-T改变、QRS群改变），合格。

第一百二十一条　无梗阻的结石，合格。

第五章　附则

第一百二十二条　军队直接选拔招录备战打仗急需军官、特招地方专门人才担任军官，军队直接引进高层次人才、特殊专业人才为文职人员，经有选拔审批权限的单位认定后（直接引进掌握独特技能专长的专业技能类文职人员由师级以上单位认定，其他由军委机关各部委、军委各直属机构、军委联指中心、各战区、各军兵种、军委各直属单位认定），身高、体重、视力体检标准可适当放宽。

第一百二十三条　军队院校招收军士学员，按照本标准中选拔补充军官有关标准执行。

第一百二十四条　武警部队选拔补充警官（含直读研究生警官学员、武警部队院校从地方应届毕业本科生中招录入伍攻读研究生人员）、招录聘用文职人员，武警部队院校招收警士学员，体检工作按照本标准执行。

第一百二十五条　本标准涉及军队人员岗位类别与军队院校招生专业的对应关系，由军委训练管理部另行明确。

第一百二十六条　本标准自2023年3月16日起施行。2015年8月17日原总政治部、总后勤部印发的《军队聘用文职人员体格检查通用标准（试行）》，以及2016年6月20日军委政治工作部、后勤保障部、训练管理部印发的《军队院校招收学员体格检查标准》《军队院校招收学员体格检查办法》同时废止。

二、2023年在河南省招生的军队院校及专业

2023年共有27所军校在河南招生，投放招生计划共1311人（不含军队院校空军航空大学、海军航空大学招收飞行员计划），其中文科男生计划招生32人、理科男生计划招生1209人、文科女生计划招生2人、理科女生计划招生68人，具体招生计划见表1-8（男生、女生招生计划分类汇总）：

表1-8　2023年在河南省招生的军队院校及专业

科类	院校代号	院校名称	专业代码	专业名称	计划人数	性别	备注
文科	0125	武警海警学院	01	法学（维权执法）	1	男生	指挥类
文科	0210	战略支援部队信息工程大学	01	侦察情报（军事情报学）	2	男生	非指挥类
文科	0210	战略支援部队信息工程大学	02	侦察情报（军事情报学）	9	男生	指挥类
文科	0305	国防科技大学	01	国际事务与国际关系（国际事务与国际关系）	1	男生	非指挥类
文科	0305	国防科技大学	02	英语（军事翻译）	2	男生	非指挥类
文科	0305	国防科技大学	03	俄语（军事外语技术）	1	男生	非指挥类
文科	0305	国防科技大学	04	法语（军事翻译）	1	男生	非指挥类
文科	0305	国防科技大学	06	日语（军事外语技术）	1	男生	非指挥类
文科	0305	国防科技大学	07	朝鲜语（军事外交）	1	男生	指挥类
文科	0305	国防科技大学	08	印地语（军事外交）	1	男生	指挥类
文科	0305	国防科技大学	09	缅甸语（军事外交）	1	男生	指挥类
文科	0305	国防科技大学	10	蒙古语（军事外语技术）	1	男生	非指挥类
文科	0305	国防科技大学	11	僧伽罗语（军事外语技术）	1	男生	非指挥类
文科	0305	国防科技大学	12	越南语（军事外交）	2	男生	指挥类
文科	0305	国防科技大学	13	意大利语（军事外语技术）	1	男生	非指挥类
文科	0555	武警工程大学	01	思想政治教育（武警内卫总队执勤分队指挥）	1	男生	指挥类
文科	0555	武警工程大学	02	中国语言文学类（武警内卫总队机动分队指挥）	2	男生	指挥类
文科	0575	武警警官学院	01	思想政治教育（武警内卫总队执勤分队指挥）	1	男生	指挥类
文科	0825	陆军特种作战学院	01	作战指挥（特种兵初级指挥）	2	男生	指挥类
理科	0125	武警海警学院	01	法学（维权执法）	1	男生	指挥类
理科	0125	武警海警学院	03	航海技术（船艇指挥）	3	男生	指挥类
理科	0125	武警海警学院	04	作战指挥（船艇指挥）	3	男生	指挥类
理科	0125	武警海警学院	05	作战指挥（维权执法）	3	男生	指挥类

续表

科类	院校代号	院校名称	专业代码	专业名称	计划人数	性别	备注
理科	0125	武警海警学院	06	侦察情报(武警侦察指挥)	1	男生	指挥类
理科	0210	战略支援部队信息工程大学	01	地理科学(测绘技术与保障)	1	男生	非指挥类
理科	0210	战略支援部队信息工程大学	03	测控技术与仪器(导航技术与指挥)	1	男生	非指挥类
理科	0210	战略支援部队信息工程大学	04	电子信息工程(目标信息侦察监测)	4	男生	非指挥类
理科	0210	战略支援部队信息工程大学	06	电子科学与技术(信息装备技术与保障)	3	男生	指挥类
理科	0210	战略支援部队信息工程大学	08	通信工程(通信技术与应用)	1	男生	非指挥类
理科	0210	战略支援部队信息工程大学	09	通信工程(通信装备研发与保障)	5	男生	非指挥类
理科	0210	战略支援部队信息工程大学	12	信息工程(信号分析处理)	3	男生	非指挥类
理科	0210	战略支援部队信息工程大学	13	水声工程(水下信息技术)	1	男生	非指挥类
理科	0210	战略支援部队信息工程大学	15	人工智能(智能信息处理与装备研发)	1	男生	非指挥类
理科	0210	战略支援部队信息工程大学	17	计算机科学与技术(计算机装备研发与保障)	2	男生	非指挥类
理科	0210	战略支援部队信息工程大学	18	信息安全(信息管理)	14	男生	指挥类
理科	0210	战略支援部队信息工程大学	19	网络空间安全(网络空间安全技术与指挥)	45	男生	指技融合
理科	0210	战略支援部队信息工程大学	21	网络空间安全(网络认知工程)	1	男生	非指挥类
理科	0210	战略支援部队信息工程大学	23	测绘工程(测绘技术与保障)	2	男生	非指挥类
理科	0210	战略支援部队信息工程大学	24	遥感科学与技术(测绘技术与保障)	3	男生	指技融合
理科	0210	战略支援部队信息工程大学	26	遥感科学与技术(遥感图像判读)	2	男生	非指挥类
理科	0210	战略支援部队信息工程大学	27	导航工程(军用时空基准保障)	1	男生	非指挥类
理科	0210	战略支援部队信息工程大学	28	信息对抗技术(网络信息防御)	1	男生	非指挥类
理科	0210	战略支援部队信息工程大学	29	侦察情报(军事情报学)	8	男生	指挥类
理科	0210	战略支援部队信息工程大学	31	侦察情报(军事情报学)	1	男生	非指挥类
理科	0210	战略支援部队信息工程大学	32	目标工程(数据保障)	8	男生	指挥类
理科	0210	战略支援部队信息工程大学	34	网电指挥与工程(网电对抗情报分析)	2	男生	非指挥类
理科	0210	战略支援部队信息工程大学	35	无人系统工程(无人机侦测与控制)	2	男生	指挥类
理科	0210	战略支援部队信息工程大学	36	作战环境工程(测绘技术与保障)	1	男生	非指挥类
理科	0210	战略支援部队信息工程大学	39	大数据工程(数据保障)	3	男生	非指挥类
理科	0210	战略支援部队信息工程大学	40	密码学(信息管理)	2	男生	非指挥类
理科	0210	战略支援部队信息工程大学	42	密码工程(信息研究)	7	男生	非指挥类
理科	0210	战略支援部队信息工程大学	45	管理科学与工程类(信息管理)	9	男生	指挥类
理科	0210	战略支援部队信息工程大学	46	保密管理(信息管理)	3	男生	指挥类
理科	0305	国防科技大学	01	外交学(军事外交)	1	男生	指挥类
理科	0305	国防科技大学	03	数学类(相关专业技术与指挥管理)	1	男生	非指挥类
理科	0305	国防科技大学	04	物理学(试验评估技术)	1	男生	非指挥类
理科	0305	国防科技大学	05	量子信息科学(相关专业技术与指挥管理)	1	男生	非指挥类
理科	0305	国防科技大学	06	化学(相关专业技术与指挥管理)	1	男生	非指挥类
理科	0305	国防科技大学	07	大气科学(气象海洋预报)	7	男生	指技融合

续表

科类	院校代号	院校名称	专业代码	专业名称	计划人数	性别	备注
理科	0305	国防科技大学	08	气象技术与工程(气象海洋预报)	3	男生	指技融合
理科	0305	国防科技大学	09	生物技术(相关专业技术与指挥管理)	1	男生	非指挥类
理科	0305	国防科技大学	11	理论与应用力学(航天测控技术与指挥)	1	男生	非指挥类
理科	0305	国防科技大学	12	理论与应用力学(相关专业技术与指挥管理)	1	男生	非指挥类
理科	0305	国防科技大学	13	机械工程(无人机技术与保障)	2	男生	非指挥类
理科	0305	国防科技大学	14	测控技术与仪器(无人机技术与保障)	3	男生	非指挥类
理科	0305	国防科技大学	15	材料科学与工程(相关专业技术与指挥管理)	1	男生	非指挥类
理科	0305	国防科技大学	16	纳米材料与技术(相关专业技术与指挥管理)	1	男生	非指挥类
理科	0305	国防科技大学	17	电子信息工程(通用通信技术与指挥)	9	男生	指技融合
理科	0305	国防科技大学	18	电子信息工程(相关专业技术与指挥管理)	1	男生	非指挥类
理科	0305	国防科技大学	19	电子科学与技术(相关专业技术与指挥管理)	1	男生	非指挥类
理科	0305	国防科技大学	20	电子科学与技术(电子对抗技术与指挥)	1	男生	指技融合
理科	0305	国防科技大学	21	通信工程(通用通信技术与指挥)	5	男生	指技融合
理科	0305	国防科技大学	22	微电子科学与工程(相关专业技术与指挥管理)	1	男生	非指挥类
理科	0305	国防科技大学	23	光电信息科学与工程(电子对抗技术与指挥)	2	男生	指挥类
理科	0305	国防科技大学	24	光电信息科学与工程(相关专业技术与指挥管理)	1	男生	非指挥类
理科	0305	国防科技大学	25	信息工程(相关专业技术与指挥管理)	2	男生	非指挥类
理科	0305	国防科技大学	26	集成电路设计与集成系统(相关专业技术与指挥管理)	1	男生	非指挥类
理科	0305	国防科技大学	27	海洋信息工程(相关专业技术与指挥管理)	1	男生	非指挥类
理科	0305	国防科技大学	29	计算机科学与技术(指挥信息系统运用与保障)	6	男生	指挥类
理科	0305	国防科技大学	30	软件工程(相关专业技术与指挥管理)	1	男生	非指挥类
理科	0305	国防科技大学	31	网络工程(网络信息防御)	1	男生	指技融合
理科	0305	国防科技大学	32	信息安全(网络信息防御)	3	男生	指技融合
理科	0305	国防科技大学	33	数据科学与大数据技术(数据保障)	1	男生	非指挥类
理科	0305	国防科技大学	34	网络空间安全(网络信息防御)	3	男生	指技融合
理科	0305	国防科技大学	36	导航工程(无人机技术与保障)	2	男生	非指挥类
理科	0305	国防科技大学	37	飞行器设计与工程(无人机技术与保障)	1	男生	非指挥类
理科	0305	国防科技大学	38	飞行器设计与工程(太空态势感知技术与指挥)	3	男生	非指挥类
理科	0305	国防科技大学	40	飞行器动力工程(航天测控技术与指挥)	1	男生	非指挥类
理科	0305	国防科技大学	41	飞行器动力工程(相关专业技术与指挥管理)	3	男生	非指挥类
理科	0305	国防科技大学	42	智能飞行器技术(太空态势感知技术与指挥)	2	男生	非指挥类
理科	0305	国防科技大学	43	武器系统与工程(试验评估技术)	1	男生	指技融合
理科	0305	国防科技大学	45	信息对抗技术(电子对抗技术与指挥)	20	男生	指技融合
理科	0305	国防科技大学	46	核工程与核技术(试验评估技术)	1	男生	非指挥类
理科	0305	国防科技大学	47	侦察情报(图像判读)	1	男生	非指挥类

续表

科类	院校代号	院校名称	专业代码	专业名称	计划人数	性别	备注
理科	0305	国防科技大学	48	侦察情报(图像判读)	1	男生	指挥类
理科	0305	国防科技大学	49	侦察情报(网电情报分析)	9	男生	指挥类
理科	0305	国防科技大学	50	运筹与任务规划(任务规划)	7	男生	非指挥类
理科	0305	国防科技大学	52	目标工程(效果评估)	3	男生	非指挥类
理科	0305	国防科技大学	53	无人系统工程(无人机技术与保障)	1	男生	非指挥类
理科	0305	国防科技大学	54	大数据工程(数据保障)	4	男生	非指挥类
理科	0305	国防科技大学	55	指挥信息系统工程(指挥信息系统运用与保障)	1	男生	非指挥类
理科	0305	国防科技大学	56	雷达工程(电子对抗技术与指挥)	1	男生	指技融合
理科	0305	国防科技大学	57	无人装备工程(无人机技术与保障)	1	男生	非指挥类
理科	0305	国防科技大学	58	仿真工程(任务规划)	2	男生	非指挥类
理科	0305	国防科技大学	59	管理科学与工程类(指挥勤务保障)	9	男生	非指挥类
理科	0305	国防科技大学	61	大数据管理与应用(数据保障)	4	男生	非指挥类
理科	0320	陆军工程大学	01	机械工程(战斗支援工程与指挥)	2	男生	指挥类
理科	0320	陆军工程大学	02	机械工程(工程装备维修与管理)	1	男生	非指挥类
理科	0320	陆军工程大学	03	车辆工程(装备技术保障与分队指挥)	1	男生	非指挥类
理科	0320	陆军工程大学	04	通信工程(战场机动通信技术与指挥)	15	男生	指技融合
理科	0320	陆军工程大学	06	光电信息科学与工程(装备技术保障与分队指挥)	1	男生	非指挥类
理科	0320	陆军工程大学	07	网络工程(战场机动通信技术与指挥)	4	男生	指挥类
理科	0320	陆军工程大学	09	信息安全(战场机动通信技术与指挥)	1	男生	非指挥类
理科	0320	陆军工程大学	10	土木工程(阵地工程与指挥)	1	男生	指挥类
理科	0320	陆军工程大学	11	道路桥梁与渡河工程(机动保障工程与指挥)	1	男生	非指挥类
理科	0320	陆军工程大学	12	道路桥梁与渡河工程(机动保障工程与指挥)	12	男生	指挥类
理科	0320	陆军工程大学	13	飞行器设计与工程(航空机务技术与指挥)	1	男生	非指挥类
理科	0320	陆军工程大学	14	飞行器设计与工程(航空机务技术与指挥)	2	男生	指挥类
理科	0320	陆军工程大学	15	武器系统与工程(步兵武器维修与管理)	2	男生	指挥类
理科	0320	陆军工程大学	16	武器系统与工程(装备技术保障与分队指挥)	2	男生	非指挥类
理科	0320	陆军工程大学	17	弹药工程与爆炸技术(弹药技术)	1	男生	非指挥类
理科	0320	陆军工程大学	18	弹药工程与爆炸技术(弹药技术)	3	男生	指挥类
理科	0320	陆军工程大学	19	火力指挥与控制工程(炮兵武器维修与管理)	1	男生	非指挥类
理科	0320	陆军工程大学	20	无人系统工程(无人机运用与指挥)	3	男生	指挥类
理科	0320	陆军工程大学	21	无人系统工程(无人破障)	1	男生	非指挥类
理科	0320	陆军工程大学	22	大数据工程(战场机动通信技术与指挥)	2	男生	非指挥类
理科	0320	陆军工程大学	23	地雷爆破与破障工程(战斗支援工程与指挥)	2	男生	指挥类
理科	0320	陆军工程大学	24	国防工程及其智能化(国防工程与指挥)	1	男生	指挥类
理科	0320	陆军工程大学	25	雷达工程(装备技术保障与分队指挥)	1	男生	非指挥类
理科	0320	陆军工程大学	26	伪装与防护工程(伪装工程与指挥)	1	男生	指挥类

续表

科类	院校代号	院校名称	专业代码	专业名称	计划人数	性别	备注
理科	0440	海军军医大学	01	临床医学(高级临床医师)(学制八年医)	2	男生	非指挥类
理科	0440	海军军医大学	04	临床医学(临床医疗通科医师)(学制五年)	22	男生	非指挥类
理科	0440	海军军医大学	06	麻醉学(临床麻醉师)(学制五年)	1	男生	非指挥类
理科	0440	海军军医大学	07	精神医学(临床心理医师)(学制五年)	1	男生	非指挥类
理科	0440	海军军医大学	08	预防医学(公共卫生医师)(学制五年)	1	男生	非指挥类
理科	0440	海军军医大学	09	公共事业管理(公共事业管理)	1	男生	指挥类
理科	0445	陆军军医大学	01	临床医学(高级临床医师)(学制八年医)	2	男生	非指挥类
理科	0445	陆军军医大学	02	临床医学(临床心理医师)(学制五年)	2	男生	非指挥类
理科	0445	陆军军医大学	03	临床医学(临床医疗通科医师)(学制五年)	15	男生	非指挥类
理科	0445	陆军军医大学	05	预防医学(预防医师和研究人员)(学制八年医)	1	男生	非指挥类
理科	0445	陆军军医大学	06	公共事业管理(医疗卫生事业管理)	1	男生	指挥类
理科	0450	空军军医大学	01	基础医学(生物技术)(学制五年)	1	男生	非指挥类
理科	0450	空军军医大学	02	临床医学(临床通科医师)(学制五年)	19	男生	非指挥类
理科	0450	空军军医大学	06	临床医学(航空航天医疗通科医师)(学制五年)	5	男生	非指挥类
理科	0450	空军军医大学	07	口腔医学(口腔医疗通科医师)(学制五年)	1	男生	非指挥类
理科	0450	空军军医大学	08	口腔医学(口腔医学高级临床医师)(学制八年医)	1	男生	非指挥类
理科	0450	空军军医大学	09	预防医学(公共卫生医师)(学制五年)	2	男生	非指挥类
理科	0480	海军工程大学	01	能源与动力工程(舰艇机电指挥)	7	男生	指挥类
理科	0480	海军工程大学	02	电气工程及其自动化(潜艇机电指挥)	2	男生	非指挥类
理科	0480	海军工程大学	03	电气工程及其自动化(潜艇机电指挥)	1	男生	指挥类
理科	0480	海军工程大学	04	电气工程及其自动化(综合电力技术与管理)	1	男生	非指挥类
理科	0480	海军工程大学	05	电气工程及其自动化(舰艇机电指挥)	6	男生	指挥类
理科	0480	海军工程大学	07	水声工程(水声技术与指挥)	1	男生	指挥类
理科	0480	海军工程大学	08	水声工程(预警情报处理与运用)	1	男生	非指挥类
理科	0480	海军工程大学	10	信息安全(舰艇译电)	1	男生	指挥类
理科	0480	海军工程大学	11	导航工程(导航技术与指挥)	1	男生	非指挥类
理科	0480	海军工程大学	12	导航工程(岸海通信技术与指挥)	3	男生	指挥类
理科	0480	海军工程大学	13	轮机工程(综合隐身)	2	男生	非指挥类
理科	0480	海军工程大学	14	轮机工程(舰艇机电指挥)	6	男生	指挥类
理科	0480	海军工程大学	15	船舶与海洋工程(舰船维修与管理)	2	男生	指挥类
理科	0480	海军工程大学	16	船舶与海洋工程(舰船勤务)	2	男生	指挥类
理科	0480	海军工程大学	17	信息对抗技术(电子对抗技术与指挥)	1	男生	非指挥类
理科	0480	海军工程大学	18	核工程与核技术(核反应堆维修与管理)	1	男生	非指挥类
理科	0480	海军工程大学	19	核工程与核技术(潜艇核动力指挥)	10	男生	指技融合
理科	0480	海军工程大学	20	辐射防护与核安全(核废物处置与退役管理)	1	男生	非指挥类
理科	0480	海军工程大学	21	安全工程(航母舱段指挥)	1	男生	指挥类

续表

科类	院校代号	院校名称	专业代码	专业名称	计划人数	性别	备注
理科	0480	海军工程大学	22	目标工程(目标保障)	1	男生	指挥类
理科	0480	海军工程大学	23	雷达工程(舰船维修与管理)	1	男生	非指挥类
理科	0480	海军工程大学	24	雷达工程(雷达技术与指挥)	1	男生	指挥类
理科	0480	海军工程大学	25	无人装备工程(无人指挥与控制)	1	男生	指挥类
理科	0480	海军工程大学	26	无人装备工程(无人机运用与指挥)	2	男生	指技融合
理科	0480	海军工程大学	27	测控工程(舰艇导弹技术保障)	1	男生	非指挥类
理科	0480	海军工程大学	28	电磁发射工程(电磁发射技术与管理)	1	男生	非指挥类
理科	0480	海军工程大学	29	装备经济管理(装备采购管理)	1	男生	非指挥类
理科	0480	海军工程大学	30	管理科学与工程类(舰船勤务)	4	男生	指挥类
理科	0480	海军工程大学	31	管理科学与工程类(军港勤务)	1	男生	指挥类
理科	0485	海军航空大学	01	机械电子工程(航空四站技术与指挥)	1	男生	指挥类
理科	0485	海军航空大学	02	机械电子工程(舰载机起降保障与指挥)	2	男生	指挥类
理科	0485	海军航空大学	03	电气工程及其自动化(航空机务技术与指挥)	2	男生	指挥类
理科	0485	海军航空大学	04	电子信息工程(航空机务技术与指挥)	1	男生	指挥类
理科	0485	海军航空大学	05	水声工程(航空反潜技术与指挥)	1	男生	非指挥类
理科	0485	海军航空大学	06	飞行器设计与工程(航空机务技术与指挥)	2	男生	指挥类
理科	0485	海军航空大学	07	武器系统与工程(航空机务技术与指挥)	1	男生	非指挥类
理科	0485	海军航空大学	08	武器系统与工程(航空机务技术与指挥)	2	男生	指挥类
理科	0485	海军航空大学	09	火力指挥与控制工程(岸防导弹技术与指挥)	1	男生	指挥类
理科	0485	海军航空大学	10	无人系统工程(无人机运用与指挥)	5	男生	指挥类
理科	0485	海军航空大学	12	航空管制与领航工程(地面领航)	1	男生	指挥类
理科	0485	海军航空大学	13	航空管制与领航工程(航空管制)	2	男生	指挥类
理科	0485	海军航空大学	15	场站管理工程(航空场务保障技术与指挥)	1	男生	指挥类
理科	0495	海军大连舰艇学院	01	电子信息工程(舰艇情电指挥)	1	男生	指挥类
理科	0495	海军大连舰艇学院	02	通信工程(舰艇通信指挥)	3	男生	指挥类
理科	0495	海军大连舰艇学院	04	测绘工程(测绘技术与保障)	2	男生	非指挥类
理科	0495	海军大连舰艇学院	06	航海技术(舰艇航通指挥)	4	男生	指挥类
理科	0495	海军大连舰艇学院	07	航海技术(陆军舰艇航通指挥)	8	男生	指挥类
理科	0495	海军大连舰艇学院	08	航海技术(舰艇航海指挥)	2	男生	指挥类
理科	0495	海军大连舰艇学院	09	武器系统与工程(舰艇水武指挥)	2	男生	指挥类
理科	0495	海军大连舰艇学院	10	武器系统与工程(舰艇航空指挥)	1	男生	指挥类
理科	0495	海军大连舰艇学院	11	武器系统与工程(海警舰艇枪炮指挥)	1	男生	指挥类
理科	0495	海军大连舰艇学院	12	探测制导与控制技术(舰艇水武指挥)	1	男生	指挥类
理科	0495	海军大连舰艇学院	13	探测制导与控制技术(舰艇导弹指挥)	2	男生	指挥类
理科	0495	海军大连舰艇学院	14	探测制导与控制技术(舰艇枪炮指挥)	5	男生	指挥类
理科	0510	空军工程大学	01	机械工程(航空检测技术与指挥)	3	男生	非指挥类

续表

科类	院校代号	院校名称	专业代码	专业名称	计划人数	性别	备注
理科	0510	空军工程大学	02	电气工程及其自动化(航空特设、计量技术与指挥)	6	男生	非指挥类
理科	0510	空军工程大学	03	电子信息工程(航空综合航电技术与指挥)	3	男生	指挥类
理科	0510	空军工程大学	04	通信工程(对空通信技术与指挥)	6	男生	指挥类
理科	0510	空军工程大学	06	通信工程(数据链技术与指挥)	4	男生	指挥类
理科	0510	空军工程大学	07	导航工程(导航技术与指挥)	9	男生	指挥类
理科	0510	空军工程大学	08	飞行器动力工程(航空机械技术与指挥)	5	男生	指挥类
理科	0510	空军工程大学	09	飞行器动力工程(航空机械技术与指挥)	3	男生	非指挥类
理科	0510	空军工程大学	10	武器系统与工程(航空军械技术与指挥)	3	男生	非指挥类
理科	0510	空军工程大学	11	武器系统与工程(航空军械技术与指挥)	2	男生	指挥类
理科	0510	空军工程大学	12	武器发射工程(防空导弹发射控制技术与指挥)	2	男生	指挥类
理科	0510	空军工程大学	13	武器发射工程(防空导弹发射控制技术与指挥)	2	男生	非指挥类
理科	0510	空军工程大学	14	运筹与任务规划(航空作战任务规划)	1	男生	非指挥类
理科	0510	空军工程大学	15	火力指挥与控制工程(航空火控技术与指挥)	1	男生	指挥类
理科	0510	空军工程大学	16	空天防御指挥与控制工程(空天防御技术与指挥)	2	男生	指挥类
理科	0510	空军工程大学	18	航空管制与领航工程(航空管制)	9	男生	指挥类
理科	0510	空军工程大学	19	航空管制与领航工程(地面领航)	24	男生	指挥类
理科	0510	空军工程大学	20	军事设施工程(机场建设技术与指挥)	1	男生	指挥类
理科	0510	空军工程大学	21	场站管理工程(航材管理技术与指挥)	2	男生	指挥类
理科	0510	空军工程大学	22	场站管理工程(航空场务保障技术与指挥)	2	男生	指挥类
理科	0510	空军工程大学	23	场站管理工程(航空弹药技术与指挥)	7	男生	指挥类
理科	0510	空军工程大学	24	场站管理工程(航空油料、管线技术与指挥)	2	男生	指挥类
理科	0510	空军工程大学	25	场站管理工程(航空四站技术与指挥)	2	男生	指挥类
理科	0510	空军工程大学	26	场站管理工程(航空军需技术与指挥)	1	男生	指挥类
理科	0510	空军工程大学	27	指挥信息系统工程(指挥信息系统运用与保障)	2	男生	指挥类
理科	0510	空军工程大学	28	指挥信息系统工程(防空导弹指控技术与指挥)	3	男生	指挥类
理科	0510	空军工程大学	29	航空装备工程(航空质量控制技术与指挥)	3	男生	非指挥类
理科	0510	空军工程大学	30	雷达工程(航空雷达技术与指挥)	1	男生	指挥类
理科	0510	空军工程大学	31	雷达工程(防空导弹雷达技术与指挥)	6	男生	指挥类
理科	0510	空军工程大学	32	无人装备工程(无人机航电系统技术与指挥)	2	男生	指挥类
理科	0510	空军工程大学	33	无人装备工程(无人机地面站技术与指挥)	3	男生	指挥类
理科	0510	空军工程大学	34	无人装备工程(算法运维)	2	男生	指挥类
理科	0510	空军工程大学	35	无人装备工程(无人机飞行控制技术与指挥)	3	男生	指挥类
理科	0510	空军工程大学	36	无人装备工程(无人机机电系统技术与指挥)	10	男生	指挥类
理科	0510	空军工程大学	37	无人装备工程(无人机任务规划技术与指挥)	3	男生	指挥类
理科	0510	空军工程大学	38	无人装备工程(无人机任务载荷技术与指挥)	11	男生	指技融合
理科	0510	空军工程大学	39	测控工程(防空导弹测控技术与指挥)	1	男生	指挥类

续表

科类	院校代号	院校名称	专业代码	专业名称	计划人数	性别	备注
理科	0515	空军预警学院	01	武器系统与工程(雷达技术与指挥)	3	男生	指挥类
理科	0515	空军预警学院	02	预警探测(预警技术与指挥)	15	男生	指挥类
理科	0515	空军预警学院	03	网电指挥与工程(电子对抗技术与指挥)	1	男生	指挥类
理科	0515	空军预警学院	04	无人系统工程(无人机运用与指挥)	14	男生	指挥类
理科	0515	空军预警学院	05	指挥信息系统工程(预警情报处理与运用)	1	男生	非指挥类
理科	0515	空军预警学院	06	雷达工程(预警技术与指挥)	1	男生	非指挥类
理科	0515	空军预警学院	07	装备保障工程(预警技术保障)	1	男生	非指挥类
理科	0555	武警工程大学	01	法学(武警内卫总队机动分队指挥)	6	男生	指挥类
理科	0555	武警工程大学	02	法学(武警内卫总队执勤分队指挥)	2	男生	指挥类
理科	0555	武警工程大学	03	思想政治教育(武警内卫总队执勤分队指挥)	1	男生	指挥类
理科	0555	武警工程大学	04	思想政治教育(武警内卫总队机动分队指挥)	1	男生	指挥类
理科	0555	武警工程大学	05	中国语言文学类(武警内卫总队执勤分队指挥)	1	男生	指挥类
理科	0555	武警工程大学	06	新闻传播学类(武警内卫总队执勤分队指挥)	1	男生	指挥类
理科	0555	武警工程大学	07	应用心理学(武警内卫总队执勤分队指挥)	2	男生	指挥类
理科	0555	武警工程大学	08	应用心理学(武警内卫总队机动分队指挥)	2	男生	指挥类
理科	0555	武警工程大学	09	机械工程(武警内卫总队机动分队指挥)	2	男生	指挥类
理科	0555	武警工程大学	11	通信工程(武警内卫总队机动分队指挥)	1	男生	指挥类
理科	0555	武警工程大学	12	通信工程(武警通信技术与指挥)	2	男生	指技融合
理科	0555	武警工程大学	13	计算机科学与技术(武警内卫总队执勤分队指挥)	1	男生	指挥类
理科	0555	武警工程大学	14	计算机科学与技术(武警内卫总队机动分队指挥)	2	男生	指挥类
理科	0555	武警工程大学	15	信息安全(武警通信技术与指挥)	2	男生	指技融合
理科	0555	武警工程大学	16	信息安全(武警内卫总队机动分队指挥)	2	男生	指挥类
理科	0555	武警工程大学	17	信息安全(密码装备技术与保障)	12	男生	非指挥类
理科	0555	武警工程大学	19	土木工程(武警内卫总队机动分队指挥)	2	男生	指挥类
理科	0555	武警工程大学	20	作战指挥(武警内卫总队执勤分队指挥)	1	男生	指挥类
理科	0555	武警工程大学	21	作战指挥(武警内卫总队机动分队指挥)	4	男生	指挥类
理科	0555	武警工程大学	22	大数据工程(武警内卫总队机动分队指挥)	3	男生	指挥类
理科	0555	武警工程大学	23	大数据工程(武警内卫总队执勤分队指挥)	1	男生	指挥类
理科	0555	武警工程大学	24	大数据工程(作战数据保障)	4	男生	非指挥类
理科	0555	武警工程大学	25	指挥信息系统工程(作战数据保障)	4	男生	非指挥类
理科	0555	武警工程大学	26	指挥信息系统工程(武警内卫总队机动分队指挥)	3	男生	指挥类
理科	0555	武警工程大学	28	管理科学与工程类(武警内卫总队机动分队指挥)	3	男生	指挥类
理科	0555	武警工程大学	29	管理科学与工程类(军需勤务分队指挥)	1	男生	指挥类
理科	0555	武警工程大学	30	管理科学与工程类(武警装备保障管理)	1	男生	非指挥类
理科	0575	武警警官学院	01	法学(武警内卫总队执勤分队指挥)	2	男生	指挥类
理科	0575	武警警官学院	02	思想政治教育(武警内卫总队执勤分队指挥)	1	男生	指挥类

续表

科类	院校代号	院校名称	专业代码	专业名称	计划人数	性别	备注
理科	0575	武警警官学院	03	思想政治教育(武警机动总队分队指挥)	1	男生	指挥类
理科	0575	武警警官学院	04	中国语言文学类(武警内卫总队执勤分队指挥)	1	男生	指挥类
理科	0575	武警警官学院	05	应用心理学(武警内卫总队机动分队指挥)	1	男生	指挥类
理科	0575	武警警官学院	06	信息安全(武警内卫总队执勤分队指挥)	1	男生	指挥类
理科	0575	武警警官学院	07	道路桥梁与渡河工程(武警交通分队指挥)	1	男生	指挥类
理科	0575	武警警官学院	08	作战指挥(武警机动总队分队指挥)	1	男生	指挥类
理科	0575	武警警官学院	09	大数据工程(武警内卫总队执勤分队指挥)	1	男生	指挥类
理科	0575	武警警官学院	10	指挥信息系统工程(武警机动总队分队指挥)	1	男生	指挥类
理科	0575	武警警官学院	11	指挥信息系统工程(武警内卫总队机动分队指挥)	1	男生	指挥类
理科	0575	武警警官学院	12	管理科学与工程类(武警内卫总队机动分队指挥)	1	男生	指挥类
理科	0630	火箭军工程大学	01	机械工程(导弹装备维修与管理)	1	男生	指技融合
理科	0630	火箭军工程大学	02	电气工程及其自动化(导弹阵地管理)	6	男生	指挥类
理科	0630	火箭军工程大学	03	电子信息工程(导弹战斗部技术与管理)	1	男生	非指挥类
理科	0630	火箭军工程大学	04	通信工程(导弹通信技术与指挥)	6	男生	指挥类
理科	0630	火箭军工程大学	06	土木工程(国防工程与指挥)	1	男生	指挥类
理科	0630	火箭军工程大学	07	飞行器动力工程(导弹发动机技术与指挥)	1	男生	指挥类
理科	0630	火箭军工程大学	08	武器发射工程(导弹发射技术与指挥)	2	男生	非指挥类
理科	0630	火箭军工程大学	09	武器发射工程(导弹发射技术与指挥)	53	男生	指挥类
理科	0630	火箭军工程大学	10	核工程与核技术(器材装配检测)	2	男生	非指挥类
理科	0630	火箭军工程大学	11	辐射防护与核安全(安全保障与应急指挥)	4	男生	非指挥类
理科	0630	火箭军工程大学	12	火力指挥与控制工程(导弹作战保障)	1	男生	非指挥类
理科	0630	火箭军工程大学	13	指挥信息系统工程(导弹通信技术与指挥)	1	男生	非指挥类
理科	0630	火箭军工程大学	15	导弹工程(导弹发射技术与指挥)	1	男生	指挥类
理科	0630	火箭军工程大学	16	导弹工程(导弹测控技术与指挥)	1	男生	指挥类
理科	0630	火箭军工程大学	17	测控工程(导弹测控技术与指挥)	16	男生	指技融合
理科	0700	武警特种警察学院	01	作战指挥(武警特种作战指挥)	27	男生	指挥类
理科	0700	武警特种警察学院	02	侦察情报(武警侦察指挥)	1	男生	指挥类
理科	0700	武警特种警察学院	03	侦察情报(侦察技术与指挥)	1	男生	非指挥类
理科	0800	战略支援部队航天工程大学	02	光电信息科学与工程(太空态势感知初级管理与技术)	2	男生	非指挥类
理科	0800	战略支援部队航天工程大学	03	光电信息科学与工程(航天测控技术与指挥)	1	男生	非指挥类
理科	0800	战略支援部队航天工程大学	05	信息安全(航天信息安全初级管理与技术)	1	男生	指挥类
理科	0800	战略支援部队航天工程大学	06	遥感科学与技术(航天信息应用初级管理与技术)	1	男生	非指挥类
理科	0800	战略支援部队航天工程大学	07	导航工程(航天信息应用初级管理与技术)	2	男生	指技融合
理科	0800	战略支援部队航天工程大学	08	飞行器动力工程(航天测发技术与指挥)	1	男生	非指挥类
理科	0800	战略支援部队航天工程大学	09	武器系统与工程(航天测发技术与指挥)	1	男生	非指挥类

续表

科类	院校代号	院校名称	专业代码	专业名称	计划人数	性别	备注
理科	0800	战略支援部队航天工程大学	11	信息对抗技术(航天信息安全初级管理与技术)	1	男生	非指挥类
理科	0800	战略支援部队航天工程大学	13	预警探测(太空态势感知初级管理与技术)	6	男生	非指挥类
理科	0800	战略支援部队航天工程大学	15	侦察情报(情报分析整编)	6	男生	指挥类
理科	0800	战略支援部队航天工程大学	16	运筹与任务规划(航天指挥初级管理与技术)	2	男生	指挥类
理科	0800	战略支援部队航天工程大学	17	作战环境工程(太空态势感知初级管理与技术)	3	男生	指挥类
理科	0800	战略支援部队航天工程大学	18	航天装备工程(装备技术保障与指挥)	1	男生	指挥类
理科	0800	战略支援部队航天工程大学	19	雷达工程(航天测控技术与指挥)	1	男生	非指挥类
理科	0800	战略支援部队航天工程大学	20	测控工程(航天测控技术与指挥)	1	男生	指技融合
理科	0810	陆军步兵学院	01	武器系统与工程(轻型合成营营属轻便炮兵分队指挥)	1	男生	指挥类
理科	0810	陆军步兵学院	02	装甲车辆工程(装甲步兵分队指挥)	17	男生	指挥类
理科	0810	陆军步兵学院	03	作战指挥(警卫勤务分队指挥)	2	男生	指挥类
理科	0810	陆军步兵学院	04	作战指挥(摩托化步兵分队指挥)	4	男生	指挥类
理科	0810	陆军步兵学院	05	作战指挥(中重型合成营营属轻便炮兵分队指挥)	3	男生	指挥类
理科	0810	陆军步兵学院	06	指挥信息系统工程(空中突击步兵分队指挥)	3	男生	指挥类
理科	0810	陆军步兵学院	07	指挥信息系统工程(轻型高机动步兵分队指挥)	1	男生	指挥类
理科	0815	陆军装甲兵学院	01	机械工程(装甲兵分队指挥)	2	男生	指挥类
理科	0815	陆军装甲兵学院	02	材料科学与工程(装甲兵分队指挥)	1	男生	指挥类
理科	0815	陆军装甲兵学院	03	通信工程(装甲兵分队指挥)	1	男生	指挥类
理科	0815	陆军装甲兵学院	04	作战指挥(装甲兵分队指挥)	7	男生	指挥类
理科	0815	陆军装甲兵学院	05	侦察情报(装甲兵侦察分队指挥)	2	男生	指挥类
理科	0815	陆军装甲兵学院	06	火力指挥与控制工程(装甲兵分队指挥)	6	男生	指挥类
理科	0815	陆军装甲兵学院	07	无人系统工程(装甲兵侦察分队指挥)	2	男生	指挥类
理科	0815	陆军装甲兵学院	08	指挥信息系统工程(装甲兵分队指挥)	3	男生	指挥类
理科	0815	陆军装甲兵学院	09	装备保障工程(装甲装备维修与管理)	1	男生	非指挥类
理科	0815	陆军装甲兵学院	10	管理科学与工程类(装甲兵分队指挥)	1	男生	指挥类
理科	0820	陆军炮兵防空兵学院	01	机械工程(高炮分队指挥)	2	男生	指挥类
理科	0820	陆军炮兵防空兵学院	02	机械工程(炮兵分队指挥)	4	男生	指挥类
理科	0820	陆军炮兵防空兵学院	03	测控技术与仪器(炮兵保障专业分队指挥)	1	男生	指挥类
理科	0820	陆军炮兵防空兵学院	04	电气工程及其自动化(炮兵分队指挥)	1	男生	指挥类
理科	0820	陆军炮兵防空兵学院	05	通信工程(防空兵保障专业分队指挥)	1	男生	指挥类
理科	0820	陆军炮兵防空兵学院	06	通信工程(炮兵保障专业分队指挥)	1	男生	指挥类
理科	0820	陆军炮兵防空兵学院	07	光电信息科学与工程(炮兵保障专业分队指挥)	1	男生	指挥类
理科	0820	陆军炮兵防空兵学院	08	计算机科学与技术(防空导弹技术与指挥)	2	男生	指挥类
理科	0820	陆军炮兵防空兵学院	09	武器系统与工程(弹炮一体武器技术与指挥)	1	男生	指挥类
理科	0820	陆军炮兵防空兵学院	10	武器系统与工程(炮兵分队指挥)	5	男生	指挥类

续表

科类	院校代号	院校名称	专业代码	专业名称	计划人数	性别	备注
理科	0820	陆军炮兵防空兵学院	11	弹药工程与爆炸技术(防空导弹技术与指挥)	2	男生	指挥类
理科	0820	陆军炮兵防空兵学院	12	弹药工程与爆炸技术(炮兵分队指挥)	2	男生	指挥类
理科	0820	陆军炮兵防空兵学院	13	火力指挥与控制工程(弹炮一体武器技术与指挥)	1	男生	指挥类
理科	0820	陆军炮兵防空兵学院	14	火力指挥与控制工程(炮兵分队指挥)	6	男生	指挥类
理科	0820	陆军炮兵防空兵学院	15	无人系统工程(炮兵保障专业分队指挥)	3	男生	指挥类
理科	0820	陆军炮兵防空兵学院	16	指挥信息系统工程(防空兵保障专业分队指挥)	1	男生	指挥类
理科	0820	陆军炮兵防空兵学院	17	指挥信息系统工程(炮兵保障专业分队指挥)	1	男生	指挥类
理科	0820	陆军炮兵防空兵学院	18	雷达工程(防空兵保障专业分队指挥)	1	男生	指挥类
理科	0820	陆军炮兵防空兵学院	19	雷达工程(炮兵保障专业分队指挥)	1	男生	指挥类
理科	0820	陆军炮兵防空兵学院	20	导弹工程(反坦克导弹技术与指挥)	6	男生	指挥类
理科	0820	陆军炮兵防空兵学院	21	导弹工程(防空导弹技术与指挥)	12	男生	指挥类
理科	0825	陆军特种作战学院	01	作战指挥(伞训初级指挥)	1	男生	指挥类
理科	0825	陆军特种作战学院	02	作战指挥(特种兵初级指挥)	1	男生	指挥类
理科	0825	陆军特种作战学院	04	侦察情报(侦察兵初级指挥)	18	男生	指挥类
理科	0825	陆军特种作战学院	05	指挥信息系统工程(特种兵初级指挥)	1	男生	指挥类
理科	0830	陆军防化学院	01	化学(核生化防护技术)	2	男生	指挥类
理科	0830	陆军防化学院	03	生物技术(核生化防护技术)	2	男生	非指挥类
理科	0830	陆军防化学院	04	作战指挥(烟火分队指挥)	1	男生	指挥类
理科	0830	陆军防化学院	05	作战指挥(防化分队指挥)	10	男生	指挥类
理科	0835	陆军军事交通学院	01	机械工程(运输投送指挥)	1	男生	指挥类
理科	0835	陆军军事交通学院	02	车辆工程(车辆装备保障)	1	男生	非指挥类
理科	0835	陆军军事交通学院	03	车辆工程(汽车分队指挥)	16	男生	指挥类
理科	0835	陆军军事交通学院	04	航海技术(舰艇航通指挥)	7	男生	指挥类
理科	0835	陆军军事交通学院	05	轮机工程(舰艇机电指挥)	1	男生	指挥类
理科	0835	陆军军事交通学院	06	作战指挥(船艇指挥)	1	男生	指挥类
理科	0835	陆军军事交通学院	07	作战指挥(汽车分队指挥)	4	男生	指挥类
理科	0835	陆军军事交通学院	08	军事交通工程(运输投送指挥)	3	男生	指挥类
理科	0840	陆军勤务学院	01	化学(油料勤务分队指挥)	1	男生	指挥类
理科	0840	陆军勤务学院	03	特种能源技术与工程(油料勤务分队指挥)	1	男生	指挥类
理科	0840	陆军勤务学院	04	军事能源工程(油料勤务分队指挥)	1	男生	指挥类
理科	0840	陆军勤务学院	05	国防工程及其智能化(军事设施勤务)	1	男生	非指挥类
理科	0840	陆军勤务学院	06	管理科学与工程类(后勤综合勤务)	2	男生	指挥类
理科	0840	陆军勤务学院	07	管理科学与工程类(军需勤务分队指挥)	2	男生	指挥类
理科	0840	陆军勤务学院	08	管理科学与工程类(军事物流管理)	1	男生	指挥类
理科	0840	陆军勤务学院	09	物流管理与工程类(后勤综合勤务)	1	男生	指挥类
理科	0840	陆军勤务学院	10	物流管理与工程类(军事物流管理)	1	男生	指挥类

续表

科类	院校代号	院校名称	专业代码	专业名称	计划人数	性别	备注
理科	0845	陆军边海防学院	01	中国语言文学类(摩托化步兵分队指挥)	1	男生	指挥类
理科	0845	陆军边海防学院	02	作战指挥(边防步兵分队指挥)	3	男生	指挥类
理科	0845	陆军边海防学院	03	火力指挥与控制工程(轻便炮兵分队指挥)	3	男生	指挥类
理科	0845	陆军边海防学院	04	指挥信息系统工程(警卫勤务分队指挥)	4	男生	指挥类
理科	0850	海军潜艇学院	01	水声工程(航空反潜技术与指挥)	1	男生	非指挥类
理科	0850	海军潜艇学院	02	水声工程(潜艇观通指挥)	2	男生	指挥类
理科	0850	海军潜艇学院	03	水声工程(水下预警探测)	2	男生	非指挥类
理科	0850	海军潜艇学院	04	航海技术(潜艇航海指挥)	3	男生	指挥类
理科	0850	海军潜艇学院	05	救助与打捞工程(防险救生技术与指挥)	2	男生	指挥类
理科	0850	海军潜艇学院	06	船舶与海洋工程(潜水技术与指挥)	3	男生	指挥类
理科	0850	海军潜艇学院	07	武器发射工程(潜艇雷弹指挥)	3	男生	指挥类
理科	0850	海军潜艇学院	08	武器发射工程(水下无人技术与指挥)	2	男生	指挥类
理科	0995	空军航空大学	01	侦察情报(航空侦察情报分析整编)	10	男生	指挥类
理科	0995	空军航空大学	02	目标工程(目标保障)	4	男生	指挥类
文科	0125	武警海警学院	02	法学(维权执法)	1	女生	指挥类
文科	0305	国防科技大学	05	西班牙语(军事外语技术)	1	女生	非指挥类
理科	0125	武警海警学院	02	法学(维权执法)	1	女生	指挥类
理科	0210	战略支援部队信息工程大学	02	地理科学(测绘技术与保障)	1	女生	非指挥类
理科	0210	战略支援部队信息工程大学	05	电子信息工程(目标信息侦察监测)	1	女生	非指挥类
理科	0210	战略支援部队信息工程大学	07	通信工程(通信技术与应用)	1	女生	非指挥类
理科	0210	战略支援部队信息工程大学	10	通信工程(通信装备研发与保障)	1	女生	非指挥类
理科	0210	战略支援部队信息工程大学	11	微电子科学与工程(信息装备技术与保障)	1	女生	非指挥类
理科	0210	战略支援部队信息工程大学	14	人工智能(智能信息处理与装备研发)	1	女生	非指挥类
理科	0210	战略支援部队信息工程大学	16	计算机科学与技术(计算机装备研发与保障)	1	女生	非指挥类
理科	0210	战略支援部队信息工程大学	20	网络空间安全(网络空间安全技术与指挥)	2	女生	指技融合
理科	0210	战略支援部队信息工程大学	22	测绘工程(测绘技术与保障)	1	女生	非指挥类
理科	0210	战略支援部队信息工程大学	25	遥感科学与技术(测绘技术与保障)	1	女生	指技融合
理科	0210	战略支援部队信息工程大学	30	侦察情报(军事情报学)	2	女生	指挥类
理科	0210	战略支援部队信息工程大学	33	网电指挥与工程(网电对抗情报分析)	1	女生	非指挥类
理科	0210	战略支援部队信息工程大学	37	作战环境工程(测绘技术与保障)	2	女生	非指挥类
理科	0210	战略支援部队信息工程大学	38	大数据工程(数据保障)	3	女生	非指挥类
理科	0210	战略支援部队信息工程大学	41	密码工程(信息研究)	1	女生	非指挥类
理科	0210	战略支援部队信息工程大学	43	侦测工程(无线电监测)	1	女生	非指挥类
理科	0210	战略支援部队信息工程大学	44	管理科学与工程类(信息管理)	1	女生	指挥类
理科	0210	战略支援部队信息工程大学	47	保密管理(信息管理)	1	女生	指挥类
理科	0305	国防科技大学	02	数学类(相关专业技术与指挥管理)	1	女生	非指挥类

续表

科类	院校代号	院校名称	专业代码	专业名称	计划人数	性别	备注
理科	0305	国防科技大学	10	理论与应用力学(相关专业技术与指挥管理)	1	女生	非指挥类
理科	0305	国防科技大学	28	海洋信息工程(相关专业技术与指挥管理)	1	女生	非指挥类
理科	0305	国防科技大学	35	导航工程(无人机技术与保障)	1	女生	非指挥类
理科	0305	国防科技大学	39	飞行器动力工程(相关专业技术与指挥管理)	1	女生	非指挥类
理科	0305	国防科技大学	44	信息对抗技术(电子对抗技术与指挥)	1	女生	指技融合
理科	0305	国防科技大学	51	运筹与任务规划(任务规划)	1	女生	非指挥类
理科	0305	国防科技大学	60	管理科学与工程类(指挥勤务保障)	1	女生	非指挥类
理科	0320	陆军工程大学	05	通信工程(战场机动通信技术与指挥)	1	女生	指技融合
理科	0320	陆军工程大学	08	网络工程(战场机动通信技术与指挥)	1	女生	指挥类
理科	0440	海军军医大学	02	临床医学(高级临床医师)(学制八年医)	1	女生	非指挥类
理科	0440	海军军医大学	03	临床医学(临床医疗通科医师)(学制五年)	1	女生	非指挥类
理科	0440	海军军医大学	05	麻醉学(临床麻醉师)(学制五年)	1	女生	非指挥类
理科	0445	陆军军医大学	04	临床医学(临床医疗通科医师)(学制五年)	2	女生	非指挥类
理科	0450	空军军医大学	03	临床医学(航空航天高级临床医师)(学制八年医)	1	女生	非指挥类
理科	0450	空军军医大学	04	临床医学(高级临床通科医师)(学制八年医)	1	女生	非指挥类
理科	0450	空军军医大学	05	临床医学(临床通科医师)(学制五年)	2	女生	非指挥类
理科	0480	海军工程大学	06	通信工程(岸海通信技术与指挥)	1	女生	指挥类
理科	0480	海军工程大学	09	信息安全(舰艇译电)	1	女生	指挥类
理科	0485	海军航空大学	11	无人系统工程(无人机运用与指挥)	1	女生	指挥类
理科	0485	海军航空大学	14	航空管制与领航工程(航空管制)	1	女生	指挥类
理科	0495	海军大连舰艇学院	03	通信工程(舰艇通信指挥)	1	女生	指挥类
理科	0495	海军大连舰艇学院	05	航海技术(舰艇航海指挥)	1	女生	指挥类
理科	0495	海军大连舰艇学院	15	探测制导与控制技术(舰艇导弹指挥)	1	女生	指挥类
理科	0510	空军工程大学	05	通信工程(对空通信技术与指挥)	2	女生	指挥类
理科	0510	空军工程大学	17	航空管制与领航工程(航空管制)	1	女生	指挥类
理科	0555	武警工程大学	10	通信工程(武警通信技术与指挥)	1	女生	指技融合
理科	0555	武警工程大学	18	信息安全(密码装备技术与保障)	1	女生	非指挥类
理科	0555	武警工程大学	27	管理科学与工程类(武警装备保障管理)	1	女生	非指挥类
理科	0630	火箭军工程大学	05	通信工程(导弹通信技术与指挥)	1	女生	指挥类
理科	0630	火箭军工程大学	14	侦测工程(导弹遥测技术与指挥)	1	女生	指挥类
理科	0800	战略支援部队航天工程大学	01	光电信息科学与工程(太空态势感知初级管理与技术)	1	女生	非指挥类
理科	0800	战略支援部队航天工程大学	04	信息安全(航天信息安全初级管理与技术)	1	女生	指挥类
理科	0800	战略支援部队航天工程大学	10	武器发射工程(航天测发技术与指挥)	1	女生	指挥类
理科	0800	战略支援部队航天工程大学	12	预警探测(太空态势感知初级管理与技术)	1	女生	非指挥类
理科	0800	战略支援部队航天工程大学	14	侦察情报(情报分析整编)	1	女生	指挥类

续表

科类	院校代号	院校名称	专业代码	专业名称	计划人数	性别	备注
理科	0825	陆军特种作战学院	03	作战指挥(特种兵初级指挥)	2	女生	指挥类
理科	0830	陆军防化学院	02	化学(核生化防护技术)	1	女生	指挥类
理科	0840	陆军勤务学院	02	土木工程(军事设施勤务)	1	女生	指挥类
理科	0845	陆军边海防学院	05	指挥信息系统工程(警卫勤务分队指挥)	1	女生	指挥类

三、河南省2023年军队院校招生的相关事宜

(一)报考条件

1. 参加2023年普通高等学校招生全国统一考试的河南省普通高中应届、往届毕业生;
2. 未婚,年龄不低于17周岁、不超过20周岁(截至2023年8月31日);
3. 高中阶段体质测试成绩及格(含)以上(由考生学籍所在学校出具);
4. 高考成绩达到我省2023年本科一批录取分数控制线。

(二)招生计划

2023年军队院校在我省招收普通高中毕业生1311名(男生1241名、女生70名)。招生计划详见“军校招生”微信公众号或河南省教育考试院印发的《招生考试之友》。

(三)志愿填报

报考军队院校的考生第一志愿可以填报1个高校志愿,每个高校志愿可以填报1—5个专业,第二志愿为平行志愿,可以填报1—4个高校志愿,每个高校志愿可以填报1—5个专业。考生须于6月26日8时至28日18时登录河南省教育考试院官网(www. haeea. cn),按要求完成志愿填报。报考军队院校的考生,不得兼报公安、司法和其他类别提前录取本科批次院校。

(四)面试和体检

6月29日,省教育考试院和省军区招生工作办公室根据考生第一院校志愿,区分男女生和文理科分别划定面试体检控制分数线(女生和体检要求较高的陆军特种作战学院、海军工程大学、海军潜艇学院按招生计划数的5倍划定,其他院校按招生计划数的3倍划定)。各院校面试体检控制分数线均不低于本科第一批录取最低控制分数线。填报有军队院校志愿的考生需自行登录省教育考试院官网查询,达到院校(仅限第一志愿)面试体检最低分数控制线的考生,在规定的时间携带本人身份证、准考证、《政治考核表》、《高中阶段体质测试及格证明》、《病史调查表》和《面试表》到指定地点参加体检面试。

6月30日至7月3日,区分豫北和豫南两个面试体检地点进行,其中豫北面试体检地点设在中国人民解放军联勤保障部队第988医院(地址:郑州市郑上路602号);豫南面试体检地点设在中国人民解放军联勤保障部队第990医院(地址:驻马店市风光路1号)。

面试主要考察了解考生的报考动机、形象气质、逻辑思维和语言表达等方面的基本素质,通常采取目测、口令调整和语言交流等方法进行,面试结论分合格、不合格两种。体检标准按照《军队选拔军官和文职人员体检标准》(军后卫〔2023〕116号)执行,体检结论分为合格、不合格,其中合格包括通用标准合格、装甲岗位合格、测绘岗位合格、舰艇岗位合格、潜艇岗位合格、潜水岗位合格、机降岗位合格、特种作战岗位合格、防化岗位合格、油料岗位合格、医疗岗位合格、导弹岗位合格、电子对抗岗位合格、通信导航岗位合格、伞降岗位合格。不合格即各类专业不合格。

面试体检结果现场告知考生,考生对结果有异议的,可现场申请复议,复议结论为最终结论。对当场不能作出结论的血常规、尿液、血清艾滋病病毒抗体等体格检查项目,于考生体格检查次日向考生公布检查结论,考生可登录省教育考试院网站,自行查询检测情况。对可通过服用药物或其他治疗手段影响检查结果的项目不予复议,考生的初检结论为最终结论。未参加面试、体检或结论为不合格的考生不能参加军队院校招生录取。

（五）录取

军队院校招生为提前批次录取。省教育考试院从政治考核、面试和体检合格考生中，区分男女生、文理科按院校招生计划数的110%投档（投档数量按四舍五入取整）。招生院校根据政治考核、面试、体检情况及专业要求，由高分到低分择优录取。总分成绩相同的依次比较单科成绩，其中文科专业比较顺序为语文、数学、外语，理科专业比较顺序为数学、语文、外语。当第一志愿上线考生数量不足时，从非第一志愿投档录取，生源仍不足时，从政治考核、面试、体检合格考生中公开征集志愿录取。

军队院校应在投档范围内录取考生。对现役军人子女和军队因公牺牲、烈士子女，可以在投档比例范围内优先录取。

四、军队院校2023年在河南省招生面试、体检控制分数线（见表1-9）

【编者按】军校面试、体检控制分数线不是军校最终的录取分数线，而是报考军校的考生入围面试、体检的最低分数线，女生和体检要求较高的陆军特种作战学院、海军工程大学、海军潜艇学院按招生计划数的5倍划定，其他院校按招生计划数的3倍划定，面试、体检控制分数线和最终的录取分数线可能会有不小的差距。

表1-9　军队院校2023年在河南省招生面试、体检控制线分数线

科类	院校代号	院校名称	男	女
文科	0125	武警海警学院	560	570
文科	0125	武警海警学院	580	594
文科	0210	战略支援部队信息工程大学	557	—
文科	0305	国防科技大学	552	609
文科	0555	武警工程大学	595	—
文科	0575	武警警官学院	567	—
文科	0825	陆军特种作战学院	564	—
理科	0125	武警海警学院	538	585
理科	0210	战略支援部队信息工程大学	569	555
理科	0305	国防科技大学	516	622
理科	0320	陆军工程大学	523	571
理科	0440	海军军医大学	527	609
理科	0445	陆军军医大学	515	572
理科	0450	空军军医大学	547	609
理科	0480	海军工程大学	514	583
理科	0485	海军航空大学	568	566
理科	0495	海军大连舰艇学院	523	590
理科	0510	空军工程大学	516	535
理科	0515	空军预警学院	554	—
理科	0555	武警工程大学	541	580
理科	0575	武警警官学院	555	—
理科	0630	火箭军工程大学	543	589
理科	0700	武警特种警察学院	514	—

续表

科类	院校代号	院校名称	男	女
理科	0800	战略支援部队航天工程大学	524	585
理科	0810	陆军步兵学院	516	—
理科	0815	陆军装甲兵学院	549	—
理科	0820	陆军炮兵防空兵学院	514	—
理科	0825	陆军特种作战学院	545	576
理科	0830	陆军防化学院	515	548
理科	0835	陆军军事交通学院	514	—
理科	0840	陆军勤务学院	563	575
理科	0845	陆军边海防学院	516	578
理科	0850	海军潜艇学院	552	—
理科	0995	空军航空大学	526	—

第十一节　定向培养军士招生

一、《应征公民体格检查标准》摘要

【编者按】按照相关政策规定，定向培养军士体格检查工作由户籍所在地省辖市征兵办公室按照征集义务兵体格检查标准及办法组织实施，考生按照户籍所在地（非河南省户籍的考生，在毕业中学所在地）省辖市参加体格检查。

第一章　外科

第一条　男性身高 160 cm 以上，女性身高 158 cm 以上，合格。

条件兵身高条件按有关标准执行。

第二条　体重符合下列条件且空腹血糖<7.0 mmol/L 的，合格。

（一）男性：17.5≤BMI<30，其中：17.5≤男性身体条件兵 BMI<27；

（二）女性：17≤BMI<24。

BMI≥28 须加查血液化血红蛋白检查项目，糖化血红蛋白百分比<6.5%，合格。

BMI＝体重（千克）÷身高（米）的平方

第三条　颅脑外伤，颅脑畸形，颅脑手术史，脑外伤后综合征，不合格。

第四条　颈部运动功能受限，斜颈，Ⅲ度以上单纯性甲状腺肿，乳腺肿瘤，不合格。单纯性甲状腺肿，条件兵不合格。

第五条　骨、关节、滑囊疾病或损伤及其后遗症，骨、关节畸形，胸廓畸形，习惯性脱臼，颈、胸、腰椎骨折史，腰椎间盘突出，强直性脊柱炎，影响肢体功能的腱鞘疾病，不合格。

下列情况合格：

（一）可自行矫正的脊柱侧弯；

（二）四肢单纯性骨折，治愈 1 年后，X 线片显示骨折线消失，复位良好，无功能障碍及后遗症（条件兵除外）；

（三）关节弹响排除骨关节疾病或损伤，不影响正常功能的；

（四）大骨节病仅指、趾关节稍粗大，无自觉症状，无功能障碍（仅陆勤人员）；

（五）轻度胸廓畸形（条件兵除外）。

第六条　肘关节过伸超过15度,肘关节外翻超过20度,或虽未超过前述规定但存在功能障碍,不合格。

第七条　下蹲不全,两下肢不等长超过2 cm,膝内翻股骨内髁间距离和膝外翻胫骨内踝间距离超过7 cm(条件兵超过4 cm),或虽未超过前述规定但步态异常,不合格。

轻度下蹲不全(膝后夹角≤45度),除条件兵外合格。

双足并拢不能完全下蹲,或勉强下蹲不稳者,可调整下蹲姿势(双足分开不超过肩宽),调整姿势后能完全下蹲或轻度下蹲不全者,陆勤人员合格(臀肌挛缩综合征、跟腱短、下肢关节病变等病理性原因除外)。

第八条　手指、足趾残缺或畸形,足底弓完全消失的扁平足,重度皲裂症,不合格。

第九条　恶性肿瘤,面颈部长径超过1 cm的良性肿瘤、囊肿,其他部位长径超过3 cm的良性肿瘤、囊肿,或虽未超出前述规定但影响功能和训练的,不合格。

第十条　瘢痕体质,面颈部长径超过3 cm或影响功能的瘢痕,其他部位影响功能的瘢痕,不合格。

第十一条　面颈部文身,着军队制式体能训练服其他裸露部位长径超过3 cm的文身,其他部位长径超过10 cm的文身,男性文眉、文眼线、文唇,女性文唇,不合格。

第十二条　脉管炎,动脉瘤,中、重度下肢静脉曲张和精索静脉曲张,不合格。下肢静脉曲张,精索静脉曲张,条件兵不合格。

第十三条　胸、腹腔手术史,疝,脱肛,肛瘘,肛旁脓肿,重度陈旧性肛裂,环状痔,混合痔,不合格。

下列情况合格:

(一)阑尾炎手术后半年以上,无后遗症;

(二)腹股沟疝、股疝手术后1年以上,无后遗症;

(三)2个以下且长径均在0.8 cm以下的混合痔。

第十四条　泌尿生殖系统疾病或损伤及其后遗症,生殖器官畸形或发育不全,单睾,隐睾及其术后,不合格。

下列情况合格:

(一)无自觉症状的轻度非交通性精索鞘膜积液,不大于健侧睾丸(条件兵除外);

(二)无自觉症状的睾丸鞘膜积液,包括睾丸在内不大于健侧睾丸1倍(条件兵除外);

(三)交通性鞘膜积液,手术后1年以上无复发,无后遗症;

(四)无压痛、无自觉症状的精索、附睾小结节,数量在2个以下且长径均在0.5 cm以下;

(五)包茎、包皮过长(条件兵除外);

(六)轻度急性包皮炎、阴囊炎。

第十五条　重度腋臭,不合格。轻度腋臭,条件兵不合格。

第十六条　头癣,泛发性体癣,疥疮,慢性泛发性湿疹,慢性荨麻疹,泛发性神经性皮炎,银屑病,面颈部长径超过1 cm的血管痣、色素痣、胎痣和白癜风,其他传染性或难以治愈的皮肤病,不合格。多发性毛囊炎,皮肤对刺激物过敏或有接触性皮炎史,手足部位近3年连续发生冻疮,条件兵不合格。

下列情况合格:

(一)单发局限性神经性皮炎,长径在3 cm以下;

(二)股癣,手(足)癣,甲(指、趾)癣,躯干花斑癣;

(三)身体其他部位白癜风不超过2处,每处长径在3 cm以下。

第十七条　淋病,梅毒,软下疳,性病性淋巴肉芽肿,非淋菌性尿道炎,尖锐湿疣,生殖器疱疹,以及其他性传播疾病,不合格。

第二章　内科

第十八条　血压在下列范围,合格。

(一)收缩压≥90 mmHg,<140 mmHg;

(二)舒张压≥60 mmHg,<90 mmHg。

第十九条　心率在下列范围,合格。

(一)心率 60~100 次/分;

(二)心率 50~59 次/分或 101~110 次/分,经检查系生理性(条件兵除外)。

第二十条　高血压病,器质性心脏病,血管疾病,右位心脏,不合格。

下列情况合格:

(一)听诊发现心律不齐、心脏收缩期杂音的,经检查系生理性(条件兵除外);

(二)直立性低血压、周围血管舒缩障碍(仅陆勤人员)。

第二十一条　慢性支气管炎,支气管扩张,支气管哮喘,肺大泡,气胸及气胸史,以及其他呼吸系统慢性疾病,不合格。

第二十二条　严重慢性胃、肠疾病,肝脏、胆囊、脾脏、胰腺疾病,内脏下垂,腹部包块,不合格。

下列情况合格:

(一)仰卧位,平静呼吸,在右锁骨中线肋缘下触及肝脏不超过 1.5 cm,剑突下不超过 3 cm,质软,边薄,平滑,无触痛、叩击痛,肝上界在正常范围,左肋缘下未触及脾脏,无贫血,营养状况良好;

(二)既往因患疟疾、血吸虫病、黑热病引起的脾脏肿大,现无自觉症状,无贫血,营养状况良好。

第二十三条　泌尿、血液、内分泌系统疾病,代谢性疾病,免疫性疾病,不合格。

第二十四条　艾滋病,病毒性肝炎,结核,流行性出血热,细菌性和阿米巴性痢疾,黑热病,伤寒,副伤寒,布鲁氏菌病,钩端螺旋体病,血吸虫病,疟疾,丝虫病,以及其他传染病,不合格。

下列情况合格:

(一)急性病毒性肝炎治愈后 2 年以上未再复发,无症状和体征,实验室检查正常;

(二)原发性肺结核、继发性肺结核、结核性胸膜炎、肾结核、腹膜结核,临床治愈后 3 年无复发(条件兵除外);

(三)细菌性痢疾治愈 1 年以上;

(四)疟疾、黑热病、血吸虫病、阿米巴性痢疾、钩端螺旋体病、流行性出血热、伤寒、副伤寒、布鲁氏菌病,治愈 2 年以上,无后遗症;

(五)丝虫病治愈半年以上,无后遗症。

第二十五条　癫痫,以及其他神经系统疾病及后遗症,不合格。

第二十六条　精神分裂症,转换性障碍,分离性障碍,抑郁症,躁狂症,精神活性物质滥用和依赖,人格障碍,应激障碍,睡眠障碍,进食障碍,精神发育迟滞,遗尿症,以及其他精神类疾病,不合格。

第二十七条　影响正常表达的口吃,不合格。

第三章　耳鼻咽喉科

第二十八条　听力测定双侧耳语均低于 5 m,不合格。

一侧耳语 5 m、另一侧不低于 3 m,陆勤人员合格。

第二十九条　眩晕病,不合格。

第三十条　耳廓明显畸形,外耳道闭锁,反复发炎的耳前瘘管,耳廓及外耳道湿疹,耳霉菌病,不合格。

轻度耳廓及外耳道湿疹,轻度耳霉菌病,陆勤人员合格。

第三十一条　鼓膜穿孔,化脓性中耳炎,乳突炎,以及其他难以治愈的耳病,不合格。鼓膜中度以上内陷,鼓膜瘢痕或钙化斑超过鼓膜的 1/3,咽鼓管通气功能、耳气压功能及鼓膜活动不良,咽鼓管咽口或周围淋巴样组织增生,条件兵不合格。

鼓膜内陷、粘连、萎缩、瘢痕、钙化斑,条件兵合格。

第三十二条　嗅觉丧失,不合格。嗅觉迟钝,条件兵不合格。

第三十三条　鼻中隔穿孔,鼻畸形,重度肥厚性鼻炎,萎缩性鼻炎,重度鼻黏膜糜烂,鼻息肉,中鼻甲息肉样变,以及其他影响鼻功能的慢性鼻病,不合格。严重变应性鼻炎,肥厚性鼻炎,慢性鼻窦炎,严重鼻中隔偏曲,条件兵不合格。

不影响副鼻窦引流的中鼻甲肥大,中鼻道有少量黏液脓性分泌物,轻度萎缩性鼻炎,陆勤人员合格。

第三十四条　超过Ⅱ度肿大的慢性扁桃体炎,影响吞咽、发音功能难以治愈的咽、喉疾病,严重阻塞性睡眠呼吸暂停综合征,不合格。

第四章　眼科

第三十五条　任何一眼裸眼视力低于4.5,不合格。

任何一眼裸眼视力低于4.8,需进行矫正视力检查,任何一眼矫正视力低于4.8或矫正度数超过600度,不合格。

屈光不正经准分子激光手术(不含有晶体眼人工晶体植入术等其他术式)后半年以上,无并发症,任何一眼裸眼视力达到4.8,眼底检查正常,除条件兵外合格。

条件兵视力合格条件按有关标准执行。

第三十六条　色弱,色盲,不合格。

能够识别红、绿、黄、蓝、紫各单色者,陆勤人员合格。

第三十七条　影响眼功能的眼睑、睑缘、结膜、泪器疾病,不合格。

伸入角膜不超过2 mm的假性翼状胬肉,陆勤人员合格。

第三十八条　眼球突出,眼球震颤,眼肌疾病,不合格。

15度以内的共同性内、外斜视,陆勤人员合格。

第三十九条　角膜、巩膜、虹膜睫状体疾病,瞳孔变形、运动障碍,不合格。

不影响视力的角膜云翳,合格。

第四十条　晶状体、玻璃体、视网膜、脉络膜、视神经疾病,以及青光眼,不合格。

先天性少数散在的晶状体小混浊点,合格。

第五章　口腔科

第四十一条　深度龋齿超过3个,缺齿超过2个(经正畸治疗拔除、牙列整齐的除外),全口义齿及复杂的可摘局部义齿,重度牙周炎,影响咀嚼及发音功能的口腔疾病,颞颌关节疾病,唇、腭裂及唇裂术后明显瘢痕,不合格。

经治疗、修复后功能良好的龋齿、缺齿,合格。

第四十二条　中度以上氟斑牙及牙釉质发育不全,切牙、尖牙、双尖牙明显缺损或缺失,超牙合超过0.5 cm,开牙合超过0.3 cm,上下颌牙咬合到对侧牙龈的深覆牙合,反牙合,牙列不齐,重度牙龈炎,中度牙周炎,条件兵不合格。

下列情况合格:

(一)上下颌左右尖牙、双尖牙咬合相距0.3 cm以内;

(二)切牙缺失1个,经固定义齿修复后功能良好,或牙列无间隙,替代牙功能良好;

(三)不影响咬合的个别切牙牙列不齐或重叠;

(四)不影响咬合的个别切牙轻度反牙合,无其他体征;

(五)错殆畸形经正畸治疗后功能良好。

第四十三条　慢性腮腺炎,腮腺囊肿,口腔肿瘤,不合格。

第六章　妇科

第四十四条　闭经,严重痛经,子宫不规则出血,功能性子宫出血,子宫内膜异位症,不合格。

第四十五条　内外生殖器畸形或缺陷,不合格。

第四十六条　急、慢性盆腔炎,盆腔肿物,不合格。

第四十七条　霉菌性阴道炎,滴虫性阴道炎,不合格。

第四十八条　妊娠,不合格。

第七章　辅助检查

第四十九条　血细胞分析结果在下列范围,合格。

(一)血红蛋白:男性130~175 g/L,女性115~150 g/L;

(二)红细胞计数:男性$(4.3\sim5.8)\times10^{12}/L$,女性$(3.8\sim5.1)\times10^{12}/L$;

(三)白细胞计数:$(3.5\sim9.5)\times10^{9}/L$;

(四)中性粒细胞百分数:40%~75%;

(五)淋巴细胞百分数:20%~50%;

(六)血小板计数:$(125\sim350)\times10^{9}/L$。

血常规检查结果要结合临床及地区差异作出正确结论。血红蛋白、红细胞数、白细胞总数、白细胞分类、血小板计数稍高或稍低,根据所在地区人体正常值范围,在排除器质性病变的前提下,不作单项淘汰。

第五十条　血生化分析结果在下列范围,合格。

(一)血清丙氨酸氨基转移酶:男性 9~50 U/L,女性 7~40 U/L;

血清丙氨酸氨基转移酶,男性>50 U/L、≤60 U/L,女性>40 U/L、≤50 U/L,应当结合临床物理检查,在排除疾病的情况下,视为合格,但须从严掌握;

(二)血清肌酐:

酶法:男性 59~104 μmol/L,女性 45~84 μmol/L;

苦味酸速率法:男性 62~115 μmol/L,女性 53~97 μmol/L;

苦味酸去蛋白终点法:男性 44~133 μmol/L,女性 70~106 μmol/L;

(三)血清尿素:2.9~8.2 mmol/L。

第五十一条　乙型肝炎表面抗原检测阳性,艾滋病病毒(HIV1+2)抗体检测阳性,不合格。

第五十二条　尿常规检查结果在下列范围,合格。

(一)尿蛋白:阴性至微量;

(二)尿酮体:阴性;

(三)尿糖:阴性;

(四)胆红素:阴性;

(五)尿胆原:0.1~1.0 Eμ/dl(弱阳性)。

尿常规检查结果要结合临床及地区差异作出正确结论。

第五十三条　尿液离心沉淀标本镜检结果在下列范围,合格。

(一)红细胞:男性 0~偶见/高倍镜,女性 0~3/高倍镜,女性不超过 6 个/高倍镜应结合外阴检查排除疾病;

(二)白细胞:男性 0~3/高倍镜,女性 0~5/高倍镜,不超过 6 个/高倍镜应结合外生殖器或外阴检查排除疾病;

(三)管型:无或偶见透明管型,无其他管型。

第五十四条　尿液毒品检测阳性,不合格。

第五十五条　尿液妊娠试验阴性,合格。

尿液妊娠试验阳性、但血清妊娠试验阴性,合格。

第五十六条　大便常规检查结果在下列范围,合格。

(一)外观:黄软;

(二)镜检:红、白细胞各 0~2/高倍镜,无钩虫、鞭虫、绦虫、血吸虫、肝吸虫、姜片虫卵及肠道原虫。

大便常规检查,在地方性寄生虫病和血吸虫病流行地区为必检项目,其他地区根据需要进行检查。

第五十七条　胸部 X 射线检查结果在下列范围内,合格。

(一)胸部 X 射线检查未见异常;

(二)孤立散在的钙化点(直径不超过 0.5 cm),双肺野不超过 3 个,密度高,边缘清晰,周围无浸润现象(条件兵除外);

(三)肺纹理轻度增强(无呼吸道病史,无自觉症状);

(四)一侧肋膈角轻度变钝(无心、肺、胸疾病史,无自觉症状)。

第五十八条　心电图检查结果在下列范围内,合格。

(一)正常心电图;

(二)大致正常心电图。大致正常心电图范围按有关规定执行。

第五十九条　腹部超声检查发现恶性征象、病理性脾肿大、胰腺病变、肝肾弥漫性实质损害、肾盂积水、结石、内脏反位、单肾以及其他病变和异常的,不合格。

下列情况合格(第五至十一款,条件兵除外):

(一)肝、胆、胰、脾、双肾未见明显异常;

(二)轻、中度脂肪肝且肝功能正常;

(三)胆囊息肉样病变,数量3个以下且长径均在0.5 cm以下;

(四)副脾;

(五)肝肾囊肿和血管瘤单脏器数量3个以下且长径均在1 cm以下;

(六)单发肝肾囊肿和血管瘤长径3 cm以下;

(七)肝、脾内钙化灶数量3个以下且长径均在1 cm以下;

(八)双肾实质钙化灶数量3个以下且长径1 cm以下;

(九)双肾错构瘤数量2个以下且长径均在1 cm以下;

(十)肾盂宽不超过1.5 cm,输尿管不增宽;

(十一)脾脏长径10 cm以下,厚度4.5 cm以下;脾脏长径超过10 cm或厚径超过4.5 cm,但脾面积测量(0.8×长径×厚径)38 cm^2 以下,排除器质性病变。

第六十条　妇科超声检查发现子宫肌瘤、附件区不明性质包块以及其他病变和异常的,不合格。

下列情况合格:

(一)子宫、卵巢大小形态未见明显异常;

(二)不伴其他异常的盆腔积液深度不超过2 cm;

(三)单发附件区、卵巢囊肿长径小于3 cm。

第八章　士兵职业基本适应性检测

士兵职业基本适应性检测合格条件按有关规定执行。

(注:条件兵,指坦克乘员、水面舰艇、潜艇、空降兵、特种部队等对应征青年政治、身体、文化、心理有特殊要求的兵员;条件兵合格或不合格的具体类别和标准,按照有关规定执行。)

二、2023年在河南省招收定向培养军士的专科院校及专业

2023年共有47所承担定向培养军士的高校在河南招生,投放招生计划共2625人,其中文科男生计划招生745人、理科男生计划招生1854人、文科女生计划招生7人、理科女生计划招生19人,具体招生计划见表1-10(男生、女生招生计划分类汇总):

表1-10　2023年在河南省招收定向培养军士的专科院校及专业

科类	院校代号	院校名称	专业代码	专业名称	计划人数	性别
文科	6283	河南交通职业技术学院	41	智能工程机械运用技术(火箭军)	10	男生
文科	6283	河南交通职业技术学院	42	智能工程机械运用技术(空军)	18	男生
文科	6283	河南交通职业技术学院	43	道路养护与管理(空军)	24	男生
文科	6283	河南交通职业技术学院	44	汽车检测与维修技术(空军)	18	男生
文科	6283	河南交通职业技术学院	45	汽车检测与维修技术(火箭军)	8	男生

续表

科类	院校代号	院校名称	专业代码	专业名称	计划人数	性别
文科	6283	河南交通职业技术学院	46	电子信息工程技术(火箭军)	5	男生
文科	6283	河南交通职业技术学院	47	电子信息工程技术(陆军)	20	男生
文科	6283	河南交通职业技术学院	48	计算机网络技术(火箭军)	3	男生
文科	6283	河南交通职业技术学院	50	计算机网络技术(国防动员部)	3	男生
文科	6317	河南医学高等专科学校	21	护理(空军)	15	男生
文科	6317	河南医学高等专科学校	22	护理(联勤保障部队)	5	男生
文科	7243	重庆医药高等专科学校	11	临床医学(武警部队)	6	男生
文科	7243	重庆医药高等专科学校	12	护理(陆军)	2	男生
文科	7243	重庆医药高等专科学校	13	康复治疗技术(陆军)	2	男生
文科	7243	重庆医药高等专科学校	14	康复治疗技术(武警部队)	2	男生
文科	7453	成都航空职业技术学院	02	无人机应用技术(空军)	5	男生
文科	7453	成都航空职业技术学院	03	飞机机电设备维修(空军)	2	男生
文科	7453	成都航空职业技术学院	04	飞机电子设备维修(海军)	2	男生
文科	7453	成都航空职业技术学院	05	计算机网络技术(武警部队)	2	男生
文科	7706	南京信息职业技术学院	05	电子信息工程技术(火箭军)	3	男生
文科	7706	南京信息职业技术学院	06	计算机网络技术(火箭军)	6	男生
文科	8003	长沙航空职业技术学院	03	飞行器维修技术(陆军)	5	男生
文科	8003	长沙航空职业技术学院	04	飞行器维修技术(空军)	5	男生
文科	8003	长沙航空职业技术学院	05	飞行器维修技术(武警部队)	3	男生
文科	8003	长沙航空职业技术学院	06	无人机应用技术(陆军)	3	男生
文科	8003	长沙航空职业技术学院	07	无人机应用技术(武警部队)	3	男生
文科	8003	长沙航空职业技术学院	08	导弹维修技术(海军)	3	男生
文科	8003	长沙航空职业技术学院	09	导弹维修技术(火箭军)	6	男生
文科	8003	长沙航空职业技术学院	10	通用航空器维修(陆军)	3	男生
文科	8003	长沙航空职业技术学院	11	应用电子技术(火箭军)	3	男生
文科	8007	新疆石河子职业技术学院	23	机械制造及自动化(陆军)	5	男生
文科	8007	新疆石河子职业技术学院	24	电气自动化技术(空军)	5	男生
文科	8007	新疆石河子职业技术学院	25	汽车检测与维修技术(火箭军)	5	男生
文科	8239	渤海船舶职业学院	11	船舶电气工程技术(武警部队)	5	男生
文科	8239	渤海船舶职业学院	12	轮机工程技术(海军)	5	男生
文科	8239	渤海船舶职业学院	13	轮机工程技术(武警部队)	5	男生
文科	8576	江苏海事职业技术学院	15	航海技术(武警部队)	6	男生
文科	8576	江苏海事职业技术学院	16	轮机工程技术(海军)	10	男生
文科	8576	江苏海事职业技术学院	17	船舶电子电气技术(武警部队)	6	男生
文科	8590	浙江交通职业技术学院	01	轮机工程技术(海军)	10	男生
文科	8590	浙江交通职业技术学院	02	现代通信技术(海军)	10	男生

续表

科类	院校代号	院校名称	专业代码	专业名称	计划人数	性别
文科	8593	浙江建设职业技术学院	11	地籍测绘与土地管理(陆军)	7	男生
文科	8593	浙江建设职业技术学院	12	给排水工程技术(火箭军)	7	男生
文科	8636	重庆交通职业学院	01	铁道机车运用与维护(火箭军)	10	男生
文科	8642	阜阳职业技术学院	06	计算机应用技术(战略支援部队)	3	男生
文科	8654	安徽交通职业技术学院	03	智能工程机械运用技术(武警部队)	5	男生
文科	8654	安徽交通职业技术学院	04	航海技术(武警部队)	5	男生
文科	8707	江西信息应用职业技术学院	04	工程测量技术(火箭军)	2	男生
文科	8707	江西信息应用职业技术学院	05	测绘地理信息技术(火箭军)	3	男生
文科	8707	江西信息应用职业技术学院	06	应用气象技术(火箭军)	2	男生
文科	8750	湖南国防工业职业技术学院	01	机械设计与制造(陆军)	5	男生
文科	8750	湖南国防工业职业技术学院	02	机械设计与制造(火箭军)	5	男生
文科	8750	湖南国防工业职业技术学院	03	机电一体化技术(火箭军)	5	男生
文科	8750	湖南国防工业职业技术学院	04	电气自动化技术(陆军)	5	男生
文科	8750	湖南国防工业职业技术学院	05	无人机应用技术(陆军)	5	男生
文科	8750	湖南国防工业职业技术学院	06	应用化工技术(陆军)	5	男生
文科	8750	湖南国防工业职业技术学院	07	应用电子技术(陆军)	5	男生
文科	8750	湖南国防工业职业技术学院	08	应用电子技术(火箭军)	5	男生
文科	8750	湖南国防工业职业技术学院	09	计算机网络技术(陆军)	5	男生
文科	8765	滨州职业学院	07	石油化工技术(空军)	7	男生
文科	8765	滨州职业学院	08	航海技术(海军)	10	男生
文科	8765	滨州职业学院	09	轮机工程技术(海军)	15	男生
文科	8765	滨州职业学院	10	护理(空军)	5	男生
文科	8772	山东信息职业技术学院	18	无人机应用技术(陆军)	7	男生
文科	8772	山东信息职业技术学院	19	电子信息工程技术(陆军)	5	男生
文科	8772	山东信息职业技术学院	20	电子信息工程技术(空军)	5	男生
文科	8772	山东信息职业技术学院	21	应用电子技术(空军)	5	男生
文科	8772	山东信息职业技术学院	22	计算机网络技术(陆军)	7	男生
文科	8847	湖北交通职业技术学院	23	道路与桥梁工程技术(武警部队)	18	男生
文科	8847	湖北交通职业技术学院	24	智能工程机械运用技术(空军)	3	男生
文科	8847	湖北交通职业技术学院	25	汽车检测与维修技术(空军)	7	男生
文科	8847	湖北交通职业技术学院	26	航海技术(空军)	3	男生
文科	8847	湖北交通职业技术学院	27	现代物流管理(空军)	2	男生
文科	8849	武汉船舶职业技术学院	25	轮机工程技术(武警部队)	10	男生
文科	8849	武汉船舶职业技术学院	26	船舶电子电气技术(武警部队)	5	男生
文科	8861	武昌职业学院	22	无人机应用技术(陆军)	6	男生
文科	8861	武昌职业学院	23	无人机应用技术(空军)	8	男生

续表

科类	院校代号	院校名称	专业代码	专业名称	计划人数	性别
文科	8861	武昌职业学院	24	无人机应用技术(火箭军)	2	男生
文科	8861	武昌职业学院	25	无人机应用技术(战略支援部队)	4	男生
文科	8861	武昌职业学院	27	电子信息工程技术(海军)	8	男生
文科	8861	武昌职业学院	28	电子信息工程技术(空军)	12	男生
文科	8861	武昌职业学院	29	电子信息工程技术(火箭军)	4	男生
文科	8861	武昌职业学院	30	电子信息工程技术(陆军)	2	男生
文科	8861	武昌职业学院	31	计算机网络技术(空军)	4	男生
文科	8861	武昌职业学院	32	计算机网络技术(火箭军)	2	男生
文科	8861	武昌职业学院	33	计算机网络技术(武警部队)	4	男生
文科	8861	武昌职业学院	34	计算机网络技术(国防动员部)	8	男生
文科	8861	武昌职业学院	35	人工智能技术应用(陆军)	4	男生
文科	8861	武昌职业学院	36	人工智能技术应用(火箭军)	3	男生
文科	8861	武昌职业学院	37	现代通信技术(陆军)	4	男生
文科	8861	武昌职业学院	38	现代通信技术(空军)	4	男生
文科	8861	武昌职业学院	39	现代通信技术(武警部队)	4	男生
文科	8897	湖南汽车工程职业学院	04	机械制造及自动化(火箭军)	1	男生
文科	8897	湖南汽车工程职业学院	05	汽车检测与维修技术(战略支援部队)	1	男生
文科	8897	湖南汽车工程职业学院	06	汽车检测与维修技术(火箭军)	3	男生
文科	8897	湖南汽车工程职业学院	07	计算机网络技术(战略支援部队)	1	男生
文科	8897	湖南汽车工程职业学院	08	计算机网络技术(火箭军)	3	男生
文科	8897	湖南汽车工程职业学院	09	信息安全技术应用(战略支援部队)	1	男生
文科	8918	张家界航空工业职业技术学院	11	电气自动化技术(空军)	5	男生
文科	8918	张家界航空工业职业技术学院	12	航空发动机装配调试技术(空军)	5	男生
文科	8918	张家界航空工业职业技术学院	13	航空发动机装配调试技术(陆军)	5	男生
文科	8918	张家界航空工业职业技术学院	14	飞机机电设备维修(陆军)	5	男生
文科	8918	张家界航空工业职业技术学院	15	飞机机电设备维修(空军)	2	男生
文科	8920	湖南体育职业学院	05	运动训练(武警部队)	10	男生
文科	8920	湖南体育职业学院	06	运动训练(火箭军)	5	男生
文科	9095	重庆航天职业技术学院	07	电子信息工程技术(火箭军)	2	男生
文科	9095	重庆航天职业技术学院	08	现代通信技术(火箭军)	3	男生
文科	9115	延安职业技术学院	01	航海技术(海军)	8	男生
文科	9115	延安职业技术学院	02	轮机工程技术(海军)	6	男生
文科	9555	潍坊工程职业学院	01	汽车检测与维修技术(火箭军)	10	男生
文科	9555	潍坊工程职业学院	02	现代通信技术(陆军)	5	男生
文科	9555	潍坊工程职业学院	03	现代通信技术(火箭军)	5	男生
文科	9564	武汉交通职业学院	20	机电一体化技术(战略支援部队)	2	男生

续表

科类	院校代号	院校名称	专业代码	专业名称	计划人数	性别
文科	9564	武汉交通职业学院	21	无人机应用技术(联勤保障部队)	2	男生
文科	9564	武汉交通职业学院	22	无人机应用技术(战略支援部队)	4	男生
文科	9564	武汉交通职业学院	23	航海技术(陆军)	3	男生
文科	9564	武汉交通职业学院	24	轮机工程技术(陆军)	3	男生
文科	9564	武汉交通职业学院	25	船舶电子电气技术(陆军)	3	男生
文科	9564	武汉交通职业学院	26	计算机网络技术(联勤保障部队)	2	男生
文科	9564	武汉交通职业学院	27	计算机网络技术(战略支援部队)	3	男生
文科	9564	武汉交通职业学院	28	现代通信技术(武警部队)	10	男生
文科	9564	武汉交通职业学院	29	现代通信技术(战略支援部队)	3	男生
文科	9564	武汉交通职业学院	30	现代物流管理(联勤保障部队)	2	男生
文科	9677	重庆机电职业技术大学	08	机电一体化技术(空军)	3	男生
文科	9677	重庆机电职业技术大学	09	机电一体化技术(火箭军)	6	男生
文科	9774	江西航空职业技术学院	21	核与辐射检测防护技术(火箭军)	2	男生
文科	9774	江西航空职业技术学院	22	飞行器数字化制造技术(空军)	2	男生
文科	9774	江西航空职业技术学院	23	无人机应用技术(空军)	2	男生
文科	9774	江西航空职业技术学院	24	无人机应用技术(火箭军)	2	男生
文科	9774	江西航空职业技术学院	25	飞机电子设备维修(空军)	3	男生
文科	9781	泰山职业技术学院	01	建筑工程技术(战略支援部队)	3	男生
文科	9781	泰山职业技术学院	02	机电一体化技术(海军)	15	男生
文科	9781	泰山职业技术学院	03	工业机器人技术(海军)	10	男生
文科	9781	泰山职业技术学院	04	电气自动化技术(战略支援部队)	3	男生
文科	9781	泰山职业技术学院	05	电气自动化技术(海军)	15	男生
文科	9781	泰山职业技术学院	06	计算机应用技术(战略支援部队)	3	男生
理科	4275	东华理工大学	24	电气自动化技术(海军)	20	男生
理科	4345	南昌工程学院	22	电气自动化技术(火箭军)	10	男生
理科	4345	南昌工程学院	23	智能工程机械运用技术(武警部队)	10	男生
理科	4345	南昌工程学院	24	汽车检测与维修技术(武警部队)	5	男生
理科	4345	南昌工程学院	25	应用电子技术(海军)	20	男生
理科	4345	南昌工程学院	26	数字媒体技术(武警部队)	10	男生
理科	4345	南昌工程学院	27	现代通信技术(武警部队)	10	男生
理科	4345	南昌工程学院	28	现代通信技术(火箭军)	20	男生
理科	6283	河南交通职业技术学院	41	智能工程机械运用技术(空军)	27	男生
理科	6283	河南交通职业技术学院	42	智能工程机械运用技术(火箭军)	15	男生
理科	6283	河南交通职业技术学院	43	道路养护与管理(空军)	56	男生
理科	6283	河南交通职业技术学院	44	汽车检测与维修技术(空军)	27	男生
理科	6283	河南交通职业技术学院	45	汽车检测与维修技术(火箭军)	12	男生

续表

科类	院校代号	院校名称	专业代码	专业名称	计划人数	性别
理科	6283	河南交通职业技术学院	46	电子信息工程技术(陆军)	80	男生
理科	6283	河南交通职业技术学院	47	电子信息工程技术(火箭军)	20	男生
理科	6283	河南交通职业技术学院	48	计算机网络技术(火箭军)	7	男生
理科	6283	河南交通职业技术学院	50	计算机网络技术(国防动员部)	7	男生
理科	6317	河南医学高等专科学校	24	护理(空军)	15	男生
理科	6317	河南医学高等专科学校	25	护理(联勤保障部队)	5	男生
理科	7010	兰州资源环境职业技术大学	10	大气探测技术(空军)	25	男生
理科	7010	兰州资源环境职业技术大学	11	应用气象技术(火箭军)	20	男生
理科	7010	兰州资源环境职业技术大学	12	电力系统继电保护技术(火箭军)	10	男生
理科	7010	兰州资源环境职业技术大学	13	电气自动化技术(陆军)	10	男生
理科	7010	兰州资源环境职业技术大学	14	计算机应用技术(火箭军)	10	男生
理科	7075	辽宁省交通高等专科学校	21	道路与桥梁工程技术(武警部队)	5	男生
理科	7075	辽宁省交通高等专科学校	22	智能工程机械运用技术(武警部队)	15	男生
理科	7075	辽宁省交通高等专科学校	23	汽车检测与维修技术(专用汽车方向)(武警部队)	5	男生
理科	7075	辽宁省交通高等专科学校	24	数字媒体技术(武警部队)	5	男生
理科	7075	辽宁省交通高等专科学校	25	影视动画(武警部队)	5	男生
理科	7243	重庆医药高等专科学校	14	临床医学(武警部队)	9	男生
理科	7243	重庆医药高等专科学校	15	护理(陆军)	3	男生
理科	7243	重庆医药高等专科学校	16	康复治疗技术(武警部队)	3	男生
理科	7243	重庆医药高等专科学校	17	康复治疗技术(陆军)	3	男生
理科	7292	西安航空学院	18	电气自动化技术(火箭军)	20	男生
理科	7292	西安航空学院	19	电气自动化技术(战略支援部队)	5	男生
理科	7292	西安航空学院	20	液压与气动技术(火箭军)	15	男生
理科	7292	西安航空学院	21	民航通信技术(战略支援部队)	5	男生
理科	7453	成都航空职业技术学院	09	无人机应用技术(空军)	20	男生
理科	7453	成都航空职业技术学院	10	无人机应用技术(武警部队)	5	男生
理科	7453	成都航空职业技术学院	11	飞机机电设备维修(空军)	8	男生
理科	7453	成都航空职业技术学院	12	飞机电子设备维修(海军)	8	男生
理科	7453	成都航空职业技术学院	13	计算机网络技术(武警部队)	8	男生
理科	7634	潍坊科技学院	16	电气自动化技术(火箭军)	5	男生
理科	7634	潍坊科技学院	17	应用电子技术(火箭军)	5	男生
理科	7634	潍坊科技学院	18	计算机网络技术(火箭军)	5	男生
理科	7634	潍坊科技学院	19	计算机网络技术(战略支援部队)	5	男生
理科	7634	潍坊科技学院	20	数字媒体技术(战略支援部队)	5	男生
理科	7706	南京信息职业技术学院	12	电子信息工程技术(火箭军)	7	男生
理科	7706	南京信息职业技术学院	13	计算机网络技术(火箭军)	14	男生

续表

科类	院校代号	院校名称	专业代码	专业名称	计划人数	性别
理科	8003	长沙航空职业技术学院	11	飞行器维修技术(陆军)	10	男生
理科	8003	长沙航空职业技术学院	12	飞行器维修技术(空军)	10	男生
理科	8003	长沙航空职业技术学院	13	飞行器维修技术(武警部队)	7	男生
理科	8003	长沙航空职业技术学院	14	无人机应用技术(陆军)	7	男生
理科	8003	长沙航空职业技术学院	15	无人机应用技术(武警部队)	7	男生
理科	8003	长沙航空职业技术学院	16	导弹维修技术(海军)	7	男生
理科	8003	长沙航空职业技术学院	17	导弹维修技术(火箭军)	14	男生
理科	8003	长沙航空职业技术学院	18	通用航空器维修(陆军)	7	男生
理科	8003	长沙航空职业技术学院	19	应用电子技术(火箭军)	7	男生
理科	8007	新疆石河子职业技术学院	22	机械制造及自动化(陆军)	5	男生
理科	8007	新疆石河子职业技术学院	23	电气自动化技术(空军)	5	男生
理科	8007	新疆石河子职业技术学院	24	汽车检测与维修技术(火箭军)	5	男生
理科	8011	北京工业职业技术学院	15	机电一体化技术(海军)	20	男生
理科	8011	北京工业职业技术学院	16	电子信息工程技术(海军)	10	男生
理科	8239	渤海船舶职业学院	11	船舶电气工程技术(海军)	10	男生
理科	8239	渤海船舶职业学院	12	船舶电气工程技术(武警部队)	10	男生
理科	8239	渤海船舶职业学院	13	轮机工程技术(海军)	15	男生
理科	8239	渤海船舶职业学院	14	轮机工程技术(武警部队)	15	男生
理科	8302	长春职业技术学院	01	计算机网络技术(战略支援部队)	5	男生
理科	8302	长春职业技术学院	02	应用韩语(陆军)	10	男生
理科	8302	长春职业技术学院	03	应用韩语(武警部队)	10	男生
理科	8302	长春职业技术学院	04	应用韩语(战略支援部队)	5	男生
理科	8302	长春职业技术学院	05	应用日语(战略支援部队)	5	男生
理科	8302	长春职业技术学院	06	应用俄语(战略支援部队)	5	男生
理科	8522	江苏信息职业技术学院	06	物联网应用技术(空军)	15	男生
理科	8522	江苏信息职业技术学院	07	现代移动通信技术(空军)	10	男生
理科	8576	江苏海事职业技术学院	17	航海技术(武警部队)	9	男生
理科	8576	江苏海事职业技术学院	18	轮机工程技术(海军)	10	男生
理科	8576	江苏海事职业技术学院	19	轮机工程技术(武警部队)	5	男生
理科	8576	江苏海事职业技术学院	20	船舶电子电气技术(武警部队)	9	男生
理科	8590	浙江交通职业技术学院	06	汽车检测与维修技术(联勤保障部队)	10	男生
理科	8590	浙江交通职业技术学院	07	航海技术(武警部队)	5	男生
理科	8590	浙江交通职业技术学院	08	轮机工程技术(海军)	10	男生
理科	8590	浙江交通职业技术学院	09	轮机工程技术(武警部队)	5	男生
理科	8590	浙江交通职业技术学院	10	现代通信技术(海军)	10	男生
理科	8593	浙江建设职业技术学院	10	地籍测绘与土地管理(陆军)	6	男生

续表

科类	院校代号	院校名称	专业代码	专业名称	计划人数	性别
理科	8593	浙江建设职业技术学院	11	建筑工程技术(火箭军)	10	男生
理科	8593	浙江建设职业技术学院	12	建筑电气工程技术(火箭军)	5	男生
理科	8593	浙江建设职业技术学院	13	给排水工程技术(火箭军)	8	男生
理科	8636	重庆交通职业学院	02	汽车制造与试验技术(火箭军)	10	男生
理科	8642	阜阳职业技术学院	06	计算机应用技术(战略支援部队)	7	男生
理科	8654	安徽交通职业技术学院	03	智能工程机械运用技术(武警部队)	5	男生
理科	8654	安徽交通职业技术学院	04	航海技术(武警部队)	5	男生
理科	8707	江西信息应用职业技术学院	04	工程测量技术(火箭军)	3	男生
理科	8707	江西信息应用职业技术学院	05	测绘地理信息技术(火箭军)	2	男生
理科	8707	江西信息应用职业技术学院	06	应用气象技术(火箭军)	3	男生
理科	8750	湖南国防工业职业技术学院	01	机械设计与制造(陆军)	5	男生
理科	8750	湖南国防工业职业技术学院	02	机械设计与制造(火箭军)	5	男生
理科	8750	湖南国防工业职业技术学院	03	机电一体化技术(火箭军)	5	男生
理科	8750	湖南国防工业职业技术学院	04	电气自动化技术(陆军)	5	男生
理科	8750	湖南国防工业职业技术学院	05	应用化工技术(陆军)	5	男生
理科	8750	湖南国防工业职业技术学院	06	应用电子技术(陆军)	5	男生
理科	8750	湖南国防工业职业技术学院	07	应用电子技术(火箭军)	5	男生
理科	8750	湖南国防工业职业技术学院	08	计算机网络技术(陆军)	5	男生
理科	8755	威海职业学院	10	航海技术(武警部队)	10	男生
理科	8755	威海职业学院	11	轮机工程技术(武警部队)	10	男生
理科	8755	威海职业学院	12	计算机应用技术(武警部队)	10	男生
理科	8755	威海职业学院	13	现代通信技术(武警部队)	15	男生
理科	8765	滨州职业学院	07	石油化工技术(空军)	8	男生
理科	8765	滨州职业学院	08	航海技术(海军)	10	男生
理科	8765	滨州职业学院	09	轮机工程技术(海军)	15	男生
理科	8765	滨州职业学院	10	护理(空军)	5	男生
理科	8771	山东交通职业学院	04	航海技术(海军)	20	男生
理科	8771	山东交通职业学院	05	轮机工程技术(海军)	20	男生
理科	8771	山东交通职业学院	06	船舶电子电气技术(海军)	20	男生
理科	8772	山东信息职业技术学院	18	无人机应用技术(陆军)	8	男生
理科	8772	山东信息职业技术学院	19	电子信息工程技术(陆军)	5	男生
理科	8772	山东信息职业技术学院	20	电子信息工程技术(空军)	5	男生
理科	8772	山东信息职业技术学院	21	应用电子技术(空军)	5	男生
理科	8772	山东信息职业技术学院	22	计算机网络技术(陆军)	8	男生
理科	8847	湖北交通职业技术学院	24	道路与桥梁工程技术(武警部队)	22	男生
理科	8847	湖北交通职业技术学院	25	智能工程机械运用技术(空军)	2	男生

续表

科类	院校代号	院校名称	专业代码	专业名称	计划人数	性别
理科	8847	湖北交通职业技术学院	26	汽车检测与维修技术(空军)	8	男生
理科	8847	湖北交通职业技术学院	27	航海技术(空军)	2	男生
理科	8847	湖北交通职业技术学院	28	现代物流管理(空军)	3	男生
理科	8849	武汉船舶职业技术学院	34	轮机工程技术(武警部队)	5	男生
理科	8849	武汉船舶职业技术学院	35	船舶电子电气技术(武警部队)	5	男生
理科	8861	武昌职业学院	27	无人机应用技术(陆军)	9	男生
理科	8861	武昌职业学院	28	无人机应用技术(空军)	12	男生
理科	8861	武昌职业学院	29	无人机应用技术(火箭军)	3	男生
理科	8861	武昌职业学院	30	无人机应用技术(战略支援部队)	6	男生
理科	8861	武昌职业学院	32	电子信息工程技术(海军)	12	男生
理科	8861	武昌职业学院	33	电子信息工程技术(空军)	18	男生
理科	8861	武昌职业学院	34	电子信息工程技术(火箭军)	6	男生
理科	8861	武昌职业学院	35	电子信息工程技术(陆军)	3	男生
理科	8861	武昌职业学院	36	计算机网络技术(空军)	6	男生
理科	8861	武昌职业学院	37	计算机网络技术(火箭军)	3	男生
理科	8861	武昌职业学院	38	计算机网络技术(武警部队)	6	男生
理科	8861	武昌职业学院	39	计算机网络技术(国防动员部)	2	男生
理科	8861	武昌职业学院	40	人工智能技术应用(陆军)	6	男生
理科	8861	武昌职业学院	41	人工智能技术应用(火箭军)	2	男生
理科	8861	武昌职业学院	42	现代通信技术(陆军)	6	男生
理科	8861	武昌职业学院	43	现代通信技术(空军)	6	男生
理科	8861	武昌职业学院	44	现代通信技术(武警部队)	6	男生
理科	8897	湖南汽车工程职业学院	04	机械制造及自动化(火箭军)	4	男生
理科	8897	湖南汽车工程职业学院	05	汽车检测与维修技术(战略支援部队)	4	男生
理科	8897	湖南汽车工程职业学院	06	汽车检测与维修技术(火箭军)	7	男生
理科	8897	湖南汽车工程职业学院	07	计算机网络技术(战略支援部队)	4	男生
理科	8897	湖南汽车工程职业学院	08	计算机网络技术(火箭军)	7	男生
理科	8897	湖南汽车工程职业学院	09	信息安全技术应用(战略支援部队)	4	男生
理科	8918	张家界航空工业职业技术学院	14	电气自动化技术(空军)	5	男生
理科	8918	张家界航空工业职业技术学院	15	航空发动机装配调试技术(空军)	5	男生
理科	8918	张家界航空工业职业技术学院	16	航空发动机装配调试技术(陆军)	5	男生
理科	8918	张家界航空工业职业技术学院	17	飞机机电设备维修(空军)	3	男生
理科	8918	张家界航空工业职业技术学院	18	飞机机电设备维修(陆军)	5	男生
理科	8920	湖南体育职业学院	05	运动训练(武警部队)	10	男生
理科	8920	湖南体育职业学院	06	运动训练(火箭军)	5	男生
理科	9095	重庆航天职业技术学院	10	电子信息工程技术(火箭军)	3	男生

续表

科类	院校代号	院校名称	专业代码	专业名称	计划人数	性别
理科	9095	重庆航天职业技术学院	11	电子信息工程技术(战略支援部队)	5	男生
理科	9095	重庆航天职业技术学院	12	人工智能技术应用(战略支援部队)	5	男生
理科	9095	重庆航天职业技术学院	13	现代通信技术(火箭军)	7	男生
理科	9095	重庆航天职业技术学院	14	现代通信技术(战略支援部队)	10	男生
理科	9115	延安职业技术学院	01	航海技术(海军)	12	男生
理科	9115	延安职业技术学院	02	轮机工程技术(海军)	14	男生
理科	9247	西安航空职业技术学院	28	液压与气动技术(空军)	5	男生
理科	9247	西安航空职业技术学院	29	飞行器数字化制造技术(空军)	10	男生
理科	9247	西安航空职业技术学院	30	无人机应用技术(空军)	5	男生
理科	9247	西安航空职业技术学院	31	无人机应用技术(陆军)	5	男生
理科	9247	西安航空职业技术学院	32	飞机电子设备维修(陆军)	5	男生
理科	9332	宁夏职业技术学院	02	机电一体化技术(陆军)	10	男生
理科	9332	宁夏职业技术学院	03	计算机应用技术(陆军)	10	男生
理科	9335	宁夏工商职业技术学院	03	机电一体化技术(空军)	10	男生
理科	9555	潍坊工程职业学院	01	机电一体化技术(陆军)	10	男生
理科	9555	潍坊工程职业学院	02	汽车检测与维修技术(陆军)	30	男生
理科	9555	潍坊工程职业学院	03	现代通信技术(陆军)	5	男生
理科	9564	武汉交通职业学院	26	机电一体化技术(战略支援部队)	3	男生
理科	9564	武汉交通职业学院	27	无人机应用技术(联勤保障部队)	3	男生
理科	9564	武汉交通职业学院	28	无人机应用技术(战略支援部队)	11	男生
理科	9564	武汉交通职业学院	29	航海技术(陆军)	7	男生
理科	9564	武汉交通职业学院	30	轮机工程技术(陆军)	7	男生
理科	9564	武汉交通职业学院	31	船舶电子电气技术(陆军)	7	男生
理科	9564	武汉交通职业学院	32	计算机网络技术(联勤保障部队)	3	男生
理科	9564	武汉交通职业学院	33	计算机网络技术(战略支援部队)	6	男生
理科	9564	武汉交通职业学院	35	现代通信技术(武警部队)	10	男生
理科	9564	武汉交通职业学院	36	现代通信技术(战略支援部队)	6	男生
理科	9564	武汉交通职业学院	38	现代物流管理(联勤保障部队)	3	男生
理科	9677	重庆机电职业技术大学	08	机电一体化技术(空军)	2	男生
理科	9677	重庆机电职业技术大学	09	机电一体化技术(火箭军)	4	男生
理科	9689	四川邮电职业技术学院	01	现代通信技术(陆军)	5	男生
理科	9689	四川邮电职业技术学院	02	现代通信技术(火箭军)	10	男生
理科	9689	四川邮电职业技术学院	03	现代通信技术(武警部队)	10	男生
理科	9689	四川邮电职业技术学院	04	现代移动通信技术(火箭军)	10	男生
理科	9731	北京电子科技职业学院	11	电气自动化技术(火箭军)	17	男生
理科	9731	北京电子科技职业学院	12	汽车检测与维修技术(火箭军)	10	男生

续表

科类	院校代号	院校名称	专业代码	专业名称	计划人数	性别
理科	9731	北京电子科技职业学院	13	电子信息工程技术(火箭军)	18	男生
理科	9731	北京电子科技职业学院	15	大数据技术(战略支援部队)	8	男生
理科	9774	江西航空职业技术学院	21	核与辐射检测防护技术(火箭军)	3	男生
理科	9774	江西航空职业技术学院	22	飞行器数字化制造技术(海军)	4	男生
理科	9774	江西航空职业技术学院	23	飞行器数字化制造技术(空军)	3	男生
理科	9774	江西航空职业技术学院	24	无人机应用技术(空军)	3	男生
理科	9774	江西航空职业技术学院	25	无人机应用技术(海军)	3	男生
理科	9774	江西航空职业技术学院	26	无人机应用技术(火箭军)	3	男生
理科	9774	江西航空职业技术学院	27	导弹维修技术(空军)	3	男生
理科	9774	江西航空职业技术学院	28	飞机电子设备维修(空军)	7	男生
理科	9781	泰山职业技术学院	01	建筑工程技术(战略支援部队)	2	男生
理科	9781	泰山职业技术学院	02	机电一体化技术(海军)	15	男生
理科	9781	泰山职业技术学院	03	工业机器人技术(海军)	10	男生
理科	9781	泰山职业技术学院	04	电气自动化技术(战略支援部队)	2	男生
理科	9781	泰山职业技术学院	05	电气自动化技术(海军)	15	男生
理科	9781	泰山职业技术学院	06	计算机应用技术(战略支援部队)	2	男生
文科	6283	河南交通职业技术学院	49	计算机网络技术(火箭军)	3	女生
文科	8593	浙江建设职业技术学院	10	地籍测绘与土地管理(陆军)	2	女生
文科	8861	武昌职业学院	26	电子信息工程技术(陆军)	2	女生
理科	6283	河南交通职业技术学院	49	计算机网络技术(火箭军)	7	女生
理科	8861	武昌职业学院	31	电子信息工程技术(陆军)	3	女生
理科	9555	潍坊工程职业学院	04	现代通信技术(陆军)	5	女生
理科	9564	武汉交通职业学院	34	计算机网络技术(战略支援部队)	1	女生
理科	9564	武汉交通职业学院	37	现代通信技术(战略支援部队)	1	女生
理科	9731	北京电子科技职业学院	14	大数据技术(战略支援部队)	2	女生

三、河南省2023年定向培养军士招生相关事宜及特别提醒

(一)报考条件

1. 报名并参加河南省2023年普通高等学校招生全国统一考试;
2. 未婚,年龄不超过20周岁(2003年8月31日以后出生);
3. 志愿至少服现役满5年;
4. 高考成绩达到我省2023年高职高专批录取分数控制线。

(二)招生计划

今年共47所高校在我省招收定向培养军士2625人(含女军士26人)。招生计划详见河南省教育考试院(以下简称省教育考试院)印发的《招生考试之友》。

(三)志愿填报

考生须于7月4日8时至6日18时,登录"河南省教育考试院官网"(www. haeea. cn),按要求完成相关高校及相应专业的志愿填报。

(四)政治考核、体格检查

7月7日,省教育考试院会同省征兵办公室,依照不少于高校招生"定向培养士官"计划数的3倍划定政治考核、体格检查的最低分数控制线并向社会公布,同时公布各省辖市政治考核和体格检查时间、地点及联系人等信息。填报有"定向培养军士"类志愿的考生,可于当日登录"河南省教育考试院官网"查询各招生院校政治考核和体格检查的最低控制分数线,达到招生院校(仅限第一志愿)最低控制分数线的考生,携带本人身份证、准考证等相关材料按规定时间到指定地点参加政治考核和体格检查。

1. 政治考核

户籍为河南省的考生,由考生户籍所在地县(市、区)征兵办公室负责;非河南省户籍的考生,由毕业中学所在地县(市、区)征兵办公室负责。按照《军队征集和招录人员政治考核规定》中普通义务兵政治考核要求组织实施。考生在规定时间内到政治考核所在地县(市、区)人武部填报《应征公民政治考核表》。7月8日至22日,县(市、区)征兵办公室组织公安机关集中组织政治考核。

2. 体格检查

由户籍所在地省辖市征兵办公室按照征集义务兵体格检查标准及办法组织实施,考生按照户籍所在地(非河南省户籍的考生,在毕业中学所在地)省辖市参加体格检查。

体格检查结果现场告知考生,考生对结果存有异议的,可现场申请复议,复议结论为最终结论。未参加体格检查或结论为"不合格",不再参加定向培养军士招生录取。

7月26日,考生可登录河南省教育厅便民服务大厅网站(http://bmfw.haedu.gov.cn)自行查询体格检查、政治考核结论。

(五)录取

我省定向培养军士招生在专科提前批次录取。省教育考试院从政治考核、体格检查合格考生中,区分男女生、文理科按院校招生计划数的一定比例进行投档;招生院校根据政治考核、体格检查情况及专业要求,由高分到低分择优录取。当第一志愿上线考生数量不足时,从非第一志愿投档录取,生源仍不足时,从政治考核、体格检查合格考生中公开征集志愿录取。

(六)特别提醒

1. 请考生及时关注河南省教育厅、省教育考试院官网和河南省人民政府征兵办公室官方微信公众号"河南征兵"发布的消息。

2. 报考定向培养军士须通过填报高考志愿进行,官方不会委托其他任何机构或个人接受报名。考生体检、政治考核合格后,省教育考试院将按照考生志愿和高考成绩进行投档录取。

3. 报考定向培养军士过程中不需要缴纳任何费用(报名、政治考核、体检等均不收费)。如发现有任何违反纪律规定等行为的,请及时向军地纪检监察部门举报。

四、河南省2023年普通高校招生定向培养军士政治考核和体格检查控制分数线(见表1-11、表1-12、表1-13)

【编者按】定向培养军士体检控制分数线不是最终的录取分数线,而是报考定向培养军士的考生入围体检的最低分数线,一般情况下入围比例为招生计划的3倍或以上,体检控制分数线和最终的录取分数线可能会有不小的差距。

表1-11 河南省2023年普通高校招生定向培养军士政治考核和体格检查控制分数线(男生、文科)

院校代号	院校名称	科类	分数线(男)
6283	河南交通职业技术学院	文科	425
6317	河南医学高等专科学校	文科	431
7243	重庆医药高等专科学校	文科	396
7453	成都航空职业技术学院	文科	407

续表

院校代号	院校名称	科类	分数线(男)
7706	南京信息职业技术学院	文科	440
8003	长沙航空职业技术学院	文科	395
8007	新疆石河子职业技术学院	文科	362
8239	渤海船舶职业学院	文科	323
8576	江苏海事职业技术学院	文科	369
8590	浙江交通职业技术学院	文科	353
8593	浙江建设职业技术学院	文科	336
8636	重庆交通职业学院	文科	297
8642	阜阳职业技术学院	文科	357
8654	安徽交通职业技术学院	文科	343
8707	江西信息应用职业技术学院	文科	348
8750	湖南国防工业职业技术学院	文科	363
8765	滨州职业学院	文科	350
8772	山东信息职业技术学院	文科	351
8847	湖北交通职业技术学院	文科	372
8849	武汉船舶职业技术学院	文科	337
8861	武昌职业学院	文科	307
8897	湖南汽车工程职业学院	文科	358
8918	张家界航空工业职业技术学院	文科	383
8920	湖南体育职业学院	文科	185
9095	重庆航天职业技术学院	文科	284
9115	延安职业技术学院	文科	299
9555	潍坊工程职业学院	文科	336
9564	武汉交通职业学院	文科	353
9677	重庆机电职业技术大学	文科	322
9774	江西航空职业技术学院	文科	291
9781	泰山职业技术学院	文科	349

表 1-12　河南省 2023 年普通高校招生定向培养军士政治考核和体格检查控制分数线(男生、理科)

院校代号	院校名称	科类	分数线(男)
4275	东华理工大学	理科	391
4345	南昌工程学院	理科	352
6283	河南交通职业技术学院	理科	377
6317	河南医学高等专科学校	理科	379
7010	兰州资源环境职业技术大学	理科	185
7075	辽宁省交通高等专科学校	理科	324
7243	重庆医药高等专科学校	理科	291

续表

院校代号	院校名称	科类	分数线(男)
7292	西安航空学院	理科	304
7453	成都航空职业技术学院	理科	316
7634	潍坊科技学院	理科	295
7706	南京信息职业技术学院	理科	351
8003	长沙航空职业技术学院	理科	185
8007	新疆石河子职业技术学院	理科	337
8011	北京工业职业技术学院	理科	294
8239	渤海船舶职业学院	理科	299
8302	长春职业技术学院	理科	216
8522	江苏信息职业技术学院	理科	185
8576	江苏海事职业技术学院	理科	332
8590	浙江交通职业技术学院	理科	326
8593	浙江建设职业技术学院	理科	287
8636	重庆交通职业学院	理科	274
8642	阜阳职业技术学院	理科	322
8654	安徽交通职业技术学院	理科	308
8707	江西信息应用职业技术学院	理科	185
8750	湖南国防工业职业技术学院	理科	319
8755	威海职业学院	理科	296
8765	滨州职业学院	理科	315
8771	山东交通职业学院	理科	297
8772	山东信息职业技术学院	理科	353
8847	湖北交通职业技术学院	理科	340
8849	武汉船舶职业技术学院	理科	335
8861	武昌职业学院	理科	271
8897	湖南汽车工程职业学院	理科	334
8918	张家界航空工业职业技术学院	理科	341
8920	湖南体育职业学院	理科	204
9095	重庆航天职业技术学院	理科	185
9115	延安职业技术学院	理科	185
9247	西安航空职业技术学院	理科	310
9332	宁夏职业技术学院	理科	327
9335	宁夏工商职业技术学院	理科	296
9555	潍坊工程职业学院	理科	299
9564	武汉交通职业学院	理科	185
9677	重庆机电职业技术大学	理科	185
9689	四川邮电职业技术学院	理科	266

续表

院校代号	院校名称	科类	分数线(男)
9731	北京电子科技职业学院	理科	342
9774	江西航空职业技术学院	理科	273
9781	泰山职业技术学院	理科	308

表 1-13　河南省 2023 年普通高校招生定向培养军士政治考核和体格检查控制分数线(女生)

院校代号	院校名称	科类	分数线(女)
6283	河南交通职业技术学院	文科	459
8593	浙江建设职业技术学院	文科	448
8861	武昌职业学院	文科	450
6283	河南交通职业技术学院	理科	399
8861	武昌职业学院	理科	388
9555	潍坊工程职业学院	理科	380
9564	武汉交通职业学院	理科	380
9731	北京电子科技职业学院	理科	398

第十二节　公安院校招生

一、公安普通高等院校公安专业招生政治考察、面试、体检、体能测评有关要求

(一)政治考察的项目和标准

参照《公务员录用考察办法(试行)》《公安机关录用人民警察政治考察工作办法》《关于做好公安机关录用人民警察政治考察工作的通知》有关规定执行。

(二)面试的项目和标准

面试主要从报考动机、思维表达能力、身体协调能力等方面,辨识考生是否适合接受公安院校教育和从事公安工作。

(三)体检的项目和标准

体检的项目和标准,参照《公务员录用体检通用标准(试行)》《公务员录用体检特殊标准(试行)》有关规定执行。同时,还应符合下列条件:

1. 身高:男性 170 厘米及以上,女性 160 厘米及以上。

2. 体重:男性体重指数(单位:千克/平方米)在 17.3 至 27.3 之间(含本数,计算时四舍五入保留小数点后一位,下同),女性在 17.1 至 25.7 之间。

3. 视力:任何一眼裸眼视力均为 4.8 及以上。无明显视功能损害眼病。

4. 色觉:无色盲,无色弱。

5. 外观:无少白头,无胸廓畸形,无脊柱侧弯、驼背,膝内翻股骨内髁间距离和膝外翻胫骨内髁间距离不超过 7 厘米,无足底弓完全消失的扁平足,身体无影响功能的瘢痕,面颈部无瘢痕,无下肢静脉曲张,无腋臭,共同性内、外斜视不超过 15 度,无唇、腭裂或唇裂术后有明显瘢痕。

(四)体能测评的项目和标准

体能测评的项目和标准,按照《国家学生体质健康标准(2014 年修订)》的有关规定执行,具体如下:

1. 50 米跑。可测次数:1 次,合格标准:男性≤9. 2 秒,女性≤10. 4 秒;

2. 立定跳远。可测次数:3 次,合格标准:男性≥2. 05 米,女性≥1. 5 米;

3. 1000 米跑(男)/800 米跑(女)。可测次数:1 次,合格标准:男性≤4 分 35 秒,女性≤4 分 36 秒;

4. 引体向上(男)/仰卧起坐(女)。可测次数:1 次,合格标准:男性≥9 次/分钟,女性≥25 次/分钟。

以上 4 个项目应当全部进行测评。其中,有 3 个及以上达标的,体能测评结论为合格。

二、2023 年在河南省招生的公安院校及专业

2023 年共有 7 所公安类高校在河南招生,投放招生计划共 1747 人(普通计划 1693 人,国家专项计划 54 人),其中文科男生计划招生 408 人、理科男生计划招生 1086 人、文科女生计划招生 79 人、理科女生计划招生 174 人,具体招生计划见表 1-14(男生、女生招生计划分类汇总):

表 1-14　2023 年在河南省招生的公安院校及专业

科类名称	分类	院校代号	院校名称	专业代码	专业名称	性别	计划人数	备注
文科	一批线上择优	0110	中国人民公安大学	02	治安学(警察法学方向)	2	男生	
文科	一批线上择优	0110	中国人民公安大学	03	治安学	6	男生	
文科	一批线上择优	0110	中国人民公安大学	06	侦查学	8	男生	
文科	一批线上择优	0110	中国人民公安大学	08	公安情报学	2	男生	
文科	一批线上择优	0110	中国人民公安大学	10	犯罪学	1	男生	
文科	一批线上择优	0110	中国人民公安大学	11	公安管理学	5	男生	
文科	一批线上择优	0110	中国人民公安大学	13	涉外警务	5	男生	高考外语成绩不低于 105 分
文科	一批线上择优	0110	中国人民公安大学	15	警务指挥与战术	2	男生	
文科	一批线上择优	0110	中国人民公安大学	17	公安政治工作	1	男生	
文科	一批线上择优	0110	中国人民公安大学	19	移民管理	2	男生	
文科	一批线上择优	0115	中国刑事警察学院	02	侦查学	5	男生	
文科	一批线上择优	0115	中国刑事警察学院	04	经济犯罪侦查	2	男生	
文科	一批线上择优	0115	中国刑事警察学院	05	涉外警务	1	男生	
文科	一批线上择优	0120	中国人民警察大学	01	涉外警务	2	男生	高考外语成绩不低于 105 分
文科	一批线上择优	0120	中国人民警察大学	02	警务指挥与战术	3	男生	
文科	一批线上择优	0120	中国人民警察大学	04	公安政治工作	2	男生	
文科	一批线上择优	0120	中国人民警察大学	06	移民管理	2	男生	
文科	一批线上择优	0120	中国人民警察大学	08	出入境管理	2	男生	
文科	一批线上择优国家专项计划	0115	中国刑事警察学院	07	侦查学	1	男生	
文科	二批线上择优	0130	郑州警察学院	01	治安学	1	男生	面向铁路公安机关就业
文科	二批线上择优	0130	郑州警察学院	04	治安学(城轨安全与执法方向)	1	男生	

续表

科类名称	分类	院校代号	院校名称	专业代码	专业名称	性别	计划人数	备注
文科	二批线上择优	0130	郑州警察学院	06	侦查学	3	男生	面向铁路公安机关就业
文科	二批线上择优	0130	郑州警察学院	07	公安管理学	2	男生	面向铁路公安机关就业
文科	二批线上择优	0130	郑州警察学院	09	警务指挥与战术	2	男生	面向铁路公安机关就业
文科	二批线上择优	0130	郑州警察学院	11	铁路警务	3	男生	面向铁路公安机关就业
文科	二批线上择优	0165	南京警察学院	01	治安学	1	男生	
文科	二批线上择优	0165	南京警察学院	03	侦查学	1	男生	
文科	二批线上择优	0165	南京警察学院	05	警犬技术	1	男生	
文科	二批线上择优	0165	南京警察学院	06	公安管理学	2	男生	
文科	二批线上择优	0165	南京警察学院	08	警务指挥与战术(特警方向)	1	男生	
文科	二批线上择优	6140	河南警察学院	02	治安学	52	男生	
文科	二批线上择优	6140	河南警察学院	03	治安学(公安法制方向)	35	男生	
文科	二批线上择优	6140	河南警察学院	06	侦查学	52	男生	
文科	二批线上择优	6140	河南警察学院	08	经济犯罪侦查	34	男生	
文科	二批线上择优	6140	河南警察学院	10	公安管理学	65	男生	
文科	二批线上择优	6140	河南警察学院	12	涉外警务	18	男生	
文科	二批线上择优	6140	河南警察学院	14	警务指挥与战术	34	男生	
文科	二批线上择优	6140	河南警察学院	16	反恐警务	34	男生	
文科	二批线上择优国家专项计划	0130	郑州警察学院	12	治安学	3	男生	面向铁路公安机关就业
文科	二批线上择优国家专项计划	0165	南京警察学院	09	侦查学	1	男生	
文科	二批线上择优国家专项计划	0165	南京警察学院	10	警务指挥与战术(特警方向)	1	男生	
文科	专科计划	7290	西藏警官高等专科学校	01	治安管理	3	男生	只招英语语种考生,仅招汉族考生,毕业后面向西藏公安机关就业
文科	专科计划	7290	西藏警官高等专科学校	02	刑事侦查	4	男生	只招英语语种考生,仅招汉族考生,毕业后面向西藏公安机关就业
理科	一批线上择优	0110	中国人民公安大学	01	治安学(警察法学方向)	4	男生	

续表

科类名称	分类	院校代号	院校名称	专业代码	专业名称	性别	计划人数	备注
理科	一批线上择优	0110	中国人民公安大学	02	治安学	8	男生	
理科	一批线上择优	0110	中国人民公安大学	04	侦查学	9	男生	
理科	一批线上择优	0110	中国人民公安大学	05	公安情报学	3	男生	
理科	一批线上择优	0110	中国人民公安大学	06	犯罪学	2	男生	
理科	一批线上择优	0110	中国人民公安大学	08	公安管理学	7	男生	
理科	一批线上择优	0110	中国人民公安大学	10	涉外警务	9	男生	高考外语成绩不低于 105 分
理科	一批线上择优	0110	中国人民公安大学	12	警务指挥与战术	3	男生	
理科	一批线上择优	0110	中国人民公安大学	13	公安政治工作	3	男生	
理科	一批线上择优	0110	中国人民公安大学	14	移民管理	3	男生	
理科	一批线上择优	0110	中国人民公安大学	15	刑事科学技术	11	男生	
理科	一批线上择优	0110	中国人民公安大学	17	交通管理工程	12	男生	
理科	一批线上择优	0110	中国人民公安大学	19	安全防范工程	9	男生	
理科	一批线上择优	0110	中国人民公安大学	21	安全防范工程	2	男生	面向铁路公安机关就业
理科	一批线上择优	0110	中国人民公安大学	22	公安视听技术	5	男生	
理科	一批线上择优	0110	中国人民公安大学	24	网络安全与执法	15	男生	
理科	一批线上择优	0110	中国人民公安大学	26	数据警务技术	4	男生	
理科	一批线上择优	0115	中国刑事警察学院	02	侦查学	15	男生	
理科	一批线上择优	0115	中国刑事警察学院	08	经济犯罪侦查	2	男生	
理科	一批线上择优	0115	中国刑事警察学院	09	经济犯罪侦查	2	男生	面向铁路公安机关就业
理科	一批线上择优	0115	中国刑事警察学院	10	公安情报学	3	男生	
理科	一批线上择优	0115	中国刑事警察学院	11	公安情报学	2	男生	面向铁路公安机关就业
理科	一批线上择优	0115	中国刑事警察学院	12	涉外警务	7	男生	
理科	一批线上择优	0115	中国刑事警察学院	14	刑事科学技术	7	男生	
理科	一批线上择优	0115	中国刑事警察学院	15	公安视听技术	1	男生	
理科	一批线上择优	0115	中国刑事警察学院	16	网络安全与执法	1	男生	
理科	一批线上择优	0120	中国人民警察大学	08	公安情报学	13	男生	
理科	一批线上择优	0120	中国人民警察大学	09	涉外警务	3	男生	高考外语成绩不低于 105 分
理科	一批线上择优	0120	中国人民警察大学	12	警务指挥与战术	4	男生	
理科	一批线上择优	0120	中国人民警察大学	14	警务指挥与战术	5	男生	面向铁路公安机关就业
理科	一批线上择优	0120	中国人民警察大学	15	公安政治工作	5	男生	面向铁路公安机关就业

续表

科类名称	分类	院校代号	院校名称	专业代码	专业名称	性别	计划人数	备注
理科	一批线上择优	0120	中国人民警察大学	17	公安政治工作	4	男生	
理科	一批线上择优	0120	中国人民警察大学	18	移民管理	4	男生	
理科	一批线上择优	0120	中国人民警察大学	19	出入境管理	3	男生	
理科	一批线上择优	0120	中国人民警察大学	20	刑事科学技术	4	男生	
理科	一批线上择优	0120	中国人民警察大学	22	网络安全与执法	6	男生	
理科	一批线上择优	0120	中国人民警察大学	24	数据警务技术	4	男生	面向铁路公安机关就业
理科	一批线上择优	0120	中国人民警察大学	26	数据警务技术	8	男生	
理科	一批线上择优	0120	中国人民警察大学	28	食品药品环境犯罪侦查技术	5	男生	
理科	一批线上择优国家专项计划	0110	中国人民公安大学	28	治安学	2	男生	
理科	一批线上择优国家专项计划	0110	中国人民公安大学	29	侦查学	2	男生	
理科	一批线上择优国家专项计划	0110	中国人民公安大学	31	公安管理学	2	男生	
理科	一批线上择优国家专项计划	0110	中国人民公安大学	32	刑事科学技术	2	男生	
理科	一批线上择优国家专项计划	0110	中国人民公安大学	33	交通管理工程	2	男生	
理科	一批线上择优国家专项计划	0110	中国人民公安大学	34	安全防范工程	1	男生	
理科	一批线上择优国家专项计划	0110	中国人民公安大学	35	网络安全与执法	2	男生	
理科	一批线上择优国家专项计划	0115	中国刑事警察学院	18	侦查学	3	男生	
理科	一批线上择优国家专项计划	0115	中国刑事警察学院	19	公安情报学	2	男生	
理科	一批线上择优国家专项计划	0115	中国刑事警察学院	20	涉外警务	1	男生	
理科	一批线上择优国家专项计划	0115	中国刑事警察学院	21	刑事科学技术	1	男生	
理科	一批线上择优国家专项计划	0120	中国人民警察大学	30	警务指挥与战术	6	男生	
理科	一批线上择优国家专项计划	0120	中国人民警察大学	31	公安政治工作	3	男生	

续表

科类名称	分类	院校代号	院校名称	专业代码	专业名称	性别	计划人数	备注
理科	一批线上择优国家专项计划	0120	中国人民警察大学	32	数据警务技术	3	男生	
理科	二批线上择优	0115	中国刑事警察学院	01	治安学	4	男生	
理科	二批线上择优	0115	中国刑事警察学院	05	禁毒学	1	男生	
理科	二批线上择优	0115	中国刑事警察学院	06	警犬技术	2	男生	
理科	二批线上择优	0130	郑州警察学院	02	治安学(城轨安全与执法方向)	3	男生	
理科	二批线上择优	0130	郑州警察学院	03	治安学	8	男生	面向铁路公安机关就业
理科	二批线上择优	0130	郑州警察学院	05	侦查学	8	男生	面向铁路公安机关就业
理科	二批线上择优	0130	郑州警察学院	06	公安管理学	4	男生	面向铁路公安机关就业
理科	二批线上择优	0130	郑州警察学院	07	警务指挥与战术	3	男生	面向铁路公安机关就业
理科	二批线上择优	0130	郑州警察学院	08	铁路警务	6	男生	面向铁路公安机关就业
理科	二批线上择优	0130	郑州警察学院	09	刑事科学技术	4	男生	面向铁路公安机关就业
理科	二批线上择优	0130	郑州警察学院	11	网络安全与执法	3	男生	面向铁路公安机关就业
理科	二批线上择优	0130	郑州警察学院	12	网络安全与执法	4	男生	
理科	二批线上择优	0165	南京警察学院	01	治安学	3	男生	
理科	二批线上择优	0165	南京警察学院	03	侦查学	8	男生	
理科	二批线上择优	0165	南京警察学院	05	警犬技术	2	男生	
理科	二批线上择优	0165	南京警察学院	06	警务指挥与战术(特警方向)	3	男生	
理科	二批线上择优	0165	南京警察学院	08	刑事科学技术	3	男生	
理科	二批线上择优	0165	南京警察学院	09	刑事科学技术(视听技术方向)	2	男生	
理科	二批线上择优	0165	南京警察学院	10	网络安全与执法	2	男生	
理科	二批线上择优	0165	南京警察学院	11	食品药品环境犯罪侦查技术	5	男生	
理科	二批线上择优	6140	河南警察学院	02	治安学	52	男生	
理科	二批线上择优	6140	河南警察学院	03	治安学(公安法制方向)	34	男生	
理科	二批线上择优	6140	河南警察学院	06	侦查学	52	男生	
理科	二批线上择优	6140	河南警察学院	07	侦查学(生态环境警务方向)	36	男生	
理科	二批线上择优	6140	河南警察学院	10	经济犯罪侦查	34	男生	

续表

科类名称	分类	院校代号	院校名称	专业代码	专业名称	性别	计划人数	备注
理科	二批线上择优	6140	河南警察学院	12	公安管理学	64	男生	
理科	二批线上择优	6140	河南警察学院	14	涉外警务	18	男生	
理科	二批线上择优	6140	河南警察学院	16	警务指挥与战术	34	男生	
理科	二批线上择优	6140	河南警察学院	18	反恐警务	34	男生	
理科	二批线上择优	6140	河南警察学院	20	刑事科学技术	104	男生	
理科	二批线上择优	6140	河南警察学院	22	交通管理工程	136	男生	
理科	二批线上择优	6140	河南警察学院	24	网络安全与执法	136	男生	
理科	二批线上择优国家专项计划	0130	郑州警察学院	13	刑事科学技术	2	男生	面向铁路公安机关就业
理科	二批线上择优国家专项计划	0130	郑州警察学院	15	网络安全与执法	3	男生	面向铁路公安机关就业
理科	二批线上择优国家专项计划	0165	南京警察学院	13	治安学	5	男生	
理科	二批线上择优国家专项计划	0165	南京警察学院	14	刑事科学技术	1	男生	
理科	专科计划	7290	西藏警官高等专科学校	01	道路交通管理	3	男生	只招英语语种考生,仅招汉族考生,毕业后面向西藏公安机关就业
理科	专科计划	7292	西藏警官高等专科学校	03	刑事科学技术	3	男生	只招英语语种考生,仅招汉族考生,毕业后面向西藏公安机关就业
理科	专科计划	7294	西藏警官高等专科学校	05	网络安全与执法	4	男生	只招英语语种考生,仅招汉族考生,毕业后面向西藏公安机关就业
理科	专科计划	7296	西藏警官高等专科学校	07	经济犯罪侦查	4	男生	只招英语语种考生,仅招汉族考生,毕业后面向西藏公安机关就业
文科	一批线上择优	0110	中国人民公安大学	04	治安学(警察法学方向)	1	女生	
文科	一批线上择优	0110	中国人民公安大学	05	治安学	1	女生	
文科	一批线上择优	0110	中国人民公安大学	07	侦查学	1	女生	
文科	一批线上择优	0110	中国人民公安大学	09	公安情报学	1	女生	
文科	一批线上择优	0110	中国人民公安大学	12	公安管理学	1	女生	

续表

科类名称	分类	院校代号	院校名称	专业代码	专业名称	性别	计划人数	备注
文科	一批线上择优	0110	中国人民公安大学	14	涉外警务	1	女生	高考外语成绩不低于105分
文科	一批线上择优	0110	中国人民公安大学	16	警务指挥与战术	1	女生	
文科	一批线上择优	0110	中国人民公安大学	18	公安政治工作	1	女生	
文科	一批线上择优	0110	中国人民公安大学	20	移民管理	1	女生	
文科	一批线上择优	0115	中国刑事警察学院	01	侦查学	1	女生	
文科	一批线上择优	0115	中国刑事警察学院	03	经济犯罪侦查	1	女生	
文科	一批线上择优	0115	中国刑事警察学院	06	涉外警务	1	女生	
文科	一批线上择优	0120	中国人民警察大学	03	警务指挥与战术	1	女生	
文科	一批线上择优	0120	中国人民警察大学	05	公安政治工作	1	女生	
文科	一批线上择优	0120	中国人民警察大学	07	移民管理	1	女生	
文科	二批线上择优	0130	郑州警察学院	02	治安学(城轨安全与执法方向)	1	女生	
文科	二批线上择优	0130	郑州警察学院	03	治安学	2	女生	面向铁路公安机关就业
文科	二批线上择优	0130	郑州警察学院	05	侦查学	1	女生	面向铁路公安机关就业
文科	二批线上择优	0130	郑州警察学院	08	公安管理学	1	女生	面向铁路公安机关就业
文科	二批线上择优	0130	郑州警察学院	10	铁路警务	2	女生	面向铁路公安机关就业
文科	二批线上择优	0165	南京警察学院	02	治安学	1	女生	
文科	二批线上择优	0165	南京警察学院	04	侦查学	1	女生	
文科	二批线上择优	0165	南京警察学院	07	公安管理学	1	女生	
文科	二批线上择优	6140	河南警察学院	04	治安学	7	女生	
文科	二批线上择优	6140	河南警察学院	05	治安学(公安法制方向)	5	女生	
文科	二批线上择优	6140	河南警察学院	07	侦查学	8	女生	
文科	二批线上择优	6140	河南警察学院	09	经济犯罪侦查	5	女生	
文科	二批线上择优	6140	河南警察学院	11	公安管理学	12	女生	
文科	二批线上择优	6140	河南警察学院	13	涉外警务	4	女生	
文科	二批线上择优	6140	河南警察学院	15	警务指挥与战术	6	女生	
文科	二批线上择优	6140	河南警察学院	17	反恐警务	6	女生	
文科	专科计划	7290	西藏警官高等专科学校	03	刑事侦查	1	女生	只招英语语种考生,仅招汉族考生,毕业后面向西藏公安机关就业

续表

科类名称	分类	院校代号	院校名称	专业代码	专业名称	性别	计划人数	备注
理科	一批线上择优	0110	中国人民公安大学	03	治安学	1	女生	
理科	一批线上择优	0110	中国人民公安大学	07	犯罪学	1	女生	
理科	一批线上择优	0110	中国人民公安大学	09	公安管理学	1	女生	
理科	一批线上择优	0110	中国人民公安大学	11	涉外警务	1	女生	高考外语成绩不低于105分
理科	一批线上择优	0110	中国人民公安大学	16	刑事科学技术	2	女生	
理科	一批线上择优	0110	中国人民公安大学	18	交通管理工程	2	女生	
理科	一批线上择优	0110	中国人民公安大学	20	安全防范工程	2	女生	
理科	一批线上择优	0110	中国人民公安大学	23	公安视听技术	1	女生	
理科	一批线上择优	0110	中国人民公安大学	25	网络安全与执法	1	女生	
理科	一批线上择优	0110	中国人民公安大学	27	数据警务技术	1	女生	
理科	一批线上择优	0115	中国刑事警察学院	03	侦查学	1	女生	
理科	一批线上择优	0115	中国刑事警察学院	07	经济犯罪侦查	1	女生	
理科	一批线上择优	0115	中国刑事警察学院	13	刑事科学技术	4	女生	
理科	一批线上择优	0120	中国人民警察大学	07	公安情报学	2	女生	
理科	一批线上择优	0120	中国人民警察大学	10	涉外警务	1	女生	高考外语成绩不低于105分
理科	一批线上择优	0120	中国人民警察大学	11	警务指挥与战术	1	女生	面向铁路公安机关就业
理科	一批线上择优	0120	中国人民警察大学	13	警务指挥与战术	1	女生	
理科	一批线上择优	0120	中国人民警察大学	16	公安政治工作	1	女生	面向铁路公安机关就业
理科	一批线上择优	0120	中国人民警察大学	21	刑事科学技术	1	女生	
理科	一批线上择优	0120	中国人民警察大学	23	网络安全与执法	1	女生	
理科	一批线上择优	0120	中国人民警察大学	25	数据警务技术	2	女生	
理科	一批线上择优	0120	中国人民警察大学	27	食品药品环境犯罪侦查技术	1	女生	
理科	一批线上择优国家专项计划	0110	中国人民公安大学	30	侦查学	1	女生	
理科	一批线上择优国家专项计划	0110	中国人民公安大学	36	网络安全与执法	1	女生	
理科	一批线上择优国家专项计划	0115	中国刑事警察学院	17	侦查学	1	女生	
理科	一批线上择优国家专项计划	0120	中国人民警察大学	29	警务指挥与战术	1	女生	
理科	二批线上择优	0115	中国刑事警察学院	04	禁毒学	1	女生	

续表

科类名称	分类	院校代号	院校名称	专业代码	专业名称	性别	计划人数	备注
理科	二批线上择优	0130	郑州警察学院	01	治安学	1	女生	面向铁路公安机关就业
理科	二批线上择优	0130	郑州警察学院	04	侦查学	1	女生	面向铁路公安机关就业
理科	二批线上择优	0130	郑州警察学院	10	网络安全与执法	1	女生	
理科	二批线上择优	0165	南京警察学院	02	治安学	1	女生	
理科	二批线上择优	0165	南京警察学院	04	侦查学	2	女生	
理科	二批线上择优	0165	南京警察学院	07	警务指挥与战术(特警方向)	1	女生	
理科	二批线上择优	0165	南京警察学院	12	食品药品环境犯罪侦查技术	1	女生	
理科	二批线上择优	6140	河南警察学院	04	治安学	8	女生	
理科	二批线上择优	6140	河南警察学院	05	治安学(公安法制方向)	6	女生	
理科	二批线上择优	6140	河南警察学院	08	侦查学	8	女生	
理科	二批线上择优	6140	河南警察学院	09	侦查学(生态环境警务方向)	8	女生	
理科	二批线上择优	6140	河南警察学院	11	经济犯罪侦查	5	女生	
理科	二批线上择优	6140	河南警察学院	13	公安管理学	12	女生	
理科	二批线上择优	6140	河南警察学院	15	涉外警务	4	女生	
理科	二批线上择优	6140	河南警察学院	17	警务指挥与战术	6	女生	
理科	二批线上择优	6140	河南警察学院	19	反恐警务	6	女生	
理科	二批线上择优	6140	河南警察学院	21	刑事科学技术	16	女生	
理科	二批线上择优	6140	河南警察学院	23	交通管理工程	24	女生	
理科	二批线上择优	6140	河南警察学院	25	网络安全与执法	24	女生	
理科	二批线上择优国家专项计划	0130	郑州警察学院	14	网络安全与执法	1	女生	面向铁路公安机关就业
理科	专科计划	7291	西藏警官高等专科学校	02	道路交通管理	1	女生	只招英语语种考生,仅招汉族考生,毕业后面向西藏公安机关就业
理科	专科计划	7293	西藏警官高等专科学校	04	刑事科学技术	1	女生	只招英语语种考生,仅招汉族考生,毕业后面向西藏公安机关就业
理科	专科计划	7295	西藏警官高等专科学校	06	网络安全与执法	1	女生	只招英语语种考生,仅招汉族考生,毕业后面向西藏公安机关就业

三、河南省2023年公安院校公安专业招生报考及相关事项提醒

根据河南省公安厅政治部、河南省教育考试院《关于做好2023年公安普通高等院校招生工作的通知》,现将招生报考及相关事项向考生提醒如下:

中国人民公安大学、中国人民警察大学、中国刑事警察学院、郑州警察学院(铁道警察学院更名)、南京警察学院(南京森林警察学院更名)、西藏警官高等专科学校(定向招收汉族考生,在西藏就业并在入学后与西藏自治区公安厅签订招录就业协议)和河南警察学院(限公安专业本科,不含非公安专业本科)等7所公安院校公安专业在河南省招生,填报公安院校公安专业志愿的考生,须按照规定的时间和要求参加政治考察、面试、体检和体能测评,合格者方有资格参加普通高招提前批投档录取。

(一)招生来源计划

1. 中国人民公安大学180人(男156人、女24人,含国家专项计划男13人、女2人;其中,2人为面向铁路公安机关入警就业计划)。

2. 中国人民警察大学106人(男91人、女15人,含国家专项计划男12人、女1人;其中,16人为面向铁路公安机关入警就业计划)。

3. 中国刑事警察学院74人(男63人、女11人,含国家专项计划男8人、女1人;其中,4人为面向铁路公安机关入警就业计划)。

4. 郑州警察学院(铁道警察学院更名)74人(男63人、女11人,含国家专项计划男8人、女1人;其中,64人为面向铁路公安机关入警就业计划)。

5. 南京警察学院(南京森林警察学院更名)50人(男42人、女8人,含国家专项计划男8人)。

6. 西藏警官高等专科学校25人(男21人、女4人,均为西藏自治区公安机关定向招生计划,毕业后仅可报西藏自治区公安机关招录职位,限招汉族考生)。

7. 河南警察学院公安专业1238人(男1058人、女180人)。

(二)报考资格条件

参加2023年全国普通高校招生统一考试的河南(本省户籍)考生,志愿报考公安院校公安专业的,应具备下列资格条件:

1. 具有中华人民共和国国籍;
2. 遵守中华人民共和国宪法和法律;
3. 热爱祖国,热爱人民,热爱中国共产党,热爱中国特色社会主义制度;
4. 志愿从事公安工作,热爱人民公安事业,立志为捍卫国家政治安全和社会稳定刻苦学习、拼搏奉献;
5. 年龄为16周岁以上、22周岁以下(2001年9月1日至2007年8月31日期间出生),未婚;
6. 普通高级中学毕业;
7. 具有良好的政治素质和道德品行,符合公安院校公安专业招生政治条件;
8. 具有良好的身体条件和心理素质,符合公安院校公安专业招生面试、体检和体能测评合格标准。

(三)填报志愿

6月25日高考成绩和各批次录取控制分数线公布后,达到公安院校对应批次录取控制分数线的考生,须按照省教育考试院规定的时间段和填报要求完成网上填报志愿。考生志愿应填报在提前批本、专科志愿栏,考生志愿以网上最后一次保存的志愿为准,填报时间截止后将无法更改。

网上填报志愿时间为6月26日8:00至28日18:00,网址为河南省教育考试院网(http://www.haeea.cn)。

中国人民公安大学、中国人民警察大学、中国刑事警察学院(治安学、禁毒学、警犬技术专业除外)执行本科第一批录取控制分数线;中国刑事警察学院治安学、禁毒学和警犬技术专业,郑州警察学院(铁道警察学院更名),南京警察学院(南京森林警察学院更名),河南警察学院执行本科第二批录取控制分数线;西藏警官高等专科学校执行高职高专批录取控制分数线。

填报公安院校国家专项计划志愿的考生,必须具有河南省26个集中连片特殊困难县和12个国家级扶贫开发重点县当地连续3年以上户籍,其父亲或母亲或法定监护人具有当地户籍,本人具有户籍所在县高中连续3年学籍且实际就读,并通过相应的资格审核认定。河南省26个集中连片特殊困难县:兰考县、栾川县、嵩县、洛宁县、汝阳县、鲁山县、卢氏县、南召县、镇平县、内乡县、淅川县、民权县、宁陵县、柘城县、光山县、新县、商城县、固始县、淮滨县、潢川县、淮阳县、沈丘县、太康县、商水县、郸城县、新蔡县。河南省12个国家级扶贫开发重点县:宜阳县、滑县、封丘县、范县、台前县、社旗县、桐柏县、睢县、虞城县、上蔡县、确山县、平舆县。

录取中合格生源不足的院校,省教育考试院将在网上公布院校及专业缺额情况,符合条件的考生可以按照规定的条件网上填报征集志愿。

在本科提前批志愿中,考生只能从体育、艺术、军事、公安、司法以及其他有特殊招生要求的普通高校中选报其中一类,不得兼报。

(四)政治考察

凡报考公安院校公安专业的考生,除严格按照河南省教育厅《2023年普通高等学校招生工作规定》中的思想政治品德考核标准进行考核外,还必须由考生户籍所在地公安机关进行政治考察。

1. 政治考察的项目和标准

参照《公务员录用考察办法(试行)》《公安机关录用人民警察政治考察工作办法》《关于做好公安机关录用人民警察政治考察工作的通知》有关规定执行。

政治考察时,要参照公安机关干部人事档案管理和公安院校公安专业学生档案管理有关规定,组织对考生个人档案进行严格审核。若个人档案中记载出生日期、入党(团)时间、学籍、学历、经历、身份等信息的重要材料缺失、严重失实,且在规定的考察期限内考生无法补齐或者涉嫌涂改造假无法有效认定的,则政治考察结论为不合格。

2. 政治考察申请

6月25日高考成绩公布后,考生在网上填报公安院校公安专业志愿的同时,务必按照报考公安院校政治考察的有关规定,及时到户籍所在地公安派出所申请办理政治考察。具有河南省户籍,在本省异地参加高考的考生,政治考察工作可由考生报考地(现居住地)公安机关向考生户籍所在地公安机关发函,协助、配合做好考生政治考察工作。

填报公安院校公安专业志愿的考生,从6月25日起可以通过河南省教育考试院网(http://www.haeea.cn)或河南招生考试信息网(http://www.heao.com.cn)下载并自行打印《河南省2023年公安院校公安专业本专科招生政治考察表》(此表必须用2张A4纸正反面打印或复印),在政治考察表相关栏目如实完整填写考生基本情况(不得涂改),带身份证、户口本、准考证到户籍所在地公安派出所申请政治考察。公安派出所严格按照表中项目要求进行政治考察。纸质政治考察表由公安派出所按要求逐级上报,不得交与考生。

报考公安院校公安专业考生政治考察工作于2023年6月25日至29日进行,原则上于6月29日18:00前结束。为防止个别考生因故未能按期申请政治考察,6月29日省教育考试院网上公布公安院校公安专业考生面试分数线后,省公安厅政治部将把上线考生名单通过公安内网发送至各省辖市、济源示范区公安局政治部,由各地认真对照已经进行政治考察的考生名单,通知尚未进行政治考察的考生务必在6月30日18:00前申请并完成政治考察。

考生户籍所在地公安派出所应积极主动受理考生政治考察申请,努力做到"只让考生跑一趟",可采取为考生开通绿色通道、上门服务等方式,及时完成考生政治考察工作。

3. 政治考察要求

政治考察要突出政治标准,由实施的县级公安机关采取网上核查、档案审核、走访调查、委托调查等方式开展。

政治考察不合格的考生,不得参加相关公安院校面试、体检和体能测评。

(五)面试、体检、体能测评

根据公安部、教育部的有关规定,填报公安院校公安专业志愿的考生,按照不低于招生计划数与上线考生人数1∶3的比例,从高分到低分划定参加公安院校面试、体检和体能测评的分数线(以下简称“3倍划线”)。进入划线范围的考生才有资格参加面试、体检和体能测评。

省教育考试院根据考生志愿,按照3倍划线的要求,向省公安厅政治部、招生院校分别提供参加面试、体检和体能测评的普通志愿及国家专项计划志愿的考生名单。省公安厅政治部据此组织面试、体检和体能测评,并向省教育考试院和招生院校分别提供普通志愿和国家专项计划志愿合格考生名单。

省教育考试院于6月29日将公安院校公安专业考生面试、体检、体能测评分数线,通过河南省教育考试院网(http://www.haeea.cn)和河南招生考试信息网(http://www.heao.com.cn)向社会公布,请报有该类志愿的考生主动查看,上线考生须携带准考证、身份证按规定的时间和地点参加面试、体检和体能测评。

公安院校面试、体检和体能测评时间为7月1日至7月3日(上午8:00至12:00、下午3:00至6:30)。按照考生高考地所在省辖市安排参加面试、体检和体能测评日程,考生必须严格遵守日程安排中规定的报到日期,提前和逾期均不予受理,考生没能按期参加造成的后果由本人承担。提醒考生注意:一定要认真查看《河南省2023年公安院校公安专业本专科招生面试、体检和体能测评日程安排表》。

公安院校面试、体检和体能测评地点设在河南警察学院(地址:郑州市郑东新区龙子湖高校园区龙子湖东路1号),分设公安部所属院校(中国人民公安大学、中国人民警察大学、中国刑事警察学院、郑州警察学院、南京警察学院、西藏警官高等专科学校)和河南警察学院两个考生报名工作区域。

1. 面试

面试主要从报考动机、思维表达能力、身体协调能力等方面,辨识考生是否适合接受公安院校教育和从事公安工作。

面试实行单项淘汰,考生出现一项不合格项目后,不再继续进行其他项目。面试结果当场向考生宣布,并由考生签字确认。

面试现场实行全程录像。

2. 体检

体检的项目和标准,参照《公务员录用体检通用标准(试行)》《公务员录用体检特殊标准(试行)》有关规定执行。同时,还应符合下列条件:

(1)身高:男性170厘米及以上,女性160厘米及以上。

(2)体重指数(单位:千克/米^2):男性在17.3至27.3之间(含本数,计算时四舍五入保留小数点后一位,下同),女性在17.1至25.7之间。

(3)视力:任何一眼裸眼视力均为4.8及以上。

(4)色觉:无色盲,无色弱。

(5)外观:无少白头,无胸廓畸形,无脊柱侧弯、驼背,膝内翻股骨内髁间距离不超过7厘米,膝外翻胫骨内髁间距离不超过7厘米,无足底弓完全消失的扁平足,身体无影响功能的瘢痕,面颈部无瘢痕,无下肢静脉曲张,无腋臭,共同性内、外斜视不超过15度,无唇、腭裂或唇裂术后有明显瘢痕。

对考生身高、体重、外观、血压、视力、嗅觉、听力和色觉等重点项目,由体检医师严格按照有关操作规范进行现场检查。

体检实行单项淘汰,考生出现一项不合格项目后,不再继续进行其他项目。体检结果当场向考生宣布,并由考生签字确认。

体检现场实行全程录像。

提醒考生特别注意:考生在网上填报公安院校公安专业志愿的同时,务必要通过河南省教育考试院网(http://www.haeea.cn)或河南招生考试信息网(http://www.heao.com.cn)下载并自行打印《河南省2023年公安院校公安专业本专科招生考生患病经历申报表》(此表必须用1张A4纸正反面打印或复印),由考生本人提前据实填写表中项目,并在考生承诺栏签名,在考生参加体检报名时提交给报名点工作人员。考生承诺不实的,由本人承担一切后果。

在对考生申报的患病经历和有关情况,省教育考试院提供的考生高考招生体检表相关内容,以及考生现场体检情况进行审核的基础上,由主检医师综合作出体检结论。

3. 体能测评

体能测评的项目和标准,参照《国家学生体质健康标准(2014 年修订)》有关规定执行。具体如下:

(1)50 米跑。可测次数:1 次,合格标准:男性≤9. 2 秒,女性≤10. 4 秒;

(2)立定跳远。可测次数:3 次,合格标准:男性≥2. 05 米,女性≥1. 5 米;

(3)1000 米跑(男)/800 米跑(女)。可测次数:1 次,合格标准:男性≤4 分 35 秒,女性≤4 分 36 秒;

(4)引体向上(男)/仰卧起坐(女)。可测次数:1 次,合格标准:男性≥9 次/分钟,女性≥25 次/分钟。

以上 4 个项目应当全部进行测评。其中,有 3 个及以上达标的,体能测评结论为合格。

体能测评使用全自动高速体能测评摄录系统,实行全程录像。体检结果当场向考生宣布,并由考生签字确认。

(六)综合结论建档

报考公安院校公安专业考生的政治考察、面试、体检和体能测评综合结论分为合格和不合格两种。考生参加报考院校所需的政治考察、面试、体检和体能测评结论有一项不合格的,综合结论为不合格,不得录取为公安院校公安专业学生。

政治考察、面试、体检和体能测评时间不延期,考生如未按照规定的时间到达规定的地点参加报考院校所需政治考察、面试、体检和体能测评的,一律视为自动放弃志愿。

(七)录取

1. 公安院校公安专业实行远程网上录取的方式,安排在本科提前批进行。公安院校公安专业国家专项计划及西藏警官高等专科学校同时安排在本科提前批投档录取。招生录取工作坚持"择优录取"的原则,确保生源质量。

2. 省教育考试院根据考生志愿,在政治考察、面试、体检和体能测评综合结论合格的考生中,按照高考成绩从高到低的顺序,根据学校招生计划数的 120%投放档案,二志愿投档分数线不得低于划定的该院校面试分数线,由招生院校审查录取。

3. 烈士子女在报考公安院校时,可在统考成绩总分基础上加 20 分投档,由学校审查决定是否录取。

4. 各招生院校根据省教育考试院核准的录取考生名册填写录取通知书,加盖本校校章后直接寄送被录取考生。

(八)入学复查

各公安院校在公安专业新生入学 2 个月内,按照有关规定,开展报考资格复审、生源地复核、政治考察复核、档案复审和体检复检等复审复查工作。复审复查合格的,予以注册学籍;不合格的,取消入学资格。

(九)相关事项

1. 根据公安部、教育部的有关规定要求,成立省公安厅招生工作领导小组,在省招生工作委员会的统一领导下,具体负责公安院校招生政治考察、面试、体检和体能测评的组织、巡视、检查、指导,接受社会举报。

2. 公安院校招生要深入实施"阳光工程",坚持公开、公平、公正、择优的原则,主动接受考生、家长和社会的监督;牢固树立"安全第一"的意识,全面落实招生安全责任制,统筹保障人员安全、场地设备安全、数据信息安全。

3. 在公安院校招生工作中,有关工作人员应严格遵守招生纪律,防止和抵制不正之风,在省公安厅招生工作领导小组、省教育考试院审查和招生学校复查中如发现徇私舞弊等违纪行为,将依据有关规定严肃处理,追究主管领导和直接责任人的责任,同时取消舞弊考生的入学资格。

4. 公安院校面试、体检、体能测评期间，河南警察学院校园实行封闭管理，考生家长等陪考人员及车辆一律不得进入校园。招生工作场地设置警戒区域，考生和考试工作人员须凭有效证件才能进入指定区域。严格按照“乙类乙管”有关规定落实防疫措施，招生场所配齐配足防疫物资，做到规范清洁消毒，做好降温和通风。

5. 考生在参加公安院校测评前出现身体不适的，应及时到医院就医，并依据医生对考生身体状况的诊断，评估能否参加公安院校体能测评等剧烈运动。若因身体健康不适合原因，本着对考生本人健康和安全的考虑，建议考生主动放弃。

6. 考生不按规定要求按时参加政治考察、面试、体检、体能测评或携带手续不全影响政治考察、面试、体检、体能测评者，责任自负。

7. 考生要增强纪律意识和保密意识，不得在微信、微博、抖音等网络媒体平台发布参加公安院校招考、录取通知书等信息，严防泄露个人敏感信息。

四、公安院校2023年在河南省招收公安专业面试、体检、体能测评控制分数线(见表1-15、表1-16)

【编者按】公安专业面试、体检、体能测评控制分数线不是最终的录取分数线，而是报考公安专业的考生入围面试、体检、体能测评的最低分数线，一般情况下入围比例为招生计划的3倍或以上，面试、体检、体能测评控制分数线和最终的录取分数线可能会有不小的差距。

表1-15　公安院校2023年在河南省招收公安专业面试、体检、体能测评控制分数线

院校代号	院校名称	科类	男	女
0110	中国人民公安大学	文科	531	587
0110	中国人民公安大学	文科	547	619
0115	中国刑事警察学院	文科	553	611
0120	中国人民警察大学	文科	567	568
0130	郑州警察学院	文科	533	574
0165	南京警察学院	文科	532	566
6140	河南警察学院	文科	497	577
7290	西藏警官高等专科学校	文科	466	514
0110	中国人民公安大学	理科	565	617
0115	中国刑事警察学院	理科	552	590
0120	中国人民警察大学	理科	552	578
0130	郑州警察学院	理科	542	573
0165	南京警察学院	理科	524	546
6140	河南警察学院	理科	523	563
7290	西藏警官高等专科学校	理科	453	428

表1-16　公安院校2023年在河南省招收国家专项计划面试、体检、体能测评控制分数线

院校代号	院校名称	科类	男	女
0115	中国刑事警察学院	文科	578	—
0130	郑州警察学院	文科	513	—
0165	南京警察学院	文科	507	—
0110	中国人民公安大学	理科	515	616

续表

院校代号	院校名称	科类	男	女
0115	中国刑事警察学院	理科	524	529
0120	中国人民警察大学	理科	547	568
0130	郑州警察学院	理科	531	545
0165	南京警察学院	理科	536	—

第十三节　司法类招生

一、司法类体检、体能测试标准

(一)西南政法大学、中南财经政法大学、华东政法大学、西北政法大学提前批司法类专业

1. 不单独组织面试和体能测试,体检参照普通高考体检结果,具体标准参照国家规定执行。

2. 基本要求为裸眼视力任何一眼不低于4.7;云南、贵州、四川、重庆、广东、广西、海南、江西八省份的男性考生身高应在1.68米以上,女性考生身高应在1.58米以上;其他省份的考生,男性考生身高1.70米以上,女性考生身高1.60米以上;无色盲、色弱;无口吃;未婚,年龄在22周岁以下。

(二)中央司法警官学院体检和体能测试项目及合格标准

1. 体检项目及合格标准

男性身高不低于170厘米,女性身高不低于160厘米;男性体重不低于50千克,女性体重不低于45千克;双侧裸眼视力均不低于4.7,无色盲、色弱;五官端正,体形匀称,无各种残疾;两耳听力均超过3米;面部无明显缺陷(如唇裂、对眼、斜眼、斜颈、各种疤痕等),无嗅觉迟钝、口吃、鸡胸、腋臭、血管瘤、黑色素痣、白癜风、严重静脉曲张,无明显八字步、罗圈腿、步态异常,无重度平跖足(平脚板);无文身、驼背;无严重心脏病、心肌病、高血压病、恶性肿瘤、尿毒症等严重疾病,无传染病,直系亲属无精神病史。

2. 体能测试项目及合格标准见表1-17:

表1-17　中央司法警官学院体能测试合格标准

性别	测试项目	合格标准
男子	50米	7"1以内(含7"1)
	俯卧撑	10秒内完成6次以上(含6次)
	立定跳远	2.3米以上(含2.3米)
女子	50米	8"6以内(含8"6)
	仰卧起坐	10秒内完成5次以上(含5次)
	立定跳远	1.6米以上(含1.6米)

注:3项测试项目中有2项及以上达标的,体能测试结论为合格。

(三)河南司法警官职业学院体检和体能测试项目及合格标准

1. 体检项目及合格标准

体检的项目和标准,参照《公务员录用体检通用标准(试行)》《公务员录用体检特殊标准(试行)》有关规定执行。同时,还应符合下列条件:

(1)身高:男性170厘米及以上,女性160厘米及以上。

(2)体重:男性体重指数(单位:千克/米^2)在17.3至27.3之间(含本数,计算时四舍五入保留小数点后一位,下同),女性在17.1至25.7之间。

(3)视力:任何一眼裸眼视力均为4.8及以上。无明显视功能损害眼病。

(4)色觉:无色盲,无色弱。

(5)外观:无少白头,无胸廓畸形,无脊柱侧弯、驼背,膝内翻股骨内髁间距离和膝外翻胫骨内髁间距离不超过7厘米,无足底弓完全消失的扁平足,身体无影响功能的瘢痕,面颈部无瘢痕,无下肢静脉曲张,无腋臭,共同性内、外斜视不超过15度,无唇、腭裂或唇裂术后有明显瘢痕。

2.体能测试项目及合格标准见表1-18:

表1-18 河南司法警官职业学院体能测试合格标准

性别	测试项目	合格标准
男子	50米	9"2以内(含9"2)
	1000米	4′35"以内(含4′35")
	引体向上	1分钟以内完成9次以上(含9次)
	立定跳远	2.05米以上(含2.05米)
女子	50米	10"4以内(含10"4)
	800米	4′36"以内(含4′36")
	仰卧起坐	1分钟内完成25次以上(含25次)
	立定跳远	1.5米以上(含1.5米)

注:4项测试项目中有3项及以上达标的,体能测试结论为合格。

二、2023年在河南省招生的司法院校及专业

2023年共有2所司法高校和4所政法高校的司法专业在河南招生,投放招生计划共295人,其中文科男生计划招生117人、理科男生计划招生130人、文科女生计划招生23人、理科女生计划招生25人,具体招生计划见表1-19(男生、女生招生计划分类汇总):

表1-19 2023年在河南省招生的司法院校及专业

科类	分类	院校代号	院校名称	专业代码	专业名称	计划人数	性别
文科	一批线上择优	1205	中南财经政法大学	37	公安学类	2	男生
文科	一批线上择优	1205	中南财经政法大学	39	治安学(金融犯罪治理实验班)	1	男生
文科	一批线上择优	1810	华东政法大学	17	侦查学(经济犯罪治理)	3	男生
文科	一批线上择优	1810	华东政法大学	18	侦查学(刑事调查)	2	男生
文科	一批线上择优	2030	西南政法大学	13	侦查学	3	男生
文科	二批线上择优	0160	中央司法警官学院	01	法学	7	男生
文科	二批线上择优	0160	中央司法警官学院	03	监狱学(政治工作方向)	3	男生
文科	二批线上择优	0160	中央司法警官学院	04	监狱学(矫正教育方向)	3	男生
文科	二批线上择优	0160	中央司法警官学院	06	侦查学(狱内侦查方向)	3	男生
文科	二批线上择优	0160	中央司法警官学院	08	行政管理(警察管理方向)	4	男生
文科	二批线上择优国家专项计划	0160	中央司法警官学院	10	法学	2	男生
文科	专科计划	6263	河南司法警官职业学院	11	刑事执行	45	男生
文科	专科计划	6263	河南司法警官职业学院	13	行政执行	13	男生
文科	专科计划	6263	河南司法警官职业学院	15	刑事侦查技术	13	男生

续表

科类	分类	院校代号	院校名称	专业代码	专业名称	计划人数	性别
文科	专科计划	6263	河南司法警官职业学院	17	罪犯心理测量与矫正技术	13	男生
理科	一批线上择优	1205	中南财经政法大学	40	公安学类	4	男生
理科	一批线上择优	1205	中南财经政法大学	42	治安学(金融犯罪治理实验班)	4	男生
理科	一批线上择优	1810	华东政法大学	19	侦查学(经济犯罪治理)	3	男生
理科	一批线上择优	1810	华东政法大学	20	侦查学(刑事调查)	3	男生
理科	一批线上择优	2030	西南政法大学	13	侦查学	3	男生
理科	一批线上择优	2115	西北政法大学	10	刑事科学技术	2	男生
理科	二批线上择优	0160	中央司法警官学院	01	法学	5	男生
理科	二批线上择优	0160	中央司法警官学院	03	监狱学(矫正教育方向)	2	男生
理科	二批线上择优	0160	中央司法警官学院	04	监狱学(政治工作方向)	3	男生
理科	二批线上择优	0160	中央司法警官学院	07	侦查学(狱内侦查方向)	3	男生
理科	二批线上择优	0160	中央司法警官学院	09	行政管理(警察管理方向)	6	男生
理科	二批线上择优国家专项计划	0160	中央司法警官学院	11	监狱学(矫正教育方向)	2	男生
理科	二批线上择优国家专项计划	0160	中央司法警官学院	12	监狱学(政治工作方向)	2	男生
理科	二批线上择优国家专项计划	0160	中央司法警官学院	13	侦查学(狱内侦查方向)	4	男生
理科	专科计划	6263	河南司法警官职业学院	11	刑事执行	45	男生
理科	专科计划	6263	河南司法警官职业学院	13	行政执行	13	男生
理科	专科计划	6263	河南司法警官职业学院	15	刑事侦查技术	13	男生
理科	专科计划	6263	河南司法警官职业学院	17	罪犯心理测量与矫正技术	13	男生
文科	一批线上择优	1205	中南财经政法大学	38	公安学类	1	女生
文科	一批线上择优	1205	中南财经政法大学	40	治安学(金融犯罪治理实验班)	1	女生
文科	一批线上择优	2030	西南政法大学	14	侦查学	1	女生
文科	二批线上择优	0160	中央司法警官学院	02	法学	1	女生
文科	二批线上择优	0160	中央司法警官学院	05	监狱学(政治工作方向)	1	女生
文科	二批线上择优	0160	中央司法警官学院	07	侦查学(狱内侦查方向)	1	女生
文科	二批线上择优	0160	中央司法警官学院	09	行政管理(警察管理方向)	1	女生
文科	专科计划	6263	河南司法警官职业学院	12	刑事执行	10	女生
文科	专科计划	6263	河南司法警官职业学院	14	行政执行	2	女生
文科	专科计划	6263	河南司法警官职业学院	16	刑事侦查技术	2	女生
文科	专科计划	6263	河南司法警官职业学院	18	罪犯心理测量与矫正技术	2	女生
理科	一批线上择优	1205	中南财经政法大学	41	公安学类	1	女生
理科	一批线上择优	1205	中南财经政法大学	43	治安学(金融犯罪治理实验班)	1	女生
理科	一批线上择优	1810	华东政法大学	18	侦查学(经济犯罪治理)	1	女生

续表

科类	分类	院校代号	院校名称	专业代码	专业名称	计划人数	性别
理科	二批线上择优	0160	中央司法警官学院	02	法学	1	女生
理科	二批线上择优	0160	中央司法警官学院	05	监狱学(矫正教育方向)	1	女生
理科	二批线上择优	0160	中央司法警官学院	06	监狱学(政治工作方向)	1	女生
理科	二批线上择优	0160	中央司法警官学院	08	侦查学(狱内侦查方向)	1	女生
理科	二批线上择优	0160	中央司法警官学院	10	行政管理(警察管理方向)	1	女生
理科	专科计划	6263	河南司法警官职业学院	12	刑事执行	11	女生
理科	专科计划	6263	河南司法警官职业学院	14	行政执行	2	女生
理科	专科计划	6263	河南司法警官职业学院	16	刑事侦查技术	2	女生
理科	专科计划	6263	河南司法警官职业学院	18	罪犯心理测量与矫正技术	2	女生

三、河南省教育考试院提醒考生关注2023年中央司法警官学院和河南司法警官职业学院提前批次录取专业招生工作有关事项

(一)招生计划(提前批次录取专业)

1. 中央司法警官学院58人(本科),其中:男生49人(含国家专项计划10人),女生9人。

2. 河南司法警官职业学院201人(专科),其中:男生168人,女生33人。

(二)报考条件

符合下列条件且已参加河南省2023年全国普通高校招生统一考试的考生,可以报考以上两所院校提前批次录取专业:

1. 具有中华人民共和国国籍;

2. 热爱中国共产党,热爱祖国,热爱人民,热爱中国特色社会主义制度;

3. 遵守中华人民共和国宪法和法律;

4. 志愿从事人民警察及其他政法工作;

5. 报考中央司法警官学院的考生年龄不得超过22周岁(2001年9月1日以后出生),未婚。报考河南司法警官职业学院的考生年龄须在十六周岁以上、二十二周岁以下(2001年9月1日至2007年8月31日期间出生),未婚。

6. 具有良好的思想政治素质和道德品行,符合司法类院校提前批次专业招生政治条件;

7. 具有良好的身体条件和心理素质,符合司法类院校提前批次专业招生面试、体检和体能测试标准。

(三)志愿填报

报考中央司法警官学院执行本科二批录取控制分数线;报考河南司法警官职业学院执行高职高专批录取控制分数线。考生须于2023年6月26日8:00至28日18:00登录河南省教育考试院官网(www.haeea.cn)完成网上志愿填报。

(四)政治考察

填报中央司法警官学院提前批次录取专业志愿的考生须填写《中央司法警官学院2023年招生政治考察表》(从该校官方网站下载打印),填报河南司法警官职业学院提前批次录取专业志愿的考生须填写《河南司法警官职业学院2023年提前批次专业招生政治考察表》,考生应如实准确填写个人基本情况(不得涂改),带身份证、户口本、准考证于6月26日至30日期间到户籍所在地公安派出所进行政治考察。公安派出

所对政治考察表相关内容进行核查并作出结论，结论分为合格和不合格两种。政治考察结论为不合格的考生不得参加面试、体检、体能测试。结论合格者在参加面试、体检、体能测试时将政治考察表交现场工作人员。

（五）面试、体检和体能测试

填报中央司法警官学院和河南司法警官职业学院提前批次录取专业志愿的考生，按照招生计划数与上线考生人数 1:3的比例，从高分到低分划定参加面试、体检和体能测试的分数线（以下简称 3 倍划线）。进入划线范围的考生方有资格参加面试、体检和体能测试。

省教育考试院于 6 月 29 日将以上两所院校提前批次录取考生面试、体检、体能测试分数线，通过河南省教育考试院网和河南招生考试信息网（www. heao. com. cn）向社会公布，请报有该类志愿的考生主动查看。上线考生需携带准考证、身份证及其他相关材料按规定的时间和地点参加面试、体检和体能测试，未按照规定要求参加面试、体检和体能测试的考生，视为自动放弃志愿。

同时报考以上两所院校提前批次专业的考生，需分别参加两所院校面试、体检和体能测试的所有项目。

1. 面试、体检和体能测试地点

面试、体检和体能测试工作由河南司法警官职业学院组织实施，地点设在河南司法警官职业学院（河南省郑州市郑东新区金水东路 166 号）。

2. 面试、体检和体能测试时间

面试、体检和体能测试时间为 2023 年 7 月 1 日至 7 月 2 日（上午 8:00 至 12:00、下午 3:00 至 6:30）。

3. 面试

面试主要从报考动机、言语表达、身体协调性等方面，辨识考生是否适合从事司法行政工作。面试结论分为合格、不合格两种。面试实行单项淘汰，项目中出现一项不合格，结论即为不合格。面试结论现场告知考生，由考生本人签字确认。

4. 体检和体能测试

（1）体检和体能测试项目及标准（略）

（2）体检相关要求

体检现场实行全程录像，体检结论分为合格、不合格两种。体检实行单项淘汰，项目中出现一项不合格，结论即为不合格。体检结论应现场告知考生，由考生本人签字确认。

提醒考生特别注意：报考河南司法警官职业学院提前批次录取专业的考生须下载打印《河南司法警官职业学院 2023 年提前批次专业招生考生本人患病经历申报表》（此表必须用 A4 纸正反面打印成一张），由考生本人提前据实填写表中项目，并在考生承诺栏签名，参加面试、体检、体能测试时将该表交现场工作人员。

（3）体能测试相关要求

体能测试结论分为合格、不合格两种，结论现场告知考生，由考生本人签字确认。

参加两所院校体能测试的考生须下载打印《体能测试承诺书》并本人签字后交现场工作人员。提醒考生在测试前认真阅读《体能测试注意事项》。

（六）录取

省教育考试院根据考生志愿，在政治考察、面试、体检和体能测试综合结论合格的考生中，按照高考成绩从高分到低分的顺序，根据学校招生计划数的 120%投放电子档案，招生院校对投档考生按招生章程制定的规则录取。

(七)相关事项

面试、体检、体能测试期间,河南司法警官职业学院校园实行封闭管理,考生家长等陪考人员及车辆一律不得进入校园。招生工作场地设置警戒区域,考生和考试工作人员须凭有效证件才能进入指定区域。

四、部分司法类院校2023年在河南省提前批次录取专业面试、体检和体能测试控制分数线(见表1-20、表1-21)

【编者按】部分司法类院校2023年在河南省提前批次录取专业面试、体检和体能测试控制分数线不是最终的录取分数线,而是报考部分司法类院校的考生入围面试、体检和体能测试的最低分数线,入围比例为招生计划的3倍或以上,面试、体检和体能测试控制分数线和最终的录取分数线可能会有不小的差距。

表1-20　部分司法类院校2023年在河南省提前批次录取专业面试、体检和体能测试控制分数线

代码	院校名称	科类	男	女
0160	中央司法警官学院	文科	520	571
0160	中央司法警官学院	理科	523	556
6263	河南司法警官职业学院	文科	439	476
6263	河南司法警官职业学院	理科	427	434

表1-21　中央司法警官学院2023年在河南省提前批次录取专业国家专项计划面试、体检和体能测试控制分数线

代码	院校名称	科类	男	女
0160	中央司法警官学院	文科	515	—
0160	中央司法警官学院	理科	504	—

第十四节　公费师范生招生

一、国家公费师范生、国家优师专项师范生政策

(一)教育部直属师范大学师范生公费教育实施办法:

教育部直属师范大学师范生公费教育实施办法

教育部　财政部　人力资源社会保障部　中央编办

第一章　总 则

第一条　为贯彻落实《中共中央 国务院关于全面深化新时代教师队伍建设改革的意见》,建立健全师范生公费教育制度,吸引优秀人才从教,培养大批有理想信念、有道德情操、有扎实学识、有仁爱之心的“四有”好教师,进一步形成尊师重教的浓厚氛围,特制定本办法。

第二条　本办法所称师范生公费教育是指国家在北京师范大学、华东师范大学、东北师范大学、华中师范大学、陕西师范大学和西南大学六所教育部直属师范大学(以下简称部属师范大学)面向师范专业本科生实行的,由中央财政承担其在校期间学费、住宿费并给予生活费补助的培养管理制度。

第三条　接受师范生公费教育的学生(以下简称公费师范生)由部属师范大学按照《师范生公费教育协议》进行教育培养,在校学习期间和毕业后须按照有关协议约定,履行相应的责任和义务。

第二章　选拔录取

第四条　教育部根据各地中小学教师队伍建设实际需要和部属师范大学培养能力,统筹制定每年公费师范生招生计划,确定分专业招生数量,确保招生培养与教师岗位需求有效衔接。

第五条　部属师范大学招收公费师范生实行提前批次录取,重点考察学生的综合素质、职业倾向和从教潜质,择优选拔乐教、适教的优秀高中毕业生加入公费师范生队伍。各地、各部属师范大学要加大政策宣传和引导力度,通过发放招生简章、开展政策宣讲等多种方式,为高中毕业生报考公费师范生营造良好环境。

第六条　部属师范大学根据国家相关政策,制定在校期间公费师范生进入、退出的具体办法。有志从教并符合条件的非师范专业优秀学生,在入学 2 年内,可在教育部和学校核定的公费师范生招生计划内转入师范专业,签订协议并由所在学校按相关标准返还学费、住宿费,补发生活费补助。公费师范生可按照所在学校规定的办法和程序,在师范专业范围内进行二次专业选择。录取后经考察不适合从教的公费师范生,在入学 1 年内,按照规定退还已享受的学费、住宿费和生活费补助,并由所在学校根据当年高考成绩将其调整到符合录取条件的非师范专业。

第三章　履约任教

第七条　公费师范生、部属师范大学和生源所在省份省级教育行政部门签订《师范生公费教育协议》,明确三方权利和义务。公费师范生毕业后一般回生源所在省份中小学任教,并承诺从事中小学教育工作 6 年以上。到城镇学校工作的公费师范生,应到农村义务教育学校任教服务至少 1 年。国家鼓励公费师范生长期从教、终身从教。

第八条　公费师范生由于志愿到中西部边远贫困和少数民族地区任教等特殊原因不能回生源所在省份任教的,应届毕业前可申请跨省就业,经所在学校、生源所在省份和接收省份省级教育行政部门审核同意后,按有关规定程序办理跨省就业手续。

第九条　各地要统筹规划,做好接收公费师范生就业的各项工作。省级教育行政部门会同人力资源社会保障部门按照事业单位新进人员实行公开招聘制度的要求,负责组织用人学校与公费师范生在需求岗位范围内进行专项招聘,通过双向选择等方式切实为每位毕业的公费师范生落实任教学校和岗位。

第十条　公费师范生要严格履行协议,未按协议从事中小学教育工作的,须退还已享受的公费教育费用并缴纳违约金。违约退缴资金由省级教育行政部门负责收缴、管理、使用,要专款专用,主要用于公费师范生人事招聘、履约管理、表彰奖励等相关工作。教育部要会同相关部门制定公费师范生履约管理具体办法等相关政策。省级教育行政部门要建立健全公费师范生履约动态跟踪管理机制,建立公费师范生诚信档案。

【编者按】违约金:毕业后未按本协议从事中小学教育工作者的,应在违约处理决定公布后 1 个月内,一次性向丙方退还所享受的公费教育费用,并缴纳该费用 50%的违约金;超过时限须按每天 1‰的比例支付滞纳金。

第十一条　公费师范生因生病、应征入伍等原因不能履行协议的,须提出中止协议申请,经省级教育行政部门同意后,暂缓履约。待情况允许后,经省级教育行政部门核实后可继续履行协议。公费师范生如确因身体原因需终止协议的,按协议约定解除协议。除特殊原因办理休学无法正常毕业等情形以外,公费师范生未按规定时间取得相应学历学位证书和教师资格证书的,按违约处理。

第十二条　公费师范生按协议履约任教满一学期后,可免试攻读非全日制教育硕士专业学位。公费师范生本人向本科就读的部属师范大学提出申请,经任教学校考核合格并批准,部属师范大学根据任教学校工作考核结果、本科学习成绩等进行综合考核后,录取为非全日制硕士研究生,以非全日制形式学习专业课程。任教考核合格并通过论文答辩的,授予相应的学历、学位证书。

除上述情形以外,公费师范生在协议规定服务期内不得报考研究生。

第十三条　公费师范生在协议规定服务期内,经省级教育行政部门同意,可在学校间流动或从事教育管理工作。

第十四条　公费师范生在报考、学习、转专业、就业、读研、任教等环节有弄虚作假或其他违规、违纪行为的，依据有关规定处理。

第四章　激励措施

第十五条　国家根据经济发展水平和财力状况，对公费师范生的生活费补助标准进行动态调整。优秀公费师范生可享受其他非义务性奖学金。鼓励设立公费师范生专项奖学金。支持部属师范大学遴选优秀公费师范生参加国内外交流学习、教学技能比赛等活动。

第十六条　各地要将公费师范生履约任教后的在职培训纳入中小学教师国家级培训计划，落实五年一周期的教师全员培训制度，支持公费师范生专业发展和终身成长。

第十七条　各地要落实乡村教师生活补助、艰苦边远地区津贴等优惠政策，吸引公费师范生毕业后到农村中小学任教。各地和农村学校要为公费师范生到农村任教提供办公场所、周转宿舍等必要的工作生活条件。

第十八条　要把培养优秀中小学教师的工作成效作为评价部属师范大学办学水平的关键指标。对在实施师范生公费教育工作中作出积极贡献的部属师范大学给予政策倾斜，进一步加大对师范专业的支持力度。

第五章　条件保障

第十九条　各地要加强组织领导和制度保障，按照建立"动态调整、周转使用"的事业编制省内统筹调剂使用制度有关要求，通过优先利用空编接收等办法，在现有事业编制总量内，妥善解决公费师范生到中小学任教所需编制。

第二十条　各地、各部门和各有关学校要切实加强协调，建立分工明确的责任管理体系。教育部门牵头负责公费师范生招生培养、就业指导、落实岗位、办理派遣、履约管理等工作；人力资源社会保障部门负责落实公费师范生专项招聘政策等工作；机构编制部门负责在核定的中小学教职工编制总量内落实公费师范生到中小学任教的编制；财政部门负责落实相关经费保障。

第二十一条　各地、各部属师范大学要构建地方政府、中小学校与高校共同培养公费师范生的机制，遴选一批县（区）建设教师教育改革创新实验区，公费师范生主要到实验区中小学进行教育实习。推进部属师范大学统筹各类资源，建设国家教师教育基地，打造公费师范生教育教学技能实训平台，探索优秀教师培养新模式，集中最优质的资源用于公费师范生培养，全面提高公费师范生培养质量。

第二十二条　部属师范大学要根据基础教育发展和课程改革的要求，加强公费师范生师德教育，引导公费师范生树立先进的教育理念，热爱教育事业，坚定长期从教的职业理想，为将来成为优秀教师和教育专家打下牢固根基。要精心制订教育培养方案，实行"双导师"制度，安排中小学名师、高校高水平教师给公费师范生授课。强化实践教学环节，落实公费师范生在校期间教育实践时间累计不少于一个学期的制度。

第二十三条　各地要采取措施，积极引导社会团体、企事业单位、民间组织出资奖励，对毕业后长期从事中小学教育的公费师范生给予鼓励和支持。地方各级教育、机构编制、人力资源社会保障、财政部门应根据本办法，制定实施细则，把师范生公费教育各环节各方面的工作抓紧抓实抓好。

第二十四条　国家发挥部属师范大学师范生公费教育的示范引领作用，建立健全师范生公费教育政策体系。各地可探索免费培养、到岗退费、学费补偿和国家助学贷款代偿等多种方式，开展地方师范生公费教育，具体办法由省级人民政府制定，所需经费由地方财政统筹落实。

第二十五条　各级教育督导部门要将师范生公费教育工作纳入督导内容，加强督导检查并通报督导情况。教育部会同相关部门按照国家有关规定，对师范生公费教育工作成绩突出的单位予以表彰，并及时总结推广成功经验。

第六章　附则

第二十六条　本办法适用于签订《师范生公费教育协议》的公费师范生。原签订《师范生免费教育协议》且正在履约任教的免费师范生，一律依照公费师范生政策管理，相关各方权利和义务以签订补充协议的方式予以明确；违反《师范生免费教育协议》或已经按照规定程序解除协议的，不适用本办法。

第二十七条　本办法自印发之日起施行。

（二）国家优师专项计划政策解读

1. 国家优师专项计划实行单列志愿、单独划线，在本科提前批次录取。

2. 国家优师专项师范生在录取后、获得录取通知书前，须与培养学校和生源所在省份省级教育行政部门、乡村振兴工作部门签订协议，承诺毕业后到生源所在省份定向县中小学履约任教不少于6年。对拒签协议的录取学生，有关高校应取消其优师专项录取资格。

3. 国家优师专项师范生需履行《优师计划定向就业师范生协议书》约定的义务，经双向选择，由省级教育行政主管部门安排至生源所在省份定向县县域中小学任教，入编入岗，任教服务不少于6年；毕业后未按规定履约的，按照国家优师专项师范生定向培养协议书约定承担相应的违约责任。

【编者按】国家优师专项师范生就业区域和国家公费师范生就业地域有所不同，国家公费师范生回到生源所在省份就业即可，国家优师专项师范生需到生源所在省份定向县（河南省定向县为38个原集中连片特困地区县、国家扶贫开发工作重点县）就业。

4. 国家优师专项师范生录取后，户籍仍保留在原户籍所在地，毕业后可按有关规定迁入定向就业所在地区。

5. 国家优师专项师范生不得转为非优师专项学生，可按程序在优师专项招生专业内申请转专业。

6. 国家优师计划师范生在校学习期间免除学费，免缴住宿费，并补助生活费。

（三）2023年在河南省招收国家公费师范生的院校及专业

2023年共有6所高校在河南招收国家公费师范生，除高校专项计划、艺术类、体育类外，共投放招生计划408人（无性别限制），其中本科提前批计划招生397人（文科151人、理科246人）、国家专项计划招生11人（文科4人、理科7人），具体招生计划见表1–22：

表1–22　2023年在河南省招收国家公费师范生的院校及专业

科类	分类	院校代号	院校名称	专业代码	专业名称	计划人数
文科	国家公费师范生	1401	北京师范大学（珠海校区）	03	思想政治教育	2
文科	国家公费师范生	1401	北京师范大学（珠海校区）	04	汉语言文学	2
文科	国家公费师范生	1401	北京师范大学（珠海校区）	05	英语	2
文科	国家公费师范生	1405	东北师范大学	31	思想政治教育	7
文科	国家公费师范生	1405	东北师范大学	32	学前教育	1
文科	国家公费师范生	1405	东北师范大学	33	汉语言文学	12
文科	国家公费师范生	1405	东北师范大学	34	英语	5
文科	国家公费师范生	1405	东北师范大学	35	地理科学	2
文科	国家公费师范生	1410	华东师范大学	35	思想政治教育	2
文科	国家公费师范生	1410	华东师范大学	36	汉语言文学	3
文科	国家公费师范生	1410	华东师范大学	37	英语	3
文科	国家公费师范生	1410	华东师范大学	38	历史学	1
文科	国家公费师范生	1415	华中师范大学	32	思想政治教育	5

续表

科类	分类	院校代号	院校名称	专业代码	专业名称	计划人数
文科	国家公费师范生	1415	华中师范大学	33	学前教育	1
文科	国家公费师范生	1415	华中师范大学	34	特殊教育	1
文科	国家公费师范生	1415	华中师范大学	35	汉语言文学	10
文科	国家公费师范生	1415	华中师范大学	36	英语	4
文科	国家公费师范生	1415	华中师范大学	37	地理科学	5
文科	国家公费师范生	1420	陕西师范大学	38	思想政治教育	3
文科	国家公费师范生	1420	陕西师范大学	39	学前教育	3
文科	国家公费师范生	1420	陕西师范大学	40	特殊教育	3
文科	国家公费师范生	1420	陕西师范大学	41	汉语言文学	4
文科	国家公费师范生	1420	陕西师范大学	42	英语	1
文科	国家公费师范生	1425	西南大学	27	思想政治教育	8
文科	国家公费师范生	1425	西南大学	28	学前教育	3
文科	国家公费师范生	1425	西南大学	29	特殊教育	1
文科	国家公费师范生	1425	西南大学	30	汉语言文学	10
文科	国家公费师范生	1425	西南大学	31	英语	27
文科	国家公费师范生	1425	西南大学	32	历史学	15
文科	国家公费师范生	1425	西南大学	33	地理科学	4
文科	国家公费师范生	1425	西南大学	34	心理学	1
文科	国家公费师范生 国家专项计划	1405	东北师范大学	28	汉语言文学	2
文科	国家公费师范生 国家专项计划	1405	东北师范大学	29	英语	1
文科	国家公费师范生 国家专项计划	1405	东北师范大学	30	地理科学	1
理科	国家公费师范生	1400	北京师范大学	34	特殊教育	2
理科	国家公费师范生	1400	北京师范大学	35	心理学	2
理科	国家公费师范生	1400	北京师范大学	36	计算机科学与技术	2
理科	国家公费师范生	1401	北京师范大学(珠海校区)	05	物理学	2
理科	国家公费师范生	1401	北京师范大学(珠海校区)	06	化学	2
理科	国家公费师范生	1401	北京师范大学(珠海校区)	07	生物科学	2
理科	国家公费师范生	1405	东北师范大学	39	教育技术学	4
理科	国家公费师范生	1405	东北师范大学	40	学前教育	1
理科	国家公费师范生	1405	东北师范大学	41	英语	3
理科	国家公费师范生	1405	东北师范大学	42	数学与应用数学	7
理科	国家公费师范生	1405	东北师范大学	43	物理学	1
理科	国家公费师范生	1405	东北师范大学	44	化学	5

续表

科类	分类	院校代号	院校名称	专业代码	专业名称	计划人数
理科	国家公费师范生	1405	东北师范大学	45	地理科学	2
理科	国家公费师范生	1405	东北师范大学	46	生物科学	4
理科	国家公费师范生	1405	东北师范大学	47	心理学	2
理科	国家公费师范生	1410	华东师范大学	56	数学与应用数学	5
理科	国家公费师范生	1410	华东师范大学	57	物理学	2
理科	国家公费师范生	1410	华东师范大学	58	化学	4
理科	国家公费师范生	1410	华东师范大学	59	地理科学	2
理科	国家公费师范生	1410	华东师范大学	60	生物科学	2
理科	国家公费师范生	1415	华中师范大学	41	科学教育	2
理科	国家公费师范生	1415	华中师范大学	42	教育技术学	5
理科	国家公费师范生	1415	华中师范大学	43	学前教育	2
理科	国家公费师范生	1415	华中师范大学	44	特殊教育	1
理科	国家公费师范生	1415	华中师范大学	45	英语	3
理科	国家公费师范生	1415	华中师范大学	46	数学与应用数学	20
理科	国家公费师范生	1415	华中师范大学	47	物理学	10
理科	国家公费师范生	1415	华中师范大学	48	化学	12
理科	国家公费师范生	1415	华中师范大学	49	地理科学	5
理科	国家公费师范生	1415	华中师范大学	50	生物科学	16
理科	国家公费师范生	1415	华中师范大学	51	心理学	4
理科	国家公费师范生	1420	陕西师范大学	44	教育技术学	4
理科	国家公费师范生	1420	陕西师范大学	45	数学与应用数学	1
理科	国家公费师范生	1420	陕西师范大学	46	物理学	7
理科	国家公费师范生	1420	陕西师范大学	47	化学	6
理科	国家公费师范生	1420	陕西师范大学	48	地理科学	2
理科	国家公费师范生	1420	陕西师范大学	49	生物科学	8
理科	国家公费师范生	1420	陕西师范大学	50	计算机科学与技术	6
理科	国家公费师范生	1425	西南大学	55	思想政治教育	2
理科	国家公费师范生	1425	西南大学	56	教育技术学	2
理科	国家公费师范生	1425	西南大学	57	学前教育	3
理科	国家公费师范生	1425	西南大学	58	特殊教育	2
理科	国家公费师范生	1425	西南大学	59	英语	8
理科	国家公费师范生	1425	西南大学	60	数学与应用数学	12
理科	国家公费师范生	1425	西南大学	61	物理学	12
理科	国家公费师范生	1425	西南大学	62	化学	10
理科	国家公费师范生	1425	西南大学	63	地理科学	6
理科	国家公费师范生	1425	西南大学	64	生物科学	12

续表

科类	分类	院校代号	院校名称	专业代码	专业名称	计划人数
理科	国家公费师范生	1425	西南大学	65	心理学	2
理科	国家公费师范生	1425	西南大学	66	计算机科学与技术	5
理科	国家公费师范生 国家专项计划	1405	东北师范大学	35	教育技术学	3
理科	国家公费师范生 国家专项计划	1405	东北师范大学	36	学前教育	1
理科	国家公费师范生 国家专项计划	1405	东北师范大学	37	数学与应用数学	2
理科	国家公费师范生 国家专项计划	1405	东北师范大学	38	物理学	1

（四）2023 年在河南省招收国家优师专项师范生的院校及专业

2023 年共有 6 所高校在河南招收国家优师专项师范生，投放招生计划共 163 人（无性别限制），其中文科 77 人、理科 86 人，具体招生计划见表 1-23：

表 1-23　2023 年在河南省招收国家优师专项师范生的院校及专业

科类	院校代号	院校名称	专业代码	专业名称	计划人数
文科	1401	北京师范大学（珠海校区）	06	思想政治教育	2
文科	1401	北京师范大学（珠海校区）	07	汉语言文学	9
文科	1401	北京师范大学（珠海校区）	08	英语	4
文科	1401	北京师范大学（珠海校区）	09	历史学	4
文科	1401	北京师范大学（珠海校区）	10	地理科学	2
文科	1405	东北师范大学	36	思想政治教育	2
文科	1405	东北师范大学	37	汉语言文学	3
文科	1405	东北师范大学	38	英语	1
文科	1405	东北师范大学	39	历史学	3
文科	1410	华东师范大学	39	汉语言文学	4
文科	1410	华东师范大学	40	英语	3
文科	1410	华东师范大学	41	历史学	3
文科	1415	华中师范大学	38	汉语言文学	2
文科	1415	华中师范大学	39	英语	1
文科	1415	华中师范大学	40	历史学	4
文科	1420	陕西师范大学	43	思想政治教育	5
文科	1420	陕西师范大学	44	汉语言文学	6
文科	1420	陕西师范大学	45	英语	4
文科	1420	陕西师范大学	46	历史学	5
文科	1425	西南大学	35	汉语言文学	7

续表

科类	院校代号	院校名称	专业代码	专业名称	计划人数
文科	1425	西南大学	36	英语	3
理科	1401	北京师范大学(珠海校区)	08	英语	5
理科	1401	北京师范大学(珠海校区)	09	数学与应用数学	9
理科	1401	北京师范大学(珠海校区)	10	物理学	4
理科	1401	北京师范大学(珠海校区)	11	化学	5
理科	1401	北京师范大学(珠海校区)	12	地理科学	2
理科	1401	北京师范大学(珠海校区)	13	生物科学	4
理科	1405	东北师范大学	48	英语	1
理科	1405	东北师范大学	49	数学与应用数学	4
理科	1405	东北师范大学	50	物理学	1
理科	1405	东北师范大学	51	化学	2
理科	1405	东北师范大学	52	地理科学	1
理科	1405	东北师范大学	53	生物科学	2
理科	1410	华东师范大学	61	数学与应用数学	3
理科	1410	华东师范大学	62	物理学	2
理科	1415	华中师范大学	52	英语	1
理科	1415	华中师范大学	53	数学与应用数学	1
理科	1415	华中师范大学	54	物理学	2
理科	1420	陕西师范大学	51	英语	2
理科	1420	陕西师范大学	52	数学与应用数学	7
理科	1420	陕西师范大学	53	物理学	5
理科	1420	陕西师范大学	54	化学	6
理科	1420	陕西师范大学	55	地理科学	5
理科	1420	陕西师范大学	56	生物科学	5
理科	1425	西南大学	67	英语	3
理科	1425	西南大学	68	数学与应用数学	4

二、地方公费师范生政策

(一)河南省 2023 年地方公费师范生政策

1. 招生规模

河南省地方公费师范生培养计划分五类实施,共安排招生计划 5000 人。

(1)“地方优师”公费师范生

全省计划定向招收本科层次“地方优师”公费师范生 800 人,为 38 个国家级脱贫县(区)培养紧缺学科和薄弱学科师资,分学科培养,由培养高校在当年核定的普通招生计划总规模内统筹安排,均为师范类,计划类别为“地方优师”公费师范生 1。

(2)“学科教师”地方公费师范生

全省计划定向招收本科层次“学科教师”地方公费师范生 2402 人,为定岗县培养紧缺学科和薄弱学科师资,分学科培养,由各培养高校在当年核定的普通招生计划总规模内统筹安排,均为师范类,计划类别为地方公费师范生。

(3)“小学教育”地方公费师范生

全省计划定向招收本科层次“小学教育”地方公费师范生900人,培养乡村小学、教学点师资,实施综合培养,由各培养高校在当年核定的普通招生计划总规模内统筹安排,均为师范类,计划类别为地方公费师范生。

(4)“特殊教育”地方公费师范生

全省计划定向招收本科层次“特殊教育”地方公费师范生98人,由培养高校在当年核定的普通招生计划总规模内统筹安排,均为师范类,计划类别为地方公费师范生。

(5)“学前教育”地方公费师范生

全省计划定向招收专科层次“学前教育”地方公费师范生800人,由培养高校在当年核定的普通招生计划总规模内统筹安排,均为师范类,计划类别为地方公费师范生。

2. 招生院校

(1)承担2023年“地方优师”公费师范生定向招生任务的高校为:河南大学、河南师范大学、信阳师范学院。

(2)承担2023年“学科教师”地方公费师范生定向招生任务的高校为:信阳师范学院、洛阳师范学院、南阳师范学院、安阳师范学院、周口师范学院、商丘师范学院、郑州师范学院。

(3)承担2023年“小学教育”地方公费师范生定向招生任务的高校为:郑州师范学院、洛阳师范学院、南阳师范学院、安阳师范学院、周口师范学院、商丘师范学院。

(4)承担2023年“特殊教育”地方公费师范生定向招生任务的高校为:郑州师范学院。

(5)承担2023年“学前教育”地方公费师范生定向招生任务的高校为:郑州幼儿师范高等专科学校。

3. 报考条件

(1)已通过河南省2023年普通高校招生统一考试报名的考生。

报考河南省地方公费师范生,考生须具有河南省的户籍和学籍。考生户籍所在地以高考报名信息采集时所填报的信息为准。

(2)要求思想品德优良,热爱教育事业,立志长期从教,积极投身农村教育和特殊教育事业。

(3)身心健康,具有良好的身体素质和心理素质,同时要符合国家《普通高等学校招生体检工作指导意见》(教学〔2003〕3号)相关规定和《河南省教师资格申请人员体格检查标准(2017年修订)》,能够较好地适应教育教学工作的需要。

4. 报考方式

河南省地方公费师范生定向招生随全省普通高考进行报名、考试、填报志愿。实行“省来县去”招生原则,即:全省招生,设岗县就业。考生根据各设岗县(市、区)培养计划,按照“1个院校+1个专业+1个设岗县(市、区)”为1个志愿,每批次最多设12个志愿投档,实行平行志愿,不设志愿调剂;艺术类、体育类专业按相关招生文件执行。

5. 录取方式

(1)投档。“地方优师”“学科教师”“小学教育”“特殊教育”地方公费师范生本科层次安排在本科提前批次投档;“学前教育”地方公费师范生专科层次安排在专科提前批次投档。根据考生成绩和高校定向招生计划,从高分到低分择优录取。

(2)预录取。考生被投档录取后,培养高校将向考生发放录取通知书、河南省地方公费师范生定向培养协议书。考生须在定向培养协议书上签字,入学时凭录取通知书、定向培养协议书报到。若不签订定向培养协议书,或未按时报到,均视为放弃当年普通高校招生录取资格。

(3)正式录取。考生入校后一个月内与培养高校、设岗县(市、区)人民政府正式签订定向培养就业三方协议书,注册高校学籍,办理正式录取手续。

6. 有关政策

(1)地方公费师范生在校培养期间免除学费、住宿费,并补助生活费,享受国家奖学金等其他应享受的全日制在校生奖励政策。

(2)地方公费师范生毕业后,设岗县(市、区)按照协议规定提供就业岗位,在核定的教职工编制总额内,通过考核招聘合格者为其办理事业单位人员录用、编制、工资等手续。

(3)按照定向培养就业协议,地方公费师范生毕业后到设岗县(市、区)从事教育教学工作时间不少于6年。"地方优师"公费师范生、"学科教师"公费师范生毕业后,原则上安排在本县(市、区)域内教师总体缺编、紧缺和薄弱学科突出的中小学校任教;"小学教育"公费师范生毕业后安排在本县(市、区)域内乡镇以下(不含乡镇)乡村小学、教学点任教;"特殊教育"公费师范生毕业后,优先保证在本县(市、区)域内特殊教育学校任教,各县(市、区)根据本域内实际,也可安排在具有随班就读特殊教育学生的中小学校任教;"学前教育"公费师范生毕业后安排在本县(市、区)域内公办幼儿园任教。

7. 有关要求

(1)各省辖市、省直管县(市)教育行政部门和有关高校要站在全面推进乡村振兴战略、全面落实立德树人根本任务的高度,充分认识实行河南省地方公费师范生定向招生工作的重大意义,切实加强组织领导,制定工作实施方案,健全协调机制,强化工作责任,确保招生工作顺利进行。

(2)各设岗县(市、区)教育行政部门要召开县域内普通高中负责同志专题会议,深入宣传"定向招生、定向培养、定向就业"政策对本地中小学教师补充的重要性,激励引导优质生源选择报考地方公费师范生培养计划。要指导各普通高中组织有意向的考生按要求填报志愿,在考生被预录取之后做好就业协议的签订工作。

(3)有关高校要与省辖市、设岗县(市、区)积极对接,主动配合各设岗县(市、区)深入普通高中,做好宣传资料的发放、招生政策的解读、考生信息的统计、定向培养就业协议签订等工作。

(二)2023年在河南省招收地方公费师范生的院校及专业

2023年共有10所高校在河南招收地方公费师范生,除艺术类、体育类外,共投放招生计划4519人(无性别限制),其中文科2364人、理科2155人,具体招生计划见表1-24[按省辖市及设岗县(市、区)排序]:

表1-24　2023年在河南省招收地方公费师范生的院校及专业

省辖市	设岗县(市、区)	科类	分类	院校代号	院校名称	专业代码	专业名称	计划人数
安阳	安阳县	文科	学科教师	6404	郑州师范学院	33	历史学	2
安阳	安阳县	文科	学科教师	6407	安阳师范学院	04	思想政治教育	2
安阳	安阳县	文科	小学教育	6054	安阳师范学院	04	小学教育	3
安阳	安阳县	文科	学前教育	6230	郑州幼儿师范高等专科学校	04	学前教育(专科)	7
安阳	安阳县	理科	学科教师	6402	洛阳师范学院	35	地理科学	2
安阳	安阳县	理科	学科教师	6404	郑州师范学院	14	科学教育	1
安阳	安阳县	理科	学科教师	6407	安阳师范学院	21	物理学	2
安阳	安阳县	理科	学科教师	6408	商丘师范学院	48	生物科学	2
安阳	安阳县	理科	小学教育	6054	安阳师范学院	04	小学教育	2
安阳	安阳县	理科	学前教育	6230	郑州幼儿师范高等专科学校	03	学前教育(专科)	3
安阳	林州市	文科	学科教师	6407	安阳师范学院	21	汉语言文学	10

续表

省辖市	设岗县(市、区)	科类	分类	院校代号	院校名称	专业代码	专业名称	计划人数
安阳	林州市	文科	学科教师	6407	安阳师范学院	28	英语	5
安阳	林州市	文科	小学教育	6054	安阳师范学院	02	小学教育	5
安阳	林州市	文科	特殊教育	6406	郑州师范学院	05	特殊教育	3
安阳	林州市	理科	学科教师	6404	郑州师范学院	11	科学教育	2
安阳	林州市	理科	学科教师	6407	安阳师范学院	01	英语	5
安阳	林州市	理科	学科教师	6407	安阳师范学院	07	数学与应用数学	10
安阳	林州市	理科	小学教育	6054	安阳师范学院	02	小学教育	5
安阳	内黄县	文科	学科教师	6407	安阳师范学院	03	思想政治教育	1
安阳	内黄县	文科	学科教师	6407	安阳师范学院	23	汉语言文学	2
安阳	内黄县	文科	学科教师	6407	安阳师范学院	30	英语	2
安阳	内黄县	文科	小学教育	6054	安阳师范学院	03	小学教育	4
安阳	内黄县	理科	学科教师	6402	洛阳师范学院	34	地理科学	2
安阳	内黄县	理科	学科教师	6404	郑州师范学院	18	科学教育	1
安阳	内黄县	理科	学科教师	6404	郑州师范学院	94	化学	2
安阳	内黄县	理科	学科教师	6407	安阳师范学院	09	数学与应用数学	2
安阳	内黄县	理科	学科教师	6407	安阳师范学院	20	物理学	2
安阳	内黄县	理科	学科教师	6408	商丘师范学院	49	生物科学	2
安阳	内黄县	理科	小学教育	6054	安阳师范学院	03	小学教育	4
安阳	汤阴县	文科	学科教师	6404	郑州师范学院	26	历史学	6
安阳	汤阴县	文科	学科教师	6407	安阳师范学院	09	思想政治教育	6
安阳	汤阴县	文科	学科教师	6407	安阳师范学院	22	汉语言文学	10
安阳	汤阴县	文科	学科教师	6407	安阳师范学院	29	英语	5
安阳	汤阴县	理科	学科教师	6402	洛阳师范学院	33	地理科学	2
安阳	汤阴县	理科	学科教师	6404	郑州师范学院	85	化学	3
安阳	汤阴县	理科	学科教师	6407	安阳师范学院	04	英语	5
安阳	汤阴县	理科	学科教师	6407	安阳师范学院	08	数学与应用数学	10
安阳	汤阴县	理科	学科教师	6407	安阳师范学院	19	物理学	6
安阳	汤阴县	理科	学科教师	6408	商丘师范学院	46	生物科学	3
安阳/直管县	滑县	文科	小学教育	6033	洛阳师范学院	07	小学教育	4
安阳/直管县	滑县	文科	小学教育	6174	郑州师范学院	05	小学教育	3
安阳/直管县	滑县	文科	学前教育	6230	郑州幼儿师范高等专科学校	41	学前教育(专科)	17
安阳/直管县	滑县	理科	地方优师	6411	河南师范大学	53	物理学	4
安阳/直管县	滑县	理科	地方优师	6411	河南师范大学	67	化学	3
安阳/直管县	滑县	理科	地方优师	6411	河南师范大学	91	生物科学	3
安阳/直管县	滑县	理科	学科教师	6404	郑州师范学院	53	科学教育	1
安阳/直管县	滑县	理科	小学教育	6033	洛阳师范学院	07	小学教育	4

续表

省辖市	设岗县（市、区）	科类	分类	院校代号	院校名称	专业代码	专业名称	计划人数
安阳/直管县	滑县	理科	小学教育	6174	郑州师范学院	11	小学教育	4
安阳/直管县	滑县	理科	学前教育	6230	郑州幼儿师范高等专科学校	24	学前教育（专科）	5
济源示范区	济源示范区	文科	学科教师	6402	洛阳师范学院	23	汉语言文学	6
济源示范区	济源示范区	文科	学科教师	6402	洛阳师范学院	40	历史学	2
济源示范区	济源示范区	文科	学科教师	6404	郑州师范学院	15	英语	6
济源示范区	济源示范区	文科	学科教师	6407	安阳师范学院	02	思想政治教育	2
济源示范区	济源示范区	文科	小学教育	6174	郑州师范学院	08	小学教育	10
济源示范区	济源示范区	文科	学前教育	6230	郑州幼儿师范高等专科学校	36	学前教育（专科）	5
济源示范区	济源示范区	理科	学科教师	6402	洛阳师范学院	25	数学与应用数学	6
济源示范区	济源示范区	理科	学科教师	6402	洛阳师范学院	32	地理科学	2
济源示范区	济源示范区	理科	学科教师	6402	洛阳师范学院	47	生物科学	2
济源示范区	济源示范区	理科	学科教师	6402	洛阳师范学院	54	计算机科学与技术	1
济源示范区	济源示范区	理科	学科教师	6404	郑州师范学院	15	科学教育	2
济源示范区	济源示范区	理科	学科教师	6408	商丘师范学院	27	化学	1
济源示范区	济源示范区	理科	学科教师	6409	周口师范学院	48	物理学	3
济源示范区	济源示范区	理科	小学教育	6174	郑州师范学院	06	小学教育	10
焦作	孟州市	文科	学科教师	6402	洛阳师范学院	42	历史学	1
焦作	孟州市	文科	学科教师	6404	郑州师范学院	11	英语	1
焦作	孟州市	文科	学科教师	6407	安阳师范学院	27	汉语言文学	1
焦作	孟州市	理科	学科教师	6402	洛阳师范学院	36	地理科学	1
焦作	孟州市	理科	学科教师	6404	郑州师范学院	67	数学与应用数学	2
焦作	孟州市	理科	学科教师	6404	郑州师范学院	89	化学	2

续表

省辖市	设岗县（市、区）	科类	分类	院校代号	院校名称	专业代码	专业名称	计划人数
焦作	孟州市	理科	学科教师	6409	周口师范学院	54	物理学	2
焦作	温县	文科	学科教师	6402	洛阳师范学院	41	历史学	1
焦作	温县	文科	学科教师	6404	郑州师范学院	02	汉语言文学	1
焦作	温县	文科	学科教师	6404	郑州师范学院	14	英语	1
焦作	温县	文科	学科教师	6407	安阳师范学院	05	思想政治教育	2
焦作	温县	文科	学科教师	6408	商丘师范学院	25	地理科学	2
焦作	温县	文科	小学教育	6054	安阳师范学院	05	小学教育	2
焦作	温县	理科	学科教师	6402	洛阳师范学院	26	数学与应用数学	2
焦作	温县	理科	学科教师	6402	洛阳师范学院	48	生物科学	1
焦作	温县	理科	学科教师	6404	郑州师范学院	17	科学教育	1
焦作	温县	理科	学科教师	6409	周口师范学院	57	物理学	2
焦作	温县	理科	小学教育	6054	安阳师范学院	05	小学教育	2
焦作	武陟县	文科	学科教师	6404	郑州师范学院	08	汉语言文学	5
焦作	武陟县	文科	学科教师	6404	郑州师范学院	13	英语	5
焦作	武陟县	理科	学科教师	6404	郑州师范学院	64	数学与应用数学	5
焦作	武陟县	理科	学科教师	6404	郑州师范学院	92	化学	5
焦作	武陟县	理科	学科教师	6409	周口师范学院	55	物理学	5
焦作	修武县	文科	特殊教育	6406	郑州师范学院	14	特殊教育	2
焦作	修武县	文科	学前教育	6230	郑州幼儿师范高等专科学校	08	学前教育(专科)	4
焦作	修武县	理科	学科教师	6404	郑州师范学院	70	数学与应用数学	5
焦作	修武县	理科	学科教师	6404	郑州师范学院	96	化学	2
焦作	修武县	理科	学科教师	6409	周口师范学院	49	物理学	3
开封	通许县	文科	特殊教育	6406	郑州师范学院	07	特殊教育	2
开封	通许县	理科	学科教师	6402	洛阳师范学院	41	生物科学	1
开封	通许县	理科	学科教师	6404	郑州师范学院	86	化学	1
开封	通许县	理科	学科教师	6409	周口师范学院	42	物理学	5
开封	尉氏县	文科	学科教师	6404	郑州师范学院	25	历史学	10
开封	尉氏县	文科	学科教师	6407	安阳师范学院	01	思想政治教育	5
开封	尉氏县	文科	小学教育	6054	安阳师范学院	01	小学教育	10
开封	尉氏县	文科	特殊教育	6406	郑州师范学院	01	特殊教育	5
开封	尉氏县	理科	学科教师	6402	洛阳师范学院	30	地理科学	10
开封	尉氏县	理科	学科教师	6402	洛阳师范学院	53	计算机科学与技术	10
开封	尉氏县	理科	学科教师	6404	郑州师范学院	01	科学教育	2
开封	尉氏县	理科	学科教师	6404	郑州师范学院	88	化学	5
开封	尉氏县	理科	学科教师	6408	商丘师范学院	47	生物科学	5
开封	尉氏县	理科	学科教师	6409	周口师范学院	43	物理学	5

续表

省辖市	设岗县（市、区）	科类	分类	院校代号	院校名称	专业代码	专业名称	计划人数
开封	尉氏县	理科	小学教育	6054	安阳师范学院	01	小学教育	10
开封/直管县	兰考县	文科	地方优师	6410	河南大学	02	汉语言文学	16
开封/直管县	兰考县	文科	地方优师	6410	河南大学	13	历史学	10
开封/直管县	兰考县	文科	地方优师	6412	信阳师范大学	11	思想政治教育	10
开封/直管县	兰考县	文科	地方优师	6412	信阳师范大学	31	汉语言文学	5
开封/直管县	兰考县	文科	地方优师	6412	信阳师范大学	37	英语	8
开封/直管县	兰考县	文科	小学教育	6174	郑州师范学院	03	小学教育	5
开封/直管县	兰考县	文科	特殊教育	6406	郑州师范学院	33	特殊教育	1
开封/直管县	兰考县	文科	学前教育	6230	郑州幼儿师范高等专科学校	39	学前教育（专科）	24
开封/直管县	兰考县	理科	地方优师	6410	河南大学	07	地理科学	8
开封/直管县	兰考县	理科	地方优师	6411	河南师范大学	20	教育技术学	4
开封/直管县	兰考县	理科	地方优师	6411	河南师范大学	31	数学与应用数学	10
开封/直管县	兰考县	理科	地方优师	6411	河南师范大学	47	物理学	3
开封/直管县	兰考县	理科	地方优师	6411	河南师范大学	62	化学	6
开封/直管县	兰考县	理科	地方优师	6411	河南师范大学	84	生物科学	7
开封/直管县	兰考县	理科	学科教师	6404	郑州师范学院	52	科学教育	1
开封/直管县	兰考县	理科	小学教育	6174	郑州师范学院	05	小学教育	5
开封/直管县	兰考县	理科	学前教育	6230	郑州幼儿师范高等专科学校	22	学前教育（专科）	6
洛阳	洛宁县	文科	地方优师	6411	河南师范大学	24	思想政治教育	2
洛阳	洛宁县	文科	地方优师	6411	河南师范大学	28	汉语言文学	2
洛阳	洛宁县	文科	地方优师	6411	河南师范大学	37	英语	2
洛阳	洛宁县	文科	地方优师	6411	河南师范大学	47	历史学	1
洛阳	洛宁县	文科	小学教育	6033	洛阳师范学院	03	小学教育	8
洛阳	洛宁县	文科	特殊教育	6406	郑州师范学院	02	特殊教育	3
洛阳	洛宁县	文科	学前教育	6230	郑州幼儿师范高等专科学校	02	学前教育（专科）	24
洛阳	洛宁县	理科	地方优师	6411	河南师范大学	33	数学与应用数学	2
洛阳	洛宁县	理科	地方优师	6411	河南师范大学	49	物理学	2
洛阳	洛宁县	理科	地方优师	6411	河南师范大学	65	化学	2
洛阳	洛宁县	理科	地方优师	6411	河南师范大学	70	地理科学	1
洛阳	洛宁县	理科	地方优师	6411	河南师范大学	86	生物科学	2
洛阳	洛宁县	理科	学科教师	6404	郑州师范学院	06	科学教育	2
洛阳	洛宁县	理科	小学教育	6033	洛阳师范学院	02	小学教育	7
洛阳	洛宁县	理科	学前教育	6230	郑州幼儿师范高等专科学校	01	学前教育（专科）	6
洛阳	栾川县	文科	小学教育	6033	洛阳师范学院	09	小学教育	5
洛阳	栾川县	文科	特殊教育	6406	郑州师范学院	03	特殊教育	2
洛阳	栾川县	理科	学科教师	6404	郑州师范学院	05	科学教育	1

续表

省辖市	设岗县（市、区）	科类	分类	院校代号	院校名称	专业代码	专业名称	计划人数
洛阳	栾川县	理科	小学教育	6033	洛阳师范学院	09	小学教育	5
洛阳	汝阳县	文科	地方优师	6411	河南师范大学	20	思想政治教育	4
洛阳	汝阳县	文科	地方优师	6411	河南师范大学	46	历史学	4
洛阳	汝阳县	文科	地方优师	6411	河南师范大学	66	地理科学	2
洛阳	汝阳县	文科	小学教育	6033	洛阳师范学院	02	小学教育	7
洛阳	汝阳县	文科	学前教育	6230	郑州幼儿师范高等专科学校	01	学前教育(专科)	6
洛阳	汝阳县	理科	地方优师	6411	河南师范大学	38	物理学	1
洛阳	汝阳县	理科	地方优师	6411	河南师范大学	56	化学	3
洛阳	汝阳县	理科	地方优师	6411	河南师范大学	69	地理科学	2
洛阳	汝阳县	理科	地方优师	6411	河南师范大学	81	生物科学	4
洛阳	汝阳县	理科	学科教师	6404	郑州师范学院	08	科学教育	2
洛阳	汝阳县	理科	小学教育	6033	洛阳师范学院	03	小学教育	8
洛阳	嵩县	文科	地方优师	6411	河南师范大学	29	汉语言文学	1
洛阳	嵩县	文科	地方优师	6411	河南师范大学	56	地理科学	1
洛阳	嵩县	理科	地方优师	6411	河南师范大学	37	数学与应用数学	1
洛阳	嵩县	理科	地方优师	6411	河南师范大学	39	物理学	1
洛阳	嵩县	理科	地方优师	6411	河南师范大学	54	化学	1
洛阳	嵩县	理科	地方优师	6411	河南师范大学	71	地理科学	1
洛阳	嵩县	理科	地方优师	6411	河南师范大学	87	生物科学	2
洛阳	新安县	文科	学科教师	6402	洛阳师范学院	22	汉语言文学	4
洛阳	新安县	文科	学科教师	6402	洛阳师范学院	29	英语	4
洛阳	新安县	文科	学科教师	6402	洛阳师范学院	36	历史学	3
洛阳	新安县	文科	学科教师	6405	南阳师范学院	22	思想政治教育	3
洛阳	新安县	理科	学科教师	6402	洛阳师范学院	23	数学与应用数学	7
洛阳	新安县	理科	学科教师	6402	洛阳师范学院	31	地理科学	3
洛阳	新安县	理科	学科教师	6402	洛阳师范学院	42	生物科学	5
洛阳	新安县	理科	学科教师	6404	郑州师范学院	87	化学	5
洛阳	新安县	理科	学科教师	6409	周口师范学院	46	物理学	7
洛阳	宜阳县	文科	地方优师	6411	河南师范大学	23	思想政治教育	1
洛阳	宜阳县	文科	地方优师	6411	河南师范大学	27	汉语言文学	1
洛阳	宜阳县	文科	地方优师	6411	河南师范大学	36	英语	1
洛阳	宜阳县	文科	地方优师	6411	河南师范大学	45	历史学	1
洛阳	宜阳县	文科	小学教育	6033	洛阳师范学院	01	小学教育	5
洛阳	宜阳县	理科	地方优师	6411	河南师范大学	24	教育技术学	1
洛阳	宜阳县	理科	地方优师	6411	河南师范大学	32	数学与应用数学	1
洛阳	宜阳县	理科	地方优师	6411	河南师范大学	48	物理学	1

续表

省辖市	设岗县（市、区）	科类	分类	院校代号	院校名称	专业代码	专业名称	计划人数
洛阳	宜阳县	理科	地方优师	6411	河南师范大学	64	化学	1
洛阳	宜阳县	理科	地方优师	6411	河南师范大学	68	地理科学	1
洛阳	宜阳县	理科	地方优师	6411	河南师范大学	85	生物科学	2
洛阳	宜阳县	理科	学科教师	6404	郑州师范学院	02	科学教育	1
洛阳	宜阳县	理科	小学教育	6033	洛阳师范学院	01	小学教育	5
漯河	临颍县	理科	学科教师	6402	洛阳师范学院	57	计算机科学与技术	10
漯河	临颍县	理科	学科教师	6408	商丘师范学院	18	物理学	10
漯河	临颍县	理科	学科教师	6408	商丘师范学院	29	化学	10
漯河	临颍县	理科	学科教师	6409	周口师范学院	38	数学与应用数学	10
漯河	舞阳县	文科	小学教育	6074	南阳师范学院	04	小学教育	9
漯河	舞阳县	文科	小学教育	6174	郑州师范学院	10	小学教育	7
漯河	舞阳县	文科	特殊教育	6406	郑州师范学院	13	特殊教育	5
漯河	舞阳县	文科	学前教育	6230	郑州幼儿师范高等专科学校	12	学前教育（专科）	5
漯河	舞阳县	理科	学科教师	6404	郑州师范学院	20	科学教育	2
漯河	舞阳县	理科	小学教育	6074	南阳师范学院	02	小学教育	8
漯河	舞阳县	理科	小学教育	6174	郑州师范学院	08	小学教育	8
漯河	郾城区	文科	学科教师	6408	商丘师范学院	32	地理科学	3
漯河	郾城区	文科	小学教育	6074	南阳师范学院	03	小学教育	4
漯河	郾城区	文科	学前教育	6230	郑州幼儿师范高等专科学校	16	学前教育（专科）	2
漯河	郾城区	理科	学科教师	6404	郑州师范学院	24	科学教育	1
漯河	郾城区	理科	学科教师	6408	商丘师范学院	19	物理学	5
漯河	郾城区	理科	学科教师	6408	商丘师范学院	30	化学	5
漯河	郾城区	理科	学科教师	6408	商丘师范学院	42	地理科学	2
漯河	郾城区	理科	学科教师	6408	商丘师范学院	52	生物科学	2
漯河	郾城区	理科	小学教育	6074	南阳师范学院	01	小学教育	3
漯河	召陵区	文科	学科教师	6404	郑州师范学院	03	汉语言文学	2
漯河	召陵区	文科	学科教师	6404	郑州师范学院	23	英语	2
漯河	召陵区	文科	小学教育	6074	南阳师范学院	02	小学教育	2
漯河	召陵区	理科	学科教师	6404	郑州师范学院	13	科学教育	1
漯河	召陵区	理科	学科教师	6408	商丘师范学院	16	物理学	2
漯河	召陵区	理科	学科教师	6408	商丘师范学院	36	化学	2
漯河	召陵区	理科	学科教师	6409	周口师范学院	36	数学与应用数学	2
漯河	召陵区	理科	小学教育	6074	南阳师范学院	03	小学教育	2
南阳	方城县	文科	学科教师	6405	南阳师范学院	41	汉语言文学	2
南阳	方城县	文科	学科教师	6405	南阳师范学院	55	地理科学	3
南阳	方城县	文科	学科教师	6407	安阳师范学院	31	英语	2

续表

省辖市	设岗县（市、区）	科类	分类	院校代号	院校名称	专业代码	专业名称	计划人数
南阳	方城县	文科	小学教育	6074	南阳师范学院	05	小学教育	4
南阳	方城县	理科	学科教师	6404	郑州师范学院	39	科学教育	1
南阳	方城县	理科	学科教师	6404	郑州师范学院	77	物理学	5
南阳	方城县	理科	学科教师	6405	南阳师范学院	45	数学与应用数学	2
南阳	方城县	理科	学科教师	6405	南阳师范学院	64	地理科学	2
南阳	方城县	理科	学科教师	6405	南阳师范学院	73	生物科学	5
南阳	方城县	理科	学科教师	6407	安阳师范学院	32	化学	5
南阳	方城县	理科	小学教育	6074	南阳师范学院	06	小学教育	4
南阳	内乡县	理科	地方优师	6410	河南大学	02	地理科学	5
南阳	内乡县	理科	地方优师	6411	河南师范大学	45	物理学	5
南阳	内乡县	理科	地方优师	6411	河南师范大学	59	化学	4
南阳	社旗县	文科	地方优师	6411	河南师范大学	34	汉语言文学	5
南阳	社旗县	文科	地方优师	6411	河南师范大学	43	英语	4
南阳	社旗县	文科	学科教师	6405	南阳师范学院	34	汉语言文学	5
南阳	社旗县	文科	小学教育	6074	南阳师范学院	06	小学教育	10
南阳	社旗县	文科	特殊教育	6406	郑州师范学院	21	特殊教育	5
南阳	社旗县	理科	地方优师	6411	河南师范大学	30	数学与应用数学	3
南阳	社旗县	理科	学科教师	6404	郑州师范学院	43	科学教育	2
南阳	社旗县	理科	学科教师	6404	郑州师范学院	78	物理学	5
南阳	社旗县	理科	学科教师	6405	南阳师范学院	49	数学与应用数学	5
南阳	社旗县	理科	学科教师	6405	南阳师范学院	57	化学	5
南阳	社旗县	理科	小学教育	6074	南阳师范学院	05	小学教育	10
南阳	唐河县	文科	学科教师	6405	南阳师范学院	40	汉语言文学	10
南阳	唐河县	文科	学科教师	6405	南阳师范学院	42	英语	6
南阳	唐河县	理科	学科教师	6405	南阳师范学院	39	英语	4
南阳	唐河县	理科	学科教师	6405	南阳师范学院	48	数学与应用数学	10
南阳	桐柏县	文科	地方优师	6411	河南师范大学	22	思想政治教育	5
南阳	桐柏县	文科	地方优师	6411	河南师范大学	33	汉语言文学	10
南阳	桐柏县	文科	地方优师	6411	河南师范大学	42	英语	6
南阳	桐柏县	文科	地方优师	6411	河南师范大学	54	历史学	5
南阳	桐柏县	文科	地方优师	6411	河南师范大学	63	地理科学	2
南阳	桐柏县	文科	小学教育	6074	南阳师范学院	07	小学教育	8
南阳	桐柏县	文科	学前教育	6230	郑州幼儿师范高等专科学校	30	学前教育（专科）	7
南阳	桐柏县	理科	地方优师	6411	河南师范大学	28	数学与应用数学	4
南阳	桐柏县	理科	地方优师	6411	河南师范大学	44	物理学	4
南阳	桐柏县	理科	地方优师	6411	河南师范大学	61	化学	3

续表

省辖市	设岗县（市、区）	科类	分类	院校代号	院校名称	专业代码	专业名称	计划人数
南阳	桐柏县	理科	地方优师	6411	河南师范大学	79	地理科学	3
南阳	桐柏县	理科	地方优师	6411	河南师范大学	82	生物科学	5
南阳	桐柏县	理科	学科教师	6404	郑州师范学院	38	科学教育	2
南阳	桐柏县	理科	小学教育	6074	南阳师范学院	08	小学教育	8
南阳	桐柏县	理科	学前教育	6230	郑州幼儿师范高等专科学校	16	学前教育（专科）	3
南阳	宛城区	文科	学科教师	6404	郑州师范学院	32	历史学	5
南阳	宛城区	文科	学科教师	6405	南阳师范学院	21	思想政治教育	5
南阳	宛城区	文科	学科教师	6405	南阳师范学院	38	汉语言文学	10
南阳	宛城区	文科	学科教师	6405	南阳师范学院	46	英语	5
南阳	宛城区	文科	学科教师	6405	南阳师范学院	53	地理科学	3
南阳	宛城区	文科	小学教育	6074	南阳师范学院	01	小学教育	10
南阳	宛城区	理科	学科教师	6403	信阳师范大学	02	计算机科学与技术	2
南阳	宛城区	理科	学科教师	6404	郑州师范学院	30	科学教育	2
南阳	宛城区	理科	学科教师	6404	郑州师范学院	75	物理学	6
南阳	宛城区	理科	学科教师	6405	南阳师范学院	36	英语	3
南阳	宛城区	理科	学科教师	6405	南阳师范学院	40	数学与应用数学	10
南阳	宛城区	理科	学科教师	6405	南阳师范学院	53	化学	5
南阳	宛城区	理科	学科教师	6405	南阳师范学院	62	地理科学	2
南阳	宛城区	理科	学科教师	6405	南阳师范学院	72	生物科学	5
南阳	宛城区	理科	小学教育	6074	南阳师范学院	09	小学教育	10
南阳	卧龙区	文科	学科教师	6405	南阳师范学院	37	汉语言文学	13
南阳	卧龙区	文科	学科教师	6405	南阳师范学院	43	英语	8
南阳	卧龙区	文科	小学教育	6074	南阳师范学院	08	小学教育	9
南阳	卧龙区	理科	学科教师	6403	信阳师范大学	05	计算机科学与技术	2
南阳	卧龙区	理科	学科教师	6404	郑州师范学院	37	科学教育	2
南阳	卧龙区	理科	学科教师	6405	南阳师范学院	37	英语	5
南阳	卧龙区	理科	学科教师	6405	南阳师范学院	44	数学与应用数学	13
南阳	卧龙区	理科	小学教育	6074	南阳师范学院	10	小学教育	9
南阳	西峡县	文科	学科教师	6404	郑州师范学院	28	历史学	2
南阳	西峡县	文科	学科教师	6405	南阳师范学院	27	思想政治教育	3
南阳	西峡县	文科	学科教师	6405	南阳师范学院	35	汉语言文学	4
南阳	西峡县	文科	学科教师	6405	南阳师范学院	45	英语	4
南阳	西峡县	文科	学科教师	6405	南阳师范学院	47	地理科学	2
南阳	西峡县	理科	学科教师	6403	信阳师范大学	01	计算机科学与技术	3
南阳	西峡县	理科	学科教师	6404	郑州师范学院	80	物理学	3
南阳	西峡县	理科	学科教师	6405	南阳师范学院	46	数学与应用数学	4

续表

省辖市	设岗县（市、区）	科类	分类	院校代号	院校名称	专业代码	专业名称	计划人数
南阳	西峡县	理科	学科教师	6405	南阳师范学院	56	化学	3
南阳	西峡县	理科	学科教师	6405	南阳师范学院	69	生物科学	2
南阳	淅川县	文科	地方优师	6411	河南师范大学	53	历史学	3
南阳	淅川县	文科	地方优师	6411	河南师范大学	64	地理科学	1
南阳	淅川县	文科	地方优师	6412	信阳师范大学	10	思想政治教育	2
南阳	淅川县	文科	地方优师	6412	信阳师范大学	26	汉语言文学	2
南阳	淅川县	文科	地方优师	6412	信阳师范大学	33	英语	2
南阳	淅川县	文科	特殊教育	6406	郑州师范学院	22	特殊教育	5
南阳	淅川县	文科	学前教育	6230	郑州幼儿师范高等专科学校	26	学前教育（专科）	15
南阳	淅川县	理科	地方优师	6411	河南师范大学	78	地理科学	1
南阳	淅川县	理科	地方优师	6412	信阳师范大学	19	数学与应用数学	1
南阳	淅川县	理科	地方优师	6412	信阳师范大学	25	物理学	1
南阳	淅川县	理科	地方优师	6412	信阳师范大学	40	化学	2
南阳	淅川县	理科	地方优师	6412	信阳师范大学	46	生物科学	2
南阳	淅川县	理科	学前教育	6230	郑州幼儿师范高等专科学校	17	学前教育（专科）	5
南阳	新野县	文科	学科教师	6402	洛阳师范学院	30	英语	6
南阳	新野县	文科	学科教师	6402	洛阳师范学院	43	历史学	6
南阳	新野县	文科	学科教师	6405	南阳师范学院	24	思想政治教育	6
南阳	新野县	文科	学科教师	6405	南阳师范学院	36	汉语言文学	6
南阳	新野县	文科	学科教师	6405	南阳师范学院	49	地理科学	3
南阳	新野县	文科	小学教育	6074	南阳师范学院	10	小学教育	10
南阳	新野县	文科	特殊教育	6406	郑州师范学院	24	特殊教育	2
南阳	新野县	文科	学前教育	6230	郑州幼儿师范高等专科学校	28	学前教育（专科）	15
南阳	新野县	理科	学科教师	6403	信阳师范大学	11	计算机科学与技术	3
南阳	新野县	理科	学科教师	6404	郑州师范学院	76	物理学	10
南阳	新野县	理科	学科教师	6405	南阳师范学院	43	数学与应用数学	6
南阳	新野县	理科	学科教师	6405	南阳师范学院	61	地理科学	3
南阳	新野县	理科	学科教师	6405	南阳师范学院	66	生物科学	10
南阳	新野县	理科	学科教师	6407	安阳师范学院	33	化学	10
南阳	新野县	理科	小学教育	6074	南阳师范学院	07	小学教育	10
南阳	新野县	理科	学前教育	6230	郑州幼儿师范高等专科学校	14	学前教育（专科）	5
南阳	镇平县	文科	地方优师	6411	河南师范大学	25	思想政治教育	10
南阳	镇平县	文科	地方优师	6411	河南师范大学	32	汉语言文学	10
南阳	镇平县	文科	地方优师	6411	河南师范大学	41	英语	7
南阳	镇平县	文科	地方优师	6411	河南师范大学	52	历史学	7
南阳	镇平县	文科	地方优师	6411	河南师范大学	62	地理科学	2

续表

省辖市	设岗县（市、区）	科类	分类	院校代号	院校名称	专业代码	专业名称	计划人数
南阳	镇平县	文科	地方优师	6412	信阳师范大学	15	思想政治教育	3
南阳	镇平县	文科	学科教师	6405	南阳师范学院	39	汉语言文学	10
南阳	镇平县	文科	学科教师	6405	南阳师范学院	44	英语	9
南阳	镇平县	文科	小学教育	6074	南阳师范学院	09	小学教育	10
南阳	镇平县	文科	学前教育	6230	郑州幼儿师范高等专科学校	29	学前教育（专科）	32
南阳	镇平县	理科	地方优师	6411	河南师范大学	29	数学与应用数学	9
南阳	镇平县	理科	地方优师	6411	河南师范大学	43	物理学	4
南阳	镇平县	理科	地方优师	6411	河南师范大学	60	化学	4
南阳	镇平县	理科	地方优师	6411	河南师范大学	77	地理科学	3
南阳	镇平县	理科	地方优师	6411	河南师范大学	83	生物科学	4
南阳	镇平县	理科	学科教师	6404	郑州师范学院	41	科学教育	2
南阳	镇平县	理科	学科教师	6405	南阳师范学院	38	英语	6
南阳	镇平县	理科	学科教师	6405	南阳师范学院	41	数学与应用数学	10
南阳	镇平县	理科	小学教育	6074	南阳师范学院	04	小学教育	10
南阳	镇平县	理科	学前教育	6230	郑州幼儿师范高等专科学校	15	学前教育（专科）	8
南阳/直管县	邓州市	文科	学科教师	6402	洛阳师范学院	35	英语	15
南阳/直管县	邓州市	文科	学科教师	6407	安阳师范学院	26	汉语言文学	19
南阳/直管县	邓州市	理科	学科教师	6402	洛阳师范学院	69	计算机科学与技术	1
南阳/直管县	邓州市	理科	学科教师	6407	安阳师范学院	17	数学与应用数学	10
平顶山	宝丰县	文科	学科教师	6402	洛阳师范学院	39	历史学	5
平顶山	宝丰县	文科	学科教师	6404	郑州师范学院	01	汉语言文学	10
平顶山	宝丰县	文科	学科教师	6405	南阳师范学院	28	思想政治教育	5
平顶山	宝丰县	文科	学科教师	6405	南阳师范学院	48	地理科学	3
平顶山	宝丰县	文科	学科教师	6409	周口师范学院	35	英语	10
平顶山	宝丰县	文科	小学教育	6033	洛阳师范学院	10	小学教育	12
平顶山	宝丰县	文科	学前教育	6230	郑州幼儿师范高等专科学校	03	学前教育（专科）	40
平顶山	宝丰县	理科	学科教师	6402	洛阳师范学院	24	数学与应用数学	10
平顶山	宝丰县	理科	学科教师	6402	洛阳师范学院	46	生物科学	5
平顶山	宝丰县	理科	学科教师	6404	郑州师范学院	07	科学教育	2
平顶山	宝丰县	理科	学科教师	6405	南阳师范学院	52	化学	5
平顶山	宝丰县	理科	学科教师	6405	南阳师范学院	60	地理科学	2
平顶山	宝丰县	理科	学科教师	6409	周口师范学院	58	物理学	5
平顶山	宝丰县	理科	小学教育	6033	洛阳师范学院	10	小学教育	11
平顶山	宝丰县	理科	学前教育	6230	郑州幼儿师范高等专科学校	02	学前教育（专科）	10
平顶山	郏县	文科	学科教师	6405	南阳师范学院	57	地理科学	3
平顶山	郏县	文科	小学教育	6033	洛阳师范学院	04	小学教育	11

续表

省辖市	设岗县（市、区）	科类	分类	院校代号	院校名称	专业代码	专业名称	计划人数
平顶山	郏县	理科	学科教师	6402	洛阳师范学院	43	生物科学	5
平顶山	郏县	理科	学科教师	6404	郑州师范学院	10	科学教育	2
平顶山	郏县	理科	学科教师	6405	南阳师范学院	51	化学	5
平顶山	郏县	理科	学科教师	6405	南阳师范学院	59	地理科学	2
平顶山	郏县	理科	学科教师	6409	周口师范学院	45	物理学	5
平顶山	郏县	理科	小学教育	6033	洛阳师范学院	04	小学教育	11
平顶山	鲁山县	文科	地方优师	6410	河南大学	01	汉语言文学	3
平顶山	鲁山县	文科	地方优师	6410	河南大学	07	历史学	5
平顶山	鲁山县	文科	地方优师	6411	河南师范大学	35	汉语言文学	2
平顶山	鲁山县	文科	地方优师	6412	信阳师范大学	18	思想政治教育	5
平顶山	鲁山县	文科	地方优师	6412	信阳师范大学	35	英语	4
平顶山	鲁山县	文科	小学教育	6033	洛阳师范学院	08	小学教育	9
平顶山	鲁山县	文科	特殊教育	6406	郑州师范学院	06	特殊教育	2
平顶山	鲁山县	文科	学前教育	6230	郑州幼儿师范高等专科学校	05	学前教育(专科)	2
平顶山	鲁山县	理科	地方优师	6410	河南大学	01	地理科学	5
平顶山	鲁山县	理科	地方优师	6411	河南师范大学	25	教育技术学	5
平顶山	鲁山县	理科	地方优师	6412	信阳师范大学	21	数学与应用数学	3
平顶山	鲁山县	理科	地方优师	6412	信阳师范大学	29	物理学	2
平顶山	鲁山县	理科	地方优师	6412	信阳师范大学	34	化学	2
平顶山	鲁山县	理科	地方优师	6412	信阳师范大学	52	生物科学	5
平顶山	鲁山县	理科	学科教师	6404	郑州师范学院	03	科学教育	2
平顶山	鲁山县	理科	小学教育	6033	洛阳师范学院	08	小学教育	9
平顶山	舞钢市	文科	学科教师	6402	洛阳师范学院	38	历史学	3
平顶山	舞钢市	文科	学科教师	6404	郑州师范学院	07	汉语言文学	5
平顶山	舞钢市	文科	学科教师	6404	郑州师范学院	16	英语	3
平顶山	舞钢市	文科	学科教师	6405	南阳师范学院	26	思想政治教育	4
平顶山	舞钢市	文科	学科教师	6405	南阳师范学院	50	地理科学	3
平顶山	舞钢市	文科	小学教育	6033	洛阳师范学院	06	小学教育	5
平顶山	舞钢市	文科	特殊教育	6406	郑州师范学院	04	特殊教育	2
平顶山	舞钢市	文科	学前教育	6230	郑州幼儿师范高等专科学校	07	学前教育(专科)	15
平顶山	舞钢市	理科	学科教师	6402	洛阳师范学院	45	生物科学	2
平顶山	舞钢市	理科	学科教师	6404	郑州师范学院	04	科学教育	1
平顶山	舞钢市	理科	学科教师	6404	郑州师范学院	65	数学与应用数学	5
平顶山	舞钢市	理科	学科教师	6405	南阳师范学院	54	化学	2
平顶山	舞钢市	理科	学科教师	6409	周口师范学院	56	物理学	5
平顶山	舞钢市	理科	小学教育	6033	洛阳师范学院	06	小学教育	6

续表

省辖市	设岗县（市、区）	科类	分类	院校代号	院校名称	专业代码	专业名称	计划人数
平顶山	舞钢市	理科	学前教育	6230	郑州幼儿师范高等专科学校	04	学前教育（专科）	5
平顶山	叶县	文科	学科教师	6402	洛阳师范学院	37	历史学	5
平顶山	叶县	文科	学科教师	6404	郑州师范学院	06	汉语言文学	5
平顶山	叶县	文科	学科教师	6404	郑州师范学院	12	英语	5
平顶山	叶县	文科	学科教师	6405	南阳师范学院	23	思想政治教育	5
平顶山	叶县	文科	学科教师	6405	南阳师范学院	56	地理科学	3
平顶山	叶县	文科	小学教育	6033	洛阳师范学院	05	小学教育	9
平顶山	叶县	文科	小学教育	6059	商丘师范学院	10	小学教育	6
平顶山	叶县	理科	学科教师	6402	洛阳师范学院	44	生物科学	8
平顶山	叶县	理科	学科教师	6403	信阳师范大学	08	计算机科学与技术	3
平顶山	叶县	理科	学科教师	6404	郑州师范学院	09	科学教育	2
平顶山	叶县	理科	学科教师	6404	郑州师范学院	66	数学与应用数学	5
平顶山	叶县	理科	学科教师	6405	南阳师范学院	58	化学	10
平顶山	叶县	理科	学科教师	6405	南阳师范学院	65	地理科学	2
平顶山	叶县	理科	学科教师	6409	周口师范学院	44	物理学	10
平顶山	叶县	理科	小学教育	6033	洛阳师范学院	05	小学教育	9
平顶山	叶县	理科	小学教育	6059	商丘师范学院	11	小学教育	4
平顶山/直管县	汝州市	文科	学科教师	6402	洛阳师范学院	25	汉语言文学	10
平顶山/直管县	汝州市	文科	学科教师	6407	安阳师范学院	35	英语	5
平顶山/直管县	汝州市	文科	小学教育	6174	郑州师范学院	07	小学教育	20
平顶山/直管县	汝州市	文科	特殊教育	6406	郑州师范学院	30	特殊教育	2
平顶山/直管县	汝州市	文科	学前教育	6230	郑州幼儿师范高等专科学校	43	学前教育（专科）	10
平顶山/直管县	汝州市	理科	学科教师	6402	洛阳师范学院	28	数学与应用数学	5
平顶山/直管县	汝州市	理科	学科教师	6404	郑州师范学院	61	科学教育	2
平顶山/直管县	汝州市	理科	学科教师	6407	安阳师范学院	06	英语	5
平顶山/直管县	汝州市	理科	学科教师	6407	安阳师范学院	14	数学与应用数学	10
平顶山/直管县	汝州市	理科	小学教育	6174	郑州师范学院	03	小学教育	20
平顶山/直管县	汝州市	理科	学前教育	6230	郑州幼儿师范高等专科学校	25	学前教育（专科）	5
濮阳	范县	文科	地方优师	6411	河南师范大学	31	汉语言文学	2
濮阳	范县	文科	地方优师	6411	河南师范大学	39	英语	2
濮阳	范县	文科	学科教师	6407	安阳师范学院	08	思想政治教育	2
濮阳	范县	文科	学科教师	6408	商丘师范学院	16	历史学	2
濮阳	范县	文科	学科教师	6408	商丘师范学院	28	地理科学	2
濮阳	范县	文科	小学教育	6054	安阳师范学院	07	小学教育	2
濮阳	范县	理科	地方优师	6411	河南师范大学	36	数学与应用数学	2
濮阳	范县	理科	学科教师	6404	郑州师范学院	16	科学教育	1

续表

省辖市	设岗县(市、区)	科类	分类	院校代号	院校名称	专业代码	专业名称	计划人数
濮阳	范县	理科	学科教师	6407	安阳师范学院	24	物理学	2
濮阳	范县	理科	学科教师	6408	商丘师范学院	35	化学	2
濮阳	范县	理科	学科教师	6408	商丘师范学院	51	生物科学	2
濮阳	范县	理科	小学教育	6054	安阳师范学院	07	小学教育	2
濮阳	南乐县	文科	学科教师	6405	南阳师范学院	20	思想政治教育	10
濮阳	南乐县	文科	学科教师	6408	商丘师范学院	18	历史学	10
濮阳	南乐县	文科	学科教师	6408	商丘师范学院	26	地理科学	7
濮阳	南乐县	理科	学科教师	6405	南阳师范学院	74	生物科学	10
濮阳	南乐县	理科	学科教师	6407	安阳师范学院	28	物理学	5
濮阳	南乐县	理科	学科教师	6408	商丘师范学院	25	化学	5
濮阳	南乐县	理科	学科教师	6408	商丘师范学院	41	地理科学	3
濮阳	濮阳县	文科	学科教师	6404	郑州师范学院	20	英语	4
濮阳	濮阳县	文科	学科教师	6407	安阳师范学院	06	思想政治教育	2
濮阳	濮阳县	文科	学科教师	6408	商丘师范学院	17	历史学	2
濮阳	濮阳县	文科	学科教师	6408	商丘师范学院	33	地理科学	2
濮阳	濮阳县	文科	学科教师	6409	周口师范学院	21	汉语言文学	4
濮阳	濮阳县	文科	小学教育	6054	安阳师范学院	06	小学教育	5
濮阳	濮阳县	文科	特殊教育	6406	郑州师范学院	11	特殊教育	2
濮阳	濮阳县	文科	学前教育	6230	郑州幼儿师范高等专科学校	11	学前教育(专科)	3
濮阳	濮阳县	理科	学科教师	6402	洛阳师范学院	56	计算机科学与技术	3
濮阳	濮阳县	理科	学科教师	6404	郑州师范学院	12	科学教育	1
濮阳	濮阳县	理科	学科教师	6407	安阳师范学院	22	物理学	2
濮阳	濮阳县	理科	学科教师	6408	商丘师范学院	28	化学	2
濮阳	濮阳县	理科	学科教师	6408	商丘师范学院	56	生物科学	2
濮阳	濮阳县	理科	学科教师	6409	周口师范学院	31	数学与应用数学	4
濮阳	濮阳县	理科	小学教育	6054	安阳师范学院	06	小学教育	4
濮阳	清丰县	文科	学科教师	6407	安阳师范学院	07	思想政治教育	2
濮阳	清丰县	文科	学科教师	6408	商丘师范学院	31	地理科学	2
濮阳	清丰县	理科	学科教师	6402	洛阳师范学院	55	计算机科学与技术	2
濮阳	清丰县	理科	学科教师	6407	安阳师范学院	23	物理学	5
濮阳	清丰县	理科	学科教师	6408	商丘师范学院	26	化学	2
濮阳	清丰县	理科	学科教师	6408	商丘师范学院	57	生物科学	2
濮阳	清丰县	理科	学科教师	6409	周口师范学院	32	数学与应用数学	5
濮阳	台前县	文科	学科教师	6404	郑州师范学院	09	汉语言文学	1
濮阳	台前县	文科	小学教育	6054	安阳师范学院	08	小学教育	1
濮阳	台前县	文科	学前教育	6230	郑州幼儿师范高等专科学校	13	学前教育(专科)	1

续表

省辖市	设岗县（市、区）	科类	分类	院校代号	院校名称	专业代码	专业名称	计划人数
濮阳	台前县	理科	地方优师	6411	河南师范大学	34	数学与应用数学	1
商丘	梁园区	文科	学科教师	6404	郑州师范学院	22	英语	4
商丘	梁园区	文科	学科教师	6407	安阳师范学院	10	思想政治教育	5
商丘	梁园区	文科	学科教师	6408	商丘师范学院	19	历史学	2
商丘	梁园区	文科	学科教师	6408	商丘师范学院	34	地理科学	2
商丘	梁园区	文科	学科教师	6409	周口师范学院	30	汉语言文学	6
商丘	梁园区	文科	小学教育	6059	商丘师范学院	02	小学教育	2
商丘	梁园区	理科	学科教师	6402	洛阳师范学院	58	计算机科学与技术	3
商丘	梁园区	理科	学科教师	6404	郑州师范学院	25	科学教育	1
商丘	梁园区	理科	学科教师	6404	郑州师范学院	69	数学与应用数学	6
商丘	梁园区	理科	学科教师	6408	商丘师范学院	17	物理学	2
商丘	梁园区	理科	学科教师	6408	商丘师范学院	33	化学	2
商丘	梁园区	理科	学科教师	6408	商丘师范学院	58	生物科学	2
商丘	梁园区	理科	小学教育	6059	商丘师范学院	12	小学教育	1
商丘	民权县	文科	地方优师	6412	信阳师范大学	23	汉语言文学	4
商丘	民权县	文科	小学教育	6059	商丘师范学院	05	小学教育	3
商丘	民权县	理科	地方优师	6412	信阳师范大学	13	数学与应用数学	6
商丘	民权县	理科	地方优师	6412	信阳师范大学	27	物理学	5
商丘	民权县	理科	地方优师	6412	信阳师范大学	35	化学	7
商丘	民权县	理科	小学教育	6059	商丘师范学院	03	小学教育	2
商丘	睢县	文科	小学教育	6059	商丘师范学院	06	小学教育	3
商丘	睢县	理科	地方优师	6412	信阳师范大学	28	物理学	4
商丘	睢县	理科	小学教育	6059	商丘师范学院	14	小学教育	1
商丘	夏邑县	文科	小学教育	6059	商丘师范学院	01	小学教育	3
商丘	夏邑县	理科	学科教师	6404	郑州师范学院	23	科学教育	1
商丘	夏邑县	理科	学科教师	6408	商丘师范学院	22	物理学	5
商丘	夏邑县	理科	小学教育	6059	商丘师范学院	15	小学教育	1
商丘	虞城县	文科	小学教育	6059	商丘师范学院	08	小学教育	3
商丘	虞城县	文科	学前教育	6230	郑州幼儿师范高等专科学校	14	学前教育（专科）	32
商丘	虞城县	理科	小学教育	6059	商丘师范学院	02	小学教育	2
商丘	虞城县	理科	学前教育	6230	郑州幼儿师范高等专科学校	07	学前教育（专科）	8
商丘	柘城县	文科	地方优师	6411	河南师范大学	49	历史学	1
商丘	柘城县	文科	地方优师	6412	信阳师范大学	30	汉语言文学	1
商丘	柘城县	文科	地方优师	6412	信阳师范大学	36	英语	2
商丘	柘城县	文科	学科教师	6404	郑州师范学院	17	英语	1
商丘	柘城县	文科	学科教师	6408	商丘师范学院	22	历史学	2

续表

省辖市	设岗县（市、区）	科类	分类	院校代号	院校名称	专业代码	专业名称	计划人数
商丘	柘城县	文科	学科教师	6409	周口师范学院	25	汉语言文学	1
商丘	柘城县	文科	小学教育	6059	商丘师范学院	16	小学教育	3
商丘	柘城县	文科	特殊教育	6406	郑州师范学院	15	特殊教育	2
商丘	柘城县	理科	地方优师	6412	信阳师范大学	11	数学与应用数学	1
商丘	柘城县	理科	地方优师	6412	信阳师范大学	24	物理学	1
商丘	柘城县	理科	地方优师	6412	信阳师范大学	33	化学	1
商丘	柘城县	理科	地方优师	6412	信阳师范大学	49	生物科学	1
商丘	柘城县	理科	学科教师	6404	郑州师范学院	73	数学与应用数学	1
商丘	柘城县	理科	学科教师	6408	商丘师范学院	23	物理学	2
商丘	柘城县	理科	学科教师	6408	商丘师范学院	31	化学	2
商丘	柘城县	理科	学科教师	6408	商丘师范学院	50	生物科学	1
商丘	柘城县	理科	小学教育	6059	商丘师范学院	01	小学教育	2
商丘/直管县	永城市	文科	学科教师	6402	洛阳师范学院	26	汉语言文学	15
商丘/直管县	永城市	文科	学科教师	6402	洛阳师范学院	32	英语	10
商丘/直管县	永城市	文科	小学教育	6174	郑州师范学院	02	小学教育	8
商丘/直管县	永城市	理科	学科教师	6402	洛阳师范学院	66	计算机科学与技术	5
商丘/直管县	永城市	理科	学科教师	6404	郑州师范学院	60	科学教育	2
商丘/直管县	永城市	理科	学科教师	6407	安阳师范学院	15	数学与应用数学	15
商丘/直管县	永城市	理科	小学教育	6174	郑州师范学院	07	小学教育	7
新乡	封丘县	文科	地方优师	6411	河南师范大学	21	思想政治教育	6
新乡	封丘县	文科	地方优师	6411	河南师范大学	30	汉语言文学	7
新乡	封丘县	文科	地方优师	6411	河南师范大学	38	英语	5
新乡	封丘县	文科	地方优师	6411	河南师范大学	48	历史学	6
新乡	封丘县	文科	地方优师	6411	河南师范大学	57	地理科学	2
新乡	封丘县	文科	小学教育	6062	周口师范学院	01	小学教育	6
新乡	封丘县	文科	学前教育	6230	郑州幼儿师范高等专科学校	06	学前教育（专科）	15
新乡	封丘县	理科	地方优师	6411	河南师范大学	18	教育技术学	5
新乡	封丘县	理科	地方优师	6411	河南师范大学	27	数学与应用数学	5
新乡	封丘县	理科	地方优师	6411	河南师范大学	41	物理学	4
新乡	封丘县	理科	地方优师	6411	河南师范大学	55	化学	5
新乡	封丘县	理科	地方优师	6411	河南师范大学	72	地理科学	3
新乡	封丘县	理科	地方优师	6411	河南师范大学	88	生物科学	5
新乡	封丘县	理科	学科教师	6404	郑州师范学院	44	科学教育	2
新乡	封丘县	理科	小学教育	6062	周口师范学院	01	小学教育	4
新乡	封丘县	理科	学前教育	6230	郑州幼儿师范高等专科学校	06	学前教育（专科）	5
新乡	辉县市	文科	学科教师	6404	郑州师范学院	10	汉语言文学	6

续表

省辖市	设岗县（市、区）	科类	分类	院校代号	院校名称	专业代码	专业名称	计划人数
新乡	辉县市	文科	学科教师	6404	郑州师范学院	36	历史学	3
新乡	辉县市	文科	学科教师	6407	安阳师范学院	17	思想政治教育	4
新乡	辉县市	文科	学科教师	6409	周口师范学院	37	英语	4
新乡	辉县市	文科	小学教育	6174	郑州师范学院	12	小学教育	9
新乡	辉县市	理科	学科教师	6402	洛阳师范学院	38	地理科学	3
新乡	辉县市	理科	学科教师	6402	洛阳师范学院	61	计算机科学与技术	3
新乡	辉县市	理科	学科教师	6404	郑州师范学院	51	科学教育	2
新乡	辉县市	理科	学科教师	6404	郑州师范学院	83	物理学	4
新乡	辉县市	理科	学科教师	6404	郑州师范学院	90	化学	4
新乡	辉县市	理科	学科教师	6408	商丘师范学院	54	生物科学	4
新乡	辉县市	理科	学科教师	6409	周口师范学院	40	数学与应用数学	6
新乡	辉县市	理科	小学教育	6174	郑州师范学院	09	小学教育	9
新乡	获嘉县	文科	学科教师	6404	郑州师范学院	05	汉语言文学	1
新乡	获嘉县	文科	学科教师	6404	郑州师范学院	21	英语	1
新乡	获嘉县	文科	学科教师	6404	郑州师范学院	35	历史学	1
新乡	获嘉县	文科	学科教师	6407	安阳师范学院	16	思想政治教育	1
新乡	获嘉县	文科	学科教师	6408	商丘师范学院	38	地理科学	2
新乡	获嘉县	文科	小学教育	6062	周口师范学院	13	小学教育	5
新乡	获嘉县	文科	特殊教育	6406	郑州师范学院	10	特殊教育	3
新乡	获嘉县	文科	学前教育	6230	郑州幼儿师范高等专科学校	09	学前教育（专科）	7
新乡	获嘉县	理科	学科教师	6402	洛阳师范学院	50	生物科学	2
新乡	获嘉县	理科	学科教师	6402	洛阳师范学院	60	计算机科学与技术	1
新乡	获嘉县	理科	学科教师	6404	郑州师范学院	48	科学教育	1
新乡	获嘉县	理科	学科教师	6404	郑州师范学院	79	物理学	5
新乡	获嘉县	理科	学科教师	6404	郑州师范学院	95	化学	3
新乡	获嘉县	理科	学科教师	6407	安阳师范学院	16	数学与应用数学	1
新乡	获嘉县	理科	学科教师	6408	商丘师范学院	45	地理科学	1
新乡	获嘉县	理科	小学教育	6062	周口师范学院	13	小学教育	3
新乡	获嘉县	理科	学前教育	6230	郑州幼儿师范高等专科学校	05	学前教育（专科）	3
新乡	卫辉市	文科	学科教师	6402	洛阳师范学院	24	汉语言文学	2
新乡	卫辉市	文科	学科教师	6402	洛阳师范学院	31	英语	2
新乡	卫辉市	文科	学科教师	6404	郑州师范学院	37	历史学	1
新乡	卫辉市	文科	学科教师	6407	安阳师范学院	15	思想政治教育	2
新乡	卫辉市	文科	学科教师	6408	商丘师范学院	37	地理科学	2
新乡	卫辉市	文科	小学教育	6062	周口师范学院	09	小学教育	8
新乡	卫辉市	文科	特殊教育	6406	郑州师范学院	08	特殊教育	5

续表

省辖市	设岗县(市、区)	科类	分类	院校代号	院校名称	专业代码	专业名称	计划人数
新乡	卫辉市	理科	学科教师	6402	洛阳师范学院	49	生物科学	2
新乡	卫辉市	理科	学科教师	6404	郑州师范学院	50	科学教育	2
新乡	卫辉市	理科	学科教师	6404	郑州师范学院	74	数学与应用数学	2
新乡	卫辉市	理科	学科教师	6404	郑州师范学院	81	物理学	2
新乡	卫辉市	理科	小学教育	6062	周口师范学院	02	小学教育	5
新乡	延津县	文科	学科教师	6404	郑州师范学院	34	历史学	2
新乡	延津县	文科	学科教师	6407	安阳师范学院	18	思想政治教育	2
新乡	延津县	文科	学科教师	6408	商丘师范学院	40	地理科学	2
新乡	延津县	文科	小学教育	6062	周口师范学院	14	小学教育	2
新乡	延津县	文科	学前教育	6230	郑州幼儿师范高等专科学校	10	学前教育(专科)	5
新乡	延津县	理科	学科教师	6402	洛阳师范学院	52	生物科学	2
新乡	延津县	理科	学科教师	6402	洛阳师范学院	62	计算机科学与技术	3
新乡	延津县	理科	学科教师	6404	郑州师范学院	55	科学教育	1
新乡	延津县	理科	学科教师	6404	郑州师范学院	84	物理学	5
新乡	延津县	理科	学科教师	6404	郑州师范学院	93	化学	5
新乡	延津县	理科	学科教师	6409	周口师范学院	41	数学与应用数学	3
新乡	延津县	理科	小学教育	6062	周口师范学院	14	小学教育	2
新乡	原阳县	文科	小学教育	6059	商丘师范学院	07	小学教育	6
新乡	原阳县	文科	特殊教育	6406	郑州师范学院	09	特殊教育	1
新乡	原阳县	理科	学科教师	6402	洛阳师范学院	37	地理科学	5
新乡	原阳县	理科	学科教师	6402	洛阳师范学院	51	生物科学	5
新乡	原阳县	理科	学科教师	6404	郑州师范学院	49	科学教育	1
新乡	原阳县	理科	学科教师	6404	郑州师范学院	71	数学与应用数学	5
新乡	原阳县	理科	学科教师	6404	郑州师范学院	82	物理学	5
新乡	原阳县	理科	学科教师	6404	郑州师范学院	91	化学	5
新乡	原阳县	理科	小学教育	6059	商丘师范学院	06	小学教育	4
新乡/直管县	长垣市	文科	学科教师	6402	洛阳师范学院	27	汉语言文学	5
新乡/直管县	长垣市	文科	学科教师	6402	洛阳师范学院	33	英语	5
新乡/直管县	长垣市	文科	学科教师	6407	安阳师范学院	20	思想政治教育	2
新乡/直管县	长垣市	文科	学科教师	6408	商丘师范学院	24	历史学	2
新乡/直管县	长垣市	文科	小学教育	6174	郑州师范学院	01	小学教育	8
新乡/直管县	长垣市	文科	特殊教育	6406	郑州师范学院	31	特殊教育	5
新乡/直管县	长垣市	文科	学前教育	6230	郑州幼儿师范高等专科学校	42	学前教育(专科)	10
新乡/直管县	长垣市	理科	学科教师	6402	洛阳师范学院	29	数学与应用数学	5
新乡/直管县	长垣市	理科	学科教师	6402	洛阳师范学院	39	地理科学	2
新乡/直管县	长垣市	理科	学科教师	6402	洛阳师范学院	67	计算机科学与技术	2

续表

省辖市	设岗县（市、区）	科类	分类	院校代号	院校名称	专业代码	专业名称	计划人数
新乡/直管县	长垣市	理科	学科教师	6404	郑州师范学院	57	科学教育	2
新乡/直管县	长垣市	理科	学科教师	6407	安阳师范学院	30	物理学	5
新乡/直管县	长垣市	理科	学科教师	6407	安阳师范学院	36	化学	3
新乡/直管县	长垣市	理科	学科教师	6408	商丘师范学院	63	生物科学	2
新乡/直管县	长垣市	理科	小学教育	6174	郑州师范学院	02	小学教育	7
信阳	光山县	文科	地方优师	6410	河南大学	04	汉语言文学	2
信阳	光山县	文科	地方优师	6410	河南大学	08	历史学	3
信阳	光山县	文科	地方优师	6412	信阳师范大学	14	思想政治教育	3
信阳	光山县	文科	地方优师	6412	信阳师范大学	28	汉语言文学	5
信阳	光山县	文科	地方优师	6412	信阳师范大学	39	英语	3
信阳	光山县	文科	学科教师	6404	郑州师范学院	18	英语	5
信阳	光山县	文科	学科教师	6405	南阳师范学院	25	思想政治教育	4
信阳	光山县	文科	学科教师	6408	商丘师范学院	21	历史学	4
信阳	光山县	文科	学科教师	6408	商丘师范学院	30	地理科学	3
信阳	光山县	文科	学科教师	6409	周口师范学院	32	汉语言文学	10
信阳	光山县	文科	特殊教育	6406	郑州师范学院	27	特殊教育	2
信阳	光山县	文科	学前教育	6230	郑州幼儿师范高等专科学校	31	学前教育（专科）	12
信阳	光山县	理科	地方优师	6410	河南大学	03	地理科学	3
信阳	光山县	理科	地方优师	6411	河南师范大学	21	教育技术学	2
信阳	光山县	理科	地方优师	6412	信阳师范大学	15	数学与应用数学	3
信阳	光山县	理科	地方优师	6412	信阳师范大学	23	物理学	5
信阳	光山县	理科	地方优师	6412	信阳师范大学	43	化学	4
信阳	光山县	理科	地方优师	6412	信阳师范大学	51	生物科学	2
信阳	光山县	理科	学科教师	6405	南阳师范学院	47	数学与应用数学	10
信阳	光山县	理科	学科教师	6405	南阳师范学院	70	生物科学	4
信阳	光山县	理科	学科教师	6407	安阳师范学院	25	物理学	6
信阳	光山县	理科	学科教师	6407	安阳师范学院	37	化学	5
信阳	光山县	理科	学科教师	6408	商丘师范学院	43	地理科学	1
信阳	淮滨县	文科	地方优师	6410	河南大学	05	汉语言文学	2
信阳	淮滨县	文科	地方优师	6410	河南大学	10	历史学	7
信阳	淮滨县	文科	地方优师	6412	信阳师范大学	12	思想政治教育	4
信阳	淮滨县	文科	地方优师	6412	信阳师范大学	29	汉语言文学	4
信阳	淮滨县	文科	地方优师	6412	信阳师范大学	40	英语	5
信阳	淮滨县	文科	小学教育	6062	周口师范学院	02	小学教育	14
信阳	淮滨县	文科	学前教育	6230	郑州幼儿师范高等专科学校	33	学前教育（专科）	40
信阳	淮滨县	理科	地方优师	6410	河南大学	05	地理科学	8

续表

省辖市	设岗县（市、区）	科类	分类	院校代号	院校名称	专业代码	专业名称	计划人数
信阳	淮滨县	理科	地方优师	6412	信阳师范大学	17	数学与应用数学	4
信阳	淮滨县	理科	地方优师	6412	信阳师范大学	26	物理学	4
信阳	淮滨县	理科	地方优师	6412	信阳师范大学	36	化学	5
信阳	淮滨县	理科	地方优师	6412	信阳师范大学	45	生物科学	6
信阳	淮滨县	理科	学科教师	6404	郑州师范学院	36	科学教育	2
信阳	淮滨县	理科	小学教育	6062	周口师范学院	03	小学教育	8
信阳	淮滨县	理科	学前教育	6230	郑州幼儿师范高等专科学校	21	学前教育（专科）	10
信阳	罗山县	文科	学科教师	6404	郑州师范学院	19	英语	10
信阳	罗山县	文科	学科教师	6405	南阳师范学院	31	思想政治教育	4
信阳	罗山县	文科	学科教师	6409	周口师范学院	33	汉语言文学	10
信阳	罗山县	文科	小学教育	6059	商丘师范学院	09	小学教育	12
信阳	罗山县	文科	特殊教育	6406	郑州师范学院	25	特殊教育	2
信阳	罗山县	文科	学前教育	6230	郑州幼儿师范高等专科学校	32	学前教育（专科）	20
信阳	罗山县	理科	学科教师	6403	信阳师范大学	09	计算机科学与技术	6
信阳	罗山县	理科	学科教师	6404	郑州师范学院	47	科学教育	2
信阳	罗山县	理科	学科教师	6404	郑州师范学院	68	数学与应用数学	10
信阳	罗山县	理科	小学教育	6059	商丘师范学院	09	小学教育	8
信阳	罗山县	理科	学前教育	6230	郑州幼儿师范高等专科学校	18	学前教育（专科）	5
信阳	平桥区	文科	学科教师	6405	南阳师范学院	29	思想政治教育	5
信阳	平桥区	文科	学科教师	6408	商丘师范学院	20	历史学	5
信阳	平桥区	文科	学科教师	6408	商丘师范学院	29	地理科学	3
信阳	平桥区	文科	小学教育	6059	商丘师范学院	04	小学教育	6
信阳	平桥区	文科	学前教育	6230	郑州幼儿师范高等专科学校	34	学前教育（专科）	40
信阳	平桥区	理科	学科教师	6403	信阳师范大学	07	计算机科学与技术	10
信阳	平桥区	理科	学科教师	6404	郑州师范学院	40	科学教育	2
信阳	平桥区	理科	学科教师	6408	商丘师范学院	44	地理科学	2
信阳	平桥区	理科	小学教育	6059	商丘师范学院	07	小学教育	4
信阳	平桥区	理科	学前教育	6230	郑州幼儿师范高等专科学校	19	学前教育（专科）	10
信阳	商城县	文科	地方优师	6410	河南大学	11	历史学	1
信阳	商城县	文科	地方优师	6412	信阳师范大学	19	思想政治教育	2
信阳	商城县	文科	地方优师	6412	信阳师范大学	21	汉语言文学	4
信阳	商城县	文科	地方优师	6412	信阳师范大学	32	英语	1
信阳	商城县	文科	学科教师	6404	郑州师范学院	24	英语	2
信阳	商城县	文科	学科教师	6404	郑州师范学院	27	历史学	1
信阳	商城县	文科	学科教师	6405	南阳师范学院	33	思想政治教育	1
信阳	商城县	文科	学科教师	6408	商丘师范学院	36	地理科学	1

续表

省辖市	设岗县（市、区）	科类	分类	院校代号	院校名称	专业代码	专业名称	计划人数
信阳	商城县	文科	学科教师	6409	周口师范学院	31	汉语言文学	2
信阳	商城县	文科	小学教育	6062	周口师范学院	05	小学教育	5
信阳	商城县	文科	特殊教育	6406	郑州师范学院	32	特殊教育	2
信阳	商城县	文科	学前教育	6230	郑州幼儿师范高等专科学校	38	学前教育（专科）	8
信阳	商城县	理科	地方优师	6410	河南大学	06	地理科学	1
信阳	商城县	理科	地方优师	6411	河南师范大学	22	教育技术学	1
信阳	商城县	理科	地方优师	6412	信阳师范大学	18	数学与应用数学	4
信阳	商城县	理科	地方优师	6412	信阳师范大学	32	物理学	6
信阳	商城县	理科	地方优师	6412	信阳师范大学	39	化学	5
信阳	商城县	理科	地方优师	6412	信阳师范大学	50	生物科学	5
信阳	商城县	理科	学科教师	6404	郑州师范学院	45	科学教育	1
信阳	商城县	理科	学科教师	6404	郑州师范学院	72	数学与应用数学	4
信阳	商城县	理科	学科教师	6405	南阳师范学院	67	生物科学	2
信阳	商城县	理科	学科教师	6407	安阳师范学院	27	物理学	6
信阳	商城县	理科	学科教师	6407	安阳师范学院	35	化学	4
信阳	商城县	理科	小学教育	6062	周口师范学院	06	小学教育	3
信阳	浉河区	文科	学科教师	6405	南阳师范学院	32	思想政治教育	1
信阳	浉河区	文科	学科教师	6408	商丘师范学院	23	历史学	1
信阳	浉河区	文科	学科教师	6408	商丘师范学院	39	地理科学	2
信阳	浉河区	文科	学科教师	6409	周口师范学院	34	汉语言文学	7
信阳	浉河区	文科	小学教育	6059	商丘师范学院	15	小学教育	5
信阳	浉河区	文科	特殊教育	6406	郑州师范学院	20	特殊教育	1
信阳	浉河区	理科	学科教师	6403	信阳师范大学	04	计算机科学与技术	2
信阳	浉河区	理科	学科教师	6404	郑州师范学院	42	科学教育	1
信阳	浉河区	理科	学科教师	6405	南阳师范学院	50	数学与应用数学	7
信阳	浉河区	理科	学科教师	6405	南阳师范学院	68	生物科学	2
信阳	浉河区	理科	学科教师	6407	安阳师范学院	26	物理学	4
信阳	浉河区	理科	学科教师	6407	安阳师范学院	34	化学	3
信阳	浉河区	理科	小学教育	6059	商丘师范学院	04	小学教育	2
信阳	息县	文科	小学教育	6062	周口师范学院	03	小学教育	5
信阳	息县	文科	学前教育	6230	郑州幼儿师范高等专科学校	35	学前教育（专科）	7
信阳	息县	理科	学科教师	6404	郑州师范学院	46	科学教育	1
信阳	息县	理科	学科教师	6405	南阳师范学院	55	化学	5
信阳	息县	理科	学科教师	6407	安阳师范学院	29	物理学	5
信阳	息县	理科	小学教育	6062	周口师范学院	04	小学教育	4
信阳	息县	理科	学前教育	6230	郑州幼儿师范高等专科学校	20	学前教育（专科）	3

续表

省辖市	设岗县(市、区)	科类	分类	院校代号	院校名称	专业代码	专业名称	计划人数
信阳	新县	文科	地方优师	6410	河南大学	09	历史学	2
信阳	新县	文科	地方优师	6412	信阳师范大学	17	思想政治教育	2
信阳	新县	文科	地方优师	6412	信阳师范大学	20	汉语言文学	3
信阳	新县	文科	地方优师	6412	信阳师范大学	41	英语	1
信阳	新县	文科	特殊教育	6406	郑州师范学院	29	特殊教育	4
信阳	新县	文科	学前教育	6230	郑州幼儿师范高等专科学校	37	学前教育(专科)	6
信阳	新县	理科	地方优师	6410	河南大学	04	地理科学	2
信阳	新县	理科	地方优师	6412	信阳师范大学	20	数学与应用数学	1
信阳	新县	理科	地方优师	6412	信阳师范大学	22	物理学	1
信阳	新县	理科	地方优师	6412	信阳师范大学	42	化学	2
信阳	新县	理科	地方优师	6412	信阳师范大学	44	生物科学	2
信阳/直管县	固始县	文科	地方优师	6410	河南大学	03	汉语言文学	5
信阳/直管县	固始县	文科	地方优师	6411	河南师范大学	55	历史学	4
信阳/直管县	固始县	文科	地方优师	6412	信阳师范大学	13	思想政治教育	4
信阳/直管县	固始县	文科	地方优师	6412	信阳师范大学	24	汉语言文学	2
信阳/直管县	固始县	文科	地方优师	6412	信阳师范大学	38	英语	6
信阳/直管县	固始县	文科	学科教师	6402	洛阳师范学院	28	汉语言文学	8
信阳/直管县	固始县	文科	学科教师	6402	洛阳师范学院	34	英语	8
信阳/直管县	固始县	文科	学科教师	6402	洛阳师范学院	44	历史学	4
信阳/直管县	固始县	文科	学科教师	6405	南阳师范学院	30	思想政治教育	4
信阳/直管县	固始县	文科	小学教育	6174	郑州师范学院	09	小学教育	10
信阳/直管县	固始县	文科	学前教育	6230	郑州幼儿师范高等专科学校	40	学前教育(专科)	48
信阳/直管县	固始县	理科	地方优师	6410	河南大学	09	地理科学	6
信阳/直管县	固始县	理科	地方优师	6411	河南师范大学	23	教育技术学	4
信阳/直管县	固始县	理科	地方优师	6412	信阳师范大学	16	数学与应用数学	4
信阳/直管县	固始县	理科	地方优师	6412	信阳师范大学	30	物理学	4
信阳/直管县	固始县	理科	地方优师	6412	信阳师范大学	37	化学	4
信阳/直管县	固始县	理科	地方优师	6412	信阳师范大学	47	生物科学	4
信阳/直管县	固始县	理科	学科教师	6402	洛阳师范学院	40	地理科学	8
信阳/直管县	固始县	理科	学科教师	6402	洛阳师范学院	68	计算机科学与技术	4
信阳/直管县	固始县	理科	学科教师	6404	郑州师范学院	63	科学教育	2
信阳/直管县	固始县	理科	学科教师	6404	郑州师范学院	97	化学	8
信阳/直管县	固始县	理科	学科教师	6407	安阳师范学院	18	数学与应用数学	8
信阳/直管县	固始县	理科	学科教师	6408	商丘师范学院	62	生物科学	4
信阳/直管县	固始县	理科	学科教师	6409	周口师范学院	51	物理学	8
信阳/直管县	固始县	理科	小学教育	6174	郑州师范学院	04	小学教育	10

续表

省辖市	设岗县（市、区）	科类	分类	院校代号	院校名称	专业代码	专业名称	计划人数
信阳/直管县	固始县	理科	学前教育	6230	郑州幼儿师范高等专科学校	23	学前教育(专科)	12
许昌	襄城县	文科	学科教师	6407	安阳师范学院	34	英语	5
许昌	襄城县	文科	小学教育	6054	安阳师范学院	10	小学教育	5
许昌	襄城县	理科	学科教师	6402	洛阳师范学院	65	计算机科学与技术	5
许昌	襄城县	理科	学科教师	6404	郑州师范学院	56	科学教育	1
许昌	襄城县	理科	学科教师	6407	安阳师范学院	05	英语	5
许昌	襄城县	理科	学科教师	6407	安阳师范学院	13	数学与应用数学	10
许昌	襄城县	理科	学科教师	6408	商丘师范学院	20	物理学	10
许昌	襄城县	理科	学科教师	6408	商丘师范学院	37	化学	5
许昌	襄城县	理科	小学教育	6054	安阳师范学院	09	小学教育	4
许昌	鄢陵县	文科	学科教师	6407	安阳师范学院	19	思想政治教育	4
许昌	鄢陵县	文科	学科教师	6407	安阳师范学院	25	汉语言文学	8
许昌	鄢陵县	文科	学科教师	6407	安阳师范学院	33	英语	3
许昌	鄢陵县	文科	小学教育	6054	安阳师范学院	09	小学教育	10
许昌	鄢陵县	理科	学科教师	6402	洛阳师范学院	64	计算机科学与技术	4
许昌	鄢陵县	理科	学科教师	6404	郑州师范学院	58	科学教育	2
许昌	鄢陵县	理科	学科教师	6407	安阳师范学院	03	英语	3
许昌	鄢陵县	理科	学科教师	6407	安阳师范学院	12	数学与应用数学	8
许昌	鄢陵县	理科	小学教育	6054	安阳师范学院	08	小学教育	10
许昌	禹州市	文科	学科教师	6407	安阳师范学院	24	汉语言文学	10
许昌	禹州市	文科	学科教师	6407	安阳师范学院	32	英语	5
许昌	禹州市	文科	小学教育	6174	郑州师范学院	11	小学教育	10
许昌	禹州市	文科	特殊教育	6406	郑州师范学院	12	特殊教育	5
许昌	禹州市	理科	学科教师	6402	洛阳师范学院	63	计算机科学与技术	2
许昌	禹州市	理科	学科教师	6404	郑州师范学院	54	科学教育	2
许昌	禹州市	理科	学科教师	6407	安阳师范学院	02	英语	5
许昌	禹州市	理科	学科教师	6407	安阳师范学院	10	数学与应用数学	12
许昌	禹州市	理科	小学教育	6174	郑州师范学院	10	小学教育	10
许昌	长葛市	文科	学科教师	6408	商丘师范学院	35	地理科学	2
许昌	长葛市	理科	学科教师	6407	安阳师范学院	11	数学与应用数学	4
许昌	长葛市	理科	学科教师	6408	商丘师范学院	21	物理学	4
许昌	长葛市	理科	学科教师	6408	商丘师范学院	38	化学	4
许昌	长葛市	理科	学科教师	6408	商丘师范学院	55	生物科学	4
周口	郸城县	文科	地方优师	6411	河南师范大学	50	历史学	4
周口	郸城县	文科	地方优师	6411	河南师范大学	59	地理科学	2
周口	郸城县	文科	地方优师	6412	信阳师范大学	22	汉语言文学	3

续表

省辖市	设岗县（市、区）	科类	分类	院校代号	院校名称	专业代码	专业名称	计划人数
周口	郸城县	文科	地方优师	6412	信阳师范大学	34	英语	3
周口	郸城县	文科	学科教师	6407	安阳师范学院	11	思想政治教育	5
周口	郸城县	文科	学科教师	6409	周口师范学院	23	汉语言文学	5
周口	郸城县	文科	学科教师	6409	周口师范学院	36	英语	5
周口	郸城县	文科	小学教育	6062	周口师范学院	10	小学教育	10
周口	郸城县	文科	学前教育	6230	郑州幼儿师范高等专科学校	20	学前教育（专科）	32
周口	郸城县	理科	地方优师	6411	河南师范大学	26	教育技术学	3
周口	郸城县	理科	地方优师	6411	河南师范大学	40	物理学	2
周口	郸城县	理科	地方优师	6411	河南师范大学	74	地理科学	2
周口	郸城县	理科	地方优师	6412	信阳师范大学	10	数学与应用数学	3
周口	郸城县	理科	地方优师	6412	信阳师范大学	41	化学	2
周口	郸城县	理科	学科教师	6403	信阳师范大学	03	计算机科学与技术	5
周口	郸城县	理科	学科教师	6404	郑州师范学院	26	科学教育	2
周口	郸城县	理科	学科教师	6408	商丘师范学院	61	生物科学	5
周口	郸城县	理科	学科教师	6409	周口师范学院	34	数学与应用数学	5
周口	郸城县	理科	学科教师	6409	周口师范学院	53	物理学	5
周口	郸城县	理科	小学教育	6062	周口师范学院	10	小学教育	6
周口	郸城县	理科	学前教育	6230	郑州幼儿师范高等专科学校	10	学前教育（专科）	8
周口	扶沟县	文科	学科教师	6404	郑州师范学院	30	历史学	2
周口	扶沟县	文科	学科教师	6405	南阳师范学院	52	地理科学	2
周口	扶沟县	文科	学科教师	6407	安阳师范学院	14	思想政治教育	2
周口	扶沟县	文科	学科教师	6409	周口师范学院	26	汉语言文学	2
周口	扶沟县	文科	学科教师	6409	周口师范学院	38	英语	2
周口	扶沟县	文科	小学教育	6062	周口师范学院	07	小学教育	6
周口	扶沟县	文科	特殊教育	6406	郑州师范学院	26	特殊教育	1
周口	扶沟县	文科	学前教育	6230	郑州幼儿师范高等专科学校	17	学前教育（专科）	6
周口	扶沟县	理科	学科教师	6403	信阳师范大学	10	计算机科学与技术	2
周口	扶沟县	理科	学科教师	6404	郑州师范学院	32	科学教育	2
周口	扶沟县	理科	学科教师	6408	商丘师范学院	39	化学	2
周口	扶沟县	理科	学科教师	6408	商丘师范学院	59	生物科学	2
周口	扶沟县	理科	学科教师	6409	周口师范学院	39	数学与应用数学	2
周口	扶沟县	理科	学科教师	6409	周口师范学院	47	物理学	2
周口	扶沟县	理科	小学教育	6062	周口师范学院	08	小学教育	4
周口	淮阳区	文科	地方优师	6411	河南师范大学	51	历史学	4
周口	淮阳区	文科	地方优师	6411	河南师范大学	60	地理科学	2
周口	淮阳区	文科	地方优师	6412	信阳师范大学	16	思想政治教育	4

续表

省辖市	设岗县（市、区）	科类	分类	院校代号	院校名称	专业代码	专业名称	计划人数
周口	淮阳区	文科	地方优师	6412	信阳师范大学	27	汉语言文学	4
周口	淮阳区	文科	学科教师	6404	郑州师范学院	31	历史学	1
周口	淮阳区	文科	学科教师	6405	南阳师范学院	51	地理科学	2
周口	淮阳区	文科	学科教师	6407	安阳师范学院	13	思想政治教育	1
周口	淮阳区	文科	学科教师	6409	周口师范学院	22	汉语言文学	1
周口	淮阳区	文科	学科教师	6409	周口师范学院	39	英语	1
周口	淮阳区	文科	小学教育	6062	周口师范学院	11	小学教育	3
周口	淮阳区	文科	特殊教育	6406	郑州师范学院	18	特殊教育	2
周口	淮阳区	文科	学前教育	6230	郑州幼儿师范高等专科学校	21	学前教育(专科)	5
周口	淮阳区	理科	地方优师	6411	河南师范大学	75	地理科学	2
周口	淮阳区	理科	地方优师	6412	信阳师范大学	14	数学与应用数学	4
周口	淮阳区	理科	地方优师	6412	信阳师范大学	31	物理学	2
周口	淮阳区	理科	地方优师	6412	信阳师范大学	38	化学	1
周口	淮阳区	理科	地方优师	6412	信阳师范大学	48	生物科学	3
周口	淮阳区	理科	学科教师	6402	洛阳师范学院	59	计算机科学与技术	1
周口	淮阳区	理科	学科教师	6404	郑州师范学院	35	科学教育	2
周口	淮阳区	理科	学科教师	6408	商丘师范学院	32	化学	2
周口	淮阳区	理科	学科教师	6408	商丘师范学院	53	生物科学	2
周口	淮阳区	理科	学科教师	6409	周口师范学院	35	数学与应用数学	1
周口	淮阳区	理科	学科教师	6409	周口师范学院	52	物理学	2
周口	淮阳区	理科	小学教育	6062	周口师范学院	11	小学教育	2
周口	商水县	文科	学前教育	6230	郑州幼儿师范高等专科学校	15	学前教育(专科)	32
周口	商水县	理科	学前教育	6230	郑州幼儿师范高等专科学校	08	学前教育(专科)	8
周口	沈丘县	文科	地方优师	6411	河南师范大学	26	思想政治教育	2
周口	沈丘县	文科	地方优师	6411	河南师范大学	40	英语	1
周口	沈丘县	文科	地方优师	6411	河南师范大学	58	地理科学	1
周口	沈丘县	文科	地方优师	6412	信阳师范大学	25	汉语言文学	3
周口	沈丘县	文科	小学教育	6062	周口师范学院	12	小学教育	6
周口	沈丘县	文科	特殊教育	6406	郑州师范学院	17	特殊教育	2
周口	沈丘县	文科	学前教育	6230	郑州幼儿师范高等专科学校	19	学前教育(专科)	15
周口	沈丘县	理科	地方优师	6411	河南师范大学	19	教育技术学	2
周口	沈丘县	理科	地方优师	6411	河南师范大学	50	物理学	1
周口	沈丘县	理科	地方优师	6411	河南师范大学	57	化学	1
周口	沈丘县	理科	地方优师	6411	河南师范大学	73	地理科学	1
周口	沈丘县	理科	地方优师	6411	河南师范大学	89	生物科学	2
周口	沈丘县	理科	地方优师	6412	信阳师范大学	12	数学与应用数学	1

续表

省辖市	设岗县（市、区）	科类	分类	院校代号	院校名称	专业代码	专业名称	计划人数
周口	沈丘县	理科	学科教师	6404	郑州师范学院	27	科学教育	2
周口	沈丘县	理科	小学教育	6062	周口师范学院	12	小学教育	4
周口	沈丘县	理科	学前教育	6230	郑州幼儿师范高等专科学校	09	学前教育（专科）	5
周口	太康县	文科	小学教育	6062	周口师范学院	04	小学教育	10
周口	太康县	文科	学前教育	6230	郑州幼儿师范高等专科学校	18	学前教育（专科）	7
周口	太康县	理科	学科教师	6404	郑州师范学院	19	科学教育	2
周口	太康县	理科	小学教育	6062	周口师范学院	05	小学教育	6
周口	太康县	理科	学前教育	6230	郑州幼儿师范高等专科学校	12	学前教育（专科）	3
周口	西华县	文科	学科教师	6404	郑州师范学院	29	历史学	4
周口	西华县	文科	学科教师	6407	安阳师范学院	12	思想政治教育	3
周口	西华县	文科	学科教师	6408	商丘师范学院	27	地理科学	3
周口	西华县	文科	学科教师	6409	周口师范学院	29	汉语言文学	2
周口	西华县	文科	学科教师	6409	周口师范学院	40	英语	2
周口	西华县	文科	小学教育	6062	周口师范学院	08	小学教育	5
周口	西华县	文科	特殊教育	6406	郑州师范学院	16	特殊教育	2
周口	西华县	理科	学科教师	6403	信阳师范大学	06	计算机科学与技术	2
周口	西华县	理科	学科教师	6404	郑州师范学院	21	科学教育	1
周口	西华县	理科	学科教师	6408	商丘师范学院	34	化学	4
周口	西华县	理科	学科教师	6408	商丘师范学院	40	地理科学	1
周口	西华县	理科	学科教师	6408	商丘师范学院	60	生物科学	4
周口	西华县	理科	学科教师	6409	周口师范学院	37	数学与应用数学	2
周口	西华县	理科	学科教师	6409	周口师范学院	50	物理学	6
周口	西华县	理科	小学教育	6062	周口师范学院	09	小学教育	4
周口	项城市	文科	学科教师	6409	周口师范学院	28	汉语言文学	10
周口	项城市	文科	学科教师	6409	周口师范学院	43	英语	10
周口	项城市	文科	小学教育	6062	周口师范学院	06	小学教育	6
周口	项城市	理科	学科教师	6404	郑州师范学院	22	科学教育	2
周口	项城市	理科	学科教师	6409	周口师范学院	33	数学与应用数学	10
周口	项城市	理科	小学教育	6062	周口师范学院	07	小学教育	4
周口/直管县	鹿邑县	文科	小学教育	6174	郑州师范学院	06	小学教育	2
周口/直管县	鹿邑县	文科	特殊教育	6406	郑州师范学院	28	特殊教育	5
周口/直管县	鹿邑县	文科	学前教育	6230	郑州幼儿师范高等专科学校	44	学前教育（专科）	15
周口/直管县	鹿邑县	理科	学科教师	6404	郑州师范学院	62	科学教育	1
周口/直管县	鹿邑县	理科	小学教育	6174	郑州师范学院	01	小学教育	3
周口/直管县	鹿邑县	理科	学前教育	6230	郑州幼儿师范高等专科学校	26	学前教育（专科）	5
驻马店	泌阳县	文科	学科教师	6404	郑州师范学院	04	汉语言文学	14

续表

省辖市	设岗县(市、区)	科类	分类	院校代号	院校名称	专业代码	专业名称	计划人数
驻马店	泌阳县	文科	学科教师	6409	周口师范学院	24	汉语言文学	5
驻马店	泌阳县	文科	学科教师	6409	周口师范学院	41	英语	6
驻马店	泌阳县	文科	小学教育	6054	安阳师范学院	11	小学教育	5
驻马店	泌阳县	文科	小学教育	6059	商丘师范学院	13	小学教育	15
驻马店	泌阳县	文科	特殊教育	6406	郑州师范学院	23	特殊教育	10
驻马店	泌阳县	文科	学前教育	6230	郑州幼儿师范高等专科学校	24	学前教育(专科)	15
驻马店	泌阳县	理科	学科教师	6404	郑州师范学院	33	科学教育	2
驻马店	泌阳县	理科	学科教师	6405	南阳师范学院	42	数学与应用数学	10
驻马店	泌阳县	理科	小学教育	6054	安阳师范学院	10	小学教育	5
驻马店	泌阳县	理科	小学教育	6059	商丘师范学院	10	小学教育	10
驻马店	泌阳县	理科	学前教育	6230	郑州幼儿师范高等专科学校	11	学前教育(专科)	5
驻马店	平舆县	文科	小学教育	6059	商丘师范学院	17	小学教育	3
驻马店	平舆县	文科	特殊教育	6406	郑州师范学院	19	特殊教育	1
驻马店	平舆县	文科	学前教育	6230	郑州幼儿师范高等专科学校	22	学前教育(专科)	2
驻马店	平舆县	理科	地方优师	6411	河南师范大学	42	物理学	1
驻马店	平舆县	理科	地方优师	6411	河南师范大学	58	化学	1
驻马店	平舆县	理科	学科教师	6404	郑州师范学院	34	科学教育	1
驻马店	平舆县	理科	小学教育	6059	商丘师范学院	16	小学教育	1
驻马店	确山县	文科	地方优师	6411	河南师范大学	65	地理科学	1
驻马店	确山县	文科	小学教育	6059	商丘师范学院	11	小学教育	3
驻马店	确山县	文科	学前教育	6230	郑州幼儿师范高等专科学校	23	学前教育(专科)	5
驻马店	确山县	理科	地方优师	6411	河南师范大学	52	物理学	1
驻马店	确山县	理科	地方优师	6411	河南师范大学	66	化学	1
驻马店	确山县	理科	地方优师	6411	河南师范大学	80	地理科学	1
驻马店	确山县	理科	地方优师	6411	河南师范大学	90	生物科学	1
驻马店	确山县	理科	学科教师	6404	郑州师范学院	31	科学教育	1
驻马店	确山县	理科	小学教育	6059	商丘师范学院	17	小学教育	1
驻马店	汝南县	文科	学科教师	6409	周口师范学院	27	汉语言文学	15
驻马店	汝南县	文科	学科教师	6409	周口师范学院	42	英语	10
驻马店	汝南县	文科	小学教育	6059	商丘师范学院	03	小学教育	10
驻马店	汝南县	文科	学前教育	6230	郑州幼儿师范高等专科学校	25	学前教育(专科)	15
驻马店	汝南县	理科	学科教师	6402	洛阳师范学院	27	数学与应用数学	15
驻马店	汝南县	理科	学科教师	6404	郑州师范学院	29	科学教育	2
驻马店	汝南县	理科	小学教育	6059	商丘师范学院	08	小学教育	5
驻马店	汝南县	理科	学前教育	6230	郑州幼儿师范高等专科学校	13	学前教育(专科)	5
驻马店	上蔡县	文科	地方优师	6411	河南师范大学	61	地理科学	1

续表

省辖市	设岗县(市、区)	科类	分类	院校代号	院校名称	专业代码	专业名称	计划人数
驻马店	上蔡县	文科	小学教育	6059	商丘师范学院	14	小学教育	3
驻马店	上蔡县	理科	地方优师	6411	河南师范大学	51	物理学	3
驻马店	上蔡县	理科	地方优师	6411	河南师范大学	76	地理科学	2
驻马店	上蔡县	理科	小学教育	6059	商丘师范学院	13	小学教育	1
驻马店	遂平县	文科	学科教师	6405	南阳师范学院	54	地理科学	5
驻马店	遂平县	文科	小学教育	6059	商丘师范学院	12	小学教育	10
驻马店	遂平县	理科	学科教师	6404	郑州师范学院	28	科学教育	2
驻马店	遂平县	理科	学科教师	6405	南阳师范学院	63	地理科学	5
驻马店	遂平县	理科	学科教师	6405	南阳师范学院	71	生物科学	10
驻马店	遂平县	理科	学科教师	6407	安阳师范学院	31	化学	10
驻马店	遂平县	理科	学科教师	6408	商丘师范学院	24	物理学	10
驻马店	遂平县	理科	小学教育	6059	商丘师范学院	05	小学教育	5
驻马店	正阳县	文科	学前教育	6230	郑州幼儿师范高等专科学校	27	学前教育(专科)	11
驻马店/直管县	新蔡县	文科	地方优师	6410	河南大学	06	汉语言文学	2
驻马店/直管县	新蔡县	文科	地方优师	6410	河南大学	12	历史学	2
驻马店/直管县	新蔡县	文科	地方优师	6411	河南师范大学	44	英语	2
驻马店/直管县	新蔡县	文科	小学教育	6174	郑州师范学院	04	小学教育	8
驻马店/直管县	新蔡县	理科	地方优师	6410	河南大学	08	地理科学	2
驻马店/直管县	新蔡县	理科	地方优师	6411	河南师范大学	35	数学与应用数学	5
驻马店/直管县	新蔡县	理科	地方优师	6411	河南师范大学	46	物理学	3
驻马店/直管县	新蔡县	理科	地方优师	6411	河南师范大学	63	化学	5
驻马店/直管县	新蔡县	理科	地方优师	6411	河南师范大学	92	生物科学	3
驻马店/直管县	新蔡县	理科	学科教师	6404	郑州师范学院	59	科学教育	2
驻马店/直管县	新蔡县	理科	小学教育	6174	郑州师范学院	12	小学教育	7

第十五节　国家免费医学生招生

一、国家免费医学生政策

教育部办公厅关于做好2023年中央财政支持中西部农村订单定向免费本科医学生招生培养工作的通知

有关省、自治区、直辖市教育厅(教委)、高等学校招生委员会办公室,新疆生产建设兵团教育局:

为贯彻落实《国务院办公厅关于改革完善全科医生培养与使用激励机制的意见》(国办发〔2018〕3号)精神,继续实施农村订单定向医学生免费培养,现将2023年中央财政支持的中西部地区农村订单定向免费本科医学生招生培养工作有关事宜通知如下。

1. 2023年中央财政支持高等医学院校为中西部乡镇卫生院培养订单定向免费五年制本科医学生共计

6150 人，专业包括临床医学、中医学、蒙医学和维医学。请有关省级教育行政部门将本科免费医学生订单定向招生计划纳入 2023 年度普通高等学校年度招生规模，在不增加承担免费医学生培养任务高校（以下简称培养高校）相应专业招生规模的基础上调整招生结构。

2. 中央财政支持的免费本科医学生订单定向招生计划在有关学校的本科层次招生来源计划中单列编制，计划性质为“国家免费医学生”。报考免费医学定向招生计划的考生均须参加当年全国统一高考，实行单列志愿、单设批次、单独划线，只招收农村生源，在本科提前批次录取。生源不足时，未完成的计划通过补征志愿方式从高分到低分顺序录取，直至完成计划。

鼓励有条件的省份结合本地区实际情况，积极探索按照考生户籍以县为单位定向招生的办法，由各省级教育行政部门根据用人需求以县为单位安排招生计划，只招收定岗单位所在县农村生源。生源不足时，未完成的计划面向全省农村学生补征志愿，并按补征的考生志愿及录取要求，从高分到低分顺序录取，直至完成计划。

免费定向本科医学生录取后、获得入学通知书前，须与培养高校和定向就业所在地的县级卫生健康、人力资源社会保障行政部门签署定向培养和就业协议。免费定向本科医学生在学期间户籍仍保留在原户籍所在地，毕业后可按有关规定迁入定向就业所在地。

3. 免费定向本科医学生只招收农村学生，报考学生须同时具备下列条件：（1）符合 2023 年统一高考报名条件；（2）本人及父亲或母亲或法定监护人户籍地须在农村，本人具有当地连续 3 年以上户籍；（3）本省份规定的其他条件。采取以县为单位定向招生的地方，报考学生除同时具备上述条件外，本人及父亲或母亲或法定监护人户籍地须在定岗单位所在县农村。

4. 有关省级教育行政部门商省级卫生健康、发展改革等部门，根据本地区免费定向本科医学生需求计划，确定开展免费医学生培养的高校和各培养高校的招生计划。为保证免费医学生培养工作的连续性和实效性，原则上不新增承担培养任务的高校。

按考生户籍以县为单位实施定向招生的省份，有关教育行政部门、教育招生考试部门要加强与卫生健康行政部门、招生高校的沟通配合，根据各县岗位需求计划落实好每县的招生计划，确保顺利完成年度招生任务。

5. 有关省级教育行政部门要会同卫生健康行政部门加大宣传力度，尽快将免费定向医学生的招生培养、定向就业等相关政策信息向考生和社会公布，及时解读相关政策内容，做好培养高校和用人部门与免费医学生签署定向培养和就业协议的政策指导和组织协调工作。

请有关省级教育行政部门将培养高校名单及各培养高校的分专业招生计划按规定时间通过教育部“全国普通高校招生来源计划网上管理系统”（网址为 https://pzjh. chsi. com. cn）编报，并以文件和电子邮件方式报教育部（高等教育司）。按考生户籍以县为单位实施定向招生的省份连同招生高校分县分专业招生计划一并报送教育部（高等教育司）。

教育部办公厅

2023 年 5 月 5 日

二、2023 年在河南省招收国家免费医学生的院校及专业

2023 年共有 4 所高校在河南招收国家免费医学生，共投放招生计划 200 人（无性别限制），其中文科 24 人、理科 176 人，具体招生计划见表 1-25［按设岗县（市、区）排序］：

表 1-25　2023 年河南省国家免费医学生招生院校及专业

设岗县(市、区)	科类	院校代号	院校名称	专业代码	专业名称	计划人数
安阳县	理科	6029	新乡医学院	18	临床医学	1
安阳县	理科	6397	河南科技大学	06	临床医学	1
北关区	理科	6397	河南科技大学	07	临床医学	1
川汇区	理科	6029	新乡医学院	07	临床医学	1
郸城县	理科	6029	新乡医学院	31	临床医学	4
郸城县	理科	6397	河南科技大学	24	临床医学	4
邓州市	理科	6029	新乡医学院	27	临床医学	1
封丘县	文科	6193	南阳理工学院	02	中医学	2
封丘县	理科	6029	新乡医学院	19	临床医学	2
封丘县	理科	6193	南阳理工学院	01	中医学	3
扶沟县	理科	6018	河南中医药大学	11	中医学	3
扶沟县	理科	6029	新乡医学院	05	临床医学	1
扶沟县	理科	6397	河南科技大学	22	临床医学	2
巩义市	理科	6018	河南中医药大学	12	中医学	2
巩义市	理科	6029	新乡医学院	10	临床医学	1
巩义市	理科	6397	河南科技大学	19	临床医学	2
鹤壁市	理科	6018	河南中医药大学	16	中医学	2
滑县	理科	6193	南阳理工学院	04	中医学	1
淮阳区	理科	6029	新乡医学院	32	临床医学	2
淮阳区	理科	6397	河南科技大学	16	临床医学	1
济源示范区	理科	6018	河南中医药大学	19	中医学	2
济源示范区	理科	6029	新乡医学院	08	临床医学	2
济源示范区	理科	6397	河南科技大学	26	临床医学	2
郏县	理科	6193	南阳理工学院	05	中医学	1
兰考县	文科	6193	南阳理工学院	01	中医学	1
兰考县	理科	6193	南阳理工学院	02	中医学	1
林州市	理科	6029	新乡医学院	17	临床医学	1
林州市	理科	6397	河南科技大学	18	临床医学	2
灵宝市	理科	6029	新乡医学院	22	临床医学	2
灵宝市	理科	6397	河南科技大学	05	临床医学	1
卢氏县	理科	6029	新乡医学院	23	临床医学	1
卢氏县	理科	6397	河南科技大学	09	临床医学	1
鹿邑县	文科	6018	河南中医药大学	01	中医学	2
鹿邑县	理科	6018	河南中医药大学	01	中医学	4
鹿邑县	理科	6029	新乡医学院	06	临床医学	4
鹿邑县	理科	6397	河南科技大学	29	临床医学	4

续表

设岗县(市、区)	科类	院校代号	院校名称	专业代码	专业名称	计划人数
栾川县	文科	6018	河南中医药大学	03	中医学	2
栾川县	理科	6018	河南中医药大学	03	中医学	3
栾川县	理科	6029	新乡医学院	14	临床医学	1
栾川县	理科	6397	河南科技大学	04	临床医学	1
罗山县	文科	6193	南阳理工学院	06	中医学	1
罗山县	理科	6193	南阳理工学院	13	中医学	2
罗山县	理科	6397	河南科技大学	14	临床医学	1
洛宁县	理科	6018	河南中医药大学	08	中医学	3
马村区	文科	6193	南阳理工学院	03	中医学	1
马村区	理科	6193	南阳理工学院	06	中医学	2
孟津区	理科	6018	河南中医药大学	20	中医学	1
南召县	文科	6193	南阳理工学院	05	中医学	2
南召县	理科	6029	新乡医学院	25	临床医学	2
南召县	理科	6193	南阳理工学院	08	中医学	3
南召县	理科	6397	河南科技大学	27	临床医学	3
内黄县	理科	6029	新乡医学院	16	临床医学	1
平桥区	理科	6029	新乡医学院	29	临床医学	1
平桥区	理科	6397	河南科技大学	12	临床医学	1
濮阳县	理科	6029	新乡医学院	20	临床医学	2
濮阳县	理科	6397	河南科技大学	25	临床医学	3
汝阳县	理科	6018	河南中医药大学	14	中医学	2
汝阳县	理科	6029	新乡医学院	12	临床医学	1
汝阳县	理科	6397	河南科技大学	02	临床医学	1
三门峡市示范区	理科	6029	新乡医学院	24	临床医学	1
商城县	文科	6193	南阳理工学院	10	中医学	1
商城县	理科	6193	南阳理工学院	11	中医学	1
商水县	理科	6018	河南中医药大学	18	中医学	2
商水县	理科	6029	新乡医学院	03	临床医学	2
商水县	理科	6397	河南科技大学	11	临床医学	1
沈丘县	理科	6018	河南中医药大学	10	中医学	3
沈丘县	理科	6029	新乡医学院	01	临床医学	1
沈丘县	理科	6397	河南科技大学	13	临床医学	1
浉河区	理科	6029	新乡医学院	28	临床医学	2
浉河区	理科	6397	河南科技大学	21	临床医学	2
太康县	理科	6029	新乡医学院	02	临床医学	1
太康县	理科	6397	河南科技大学	23	临床医学	2
温县	理科	6193	南阳理工学院	03	中医学	1

续表

设岗县(市、区)	科类	院校代号	院校名称	专业代码	专业名称	计划人数
舞阳县	理科	6018	河南中医药大学	09	中医学	3
舞阳县	理科	6029	新乡医学院	21	临床医学	1
舞阳县	理科	6397	河南科技大学	10	临床医学	1
西华县	文科	6018	河南中医药大学	04	中医学	1
西华县	理科	6018	河南中医药大学	04	中医学	4
西华县	理科	6029	新乡医学院	04	临床医学	3
西华县	理科	6397	河南科技大学	20	临床医学	3
西峡县	理科	6029	新乡医学院	26	临床医学	2
西峡县	理科	6397	河南科技大学	15	临床医学	1
息县	文科	6193	南阳理工学院	04	中医学	1
息县	理科	6193	南阳理工学院	07	中医学	2
夏邑县	文科	6018	河南中医药大学	05	中医学	1
夏邑县	理科	6018	河南中医药大学	05	中医学	3
新安县	文科	6018	河南中医药大学	02	中医学	2
新安县	理科	6018	河南中医药大学	02	中医学	3
新安县	理科	6029	新乡医学院	15	临床医学	1
新安县	理科	6397	河南科技大学	17	临床医学	2
新蔡县	文科	6193	南阳理工学院	09	中医学	2
新蔡县	理科	6193	南阳理工学院	12	中医学	4
新密市	理科	6018	河南中医药大学	13	中医学	2
新县	文科	6193	南阳理工学院	08	中医学	2
新县	理科	6029	新乡医学院	30	临床医学	2
新县	理科	6193	南阳理工学院	10	中医学	4
新县	理科	6397	河南科技大学	28	临床医学	3
新郑市	文科	6018	河南中医药大学	06	中医学	1
新郑市	理科	6018	河南中医药大学	06	中医学	2
荥阳市	理科	6029	新乡医学院	11	临床医学	1
荥阳市	理科	6397	河南科技大学	08	临床医学	1
伊川县	理科	6018	河南中医药大学	15	中医学	2
宜阳县	文科	6018	河南中医药大学	07	中医学	1
宜阳县	理科	6018	河南中医药大学	07	中医学	2
宜阳县	理科	6029	新乡医学院	13	临床医学	1
宜阳县	理科	6397	河南科技大学	03	临床医学	1
永城市	理科	6018	河南中医药大学	17	中医学	2
禹州市	文科	6193	南阳理工学院	07	中医学	1
禹州市	理科	6193	南阳理工学院	09	中医学	1
中牟县	理科	6029	新乡医学院	09	临床医学	1

续表

设岗县(市、区)	科类	院校代号	院校名称	专业代码	专业名称	计划人数
中牟县	理科	6397	河南科技大学	01	临床医学	1

第十六节 农村专项计划

一、国家专项计划

(一)报考条件

国家专项计划的实施区域为国家划定的38个县(见表1-26)。考生须同时具备下列条件:本人具有实施区域当地连续3年以上户籍,其父亲或母亲或法定监护人具有当地户籍;本人具有户籍所在县高中连续3年学籍并实际就读;已参加当年统一高考报名且通过报名资格审核。

表1-26 国家专项计划在河南省的实施区域

区域划分	国家专项计划实施区域(38个县)	
	集中连片特困县(26)	国家级扶贫开发重点县(12)
开封市	兰考县	—
洛阳市	栾川县、嵩县、洛宁县、汝阳县	宜阳县
平顶山市	鲁山县	—
安阳市	—	滑县
新乡市	—	封丘县
濮阳市	—	范县、台前县
漯河市	—	—
三门峡市	卢氏县	—
南阳市	南召县、镇平县、内乡县、淅川县	社旗县、桐柏县
商丘市	民权县、宁陵县、柘城县	睢县、虞城县
信阳市	光山县、新县、商城县、固始县、淮滨县、潢川县	—
周口市	淮阳县、沈丘县、太康县、商水县、郸城县	—
驻马店市	新蔡县	上蔡县、确山县、平舆县

(二)2023年在河南省实施国家专项计划的院校(见表1-27)

表1-27 2023年在河南省实施国家专项计划的院校

院校代号	院校名称	院校分类	理科	文科
0001	北京体育大学	原211	招生	招生
0103	外交学院	双一流	招生	招生
0150	国际关系学院	保研资格	招生	招生
0175	中国科学院大学	双一流	招生	—
0191	中国社会科学院大学	保研资格	招生	招生
1100	中央民族大学	原985	招生	—

续表

院校代号	院校名称	院校分类	理科	文科
1103	中南民族大学	保研资格	招生	招生
1105	北京大学	原 985	招生	招生
1106	北京大学医学部	原 985	招生	—
1110	中国人民大学	原 985	招生	招生
1115	清华大学	原 985	招生	招生
1120	北京交通大学	原 211	招生	—
1125	东南大学	原 985	招生	招生
1130	复旦大学	原 985	招生	招生
1131	复旦大学医学院	原 985	招生	—
1135	湖南大学	原 985	招生	—
1140	华中科技大学	原 985	招生	—
1145	吉林大学	原 985	招生	招生
1150	江南大学	原 211	招生	—
1155	兰州大学	原 985	招生	—
1160	南京大学	原 985	招生	招生
1165	南开大学	原 985	招生	招生
1170	山东大学	原 985	招生	招生
1173	山东大学威海分校	原 985	招生	招生
1175	四川大学	原 985	招生	招生
1180	武汉大学	原 985	招生	—
1185	西安交通大学	原 985	招生	招生
1190	厦门大学	原 985	招生	招生
1195	浙江大学	原 985	招生	招生
1196	浙江大学医学院	原 985	招生	—
1200	华北电力大学(保定)	原 211	招生	招生
1205	中南财经政法大学	原 211	招生	招生
1210	中南大学	原 985	招生	招生
1215	中山大学	原 985	招生	招生
1220	华北电力大学(北京)	原 211	招生	招生
1225	北京化工大学	原 211	招生	—
1230	北京科技大学	原 211	招生	—
1235	北京邮电大学	原 211	招生	—
1240	长安大学	原 211	招生	—
1245	大连理工大学	原 985	招生	—
1248	大连理工大学(盘锦校区)	原 985	招生	—
1250	电子科技大学	原 985	招生	—
1255	东北大学	原 985	招生	—

续表

院校代号	院校名称	院校分类	理科	文科
1260	东华大学	原211	招生	—
1265	合肥工业大学	原211	招生	—
1268	合肥工业大学(宣城校区)	原211	招生	—
1270	河海大学	原211	招生	招生
1275	华东理工大学	原211	招生	招生
1280	华南理工大学	原985	招生	—
1285	大连海事大学	原211	招生	—
1290	上海交通大学	原985	招生	—
1295	中国石油大学(北京)	原211	招生	—
1296	中国石油大学(北京)克拉玛依校区	原211	招生	—
1300	中国石油大学(华东)	原211	招生	—
1305	天津大学	原985	招生	—
1310	同济大学	原985	招生	—
1315	武汉理工大学	原211	招生	—
1320	西安电子科技大学	原211	招生	招生
1325	西南交通大学	原211	招生	招生
1330	中国海洋大学	原985	招生	—
1335	中国地质大学(北京)	原211	招生	—
1340	中国地质大学(武汉)	原211	招生	—
1345	中国矿业大学(北京)	原211	招生	—
1350	中国矿业大学	原211	招生	招生
1355	重庆大学	原985	招生	招生
1360	华中农业大学	原211	招生	—
1365	南京农业大学	原211	招生	—
1370	西北农林科技大学	原985	招生	—
1375	中国农业大学	原985	招生	—
1380	北京林业大学	原211	招生	招生
1385	东北林业大学	原211	招生	—
1390	北京中医药大学	原211	招生	—
1395	中国药科大学	原211	招生	—
1400	北京师范大学	原985	招生	招生
1405	东北师范大学	原211	招生	招生
1410	华东师范大学	原985	招生	招生
1415	华中师范大学	原211	招生	招生
1420	陕西师范大学	原211	招生	招生
1427	西南大学(荣昌校区)	原211	招生	招生
1430	北京外国语大学	原211	招生	招生

续表

院校代号	院校名称	院校分类	理科	文科
1435	北京语言大学	保研资格	招生	招生
1440	上海外国语大学	原 211	招生	招生
1445	上海财经大学	原 211	招生	—
1450	对外经济贸易大学	原 211	招生	招生
1455	西南财经大学	原 211	招生	招生
1460	中央财经大学	原 211	招生	招生
1465	中国政法大学	原 211	招生	招生
1470	中国传媒大学	原 211	招生	招生
1485	北京航空航天大学	原 985	招生	—
1490	北京理工大学	原 985	招生	—
1495	哈尔滨工业大学	原 985	招生	—
1496	哈尔滨工业大学(威海)	原 985	招生	—
1497	哈尔滨工业大学(深圳)	原 985	招生	—
1500	哈尔滨工程大学	原 211	招生	—
1505	南京航空航天大学	原 211	招生	—
1510	南京理工大学	原 211	招生	—
1515	西北工业大学	原 985	招生	招生
1520	暨南大学	原 211	招生	招生
1525	中国科学技术大学	原 985	招生	—
1550	北京工商大学	保研资格	招生	—
1560	北京工业大学	原 211	招生	—
1605	天津医科大学	原 211	招生	—
1690	辽宁大学	原 211	招生	招生
1695	辽宁工程技术大学	保研资格	招生	—
1710	沈阳农业大学	保研资格	招生	—
1715	沈阳药科大学	保研资格	招生	—
1725	东北财经大学	保研资格	招生	招生
1740	延边大学	原 211	招生	—
1745	长春理工大学	保研资格	招生	招生
1760	东北农业大学	原 211	招生	招生
1765	哈尔滨医科大学	保研资格	招生	—
1790	上海大学	原 211	招生	—
1795	上海理工大学	保研资格	招生	—
1805	上海对外经贸大学	保研资格	招生	—
1830	苏州大学	原 211	招生	招生
1835	扬州大学	保研资格	招生	招生
1840	江苏大学	保研资格	招生	—

续表

院校代号	院校名称	院校分类	理科	文科
1845	南京工业大学	保研资格	招生	—
1855	南京师范大学	原211	招生	招生
1860	南京信息工程大学	双一流	招生	招生
1880	宁波大学	双一流	招生	—
1895	福州大学	原211	招生	招生
2130	石河子大学	原211	招生	—
2200	首都医科大学	保研资格	招生	—
2215	中国民航大学	保研资格	招生	—
2225	首都师范大学	双一流	招生	招生
2235	东北电力大学	保研资格	招生	—
2240	南京审计大学	公办	招生	招生
2250	天津外国语大学	保研资格	招生	—
2255	浙江理工大学	保研资格	招生	—
2260	上海交通大学医学院	原985	招生	—
2270	江苏科技大学	保研资格	招生	—
2275	青岛科技大学	保研资格	招生	—
2280	北京建筑大学	保研资格	招生	—
2285	沈阳建筑大学	保研资格	招生	—
2290	中国计量大学	公办	招生	—
2315	南京邮电大学	双一流	招生	招生
2320	北方工业大学	保研资格	招生	—
2325	华侨大学	保研资格	招生	招生
2350	大连民族大学	公办	招生	招生
2380	北京信息科技大学	保研资格	招生	—
2390	上海师范大学	保研资格	招生	招生
2395	集美大学	保研资格	招生	招生
2400	北京物资学院	公办	招生	—
2405	天津师范大学	保研资格	招生	招生
2410	青岛理工大学	保研资格	招生	—
2415	浙江工业大学	保研资格	招生	—
2420	杭州电子科技大学	保研资格	招生	—
2500	首都经济贸易大学	保研资格	招生	招生
2505	南京林业大学	双一流	招生	—
2525	天津工业大学	双一流	招生	—
2555	大连交通大学	保研资格	招生	—
2560	温州医科大学	保研资格	招生	—
2565	南通大学	保研资格	招生	—

续表

院校代号	院校名称	院校分类	理科	文科
2570	上海中医药大学	双一流	招生	—
2575	浙江师范大学	保研资格	招生	招生
2600	天津中医药大学	双一流	招生	—
2605	中国医科大学	保研资格	招生	—
2635	大连医科大学	保研资格	招生	—
2790	辽宁石油化工大学	公办	招生	—
2795	沈阳工业大学	保研资格	招生	—
2860	上海海事大学	保研资格	招生	—
2870	天津理工大学	保研资格	招生	—
2875	上海海洋大学	双一流	招生	—
2925	上海立信会计金融学院	公办	招生	招生
2935	辽宁科技大学	保研资格	招生	—
3010	西北民族大学	保研资格	招生	招生
3015	北方民族大学	公办	招生	—
3020	西南民族大学	保研资格	招生	招生
3035	中国劳动关系学院	公办	招生	招生
3060	中国民用航空飞行学院	公办	招生	—
3080	华北科技学院	公办	招生	—
3110	塔里木大学	公办	招生	—
3175	北京印刷学院	公办	招生	—
3200	天津科技大学	保研资格	招生	—
3240	天津商业大学	保研资格	招生	招生
3530	大连工业大学	保研资格	招生	—
3545	沈阳理工大学	公办	招生	—
3550	沈阳航空航天大学	保研资格	招生	—
3630	长春工业大学	保研资格	招生	—
3635	吉林农业大学	保研资格	招生	—
3665	长春中医药大学	保研资格	招生	—
3705	哈尔滨理工大学	保研资格	招生	—
3725	哈尔滨商业大学	保研资格	招生	招生
3780	上海工程技术大学	公办	招生	—
4020	浙江海洋大学	公办	招生	—
4055	杭州师范大学	保研资格	招生	—
4060	浙江工商大学	保研资格	招生	招生
4195	福建农林大学	保研资格	招生	—
4205	福建师范大学	保研资格	招生	—
4235	闽南师范大学	公办	—	招生

续表

院校代号	院校名称	院校分类	理科	文科
4350	济南大学	保研资格	招生	招生
4370	山东理工大学	保研资格	招生	—
4830	广东医科大学	公办	招生	—
5490	防灾科技学院	公办	招生	—
6000	郑州大学	原 211	招生	招生
6005	河南大学	双一流	招生	招生
6010	河南农业大学	保研资格	招生	招生
6015	河南中医药大学	保研资格	招生	招生
6020	新乡医学院	公办	招生	—
6025	河南科技学院	公办	招生	招生
6030	河南师范大学	保研资格	招生	招生
6065	信阳师范大学	公办	招生	—
6070	南阳师范学院	公办	招生	—
6075	南阳理工学院	公办	招生	招生
6080	河南财经政法大学	保研资格	招生	招生
6085	河南科技大学	保研资格	招生	—
6090	郑州航空工业管理学院	公办	招生	招生
6095	华北水利水电大学	保研资格	招生	招生
6100	河南理工大学	保研资格	招生	—
6105	河南工业大学	保研资格	招生	—
6110	郑州轻工业大学	公办	招生	招生
6115	中原工学院	公办	招生	招生
6120	河南城建学院	公办	招生	—
6165	新乡学院	公办	招生	—

二、高校专项计划

(一)报考条件:

高校专项计划实施区域共 53 个县(见表 1-28)。考生须同时具备下列条件:本人及父亲或母亲或法定监护人户籍地在实施区域的农村,本人具有当地连续 3 年以上户籍;本人具有户籍所在县高中连续 3 年学籍并实际就读;已参加当年统一高考报名且通过报名资格审核。

表 1-28 高校专项计划在河南省的实施区域

区域划分	高校专项计划实施区域(53 个县)		
	集中连片特困县(26)	国家级扶贫开发重点县(12)	省定扶贫开发工作重点县(15)
开封市	兰考县	—	—
洛阳市	栾川县、嵩县、洛宁县、汝阳县	宜阳县	伊川县
平顶山市	鲁山县	—	叶县
安阳市	—	滑县	内黄县

续表

区域划分	高校专项计划实施区域(53 个县)		
	集中连片特困县(26)	国家级扶贫开发重点县(12)	省定扶贫开发工作重点县(15)
新乡市	—	封丘县	原阳县
濮阳市	—	范县、台前县	濮阳县
漯河市	—	—	舞阳县
三门峡市	卢氏县	—	—
南阳市	南召县、镇平县、内乡县、淅川县	社旗县、桐柏县	方城县
商丘市	民权县、宁陵县、柘城县	睢县、虞城县	夏邑县
信阳市	光山县、新县、商城县、固始县	—	—
淮滨县、潢川县	—	罗山县、息县	—
周口市	淮阳县、沈丘县、太康县、商水县	—	—
郸城县	—	西华县、扶沟县	—
驻马店市	新蔡县	上蔡县、确山县、平舆县	泌阳县、正阳县、汝南县

(二)2023 年在河南省实施高校专项计划的院校(见表 1-29)

表 1-29　2023 年在河南省实施高校专项计划的院校

院校代号	院校名称	院校分类	理科	文科
1105	北京大学	原 985	招生	招生
1110	中国人民大学	原 985	招生	招生
1115	清华大学	原 985	招生	招生
1120	北京交通大学	原 211	招生	—
1125	东南大学	原 985	招生	招生
1130	复旦大学	原 985	招生	招生
1131	复旦大学医学院	原 985	招生	—
1135	湖南大学	原 985	招生	招生
1140	华中科技大学	原 985	招生	—
1145	吉林大学	原 985	招生	招生
1150	江南大学	原 211	招生	—
1155	兰州大学	原 985	招生	招生
1160	南京大学	原 985	招生	—
1165	南开大学	原 985	招生	招生
1170	山东大学	原 985	招生	招生
1175	四川大学	原 985	招生	招生
1180	武汉大学	原 985	招生	招生
1185	西安交通大学	原 985	招生	招生
1190	厦门大学	原 985	招生	招生
1195	浙江大学	原 985	招生	招生

续表

院校代号	院校名称	院校分类	理科	文科
1200	华北电力大学(保定)	原211	招生	—
1205	中南财经政法大学	原211	招生	招生
1210	中南大学	原985	招生	招生
1215	中山大学	原985	招生	招生
1220	华北电力大学(北京)	原211	招生	—
1225	北京化工大学	原211	招生	—
1230	北京科技大学	原211	招生	—
1235	北京邮电大学	原211	招生	—
1240	长安大学	原211	招生	—
1245	大连理工大学	原985	招生	—
1250	电子科技大学	原985	招生	—
1255	东北大学	原985	招生	—
1260	东华大学	原211	招生	—
1268	合肥工业大学(宣城校区)	原211	招生	—
1270	河海大学	原211	招生	招生
1275	华东理工大学	原211	招生	—
1280	华南理工大学	原985	招生	—
1285	大连海事大学	原211	招生	—
1290	上海交通大学	原985	招生	—
1295	中国石油大学(北京)	原211	招生	—
1296	中国石油大学(北京)克拉玛依校区	原211	招生	—
1300	中国石油大学(华东)	原211	招生	—
1305	天津大学	原985	招生	—
1310	同济大学	原985	招生	—
1315	武汉理工大学	原211	招生	—
1320	西安电子科技大学	原211	招生	招生
1325	西南交通大学	原211	招生	—
1330	中国海洋大学	原985	招生	招生
1335	中国地质大学(北京)	原211	招生	—
1340	中国地质大学(武汉)	原211	招生	招生
1345	中国矿业大学(北京)	原211	招生	—
1350	中国矿业大学	原211	招生	—
1355	重庆大学	原985	招生	—
1360	华中农业大学	原211	招生	—
1365	南京农业大学	原211	招生	—
1370	西北农林科技大学	原985	招生	—
1375	中国农业大学	原985	招生	—

续表

院校代号	院校名称	院校分类	理科	文科
1380	北京林业大学	原211	招生	—
1385	东北林业大学	原211	招生	—
1390	北京中医药大学	原211	招生	—
1395	中国药科大学	原211	招生	—
1401	北京师范大学(珠海校区)	原985	招生	招生
1405	东北师范大学	原211	招生	招生
1410	华东师范大学	原985	招生	招生
1415	华中师范大学	原211	招生	招生
1420	陕西师范大学	原211	招生	招生
1425	西南大学	原211	招生	招生
1430	北京外国语大学	原211	招生	招生
1435	北京语言大学	保研资格	招生	招生
1440	上海外国语大学	原211	招生	招生
1445	上海财经大学	原211	招生	—
1450	对外经济贸易大学	原211	招生	招生
1455	西南财经大学	原211	招生	招生
1460	中央财经大学	原211	招生	招生
1465	中国政法大学	原211	招生	招生
1470	中国传媒大学	原211	招生	招生
1485	北京航空航天大学	原985	招生	—
1490	北京理工大学	原985	招生	—
1495	哈尔滨工业大学	原985	招生	—
1496	哈尔滨工业大学(威海)	原985	招生	—
1500	哈尔滨工程大学	原211	招生	—
1505	南京航空航天大学	原211	招生	—
1510	南京理工大学	原211	招生	—
1515	西北工业大学	原985	招生	—
1525	中国科学技术大学	原985	招生	—
1560	北京工业大学	原211	招生	—
1790	上海大学	原211	招生	—
1830	苏州大学	原211	招生	招生
1855	南京师范大学	原211	招生	招生
1895	福州大学	原211	招生	—
1935	湖南师范大学	原211	—	—
2000	广西大学	原211	招生	—
2030	西南政法大学	保研资格	招生	招生
2080	云南大学	原211	招生	招生

续表

院校代号	院校名称	院校分类	理科	文科
2090	西北大学	原211	招生	招生
2260	上海交通大学医学院	原985	招生	—
2305	贵州大学	原211	招生	招生
2355	四川农业大学	原211	—	—
3695	黑龙江大学	保研资格	招生	招生
6000	郑州大学	原211	招生	招生

三、地方专项计划

(一)报考条件:

地方专项计划实施区域为我省所有农村考生,考生须同时具备下列条件:本人及父亲或母亲或法定监护人户籍地在我省的农村;已参加当年统一高考报名且通过报名资格审核。

【编者按】地方专项计划只限定学生及父母一方或法定监护人的户籍在农村,没有限定必须是贫困县的农村户籍,也不限定学生的学籍所在地。

(二)2023年在河南省实施地方专项计划的院校(见表1-30)

表1-30　2023年在河南省实施地方专项计划的院校

院校代号	院校名称	院校分类	理科	文科
6000	郑州大学	原211	招生	招生
6005	河南大学	双一流	招生	招生
6010	河南农业大学	保研资格	招生	招生
6015	河南中医药大学	保研资格	招生	招生
6020	新乡医学院	公办	招生	—
6025	河南科技学院	公办	招生	招生
6030	河南师范大学	保研资格	招生	招生
6035	洛阳师范学院	公办	招生	招生
6065	信阳师范学院	公办	招生	—
6070	南阳师范学院	公办	招生	—
6075	南阳理工学院	公办	招生	招生
6080	河南财经政法大学	保研资格	招生	招生
6085	河南科技大学	保研资格	招生	—
6090	郑州航空工业管理学院	公办	招生	招生
6095	华北水利水电大学	保研资格	招生	招生
6100	河南理工大学	保研资格	招生	—
6105	河南工业大学	保研资格	招生	—
6110	郑州轻工业大学	公办	招生	招生
6115	中原工学院	公办	招生	招生
6120	河南城建学院	公办	招生	—
6165	新乡学院	公办	招生	—

第十七节　少数民族加分政策与专项计划

一、河南省 2023 年对于少数民族考生的加分政策

少数民族考生可在统考成绩总分基础上加 5 分投档，达到高校投档条件的，由高校审查决定是否录取。

二、河南省 2023 年少数民族预科班

民族预科班招生随高校相应的批次录取。本科预科班、专科预科班录取分数线分别不得低于所在批次有关高校提档分数线以下 60 分、80 分。2023 年各批次民族预科班招生计划见表 1-31：

表 1-31　2023 年各批次民族预科班招生计划

科类	批次	院校代号	院校名称	专业代码	专业名称	计划人数
文科	本科一批	6030	河南师范大学	YK	预科班（学制 5 年）	10
文科	本科一批	6080	河南财经政法大学	YK	预科班（学制 5 年）	10
文科	本科二批	6035	洛阳师范学院	YK	预科班（学制 5 年）	13
文科	本科二批	6040	许昌学院	YK	预科班（学制 5 年）	8
文科	本科二批	6055	商丘师范学院	YK	预科班（学制 5 年）	10
文科	本科二批	6060	周口师范学院	YK	预科班（学制 5 年）	8
文科	本科二批	6070	南阳师范学院	YK	预科班（学制 5 年）	10
文科	本科二批	6120	河南城建学院	YK	预科班（学制 5 年）	5
理科	本科一批	6030	河南师范大学	YK	预科班（学制 5 年）	15
理科	本科一批	6080	河南财经政法大学	YK	预科班（学制 5 年）	10
理科	本科二批	6035	洛阳师范学院	YK	预科班（学制 5 年）	12
理科	本科二批	6040	许昌学院	YK	预科班（学制 5 年）	12
理科	本科二批	6055	商丘师范学院	YK	预科班（学制 5 年）	10
理科	本科二批	6060	周口师范学院	YK	预科班（学制 5 年）	12
理科	本科二批	6070	南阳师范学院	YK	预科班（学制 5 年）	20
理科	本科二批	6097	华北水利水电大学（中外合作办学）	YK	预科班（学制 5 年）	20
理科	本科二批	6120	河南城建学院	YK	预科班（学制 5 年）	15

第十八节　定向就业招生

一、定向就业分类

1. 定向某个行业就业的定向招生：例如陆军工程大学无军籍招生计划，只招收英语语种、政治面貌为中共党员或者共青团员的普通高中应届毕业生，为全国人防系统定向培养，学生入校后不参军，学生毕业后需要面向人防系统自主就业。

2. 定向某个单位就业的定向招生：例如清华大学定向中国兵器工业集团招生计划，学生毕业后需要到中国兵器工业集团就业。招生时在清华大学统招线下 20 分内，按照提档考生高考分数从高到低择优录取。

3. 定向西藏就业的定向招生:例如厦门大学定向西藏就业招生计划,只招收应届高中毕业生,毕业后在西藏工作不少于5年。招生时定向就业招生计划在本校调档分数线上不能完成计划的,定向西藏的可在本校调档分数线下40分以内补充投档。

二、2023年在河南省招收定向就业的招生院校及专业(见表1-32)

表1-32　2023年在河南省招收定向就业的招生院校及专业

科类	批次	院校代号	院校名称	专业代码	专业名称	计划人数
文科	本科一批	1420	陕西师范大学	32	思想政治教育(师范)(定向西藏就业)	1
文科	本科一批	1420	陕西师范大学	33	英语(师范)(定向西藏就业)	1
文科	本科一批	6030	河南师范大学	56	学前教育(师范)(定向西藏就业)	5
文科	本科一批	6030	河南师范大学	57	历史学(师范)(定向西藏就业)	3
文科	本科二批	6035	洛阳师范学院	50	学前教育(师范)(定向西藏就业)	6
文科	本科二批	6050	安阳师范学院	49	学前教育(师范)(定向西藏就业)	4
文科	本科二批	6050	安阳师范学院	50	汉语言文学(师范)(定向西藏就业)	2
文科	本科二批	6050	安阳师范学院	51	英语(师范)(定向西藏就业)	2
文科	本科二批	6055	商丘师范学院	47	学前教育(师范)(定向西藏就业)	5
文科	本科二批	6055	商丘师范学院	48	地理科学(师范)(定向西藏就业)	2
文科	本科二批	6070	南阳师范学院	48	学前教育(师范)(定向西藏就业)	3
文科	本科二批	6070	南阳师范学院	49	汉语言文学(师范)(定向西藏就业)	6
理科	本科提前批	1115	清华大学	30	机械工程(定向中国兵器工业集团)	1
理科	本科提前批	1115	清华大学	31	化学工程与工业生物工程(定向中国兵器工业集团)	1
理科	本科提前批	1115	清华大学	32	核工程与核技术(定向中国核工业集团)	3
理科	本科一批	1170	山东大学	42	计算机类(定向西藏就业)	2
理科	本科一批	1170	山东大学	43	土木类(定向西藏就业)	2
理科	本科一批	1170	山东大学	44	临床医学(学制五年)(定向西藏就业)	2
理科	本科一批	1170	山东大学	45	预防医学(学制五年)(定向西藏就业)	2
理科	本科一批	1180	武汉大学	40	理科试验班(空间信息与国土资源类)(定向西藏就业)	1
理科	本科一批	1180	武汉大学	41	理科试验班(环境类)(定向西藏就业)	1
理科	本科一批	1180	武汉大学	42	测绘类(定向西藏就业)	2
理科	本科一批	1180	武汉大学	43	遥感科学与技术(定向西藏就业)	1
理科	本科一批	1190	厦门大学	29	临床医学(学制五年)(定向西藏就业)	1
理科	本科一批	1190	厦门大学	30	预防医学(学制五年)(定向西藏就业)	1
理科	本科一批	1375	中国农业大学	26	水利类(定向西藏就业)	1
理科	本科一批	1375	中国农业大学	27	农学(定向西藏就业)	1
理科	本科一批	1410	华东师范大学	36	化学(定向西藏就业)	2
理科	本科一批	1410	华东师范大学	37	生物科学类(定向西藏就业)	1
理科	本科一批	1410	华东师范大学	38	生态学(定向西藏就业)	2

续表

科类	批次	院校代号	院校名称	专业代码	专业名称	计划人数
理科	本科一批	1420	陕西师范大学	33	物理学(师范)(定向西藏就业)	1
理科	本科一批	1420	陕西师范大学	34	生物科学(师范)(定向西藏就业)	1
理科	本科一批	6030	河南师范大学	77	数学与应用数学(师范)(定向西藏就业)	5
理科	本科一批	6030	河南师范大学	78	生物科学(师范)(定向西藏就业)	3
理科	本科二批	0320	陆军工程大学	31	建筑环境与能源应用工程(全国人防通风空调与给排水工程师)	1
理科	本科二批	0320	陆军工程大学	32	土木工程(全国人防工程建筑结构设计与施工工程师)	1
理科	本科二批	0320	陆军工程大学	33	工程管理(全国人防建筑施工组织管理与监理工程师)	1
理科	本科二批	0320	陆军工程大学	34	建筑学(全国人防工程建筑设计工程师)(学制五年)	1
理科	本科二批	0320	陆军工程大学	35	通信工程(全国人防通信领域工程师)	1
理科	本科二批	6035	洛阳师范学院	58	物理学(师范)(定向西藏就业)	6
理科	本科二批	6050	安阳师范学院	61	学前教育(师范)(定向西藏就业)	2
理科	本科二批	6055	商丘师范学院	62	数学与应用数学(师范)(定向西藏就业)	3
理科	本科二批	6055	商丘师范学院	63	地理科学(师范)(定向西藏就业)	2
理科	本科二批	6070	南阳师范学院	67	学前教育(师范)(定向西藏就业)	3

第十九节　综合评价招生

综合评价招生是高考改革逐步推动后兴起的新招生模式。该类招生最大的特点是基于考生高考成绩、高校综合测试成绩和高中学业水平测试成绩,按照一定比例计算形成考生综合总分,最后按照综合总分择优录取。2023 年,在河南省实施综合评价招生的高校共有上海科技大学、南方科技大学、北京外国语大学、昆山杜克大学(中外合作办学)、深圳北理莫斯科大学(中外合作办学)和上海纽约大学(中外合作办学)6 所高校。具体情况如下:

一、上海科技大学

(一)地理位置:上海市

(二)2023 年报名时间:2023 年 2 月 8 日—2023 年 5 月 5 日

(三)2023 年在河南省招生计划及专业

1. 文科(0 人):不招收文科生。

2. 理科(34 人):物理学、化学、生物科学、生物技术、材料科学与工程、电子信息工程、计算机科学与技术、生物医学工程、管理科学。

【编者按】上海科技大学在招生中满足被录取考生的第一专业志愿,入学后为符合条件的学生提供公开公正的再次选择专业的机会。

(四)2023 年报考条件:理工科基础扎实,在科学创新、批判思维、人文素养、沟通协作及社会责任等方面综合素质优秀并具备学科特长,参加 2023 年普通高等学校招生全国统一考试的高中理科毕业生(高考综合改革省份须选考物理）。

（五）录取政策：

1. 根据考生申请材料及“校园开放日”整体表现进行综合评定，表现优秀的学生将获得“校园开放日”综合成绩（A 档：20 分；B 档：15 分；C 档：10 分）。

2. 学校将考生“校园开放日”综合成绩与其高考成绩相加后，与其他报考我校但未获得“校园开放日”综合成绩的考生共同排序，择优录取。

【编者按】六所在河南进行综合评价招生的高校中，上海科技大学是唯一一所允许没有获得“校园开放日”综合成绩的考生报考的高校。假设有两位考生甲和乙，争取上海科技大学在河南招生的最后一个招生名额：

1. 假设甲考生未取得上海科技大学“校园开放日”综合成绩，高考分数为 640 分；乙考生取得上海科技大学“校园开放日”综合成绩 20 分的加分，高考分数为 619 分，报考上海科技大学的综合分数为 639 分；甲考生 640 分高于乙考生的 639 分，故上海科技大学会优先录取甲考生。

2. 假设甲考生未取得上海科技大学“校园开放日”综合成绩，高考分数为 638 分；乙考生取得上海科技大学“校园开放日”综合成绩 20 分的加分，高考分数为 619 分，报考上海科技大学的综合分数为 639 分；甲考生 638 分低于乙考生的 639 分，故上海科技大学会优先录取乙考生。

（六）升学率（参考 2022 年就业质量报告）：78. 95%（境内升学 56. 94%，出国/出境深造 22. 01%）。

二、南方科技大学

（一）地理位置：广东省深圳市

（二）2023 年报名时间：2022 年 12 月 20 日—2023 年 4 月 30 日（上海 5 月 20 日截止）

（三）2023 年在河南省招生计划及专业

1. 文科（0 人）：不招收文科生。

2. 理科（70 人）：入学后不分专业，大二结束后根据自身兴趣、特长选择专业。

3. 目前，南方科技大学共开设 37 个本科专业：理学（数学与应用数学、物理学、应用物理学、化学、海洋科学、地球物理学、生物科学、生物技术、生物信息学、统计学、理论与应用力学、数据科学与大数据技术、生物医学科学）、工学（机械工程、工业设计、材料科学与工程、光电信息材料与器件、新能源科学与工程、通信工程、微电子科学与工程、光电信息科学与工程、信息工程、自动化、机器人工程、计算机科学与技术、智能科学与技术、水文与水资源工程、海洋工程与技术、航空航天工程、环境科学与工程、生物医学工程、智能医学工程）、经济学（金融学、金融工程、金融数学）、医学（临床医学）、管理学（大数据管理与应用）。

（四）2023 年报考条件：身心健康、志存高远、勇于担当、独立思考，具有学科特长和创新潜质，参加 2023 年普通高等学校招生全国统一考试的高中理科毕业生（新高考省份须选考物理）。

（五）录取政策：631 模式，高考成绩（折算成百分制）占综合成绩的 60%、学校组织的能力测试成绩占 30%（机试 25%、面试 5%）、高中学业成绩占 10%（综合素质 3%、高中学业水平考试成绩 7%），综合择优录取。

（六）升学率（参考 2022 年就业质量报告）：72. 06%（境内升学 38. 45%，出国/出境深造 33. 61%）。

三、北京外国语大学

（一）地理位置：北京市

（二）2023 年报名时间：2023 年 3 月 22 日—4 月 22 日

（三）2023 年在河南省招生计划及专业

1. 文科（9 人）：法语、西班牙语、阿拉伯语、朝鲜语、印地语、斯瓦希里语、保加利亚语、捷克语。

2. 理科（9 人）：俄语、西班牙语、日语、印地语、僧伽罗语、斯瓦希里语、捷克语、阿塞拜疆语。

（四）2023年报考条件：

考生应同时具备以下条件：

1. 具有坚定的爱国主义信念，品学兼优、诚实守信、遵纪守法；

2. 高三第一学期期末（或最近一次模考）成绩在年级同科类排名前10%以内，并且语文和外语成绩均在同科类排名的前10%以内（我校生源基地校和省级示范校可适当放宽排名限制）；

3. 外语学习能力突出，具有浓厚的外语学习兴趣；对区域国别和国际政治、经济、文化发展趋势有浓厚兴趣；

4. 高中阶段体能测试合格；

5. 符合《2023年普通高等学校招生工作规定》中的高考报名条件。

此外，我校鼓励复语考生报考。复语考生是指熟练掌握英语、俄语、德语、法语、日语、西班牙语、朝鲜语等外语语种中任意两种语言的考生。申请复语考试的考生应提供由所在学校出具的复语学时证明或相关考试等级证明，经我校审核通过之后方可具有参加复语测试的资格。西班牙语的复语考生须达到《欧洲语言共同参考框架》A2级水平，德语、法语的复语考生须达到《欧洲语言共同参考框架》B1级（德语复语考生达到DSD1级亦可），朝鲜语复语考生达到TOPIK3级，日语复语考生达到N2水平，俄语复语考生达到《普通高等学校招生全国统一考试俄语科考试大纲》的基本要求。

（五）录取政策：73模式，测试结果合格的考生，其综合评价成绩为考生的高考（实际考分）、能力测试两个方面的成绩以当地高考成绩满分值按7∶3的比例加总，综合择优录取。

（六）升学率（参考2022年就业质量报告）：54.43%（境内升学30.27%和，出国/出境深造24.16%）。

四、昆山杜克大学（中外合作办学）

（一）地理位置：江苏省苏州市昆山市

（二）2023年报名时间：2023年有两个申请轮次，截止日期分别是2023年1月3日和2月12日。

（三）2023年在河南省招生计划及专业

1. 文科（1人）：新生入学时不分专业，学生在大学二年级根据个人兴趣和未来人生规划自主选择专业。

2. 理科（3人）：新生入学时不分专业，学生可在大学二年级根据个人兴趣和未来人生规划自主选择专业。

3. 目前，昆山杜克大学共开设14个本科专业：材料科学与工程（材料科学与物理学）、数学与应用数学（应用数学和计算科学）、生物科学（分子生物科学）、化学（化学和环境科学）、全球健康学、环境科学（环境科学和公共政策）、国际事务与国际关系（机构和治理）、历史学（全球化中国研究）、数据科学与大数据技术、经济学（国际政治经济学）、数字媒体艺术（媒体与艺术）、英语（全球文化研究）、心理学（行为科学）、计算机科学与技术（计算与设计）。

（四）2023年报考条件：学习成绩优异，英语水平出色，对跨学科融合的创新型通识博雅教育有强烈的兴趣，善于沟通，好奇心强，有强烈的社会责任感和领导力潜质，富有创造性思维，有理想并愿意为之付出努力，能够适应国际化竞争环境，并且有志于成为世界范围内各行业领军者的优秀高中毕业生。

（五）录取政策：541模式，高考成绩（权重50%）、学校自主综合评估（权重40%）、高中学业水平考试成绩（权重10%），综合择优录取。

（六）升学率（参考2022年就业质量报告）：中国学生91.33%（境内升学2.31%，出国/出境深造89.02%）。

五、深圳北理莫斯科大学（中外合作办学）

（一）地理位置：广东省深圳市

（二）2023年报名时间：2023年3月13日—5月20日

（三）2023年在河南省招生计划及专业

1. 文科（5人）：国际经济与贸易、俄语。

2. 理科（31人）：经济学、金融科技、国际经济与贸易、俄语、数学与应用数学、化学、生物科学、生物科学（英语教学）、智能感知工程、材料科学与工程、电子与计算机工程。

（四）2023年报考条件：参加2023年普通高等学校招生全国统一考试，志存高远，全面发展，具有外语学科特长与兴趣、创新思维、国际视野和社会责任感的优秀高中毕业生。

（五）录取政策：631模式，综合成绩=高考成绩（60%）+学校测试成绩（30%）+高中学业水平考试成绩（10%），综合择优录取。

（六）升学率（参考2022年就业质量报告）：中国学生87.07%（境内升学44.83%，出国/出境深造42.24%）。

六、上海纽约大学（中外合作办学）

（一）地理位置：上海市

（二）2023年报名时间：2023年1月1日前

（三）2023年在河南省招生计划及专业

1. 上海纽约大学2023年面向全国招收251名学生，招生计划不做分省安排，各省（自治区、直辖市）招生名额不设上下限，在所有申请学生中择优录取。各省级招生主管部门编印的《2023年普通高等学校招生专业和计划》中的上海纽约大学招生计划数及专业名称，仅用于学生高考志愿填报，与各省（自治区、直辖市）最终录取人数和学生就读专业无关。

2. 学生入学后自由选择专业。

3. 目前，上海纽约大学实行通识教育核心课程的培养，设有19个本科专业及方向：生物科学、化学、经济学、世界史（全球中国学）、世界史（综合人文）、数学与应用数学（荣誉数学）、数字媒体技术（交互媒体艺术）、数字媒体技术（交互媒体与商学）、数学与应用数学（数学）、神经科学、物理学、世界史（社会科学）、金融学（商学与金融）、金融学（商学与市场营销）、计算机科学与技术（计算机科学）、计算机科学与技术（计算机工程）、数据科学与大数据技术（数据科学）、电子信息工程（电子工程）。并提供多个跨学科的辅修专业课程。

（四）2023年报考条件：符合普通高考报名条件并参加2023年高考，学业优异、英语能力突出，具有强烈求知欲和好奇心，勇于挑战自我，乐于尝试新事物，能够适应国际化竞争环境，并且愿意成为跨文化沟通桥梁的优秀高中毕业生。

（五）录取政策：

上海纽约大学招生委员会将根据学生初审环节及“校园日活动”表现，在对每位学生的情况进行严谨的评价和讨论的基础上，确定优先录取（A. 预录取）、考虑录取（B. 待录取）和不予录取三类情况，并对前两类学生给予相应录取政策：

A. 预录取：除高考成绩未达到生源所在省本科第一批录取控制线（合并本科批次的省为特殊类型招生控制分数线）者，全部录取。

B. 待录取：除高考成绩未达到生源所在省本科第一批录取控制线（合并本科批次的省为特殊类型招生控制分数线）者不予考虑外，学校对其他学生将根据包括高考成绩在内的各项因素，综合评定，择优录取。

上海纽约大学在提前批或综合评价批次录取学生，获得预录取或待录取资格的学生，须在该批次第一志愿填报上海纽约大学（如该批次为平行志愿，则需填报A位置志愿）。如考生所在省级招生办公室另有规定，则按省招办规定办理。

（六）升学率（参考2022年就业质量报告）：中国学生81.86%（境内升学1.47%，出国/出境深造80.39%）。

第二十节　强基计划招生

一、强基计划常见问题解答

2020 年 1 月，教育部发布《关于在部分高校开展基础学科招生改革试点工作的意见》，决定自 2020 年起，在部分高校开展基础学科招生改革试点，也称“强基计划”。强基计划实施三年来，共录取新生 1.8 万余人，试点高校创新人才培养模式，通过强基计划选拔了一批对基础学科研究有志向、有兴趣、有天赋的优秀学生。

1. 什么是强基计划？

为深入贯彻习近平新时代中国特色社会主义思想，落实全国教育大会精神，服务国家重大战略需求，加强基础学科拔尖创新人才选拔培养，教育部在深入调研、总结高校自主招生和上海等地高考综合改革试点经验的基础上，制定出台了《关于在部分高校开展基础学科招生改革试点工作的意见》（也称“强基计划”）。在确保公平公正的前提下，积极探索多维度考核评价模式，逐步建立基础学科拔尖创新人才选拔培养的有效机制。2020 年起，原有高校自主招生方式不再使用。

2. 强基计划选拔什么样的人才？

强基计划指导思想和原则是服务国家战略，招收一批有志向、有兴趣、有天赋的青年学生进行专门培养，为国家重大战略领域输送后备人才，主要选拔有志于服务国家重大战略需求且综合素质优秀或基础学科拔尖的学生。

3. 强基计划招生专业范围有哪些？

强基计划突出基础学科的支撑引领作用，重点在数学、物理、化学、生物、力学、基础医学、育种及历史、哲学、古文字学等相关专业招生。聚焦高端芯片与软件、智能科技、新材料、先进制造和国家安全等关键领域以及国家人才紧缺的人文社会科学领域。高校会结合自身办学特色，合理安排招生专业，并建立学科专业的动态调整机制，根据新形势要求和招生情况，适时调整强基计划招生专业。

4. 强基计划试点院校范围有哪些？

强基计划起步阶段，在部分“一流大学”建设高校范围内遴选高校开展试点。

高校向教育部申请并提交相关专业的招生和人才培养一体化方案。教育部组织专家综合考虑高校的办学定位、人才培养质量、科研项目及平台建设情况、招生和人才培养方案等因素，按照“一校一策”的原则，研究确定强基计划招生高校、专业和规模。

试点高校名单：

北京大学、中国人民大学、清华大学、北京航空航天大学、北京理工大学、中国农业大学、北京师范大学、中央民族大学、南开大学、天津大学、大连理工大学、吉林大学、哈尔滨工业大学、复旦大学、同济大学、上海交通大学、华东师范大学、南京大学、东南大学、浙江大学、中国科学技术大学、厦门大学、山东大学、中国海洋大学、武汉大学、华中科技大学、中南大学、中山大学、华南理工大学、四川大学、重庆大学、电子科技大学、西安交通大学、西北工业大学、兰州大学、国防科技大学。

2022 年增加东北大学、湖南大学、西北农林科技大学三所高校开展强基计划试点。

5. 强基计划报考流程

（1）3 月底至 4 月：简章公布，网上报名。

（2）6 月：考生参加统一高考。

（3）高考后、7 月 4 日前：各省（区、市）提供高考成绩，高校确定考核名单并组织考核。

（4）7 月 5 日前：高校折算综合成绩，择优录取。

6. 强基计划的录取方式是怎样的？

强基计划在保证公平公正的前提下，探索建立多维度考核评价考生的招生模式。这里提到了两种模式：

一是高校依据考生的高考成绩，按在各省（区、市）强基计划招生名额的一定倍数确定参加高校考核的考生名单。考生参加统一高考和高校考核后，高校将考生高考成绩、高校综合考核结果及综合素质评价情况等按比例合成考生综合成绩（其中高考成绩所占比例不得低于85%），根据考生填报志愿，按综合成绩由高到低顺序录取。

二是对于极少数在相关学科领域具有突出才能和表现的考生，高校制定破格入围高校考核的条件和破格录取的办法、标准，并提前向社会公布。考生参加统一高考后，由高校组织相关学科领域专家对考生进行严格考核，达到录取标准的，经高校招生工作领导小组审定，报生源所在地省级高校招生委员会核准后予以破格录取。破格录取考生的高考成绩原则上不得低于各省（区、市）本科一批录取最低控制分数线（合并录取批次省份应单独划定相应分数线）。

7. 通过强基计划录取后，高校如何培养？

高校对通过强基计划录取的学生单独制订培养方案，采取导师制、小班化等培养模式。建立激励机制，增强学生的荣誉感和使命感。畅通成长发展通道，对学业优秀的学生，高校可在免试推荐研究生、直博、公派留学、奖学金等方面予以优先安排。探索建立本—硕—博衔接的培养模式。推进科教协同育人，探索建立结合重大科研任务的人才培养机制。通过强基计划录取的学生入校后原则上不得转到相关学科之外的专业就读。

8. 什么学生适合报考强基计划？

【编者按】以下内容来自南开大学推出的“强基十问”。

强基计划是自由与限定共生，机遇与选择并存。真正有意愿投身于自己志趣专业之人选择强基，前行皆为开阔坦途；而如果将强基视为进入名校的跳板捷径，则可能满目所视皆为限制。

为国强基，但是报国之路不止一条。考生到底该不该、要不要报考强基计划？如何判断自己是否适合强基计划？选择哪所高校的强基计划？报考哪个专业？静下心来，回答好以下这10个问题，便能找到答案！

请用“是”或“否”回答以下问题：

（1）你是否是一位有理想、有情怀、有担当的爱国青年？

有服务国家重大战略需求的远大志向，有肩负起时代重任的坚定信念，有成为关键领域学者、专家或领军人物的强烈愿望。

（2）你是否对自己未来的职业发展领域有大致设想？

有进入高端芯片与软件、智能科技、新材料、先进制造和国家安全等关键领域以及国家人才紧缺的人文社会科学领域的打算。

（3）你是否在高中阶段对某些特定科目有强烈兴趣或一定天赋？

特别是在数学、物理、化学、生物及历史、哲学、古文字学等基础学科方向上，呈现出拔尖素质、突出才能和过人特质。

（4）你是否对未知保持着盎然的好奇心和探求动力？

强基计划需要学生在做好基础学习的前提下，具备较强的创新思维和研究能力，乐于投身科学前沿领域。

（5）你是否准备好了面对填报志愿阶段的纠结与困境？

届时需要面对志愿批次、学校、专业选择的难题，还要决定是否参加强基计划校考，奔赴异地去争取1/6的机会。

（6）你是否愿意在同一所大学接受8年左右的培养，认同其历史传统、文化底蕴与独特气质？

强基计划大概率要求在所报考学校完成本科、硕士、博士学业，虽然期间也有海外联合培养等机会。

（7）你是否接受强基计划一般不允许主动转专业？

强基计划并不是进入名校其他专业的跳板，想先进入高校后再转专业的愿望基本落空。

(8)你是否有明确的学习目的、坚定的学习态度和较强的抗压能力？

遇到学习、科研方面的困难和挑战时，能够积极调整心态、理性思考问题、乐观面对挫折。

(9)你是否认同强基计划严格的淘汰机制？

在强基计划特定维度的考核中，与其他同学相比处于劣势或达不到继续培养要求，能接受退出强基计划的结果，并顺利完成普通专业的学习。

(10)你是否愿意未来长期在祖国需要的领域奉献青春和热血？

以实现中华民族伟大复兴为己任，把自己的理想和人生同祖国的前途、民族的命运紧密联系在一起，成为有理想、有学问、有才干的实干家，为民造福。

在以上 10 个问题中，若答案全部为“是”，那么强烈建议你一定要报考强基计划；若答案为 8 至 9 个“是”，那么建议你慎重考虑，进一步了解强基计划的设立初衷与自身兴趣；若答案为 8 个“是”以下，那么建议你安心准备高考，选择其他批次、其他类型继续奋斗！

二、2023 年在河南省实施强基计划招生的高校及专业(见表 1-33、表 1-34)

表 1-33　2023 年在河南省实施强基计划招生的高校及专业(文科)

院校代号	院校名称	2023 年在河南省招生人数	2023 年在河南省招生专业	2023 年入围倍数
0305	国防科技大学	0	—	—
1100	中央民族大学	2	历史学	6 倍
1105	北京大学	2	中国语言文学类(汉语言文学、汉语言、古典文献学、应用语言学)、历史学类、考古学、哲学类(历史学、世界史、外国语言与外国历史)	6 倍
1110	中国人民大学	5	汉语言文学(古文字学方向)、历史学类(历史学、世界史、考古学)、哲学	5 倍
1115	清华大学	4	中国语言文学类(古文字学)、历史学类(历史学)、哲学类(哲学)	6 倍
1125	东南大学	0	—	—
1130	复旦大学	3	汉语言(古文字学方向)、历史学、哲学	3 倍
1135	湖南大学	0	—	—
1140	华中科技大学	2	哲学	6 倍
1145	吉林大学	0	—	—
1155	兰州大学	3	历史学、汉语言文学(古文字学方向)	6 倍
1160	南京大学	4	历史学、哲学、汉语言文学(古文字学方向)	3 倍
1165	南开大学	3	历史学	6 倍
1170	山东大学	6	哲学、历史学、汉语言文学(古文字学方向)	5 倍
1175	四川大学	4	哲学、历史学类(历史学、考古学、文物与博物馆学)、汉语言文学(古文字学方向)	6 倍
1180	武汉大学	3	汉语言文学(古文字学)、历史学、哲学	5 倍
1185	西安交通大学	1	哲学	5 倍

续表

院校代号	院校名称	2023 年在河南省招生人数	2023 年在河南省招生专业	2023 年入围倍数
1190	厦门大学	0	—	—
1195	浙江大学	2	历史学、哲学	5 倍
1210	中南大学	0	—	—
1215	中山大学	2	哲学	6 倍
1245	大连理工大学	0	—	—
1250	电子科技大学	0	—	—
1255	东北大学	0	—	—
1280	华南理工大学	0	—	—
1290	上海交通大学	0	—	—
1305	天津大学	0	—	—
1310	同济大学	0	—	—
1330	中国海洋大学	0	—	—
1355	重庆大学	0	—	—
1370	西北农林科技大学	0	—	—
1375	中国农业大学	0	—	—
1400	北京师范大学	3	历史学、哲学	5 倍
1410	华东师范大学	3	汉语言文学(古文字学)、哲学	4 倍
1485	北京航空航天大学	0	—	—
1490	北京理工大学	0	—	—
1495	哈尔滨工业大学	0	—	—
1515	西北工业大学	0	—	—
1525	中国科学技术大学	0	—	—

表 1-34　2023 年在河南省实施强基计划招生的高校及专业(理科)

院校代号	院校名称	2023 年在河南省招生人数	2023 年在河南省招生专业	2023 年入围倍数
0305	国防科技大学	8	物理学、数学与应用数学	3 倍
1100	中央民族大学	0	—	—
1105	北京大学	10	数学类、物理学类、化学类、力学类、生物科学类、历史学类、考古学、哲学类、中国语言文学类	6 倍
1110	中国人民大学	0	—	—
1115	清华大学	28	数学与应用数学、物理学、化学、生物科学、信息与计算科学、数理基础科学、化学生物学、理论与应用力学	6 倍
1125	东南大学	5	化学、数学类(数学与应用数学、信息与计算科学)	6 倍
1130	复旦大学	6	基础医学、化学、生物科学、物理学	3 倍

续表

院校代号	院校名称	2023年在河南省招生人数	2023年在河南省招生专业	2023年入围倍数
1135	湖南大学	3	化学	6倍
1140	华中科技大学	13	数学与应用数学、化学、物理学、生物科学	6倍
1145	吉林大学	2	数学与应用数学、物理学	6倍
1155	兰州大学	10	草业科学(草类植物生物育种)、化学、生物科学、物理学、数学与应用数学	6倍
1160	南京大学	7	化学、信息与计算科学、物理学	3倍
1165	南开大学	9	物理学、数学与应用数学、生物科学、化学	6倍
1170	山东大学	10	生物医学科学、生物科学、化学、物理学、数学与应用数学	5倍
1175	四川大学	5	工程力学、化学、数学与应用数学	6倍
1180	武汉大学	7	数学与应用数学、物理学、化学、生物科学、基础医学	5倍
1185	西安交通大学	15	工程力学、物理学类(物理学、应用物理学)、生物技术、数学类(数学与应用数学、信息与计算科学)	5倍
1190	厦门大学	0	—	—
1195	浙江大学	9	基础医学、生态学、生物科学、化学、工程力学、物理学、数学与应用数学	5倍
1210	中南大学	8	应用物理学、生物科学、应用化学、数学与应用数学	5倍
1215	中山大学	3	物理学	6倍
1245	大连理工大学	9	生物工程、工程力学、数学与应用数学、应用物理学	4倍
1250	电子科技大学	2	应用物理学	5倍
1255	东北大学	0	—	—
1280	华南理工大学	6	生物技术、化学类(应用化学)、数学类(数学与应用数学、信息与计算科学)	6倍
1290	上海交通大学	11	数学与应用数学、物理学、工程力学、化学、生物科学、生物医学科学	6倍
1305	天津大学	11	工程力学、应用化学、数学与应用数学	5倍
1310	同济大学	4	生物技术、应用化学、工程力学、数学与应用数学	4倍
1330	中国海洋大学	2	生物科学	4倍
1355	重庆大学	5	数学与应用数学、物理学	5倍
1370	西北农林科技大学	4	生物育种科学	5倍
1375	中国农业大学	3	生物育种科学、生物科学	5倍
1400	北京师范大学	7	数学与应用数学、物理学、化学、生物科学	5倍
1410	华东师范大学	4	物理学、生物科学、数学与应用数学	4倍
1485	北京航空航天大学	10	数学与应用数学、工程力学、飞行器动力工程、信息与计算科学、化学	5倍
1490	北京理工大学	10	工程力学、化学、应用物理学、数学与应用数学	4倍

续表

院校代号	院校名称	2023 年在河南省招生人数	2023 年在河南省招生专业	2023 年入围倍数
1495	哈尔滨工业大学	11	应用物理学、数学类(数学与应用数学、信息与计算科学)、核工程与核技术、工程力学(航天类)、复合材料与工程(航天类)	4 倍
1515	西北工业大学	15	航空航天类(飞行器设计与工程)、化学类(分子科学与工程)、应用物理学、信息与计算科学、数学与应用数学	4 倍
1525	中国科学技术大学	10	核工程类(核工程与核技术)、力学类(理论与应用力学)、化学类(化学)、数学类(数学与应用数学、信息与计算科学)、生物科学类(生物科学、生物技术)、物理学类(物理学、应用物理学)	5 倍

三、强基计划专家解析

被强基计划录取的学生,大概会有四种结果。

1. 学生非常喜欢基础学科,立志从事科学研究,立志成为科学家。基础学科,比如数学和物理,学起来虽然相对费劲,但有兴趣支撑,也不会有什么问题,成绩自然不错,本科、硕士、博士就连续读下来,未来去高校和科研机构任职。虽然大多数人不能发财,但收入也不错,还能干自己喜欢的事情。这也是国家希望的结果。

2. 学生对基础学科兴趣一般,但自制力较强,能够以毅力学好令人挠头的课程,但不想继续学习基础学科了,研究生阶段转到应用方面的热门专业,出路也非常好。有坚实的数理基础,在应用方面可以做得风生水起,事实上,应用学科的导师也喜欢招基础学科的学生。这当然是大多数家长希望的结果,实现了双赢,即同时获得最好的培养模式+热门专业。

3. 学生对基础学科兴趣一般,自制力还马马虎虎,能够以毅力学习确保不挂科,也有可能被淘汰出强基计划到普通的基础学科专业去,顺利毕业但考研不成功,开始找工作。但找工作的时候,也就是碰壁的开始,发现许多公司都不要,嫌专业不对口,有些“哭天天不应、叫地地不灵”的感觉。有的可以自己打拼出人头地,大部分人破罐子破摔了。

4. 在新环境里,特别是看到上几届的基础学科毕业生的就业状况后,心理反差极大,本来对基础学科就没多少兴趣,自暴自弃,觉得在学校抬不起头来,受鄙视,干脆破罐子破摔,最后无法拿到学位证甚至无法拿到毕业证。实事求是地说,基础学科在绝大多数高校地位不高,许多学生或多或少有些自卑。

强基计划是个好政策,那么如何才能避免第 3、4 种结局,让学生能双赢呢?这需要家长对学生有足够的了解,清楚学生的意向,如果学生志不在此就不建议选报强基计划了。如果学生确实比较喜欢基础学科,那么还需要家长深入了解 39 所强基高校各自的特色、优势和报考难度,综合评估选出 1 所(强基计划限报 1 所)适合自己学生的高校。

第二章 河南省2023年普通高校招生网上志愿填报部分批次志愿草表

本章表格为河南省2023年普通高校招生网上志愿填报部分批次志愿草表,如有变动,请以当年官方公布为准。

第一节　本科、专科提前批(不含艺术类、体育类)志愿草表

一、本科提前批(军队、公安、司法)、专科提前批(定向培养军士、航海类、空中乘务类、医学类)志愿草表(见表2-1)

表2-1　本科提前批(军队、公安、司法)、专科提前批(定向培养军士、航海类、空中乘务类、医学类)志愿草表

志愿名称	代号	名称
第一志愿		
第一志愿　院校		
专业1		
专业2		
专业3		
专业4		
专业5		
专业调剂	□同意　□不同意	
第二志愿		
平行志愿1　院校		
专业1		
专业2		
专业3		
专业4		
专业5		
专业调剂	□同意　□不同意	
平行志愿2　院校		
专业1		
专业2		

续表

志愿名称	代号	名称
专业3		
专业4		
专业5		
专业调剂	□同意　　□不同意	
平行志愿3　院校		
专业1		
专业2		
专业3		
专业4		
专业5		
专业调剂	□同意　　□不同意	
平行志愿4　院校		
专业1		
专业2		
专业3		
专业4		
专业5		
专业调剂	□同意　　□不同意	

二、本科提前批(其他)志愿草表(见表2-2)

【编者按】本科提前批(其他)包含飞行学员、国家公费师范生、国家优师专项、农村订单定向医学生、部分航海类等艰苦专业、全国重点马克思主义学院的马克思主义理论专业以及其他经教育部批准的特殊高校(专业)、有关高校综合评价招生等。

表2-2　本科提前批(其他)志愿草表

志愿名称	代号	名称
第一志愿(非定向志愿正常填报,如需填报定向志愿请在此处填写)		
第一志愿　院校		
专业1		
专业2		
专业3		
专业4		
专业5		
专业调剂	□同意　　□不同意	
第二志愿		

续表

志愿名称	代号	名称
平行志愿 1　院校		
专业 1		
专业 2		
专业 3		
专业 4		
专业 5		
专业调剂	□同意　□不同意	
平行志愿 2　院校		
专业 1		
专业 2		
专业 3		
专业 4		
专业 5		
专业调剂	□同意　□不同意	
平行志愿 3　院校		
专业 1		
专业 2		
专业 3		
专业 4		
专业 5		
专业调剂	□同意　□不同意	
平行志愿 4　院校		
专业 1		
专业 2		
专业 3		
专业 4		
专业 5		
专业调剂	□同意　□不同意	

三、本科提前批(地方公费师范生)、专科提前批(师范类)志愿草表(见表 2-3)

表 2-3　本科提前批(地方公费师范生)、专科提前批(师范类)志愿草表

志愿名称	代号	名称
平行志愿		
平行志愿 1　院校		

续表

志愿名称	代号	名称
专业		
平行志愿 2 院校		
专业		
平行志愿 3 院校		
专业		
平行志愿 4 院校		
专业		
平行志愿 5 院校		
专业		
平行志愿 6 院校		
专业		
平行志愿 7 院校		
专业		
平行志愿 8 院校		
专业		
平行志愿 9 院校		
专业		
平行志愿 10 院校		
专业		
平行志愿 11 院校		
专业		
平行志愿 12 院校		
专业		

第二节　国家专项计划、地方专项计划本科批志愿草表

详细内容见表 2-4。

表 2-4　国家专项计划、地方专项计划本科批志愿草表

志愿名称	代号	名称
平行志愿		
平行志愿 1　院校		
专业 1		
专业 2		
专业 3		
专业 4		
专业 5		
专业调剂	□同意　　□不同意	
平行志愿 2　院校		
专业 1		
专业 2		
专业 3		
专业 4		
专业 5		
专业调剂	□同意　　□不同意	
平行志愿 3　院校		
专业 1		
专业 2		
专业 3		
专业 4		
专业 5		
专业调剂	□同意　　□不同意	
平行志愿 4　院校		
专业 1		
专业 2		
专业 3		
专业 4		
专业 5		
专业调剂	□同意　　□不同意	

续表

志愿名称	代号	名称
平行志愿 5　院校		
专业 1		
专业 2		
专业 3		
专业 4		
专业 5		
专业调剂	□同意　　□不同意	
平行志愿 6　院校		
专业 1		
专业 2		
专业 3		
专业 4		
专业 5		
专业调剂	□同意　　□不同意	
平行志愿 7　院校		
专业 1		
专业 2		
专业 3		
专业 4		
专业 5		
专业调剂	□同意　　□不同意	
平行志愿 8　院校		
专业 1		
专业 2		
专业 3		
专业 4		
专业 5		
专业调剂	□同意　　□不同意	
平行志愿 9　院校		
专业 1		
专业 2		
专业 3		
专业 4		

续表

志愿名称	代号	名称
专业 5		
专业调剂	□同意　　□不同意	
平行志愿 10　院校		
专业 1		
专业 2		
专业 3		
专业 4		
专业 5		
专业调剂	□同意　　□不同意	
平行志愿 11　院校		
专业 1		
专业 2		
专业 3		
专业 4		
专业 5		
专业调剂	□同意　　□不同意	
平行志愿 12　院校		
专业 1		
专业 2		
专业 3		
专业 4		
专业 5		
专业调剂	□同意　　□不同意	

第三节　本科一批、本科二批、高职高专批志愿草表

一、本科一批志愿草表(见表 2-5)

表 2-5　本科一批志愿草表

志愿名称	代号	名称
平行志愿		
平行志愿 1　院校		
专业 1		

续表

志愿名称	代号	名称
专业 2		
专业 3		
专业 4		
专业 5		
专业调剂	□同意　　□不同意	
平行志愿 2　院校		
专业 1		
专业 2		
专业 3		
专业 4		
专业 5		
专业调剂	□同意　　□不同意	
平行志愿 3　院校		
专业 1		
专业 2		
专业 3		
专业 4		
专业 5		
专业调剂	□同意　　□不同意	
平行志愿 4　院校		
专业 1		
专业 2		
专业 3		
专业 4		
专业 5		
专业调剂	□同意　　□不同意	
平行志愿 5　院校		
专业 1		
专业 2		
专业 3		
专业 4		
专业 5		
专业调剂	□同意　　□不同意	

续表

志愿名称	代号	名称
平行志愿 6　院校		
专业 1		
专业 2		
专业 3		
专业 4		
专业 5		
专业调剂	□同意　□不同意	
平行志愿 7　院校		
专业 1		
专业 2		
专业 3		
专业 4		
专业 5		
专业调剂	□同意　□不同意	
平行志愿 8　院校		
专业 1		
专业 2		
专业 3		
专业 4		
专业 5		
专业调剂	□同意　□不同意	
平行志愿 9　院校		
专业 1		
专业 2		
专业 3		
专业 4		
专业 5		
专业调剂	□同意　□不同意	
平行志愿 10　院校		
专业 1		
专业 2		
专业 3		

续表

志愿名称	代号	名称
专业 4		
专业 5		
专业调剂	□同意　　□不同意	
平行志愿 11　院校		
专业 1		
专业 2		
专业 3		
专业 4		
专业 5		
专业调剂	□同意　　□不同意	
平行志愿 12　院校		
专业 1		
专业 2		
专业 3		
专业 4		
专业 5		
专业调剂	□同意　　□不同意	
定向志愿(此处只能填报定向志愿)		
定向志愿　院校		
专业 1		
专业 2		
专业 3		
专业 4		
专业 5		
专业调剂	□同意　　□不同意	
民族预科志愿(此处只能由已公示的少数民族考生填报)		
民族预科志愿　院校		
专业 1		
专业 2		
专业 3		
专业 4		
专业 5		
专业调剂	□同意　　□不同意	

二、本科二批志愿草表(见表 2-6)

表 2-6 本科二批志愿草表

志愿名称	代号	名称
平行志愿		
平行志愿 1 院校		
专业 1		
专业 2		
专业 3		
专业 4		
专业 5		
专业调剂	□同意	□不同意
平行志愿 2 院校		
专业 1		
专业 2		
专业 3		
专业 4		
专业 5		
专业调剂	□同意	□不同意
平行志愿 3 院校		
专业 1		
专业 2		
专业 3		
专业 4		
专业 5		
专业调剂	□同意	□不同意
平行志愿 4 院校		
专业 1		
专业 2		
专业 3		
专业 4		
专业 5		
专业调剂	□同意	□不同意
平行志愿 5 院校		
专业 1		

续表

志愿名称	代号	名称
专业 2		
专业 3		
专业 4		
专业 5		
专业调剂	□同意	□不同意
平行志愿 6　院校		
专业 1		
专业 2		
专业 3		
专业 4		
专业 5		
专业调剂	□同意	□不同意
平行志愿 7　院校		
专业 1		
专业 2		
专业 3		
专业 4		
专业 5		
专业调剂	□同意	□不同意
平行志愿 8　院校		
专业 1		
专业 2		
专业 3		
专业 4		
专业 5		
专业调剂	□同意	□不同意
平行志愿 9　院校		
专业 1		
专业 2		
专业 3		
专业 4		
专业 5		
专业调剂	□同意	□不同意

续表

志愿名称	代号	名称
平行志愿 10　院校		
专业 1		
专业 2		
专业 3		
专业 4		
专业 5		
专业调剂	□同意　　□不同意	
平行志愿 11　院校		
专业 1		
专业 2		
专业 3		
专业 4		
专业 5		
专业调剂	□同意　　□不同意	
平行志愿 12　院校		
专业 1		
专业 2		
专业 3		
专业 4		
专业 5		
专业调剂	□同意　　□不同意	
定向志愿(只能填报定向志愿)		
定向志愿　院校		
专业 1		
专业 2		
专业 3		
专业 4		
专业 5		
专业调剂	□同意　　□不同意	
预科志愿(只能由已公示的少数民族考生或具有边防军人子女预科班报考资格的考生填报)		
预科志愿　院校		
专业 1		
专业 2		

续表

志愿名称	代号	名称
专业3		
专业4		
专业5		
专业调剂	□同意　　□不同意	

三、高职高专批志愿草表(见表2-7)

表2-7　高职高专批志愿草表

志愿名称	代号	名称
平行志愿		
平行志愿1　院校		
专业1		
专业2		
专业3		
专业4		
专业5		
专业调剂	□同意　　□不同意	
平行志愿2　院校		
专业1		
专业2		
专业3		
专业4		
专业5		
专业调剂	□同意　　□不同意	
平行志愿3　院校		
专业1		
专业2		
专业3		
专业4		
专业5		
专业调剂	□同意　　□不同意	
平行志愿4　院校		
专业1		
专业2		
专业3		

续表

志愿名称	代号	名称
专业 4		
专业 5		
专业调剂	□同意　　□不同意	
平行志愿 5　院校		
专业 1		
专业 2		
专业 3		
专业 4		
专业 5		
专业调剂	□同意　　□不同意	
平行志愿 6　院校		
专业 1		
专业 2		
专业 3		
专业 4		
专业 5		
专业调剂	□同意　　□不同意	
平行志愿 7　院校		
专业 1		
专业 2		
专业 3		
专业 4		
专业 5		
专业调剂	□同意　　□不同意	
平行志愿 8　院校		
专业 1		
专业 2		
专业 3		
专业 4		
专业 5		
专业调剂	□同意　　□不同意	
平行志愿 9　院校		

续表

志愿名称	代号	名称
专业 1		
专业 2		
专业 3		
专业 4		
专业 5		
专业调剂	□同意　□不同意	
平行志愿 10　院校		
专业 1		
专业 2		
专业 3		
专业 4		
专业 5		
专业调剂	□同意　□不同意	
平行志愿 11　院校		
专业 1		
专业 2		
专业 3		
专业 4		
专业 5		
专业调剂	□同意　□不同意	
平行志愿 12　院校		
专业 1		
专业 2		
专业 3		
专业 4		
专业 5		
专业调剂	□同意　□不同意	

第三章 河南省2021—2023年普通高校招生分数段统计表

第一节　河南省2021—2023年普通高校招生录取控制分数线

详细内容见表3-1。

表3-1　河南省2021—2023年普通高校招生录取控制分数线

年份	科类	本科一批	本科二批	高职高专批
2023	文科综合	547	465	185
	理科综合	514	409	185
2022	文科综合	527	445	190
	理科综合	509	405	190
2021	文科综合	558	466	200
	理科综合	518	400	200

第二节　河南省2021—2023年普通高校招生分数段统计表(文科)

详细内容见表3-2。

表3-2　河南省2021—2023年普通高校招生分数段统计表(文科)

高考分数	2023年(文科)		2022年(文科)		2021年(文科)	
	省位次	同分人数	省位次	同分人数	省位次	同分人数
685	前10名	—	—	—	—	—
684	—	—	—	—	—	—
683	—	—	—	—	—	—
682	—	—	—	—	—	—
681	11~15	5	—	—	—	—
680	—	—	—	—	—	—
679	16~19	4	—	—	—	—
678	20~21	2	—	—	—	—
677	22~24	3	—	—	—	—
676	25~26	2	—	—	—	—

续表

高考分数	2023 年(文科)		2022 年(文科)		2021 年(文科)	
	省位次	同分人数	省位次	同分人数	省位次	同分人数
675	27~32	6	—	—	前 10 名	—
674	33~35	3	—	—	11~15	5
673	36~41	6	—	—	16	1
672	42~46	5	—	—	17~22	6
671	47~49	3	—	—	23~26	4
670	50~57	8	—	—	27~38	12
669	58~67	10	—	—	39~52	14
668	68~76	9	—	—	53~63	11
667	77~85	9	—	—	64~70	7
666	86~94	9	—	—	71~80	10
665	95~108	14	—	—	81~90	10
664	109~115	7	—	—	91~96	6
663	116~129	14	—	—	97~108	12
662	130~140	11	—	—	109~121	13
661	141~162	22	—	—	122~138	17
660	163~169	7	—	—	139~151	13
659	170~181	12	—	—	152~174	23
658	182~194	13	—	—	175~190	16
657	195~213	19	—	—	191~209	19
656	214~232	19	—	—	210~233	24
655	233~254	22	—	—	234~251	18
654	255~273	19	—	—	252~275	24
653	274~295	22	—	—	276~300	25
652	296~312	17	前 11 名	—	301~328	28
651	313~339	27	12~13	2	329~354	26
650	340~358	19	14~15	2	355~383	29
649	359~375	17	16~17	2	384~422	39
648	376~396	21	18~21	4	423~454	32
647	397~424	28	22~28	7	455~507	53
646	425~453	29	29~30	2	508~561	54
645	454~480	27	31~33	3	562~617	56
644	481~515	35	34~35	2	618~667	50
643	516~544	29	36~39	4	668~720	53
642	545~573	29	40	1	721~785	65
641	574~619	46	41~46	6	786~840	55
640	620~652	33	47~54	8	841~896	56

续表

高考分数	2023年(文科)		2022年(文科)		2021年(文科)	
	省位次	同分人数	省位次	同分人数	省位次	同分人数
639	653~700	48	55~59	5	897~966	70
638	701~744	44	60~68	9	967~1031	65
637	745~793	49	69~78	10	1032~1109	78
636	794~839	46	79~85	7	1110~1195	86
635	840~886	47	86~93	8	1196~1273	78
634	887~927	41	94~101	8	1274~1351	78
633	928~989	62	102~110	9	1352~1425	74
632	990~1041	52	111~118	8	1426~1511	86
631	1042~1103	62	119~129	11	1512~1610	99
630	1104~1168	65	130~137	8	1611~1708	98
629	1169~1233	65	138~152	15	1709~1802	94
628	1234~1310	77	153~177	25	1803~1917	115
627	1311~1386	76	178~187	10	1918~2026	109
626	1387~1451	65	188~200	13	2027~2133	107
625	1452~1528	77	201~231	31	2134~2250	117
624	1529~1595	67	232~245	14	2251~2380	130
623	1596~1676	81	246~259	14	2381~2519	139
622	1677~1767	91	260~283	24	2520~2650	131
621	1768~1861	94	284~308	25	2651~2798	148
620	1862~1954	93	309~328	20	2799~2955	157
619	1955~2053	99	329~345	17	2956~3125	170
618	2054~2147	94	346~378	33	3126~3294	169
617	2148~2240	93	379~407	29	3295~3477	183
616	2241~2356	116	408~434	27	3478~3636	159
615	2357~2482	126	435~458	24	3637~3798	162
614	2483~2600	118	459~487	29	3799~3948	150
613	2601~2720	120	488~521	34	3949~4108	160
612	2721~2853	133	522~554	33	4109~4295	187
611	2854~2985	132	555~588	34	4296~4474	179
610	2986~3112	127	589~628	40	4475~4672	198
609	3113~3260	148	629~669	41	4673~4834	162
608	3261~3394	134	670~720	51	4835~5050	216
607	3395~3541	147	721~759	39	5051~5241	191
606	3542~3681	140	760~804	45	5242~5444	203
605	3682~3838	157	805~883	79	5445~5658	214
604	3839~3990	152	884~946	63	5659~5874	216

续表

高考分数	2023 年(文科)		2022 年(文科)		2021 年(文科)	
	省位次	同分人数	省位次	同分人数	省位次	同分人数
603	3991~4164	174	947~996	50	5875~6107	233
602	4165~4335	171	997~1051	55	6108~6319	212
601	4336~4492	157	1052~1118	67	6320~6544	225
600	4493~4685	193	1119~1179	61	6545~6776	232
599	4686~4867	182	1180~1260	81	6777~7011	235
598	4868~5035	168	1261~1331	71	7012~7239	228
597	5036~5216	181	1332~1415	84	7240~7506	267
596	5217~5430	214	1416~1493	78	7507~7782	276
595	5431~5618	188	1494~1573	80	7783~8043	261
594	5619~5816	198	1574~1666	93	8044~8313	270
593	5817~6067	251	1667~1750	84	8314~8604	291
592	6068~6256	189	1751~1853	103	8605~8893	289
591	6257~6468	212	1854~1979	126	8894~9192	299
590	6469~6734	266	1980~2097	118	9193~9516	324
589	6735~6955	221	2098~2203	106	9517~9839	323
588	6956~7217	262	2204~2334	131	9840~10158	319
587	7218~7495	278	2335~2452	118	10159~10498	340
586	7496~7755	260	2453~2572	120	10499~10825	327
585	7756~8045	290	2573~2693	121	10826~11165	340
584	8046~8335	290	2694~2836	143	11166~11502	337
583	8336~8647	312	2837~2997	161	11503~11833	331
582	8648~8929	282	2998~3138	141	11834~12151	318
581	8930~9252	323	3139~3294	156	12152~12520	369
580	9253~9567	315	3295~3451	157	12521~12890	370
579	9568~9919	352	3452~3609	158	12891~13277	387
578	9920~10258	339	3610~3783	174	13278~13628	351
577	10259~10636	378	3784~3958	175	13629~14016	388
576	10637~10980	344	3959~4149	191	14017~14388	372
575	10981~11312	332	4150~4339	190	14389~14815	427
574	11313~11649	337	4340~4515	176	14816~15227	412
573	11650~11988	339	4516~4713	198	15228~15646	419
572	11989~12361	373	4714~4934	221	15647~16090	444
571	12362~12758	397	4935~5159	225	16091~16517	427
570	12759~13130	372	5160~5373	214	16518~17000	483
569	13131~13524	394	5374~5617	244	17001~17492	492
568	13525~13933	409	5618~5830	213	17493~17951	459

续表

高考分数	2023 年(文科)		2022 年(文科)		2021 年(文科)	
	省位次	同分人数	省位次	同分人数	省位次	同分人数
567	13934~14300	367	5831~6099	269	17952~18414	463
566	14301~14694	394	6100~6352	253	18415~18908	494
565	14695~15078	384	6353~6625	273	18909~19410	502
564	15079~15484	406	6626~6902	277	19411~19891	481
563	15485~15937	453	6903~7157	255	19892~20389	498
562	15938~16394	457	7158~7464	307	20390~20879	490
561	16395~16864	470	7465~7749	285	20880~21385	506
560	16865~17388	524	7750~8055	306	21386~21943	558
559	17389~17865	477	8056~8379	324	21944~22467	524
558	17866~18371	506	8380~8687	308	22468~22987	520
557	18372~18861	490	8688~9039	352	22988~23563	576
556	18862~19379	518	9040~9374	335	23564~24136	573
555	19380~19907	528	9375~9721	347	24137~24689	553
554	19908~20464	557	9722~10083	362	24690~25301	612
553	20465~21011	547	10084~10473	390	25302~25867	566
552	21012~21540	529	10474~10832	359	25868~26451	584
551	21541~22132	592	10833~11198	366	26452~27046	595
550	22133~22698	566	11199~11606	408	27047~27622	576
549	22699~23282	584	11607~12022	416	27623~28244	622
548	23283~23831	549	12023~12452	430	28245~28836	592
547	23832~24386	555	12453~12892	440	28837~29417	581
546	24387~24938	552	12893~13354	462	29418~30047	630
545	24939~25536	598	13355~13783	429	30048~30649	602
544	25537~26174	638	13784~14280	497	30650~31286	637
543	26175~26791	617	14281~14743	463	31287~31926	640
542	26792~27428	637	14744~15204	461	31927~32574	648
541	27429~28035	607	15205~15679	475	32575~33219	645
540	28036~28646	611	15680~16182	503	33220~33915	696
539	28647~29286	640	16183~16677	495	33916~34627	712
538	29287~29932	646	16678~17210	533	34628~35289	662
537	29933~30602	670	17211~17699	489	35290~36000	711
536	30603~31297	695	17700~18232	533	36001~36701	701
535	31298~31980	683	18233~18792	560	36702~37377	676
534	31981~32697	717	18793~19375	583	37378~38026	649
533	32698~33412	715	19376~19938	563	38027~38698	672
532	33413~34153	741	19939~20478	540	38699~39426	728

续表

高考分数	2023 年(文科)		2022 年(文科)		2021 年(文科)	
	省位次	同分人数	省位次	同分人数	省位次	同分人数
531	34154~34873	720	20479~21061	583	39427~40157	731
530	34874~35614	741	21062~21635	574	40158~40857	700
529	35615~36366	752	21636~22242	607	40858~41562	705
528	36367~37150	784	22243~22832	590	41563~42273	711
527	37151~37925	775	22833~23432	600	42274~43003	730
526	37926~38692	767	23433~24075	643	43004~43777	774
525	38693~39465	773	24076~24695	620	43778~44512	735
524	39466~40213	748	24696~25322	627	44513~45291	779
523	40214~41006	793	25323~25960	638	45292~46101	810
522	41007~41762	756	25961~26589	629	46102~46841	740
521	41763~42606	844	26590~27264	675	46842~47608	767
520	42607~43401	795	27265~27943	679	47609~48420	812
519	43402~44191	790	27944~28595	652	48421~49184	764
518	44192~45001	810	28596~29283	688	49185~49952	768
517	45002~45874	873	29284~30019	736	49953~50796	844
516	45875~46681	807	30020~30778	759	50797~51641	845
515	46682~47550	869	30779~31505	727	51642~52443	802
514	47551~48434	884	31506~32268	763	52444~53242	799
513	48435~49322	888	32269~32998	730	53243~54068	826
512	49323~50271	949	32999~33818	820	54069~54859	791
511	50272~51170	899	33819~34631	813	54860~55670	811
510	51171~52072	902	34632~35431	800	55671~56491	821
509	52073~52940	868	35432~36213	782	56492~57325	834
508	52941~53842	902	36214~36969	756	57326~58200	875
507	53843~54739	897	36970~37767	798	58201~59025	825
506	54740~55694	955	37768~38592	825	59026~59906	881
505	55695~56660	966	38593~39414	822	59907~60750	844
504	56661~57594	934	39415~40236	822	60751~61580	830
503	57595~58552	958	40237~41009	773	61581~62413	833
502	58553~59523	971	41010~41865	856	62414~63254	841
501	59524~60463	940	41866~42740	875	63255~64100	846
500	60464~61450	987	42741~43646	906	64101~64927	827
499	61451~62431	981	43647~44536	890	64928~65834	907
498	62432~63418	987	44537~45402	866	65835~66708	874
497	63419~64494	1076	45403~46291	889	66709~67589	881
496	64495~65488	994	46292~47205	914	67590~68472	883

续表

高考分数	2023 年(文科)		2022 年(文科)		2021 年(文科)	
	省位次	同分人数	省位次	同分人数	省位次	同分人数
495	65489~66442	954	47206~48113	908	68473~69370	898
494	66443~67461	1019	48114~48998	885	69371~70291	921
493	67462~68466	1005	48999~49917	919	70292~71190	899
492	68467~69544	1078	49918~50820	903	71191~72125	935
491	69545~70584	1040	50821~51788	968	72126~73024	899
490	70585~71671	1087	51789~52692	904	73025~73919	895
489	71672~72712	1041	52693~53630	938	73920~74794	875
488	72713~73795	1083	53631~54646	1016	74795~75691	897
487	73796~74845	1050	54647~55616	970	75692~76616	925
486	74846~75936	1091	55617~56565	949	76617~77519	903
485	75937~76959	1023	56566~57598	1033	77520~78405	886
484	76960~78045	1086	57599~58561	963	78406~79316	911
483	78046~79190	1145	58562~59583	1022	79317~80250	934
482	79191~80259	1069	59584~60563	980	80251~81132	882
481	80260~81310	1051	60564~61568	1005	81133~82022	890
480	81311~82422	1112	61569~62599	1031	82023~82978	956
479	82423~83482	1060	62600~63579	980	82979~83858	880
478	83483~84597	1115	63580~64636	1057	83859~84787	929
477	84598~85701	1104	64637~65677	1041	84788~85681	894
476	85702~86775	1074	65678~66739	1062	85682~86581	900
475	86776~87898	1123	66740~67740	1001	86582~87514	933
474	87899~88985	1087	67741~68793	1053	87515~88448	934
473	88986~90113	1128	68794~69846	1053	88449~89423	975
472	90114~91243	1130	69847~70900	1054	89424~90400	977
471	91244~92333	1090	70901~71940	1040	90401~91379	979
470	92334~93542	1209	71941~72970	1030	91380~92392	1013
469	93543~94646	1104	72971~74062	1092	92393~93316	924
468	94647~95805	1159	74063~75194	1132	93317~94296	980
467	95806~96864	1059	75195~76258	1064	94297~95210	914
466	96865~97978	1114	76259~77310	1052	95211~96112	902
465	97979~99108	1130	77311~78388	1078	96113~97046	934
464	99109~100297	1189	78389~79496	1108	97047~97930	884
463	100298~101517	1220	79497~80605	1109	97931~98832	902
462	101518~102655	1138	80606~81692	1087	98833~99769	937
461	102656~103791	1136	81693~82819	1127	99770~100660	891
460	103792~104927	1136	82820~83883	1064	100661~101621	961

续表

高考分数	2023 年(文科)		2022 年(文科)		2021 年(文科)	
	省位次	同分人数	省位次	同分人数	省位次	同分人数
459	104928～106020	1093	83884～84968	1085	101622～102514	893
458	106021～107202	1182	84969～86120	1152	102515～103446	932
457	107203～108390	1188	86121～87224	1104	103447～104383	937
456	108391～109532	1142	87225～88323	1099	104384～105269	886
455	109533～110654	1122	88324～89426	1103	105270～106136	867
454	110655～111789	1135	89427～90557	1131	106137～107024	888
453	111790～112978	1189	90558～91756	1199	107025～107929	905
452	112979～114130	1152	91757～92856	1100	107930～108809	880
451	114131～115265	1135	92857～93931	1075	108810～109654	845
450	115266～116405	1140	93932～95097	1166	109655～110592	938
449	116406～117595	1190	95098～96236	1139	110593～111572	980
448	117596～118801	1206	96237～97409	1173	111573～112491	919
447	118802～119898	1097	97410～98565	1156	112492～113468	977
446	119899～121113	1215	98566～99663	1098	113469～114404	936
445	121114～122345	1232	99664～100731	1068	114405～115305	901
444	122346～123458	1113	100732～101832	1101	115306～116212	907
443	123459～124654	1196	101833～103008	1176	116213～117106	894
442	124655～125906	1252	103009～104144	1136	117107～118040	934
441	125907～127094	1188	104145～105250	1106	118041～118982	942
440	127095～128308	1214	105251～106377	1127	118983～119888	906
439	128309～129475	1167	106378～107491	1114	119889～120864	976
438	129476～130654	1179	107492～108627	1136	120865～121825	961
437	130655～131894	1240	108628～109822	1195	121826～122730	905
436	131895～133115	1221	109823～111016	1194	122731～123710	980
435	133116～134299	1184	111017～112168	1152	123711～124587	877
434	134300～135448	1149	112169～113361	1193	124588～125544	957
433	135449～136675	1227	113362～114528	1167	125545～126501	957
432	136676～137873	1198	114529～115660	1132	126502～127458	957
431	137874～139080	1207	115661～116853	1193	127459～128325	867
430	139081～140306	1226	116854～117990	1137	128326～129277	952
429	140307～141493	1187	117991～119088	1098	129278～130194	917
428	141494～142725	1232	119089～120198	1110	130195～131113	919
427	142726～143971	1246	120199～121335	1137	131114～132034	921
426	143972～145227	1256	121336～122482	1147	132035～132982	948
425	145228～146502	1275	122483～123654	1172	132983～133879	897
424	146503～147725	1223	123655～124827	1173	133880～134824	945

续表

高考分数	2023年(文科)		2022年(文科)		2021年(文科)	
	省位次	同分人数	省位次	同分人数	省位次	同分人数
423	147726~148995	1270	124828~126057	1230	134825~135755	931
422	148996~150250	1255	126058~127212	1155	135756~136731	976
421	150251~151474	1224	127213~128366	1154	136732~137727	996
420	151475~152745	1271	128367~129540	1174	137728~138600	873
419	152746~153957	1212	129541~130688	1148	138601~139565	965
418	153958~155283	1326	130689~131868	1180	139566~140519	954
417	155284~156562	1279	131869~133019	1151	140520~141441	922
416	156563~157785	1223	133020~134202	1183	141442~142453	1012
415	157786~159063	1278	134203~135408	1206	142454~143362	909
414	159064~160357	1294	135409~136619	1211	143363~144294	932
413	160358~161623	1266	136620~137807	1188	144295~145244	950
412	161624~162865	1242	137808~138987	1180	145245~146199	955
411	162866~164134	1269	138988~140180	1193	146200~147175	976
410	164135~165444	1310	140181~141459	1279	147176~148109	934
409	165445~166736	1292	141460~142616	1157	148110~149040	931
408	166737~168065	1329	142617~143782	1166	149041~149994	954
407	168066~169328	1263	143783~144945	1163	149995~150941	947
406	169329~170660	1332	144946~146124	1179	150942~151882	941
405	170661~171943	1283	146125~147350	1226	151883~152895	1013
404	171944~173248	1305	147351~148523	1173	152896~153847	952
403	173249~174536	1288	148524~149776	1253	153848~154810	963
402	174537~175852	1316	149777~150967	1191	154811~155754	944
401	175853~177111	1259	150968~152254	1287	155755~156758	1004
400	177112~178434	1323	152255~153482	1228	156759~157726	968
399	178435~179820	1386	153483~154667	1185	157727~158709	983
398	179821~181139	1319	154668~155967	1300	158710~159706	997
397	181140~182460	1321	155968~157219	1252	159707~160697	991
396	182461~183754	1294	157220~158380	1161	160698~161619	922
395	183755~185100	1346	158381~159626	1246	161620~162625	1006
394	185101~186477	1377	159627~160821	1195	162626~163613	988
393	186478~187797	1320	160822~162042	1221	163614~164630	1017
392	187798~189214	1417	162043~163301	1259	164631~165608	978
391	189215~190558	1344	163302~164511	1210	165609~166551	943
390	190559~191943	1385	164512~165716	1205	166552~167526	975
389	191944~193284	1341	165717~166977	1261	167527~168512	986
388	193285~194640	1356	166978~168250	1273	168513~169516	1004

续表

高考分数	2023 年(文科)		2022 年(文科)		2021 年(文科)	
	省位次	同分人数	省位次	同分人数	省位次	同分人数
387	194641~196005	1365	168251~169538	1288	169517~170581	1065
386	196006~197345	1340	169539~170772	1234	170582~171586	1005
385	197346~198652	1307	170773~171983	1211	171587~172582	996
384	198653~199984	1332	171984~173213	1230	172583~173558	976
383	199985~201264	1280	173214~174502	1289	173559~174478	920
382	201265~202583	1319	174503~175731	1229	174479~175456	978
381	202584~203916	1333	175732~176992	1261	175457~176451	995
380	203917~205239	1323	176993~178265	1273	176452~177476	1025
379	205240~206583	1344	178266~179514	1249	177477~178501	1025
378	206584~207914	1331	179515~180776	1262	178502~179481	980
377	207915~209209	1295	180777~182033	1257	179482~180490	1009
376	209210~210559	1350	182034~183359	1326	180491~181478	988
375	210560~211891	1332	183360~184700	1341	181479~182464	986
374	211892~213206	1315	184701~185932	1232	182465~183484	1020
373	213207~214507	1301	185933~187202	1270	183485~184547	1063
372	214508~215832	1325	187203~188409	1207	184548~185479	932
371	215833~217121	1289	188410~189738	1329	185480~186460	981
370	217122~218443	1322	189739~191033	1295	186461~187469	1009
369	218444~219711	1268	191034~192336	1303	187470~188409	940
368	219712~220999	1288	192337~193690	1354	188410~189476	1067
367	221000~222315	1316	193691~194991	1301	189477~190485	1009
366	222316~223574	1259	194992~196341	1350	190486~191554	1069
365	223575~224869	1295	196342~197614	1273	191555~192572	1018
364	224870~226162	1293	197615~198903	1289	192573~193591	1019
363	226163~227429	1267	198904~200249	1346	193592~194637	1046
362	227430~228689	1260	200250~201549	1300	194638~195624	987
361	228690~229911	1222	201550~202778	1229	195625~196657	1033
360	229912~231159	1248	202779~203976	1198	196658~197624	967
359	231160~232440	1281	203977~205212	1236	197625~198650	1026
358	232441~233689	1249	205213~206465	1253	198651~199644	994
357	233690~234943	1254	206466~207684	1219	199645~200657	1013
356	234944~236095	1152	207685~208977	1293	200658~201669	1012
355	236096~237324	1229	208978~210272	1295	201670~202693	1024
354	237325~238579	1255	210273~211551	1279	202694~203694	1001
353	238580~239828	1249	211552~212838	1287	203695~204689	995
352	239829~241061	1233	212839~214108	1270	204690~205683	994

续表

高考分数	2023 年(文科)		2022 年(文科)		2021 年(文科)	
	省位次	同分人数	省位次	同分人数	省位次	同分人数
351	241062~242281	1220	214109~215285	1177	205684~206722	1039
350	242282~243584	1303	215286~216616	1331	206723~207734	1012
349	243585~244771	1187	216617~217891	1275	207735~208753	1019
348	244772~245973	1202	217892~219108	1217	208754~209758	1005
347	245974~247219	1246	219109~220343	1235	209759~210727	969
346	247220~248351	1132	220344~221594	1251	210728~211712	985
345	248352~249469	1118	221595~222771	1177	211713~212721	1009
344	249470~250621	1152	222772~223998	1227	212722~213717	996
343	250622~251783	1162	223999~225217	1219	213718~214731	1014
342	251784~252894	1111	225218~226413	1196	214732~215802	1071
341	252895~254008	1114	226414~227655	1242	215803~216793	991
340	254009~255134	1126	227656~228855	1200	216794~217789	996
339	255135~256217	1083	228856~230003	1148	217790~218794	1005
338	256218~257373	1156	230004~231258	1255	218795~219793	999
337	257374~258458	1085	231259~232452	1194	219794~220807	1014
336	258459~259630	1172	232453~233659	1207	220808~221808	1001
335	259631~260713	1083	233660~234908	1249	221809~222791	983
334	260714~261813	1100	234909~236069	1161	222792~223767	976
333	261814~262871	1058	236070~237232	1163	223768~224764	997
332	262872~263914	1043	237233~238394	1162	224765~225724	960
331	263915~264952	1038	238395~239549	1155	225725~226706	982
330	264953~266002	1050	239550~240679	1130	226707~227648	942
329	266003~267093	1091	240680~241860	1181	227649~228592	944
328	267094~268112	1019	241861~243008	1148	228593~229591	999
327	268113~269133	1021	243009~244191	1183	229592~230524	933
326	269134~270193	1060	244192~245366	1175	230525~231496	972
325	270194~271196	1003	245367~246476	1110	231497~232444	948
324	271197~272157	961	246477~247558	1082	232445~233380	936
323	272158~273153	996	247559~248623	1065	233381~234311	931
322	273154~274142	989	248624~249651	1028	234312~235219	908
321	274143~275109	967	249652~250730	1079	235220~236149	930
320	275110~276103	994	250731~251735	1005	236150~237038	889
319	276104~277078	975	251736~252795	1060	237039~237976	938
318	277079~278025	947	252796~253881	1086	237977~238868	892
317	278026~279034	1009	253882~254941	1060	238869~239765	897
316	279035~279987	953	254942~255946	1005	239766~240688	923

续表

高考分数	2023 年(文科)		2022 年(文科)		2021 年(文科)	
	省位次	同分人数	省位次	同分人数	省位次	同分人数
315	279988~280954	967	255947~256955	1009	240689~241559	871
314	280955~281891	937	256956~257977	1022	241560~242438	879
313	281892~282829	938	257978~258966	989	242439~243378	940
312	282830~283727	898	258967~259938	972	243379~244235	857
311	283728~284664	937	259939~260906	968	244236~245107	872
310	284665~285565	901	260907~261916	1010	245108~245966	859
309	285566~286447	882	261917~262872	956	245967~246819	853
308	286448~287421	974	262873~263856	984	246820~247689	870
307	287422~288352	931	263857~264800	944	247690~248573	884
306	288353~289261	909	264801~265721	921	248574~249455	882
305	289262~290140	879	265722~266678	957	249456~250321	866
304	290141~291017	877	266679~267637	959	250322~251221	900
303	291018~291846	829	267638~268568	931	251222~252069	848
302	291847~292712	866	268569~269455	887	252070~252885	816
301	292713~293564	852	269456~270308	853	252886~253719	834
300	293565~294427	863	270309~271196	888	253720~254567	848
299	294428~295243	816	271197~272104	908	254568~255359	792
298	295244~296108	865	272105~272996	892	255360~256171	812
297	296109~296883	775	272997~273902	906	256172~256999	828
296	296884~297691	808	273903~274752	850	257000~257819	820
295	297692~298525	834	274753~275590	838	257820~258633	814
294	298526~299282	757	275591~276477	887	258634~259407	774
293	299283~300077	795	276478~277351	874	259408~260231	824
292	300078~300811	734	277352~278159	808	260232~260961	730
291	300812~301572	761	278160~279014	855	260962~261811	850
290	301573~302313	741	279015~279816	802	261812~262550	739
289	302314~303061	748	279817~280646	830	262551~263277	727
288	303062~303865	804	280647~281438	792	263278~264058	781
287	303866~304624	759	281439~282184	746	264059~264756	698
286	304625~305339	715	282185~282971	787	264757~265509	753
285	305340~306064	725	282972~283733	762	265510~266241	732
284	306065~306803	739	283734~284502	769	266242~266960	719
283	306804~307453	650	284503~285208	706	266961~267702	742
282	307454~308168	715	285209~285971	763	267703~268451	749
281	308169~308831	663	285972~286747	776	268452~269173	722
280	308832~309529	698	286748~287461	714	269174~269844	671

续表

高考分数	2023 年(文科)		2022 年(文科)		2021 年(文科)	
	省位次	同分人数	省位次	同分人数	省位次	同分人数
279	309530~310201	672	287462~288237	776	269845~270565	721
278	310202~310840	639	288238~288965	728	270566~271301	736
277	310841~311481	641	288966~289663	698	271302~271974	673
276	311482~312125	644	289664~290325	662	271975~272642	668
275	312126~312751	626	290326~291038	713	272643~273333	691
274	312752~313381	630	291039~291736	698	273334~274006	673
273	313382~313997	616	291737~292397	661	274007~274712	706
272	313998~314610	613	292398~293019	622	274713~275367	655
271	314611~315244	634	293020~293664	645	275368~275973	606
270	315245~315842	598	293665~294338	674	275974~276561	588
269	315843~316465	623	294339~295011	673	276562~277143	582
268	316466~317075	610	295012~295644	633	277144~277796	653
267	317076~317683	608	295645~296286	642	277797~278355	559
266	317684~318222	539	296287~296917	631	278356~278968	613
265	318223~318787	565	296918~297529	612	278969~279558	590
264	318788~319406	619	297530~298130	601	279559~280159	601
263	319407~319949	543	298131~298750	620	280160~280715	556
262	319950~320550	601	298751~299366	616	280716~281294	579
261	320551~321075	525	299367~299962	596	281295~281858	564
260	321076~321622	547	299963~300485	523	281859~282418	560
259	321623~322183	561	300486~301039	554	282419~282939	521
258	322184~322708	525	301040~301602	563	282940~283474	535
257	322709~323278	570	301603~302142	540	283475~284006	532
256	323279~323832	554	302143~302727	585	284007~284563	557
255	323833~324297	465	302728~303277	550	284564~285080	517
254	324298~324835	538	303278~303807	530	285081~285600	520
253	324836~325337	502	303808~304335	528	285601~286119	519
252	325338~325854	517	304336~304888	553	286120~286634	515
251	325855~326393	539	304889~305420	532	286635~287136	502
250	326394~326831	438	305421~305941	521	287137~287643	507
249	326832~327304	473	305942~306433	492	287644~288144	501
248	327305~327786	482	306434~306948	515	288145~288640	496
247	327787~328273	487	306949~307431	483	288641~289105	465
246	328274~328768	495	307432~307941	510	289106~289571	466
245	328769~329247	479	307942~308427	486	289572~290064	493
244	329248~329703	456	308428~308909	482	290065~290545	481

续表

高考分数	2023 年(文科)		2022 年(文科)		2021 年(文科)	
	省位次	同分人数	省位次	同分人数	省位次	同分人数
243	329704~330173	470	308910~309326	417	290546~291008	463
242	330174~330655	482	309327~309785	459	291009~291470	462
241	330656~331091	436	309786~310258	473	291471~291870	400
240	331092~331522	431	310259~310704	446	291871~292273	403
239	331523~331913	391	310705~311141	437	292274~292709	436
238	331914~332380	467	311142~311580	439	292710~293124	415
237	332381~332799	419	311581~311993	413	293125~293534	410
236	332800~333220	421	311994~312390	397	293535~293920	386
235	333221~333619	399	312391~312809	419	293921~294344	424
234	333620~334052	433	312810~313230	421	294345~294717	373
233	334053~334475	423	313231~313623	393	294718~295099	382
232	334476~334909	434	313624~314023	400	295100~295452	353
231	334910~335292	383	314024~314420	397	295453~295822	370
230	335293~335679	387	314421~314788	368	295823~296154	332
229	335680~336090	411	314789~315163	375	296155~296508	354
228	336091~336483	393	315164~315547	384	296509~296895	387
227	336484~336865	382	315548~315901	354	296896~297223	328
226	336866~337264	399	315902~316258	357	297224~297532	309
225	337265~337610	346	316259~316574	316	297533~297842	310
224	337611~337987	377	316575~316954	380	297843~298146	304
223	337988~338339	352	316955~317282	328	298147~298460	314
222	338340~338673	334	317283~317649	367	298461~298773	313
221	338674~339034	361	317650~317995	346	298774~299047	274
220	339035~339374	340	317996~318301	306	299048~299310	263
219	339375~339711	337	318302~318639	338	299311~299586	276
218	339712~340058	347	318640~318986	347	299587~299856	270
217	340059~340393	335	318987~319306	320	299857~300151	295
216	340394~340727	334	319307~319617	311	300152~300441	290
215	340728~341080	353	319618~319881	264	300442~300735	294
214	341081~341377	297	319882~320163	282	300736~301008	273
213	341378~341693	316	320164~320454	291	301009~301249	241
212	341694~342006	313	320455~320744	290	301250~301522	273
211	342007~342309	303	320745~321053	309	301523~301758	236
210	342310~342617	308	321054~321356	303	301759~301992	234
209	342618~342907	290	321357~321611	255	301993~302237	245
208	342908~343196	289	321612~321867	256	302238~302462	225

续表

高考分数	2023 年(文科)		2022 年(文科)		2021 年(文科)	
	省位次	同分人数	省位次	同分人数	省位次	同分人数
207	343197~343507	311	321868~322146	279	302463~302698	236
206	343508~343795	288	322147~322397	251	302699~302908	210
205	343796~344075	280	322398~322647	250	302909~303126	218
204	344076~344368	293	322648~322900	253	303127~303340	214
203	344369~344643	275	322901~323151	251	303341~303545	205
202	344644~344934	291	323152~323382	231	303546~303749	204
201	344935~345222	288	323383~323633	251	303750~303931	182
200	345223~345490	268	323634~323854	221	303932~304110	179
199	345491~345733	243	323855~324109	255	304111~304284	174
198	345734~345989	256	324110~324323	214	304285~304484	200
197	345990~346243	254	324324~324543	220	304485~304652	168
196	346244~346452	209	324544~324775	232	304653~304814	162
195	346453~346687	235	324776~324979	204	304815~304991	177
194	346688~346918	231	324980~325188	209	304992~305142	151
193	346919~347157	239	325189~325398	210	305143~305302	160
192	347158~347380	223	325399~325611	213	305303~305492	190
191	347381~347602	222	325612~325829	218	305493~305638	146
190	347603~347808	206	325830~326041	212	305639~305782	144
189	347809~348021	213	326042~326238	197	305783~305930	148
188	348022~348189	168	326239~326427	189	305931~306054	124
187	348190~348391	202	326428~326622	195	306055~306193	139
186	348392~348600	209	326623~326788	166	306194~306322	129
185	348601~348796	196	326789~326976	188	306323~306472	150
184	348797~348984	188	326977~327151	175	306473~306589	117
183	348985~349161	177	327152~327332	181	306590~306707	118
182	349162~349346	185	327333~327493	161	306708~306830	123
181	349347~349528	182	327494~327668	175	306831~306942	112
180	349529~349722	194	327669~327813	145	306943~307062	120
179	349723~349881	159	327814~327981	168	307063~307181	119
178	349882~350045	164	327982~328139	158	307182~307297	116
177	350046~350219	174	328140~328305	166	307298~307403	106
176	350220~350398	179	328306~328471	166	307404~307481	78
175	350399~350560	162	328472~328628	157	307482~307581	100
174	350561~350712	152	328629~328776	148	307582~307679	98
173	350713~350838	126	328777~328910	134	307680~307773	94
172	350839~350992	154	328911~329036	126	307774~307858	85

续表

高考分数	2023 年(文科)		2022 年(文科)		2021 年(文科)	
	省位次	同分人数	省位次	同分人数	省位次	同分人数
171	350993～351130	138	329037～329154	118	307859～307933	75
170	351131～351287	157	329155～329295	141	307934～308017	84
169	351288～351399	112	329296～329431	136	308018～308088	71
168	351400～351530	131	329432～329529	98	308089～308168	80
167	351531～351646	116	329530～329644	115	308169～308237	69
166	351647～351785	139	329645～329761	117	308238～308307	70
165	351786～351906	121	329762～329902	141	308308～308386	79
164	351907～352015	109	329903～330019	117	308387～308455	69
163	352016～352159	144	330020～330112	93	308456～308524	69
162	352160～352260	101	330113～330217	105	308525～308582	58
161	352261～352375	115	330218～330333	116	308583～308637	55
160	352376～352489	114	330334～330442	109	308638～308701	64
159	352490～352595	106	330443～330562	120	308702～308757	56
158	352596～352694	99	330563～330645	83	308758～308806	49
157	352695～352785	91	330646～330734	89	308807～308855	49
156	352786～352886	101	330735～330808	74	308856～308915	60
155	352887～352971	85	330809～330886	78	308916～308967	52
154	352972～353055	84	330887～330947	61	308968～309003	36
153	353056～353163	108	330948～331021	74	309004～309040	37
152	353164～353246	83	331022～331096	75	309041～309068	28
151	353247～353349	103	331097～331148	52	309069～309103	35
150	353350～353424	75	331149～331226	78	309104～309136	33
149	353425～353505	81	331227～331297	71	309137～309167	31
148	353506～353560	55	331298～331361	64	309168～309207	40
147	353561～353628	68	331362～331416	55	309208～309250	43
146	353629～353692	64	331417～331482	66	309251～309278	28
145	353693～353751	59	331483～331531	49	309279～309313	35
144	353752～353811	60	331532～331593	62	309314～309349	36
143	353812～353868	57	331594～331655	62	309350～309394	45
142	353869～353939	71	331656～331712	57	309395～309423	29
141	353940～353994	55	331713～331754	42	309424～309453	30
140	353995～354048	54	331755～331796	42	309454～309470	17
139	354049～354107	59	331797～331843	47	309471～309503	33
138	354108～354154	47	331844～331892	49	309504～309530	27
137	354155～354219	65	331893～331932	40	309531～309567	37
136	354220～354266	47	331933～331981	49	309568～309593	26

续表

高考分数	2023 年(文科)		2022 年(文科)		2021 年(文科)	
	省位次	同分人数	省位次	同分人数	省位次	同分人数
135	354267~354320	54	331982~332025	44	309594~309616	23
134	354321~354365	45	332026~332072	47	309617~309642	26
133	354366~354424	59	332073~332108	36	309643~309669	27
132	354425~354471	47	332109~332141	33	309670~309685	16
131	354472~354517	46	332142~332175	34	309686~309710	25
130	354518~354561	44	332176~332206	31	309711~309727	17
129	354562~354606	45	332207~332239	33	309728~309747	20
128	354607~354649	43	332240~332281	42	309748~309765	18
127	354650~354690	41	332282~332313	32	309766~309782	17
126	354691~354728	38	332314~332346	33	309783~309801	19
125	354729~354766	38	332347~332365	19	309802~309818	17
124	354767~354798	32	332366~332389	24	309819~309834	16
123	354799~354828	30	332390~332416	27	309835~309852	18
122	354829~354857	29	332417~332442	26	309853~309870	18
121	354858~354890	33	332443~332467	25	309871~309886	16
120	354891~354924	34	332468~332492	25	309887~309897	11
119	354925~354960	36	332493~332511	19	309898~309912	15
118	354961~354985	25	332512~332524	13	309913~309920	8
117	354986~355020	35	332525~332542	18	309921~309930	10
116	355021~355042	22	332543~332558	16	309931~309943	13
115	355043~355065	23	332559~332583	25	309944~309955	12
114	355066~355095	30	332584~332609	26	309956~309967	12
113	355096~355128	33	332610~332628	19	309968~309977	10
112	355129~355149	21	332629~332642	14	309978~309986	9
111	355150~355176	27	332643~332658	16	309987~309993	7
110	355177~355201	25	332659~332678	20	309994~309997	4
109	355202~355223	22	332679~332693	15	309998~310010	13
108	355224~355252	29	332694~332712	19	310011~310016	6
107	355253~355271	19	332713~332724	12	310017~310021	5
106	355272~355288	17	332725~332740	16	310022~310040	19
105	355289~355308	20	332741~332759	19	310041~310047	7
104	355309~355334	26	332760~332774	15	310048~310052	5
103	355335~355353	19	332775~332783	9	310053~310058	6
102	355354~355371	18	332784~332796	13	310059~310070	12
101	355372~355389	18	332797~332813	17	310071~310079	9
100	355390~355412	23	332814~332823	10	310080~310088	9

第三节　河南省 2021—2023 年普通高校招生分数段统计表(理科)

详细内容见表 3-3。

表 3-3　河南省 2021—2023 年普通高校招生分数段统计表(理科)

高考分数	2023 年(理科)		2022 年(理科)		2021 年(理科)	
	省位次	同分人数	省位次	同分人数	省位次	同分人数
710	前 11 名	—	—	—	—	—
709	12	1	—	—	—	—
708	13~16	4	—	—	前 15 名	—
707	17~21	5	—	—	16~18	3
706	22~28	7	—	—	19~20	2
705	29~34	6	—	—	21~26	6
704	35~40	6	—	—	27~33	7
703	41~45	5	—	—	34~39	6
702	46~55	10	—	—	40~49	10
701	56~63	8	—	—	50~59	10
700	64~74	11	—	—	60~68	9
699	75~80	6	—	—	69~83	15
698	81~94	14	前 10 名	—	84~97	14
697	95~98	4	—	—	98~111	14
696	99~109	11	11	1	112~122	11
695	110~127	18	12~13	2	123~143	21
694	128~147	20	14	1	144~159	16
693	148~163	16	15~16	2	160~179	20
692	164~170	7	17~24	8	180~203	24
691	171~198	28	25~27	3	204~227	24
690	199~219	21	28~31	4	228~255	28
689	220~239	20	32~42	11	256~286	31
688	240~270	31	43~48	6	287~315	29
687	271~297	27	49~56	8	316~348	33
686	298~327	30	57~68	12	349~383	35
685	328~358	31	69~71	3	384~426	43
684	359~394	36	72~82	11	427~472	46
683	395~431	37	83~95	13	473~513	41
682	432~481	50	96~113	18	514~551	38
681	482~518	37	114~136	23	552~604	53
680	519~546	28	137~162	26	605~659	55

续表

高考分数	2023 年(理科)		2022 年(理科)		2021 年(理科)	
	省位次	同分人数	省位次	同分人数	省位次	同分人数
679	547~585	39	163~176	14	660~716	57
678	586~621	36	177~198	22	717~774	58
677	622~682	61	199~223	25	775~836	62
676	683~738	56	224~248	25	837~902	66
675	739~784	46	249~276	28	903~982	80
674	785~852	68	277~307	31	983~1046	64
673	853~914	62	308~331	24	1047~1115	69
672	915~969	55	332~369	38	1116~1184	69
671	970~1031	62	370~397	28	1185~1290	106
670	1032~1089	58	398~428	31	1291~1390	100
669	1090~1165	76	429~451	23	1391~1500	110
668	1166~1232	67	452~488	37	1501~1606	106
667	1233~1319	87	489~525	37	1607~1730	124
666	1320~1407	88	526~574	49	1731~1839	109
665	1408~1482	75	575~625	51	1840~1945	106
664	1483~1571	89	626~681	56	1946~2055	110
663	1572~1652	81	682~734	53	2056~2171	116
662	1653~1741	89	735~776	42	2172~2315	144
661	1742~1842	101	777~831	55	2316~2447	132
660	1843~1934	92	832~895	64	2448~2582	135
659	1935~2043	109	896~955	60	2583~2750	168
658	2044~2159	116	956~1016	61	2751~2928	178
657	2160~2272	113	1017~1071	55	2929~3071	143
656	2273~2390	118	1072~1147	76	3072~3232	161
655	2391~2514	124	1148~1232	85	3233~3427	195
654	2515~2672	158	1233~1314	82	3428~3618	191
653	2673~2804	132	1315~1397	83	3619~3815	197
652	2805~2956	152	1398~1487	90	3816~4022	207
651	2957~3116	160	1488~1570	83	4023~4219	197
650	3117~3275	159	1571~1663	93	4220~4428	209
649	3276~3414	139	1664~1778	115	4429~4632	204
648	3415~3581	167	1779~1888	110	4633~4866	234
647	3582~3746	165	1889~1990	102	4867~5113	247
646	3747~3921	175	1991~2107	117	5114~5337	224
645	3922~4102	181	2108~2236	129	5338~5586	249
644	4103~4301	199	2237~2336	100	5587~5865	279

续表

高考分数	2023 年(理科)		2022 年(理科)		2021 年(理科)	
	省位次	同分人数	省位次	同分人数	省位次	同分人数
643	4302~4496	195	2337~2458	122	5866~6115	250
642	4497~4712	216	2459~2581	123	6116~6374	259
641	4713~4934	222	2582~2684	103	6375~6621	247
640	4935~5126	192	2685~2844	160	6622~6896	275
639	5127~5359	233	2845~3002	158	6897~7225	329
638	5360~5568	209	3003~3161	159	7226~7501	276
637	5569~5800	232	3162~3333	172	7502~7791	290
636	5801~6059	259	3334~3480	147	7792~8107	316
635	6060~6311	252	3481~3650	170	8108~8421	314
634	6312~6603	292	3651~3843	193	8422~8730	309
633	6604~6878	275	3844~4040	197	8731~9067	337
632	6879~7185	307	4041~4233	193	9068~9454	387
631	7186~7493	308	4234~4434	201	9455~9815	361
630	7494~7810	317	4435~4629	195	9816~10181	366
629	7811~8100	290	4630~4848	219	10182~10535	354
628	8101~8437	337	4849~5058	210	10536~10919	384
627	8438~8771	334	5059~5267	209	10920~11294	375
626	8772~9098	327	5268~5504	237	11295~11699	405
625	9099~9462	364	5505~5771	267	11700~12135	436
624	9463~9823	361	5772~6028	257	12136~12534	399
623	9824~10186	363	6029~6309	281	12535~12952	418
622	10187~10580	394	6310~6598	289	12953~13376	424
621	10581~10964	384	6599~6875	277	13377~13845	469
620	10965~11310	346	6876~7180	305	13846~14309	464
619	11311~11731	421	7181~7490	310	14310~14767	458
618	11732~12162	431	7491~7814	324	14768~15229	462
617	12163~12626	464	7815~8122	308	15230~15697	468
616	12627~13053	427	8123~8467	345	15698~16166	469
615	13054~13508	455	8468~8816	349	16167~16706	540
614	13509~13937	429	8817~9163	347	16707~17248	542
613	13938~14404	467	9164~9522	359	17249~17797	549
612	14405~14902	498	9523~9863	341	17798~18358	561
611	14903~15415	513	9864~10304	441	18359~18927	569
610	15416~15925	510	10305~10741	437	18928~19481	554
609	15926~16466	541	10742~11202	461	19482~20081	600
608	16467~17028	562	11203~11637	435	20082~20660	579

续表

高考分数	2023 年(理科)		2022 年(理科)		2021 年(理科)	
	省位次	同分人数	省位次	同分人数	省位次	同分人数
607	17029~17545	517	11638~12067	430	20661~21254	594
606	17546~18105	560	12068~12461	394	21255~21866	612
605	18106~18689	584	12462~12898	437	21867~22560	694
604	18690~19248	559	12899~13355	457	22561~23232	672
603	19249~19849	601	13356~13797	442	23233~23896	664
602	19850~20418	569	13798~14255	458	23897~24547	651
601	20419~21021	603	14256~14755	500	24548~25226	679
600	21022~21690	669	14756~15216	461	25227~25941	715
599	21691~22358	668	15217~15751	535	25942~26645	704
598	22359~23029	671	15752~16307	556	26646~27341	696
597	23030~23710	681	16308~16878	571	27342~28109	768
596	23711~24444	734	16879~17463	585	28110~28854	745
595	24445~25156	712	17464~18060	597	28855~29573	719
594	25157~25874	718	18061~18630	570	29574~30319	746
593	25875~26587	713	18631~19260	630	30320~31136	817
592	26588~27318	731	19261~19875	615	31137~31893	757
591	27319~28052	734	19876~20499	624	31894~32664	771
590	28053~28881	829	20500~21142	643	32665~33462	798
589	28882~29681	800	21143~21800	658	33463~34265	803
588	29682~30481	800	21801~22462	662	34266~35077	812
587	30482~31315	834	22463~23098	636	35078~35958	881
586	31316~32135	820	23099~23793	695	35959~36819	861
585	32136~33012	877	23794~24528	735	36820~37676	857
584	33013~33845	833	24529~25296	768	37677~38526	850
583	33846~34767	922	25297~26058	762	38527~39420	894
582	34768~35635	868	26059~26826	768	39421~40304	884
581	35636~36540	905	26827~27613	787	40305~41207	903
580	36541~37479	939	27614~28410	797	41208~42114	907
579	37480~38365	886	28411~29255	845	42115~43027	913
578	38366~39314	949	29256~30098	843	43028~43977	950
577	39315~40252	938	30099~30905	807	43978~44925	948
576	40253~41196	944	30906~31813	908	44926~45897	972
575	41197~42149	953	31814~32661	848	45898~46947	1050
574	42150~43114	965	32662~33525	864	46948~47907	960
573	43115~44106	992	33526~34386	861	47908~48861	954
572	44107~45094	988	34387~35312	926	48862~49827	966

续表

高考分数	2023 年(理科)		2022 年(理科)		2021 年(理科)	
	省位次	同分人数	省位次	同分人数	省位次	同分人数
571	45095~46132	1038	35313~36261	949	49828~50842	1015
570	46133~47216	1084	36262~37209	948	50843~51895	1053
569	47217~48276	1060	37210~38099	890	51896~52925	1030
568	48277~49343	1067	38100~39068	969	52926~53926	1001
567	49344~50409	1066	39069~40090	1022	53927~54949	1023
566	50410~51529	1120	40091~41164	1074	54950~55959	1010
565	51530~52597	1068	41165~42195	1031	55960~57047	1088
564	52598~53716	1119	42196~43252	1057	57048~58092	1045
563	53717~54864	1148	43253~44297	1045	58093~59195	1103
562	54865~55999	1135	44298~45332	1035	59196~60300	1105
561	56000~57115	1116	45333~46342	1010	60301~61408	1108
560	57116~58304	1189	46343~47459	1117	61409~62527	1119
559	58305~59481	1177	47460~48530	1071	62528~63644	1117
558	59482~60657	1176	48531~49754	1224	63645~64821	1177
557	60658~61944	1287	49755~50915	1161	64822~66016	1195
556	61945~63193	1249	50916~52020	1105	66017~67119	1103
555	63194~64505	1312	52021~53255	1235	67120~68314	1195
554	64506~65789	1284	53256~54405	1150	68315~69571	1257
553	65790~67050	1261	54406~55587	1182	69572~70771	1200
552	67051~68278	1228	55588~56758	1171	70772~71998	1227
551	68279~69662	1384	56759~58004	1246	71999~73198	1200
550	69663~70991	1329	58005~59236	1232	73199~74466	1268
549	70992~72337	1346	59237~60499	1263	74467~75663	1197
548	72338~73607	1270	60500~61756	1257	75664~76893	1230
547	73608~74961	1354	61757~63022	1266	76894~78166	1273
546	74962~76354	1393	63023~64280	1258	78167~79430	1264
545	76355~77768	1414	64281~65632	1352	79431~80734	1304
544	77769~79143	1375	65633~66918	1286	80735~81978	1244
543	79144~80568	1425	66919~68292	1374	81979~83173	1195
542	80569~81975	1407	68293~69619	1327	83174~84384	1211
541	81976~83430	1455	69620~70931	1312	84385~85633	1249
540	83431~84884	1454	70932~72351	1420	85634~86942	1309
539	84885~86255	1371	72352~73712	1361	86943~88238	1296
538	86256~87738	1483	73713~75105	1393	88239~89520	1282
537	87739~89231	1493	75106~76524	1419	89521~90783	1263
536	89232~90770	1539	76525~78004	1480	90784~92075	1292

续表

高考分数	2023年(理科)		2022年(理科)		2021年(理科)	
	省位次	同分人数	省位次	同分人数	省位次	同分人数
535	90771~92225	1455	78005~79411	1407	92076~93448	1373
534	92226~93677	1452	79412~80842	1431	93449~94763	1315
533	93678~95116	1439	80843~82265	1423	94764~96108	1345
532	95117~96633	1517	82266~83691	1426	96109~97392	1284
531	96634~98157	1524	83692~85142	1451	97393~98686	1294
530	98158~99673	1516	85143~86614	1472	98687~99984	1298
529	99674~101260	1587	86615~88126	1512	99985~101319	1335
528	101261~102802	1542	88127~89626	1500	101320~102673	1354
527	102803~104360	1558	89627~91117	1491	102674~104040	1367
526	104361~105904	1544	91118~92680	1563	104041~105431	1391
525	105905~107463	1559	92681~94214	1534	105432~106846	1415
524	107464~109013	1550	94215~95771	1557	106847~108202	1356
523	109014~110642	1629	95772~97348	1577	108203~109592	1390
522	110643~112300	1658	97349~98888	1540	109593~111038	1446
521	112301~113938	1638	98889~100394	1506	111039~112446	1408
520	113939~115516	1578	100395~101946	1552	112447~113880	1434
519	115517~117138	1622	101947~103576	1630	113881~115307	1427
518	117139~118760	1622	103577~105128	1552	115308~116712	1405
517	118761~120414	1654	105129~106694	1566	116713~118136	1424
516	120415~122128	1714	106695~108302	1608	118137~119572	1436
515	122129~123771	1643	108303~109967	1665	119573~121053	1481
514	123772~125465	1694	109968~111579	1612	121054~122496	1443
513	125466~127155	1690	111580~113165	1586	122497~123956	1460
512	127156~128863	1708	113166~114789	1624	123957~125339	1383
511	128864~130500	1637	114790~116434	1645	125340~126766	1427
510	130501~132206	1706	116435~118120	1686	126767~128279	1513
509	132207~133928	1722	118121~119754	1634	128280~129750	1471
508	133929~135648	1720	119755~121353	1599	129751~131200	1450
507	135649~137351	1703	121354~123094	1741	131201~132697	1497
506	137352~139053	1702	123095~124830	1736	132698~134151	1454
505	139054~140854	1801	124831~126499	1669	134152~135597	1446
504	140855~142648	1794	126500~128203	1704	135598~137053	1456
503	142649~144399	1751	128204~129863	1660	137054~138510	1457
502	144400~146079	1680	129864~131529	1666	138511~139904	1394
501	146080~147888	1809	131530~133288	1759	139905~141361	1457
500	147889~149644	1756	133289~135000	1712	141362~142881	1520

续表

高考分数	2023 年(理科)		2022 年(理科)		2021 年(理科)	
	省位次	同分人数	省位次	同分人数	省位次	同分人数
499	149645~151419	1775	135001~136824	1824	142882~144391	1510
498	151420~153160	1741	136825~138531	1707	144392~145875	1484
497	153161~154946	1786	138532~140270	1739	145876~147350	1475
496	154947~156724	1778	140271~142023	1753	147351~148869	1519
495	156725~158506	1782	142024~143788	1765	148870~150381	1512
494	158507~160353	1847	143789~145574	1786	150382~151865	1484
493	160354~162074	1721	145575~147371	1797	151866~153381	1516
492	162075~163896	1822	147372~149109	1738	153382~154848	1467
491	163897~165708	1812	149110~150900	1791	154849~156390	1542
490	165709~167514	1806	150901~152694	1794	156391~157920	1530
489	167515~169362	1848	152695~154495	1801	157921~159463	1543
488	169363~171116	1754	154496~156364	1869	159464~160983	1520
487	171117~172946	1830	156365~158176	1812	160984~162483	1500
486	172947~174777	1831	158177~159996	1820	162484~164055	1572
485	174778~176563	1786	159997~161752	1756	164056~165585	1530
484	176564~178469	1906	161753~163606	1854	165586~167136	1551
483	178470~180297	1828	163607~165467	1861	167137~168671	1535
482	180298~182126	1829	165468~167270	1803	168672~170142	1471
481	182127~184018	1892	167271~169125	1855	170143~171656	1514
480	184019~185833	1815	169126~170904	1779	171657~173219	1563
479	185834~187640	1807	170905~172819	1915	173220~174842	1623
478	187641~189445	1805	172820~174690	1871	174843~176475	1633
477	189446~191323	1878	174691~176553	1863	176476~178120	1645
476	191324~193156	1833	176554~178470	1917	178121~179665	1545
475	193157~195041	1885	178471~180296	1826	179666~181262	1597
474	195042~197003	1962	180297~182223	1927	181263~182785	1523
473	197004~198806	1803	182224~184122	1899	182786~184349	1564
472	198807~200616	1810	184123~185944	1822	184350~185975	1626
471	200617~202505	1889	185945~187789	1845	185976~187565	1590
470	202506~204468	1963	187790~189615	1826	187566~189083	1518
469	204469~206385	1917	189616~191481	1866	189084~190631	1548
468	206386~208260	1875	191482~193391	1910	190632~192193	1562
467	208261~210220	1960	193392~195268	1877	192194~193798	1605
466	210221~212192	1972	195269~197206	1938	193799~195410	1612
465	212193~214176	1984	197207~199130	1924	195411~197054	1644
464	214177~216090	1914	199131~201077	1947	197055~198637	1583

续表

高考分数	2023年(理科)		2022年(理科)		2021年(理科)	
	省位次	同分人数	省位次	同分人数	省位次	同分人数
463	216091~217952	1862	201078~202992	1915	198638~200256	1619
462	217953~219911	1959	202993~205021	2029	200257~201854	1598
461	219912~221856	1945	205022~206955	1934	201855~203404	1550
460	221857~223738	1882	206956~208851	1896	203405~205000	1596
459	223739~225698	1960	208852~210875	2024	205001~206643	1643
458	225699~227633	1935	210876~212825	1950	206644~208283	1640
457	227634~229602	1969	212826~214799	1974	208284~209890	1607
456	229603~231580	1978	214800~216733	1934	209891~211482	1592
455	231581~233549	1969	216734~218632	1899	211483~213085	1603
454	233550~235469	1920	218633~220603	1971	213086~214734	1649
453	235470~237404	1935	220604~222608	2005	214735~216337	1603
452	237405~239276	1872	222609~224604	1996	216338~217907	1570
451	239277~241174	1898	224605~226591	1987	217908~219532	1625
450	241175~243094	1920	226592~228597	2006	219533~221117	1585
449	243095~245035	1941	228598~230549	1952	221118~222771	1654
448	245036~247029	1994	230550~232453	1904	222772~224338	1567
447	247030~249000	1971	232454~234449	1996	224339~225988	1650
446	249001~250931	1931	234450~236478	2029	225989~227590	1602
445	250932~252817	1886	236479~238493	2015	227591~229192	1602
444	252818~254693	1876	238494~240478	1985	229193~230786	1594
443	254694~256642	1949	240479~242380	1902	230787~232325	1539
442	256643~258525	1883	242381~244367	1987	232326~233927	1602
441	258526~260429	1904	244368~246348	1981	233928~235515	1588
440	260430~262241	1812	246349~248312	1964	235516~237132	1617
439	262242~264262	2021	248313~250298	1986	237133~238693	1561
438	264263~266148	1886	250299~252264	1966	238694~240321	1628
437	266149~268026	1878	252265~254266	2002	240322~241940	1619
436	268027~269959	1933	254267~256194	1928	241941~243532	1592
435	269960~271868	1909	256195~258144	1950	243533~245065	1533
434	271869~273775	1907	258145~260151	2007	245066~246717	1652
433	273776~275766	1991	260152~262086	1935	246718~248295	1578
432	275767~277702	1936	262087~263993	1907	248296~249868	1573
431	277703~279582	1880	263994~265962	1969	249869~251493	1625
430	279583~281485	1903	265963~267903	1941	251494~253042	1549
429	281486~283404	1919	267904~269806	1903	253043~254608	1566
428	283405~285277	1873	269807~271716	1910	254609~256159	1551

续表

高考分数	2023 年(理科)		2022 年(理科)		2021 年(理科)	
	省位次	同分人数	省位次	同分人数	省位次	同分人数
427	285278~287135	1858	271717~273612	1896	256160~257747	1588
426	287136~289014	1879	273613~275482	1870	257748~259330	1583
425	289015~290883	1869	275483~277403	1921	259331~260851	1521
424	290884~292709	1826	277404~279381	1978	260852~262361	1510
423	292710~294589	1880	279382~281322	1941	262362~263892	1531
422	294590~296409	1820	281323~283237	1915	263893~265432	1540
421	296410~298246	1837	283238~285152	1915	265433~266965	1533
420	298247~300076	1830	285153~287021	1869	266966~268493	1528
419	300077~301909	1833	287022~288892	1871	268494~269968	1475
418	301910~303789	1880	288893~290759	1867	269969~271535	1567
417	303790~305605	1816	290760~292646	1887	271536~273082	1547
416	305606~307409	1804	292647~294463	1817	273083~274530	1448
415	307410~309237	1828	294464~296338	1875	274531~276009	1479
414	309238~311112	1875	296339~298177	1839	276010~277505	1496
413	311113~312965	1853	298178~300059	1882	277506~279013	1508
412	312966~314815	1850	300060~301870	1811	279014~280640	1627
411	314816~316583	1768	301871~303736	1866	280641~282125	1485
410	316584~318459	1876	303737~305497	1761	282126~283600	1475
409	318460~320263	1804	305498~307335	1838	283601~284988	1388
408	320264~322041	1778	307336~309180	1845	284989~286455	1467
407	322042~323853	1812	309181~310959	1779	286456~287920	1465
406	323854~325658	1805	310960~312751	1792	287921~289382	1462
405	325659~327414	1756	312752~314509	1758	289383~290800	1418
404	327415~329152	1738	314510~316269	1760	290801~292189	1389
403	329153~330867	1715	316270~318007	1738	292190~293683	1494
402	330868~332667	1800	318008~319753	1746	293684~295123	1440
401	332668~334434	1767	319754~321577	1824	295124~296564	1441
400	334435~336219	1785	321578~323388	1811	296565~297990	1426
399	336220~337950	1731	323389~325140	1752	297991~299464	1474
398	337951~339673	1723	325141~326828	1688	299465~300860	1396
397	339674~341393	1720	326829~328508	1680	300861~302239	1379
396	341394~343060	1667	328509~330301	1793	302240~303678	1439
395	343061~344766	1706	330302~331994	1693	303679~305066	1388
394	344767~346484	1718	331995~333631	1637	305067~306512	1446
393	346485~348187	1703	333632~335333	1702	306513~307958	1446
392	348188~349831	1644	335334~337031	1698	307959~309359	1401

续表

高考分数	2023 年(理科)		2022 年(理科)		2021 年(理科)	
	省位次	同分人数	省位次	同分人数	省位次	同分人数
391	349832~351493	1662	337032~338741	1710	309360~310754	1395
390	351494~353148	1655	338742~340369	1628	310755~312127	1373
389	353149~354813	1665	340370~341992	1623	312128~313390	1263
388	354814~356437	1624	341993~343631	1639	313391~314712	1322
387	356438~358073	1636	343632~345253	1622	314713~316017	1305
386	358074~359611	1538	345254~346832	1579	316018~317337	1320
385	359612~361205	1594	346833~348461	1629	317338~318688	1351
384	361206~362807	1602	348462~349987	1526	318689~319936	1248
383	362808~364431	1624	349988~351518	1531	319937~321298	1362
382	364432~365991	1560	351519~353072	1554	321299~322619	1321
381	365992~367562	1571	353073~354629	1557	322620~323916	1297
380	367563~369185	1623	354630~356157	1528	323917~325201	1285
379	369186~370708	1523	356158~357664	1507	325202~326501	1300
378	370709~372260	1552	357665~359173	1509	326502~327739	1238
377	372261~373803	1543	359174~360683	1510	327740~328956	1217
376	373804~375417	1614	360684~362196	1513	328957~330152	1196
375	375418~376940	1523	362197~363684	1488	330153~331449	1297
374	376941~378425	1485	363685~365196	1512	331450~332635	1186
373	378426~379936	1511	365197~366658	1462	332636~333837	1202
372	379937~381419	1483	366659~368153	1495	333838~335103	1266
371	381420~382929	1510	368154~369640	1487	335104~336342	1239
370	382930~384414	1485	369641~371092	1452	336343~337562	1220
369	384415~385935	1521	371093~372530	1438	337563~338774	1212
368	385936~387410	1475	372531~373946	1416	338775~339984	1210
367	387411~388876	1466	373947~375329	1383	339985~341260	1276
366	388877~390311	1435	375330~376701	1372	341261~342443	1183
365	390312~391850	1539	376702~378123	1422	342444~343595	1152
364	391851~393328	1478	378124~379498	1375	343596~344792	1197
363	393329~394738	1410	379499~380889	1391	344793~345910	1118
362	394739~396151	1413	380890~382217	1328	345911~347076	1166
361	396152~397644	1493	382218~383490	1273	347077~348237	1161
360	397645~399057	1413	383491~384742	1252	348238~349363	1126
359	399058~400479	1422	384743~386000	1258	349364~350512	1149
358	400480~401910	1431	386001~387326	1326	350513~351616	1104
357	401911~403331	1421	387327~388602	1276	351617~352759	1143
356	403332~404675	1344	388603~389899	1297	352760~353925	1166

续表

高考分数	2023 年(理科)		2022 年(理科)		2021 年(理科)	
	省位次	同分人数	省位次	同分人数	省位次	同分人数
355	404676~406034	1359	389900~391123	1224	353926~355056	1131
354	406035~407397	1363	391124~392436	1313	355057~356200	1144
353	407398~408748	1351	392437~393697	1261	356201~357342	1142
352	408749~410156	1408	393698~394939	1242	357343~358450	1108
351	410157~411520	1364	394940~396225	1286	358451~359516	1066
350	411521~412838	1318	396226~397469	1244	359517~360652	1136
349	412839~414124	1286	397470~398720	1251	360653~361705	1053
348	414125~415452	1328	398721~399931	1211	361706~362820	1115
347	415453~416744	1292	399932~401175	1244	362821~363896	1076
346	416745~417958	1214	401176~402376	1201	363897~364977	1081
345	417959~419253	1295	402377~403601	1225	364978~366020	1043
344	419254~420575	1322	403602~404862	1261	366021~367121	1101
343	420576~421775	1200	404863~406062	1200	367122~368119	998
342	421776~423067	1292	406063~407270	1208	368120~369106	987
341	423068~424296	1229	407271~408438	1168	369107~370148	1042
340	424297~425527	1231	408439~409601	1163	370149~371134	986
339	425528~426745	1218	409602~410717	1116	371135~372139	1005
338	426746~427945	1200	410718~411779	1062	372140~373202	1063
337	427946~429138	1193	411780~412879	1100	373203~374211	1009
336	429139~430374	1236	412880~413996	1117	374212~375206	995
335	430375~431597	1223	413997~415130	1134	375207~376195	989
334	431598~432766	1169	415131~416252	1122	376196~377182	987
333	432767~433940	1174	416253~417376	1124	377183~378146	964
332	433941~435117	1177	417377~418498	1122	378147~379179	1033
331	435118~436250	1133	418499~419612	1114	379180~380279	1100
330	436251~437365	1115	419613~420739	1127	380280~381264	985
329	437366~438472	1107	420740~421793	1054	381265~382293	1029
328	438473~439523	1051	421794~422853	1060	382294~383281	988
327	439524~440703	1180	422854~423925	1072	383282~384210	929
326	440704~441852	1149	423926~424972	1047	384211~385153	943
325	441853~442932	1080	424973~426019	1047	385154~386069	916
324	442933~444009	1077	426020~427101	1082	386070~386979	910
323	444010~445062	1053	427102~428144	1043	386980~387897	918
322	445063~446084	1022	428145~429182	1038	387898~388828	931
321	446085~447113	1029	429183~430221	1039	388829~389729	901
320	447114~448216	1103	430222~431242	1021	389730~390620	891

续表

高考分数	2023 年(理科)		2022 年(理科)		2021 年(理科)	
	省位次	同分人数	省位次	同分人数	省位次	同分人数
319	448217~449238	1022	431243~432261	1019	390621~391524	904
318	449239~450231	993	432262~433266	1005	391525~392430	906
317	450232~451317	1086	433267~434234	968	392431~393342	912
316	451318~452359	1042	434235~435220	986	393343~394239	897
315	452360~453433	1074	435221~436171	951	394240~395179	940
314	453434~454489	1056	436172~437045	874	395180~396105	926
313	454490~455496	1007	437046~437931	886	396106~397005	900
312	455497~456434	938	437932~438833	902	397006~397807	802
311	456435~457427	993	438834~439701	868	397808~398638	831
310	457428~458405	978	439702~440655	954	398639~399514	876
309	458406~459368	963	440656~441545	890	399515~400374	860
308	459369~460325	957	441546~442448	903	400375~401229	855
307	460326~461254	929	442449~443384	936	401230~402043	814
306	461255~462201	947	443385~444296	912	402044~402848	805
305	462202~463158	957	444297~445187	891	402849~403678	830
304	463159~464089	931	445188~446039	852	403679~404499	821
303	464090~465045	956	446040~446895	856	404500~405312	813
302	465046~465996	951	446896~447734	839	405313~406113	801
301	465997~466903	907	447735~448594	860	406114~406940	827
300	466904~467829	926	448595~449455	861	406941~407732	792
299	467830~468732	903	449456~450256	801	407733~408563	831
298	468733~469573	841	450257~451054	798	408564~409340	777
297	469574~470468	895	451055~451869	815	409341~410094	754
296	470469~471371	903	451870~452616	747	410095~410866	772
295	471372~472240	869	452617~453447	831	410867~411653	787
294	472241~473089	849	453448~454219	772	411654~412416	763
293	473090~473931	842	454220~454971	752	412417~413163	747
292	473932~474762	831	454972~455770	799	413164~413902	739
291	474763~475558	796	455771~456569	799	413903~414635	733
290	475559~476377	819	456570~457370	801	414636~415412	777
289	476378~477210	833	457371~458163	793	415413~416144	732
288	477211~478024	814	458164~458891	728	416145~416885	741
287	478025~478838	814	458892~459657	766	416886~417605	720
286	478839~479626	788	459658~460407	750	417606~418301	696
285	479627~480404	778	460408~461136	729	418302~419012	711
284	480405~481234	830	461137~461892	756	419013~419727	715

续表

高考分数	2023 年(理科)		2022 年(理科)		2021 年(理科)	
	省位次	同分人数	省位次	同分人数	省位次	同分人数
283	481235~482005	771	461893~462566	674	419728~420453	726
282	482006~482832	827	462567~463257	691	420454~421149	696
281	482833~483613	781	463258~463916	659	421150~421796	647
280	483614~484365	752	463917~464556	640	421797~422454	658
279	484366~485079	714	464557~465249	693	422455~423123	669
278	485080~485850	771	465250~465910	661	423124~423765	642
277	485851~486615	765	465911~466546	636	423766~424438	673
276	486616~487334	719	466547~467171	625	424439~425090	652
275	487335~488039	705	467172~467814	643	425091~425697	607
274	488040~488776	737	467815~468464	650	425698~426369	672
273	488777~489497	721	468465~469108	644	426370~427049	680
272	489498~490229	732	469109~469785	677	427050~427653	604
271	490230~490946	717	469786~470388	603	427654~428302	649
270	490947~491651	705	470389~471000	612	428303~428892	590
269	491652~492339	688	471001~471629	629	428893~429517	625
268	492340~493044	705	471630~472245	616	429518~430120	603
267	493045~493735	691	472246~472873	628	430121~430749	629
266	493736~494386	651	472874~473522	649	430750~431380	631
265	494387~495041	655	473523~474136	614	431381~431962	582
264	495042~495691	650	474137~474725	589	431963~432550	588
263	495692~496320	629	474726~475310	585	432551~433155	605
262	496321~497020	700	475311~475867	557	433156~433732	577
261	497021~497702	682	475868~476448	581	433733~434307	575
260	497703~498297	595	476449~476958	510	434308~434859	552
259	498298~498867	570	476959~477542	584	434860~435417	558
258	498868~499495	628	477543~478091	549	435418~435998	581
257	499496~500110	615	478092~478612	521	435999~436499	501
256	500111~500715	605	478613~479124	512	436500~437059	560
255	500716~501333	618	479125~479660	536	437060~437595	536
254	501334~501942	609	479661~480147	487	437596~438140	545
253	501943~502523	581	480148~480682	535	438141~438705	565
252	502524~503122	599	480683~481185	503	438706~439233	528
251	503123~503678	556	481186~481702	517	439234~439728	495
250	503679~504210	532	481703~482256	554	439729~440238	510
249	504211~504764	554	482257~482713	457	440239~440763	525
248	504765~505329	565	482714~483209	496	440764~441245	482

续表

高考分数	2023年(理科)		2022年(理科)		2021年(理科)	
	省位次	同分人数	省位次	同分人数	省位次	同分人数
247	505330~505897	568	483210~483690	481	441246~441747	502
246	505898~506431	534	483691~484159	469	441748~442215	468
245	506432~506952	521	484160~484635	476	442216~442647	432
244	506953~507519	567	484636~485106	471	442648~443114	467
243	507520~508043	524	485107~485560	454	443115~443595	481
242	508044~508538	495	485561~486016	456	443596~444060	465
241	508539~509042	504	486017~486492	476	444061~444547	487
240	509043~509566	524	486493~486913	421	444548~445014	467
239	509567~510069	503	486914~487347	434	445015~445438	424
238	510070~510601	532	487348~487781	434	445439~445896	458
237	510602~511074	473	487782~488192	411	445897~446311	415
236	511075~511560	486	488193~488647	455	446312~446728	417
235	511561~512041	481	488648~489095	448	446729~447179	451
234	512042~512496	455	489096~489525	430	447180~447618	439
233	512497~512975	479	489526~489933	408	447619~448064	446
232	512976~513444	469	489934~490368	435	448065~448501	437
231	513445~513924	480	490369~490751	383	448502~448918	417
230	513925~514374	450	490752~491129	378	448919~449315	397
229	514375~514826	452	491130~491511	382	449316~449726	411
228	514827~515297	471	491512~491877	366	449727~450128	402
227	515298~515771	474	491878~492241	364	450129~450521	393
226	515772~516153	382	492242~492581	340	450522~450903	382
225	516154~516558	405	492582~492949	368	450904~451285	382
224	516559~516985	427	492950~493287	338	451286~451633	348
223	516986~517413	428	493288~493635	348	451634~451974	341
222	517414~517847	434	493636~494016	381	451975~452325	351
221	517848~518252	405	494017~494367	351	452326~452677	352
220	518253~518671	419	494368~494708	341	452678~453026	349
219	518672~519061	390	494709~494994	286	453027~453382	356
218	519062~519481	420	494995~495325	331	453383~453704	322
217	519482~519900	419	495326~495628	303	453705~454032	328
216	519901~520315	415	495629~495929	301	454033~454376	344
215	520316~520732	417	495930~496252	323	454377~454702	326
214	520733~521127	395	496253~496571	319	454703~455017	315
213	521128~521486	359	496572~496867	296	455018~455308	291
212	521487~521851	365	496868~497190	323	455309~455597	289

续表

高考分数	2023 年(理科)		2022 年(理科)		2021 年(理科)	
	省位次	同分人数	省位次	同分人数	省位次	同分人数
211	521852～522209	358	497191～497490	300	455598～455911	314
210	522210～522555	346	497491～497746	256	455912～456186	275
209	522556～522908	353	497747～498046	300	456187～456476	290
208	522909～523255	347	498047～498322	276	456477～456752	276
207	523256～523586	331	498323～498599	277	456753～457006	254
206	523587～523962	376	498600～498881	282	457007～457281	275
205	523963～524279	317	498882～499150	269	457282～457553	272
204	524280～524617	338	499151～499415	265	457554～457845	292
203	524618～524909	292	499416～499660	245	457846～458113	268
202	524910～525240	331	499661～499902	242	458114～458390	277
201	525241～525566	326	499903～500133	231	458391～458630	240
200	525567～525869	303	500134～500384	251	458631～458864	234
199	525870～526202	333	500385～500608	224	458865～459117	253
198	526203～526527	325	500609～500857	249	459118～459356	239
197	526528～526794	267	500858～501079	222	459357～459596	240
196	526795～527083	289	501080～501295	216	459597～459792	196
195	527084～527376	293	501296～501516	221	459793～459997	205
194	527377～527682	306	501517～501742	226	459998～460221	224
193	527683～527980	298	501743～501943	201	460222～460400	179
192	527981～528264	284	501944～502167	224	460401～460593	193
191	528265～528543	279	502168～502380	213	460594～460774	181
190	528544～528805	262	502381～502581	201	460775～460973	199
189	528806～529067	262	502582～502773	192	460974～461158	185
188	529068～529323	256	502774～502976	203	461159～461360	202
187	529324～529591	268	502977～503143	167	461361～461527	167
186	529592～529851	260	503144～503336	193	461528～461722	195
185	529852～530084	233	503337～503498	162	461723～461893	171
184	530085～530343	259	503499～503672	174	461894～462049	156
183	530344～530569	226	503673～503848	176	462050～462202	153
182	530570～530792	223	503849～504030	182	462203～462368	166
181	530793～531035	243	504031～504222	192	462369～462526	158
180	531036～531281	246	504223～504396	174	462527～462670	144
179	531282～531523	242	504397～504576	180	462671～462822	152
178	531524～531750	227	504577～504709	133	462823～462962	140
177	531751～531955	205	504710～504868	159	462963～463097	135
176	531956～532146	191	504869～505010	142	463098～463240	143

续表

高考分数	2023 年(理科)		2022 年(理科)		2021 年(理科)	
	省位次	同分人数	省位次	同分人数	省位次	同分人数
175	532147～532350	204	505011～505145	135	463241～463368	128
174	532351～532546	196	505146～505277	132	463369～463495	127
173	532547～532756	210	505278～505408	131	463496～463602	107
172	532757～532966	210	505409～505546	138	463603～463714	112
171	532967～533133	167	505547～505679	133	463715～463831	117
170	533134～533355	222	505680～505813	134	463832～463930	99
169	533356～533551	196	505814～505936	123	463931～464029	99
168	533552～533743	192	505937～506064	128	464030～464140	111
167	533744～533923	180	506065～506175	111	464141～464242	102
166	533924～534104	181	506176～506318	143	464243～464342	100
165	534105～534287	183	506319～506424	106	464343～464444	102
164	534288～534463	176	506425～506532	108	464445～464526	82
163	534464～534627	164	506533～506656	124	464527～464595	69
162	534628～534794	167	506657～506769	113	464596～464679	84
161	534795～534953	159	506770～506881	112	464680～464756	77
160	534954～535103	150	506882～506990	109	464757～464826	70
159	535104～535236	133	506991～507104	114	464827～464907	81
158	535237～535398	162	507105～507205	101	464908～464973	66
157	535399～535538	140	507206～507308	103	464974～465042	69
156	535539～535696	158	507309～507392	84	465043～465111	69
155	535697～535848	152	507393～507477	85	465112～465179	68
154	535849～535981	133	507478～507571	94	465180～465242	63
153	535982～536103	122	507572～507659	88	465243～465301	59
152	536104～536252	149	507660～507751	92	465302～465355	54
151	536253～536360	108	507752～507824	73	465356～465422	67
150	536361～536487	127	507825～507915	91	465423～465469	47
149	536488～536599	112	507916～507995	80	465470～465506	37
148	536600～536721	122	507996～508072	77	465507～465544	38
147	536722～536824	103	508073～508139	67	465545～465602	58
146	536825～536943	119	508140～508210	71	465603～465637	35
145	536944～537057	114	508211～508270	60	465638～465680	43
144	537058～537165	108	508271～508331	61	465681～465725	45
143	537166～537248	83	508332～508400	69	465726～465753	28
142	537249～537348	100	508401～508471	71	465754～465790	37
141	537349～537439	91	508472～508530	59	465791～465814	24
140	537440～537541	102	508531～508581	51	465815～465855	41

续表

高考分数	2023 年(理科)		2022 年(理科)		2021 年(理科)	
	省位次	同分人数	省位次	同分人数	省位次	同分人数
139	537542~537632	91	508582~508638	57	465856~465885	30
138	537633~537708	76	508639~508696	58	465886~465915	30
137	537709~537788	80	508697~508745	49	465916~465945	30
136	537789~537867	79	508746~508792	47	465946~465973	28
135	537868~537951	84	508793~508826	34	465974~466000	27
134	537952~538016	65	508827~508866	40	466001~466020	20
133	538017~538090	74	508867~508903	37	466021~466032	12
132	538091~538156	66	508904~508949	46	466033~466058	26
131	538157~538227	71	508950~508989	40	466059~466080	22
130	538228~538306	79	508990~509040	51	466081~466099	19
129	538307~538368	62	509041~509082	42	466100~466121	22
128	538369~538426	58	509083~509123	41	466122~466142	21
127	538427~538487	61	509124~509147	24	466143~466164	22
126	538488~538535	48	509148~509186	39	466165~466183	19
125	538536~538582	47	509187~509210	24	466184~466195	12
124	538583~538634	52	509211~509245	35	466196~466210	15
123	538635~538687	53	509246~509268	23	466211~466233	23
122	538688~538722	35	509269~509301	33	466234~466252	19
121	538723~538768	46	509302~509345	44	466253~466265	13
120	538769~538818	50	509346~509380	35	466266~466281	16
119	538819~538856	38	509381~509412	32	466282~466293	12
118	538857~538902	46	509413~509433	21	466294~466307	14
117	538903~538948	46	509434~509462	29	466308~466320	13
116	538949~538984	36	509463~509484	22	466321~466330	10
115	538985~539030	46	509485~509509	25	466331~466338	8
114	539031~539069	39	509510~509533	24	466339~466349	11
113	539070~539110	41	509534~509550	17	466350~466356	7
112	539111~539143	33	509551~509572	22	466357~466369	13
111	539144~539172	29	509573~509586	14	466370~466380	11
110	539173~539201	29	509587~509602	16	466381~466389	9
109	539202~539229	28	509603~509628	26	466390~466402	13
108	539230~539249	20	509629~509647	19	466403~466411	9
107	539250~539276	27	509648~509657	10	466412~466420	9
106	539277~539301	25	509658~509680	23	466421~466429	9
105	539302~539327	26	509681~509692	12	466430~466439	10
104	539328~539350	23	509693~509711	19	466440~466448	9

续表

高考分数	2023 年(理科)		2022 年(理科)		2021 年(理科)	
	省位次	同分人数	省位次	同分人数	省位次	同分人数
103	539351～539376	26	509712～509731	20	466449～466460	12
102	539377～539394	18	509732～509739	8	466461～466470	10
101	539395～539419	25	509740～509746	7	466471～466478	8
100	539420～539447	28	509747～509762	16	466479～466487	9

第四章 河南省2023年普通高校招生各分数段对应院校统计

第一节 本科一批(文科)各分数段对应可报考院校统计

详细内容见表4-1。

表4-1 本科一批(文科)各分数段对应可报考院校统计

2023年分数段 (本科一批·文科)	院校 分类	可报考院校 (括号内依次为2023、2022、2021年投档线对应的最低省位次)
省位次前10名 (一本线上136分及以上)	原985	清华大学(10/11/前10位)
省位次42名~76名 (一本线上121分~125分)	原985	北京大学(46/59/52)、上海交通大学(76/78/70)
省位次77名~129名 (一本线上116分~120分)	原985	复旦大学(108/110/108)
省位次130名~194名 (一本线上111分~115分)	原985	中国人民大学(162/245/121)、南京大学(194/200/174)
省位次195名~295名 (一本线上106分~110分)	原985	浙江大学(254/283/190)
省位次296名~396名 (一本线上101分~105分)	原985	武汉大学(396/458/454)
省位次397名~544名 (一本线上96分~100分)	原985	南开大学(453/588/383)、北京师范大学(480/521/507)、同济大学(544/669/617)
省位次545名~744名 (一本线上91分~95分)	原985	中山大学(619/759/785)、厦门大学(652/759/667)、北京航空航天大学(700/759/720)
省位次745名~989名 (一本线上86分~90分)	原985	东南大学(839/883/896)、哈尔滨工业大学(深圳)(839/—/—)、华东师范大学(886/883/720)、西安交通大学(886/946/896)、华中科技大学(927/946/896)、北京理工大学(989/1051/1351)、北京师范大学(珠海校区)(989/1260/1425)
省位次990名~1310名 (一本线上81分~85分)	原985	天津大学(1041/996/1031)、重庆大学(1168/1260/1351)、中南大学(1168/1331/1195)、中国人民大学(苏州校区)(1233/1331/5874)、湖南大学(1233/1415/1351)
	原211	对外经济贸易大学(1041/1051/1031)、上海财经大学(1041/1118/840)、中国政法大学(1168/2097/1109)、中央财经大学(1310/1573/1195)
省位次1311名~1676名 (一本线上76分~80分)	原985	四川大学(1451/1331/840)、复旦大学医学院(1451/3294/—)、哈尔滨工业大学(1451/5617/1610)、中国农业大学(1528/1666/1425)、山东大学(1676/1331/1195)、电子科技大学(1676/1666/1708)、华南理工大学(1676/1853/1708)

续表

2023 年分数段（本科一批·文科）	院校分类	可报考院校（括号内依次为 2023、2022、2021 年投档线对应的最低省位次）
省位次 1311 名~1676 名（一本线上 76 分~80 分）	原 985	四川大学（1451/1331/840）、复旦大学医学院（1451/3294/—）、哈尔滨工业大学（1451/5617/1610）、中国农业大学（1528/1666/1425）、山东大学（1676/1331/1195）、电子科技大学（1676/1666/1708）、华南理工大学（1676/1853/1708）
	原 211	中南财经政法大学（1595/2572/1917）
	保研资格	中国社会科学院大学（1676/1573/1425）
省位次 1677 名~2147 名（一本线上 71 分~75 分）	原 985	山东大学威海分校（1861/1666/1708）、西北工业大学（1861/1979/2026）、南开大学（较高收费）（1954/1853/2026）、吉林大学（2053/1331/1610）、武汉大学（其他单列）（2053/2097/5241）、中央民族大学（2147/2334/1610）
	原 211	北京外国语大学（1954/1750/1802）、上海大学（1954/1979/2133）、北京交通大学（1954/2334/3294）、西南财经大学（2147/2097/2026）
	保研资格	西南政法大学（2053/2836/2519）
省位次 2148 名~2720 名（一本线上 66 分~70 分）	原 985	北京师范大学（其他单列）（2240/3138/966）、哈尔滨工业大学（威海）（2240/—/—）、大连理工大学（2482/2203/—）、中国海洋大学（2600/3783/1917）
	原 211	北京邮电大学（2356/2334/2380）、中国传媒大学（2482/2452/1511）、南京航空航天大学（2482/2452/2650）、上海外国语大学（2482/14280/1273）、北京中医药大学（2600/1750/2250）、暨南大学（2720/2452/2519）
	双一流	中国人民公安大学（2356/2836/2650）
	保研资格	西南政法大学（较高收费）（2600/2836/2380）、华东政法大学（2600/6902/2650）
省位次 2721 名~3394 名（一本线上 61 分~65 分）	原 985	武汉大学（医护类）（2853/2452/2955）、兰州大学（2985/2097/2026）、东北大学（2985/2836/2250）、西北农林科技大学（3394/3609/3798）
	原 211	苏州大学（2853/2334/2380）、西南大学（2985/2572/2380）、上海大学（较高收费）（2985/4934/2519）、华中师范大学（3112/2097/2133）、南京师范大学（3112/2836/2380）、河海大学（3112/3294/3477）、北京科技大学（3112/14280/2250）、江南大学（3260/4339/7011）、大连海事大学（3260/4713/4474）、北京林业大学（3394/3138/2798）、西北大学（3394/3138/2955）
	保研资格	西北政法大学（3112/3958/3948）
省位次 3395 名~4164 名（一本线上 56 分~60 分）	原 985	中国海洋大学（较高收费）（3541/2836/3125）、中国农业大学（较高收费）（3541/4515/4295）、山东大学（医护类）（3838/4515/5658）、东北大学秦皇岛分校（3838/4515/—）
	原 211	中国石油大学（北京）（3681/3958/4672）、华北电力大学（北京）（3681/4515/2955）、陕西师范大学（3838/3609/2955）、长安大学（3838/3958/4295）、华南师范大学（3838/4713/2798）、湖南师范大学（3990/3451/3125）、南昌大学（3990/3958/4295）、武汉理工大学（较高收费）（3990/4713/9516）、东北师范大学（4164/3294/3948）、西南财经大学（较高收费）（4164/3783/4108）、武汉理工大学（4164/3958/3798）、中国石油大学（华东）（4164/3958/4474）、中国药科大学（4164/4149/5050）、中国地质大学（北京）（4164/6902/2650）、北京化工大学（4164/20478/3636）

续表

2023年分数段 （本科一批·文科）	院校 分类	可报考院校 （括号内依次为2023、2022、2021年投档线对应的最低省位次）
省位次3395名~4164名 （一本线上56分~60分）	双一流	首都师范大学（4164/3451/3125）
	保研资格	深圳大学（3681/3451/3125）
省位次4165名~5035名 （一本线上51分~55分）	原985	四川大学（其他单列）（4335/3294/5874）、厦门大学（异地校区）（4492/5373/5050）
	原211	郑州大学（4335/3783/4108）、安徽大学（4335/3958/4295）、哈尔滨工程大学（4335/4713/4834）、华东理工大学（4335/18792/2798）、中国地质大学（武汉）（4492/3783/3636）、西安电子科技大学（4492/3958/4295）、福州大学（4492/4339/3798）、中国矿业大学（4492/4515/4474）、云南大学（4685/5373/4295）、中国矿业大学（北京）（4685/19938/3294）、中国传媒大学（较高收费）（4685/—/—）、南京农业大学（4867/4713/4474）、华北电力大学（保定）（4867/4713/5241）、太原理工大学（4867/4934/4834）、合肥工业大学（宣城校区）（4867/4934/5241）、西南大学（荣昌校区）（4867/5159/4834）、河北工业大学（4867/5617/4672）、合肥工业大学（4867/11606/4672）、华中农业大学（5035/4339/4834）、贵州大学（5035/5373/5050）、内蒙古大学（5035/6099/5874）
	双一流	广州中医药大学（4492/6625/9516）、成都中医药大学（4867/5159/9516）
	保研资格	首都经济贸易大学（4492/6099/4834）、北京语言大学（5035/5159/4834）
省位次5036名~6067名 （一本线上46分~50分）	原211	广西大学（5216/5159/5050）、西南大学（较高收费）（5216/5373/11833）、江南大学（较高收费）（5216/6352/6776）、辽宁大学（5430/4339/4672）、北京交通大学（威海校区）（5618/5159/6107）、北京体育大学（5618/5373/7506）、海南大学（5618/6099/4834）
	双一流	南京信息工程大学（5216/6099/5658）、中国美术学院（5216/6625/—）、湘潭大学（5816/6352/6776）、山西大学（5816/6625/8893）、南京邮电大学（6067/7157/9516）、南京林业大学（6067/7749/6319）
	保研资格	东北财经大学（6067/8379/8043）
	公办	南京审计大学（5816/7464/6319）
省位次6068名~7217名 （一本线上41分~45分）	原211	东北农业大学（6256/6099/5874）、宁夏大学（6256/6352/5874）、东北师范大学（较高收费）（6468/6352/5050）、辽宁大学（其他单列）（6468/9721/—）、西南交通大学（6734/3609/3125）、郑州大学（中外合作办学）（6734/6099/6319）、东北林业大学（6734/12452/5444）、延边大学（7217/8687/6544）
	双一流	宁波大学（6256/6099/5050）、中央美术学院（6256/—/—）、天津工业大学（6468/6625/6544）、河南大学（6734/6099/7239）、西南石油大学（6734/6902/8043）、南京中医药大学（7217/5617/5874）
	保研资格	浙江师范大学（6256/6099/5658）、湖北大学（6256/6625/8043）、上海对外经贸大学（6468/9039/22987）、扬州大学（6734/8687/7239）、北京工商大学（6955/6625/10158）、河北大学（6955/7157/8043）、武汉科技大学（7217/7464/8043）、广东外语外贸大学（7217/8687/8893）、江苏大学（7217/18792/6107）
	公办	南京财经大学（6256/7157/7782）、南京审计大学（较高收费）（6468/4934/5241）、浙江财经大学（6734/8055/5874）、广东财经大学（7217/8379/10825）、上海政法学院（7217/16182/6544）

续表

2023 年分数段 （本科一批 · 文科）	院校 分类	可报考院校 （括号内依次为 2023、2022、2021 年投档线对应的最低省位次）
省位次 7218 名~8647 名 （一本线上 36 分~40 分）	原 211	新疆大学（7495/7749/8043）、辽宁大学（特殊类）（7495/—/—）、中国石油大学（北京）克拉玛依校区（7755/9039/9192）、青海大学（8647/9039/8893）、延边大学（较高收费）（8647/22242/8604）
	双一流	上海海洋大学（8045/8687/8604）、天津中医药大学（8647/9374/10158）
	保研资格	山东师范大学（7495/7464/8043）、中南民族大学（7495/8379/8313）、汕头大学（7495/8379/9516）、天津财经大学（较高收费）（7755/8055/8043）、天津师范大学（7755/8055/8313）、山西中医药大学（7755/8055/8893）、西南民族大学（7755/8379/8043）、燕山大学（7755/8379/8604）、武汉工程大学（8045/8687/8604）、广州大学（8045/8687/9516）、华侨大学（8045/9374/10825）、集美大学（8045/11198/8043）、山东财经大学（8335/8055/8313）、长沙理工大学（8335/9039/8604）、南通大学（8335/9039/8893）、四川师范大学（较高收费）（8335/9721/—）、武汉工程大学（其他单列）（8335/—/—）、北京信息科技大学（8647/9039/8043）、济南大学（8647/9039/8893）、西安建筑科技大学（8647/9374/9839）、南方医科大学（8647/13354/12151）
	公办	中国计量大学（8647/8687/7239）
省位次 8648 名~10258 名 （一本线上 31 分~35 分）	原 985	吉林大学（其他单列）（9919/2997/4672）
	原 211	辽宁大学（较高收费）（8929/8379/8604）、石河子大学（8929/9721/10158）、宁夏大学（较高收费）（9567/10083/10825）
	双一流	成都理工大学（8929/9039/9839）、广州医科大学（8929/10083/12520）、上海体育大学（9567/9374/10498）
	保研资格	江西财经大学（8929/11606/22467）、北方工业大学（8929/15679/8604）、南京工业大学（8929/22242/7011）、重庆师范大学（9252/8379/8604）、山西财经大学（9252/9039/8893）、昆明理工大学（9252/9721/9839）、上海对外经贸大学（较高收费）（9252/10473/8043）、中国民航大学（9252/11606/8043）、杭州师范大学（9252/21635/7239）、青岛大学（9567/8379/8604）、重庆邮电大学（9567/9039/8893）、西华大学（9567/9039/9516）、四川师范大学（9919/8379/8313）、曲阜师范大学（9919/10473/10498）、浙江理工大学（9919/18232/7011）、西安外国语大学（10258/11198/5874）、湖南中医药大学（10258/22832/11502）
	公办	西安财经大学（9252/10083/11502）、北京联合大学（9252/10473/9839）、成都大学（9567/11198/10158）、中国劳动关系学院（9567/12452/14016）、苏州科技大学（9919/10083/9516）、浙江农林大学（9919/10832/10158）、江汉大学（10258/11606/12890）
省位次 10259 名~11988 名 （一本线上 26 分~30 分）	双一流	中央戏剧学院（11988/5830/6544）
	保研资格	西安科技大学（10636/11198/9839）、广东工业大学（10636/16677/8604）、陕西科技大学（10980/12022/10158）、山东科技大学（10980/13354/12151）、上海海事大学（10980/21061/7011）、浙江工商大学（11649/8687/6544）、湖北工业大学（11649/12022/10158）、西安工业大学（11649/12892/11833）、南华大学（11649/13354/14016）、上海师范大学（11649/21635/5874）、天津财经大学（11649/23432/7239）、天津外国语大学（11988/12452/8313）

续表

2023年分数段 （本科一批·文科）	院校 分类	可报考院校 （括号内依次为2023、2022、2021年投档线对应的最低省位次）
省位次10259名~11988名 （一本线上26分~30分）	公办	北京第二外国语学院（10636/16677/5241）、深圳技术大学（10980/11606/10158）、上海立信会计金融学院（10980/14280/10158）、甘肃政法大学（11312/12892/14815）、西安邮电大学（11988/13354/10498）、上海电力大学（11988/22832/8313）
省位次11989名~13933名 （一本线上21分~25分）	原211	东北农业大学（其他单列）（13524/—/—）
	保研资格	四川外国语大学（12361/13354/8313）、西安工程大学（12361/13354/13277）、安徽财经大学（12361/15204/10498）、江西师范大学（12758/9721/9516）、河南财经政法大学（12758/11606/11833）、长江大学（12758/12452/12520）、黑龙江中医药大学（12758/14743/10825）、大连外国语大学（较高收费）（12758/14743/11165）、华东交通大学（12758/20478/13277）、上海理工大学（13130/8379/7011）、福建师范大学（13130/8379/8313）、西北师范大学（13130/10473/10825）、西南科技大学（13130/13783/12520）、天津科技大学（较高收费）（13130/14280/12520）、天津外国语大学（较高收费）（13524/12452/12520）、三峡大学（13524/12452/13277）、吉林财经大学（13524/14743/13628）、石家庄铁道大学（13933/14743/13277）、长春中医药大学（13933/15204/16517）
	公办	上海工程技术大学（12758/14743/14388）、浙江传媒学院（13524/10832/—）、武汉纺织大学（13524/14743/14016）、浙大城市学院（13933/12892/12890）、温州大学（13933/—/—）
省位次13934名~15937名 （一本线上16分~20分）	原211	贵州大学（特殊类）（15484/14280/11833）、北京体育大学（较高收费）（15937/—/—）
	双一流	河南大学（医护类）（15078/16182/17951）
	保研资格	安徽师范大学（14300/9039/9839）、江西中医药大学（14300/13783/12890）、重庆交通大学（14300/22832/9516）、西安石油大学（14694/11198/11502）、河南师范大学（14694/13354/14388）、青岛理工大学（14694/15204/17000）、安徽农业大学（14694/15679/16517）、上海理工大学（较高收费）（14694/16182/8043）、上海师范大学（较高收费）（14694/18792/8604）、天津商业大学（15078/14280/12151）、湖北中医药大学（15078/18792/16090）、江苏科技大学（15484/10473/10498）、天津外国语大学（特殊类）（15484/11198/14016）、湖南科技大学（15484/17210/9839）、黑龙江大学（15937/13783/10498）、河南科技大学（15937/14743/16090）、西华师范大学（15937/15204/16090）、天津理工大学（15937/22832/11165）
	公办	南京工程学院（14300/13783/13628）、北京物资学院（14300/17210/13277）、上海戏剧学院（15078/6902/7239）、浙江财经大学（较高收费）（15078/10473/14815）、中国戏曲学院（15078/10832/10158）、湖州师范学院（15078/13783/14388）、湖南理工学院（15078/16182/16090）、湖南工商大学（15078/16677/10498）、重庆理工大学（15484/15679/9839）、江苏海洋大学（15484/16182/18908）、常州大学（15937/13354/12520）、东华理工大学（15937/17699/21385）
省位次15938名~18371名 （一本线上11分~15分）	双一流	上海海洋大学（较高收费）（17865/11606/10158）、河南大学（与濮阳市联办濮阳工学院）（17865/21635/—）
	中外合作	西交利物浦大学（16864/22242/17492）、深圳北理莫斯科大学（17388/22832/—）、宁波诺丁汉大学（18371/19375/16090）

续表

2023 年分数段 （本科一批·文科）	院校分类	可报考院校 （括号内依次为 2023、2022、2021 年投档线对应的最低省位次）
省位次 15938 名~18371 名 （一本线上 11 分~15 分）	保研资格	海南师范大学（16394/14743/14815）、吉首大学（16394/15679/16090）、江西理工大学（16394/17210/21385）、哈尔滨医科大学（16394/18792/17492）、天津科技大学（16864/22832/10498）、中北大学（17388/14280/14016）、湖南农业大学（17388/19938/12890）、沈阳工业大学（17865/16677/16517）、甘肃中医药大学（17865/17210/18414）、山东农业大学（17865/18792/17492）、中南林业科技大学（17865/24695/13277）、哈尔滨商业大学（18371/17699/13628）
	公办	江西科技师范大学（16394/15204/16517）、四川轻化工大学（17388/17210/16090）、北方民族大学（17388/18792/18908）、上海应用技术大学（17388/21061/14016）、上海电机学院（17865/17210/17951）、南阳理工学院（17865/20478/20389）、浙大宁波理工学院（18371/16677/17000）、南昌工程学院（18371/17699/17492）、信阳师范大学（18371/18792/19891）
省位次 18372 名~21011 名 （一本线上 6 分~10 分）	保研资格	福建农林大学（18861/17210/15646）、河北师范大学（19379/8687/8893）、福建医科大学（19379/18232/17000）、南昌航空大学（19379/19938/14016）、安徽工业大学（19379/19938/14815）、辽宁工程技术大学（19379/21061/18414）、桂林电子科技大学（19379/21635/—）、大连外国语大学（19379/22832/9839）、河南农业大学（19907/17210/17492）、东北石油大学（19907/19375/19410）、山东理工大学（20464/18232/16090）、华北水利水电大学（20464/18232/17951）、河南理工大学（20464/19938/19410）、沈阳建筑大学（20464/20478/17492）、河南中医药大学（20464/21061/21385）、山西医科大学（20464/22242/—）、华北理工大学（21011/19938/19891）
	公办	赣南师范大学（18861/17210/16090）、洛阳师范学院（18861/18792/20879）、安徽建筑大学（19379/16182/15646）、川北医学院（19379/19375/19410）、上海电机学院（较高收费）（19379/20478/20879）、重庆工商大学（19907/11198/8893）、浙江科技学院（19907/14743/14016）、北京印刷学院（20464/11198/11502）、湖南工业大学（20464/14280/13277）、大连民族大学（20464/18232/17000）、上海第二工业大学（20464/—/—）、上海商学院（20464/—/—）、郑州轻工业大学（21011/19375/18908）
	民办	北京理工大学珠海学院（19379/21635/22467）
省位次 21012 名~24386 名 （一本线上 5 分以内）	原 211	海南大学（较高收费）（24386/18232/10825）
	双一流	宁波大学（较高收费）（23282/12892/11502）、河南大学（中外合作办学）（24386/19375/15646）
	中外合作	温州肯恩大学（22698/23432/22987）
	内港合作	北京师范大学-香港浸会大学联合国际学院（22698/18792/17000）
	保研资格	大连工业大学（21540/20478/17492）、山东建筑大学（21540/21061/10498）、长春理工大学（21540/23432/14016）、河南工业大学（22132/16182/15646）、哈尔滨理工大学（22132/23432/—）、山东科技大学（较高收费）（23282/21061/17951）、吉林财经大学（较高收费）（24386/21061/16090）、福建师范大学（较高收费）（24386/21061/17492）、东北财经大学（较高收费）（24386/22242/9192）、河南财经政法大学（较高收费）（24386/23432/20879）

续表

2023 年分数段 （本科一批・文科）	院校 分类	可报考院校 （括号内依次为 2023、2022、2021 年投档线对应的最低省位次）
省位次 21012 名~24386 名 （一本线上 5 分以内）	公办	南阳师范学院（21540/19938/19891）、郑州航空工业管理学院（21540/21635/21385）、成都信息工程大学（22132/11606/12890）、中国民用航空飞行学院（22132/20478/19891）、上海应用技术大学（较高收费）（23282/21635/17492）、中原工学院（23282/22242/21385）、河南科技学院（23282/22832/22467）、商丘师范学院（23831/—/—）、新乡医学院（24386/23432/22987）、安阳师范学院（24386/—/—）、河南工程学院（24386/—/—）、周口师范学院（24386/—/—）
一本线下降分录取	保研资格	河南农业大学（中外合作办学）（35614/28595/25301）

第二节　本科二批（文科）各分数段对应可报考院校统计

详细内容见表 4-2。

表 4-2　本科二批（文科）各分数段对应可报考院校统计

2023 年分数段 （本科二批・文科）	院校 分类	可报考院校 （括号内依次为 2023、2022、2021 年投档线对应的最低省位次）
省位次 15938 名~18371 名 （一本线上 11 分~15 分）	公办	广东警官学院（18371/20478/20879）
省位次 18372 名~21011 名 （一本线上 6 分~10 分）	保研资格	福建中医药大学（18861/24695/25867）、五邑大学（19379/18792/22467）、江苏师范大学（20464/19938/18908）、河北中医药大学（20464/22832/25301）、安徽中医药大学（20464/24695/24136）、贵州医科大学（20464/—/—）、山西师范大学（21011/21635/21385）、河北工程大学（21011/23432/21943）
	公办	嘉兴学院（18861/20478/20389）、广东技术师范大学（19907/25960/24136）、重庆工商大学（21011/19938/19410）、湖南第一师范学院（21011/21635/21385）、大连民族大学（21011/22242/22987）、南京晓庄学院（21011/22832/21943）
省位次 21012 名~24386 名 （一本线上 5 分以内）	原 211	西藏大学（23282/24075/22467）
	保研资格	聊城大学（21540/21635/22987）、山西中医药大学（22132/23432/25867）、华东交通大学（22132/24695/21943）、西南民族大学（22698/24075/16517）、河北医科大学（22698/24075/23563）、河南财经政法大学（与河南省人民检察院联办）（22698/24075/24136）、河北经贸大学（23282/22242/21385）、广西中医药大学（23282/25322/52443）、贵州中医药大学（23282/25960/41562）、内蒙古师范大学（23831/25960/29417）
	公办	湖北师范大学（21540/21635/20879）、山东政法学院（21540/22242/21385）、云南中医药大学（21540/25322/22987）、浙江传媒学院（22132/17210/17492）、鲁东大学（22132/21061/20879）、武汉轻工大学（22132/21635/22467）、上海商学院（22132/24075/19891）、中国劳动关系学院（22698/24075/22467）、西安文理学院（22698/25322/24136）、南宁师范大学（23282/24695/25301）、云南警官学院（23282/25322/25867）、重庆文理学院（23282/26589/23563）、湖北第二师范学院（23831/23432/23563）、大连大学（23831/24075/24136）、贵州财经大学（23831/26589/49952）、淮北师范大学（24386/21061/22467）、西安财经大学（24386/22242/21943）、烟台大学（24386/22242/25867）、长江师范学院（24386/25960/25867）
省位次 24387 名~24938 名 （二本线上 81 分~85 分）	保研资格	云南财经大学（24938/25322/22467）、云南师范大学（较高收费）（24938/25960/—）
	公办	重庆理工大学（24938/21635/21385）、上海第二工业大学（24938/24075/22467）、中华女子学院（24938/24695/24136）、广东金融学院（24938/24695/27622）、浙江传媒学院（较高收费）（24938/24695/—）、甘肃政法大学（24938/25322/24136）、盐城师范学院（24938/25960/25867）、苏州城市学院（24938/25960/27622）
省位次 24939 名~28035 名 （二本线上 76 分~80 分）	保研资格	云南师范大学（25536/21061/18908）、南京艺术学院（25536/24075/24136）、太原科技大学（25536/25322/28836）、大连海洋大学（25536/25322/31286）、

续表

2023 年分数段 （本科二批·文科）	院校 分类	可报考院校 （括号内依次为 2023、2022、2021 年投档线对应的最低省位次）
省位次 24939 名~28035 名 （二本线上 76 分~80 分）	保研资格	山西医科大学（25536/30778/88448）、江西农业大学（26174/24075/25867）、渤海大学（26174/27943/37377）、辽宁师范大学（26791/20478/21385）、广西师范大学（26791/22832/21385）、天津商业大学（26791/69846/33219）、沈阳航空航天大学（27428/24695/23563）、延安大学（27428/24695/24136）、云南民族大学（27428/25960/23563）、西南林业大学（27428/30019/24136）、沈阳师范大学（28035/26589/25301）、兰州交通大学（28035/30778/23563）
	公办	北京联合大学（25536/21061/22467）、陕西理工大学（25536/24695/24136）、青岛农业大学（25536/25960/25301）、无锡学院（25536/25960/28244）、首都体育学院（25536/25960/28836）、黄冈师范学院（25536/27264/29417）、四川警察学院（25536/27264/29417）、重庆科技学院（25536/28595/26451）、河南警察学院（25536/—/—）、湖北经济学院（26174/24075/22467）、东莞理工学院（26174/24075/23563）、中原工学院（26174/24075/25301）、江苏海洋大学（26174/25322/22987）、厦门理工学院（26174/25322/24689）、台州学院（26174/25960/24689）、阜阳师范大学（26174/25960/27622）、北京石油化工学院（26174/26589/22987）、湖北文理学院（26174/27264/27622）、福建警察学院（26174/27264/30047）、四川轻化工大学（26174/35431/22467）、北京农学院（26174/36969/22467）、浙江海洋大学（26791/22832/24689）、湖南财政经济学院（26791/25322/23563）、长沙学院（26791/26589/25301）、金陵科技学院（26791/27264/30649）、四川美术学院（26791/28595/72125）、贵州警察学院（26791/30019/31926）、南昌医学院（26791/31505/28244）、嘉兴南湖学院（26791/—/—）、沈阳大学（27428/26589/27622）、西安航空学院（27428/27943/27622）、承德医学院（27428/30019/27622）、南阳理工学院（与南阳医学高等专科学校联办）（27428/30778/29417）、太原师范学院（28035/25960/28244）、兰州财经大学（28035/26589/25301）、大理大学（28035/28595/26451）、厦门理工学院（其他单列）（28035/28595/27046）、湖北民族大学（28035/29283/29417）、宁波工程学院（28035/30019/59025）、浙江外国语学院（较高收费）（28035/32268/22987）、常熟理工学院（28035/59583/26451）
省位次 28036 名~31297 名 （二本线上 71 分~75 分）	保研资格	山西财经大学（28646/24075/22467）、大连交通大学（较高收费）（28646/28595/30649）、贵州师范大学（28646/—/—）、大连交通大学（29286/30019/21385）、华北水利水电大学（与河南经贸职业学院联办）（29286/31505/30047）、西北民族大学（29932/28595/28836）、辽宁科技大学（29932/29283/30047）、西藏民族大学（29932/30778/32574）、江西中医药大学（29932/70900/24689）、哈尔滨医科大学（30602/30019/27622）、广西医科大学（30602/34631/28244）、西北师范大学（30602/37767/22987）、云南农业大学（31297/30778/37377）、黑龙江中医药大学（31297/35431/48420）
	公办	浙江外国语学院（28646/23432/21943）、河北金融学院（28646/25960/25301）、浙江水利水电学院（28646/26589/25867）、北华大学（28646/29283/28244）、徐州工程学院（28646/30019/29417）、湖州师范学院（28646/30778/28244）、石家庄学院（28646/31505/30649）、武汉商学院（28646/32268/23563）、广东第二师范学院（29286/21635/21385）、洛阳师范学院（29286/25960/27622）、华北科技学院（29286/30778/28244）、厦门理工学院（较高收费）（29286/30778/30047）、潍坊学院（29286/31505/32574）、温州理工学院（29286/35431/—）、海南医学院（29286/41009/26451）、江苏第二师范学院（29932/23432/22467）、重庆三峡学院（29932/28595/25301）、广西民族大学（29932/28595/28244）、兰州财经大学（较高收费）（29932/29283/28836）、内江师范学院（29932/30019/34627）、山东交通学院（29932/35431/24689）、景德镇陶瓷大学（29932/36213/29417）、北京农学院（较高收费）（29932/—/—）、安庆师范大学（30602/27264/26451）、广西财经学院（30602/

续表

2023 年分数段（本科二批 · 文科）	院校分类	可报考院校（括号内依次为 2023、2022、2021 年投档线对应的最低省位次）
省位次 28036 名~31297 名（二本线上 71 分~75 分）	公办	29283/29417）、南阳师范学院（30602/29283/31926）、闽江学院（30602/32268/27046）、郑州轻工业大学（与河南轻工职业学院联办）（30602/—/—）、信阳师范大学（31297/25322/26451）、辽宁工业大学（31297/32268/33219）
	民办	山东协和学院（较高收费）（31297/36969/43003）
省位次 31298 名~34873 名（二本线上 66 分~70 分）	保研资格	北京服装学院（31980/25322/25867）、福建农林大学（31980/30778/30649）、甘肃农业大学（31980/34631/96112）、河南农业大学（办学就读地点在许昌）（32697/34631/39426）、河南科技大学（与三门峡市政府联办应用工程学院）（32697/74062/33915）、长春中医药大学（33412/35431/38026）、哈尔滨师范大学（33412/39414/24136）、西南医科大学（33412/—/—）、吉首大学（34153/31505/38698）、南昌航空大学（34873/24695/24136）、新疆师范大学（34873/36213/33219）
	公办	咸阳师范学院（31980/30019/29417）、北华航天工业学院（31980/31505/29417）、长春大学（31980/32268/36701）、山西大同大学（31980/32998/28244）、福建江夏学院（31980/32998/30047）、淮阴师范学院（31980/32998/31926）、西安医学院（31980/34631/32574）、肇庆学院（31980/34631/33915）、宿迁学院（31980/35431/36701）、新乡医学院（中外课程合作）（31980/38592/41562）、天津城建大学（32697/26589/27622）、天津职业技术师范大学（32697/27943/25867）、井冈山大学（32697/30019/28244）、江苏理工学院（32697/30778/24689）、长沙师范学院（32697/32998/31926）、渭南师范学院（32697/34631/33915）、上饶师范学院（32697/34631/34627）、巢湖学院（32697/36969/32574）、兰州财经大学（其他单列）（32697/—/—）、泉州师范学院（33412/31505/28244）、北部湾大学（33412/34631/33219）、北方民族大学（33412/36969/84787）、吉林警察学院（33412/40236/61580）、沈阳理工大学（33412/41865/27622）、赣南师范大学（33412/100731/24136）、湖北科技学院（34153/32268/30047）、攀枝花学院（34153/38592/37377）、山东工商学院（34153/67740/26451）、防灾科技学院（34873/30019/28836）、郑州师范学院（34873/30019/30649）、河北地质大学（34873/30019/31286）、莆田学院（34873/32268/31286）、湖北理工学院（34873/34631/36701）、信阳师范大学（医护类）（34873/36969/35289）、福建理工大学（34873/38592/43003）
	民办	上海杉达学院（其他单列）（34153/无/88448）
省位次 34874 名~38692 名（二本线上 61 分~65 分）	保研资格	海南师范大学（35614/33818/21943）、吉林农业大学（35614/34631/27046）、沈阳化工大学（35614/36213/82978）、河南中医药大学（较高收费）（35614/49917/—）、黑龙江科技大学（36366/32998/33915）、吉林师范大学（37925/24695/25301）、青海民族大学（37925/34631/40157）、甘肃中医药大学（38692/36969/36000）、山西农业大学（38692/51788/27046）
	公办	长春师范大学（35614/31505/31926）、汉江师范学院（35614/34631/36000）、皖西学院（35614/35431/43003）、广西财经学院（较高收费）（35614/39414/50796）、贵州民族大学（35614/—/—）、安阳师范学院（36366/33818/36000）、湖州学院（36366/33818/40157）、绵阳师范学院（36366/34631/33915）、贵阳学院（36366/37767/36000）、太原学院（36366/37767/36000）、陕西学前师范学院（36366/38592/33915）、广西科技大学（36366/62599/30649）、重庆第二师范学院（37150/30019/24689）、湘南学院（37150/35431/43003）、内蒙古民族大学（37150/36969/38698）、河南科技学院（37150/37767/

续表

2023 年分数段 (本科二批·文科)	院校 分类	可报考院校 (括号内依次为 2023、2022、2021 年投档线对应的最低省位次)
省位次 34874 名~38692 名 (二本线上 61 分~65 分)	公办	41562)、菏泽学院(37150/38592/43777)、玉溪师范学院(37150/40236/39426)、滨州学院(37150/46291/38698)、闽南师范大学(37925/27264/25867)、昆明学院(37925/33818/31926)、天津农学院(37925/34631/33915)、铜陵学院(37925/43646/95210)、广东石油化工学院(37925/47205/—)、成都师范学院(37925/—/—)、河北地质大学(较高收费)(38692/29283/27046)、合肥师范学院(38692/31505/27046)、山东第一医科大学(38692/31505/33219)、福建商学院(38692/35431/34627)、天津中德应用技术大学(38692/36213/32574)、洛阳理工学院(38692/36969/36701)、信阳师范大学(中外合作办学)(38692/45402/45291)
	民办	南京审计大学金审学院(38692/34631/32574)
省位次 38693 名~42606 名 (二本线上 56 分~60 分)	保研资格	河南财经政法大学(与俄罗斯人民友谊大学合办)(39465/28595/23563)、河南中医药大学(39465/41865/43003)、黑龙江中医药大学(异地校区)(39465/43646/38698)、天津体育学院(40213/30019/96112)、新疆财经大学(40213/38592/36000)、黑龙江八一农垦大学(41006/32268/31926)、内蒙古科技大学(41006/59583/29417)、山东中医药大学(41762/20478/21943)、新疆农业大学(41762/44536/47608)
	公办	天水师范学院(39465/40236/42273)、许昌学院(39465/41009/43003)、内蒙古财经大学(39465/41009/96112)、宝鸡文理学院(39465/44536/32574)、唐山学院(39465/47205/38698)、山东石油化工学院(39465/48113/49952)、新疆警察学院(39465/48113/—)、丽水学院(39465/58561/29417)、衢州学院(39465/67740/32574)、绍兴文理学院(40213/26589/22467)、惠州学院(40213/34631/47608)、韶关学院(40213/35431/40157)、商丘师范学院(40213/37767/40157)、周口师范学院(40213/39414/41562)、景德镇学院(40213/41009/39426)、西昌学院(40213/41009/40857)、唐山师范学院(40213/41865/37377)、宁德师范学院(40213/41865/40157)、沧州师范学院(40213/42740/40857)、湖北工程学院(40213/45402/94296)、成都工业学院(40213/—/—)、河南工程学院(41006/36969/36000)、黄淮学院(41006/43646/45291)、齐齐哈尔大学(41006/47205/31926)、榆林学院(41006/47205/54068)、南京工业职业技术大学(41006/47205/—)、海南热带海洋学院(41762/41865/38026)、赣南科技学院(41762/45402/44512)、泰州学院(42606/34631/33219)、乐山师范学院(42606/36213/32574)、广西警察学院(42606/41009/39426)、福建技术师范学院(42606/42740/43777)、赣东学院(42606/44536/48420)、宜春学院(42606/49917/85681)、湖北汽车工业学院(42606/49917/—)
	民办	华北理工大学冀唐学院(41762/52692/50796)、南京理工大学紫金学院(42606/42740/36000)
省位次 42607 名~46681 名 (二本线上 51 分~55 分)	保研资格	河南工业大学(中外合作办学)(43401/33818/30649)、武汉体育学院(44191/30019/25301)、长春工业大学(45874/27264/27046)、辽宁师范大学(较高收费)(45874/49917/37377)
	公办	南京特殊教育师范学院(43401/36969/39426)、河南财政金融学院(43401/41865/39426)、衡水学院(43401/42740/42273)、安康学院(43401/43646/43003)、楚雄师范学院(43401/50820/—)、张家口学院(43401/51788/42273)、宁夏师范学院(44191/41865/38026)、四川文理学院(44191/42740/40157)、新余学院(44191/42740/40857)、晋中学院(44191/42740/42273)、

续表

2023 年分数段（本科二批·文科）	院校分类	可报考院校（括号内依次为 2023、2022、2021 年投档线对应的最低省位次）
省位次 42607 名~46681 名（二本线上 51 分~55 分）	公办	韩山师范学院（44191/43646/40857）、琼台师范学院（44191/43646/41562）、新乡学院（44191/44536/44512）、河南城建学院（44191/45402/46101）、平顶山学院（44191/46291/47608）、甘肃民族师范学院（44191/47205/48420）、淮阴工学院（44191/48113/94296）、德州学院（45001/38592/39426）、安徽艺术学院（45001/44536/50796）、运城学院（45001/45402/43003）、广西科技师范学院（45001/46291/46841）、南阳理工学院（45001/47205/46841）、贺州学院（45001/47205/49184）、商洛学院（45001/48113/50796）、长治学院（45001/48998/40857）、鞍山师范学院（45001/49917/50796）、哈尔滨学院（45001/65677/39426）、湖北医药学院（45001/74062/29417）、怀化学院（45874/39414/38698）、保山学院（45874/41865/—）、山东青年政治学院（45874/42740/42273）、牡丹江师范学院（45874/46291/46841）、通化师范学院（45874/47205/46841）、黔南民族师范学院（45874/47205/48420）、兴义民族师范学院（45874/47205/48420）、河北民族师范学院（45874/47205/96112）、昭通学院（45874/48113/47608）、内蒙古科技大学包头师范学院（45874/48113/48420）、河池学院（45874/48998/49184）、河西学院（45874/49917/47608）、滇西应用技术大学（45874/53630/44512）、嘉应学院（45874/56565/38026）、池州学院（45874/77310/44512）、湖南文理学院（45874/100731/25867）、湖南女子学院（46681/44536/42273）、浙江万里学院（46681/47205/48420）、阿坝师范学院（46681/48113/46101）、锦州医科大学（46681/48998/30649）、白城师范学院（46681/48998/47608）、大庆师范学院（46681/48998/48420）、贵州工程应用技术学院（46681/48998/49184）、平顶山学院（医护类）（46681/48998/49184）、百色学院（46681/49917/48420）、滇西科技师范学院（46681/49917/49952）、玉林师范学院（46681/49917/49952）、重庆第二师范学院（较高收费）（46681/49917/—）、龙岩学院（46681/50820/43003）、伊犁师范大学（46681/51788/49952）、安顺学院（46681/64636/46841）、曲靖师范学院（46681/66739/41562）、邵阳学院（46681/72970/40157）、湖南工程学院（46681/74062/33915）
	民办	湘潭大学兴湘学院（44191/50820/50796）、长沙医学院（45874/46291/45291）、湖南理工学院南湖学院（45874/53630/52443）
省位次 46682 名~51170 名（二本线上 46 分~50 分）	保研资格	吉林师范大学（特殊类型）（47550/43646/45291）、贵州师范大学（较高收费）（48434/—/—）、福建农林大学（较高收费）（50271/36969/32574）、贵州师范大学（其他单列）（50271/52692/85681）、沈阳师范大学（较高收费）（50271/59583/40857）
	公办	衡阳师范学院（47550/27264/25867）、保定学院（47550/36969/32574）、廊坊师范学院（47550/41009/36000）、河南牧业经济学院（47550/46291/46841）、忻州师范学院（47550/47205/45291）、武夷学院（47550/48113/41562）、安阳工学院（47550/48113/48420）、辽东学院（47550/49917/49952）、赤峰学院（47550/50820/52443）、山东农业工程学院（47550/53630/44512）、荆楚理工学院（47550/89426/37377）、贵州财经大学（较高收费）（48434/43646/—）、吕梁学院（48434/48113/47608）、亳州学院（48434/48998/43777）、湖南人文科技学院（48434/48998/89423）、黑河学院（48434/49917/51641）、桂林旅游学院（48434/49917/63254）、安阳师范学院（中外合作办学）（48434/50820/51641）、陇东学院（48434/51788/47608）、齐齐哈尔医学院（48434/51788/63254）、长治医学院（48434/54646/37377）、三明学院（48434/57598/37377）、贵阳康养职业大学（48434/57598/—）、大连大学（较高收费）（48434/62599/36000）、九江学院（48434/70900/36000）、长春大学（特殊类型）（48434/—/—）、太原工业学院（49322/37767/33219）、兰州文理学院

续表

2023 年分数段（本科二批·文科）	院校分类	可报考院校（括号内依次为 2023、2022、2021 年投档线对应的最低省位次）
省位次 46682 名~51170 名（二本线上 46 分~50 分）	公办	(49322/46291/42273)、济宁学院(49322/46291/46101)、山西工程技术学院(49322/49917/44512)、河南工学院(49322/49917/49184)、信阳农林学院(49322/49917/49952)、呼和浩特民族学院(49322/50820/49184)、塔里木大学(49322/50820/57325)、吉林医药学院(49322/50820/73919)、辽宁科技学院(49322/50820/79316)、新疆政法学院(49322/51788/54859)、萍乡学院(49322/53630/46101)、阜阳师范大学(较高收费)(49322/56565/—)、红河学院(49322/61568/47608)、哈尔滨金融学院(49322/87224/39426)、潍坊医学院(49322/98565/31926)、河北建筑工程学院(50271/49917/42273)、南阳师范学院(异地校区)(50271/49917/49952)、六盘水师范学院(50271/50820/41562)、梧州学院(50271/50820/43003)、呼伦贝尔学院(50271/50820/50796)、绥化学院(50271/50820/50796)、吉林农业科技学院(50271/50820/70291)、吉林化工学院(50271/51788/—)、山西工程科技职业大学(50271/51788/—)、喀什大学(50271/53630/51641)、山东女子学院(50271/53630/95210)、兰州资源环境职业技术大学(50271/54646/—)、山西传媒学院(50271/68793/34627)、黑龙江工程学院(50271/75194/35289)、吉林工商学院(50271/75194/36701)、长春工程学院(50271/90557/41562)、四川旅游学院(50271/95097/33219)、岭南师范学院(51170/27943/28836)、云南艺术学院(51170/40236/—)、兰州城市学院(51170/41865/37377)、郑州工程技术学院(51170/49917/48420)、黑龙江工业学院(51170/51788/51641)、新疆工程学院(51170/51788/52443)、河套学院(51170/52692/51641)、新疆科技学院(51170/53630/53242)、广西农业职业技术大学(51170/54646/—)、兰州石化职业技术大学(51170/56565/—)
	民办	厦门大学嘉庚学院(48434/48113/33915)、河北师范大学汇华学院(49322/49917/49184)、南京师范大学中北学院(49322/50820/47608)、赣南师范大学科技学院(49322/50820/51641)、南华大学船山学院(49322/50820/52443)、扬州大学广陵学院(49322/51788/49952)、南京师范大学泰州学院(49322/51788/51641)、广西中医药大学赛恩斯新医药学院(49322/56565/58200)、吉首大学张家界学院(50271/56565/58200)、北京中医药大学东方学院(50271/74062/38026)、南京财经大学红山学院(51170/53630/52443)、湖南科技大学潇湘学院(51170/57598/51641)
省位次 51171 名~55694 名（二本线上 41 分~45 分）	保研资格	海南师范大学(较高收费)(52072/50820/46101)、河南中医药大学(与嵩山少林武术职业学院联合办学)(52072/52692/54068)、渤海大学(较高收费)(52940/36213/36701)、华北水利水电大学(与嵩山少林武术职业学院联办)(54739/60563/52443)
	公办	黄淮学院(中外合作办学)(52072/49917/52443)、郑州大学体育学院(52072/51788/48420)、新疆第二医学院(52072/51788/—)、鄂尔多斯应用技术学院(52072/53630/52443)、新疆理工学院(52072/53630/53242)、河北石油职业技术大学(52072/53630/—)、昌吉学院(52072/54646/54068)、三明学院(较高收费)(52072/54646/59906)、河北环境工程学院(52072/86120/42273)、河北工业职业技术大学(52072/—/—)、集宁师范学院(52940/48998/49184)、商丘师范学院(与商丘职业技术学院联办)(52940/51788/50796)、河北科技工程职业技术大学(52940/52692/—)、西藏农牧学院(52940/55616/54068)、新疆艺术学院(52940/57598/54068)、通化师范学院(其他单列)(53842/55616/—)、山东管理学院(54739/29283/27622)、贵州商学院(54739/60563/59906)、周口师范学院(较高收费)(55694/53630/54859)、许昌学院(中外合作办学)(55694/54646/59025)、内蒙古艺术学院(55694/57598/54859)

续表

2023 年分数段（本科二批·文科）	院校分类	可报考院校（括号内依次为 2023、2022、2021 年投档线对应的最低省位次）
省位次 51171 名~55694 名（二本线上 41 分~45 分）	民办	中国矿业大学徐海学院（52072/53630/54068）、中南林业科技大学涉外学院（52072/61568/60750）、集美大学诚毅学院（52940/45402/41562）、河北工程大学科信学院（52940/52692/53242）、成都锦城学院（52940/53630/54068）、湖北师范大学文理学院（52940/53630/54068）、长沙理工大学城南学院（52940/56565/49952）、浙江工业大学之江学院（52940/57598/59025）、南京航空航天大学金城学院（52940/60563/54068）、江苏师范大学科文学院（53842/52692/54859）、江西师范大学科学技术学院（53842/54646/55670）、重庆财经学院（53842/55616/55670）、南昌大学共青学院（53842/56565/59906）、南京邮电大学通达学院（53842/57598/49184）、东南大学成贤学院（53842/57598/49952）、湖北大学知行学院（53842/64636/51641）、贵州医科大学神奇民族医药学院（53842/—/—）、中国计量大学现代科技学院（53842/—/—）、苏州大学应用技术学院（54739/54646/54068）、南京工业大学浦江学院（54739/56565/52443）、湖北工程学院新技术学院（54739/56565/57325）、江苏大学京江学院（54739/58561/51641）、南京医科大学康达学院（54739/60563/57325）、江苏科技大学苏州理工学院（55694/54646/53242）、武汉学院（55694/56565/54859）、上海财经大学浙江学院（55694/57598/46841）、重庆人文科技学院（55694/59583/57325）、长江大学文理学院（55694/60563/59906）、武昌理工学院（55694/64636/64100）
省位次 55695 名~60463 名（二本线上 36 分~40 分）	保研资格	新疆农业大学（较高收费）（57594/57598/63254）、吉林师范大学（其他单列）（60463/42740/41562）
	公办	湖南人文科技学院（较高收费）（56660/54646/51641）、海南热带海洋学院（较高收费）（56660/60563/58200）、宜宾学院（57594/39414/38698）、吉林工程技术师范学院（58552/47205/48420）、哈尔滨体育学院（58552/50820/51641）、长春师范大学（较高收费）（58552/53630/52443）、商丘师范学院（中外合作办学）（58552/59583/59906）、临沂大学（59523/24695/24136）、河南科技学院苏梅国际学院（60463/67740/—）、岭南师范学院（较高收费）（60463/79496/—）
	民办	南通大学杏林学院（56660/57598/58200）、重庆对外经贸学院（56660/59583/58200）、常州大学怀德学院（56660/60563/60750）、江西农业大学南昌商学院（56660/62599/59025）、重庆工商大学派斯学院（56660/62599/60750）、电子科技大学成都学院（56660/63579/52443）、齐鲁医药学院（56660/80605/39426）、苏州科技大学天平学院（57594/54646/54068）、石家庄铁道大学四方学院（57594/54646/55670）、湖南农业大学东方科技学院（57594/58561/—）、三峡大学科技学院（57594/60563/59025）、南昌航空大学科技学院（57594/60563/60750）、重庆工程学院（58552/58561/66708）、武汉文理学院（58552/61568/59906）、江西财经大学现代经济管理学院（58552/63579/75691）、西南交通大学希望学院（58552/66739/63254）、北京理工大学珠海学院（58552/68793/49184）、河南开封科技传媒学院（59523/57598/57325）、西南财经大学天府学院（59523/60563/54068）、武昌首义学院（59523/60563/61580）、四川大学锦江学院（59523/65677/66708）、辽宁中医药大学杏林学院（59523/70900/64100）、浙江财经大学东方学院（59523/76258/58200）、三江学院（60463/56565/54859）、内蒙古大学创业学院（60463/63579/66708）、西安建筑科技大学华清学院（60463/68793/66708）
省位次 60464 名~65488 名（二本线上 31 分~35 分）	保研资格	青海师范大学（61450/29283/30649）

续表

2023年分数段 （本科二批·文科）	院校 分类	可报考院校 （括号内依次为2023、2022、2021年投档线对应的最低省位次）
省位次60464名~65488名 （二本线上31分~35分）	公办	常州工学院（62431/30019/31926）、山东工艺美术学院（62431/—/—）、泰山学院（62431/—/—）、河南牧业经济学院（中外合作办学）（63418/62599/64100）、河南牧业经济学院（较高收费）（63418/—/—）、安阳工学院（中外合作办学）（65488/63579/64927）、咸阳师范学院（较高收费）（65488/63579/—）
	民办	南昌大学科学技术学院（61450/61568/58200）、绍兴文理学院元培学院（61450/65677/65834）、浙江工商大学杭州商学院（61450/66739/56491）、桂林学院（61450/66739/59906）、信阳学院（61450/67740/74794）、浙江师范大学行知学院（61450/70900/59025）、南京理工大学泰州科技学院（61450/80605/无）、北京城市学院（61450/89426/71190）、广西民族大学相思湖学院（62431/66739/72125）、成都理工大学工程技术学院（63418/65677/94296）、黄河科技学院（63418/68793/63254）、浙江农林大学暨阳学院（63418/77310/64100）、山东财经大学东方学院（64494/63579/62413）、汉口学院（64494/65677/64927）、武汉生物工程学院（64494/65677/66708）、文华学院（64494/66739/92392）、北京理工大学珠海学院（较高收费）（64494/67740/62413）、湖北文理学院理工学院（64494/69846/71190）、燕京理工学院（64494/70900/69370）、湖北恩施学院（64494/75194/83858）、青海大学昆仑学院（65488/97409/59906）、重庆城市科技学院（65488/98565/55670）、湖南文理学院芙蓉学院（65488/98565/58200）、四川传媒学院（65488/—/—）
省位次65489名~70584名 （二本线上26分~30分）	保研资格	辽宁中医药大学（67461/36969/—）
	公办	武汉轻工大学（较高收费）（66442/35431/34627）、商洛学院（较高收费）（66442/75194/—）、吉林建筑大学（68466/36213/34627）、白城师范学院（较高收费）（70584/—/—）
	民办	武汉体育学院体育科技学院（66442/69846/60750）、河北传媒学院（66442/—/—）、福州大学至诚学院（67461/62599/54859）、西安培华学院（67461/64636/61580）、蚌埠工商学院（67461/70900/75691）、武汉工商学院（67461/72970/65834）、重庆外语外事学院（67461/91756/54859）、潍坊理工学院（67461/无/56491）、南京传媒学院（68466/41865/42273）、宁波大学科学技术学院（68466/69846/58200）、北京科技大学天津学院（68466/82819/57325）、四川电影电视学院（68466/无/56491）、宁夏大学新华学院（69544/64636/75691）、郑州升达经贸管理学院（69544/74062/68472）、天津理工大学中环信息学院（69544/86120/63254）、无锡太湖学院（70584/70900/68472）、晋中信息学院（70584/74062/73919）、皖江工学院（70584/78388/78405）、马鞍山学院（70584/79496/78405）
省位次70585名~75936名 （二本线上21分~25分）	保研资格	吉林师范大学（较高收费）（71671/39414/43003）
	公办	湖南城市学院（74845/33818/30649）、桂林航天工业学院（74845/42740/42273）
	民办	郑州西亚斯学院（71671/72970/73024）、中原科技学院（71671/82819/58200）、西安交通大学城市学院（71671/97409/52443）、重庆移通学院（72712/74062/59906）、西安理工大学高科学院（72712/77310/76616）、天津财经大学珠江学院（72712/99663/59025）、珠海科技学院（73795/78388/57325）、郑州经贸学院（74845/76258/68472）、浙江树人学院（74845/80605/81132）、南昌应用技术师范学院（74845/83883/96112）、新乡医学院三全学

续表

2023 年分数段 （本科二批 · 文科）	院校分类	可报考院校 （括号内依次为 2023、2022、2021 年投档线对应的最低省位次）
省位次 70585 名~75936 名 （二本线上 21 分~25 分）	民办	院（74845/89426/70291）、合肥城市学院（74845/100731/60750）、四川工商学院（75936/75194/94296）、沧州交通学院（75936/78388/90400）、福建农林大学金山学院（75936/79496/72125）、四川外国语大学成都学院（75936/95097/49184）、湖北医药学院药护学院（75936/98565/—）、贵阳信息科技学院（75936/—/—）
省位次 75937 名~81310 名 （二本线上 16 分~20 分）	公办	文山学院（79190/49917/49952）
	民办	福建师范大学协和学院（76959/61568/59906）、西京学院（76959/78388/70291）、郑州商学院（76959/79496/81132）、大连医科大学中山学院（76959/96236/74794）、烟台理工学院（76959/100731/70291）、昆明医科大学海源学院（78045/77310/74794）、郑州财经学院（78045/78388/73024）、河北东方学院（78045/79496/72125）、潍坊科技学院（78045/79496/78405）、南昌理工学院（78045/87224/82022）、西安思源学院（79190/78388/73919）、山西工商学院（79190/78388/76616）、西安外事学院（79190/79496/72125）、贵州黔南经济学院（79190/98565/70291）、昆明城市学院（80259/79496/76616）、安阳学院（80259/82819/—）、南昌工学院（80259/88323/92392）、广州商学院（80259/100731/70291）、上海视觉艺术学院（81310/50820/72125）、商丘学院（81310/81692/82022）、南昌交通学院（81310/83883/84787）、天津仁爱学院（81310/97409/58200）
省位次 81311 名~86775 名 （二本线上 11 分~15 分）	保研资格	桂林理工大学（84597/30019/29417）
	公办	江西科技师范大学（82422/27264/29417）、长春师范大学（其他单列）（83482/48113/47608）、南昌工程学院（84597/31505/28244）、河南牧业经济学院卡洛理工国际学院（84597/100731/—）
	民办	青岛农业大学海都学院（82422/74062/79316）、西安财经大学行知学院（82422/78388/73024）、郑州工商学院（82422/82819/77519）、天津商业大学宝德学院（82422/83883/64100）、内蒙古鸿德文理学院（82422/86120/89423）、安徽新华学院（82422/86120/95210）、青岛工学院（82422/87224/88448）、四川文化艺术学院（83482/75194/85681）、山西晋中理工学院（83482/80605/82022）、四川工业科技学院（83482/81692/82022）、郑州科技学院（83482/82819/75691）、绵阳城市学院（83482/82819/83858）、商丘学院（应用科技学院，办学地点在开封）（83482/84968/85681）、云南大学滇池学院（83482/87224/96112）、武昌工学院（83482/89426/73919）、武汉晴川学院（83482/99663/59025）、天津外国语大学滨海外事学院（83482/100731/53242）、新乡工程学院（83482/100731/66708）、淮北理工学院（83482/100731/—）、南宁学院（84597/77310/73919）、郑州工业应用技术学院（84597/86120/83858）、武汉纺织大学外经贸学院（84597/86120/84787）、大连财经学院（84597/93931/88448）、武汉华夏理工学院（84597/98565/65834）、武汉工程科技学院（84597/98565/73919）、武汉东湖学院（84597/99663/61580）、延安大学西安创新学院（84597/100731/84787）、重庆机电职业技术大学（85701/87224/86581）、山西应用科技学院（85701/90557/89423）、云南经济管理学院（85701/92856/87514）、成都东软学院（85701/99663/63254）、仰恩大学（86775/88323/90400）、商丘工学院（86775/90557/88448）、运城职业技术大学（86775/90557/—）、齐鲁理工学院（86775/91756/89423）、广州商学院（较高收费）（86775/99663/94296）、长春人文学院（86775/100731/78405）
省位次 86776 名~92333 名 （二本线上 6 分~10 分）	保研资格	成都体育学院（90113/32268/28836）

续表

2023 年分数段（本科二批・文科）	院校分类	可报考院校（括号内依次为 2023、2022、2021 年投档线对应的最低省位次）
省位次 86776 名~92333 名（二本线上 6 分~10 分）	民办	西安科技大学高新学院（87898/83883/64100）、黄河科技学院（应用技术学院）（87898/89426/89423）、云南艺术学院文华学院（87898/90557/87514）、辽宁师范大学海华学院（87898/90557/89423）、黄河交通学院（87898/91756/89423）、荆州学院（87898/91756/96112）、广东外语外贸大学南国商学院（87898/92856/66708）、江西科技学院（87898/92856/86581）、黑龙江财经学院（87898/92856/90400）、湖南应用技术学院（87898/95097/70291）、武汉城市学院（87898/96236/68472）、湖北经济学院法商学院（87898/99663/73024）、武汉工程大学邮电与信息工程学院（88985/75194/66708）、西安欧亚学院（88985/88323/82022）、西安工商学院（88985/89426/90400）、昆明理工大学津桥学院（88985/90557/77519）、安徽文达信息工程学院（88985/90557/90400）、河南科技职业大学（88985/91756/90400）、西安明德理工学院（88985/91756/96112）、新疆天山职业技术大学（88985/92856/85681）、湖北工业大学工程技术学院（88985/93931/59025）、山东现代学院（88985/93931/89423）、哈尔滨广厦学院（88985/97409/93316）、成都银杏酒店管理学院（88985/99663/79316）、昆明文理学院（88985/100731/76616）、北海艺术设计学院（90113/84968/86581）、宁波财经学院（90113/86120/84787）、广州新华学院（90113/87224/95210）、青岛黄海学院（90113/92856/89423）、山东外国语职业技术大学（90113/92856/91379）、陕西科技大学镐京学院（90113/92856/91379）、河北科技学院（90113/92856/93316）、黑龙江东方学院（90113/92856/93316）、保定理工学院（90113/92856/94296）、武昌理工学院（较高收费）（90113/92856/95210）、山东协和学院（90113/93931/89423）、吉林师范大学博达学院（90113/93931/95210）、山东华宇工学院（90113/93931/96112）、丽江文化旅游学院（90113/95097/91379）、烟台南山学院（90113/99663/63254）、北京邮电大学世纪学院（90113/99663/85681）、湖北商贸学院（90113/100731/73919）、上海外国语大学贤达经济人文学院（较高收费）（90113/100731/96112）、兰州信息科技学院（90113/—/—）、西安交通工程学院（91243/86120/84787）、安徽三联学院（91243/91756/90400）、西安科技大学高新学院（其他单列）（91243/92856/—）、大连理工大学城市学院（91243/93931/87514）、泉州职业技术大学（91243/93931/91379）、泰山科技学院（91243/93931/94296）、陕西国际商贸学院（91243/95097/82022）、青岛恒星科技学院（91243/95097/91379）、陕西服装工程学院（91243/95097/91379）、西安汽车职业大学（91243/96236/91379）、郑州西亚斯学院（中外合作办学）（91243/97409/94296）、烟台科技学院（91243/99663/63254）、宁夏理工学院（91243/99663/89423）、华北理工大学轻工学院（91243/100731/76616）、湘潭理工学院（91243/无/66708）、吉林外国语大学（较高收费）（92333/80605/80250）、南通理工学院（92333/84968/86581）、西安信息职业大学（92333/90557/—）、吉利学院（92333/92856/91379）、兰州博文科技学院（92333/92856/92392）、辽宁传媒学院（92333/92856/92392）、银川能源学院（92333/92856/92392）、南昌职业大学（92333/92856/95210）、山东工程职业技术大学（92333/93931/90400）、银川科技学院（92333/93931/92392）、长春财经学院（92333/93931/96112）、福州工商学院（92333/95097/90400）、长春光华学院（92333/95097/90400）、长春电子科技学院（92333/95097/93316）、辽宁财贸学院（92333/95097/94296）、大连科技学院（92333/96236/91379）、江西应用科技学院（92333/96236/91379）、长春科技学院（92333/97409/96112）、浙江广厦建设职业技术大学（92333/97409/—）、江西服装学院（92333/99663/92392）、青岛滨海学院（92333/100731/86581）、武汉设计工程学院（92333/100731/—）、福建师范大学协和学院（其他单列）（92333/—/—）

续表

2023 年分数段（本科二批·文科）	院校分类	可报考院校（括号内依次为 2023、2022、2021 年投档线对应的最低省位次）
省位次 92334 名~99108 名（二本线上 5 分以内）	保研资格	河南师范大学（中外合作办学）（97978/27943/27622）、云南农业大学（较高收费）（99108/32998/34627）、广西艺术学院（99108/50820/51641）
	公办	南昌师范学院（94646/30019/27622）、湖南科技学院（94646/36213/33915）、桂林旅游学院（较高收费）（95805/97409/85681）、长春大学（较高收费）（97978/48113/65834）、南阳师范学院（中外合作办学）（较高收费）（99108/—/—）
	民办	泉州信息工程学院（93542/93931/89423）、厦门华厦学院（93542/95097/66708）、沈阳工学院（93542/95097/93316）、哈尔滨远东理工学院（93542/95097/94296）、广西外国语学院（93542/96236/96112）、哈尔滨信息工程学院（93542/97409/92392）、沈阳科技学院（93542/97409/93316）、辽宁理工学院（93542/97409/94296）、厦门工学院（93542/98565/77519）、长春工业大学人文信息学院（93542/98565/95210）、长春大学旅游学院（93542/98565/96112）、广东东软学院（93542/99663/92392）、青岛城市学院（93542/100731/67589）、闽南科技学院（93542/100731/80250）、长春建筑学院（93542/100731/88448）、南宁理工学院（93542/100731/90400）、福州理工学院（93542/100731/—）、广州理工学院（93542/100731/—）、上海杉达学院（较高收费）（94646/77310/86581）、福建师范大学协和学院（较高收费）（94646/87224/85681）、华南农业大学珠江学院（94646/91756/87514）、闽南理工学院（94646/93931/90400）、广西城市职业大学（94646/95097/95210）、福建农林大学金山学院（较高收费）（94646/95097/96112）、温州商学院（94646/96236/93316）、齐齐哈尔工程学院（94646/96236/94296）、河北外国语学院（94646/97409/89423）、大连工业大学艺术与信息工程学院（94646/97409/93316）、大连东软信息学院（94646/97409/94296）、沈阳城市建设学院（94646/97409/94296）、吉林建筑科技学院（94646/97409/95210）、黑龙江工商学院（94646/97409/96112）、桂林信息科技学院（94646/98565/73919）、北京第二外国语学院中瑞酒店管理学院（94646/99663/92392）、山东英才学院（94646/99663/92392）、三亚学院（较高收费）（94646/99663/—）、兰州工商学院（94646/100731/73919）、湖南涉外经济学院（94646/100731/82022）、安徽外国语学院（94646/100731/83858）、沈阳城市学院（95805/98565/90400）、黑龙江工程学院昆仑旅游学院（95805/99663/95210）、广东理工学院（95805/100731/92392）、哈尔滨剑桥学院（95805/—/—）、广州南方学院（其他单列）（95805/无/—）、河北工程技术学院（96864/91756/72125）、哈尔滨石油学院（96864/95097/93316）、广州华立学院（96864/95097/94296）、辽宁对外经贸学院（96864/96236/96112）、北京工商大学嘉华学院（96864/97409/93316）、黑龙江外国语学院（96864/97409/95210）、广州华商学院（96864/99663/89423）、广州南方学院（96864/100731/70291）、福州外语外贸学院（96864/100731/82978）、阳光学院（96864/100731/90400）、上海建桥学院（96864/100731/96112）、哈尔滨华德学院（96864/—/—）、河北地质大学华信学院（97978/70900/66708）、吉林外国语大学（97978/81692/93316）、柳州工学院（97978/86120/84787）、北京工业大学耿丹学院（97978/92856/87514）、浙江越秀外国语学院（97978/97409/96112）、广东培正学院（97978/100731/82978）、上海中侨职业技术大学（97978/100731/96112）、西安翻译学院（99108/87224/78405）、上海师范大学天华学院（99108/90557/87514）、广州软件学院（99108/93931/84787）、广东科技学院（99108/93931/93316）、上海杉达学院（99108/97409/83858）、东莞城市学院（99108/97409/86581）、三亚学院（99108/97409/88448）、海南科技职业大学（99108/97409/95210）、

续表

2023 年分数段 （本科二批·文科）	院校 分类	可报考院校 （括号内依次为 2023、2022、2021 年投档线对应的最低省位次）
省位次 92334 名~99108 名 （二本线上 5 分以内）	民办	广州工商学院（99108/98565/92392）、电子科技大学中山学院（99108/99663/64927）、三亚学院（其他单列）（99108/99663/96112）、广州城市理工学院（99108/100731/69370）、天津天狮学院（99108/100731/70291）、首都师范大学科德学院（99108/100731/94296）、海口经济学院（99108/100731/96112）、上海立达学院（99108/100731/96112）、上海外国语大学贤达经济人文学院（99108/100731/96112）、广州商学院（其他单列）（99108/100731/—）、广东工商职业技术大学（99108/—/—）、阳光学院（较高收费）（99108/无/—）、重庆移通学院（较高收费）（无/90557/—）、浙江越秀外国语学院（较高收费）（无/99663/无）

第三节　高职高专批(文科)各分数段对应可报考院校统计

本节中的院校分类,公办包含保研资格高校、公办本科高校和公办专科高校,民办包含民办本科高校、民办专科高校和中外合作办学的专科高校。

由于河南省教育考试院暂未公布高职高专批 2023 年平行志愿投档分数线,本节为 2022 年数据(见表 4-3,不含 2023 年不在河南省招生的院校计划),仅供参考。2023 年数据在河南省教育考试院公布后以电子版形式发送。

表 4-3　高职高专批(文科)各分数段对应可报考院校统计

2022 年分数段 (高职高专批·文科)	院校分类	可报考院校
二本线及以上	公办	天津师范大学、张家口学院、深圳职业技术大学、东北石油大学、北京青年政治学院、汉江师范学院、南京铁道职业技术学院、华北理工大学、山东中医药高等专科学校、成都航空职业技术学院、新乡学院、云南农业大学、吉林警察学院、金华职业技术学院、广东轻工职业技术学院、无锡职业技术学院、重庆医药高等专科学校
省位次 100732 名~105250 名 (专科线上 251 分~254 分)	公办	菏泽学院、苏州市职业大学、武汉职业技术学院、豫章师范学院、中国劳动关系学院、桂林理工大学、江苏经贸职业技术学院、焦作师范高等专科学校、南京信息职业技术学院、赣州师范高等专科学校、杭州职业技术学院、郑州师范学院
省位次 105251 名~111016 名 (专科线上 246 分~250 分)	公办	桂林师范高等专科学校、长沙卫生职业学院、江西师范高等专科学校、连云港师范高等专科学校、天津电子信息职业技术学院、浙江金融职业学院、江西医学高等专科学校、安阳工学院、宁波职业技术学院、武汉城市职业学院、浙江经济职业技术学院、浙江经贸职业技术学院、天津医学高等专科学校
省位次 111017 名~116853 名 (专科线上 241 分~245 分)	公办	湖北中医药高等专科学校、湖南大众传媒职业技术学院、信阳师范大学、陕西工业职业技术学院、苏州卫生职业技术学院、武汉软件工程职业学院、许昌学院、北京农业职业学院、辽东学院、苏州经贸职业技术学院、天津市职业大学、长沙航空职业技术学院、重庆电子工程职业学院、河南财经政法大学(与爱尔兰合办)、辽阳职业技术学院、桐城师范高等专科学校、长沙民政职业技术学院、郑州幼儿师范高等专科学校
省位次 116854 名~122482 名 (专科线上 236 分~240 分)	公办	安徽中医药高等专科学校、河南经贸职业学院、湖南幼儿师范高等专科学校、邢台医学高等专科学校、浙江工商职业技术学院、重庆工业职业技术学院、重庆三峡医药高等专科学校、广州番禺职业技术学院、杭州科技职业技术学院、黄河水利职业技术学院、重庆财经职业学院、重庆城市管理职业学院、常州信息职业技术学院、合肥幼儿师范高等专科学校、南通师范高等专科学校、武汉铁路职业技术学院、黄淮学院、平顶山学院、重庆工商职业学院、河北金融学院、河南工程学院(软件类)、天津中德应用技术大学
省位次 122483 名~128366 名 (专科线上 231 分~235 分)	公办	北京电子科技职业学院、白城医学高等专科学校、开封大学、天津现代职业技术学院、石家庄邮电职业技术学院、四川护理职业学院、安阳师范学院(中外合作办学)、湖北幼儿师范高等专科学校、温州职业技术学院、浙江商业职业技术学院

续表

2022年分数段（高职高专批·文科）	院校分类	可报考院校
省位次122483名~128366名（专科线上231分~235分）	民办	四川大学锦江学院
省位次128367名~134202名（专科线上226分~230分）	公办	河南检察职业学院、济南幼儿师范高等专科学校、商丘师范学院（中外合作办学）、益阳医学高等专科学校、郑州铁路职业技术学院、北京劳动保障职业学院、广东科学技术职业学院、河南职业技术学院、湖南高速铁路职业技术学院、南京科技职业学院、河南医学高等专科学校、浙江机电职业技术学院、厦门城市职业学院、陕西国防工业职业技术学院、石家庄幼儿师范高等专科学校、闽江师范高等专科学校、南京交通职业技术学院
	民办	四川外国语大学成都学院、武汉学院、西安科技大学高新学院、武汉生物工程学院、上海工商外国语职业学院（较高收费）、石家庄医学高等专科学校（较高收费）
省位次134203名~140180名（专科线上221分~225分）	公办	安徽医学高等专科学校、成都纺织高等专科学校、海南热带海洋学院、武汉工程职业技术学院、重庆幼儿师范高等专科学校、北京交通运输职业学院、广东省外语艺术职业学院、广州民航职业技术学院、江苏卫生健康职业学院、荆楚理工学院、南阳医学高等专科学校、武汉交通职业学院、浙江工贸职业技术学院、郑州电力高等专科学校、重庆工程职业技术学院、山东外贸职业学院、北京信息职业技术学院、焦作大学、上海电子信息职业技术学院、河南工业职业技术学院
省位次140181名~146124名（专科线上216分~220分）	公办	安阳幼儿师范高等专科学校、江苏工程职业技术学院、西安航空职业技术学院、长春医学高等专科学校、浙江同济科技职业学院、广州铁路职业技术学院、江苏城市职业学院、四川司法警官职业学院、西安铁路职业技术学院、浙江建设职业技术学院、湖南铁道职业技术学院、南京城市职业学院、长春师范高等专科学校、广东工贸职业技术学院、桂林航天工业学院、上海科学技术职业学院、宜春幼儿师范高等专科学校
	民办	文华学院、三峡大学科技学院、商丘学院
省位次146125名~152254名（专科线上211分~215分）	公办	湖南铁路科技职业技术学院、南阳医学高等专科学校（其他单列）、浙江工业职业技术学院、浙江旅游职业学院、重庆电力高等专科学校、北京财贸职业学院、广州城市职业学院、南通职业大学、上饶幼儿师范高等专科学校、河南经贸职业学院（软件类）、九江职业大学、山东商业职业技术学院、上海工艺美术职业学院、郑州职业技术学院、东莞职业技术学院、陕西铁路工程职业技术学院、上海民航职业技术学院
省位次152255名~158380名（专科线上206分~210分）	公办	河南牧业经济学院、江苏海事职业技术学院、江西外语外贸职业学院、漯河医学高等专科学校、扬州市职业大学、承德护理职业学院、丽水职业技术学院、上海城建职业学院、四川建筑职业技术学院、武汉电力职业技术学院、新疆政法学院、河南司法警官职业学院、南京机电职业技术学院、重庆航天职业技术学院
	民办	西安医学高等专科学校、天津天狮学院

续表

2022 年分数段（高职高专批·文科）	院校分类	可报考院校
省位次 158381 名~164511 名（专科线上 201 分~205 分）	公办	江苏农林职业技术学院、开封大学(软件类)、石家庄铁路职业技术学院、广州卫生职业技术学院、上海出版印刷高等专科学校(较高收费)、襄阳职业技术学院、江苏护理职业学院、安徽职业技术学院、桂林旅游学院、海南外国语职业学院、河南农业职业学院、上海出版印刷高等专科学校
省位次 164512 名~170772 名（专科线上 196 分~200 分）	公办	郑州幼儿师范高等专科学校(较高收费)、江苏建筑职业技术学院、山西工程科技职业大学、无锡商业职业技术学院、咸阳职业技术学院、许昌职业技术学院、阳泉师范高等专科学校、长沙商贸旅游职业技术学院、河南交通职业技术学院、武汉警官职业学院、郑州电力高等专科学校(较高收费)、广东科学技术职业学院(较高收费)、河南工程学院(中外合作办学)
	民办	湖北师范大学文理学院
省位次 170773 名~176992 名（专科线上 191 分~195 分）	公办	湖北财税职业学院、无锡城市职业技术学院、徐州幼儿师范高等专科学校、山东传媒职业学院、商丘医学高等专科学校、重庆建筑工程职业学院、河北轨道运输职业技术学院、苏州农业职业技术学院、陕西交通职业技术学院、上海交通职业技术学院、天津铁道职业技术学院、信阳职业技术学院
	民办	武汉文理学院
省位次 176993 名~183359 名（专科线上 186 分~190 分）	公办	广州科技贸易职业学院、天津轻工职业技术学院、温州科技职业学院、杨凌职业技术学院、郑州信息科技职业学院、河北司法警官职业学院、兰州资源环境职业技术大学、抚顺师范高等专科学校、河南财政金融学院(中外合作办学)、江西中医药高等专科学校、新疆师范高等专科学校、重庆水利电力职业技术学院
	民办	成都理工大学工程技术学院、武汉东湖学院、郑州科技学院、武汉工商学院
省位次 183360 名~189738 名（专科线上 181 分~185 分）	公办	广西卫生职业技术学院、黄冈职业技术学院、江苏农牧科技职业学院、曲靖医学高等专科学校、义乌工商职业技术学院、上海旅游高等专科学校、西安职业技术学院、河南牧业经济学院(软件类)、宁波城市职业技术学院、黔东南民族职业技术学院、武汉船舶职业技术学院、常州机电职业技术学院、河南应用技术职业学院、湖北职业技术学院、湖州职业技术学院、天津公安警官职业学院、枣庄职业学院
	民办	吉林师范大学博达学院
省位次 189739 名~196341 名（专科线上 176 分~180 分）	公办	川南幼儿师范高等专科学校、洛阳职业技术学院、楚雄医药高等专科学校、南京旅游职业学院、商丘职业技术学院、四川工程职业技术学院、重庆三峡职业学院、广西电力职业技术学院、淮南联合大学、海南政法职业学院、天津滨海职业学院、郑州工程技术学院(软件类)、河北工业职业技术大学、柳州铁道职业技术学院、天津机电职业技术学院、天津商务职业学院、郑州财税金融职业学院
省位次 196342 名~202778 名（专科线上 171 分~175 分）	公办	鹤壁职业技术学院、焦作师范高等专科学校(其他单列)、天津艺术职业学院、海南经贸职业技术学院、山东畜牧兽医职业学院、四川文化产业职业学院、湖南城建职业技术学院、江苏商贸职业学院、陕西财经职业技术学院、长江职业学院、安庆医药高等专科学校、江西信息应用职业技术学院、运城幼儿师范高等专科学校、郑州铁路职业技术学院(软件类)

续表

2022 年分数段 （高职高专批·文科）	院校分类	可报考院校
省位次 189739 名~196341 名 （专科线上 176 分~180 分）	民办	北京培黎职业学院（较高收费）、武汉传媒学院
省位次 202779 名~208977 名 （专科线上 166 分~170 分）	公办	广东司法警官职业学院、广西金融职业技术学院、吉林铁道职业技术学院、朝阳师范高等专科学校、抚州幼儿师范高等专科学校、广东食品药品职业学院、河南林业职业学院、河南信息统计职业学院、湖北科技职业学院、濮阳医学高等专科学校、陕西青年职业学院、武汉铁路桥梁职业学院、广西幼儿师范高等专科学校、湖南司法警官职业学院、湖南信息职业技术学院、天津交通职业学院、浙江邮电职业技术学院、郑州铁路职业技术学院（中外合作办学）、长春师范高等专科学校（较高收费）、长沙职业技术学院
省位次 208978 名~215285 名 （专科线上 161 分~165 分）	公办	惠州卫生职业技术学院、九江职业技术学院、上海行健职业学院、苏州信息职业技术学院、漳州职业技术学院、安徽审计职业学院、河南水利与环境职业学院、河南建筑职业技术学院、武汉民政职业学院、河北软件职业技术学院、菏泽医学专科学校、湖南交通职业技术学院、湖南商务职业技术学院、江西司法警官职业学院、盐城幼儿师范高等专科学校、郑州卫生健康职业学院
	民办	汉口学院、辽宁理工职业大学、黑龙江三江美术职业学院
省位次 215286 名~221594 名 （专科线上 156 分~160 分）	公办	皖西卫生职业学院、济南护理职业学院、长江工程职业技术学院、周口职业技术学院、河南艺术职业学院、苏州工业园区服务外包职业学院、湖北铁道运输职业学院、湖南水利水电职业技术学院、嘉兴职业技术学院、江西电力职业技术学院、日照职业技术学院、湖北水利水电职业技术学院、江苏信息职业技术学院、石家庄职业技术学院
	民办	西安外事学院、沈阳城市建设学院、宁波财经学院、潍坊理工学院
省位次 221595 名~227655 名 （专科线上 151 分~155 分）	公办	吉林司法警官职业学院、浙江纺织服装职业技术学院、驻马店幼儿师范高等专科学校、包头铁道职业技术学院、江苏航运职业技术学院、宝鸡职业技术学院、常州工程职业技术学院、广东理工职业学院、哈尔滨铁道职业技术学院、河南医学高等专科学校（较高收费）、新乡职业技术学院、淄博职业学院、山西职业技术学院
	民办	长江大学文理学院、吉林建筑科技学院
省位次 227656 名~233659 名 （专科线上 146 分~150 分）	公办	福建卫生职业技术学院、天津城市职业学院、漳州卫生职业学院、驻马店职业技术学院、北京经济管理职业学院、福建电力职业技术学院、郑州旅游职业学院、河南工业贸易职业学院、三门峡职业技术学院、徐州工业职业技术学院、云南国土资源职业学院、郑州工业安全职业学院、安阳幼儿师范高等专科学校（其他单列）、甘肃警察职业学院、河北化工医药职业技术学院、河南护理职业学院、湖南工业职业技术学院、江苏食品药品职业技术学院、天津渤海职业技术学院、浙江农业商贸职业学院、镇江市高等专科学校
	民办	西安翻译学院
省位次 233660 名~239549 名 （专科线上 141 分~145 分）	公办	湖北交通职业技术学院、湖北国土资源职业学院、黄淮学院（中外合作办学）、江西财经职业学院、南阳医学高等专科学校（中外合作办学）、山东水利职业学院、河南推拿职业学院、湖南工程职业技术学院、绵阳职业技术学院、濮阳职业技术学院、巴音郭楞职业技术学院、江苏财经职业技术学院、开封文化艺术职业学院、上海农林职业技术学院

续表

2022 年分数段（高职高专批·文科）	院校分类	可报考院校
省位次 233660 名~239549 名（专科线上 141 分~145 分）	民办	西南财经大学天府学院
省位次 239550 名~245366 名（专科线上 136 分~140 分）	公办	安阳职业技术学院、福建信息职业技术学院、湖南汽车工程职业学院、清远职业技术学院、山西省财政税务专科学校、广西建设职业技术学院、江西交通职业技术学院、山东科技职业学院、云南林业职业技术学院、河南职业技术学院（较高收费）、湖北三峡职业技术学院、江苏电子信息职业学院、江西传媒职业学院、锦州师范高等专科学校、枣庄职业学院（较高收费）、河南工业职业技术学院（较高收费）、江苏航空职业技术学院、张家界航空工业职业技术学院
	民办	北京科技职业学院、长春早期教育职业学院
省位次 245367 名~250730 名（专科线上 131 分~135 分）	公办	河北能源职业技术学院、黄河水利职业技术学院（中外合作办学）、平顶山职业技术学院、渭南职业技术学院、河南女子职业学院、河北正定师范高等专科学校、平顶山工业职业技术学院、山东药品食品职业学院、许昌学院（中外合作办学）、泰山护理职业学院、漯河职业技术学院、上海行健职业学院（较高收费）、铜仁幼儿师范高等专科学校
	民办	山西信息职业技术学院、成都文理学院、石家庄医学高等专科学校、郑州澍青医学高等专科学校、杭州万向职业技术学院
省位次 250731 名~255946 名（专科线上 126 分~130 分）	公办	广东茂名幼儿师范专科学校、海南体育职业技术学院、黑龙江司法警官职业学院、湖北生物科技职业学院、湖南科技职业学院、吉安职业技术学院、济源职业技术学院、江苏财会职业学院、三峡电力职业学院、重庆旅游职业学院、海南经贸职业技术学院（较高收费）、黑龙江护理高等专科学校、江西水利职业学院、陕西能源职业技术学院、亳州职业技术学院、广东农工商职业技术学院（较高收费）、厦门海洋职业技术学院、商丘医学高等专科学校（中外合作办学）、浙江纺织服装职业技术学院（较高收费）、泰州职业技术学院、仙桃职业学院、云南财经职业学院
	民办	电子科技大学成都学院、上海杉达学院、武昌工学院、河南科技职业大学、齐鲁医药学院
省位次 255947 名~260906 名（专科线上 121 分~125 分）	公办	廊坊卫生职业学院、遵义职业技术学院、许昌职业技术学院（软件类）、河南轻工职业学院、青岛港湾职业技术学院、山东城市建设职业学院、陕西职业技术学院、上海旅游高等专科学校（较高收费）、泉州幼儿师范高等专科学校、浙江国际海运职业技术学院、广东交通职业技术学院、河北交通职业技术学院、青岛远洋船员职业学院、上海南湖职业技术学院、咸宁职业技术学院、珠海城市职业技术学院
	民办	江南影视艺术职业学院、广东碧桂园职业学院、石家庄人民医学高等专科学校、江西软件职业技术大学、山东协和学院（较高收费）
省位次 260907 名~265721 名（专科线上 116 分~120 分）	公办	河南机电职业学院、安徽国防科技职业学院、广东南华工商职业学院、荆州职业技术学院、山东经贸职业学院、苏州健雄职业技术学院、浙江安防职业技术学院、广东机电职业技术学院、河南测绘职业学院、湖北工程职业学院、湖北交通职业技术学院（较高收费）、南阳农业职业学院、长沙环境保护职业

续表

2022 年分数段 (高职高专批·文科)	院校分类	可报考院校
省位次 260907 名~265721 名 (专科线上 116 分~120 分)	公办	技术学院、大庆医学高等专科学校、德宏职业学院、黑龙江交通职业技术学院、湖北工业职业技术学院、江门职业技术学院
	民办	黄河科技学院、南昌理工学院、郑州商学院(较高收费)
省位次 265722 名~270308 名 (专科线上 111 分~115 分)	公办	汉中职业技术学院、辽宁医药职业学院、威海职业学院、铜仁职业技术学院、皖北卫生职业学院、台州科技职业学院、大连职业技术学院、福州职业技术学院、哈尔滨幼儿师范高等专科学校、河南物流职业学院、湖南邮电职业技术学院、惠州工程职业学院、连云港职业技术学院、山东商务职业学院、徐州生物工程职业技术学院、湖北轻工职业技术学院、湖北生态工程职业技术学院
	民办	福州墨尔本理工职业学院、南昌交通学院、安阳学院、黄河交通学院、武汉纺织大学外经贸学院、重庆科创职业学院
省位次 270309 名~274752 名 (专科线上 106 分~110 分)	公办	鄂州职业大学、威海海洋职业学院、武汉航海职业技术学院、山东理工职业学院、太原城市职业技术学院、中山职业技术学院、南通科技职业学院、陕西机电职业技术学院、安康职业技术学院、河南工业和信息化职业学院、河南机电职业学院(异地校区)、江西生物科技职业学院、信阳艺术职业学院
	民办	北京经济技术职业学院、四川文化艺术学院、温州商学院、成都银杏酒店管理学院、武汉工程科技学院、云南医药健康职业学院
省位次 274753 名~279014 名 (专科线上 101 分~105 分)	公办	河南质量工程职业学院、青岛职业技术学院、天津工业职业学院、天津生物工程职业技术学院、北京工业职业技术学院、南阳科技职业学院、齐齐哈尔高等师范专科学校、盐城工业职业技术学院、江苏城乡建设职业学院、陕西邮电职业技术学院、铁岭师范高等专科学校、广东职业技术学院、沙洲职业工学院
	民办	武昌理工学院、郑州工业应用技术学院、郑州澍青医学高等专科学校(较高收费)、青岛黄海学院
省位次 279015 名~282971 名 (专科线上 96 分~100 分)	公办	安徽交通职业技术学院、永城职业学院、河南地矿职业学院、开封大学(中外合作办学)、山东信息职业技术学院、安徽城市管理职业学院、福建船政交通职业学院、昆明冶金高等专科学校、江汉艺术职业学院、四川航天职业技术学院、新疆铁道职业技术学院、许昌电气职业学院
	民办	广西科技职业学院、蚌埠经济技术职业学院、武汉商贸职业学院、西安思源学院
省位次 282972 名~286747 名 (专科线上 91 分~95 分)	公办	河南对外经济贸易职业学院、荆州理工职业学院、武汉船舶职业技术学院(较高收费)、河南护理职业学院(较高收费)、天津国土资源和房屋职业学院、安徽新闻出版职业技术学院、滨州职业学院、河南牧业经济学院(中外合作办学)、山东工业职业学院、常州工业职业技术学院、三明医学科技职业学院、长春金融高等专科学校、临汾职业技术学院
	民办	郑州经贸学院、厦门兴才职业技术学院、厦门东海职业技术学院

续表

2022 年分数段 （高职高专批・文科）	院校分类	可报考院校
省位次 286748 名~290325 名 （专科线上 86 分~90 分）	公办	河南经贸职业学院（中外合作办学）、湖北城市建设职业技术学院、江苏旅游职业学院、安阳师范学院（软件类）、江苏安全技术职业学院、江西应用技术职业学院、聊城职业技术学院、湛江幼儿师范专科学校、淮北职业技术学院、江西婺源茶业职业学院、随州职业技术学院、邯郸职业技术学院
	民办	上海建桥学院、漯河食品职业学院、四川科技职业学院、武昌首义学院
省位次 290326 名~293664 名 （专科线上 81 分~85 分）	公办	常州纺织服装职业技术学院、广西工业职业技术学院、怀化职业技术学院、商丘职业技术学院（软件类）、襄阳汽车职业技术学院、安徽粮食工程职业学院、新疆轻工职业技术学院、海南卫生健康职业学院、辽宁工程职业学院、三门峡职业技术学院（中外合作办学）、山东交通职业学院、宣化科技职业学院、汝州职业技术学院、天津海运职业学院、河南经贸职业学院（其他单列）、兰州石化职业技术大学
	民办	山东力明科技职业学院（较高收费）、九州职业技术学院、西安明德理工学院、东营科技职业学院、正德职业技术学院、沈阳北软信息职业技术学院
省位次 293665 名~296917 名 （专科线上 76 分~80 分）	公办	黎明职业大学、辽宁农业职业技术学院、陕西工商职业学院、天津城市建设管理职业技术学院、青岛酒店管理职业技术学院、三门峡职业技术学院（软件类）、陕西航空职业技术学院、天津石油职业技术学院、黑龙江建筑职业技术学院、吉林交通职业技术学院、江阴职业技术学院、三门峡社会管理职业学院、广东江门中医药职业学院、河北科技工程职业技术大学、郑州工程技术学院（中外合作办学）
	民办	明达职业技术学院
省位次 296918 名~299962 名 （专科线上 71 分~75 分）	公办	哈尔滨科学技术职业学院、荆门职业学院、辽宁民族师范高等专科学校、新疆职业大学、甘肃建筑职业技术学院、洛阳文化旅游职业学院、漳州城市职业学院
	民办	山东工程职业技术大学、重庆经贸职业学院、广州涉外经济职业技术学院、烟台理工学院、湖北文理学院理工学院、广州松田职业学院、石家庄理工职业学院
省位次 299963 名~302727 名 （专科线上 66 分~70 分）	公办	江西工程职业学院、兰考三农职业学院、乌鲁木齐职业大学、新疆石河子职业技术学院、河北劳动关系职业学院、黑龙江旅游职业技术学院、福建水利电力职业技术学院、周口文理职业学院、广西现代职业技术学院、湖南安全技术职业学院、商洛职业技术学院、濮阳石油化工职业技术学院
	民办	洛阳科技职业学院、民办合肥经济技术职业学院、西安高新科技职业学院、合肥共达职业技术学院、石家庄工程职业学院、四川国际标榜职业学院
省位次 302728 名~305420 名 （专科线上 61 分~65 分）	公办	河北对外经贸职业学院、河南水利与环境职业学院（较高收费）、辽宁金融职业学院、陕西艺术职业学院、重庆安全技术职业学院、黑龙江幼儿师范高等专科学校、内蒙古机电职业技术学院、佳木斯职业学院、江西农业工程职业学院、郑州信息科技职业学院（较高收费）

续表

2022 年分数段（高职高专批·文科）	院校分类	可报考院校
省位次 302728 名~305420 名（专科线上 61 分~65 分）	民办	广东酒店管理职业技术学院、西安海棠职业学院、大连枫叶职业技术学院、大连软件职业学院、辽宁何氏医学院、苏州托普信息职业技术学院、武汉信息传播职业技术学院
省位次 305421 名~307941 名（专科线上 56 分~60 分）	公办	保险职业学院、海南职业技术学院、衡水职业技术学院、六安职业技术学院、恩施职业技术学院、苏州工业园区职业技术学院、海南软件职业技术学院、淮南职业技术学院、广东环境保护工程职业学院、广东女子职业技术学院、江西机电职业技术学院、七台河职业学院、商丘职业技术学院（较高收费）、潍坊职业学院、新疆交通职业技术学院
	民办	郑州轨道工程职业学院、郑州电子信息职业技术学院
省位次 307942 名~310258 名（专科线上 51 分~55 分）	公办	哈尔滨职业技术学院、黑龙江职业学院、江西工业工程职业技术学院、大兴安岭职业学院、哈密职业技术学院、黑龙江商业职业学院、山西金融职业学院、新疆建设职业技术学院、新疆农业职业技术学院、郑州卫生健康职业学院（较高收费）
	民办	焦作工贸职业学院、青岛求实职业技术学院、广元中核职业技术学院、嘉兴南洋职业技术学院、郑州医药健康职业学院、珠海艺术职业学院、哈尔滨应用职业技术学院、湖南三一工业职业技术学院、辽宁理工学院
省位次 310259 名~312390 名（专科线上 46 分~50 分）	公办	渤海船舶职业学院、宣城职业技术学院、北京社会管理职业学院、广东工程职业技术学院、广东建设职业技术学院、江西冶金职业技术学院、茂名职业技术学院
	民办	北京艺术传媒职业学院、三亚城市职业学院、商丘学院（应用科技学院，办学地点在开封）、浙江广厦建设职业技术大学、北京培黎职业学院、广东创新科技职业学院、江西科技职业学院、青岛农业大学海都学院
省位次 312391 名~314420 名（专科线上 41 分~45 分）	公办	晋城职业技术学院、中山火炬职业技术学院、铜川职业技术学院
	民办	广州南洋理工职业学院、湖南外国语职业学院、曲阜远东职业技术学院、重庆艺术工程职业学院、大连装备制造职业技术学院、哈尔滨北方航空职业技术学院、上海电影艺术职业学院、重庆建筑科技职业学院、南昌大学共青学院、烟台南山学院、新疆科信职业技术学院、郑州城建职业学院、郑州黄河护理职业学院、广州华夏职业学院、长春健康职业学院
省位次 314421 名~316258 名（专科线上 36 分~40 分）	公办	满洲里俄语职业学院、铁门关职业技术学院、湖南劳动人事职业学院、吉林电子信息职业技术学院、莱芜职业技术学院、山东化工职业学院、辽宁装备制造职业技术学院、营口职业技术学院、郑州财税金融职业学院（较高收费）
	民办	大连汽车职业技术学院、广东工商职业技术大学、桂林生命与健康职业技术学院、辽宁传媒学院、石家庄工商职业学院、四川电影电视学院、郑州电力职业技术学院
省位次 316259 名~317995 名（专科线上 31 分~35 分）	公办	芜湖职业技术学院、济南职业学院、三峡旅游职业技术学院、喀什职业技术学院、阿克苏职业技术学院、黔南民族职业技术学院、郑州职业技术学院（较高收费）

续表

2022 年分数段 (高职高专批·文科)	院校分类	可报考院校
省位次 316259 名~317995 名 (专科线上 31 分~35 分)	民办	四川城市职业学院、郑州城市职业学院、山东外事职业大学、苏州百年职业学院、重庆信息技术职业学院、南昌工学院、许昌陶瓷职业学院、扬州中瑞酒店职业学院、银川科技学院、郑州信息工程职业学院、潍坊工商职业学院、武汉晴川学院
省位次 317996 名~319617 名 (专科线上 26 分~30 分)	公办	广西机电职业技术学院、广西体育高等专科学校、抚顺职业技术学院、安徽电子信息职业技术学院、鹤壁职业技术学院(较高收费)、广东文艺职业学院、伊春职业学院、辽宁机电职业技术学院、新乡职业技术学院(较高收费)
	民办	烟台科技学院、云南经济管理学院、北京经贸职业学院、金肯职业技术学院、大连科技学院、鹤壁能源化工职业学院、私立华联学院、湖北孝感美珈职业学院
省位次 319618 名~321053 名 (专科线上 21 分~25 分)	公办	黑龙江农业工程职业学院、新疆工业职业技术学院、阳江职业技术学院、平顶山工业职业技术学院(较高收费)、福建农业职业技术学院、辽宁地质工程职业学院、泉州经贸职业技术学院、山东服装职业学院、合肥通用职业技术学院、黑龙江民族职业学院
	民办	上海立达学院、武昌职业学院(较高收费)、海南健康管理职业技术学院、陕西服装工程学院、燕京理工学院、广州城建职业学院、广东新安职业技术学院、华北理工大学轻工学院、沈阳工学院、西安欧亚学院、新疆现代职业技术学院、榆林能源科技职业学院、广州华商职业学院、武汉外语外事职业学院
省位次 321054 名~322397 名 (专科线上 16 分~20 分)	公办	和田职业技术学院、山西水利职业技术学院、安徽中澳科技职业学院、西藏职业技术学院
	民办	山东海事职业学院、昆山登云科技职业学院、四川长江职业学院、西安工商学院、烟台黄金职业学院、厦门南洋职业学院、资阳环境科技职业学院、陕西国际商贸学院、阜阳科技职业学院
省位次 322398 名~323633 名 (专科线上 11 分~15 分)	公办	大庆职业学院、甘肃工业职业技术学院、黑龙江能源职业学院、安徽冶金科技职业学院、湖南化工职业技术学院、辽宁轻工职业学院、山东劳动职业技术学院、沈阳职业技术学院、广东农工商职业技术学院
	民办	广州现代信息工程职业技术学院、湖北开放职业学院、厦门华天涉外职业技术学院、厦门软件职业技术学院、山东外国语职业技术大学、上海邦德职业技术学院、上海民远职业技术学院、石家庄科技信息职业学院、保定理工学院、广州东华职业学院、福州软件职业技术学院、山东圣翰财贸职业学院、泉州轻工职业学院、重庆机电职业技术大学
省位次 323634 名~324775 名 (专科线上 6 分~10 分)	公办	福建生物工程职业技术学院、辽宁建筑职业学院、江西艺术职业学院、河南测绘职业学院(较高收费)、闽西职业技术学院、石河子工程职业技术学院、长治职业技术学院
	民办	北京汇佳职业学院、惠州经济职业技术学院、三亚理工职业学院、上海济光职业技术学院、西安城市建设职业学院、辽宁广告职业学院、四川华新现代职业学院、潍坊科技学院、武汉科技职业学院、长春科技学院、广东文理职业

续表

2022 年分数段（高职高专批·文科）	院校分类	可报考院校
省位次 323634 名~324775 名（专科线上 6 分~10 分）	民办	学院、湖北商贸学院、江西枫林涉外经贸职业学院、江西新能源科技职业学院、西安信息职业大学、郑州理工职业学院、重庆海联职业技术学院、北京科技经营管理学院、硅湖职业技术学院、湖北工程学院新技术学院、黄山健康职业学院、四川西南航空职业学院、广州华立科技职业学院、哈尔滨传媒职业学院、海口经济学院、江海职业技术学院、三亚中瑞酒店管理职业学院、山东协和学院、宿迁泽达职业技术学院、中原科技学院
省位次 324776 名~326041 名（专科线上 5 分以内）	公办	河南应用技术职业学院（较高收费）、临沂职业学院、新疆应用职业技术学院、黑龙江农垦职业学院、宿迁职业技术学院、河北旅游职业学院、廊坊燕京职业技术学院、辽源职业技术学院、洛阳职业技术学院（较高收费）、新疆生产建设兵团兴新职业技术学院、阜新高等专科学校、和田师范专科学校、河南工业贸易职业学院（较高收费）、河南艺术职业学院（较高收费）、鹤岗师范高等专科学校、塔里木职业技术学院、张家口职业技术学院、阿勒泰职业技术学院、包头钢铁职业技术学院、博尔塔拉职业技术学院、河北建材职业技术学院、河南交通职业技术学院（其他单列）、吉林工业职业技术学院、辽宁城市建设职业技术学院、辽宁经济职业技术学院、潞安职业技术学院、牡丹江大学、内蒙古电子信息职业技术学院、宁德职业技术学院、盘锦职业技术学院、萍乡卫生职业学院、泉州工艺美术职业学院、山西工程职业学院、汕头职业技术学院、塔城职业技术学院、烟台汽车工程职业学院、盐城工业职业技术学院（较高收费）
	民办	海南工商职业学院、齐鲁理工学院、上海东海职业技术学院、武昌职业学院、长春信息技术职业学院、共青科技职业学院、湖北健康职业学院、江西航空职业技术学院、日照航海工程职业学院、大连财经学院、海南科技职业大学、江西泰豪动漫职业学院、荆州学院、山东力明科技职业学院、山东英才学院、上海工商外国语职业学院、上海中侨职业技术大学、泰山科技学院、西安汽车职业大学、郑州电子商务职业学院、广西经济职业学院、湖北恩施学院、金山职业技术学院、南昌职业大学、青岛恒星科技学院、苏州高博软件技术职业学院、郑州升达经贸管理学院、郑州升达经贸管理学院（较高收费）、北京网络职业学院、广东岭南职业技术学院、广州科技职业技术大学、黄冈科技职业学院、眉山药科职业学院、三亚航空旅游职业学院、陕西电子信息职业技术学院、上海工商职业技术学院、上海思博职业技术学院、上海震旦职业学院、四川工业科技学院、嵩山少林武术职业学院、天府新区航空旅游职业学院、长江艺术工程职业学院、郑州信息工程职业学院（较高收费）、钟山职业技术学院、安徽绿海商务职业学院、渤海理工职业学院、曹妃甸职业技术学院、大连东软信息学院、大连航运职业技术学院、广东亚视演艺职业学院、广西理工职业技术学院、广州华南商贸职业学院、桂林山水职业学院、哈尔滨城市职业学院、鹤壁汽车工程职业学院、黄河科技学院（中外合作办学）、江西应用科技学院、丽江文化旅游学院、林州建筑职业技术学院、绵阳飞行职业学院、南昌影视传播职业学院、南阳职业学院、青岛航空科技职业学院、泉州纺织服装职业学院、泉州海洋职业学院、厦门安防科技职业学院、山东艺术设计职业学院、石家庄财经职业学院、四川西南航空职业学院（较高收费）、太湖创意职业技术学院、天津滨海汽车工程职业学院、潍坊环境工程职业学院、无锡南洋职业技术学院、武汉光谷职业学院、新疆天山职业技术大学、新乡医学院三全学院、信阳航空职业学院、信阳涉外职业技术学院、炎黄职业技术学院、漳州科技职业学院、漳州理工职业学院、长春大学旅游学院、长垣烹饪职业技术学院、郑州商贸旅游职业学院、郑州体育职业学院

续表

2022年分数段 (高职高专批·文科)	院校分类	可报考院校
专科线下降分录取	公办	福建林业职业技术学院、南阳农业职业学院(较高收费)、伊犁职业技术学院、黑龙江农业经济职业学院、辽宁职业学院、黑龙江林业职业技术学院、黑龙江生态工程职业学院

第四节　本科一批（理科）各分数段对应可报考院校统计

详细内容见表 4-4。

表 4-4　本科一批（理科）各分数段对应可报考院校统计

2023 年分数段 （本科一批·理科）	院校分类	可报考院校 （括号内依次为 2023、2022、2021 年投档线对应的最低省位次）
省位次前 109 名 （一本线上 182 分及以上）	原 985	清华大学（94/82/83）、北京大学（109/95/111）
省位次 128 名～219 名 （一本线上 176 分～180 分）	原 985	上海交通大学（198/198/203）
省位次 220 名～358 名 （一本线上 171 分～175 分）	原 985	复旦大学医学院（239/331/472）、上海交通大学医学院（270/331/286）
省位次 359 名～546 名 （一本线上 166 分～170 分）	原 985	北京大学医学部（431/276/255）、上海交通大学（其他单列）（431/734/1500）、北京大学医学部（其他单列）（518/369/315）、复旦大学（518/488/227）
省位次 547 名～784 名 （一本线上 161 分～165 分）	原 985	浙江大学（585/574/383）、北京大学医学部（医护类）（621/681/774）、中国科学技术大学（738/895/716）
省位次 785 名～1089 名 （一本线上 156 分～160 分）	原 985	上海交通大学医学院（医护类）（914/895/982）、南京大学（914/1071/836）
	双一流	中国科学院大学（1089/955/836）
省位次 1090 名～1482 名 （一本线上 151 分～155 分）	原 985	上海交通大学（特殊类）（1165/1232/3815）、中国人民大学（1165/2458/1290）、北京航空航天大学（1319/1232/1046）、哈尔滨工业大学（深圳）（1407/1570/1730）
省位次 1483 名～1934 名 （一本线上 146 分～150 分）	原 985	北京理工大学（1571/1663/2055）
省位次 1935 名～2514 名 （一本线上 141 分～145 分）	原 985	上海交通大学（农林矿）（2043/2458/4866）、哈尔滨工业大学（2043/3333/3232）、西安交通大学（2272/3333/2928）
省位次 2515 名～3275 名 （一本线上 136 分～140 分）	原 985	同济大学（医护类）（2672/2458/2750）、复旦大学医学院（其他单列）（2672/3333/18927）、东南大学（2804/4040/4219）、浙江大学医学院（3275/1147/1606）
省位次 3276 名～4102 名 （一本线上 131 分～135 分）	原 985	北京理工大学（其他单列）（3414/4040/7501）、南开大学（3414/23098/1945）、国防科技大学（3921/3843/4428）、电子科技大学（3921/4848/4219）、中山大学（4102/4848/5586）
省位次 4103 名～5126 名 （一本线上 126 分～130 分）	原 985	西北工业大学（4301/5267/5586）、电子科技大学（沙河校区）（4712/5058/5337）、武汉大学（4934/3333/3618）、同济大学（4934/43252/1730）
省位次 5127 名～6311 名 （一本线上 121 分～125 分）	原 985	同济大学（较高收费）（5359/3843/2582）、哈尔滨工业大学（威海）（5359/7180/6621）、厦门大学（5568/5058/4632）、北京师范大学（5568/5504/8107）、华南理工大学（5568/6875/5865）、西安交通大学（医护类）（5568/6875/8421）、南开大学（其他单列）（5568/9522/4219）、南京大学（较高收费）

续表

2023 年分数段 （本科一批·理科）	院校分类	可报考院校 （括号内依次为 2023、2022、2021 年投档线对应的最低省位次）
省位次 5127 名~6311 名 （一本线上 121 分~125 分）	原 985	（5568/—/—）、东南大学（医护类）（6059/10741/13845）、北京航空航天大学（较高收费）（6059/—/—）、中国人民大学（苏州校区）（6311/6028/25226）
	原 211	北京邮电大学（5568/6028/5337）
省位次 6312 名~7810 名 （一本线上 116 分~120 分）	原 985	天津大学（医护类）（6603/8467/11699）、华中科技大学（6878/3161/2928）、天津大学（6878/6598/4022）、浙江大学医学院（较高收费）（6878/14755/10919）、西安交通大学（其他单列）（6878/—/—）、厦门大学（医护类）（7185/9163/11294）
	原 211	西安电子科技大学（7185/8122/8421）、哈尔滨工程大学（特殊类）（7810/—/—）
省位次 7811 名~9462 名 （一本线上 111 分~115 分）	原 985	大连理工大学（8100/10741/9067）、吉林大学（软件类）（8437/8467/9454）、哈尔滨工业大学（威海）（其他单列）（8437/—/—）、四川大学（8771/7814/6374）、北京师范大学（珠海校区）（9098/9163/10535）、东南大学（其他单列）（9098/—/—）、哈尔滨工业大学（较高收费）（9462/13797/—）、华东师范大学（9462/29255/4428）
	原 211	南京航空航天大学（8771/9522/11294）、郑州大学（其他单列）（8771/9522/11294）
	保研资格	中国社会科学院大学（9462/11637/6621）
省位次 9463 名~11310 名 （一本线上 106 分~110 分）	原 985	武汉大学（其他单列）（9823/9163/12534）、重庆大学（10186/9863/7791）、华中科技大学（医护类）（10580/11637/108202）、中南大学（10964/11202/9454）、电子科技大学（沙河校区）（较高收费）（10964/12461/10181）、重庆大学（较高收费）（10964/12461/12534）、中国农业大学（11310/13355/11294）
	原 211	南京理工大学（9823/10741/12135）、北京交通大学（10580/10741/12135）、北京科技大学（10964/13355/12135）、苏州大学（11310/13355/13845）
省位次 11311 名~13508 名 （一本线上 101 分~105 分）	原 985	湖南大学（11731/8816/9067）、山东大学威海分校（11731/12067/11294）、厦门大学（其他单列）（12162/—/—）、四川大学（较高收费）（13053/14255/13845）
	原 211	上海财经大学（12626/9522/6374）、哈尔滨工程大学（12626/15751/16706）、华北电力大学（北京）（13508/13797/13376）
省位次 13509 名~15925 名 （一本线上 96 分~100 分）	原 985	东北大学（13937/20499/10919）、大连理工大学（其他单列）（14902/15216/14767）、西北工业大学（较高收费）（14902/18630/18927）、山东大学（15415/7490/7501）、电子科技大学（沙河校区）（异地校区）（15415/19260/—）、中国海洋大学（15925/16878/12534）
	原 211	北京邮电大学（宏福校区）（13937/15216/16166）、中国政法大学（14404/10741/9815）、华东理工大学（15415/38099/12952）、北京工业大学（15925/17463/12952）
	双一流	南京邮电大学（15925/26826/24547）
	保研资格	首都医科大学（14902/5771/16706）、深圳大学（15925/17463/16706）

续表

2023年分数段（本科一批·理科）	院校分类	可报考院校（括号内依次为2023、2022、2021年投档线对应的最低省位次）
省位次15926名~18689名（一本线上91分~95分）	原985	吉林大学（16466/86614/11699）、东北大学秦皇岛分校（17028/19875/17248）、山东大学威海分校（较高收费）（17028/21800/18358）、哈尔滨工业大学（异地校区）（17028/23793/—）、兰州大学（18105/14255/12135）、大连理工大学（较高收费）（18105/19875/14309）
	原211	对外经济贸易大学（16466/7814/6374）、武汉理工大学（16466/14755/15229）、上海大学（16466/21800/13845）、河海大学（17028/17463/17797）、华北电力大学（保定）（17028/20499/20081）、江南大学（17028/21800/22560）、中央财经大学（较高收费）（17545/14755/15697）、西南交通大学（17545/18630/16706）、北京化工大学（17545/19260/18358）、暨南大学（18105/15216/15697）、空军军医大学（18105/23793/25941）、西北大学（18689/18060/16706）
	双一流	北京协和医学院（18689/17463/—）
	保研资格	西南政法大学（18105/18630/18358）、大连医科大学（18105/27613/80734）
省位次18690名~21690名（一本线上86分~90分）	原985	大连理工大学（盘锦校区）（19849/20499/17797）、东北大学秦皇岛分校（较高收费）（19849/23098/24547）
	原211	安徽大学（19248/24528/25226）、西安电子科技大学（较高收费）（19849/19260/16706）、河北工业大学（19849/21142/19481）、中央财经大学（21021/8816/9454）、合肥工业大学（21021/22462/21866）、中国石油大学（北京）（21021/25296/20081）、暨南大学（其他单列）（21021/26058/24547）、长安大学（21690/23098/23896）、大连海事大学（21690/23098/25941）、中国药科大学（21690/23793/23232）
	保研资格	西南政法大学（较高收费）（19849/19260/19481）、重庆医科大学（较高收费）（19849/23098/31893）、杭州电子科技大学（21021/25296/24547）
省位次21691名~25156名（一本线上81分~85分）	原985	中央民族大学（22358/18630/12952）、兰州大学（较高收费）（22358/21800/21866）、吉林大学（较高收费）（22358/25296/18358）、东北大学（农林矿）（22358/29255/113880）、西安交通大学（较高收费）（23029/18630/—）
	原211	华东理工大学（较高收费）（22358/19875/17248）、北京邮电大学（宏福校区）（异地校区）（22358/25296/—）、北京外国语大学（23029/19260/10535）、西南大学（23029/22462/17797）、中国地质大学（北京）（23710/26058/25941）、贵州大学（其他单列）（23710/27613/—）、南京师范大学（23710/28410/16166）、南昌大学（23710/28410/23896）、中国石油大学（华东）（23710/30098/28109）、东华大学（23710/32661/16166）、北京交通大学（较高收费）（24444/23793/38526）、中国地质大学（武汉）（24444/25296/21866）、中国矿业大学（24444/27613/25226）、太原理工大学（24444/28410/25226）、天津医科大学（24444/55587/13845）、中国地质大学（武汉）（较高收费）（25156/25296/26645）、福州大学（25156/26826/26645）、哈尔滨工程大学（其他单列）（25156/31813/38526）
	双一流	中央美术学院（22358/—/—）
	保研资格	重庆邮电大学（23710/27613/25941）、河北医科大学（25156/18630/17248）、杭州电子科技大学（较高收费）（25156/25296/26645）、遵义医科大学（异地校区）（25156/26826/28854）、重庆邮电大学（软件类）（25156/28410/—）
	公办	陆军军医大学（24444/15751/23232）、上海戏剧学院（25156/22462/48861）

续表

2023年分数段 （本科一批·理科）	院校分类	可报考院校 （括号内依次为2023、2022、2021年投档线对应的最低省位次）
省位次25157名~28881名 （一本线上76分~80分）	原985	中央民族大学（较高收费）（25874/—/—）、吉林大学（农林矿）（26587/25296/23232）、华中科技大学（特殊类）（26587/28410/32664）、西安交通大学（特殊类）（27318/38099/—）、四川大学（医护类）（28052/26826/28109）、东北大学（较高收费）（28052/28410/37676）、吉林大学（医护类）（28052/30905/31893）、吉林大学（特殊类）（28052/—/—）、中国海洋大学（较高收费）（28881/26058/28854）、中国农业大学（较高收费）（28881/26826/27341）
	原211	上海大学（较高收费）（25874/24528/21866）、华中师范大学（26587/18630/14309）、上海外国语大学（26587/63022/10919）、南昌大学（较高收费）（28052/28410/31893）、武汉理工大学（较高收费）（28052/30098/35958）、北京交通大学（威海校区）（28052/32661/31136）、华南师范大学（28052/36261/17797）、湖南师范大学（28052/37209/24547）、中国传媒大学（28881/15751/14767）、西南财经大学（28881/19260/13376）、海南大学（其他单列）（28881/31813/34265）、北京工业大学（较高收费）（28881/36261/23232）
	双一流	南京信息工程大学（26587/28410/29573）、天津工业大学（27318/26058/28854）、首都师范大学（28052/26826/25941）
	保研资格	中国医科大学（25874/44297/19481）、浙江工业大学（较高收费）（28881/31813/39420）
	公办	上海电力大学（较高收费）（25874/27613/28854）、西安邮电大学（27318/30905/30319）
省位次28882名~33012名 （一本线上71分~75分）	原985	大连理工大学（盘锦校区）（较高收费）（29681/30905/27341）、西北农林科技大学（29681/33525/25226）、山东大学（医护类）（30481/30098/30319）
	原211	郑州大学（29681/29255/23896）、陕西师范大学（29681/32661/24547）、合肥工业大学（宣城校区）（29681/55587/27341）、河海大学（其他单列）（30481/31813/34265）、福州大学（较高收费）（30481/33525/33462）、北京林业大学（31315/27613/28109）、福州大学（异地校区）（31315/39068/36819）、辽宁大学（31315/53255/26645）、中国矿业大学（北京）（31315/119754/24547）、西北大学（较高收费）（32135/33525/34265）、华中农业大学（33012/31813/28109）
	双一流	南京医科大学（29681/98888/10181）、成都理工大学（异地校区）（30481/40090/41207）、广州医科大学（31315/69619/38526）、宁波大学（32135/31813/29573）、河南大学（其他单列）（32135/—/—）、湘潭大学（33012/30905/37676）
	保研资格	三峡大学（较高收费）（29681/31813/42114）、安徽医科大学（29681/38099/97392）、浙江工业大学（30481/26826/29573）、华东政法大学（30481/31813/25226）、重庆邮电大学（较高收费）（30481/34386/35077）
	公办	上海电力大学（32135/31813/34265）
省位次33013名~37479名 （一本线上66分~70分）	原985	厦门大学（异地校区）（34767/37209/46947）、电子科技大学（沙河校区）（医护类）（34767/78004/14309）、中南大学（较高收费）（36540/16878/15229）、兰州大学（医护类）（37479/43252/61408）

续表

2023年分数段（本科一批·理科）	院校分类	可报考院校（括号内依次为2023、2022、2021年投档线对应的最低省位次）
省位次33013名~37479名（一本线上66分~70分）	原211	武汉理工大学（其他单列）（33845/36261/46947）、贵州大学（33845/85142/27341）、西南财经大学（较高收费）（34767/27613/29573）、北京化工大学（较高收费）（34767/32661/31136）、北京体育大学（34767/34386/50842）、苏州大学（医护类）（35635/—/—）、长安大学（其他单列）（35635/—/—）、郑州大学（中外合作办学）（36540/36261/34265）、西南大学（荣昌校区）（36540/40090/48861）、南京农业大学（36540/119754/27341）、西南大学（较高收费）（37479/38099/37676）、太原理工大学（较高收费）（37479/40090/45897）
	双一流	西南石油大学（33845/37209/38526）、广州中医药大学（33845/118120/39420）、南京中医药大学（37479/37209/42114）、天津工业大学（较高收费）（37479/39068/43977）、湘潭大学（较高收费）（37479/46342/53926）、上海中医药大学（37479/76524/28854）
	保研资格	西北政法大学（33845/22462/22560）、西安理工大学（33845/33525/31893）、遵义医科大学（33845/34386/35958）、上海理工大学（33845/36261/28854）、江苏大学（33845/43252/52925）、福建医科大学（33845/60499/96108）、南方医科大学（34767/41164/55959）、浙江理工大学（35635/36261/37676）、北京信息科技大学（35635/37209/33462）、青岛大学（36540/37209/41207）、蚌埠医学院（36540/39068/41207）、广州大学（36540/46342/40304）、武汉工程大学（37479/37209/39420）、深圳大学（较高收费）（37479/37209/—）、湖北工业大学（37479/43252/45897）、山西中医药大学（37479/45332/43977）
	公办	西安邮电大学（较高收费）（33845/39068/44925）、成都医学院（35635/34386/35077）、深圳技术大学（35635/37209/36819）
省位次37480名~42149名（一本线上61分~65分）	原211	云南大学（38365/25296/26645）、暨南大学（较高收费）（38365/40090/25941）、东北师范大学（较高收费）（39314/35312/35077）、河海大学（较高收费）（39314/35312/35958）、西南交通大学（较高收费）（39314/38099/26645）、延边大学（39314/43252/37676）、中国传媒大学（其他单列）（39314/47459/—）、长安大学（较高收费）（40252/40090/42114）、北京中医药大学（41196/27613/22560）、江南大学（较高收费）（41196/37209/41207）、青海大学（41196/47459/42114）、广西大学（41196/108302/28109）、东北师范大学（42149/23098/25226）
	双一流	山西大学（38365/36261/48861）、南京林业大学（41196/61756/42114）、成都理工大学（42149/30098/28854）
	保研资格	南京工业大学（38365/46342/43977）、重庆医科大学（38365/92680/26645）、武汉科技大学（40252/33525/32664）、北方工业大学（40252/35312/35958）、桂林电子科技大学（40252/41164/41207）、上海理工大学（较高收费）（40252/44297/47907）、长沙理工大学（41196/44297/41207）、长春理工大学（41196/63022/48861）、首都经济贸易大学（42149/42195/31136）、江苏科技大学（42149/44297/47907）、上海对外经贸大学（42149/44297/68314）、汕头大学（42149/49754/46947）、燕山大学（42149/86614/35958）
	公办	中国计量大学（40252/48530/97392）、山东第一医科大学（40252/—/—）

续表

2023 年分数段（本科一批 · 理科）	院校分类	可报考院校（括号内依次为 2023、2022、2021 年投档线对应的最低省位次）
省位次 42150 名~47216 名（一本线上 56 分~60 分）	原 985	西北农林科技大学（较高收费）（43114/43252/35077）
	原 211	哈尔滨工程大学（较高收费）（43114/37209/45897）、安徽大学（较高收费）（43114/41164/43027）、宁夏大学（43114/42195/35077）、中国石油大学（北京）克拉玛依校区（43114/47459/50842）、海南大学（43114/75105/30319）、中国矿业大学（较高收费）（44106/36261/—）、中国地质大学（武汉）（其他单列）（44106/44297/51895）、云南大学（较高收费）（45094/48530/44925）、中南财经政法大学（46132/16878/14309）、内蒙古大学（46132/48530/38526）、西南交通大学（其他单列）（46132/55587/—）、西北大学（其他单列）（46132/116434/30319）、福州大学（农林矿）（47216/46342/43027）、新疆大学（较高收费）（47216/48530/49827）、宁夏大学（较高收费）（47216/49754/—）、东北林业大学（47216/116434/33462）、辽宁大学（特殊类）（47216/—/—）
	双一流	上海中医药大学（较高收费）（43114/31813/34265）、河南大学（软件类）（44106/46342/55959）、南京信息工程大学（较高收费）（44106/59236/93448）、华南农业大学（46132/46342/48861）
	保研资格	扬州大学（43114/41164/42114）、中国民航大学（45094/50915/54949）、陕西科技大学（45094/52020/43977）、广东工业大学（46132/45332/40304）、沈阳航空航天大学（46132/52020/51895）、青岛科技大学（47216/50915/49827）、沈阳药科大学（47216/63022/63644）
	公办	南京工程学院（其他单列）（43114/56758/62527）、南京审计大学（44106/37209/34265）、南京审计大学（较高收费）（44106/41164/40304）、成都信息工程大学（44106/45332/42114）、西安医学院（46132/45332/46947）、广东财经大学（47216/50915/53926）
省位次 47217 名~52597 名（一本线上 51 分~55 分）	原 985	湖南大学（其他单列）（52597/—/—）
	原 211	北京林业大学（较高收费）（48276/38099/35077）、四川农业大学（49343/61756/34265）
	双一流	河南大学（50409/35312/36819）、上海海洋大学（51529/65632/40304）
	保研资格	华侨大学（48276/47459/49827）、中北大学（48276/50915/46947）、浙江师范大学（软件类）（48276/50915/51895）、四川师范大学（较高收费）（48276/52020/—）、大连交通大学（48276/55587/53926）、南昌航空大学（48276/55587/61408）、华东交通大学（48276/59236/54949）、昆明医科大学（48276/82265/43027）、南昌航空大学（其他单列）（48276/—/—）、上海海事大学（较高收费）（49343/46342/45897）、西南民族大学（49343/50915/51895）、湖北大学（49343/82265/43027）、北京工商大学（50409/47459/41207）、天津师范大学（较高收费）（50409/50915/50842）、西北民族大学（50409/55587/52925）、西安科技大学（50409/65632/43027）、哈尔滨医科大学（51529/19875/26645）、集美大学（51529/54405/51895）、西安建筑科技大学（51529/59236/39420）、上海师范大学（51529/95771/43977）、浙江师范大学（52597/47459/47907）、西安工程大学（52597/70931/63644）
	公办	浙江财经大学（48276/45332/36819）、赣南医学院（48276/49754/51895）、陕西中医药大学（48276/56758/69571）、重庆理工大学（49343/52020/42114）、北京联合大学（49343/54405/55959）、成都大学（49343/58004/49827）、浙江传媒学院（50409/60499/—）、江汉大学（51529/58004/66016）

续表

2023 年分数段 （本科一批·理科）	院校分类	可报考院校 （括号内依次为 2023、2022、2021 年投档线对应的最低省位次）
省位次 52598 名~58304 名 （一本线上 46 分~50 分）	原 211	东北农业大学（53716/40090/37676）、延边大学（较高收费）（53716/53255/51895）、郑州大学（医护类）（53716/53255/54949）、西藏大学（53716/—/—）、辽宁大学（较高收费）（57115/47459/51895）、大连海事大学（较高收费）（57115/61756/41207）
	双一流	成都中医药大学（55999/56758/66016）
	保研资格	浙江工商大学（较高收费）（53716/53255/58092）、山东师范大学（53716/61756/52925）、东北财经大学（53716/79411/29573）、天津财经大学（54864/58004/98686）、西安工业大学（54864/64280/40304）、山东科技大学（54864/80842/44925）、上海海事大学（54864/94214/42114）、青岛理工大学（55999/68292/112446）、北京建筑大学（55999/85142/40304）、徐州医科大学（57115/54405/52925）、沈阳工业大学（57115/59236/54949）、南华大学（57115/68292/64821）、江西财经大学（57115/69619/113880）、上海对外经贸大学（较高收费）（58304/50915/43027）、重庆交通大学（较高收费）（58304/64280/84384）、浙江工商大学（58304/80842/39420）、湖南科技大学（58304/85142/99984）、首都经济贸易大学（较高收费）（58304/—/—）
	公办	西安财经大学（53716/56758/60300）、南京财经大学（53716/101946/39420）、海南医学院（54864/60499/78166）、广东医科大学（54864/91117/28854）、甘肃政法大学（55999/60499/69571）、上海工程技术大学（57115/55587/54949）、川北医学院（57115/63022/54949）、苏州科技大学（58304/68292/42114）
省位次 58305 名~64505 名 （一本线上 41 分~45 分）	原 211	石河子大学（60657/58004/54949）、新疆大学（60657/116434/43027）
	双一流	南京林业大学（较高收费）（61944/60499/80734）、天津中医药大学（64505/119754/50842）
	保研资格	安徽工业大学（59481/66918/63644）、杭州师范大学（59481/101946/40304）、西安理工大学（较高收费）（60657/50915/57047）、兰州交通大学（60657/61756/60300）、东北电力大学（60657/88126/61408）、天津理工大学（61944/42195/43977）、西华大学（61944/66918/49827）、浙江中医药大学（61944/118120/67119）、江西中医药大学（63193/64280/63644）、兰州理工大学（较高收费）（63193/68292/62527）、广东外语外贸大学（63193/109967/33462）、重庆交通大学（64505/46342/47907）、重庆医科大学（医护类）（64505/66918/—）、吉首大学（64505/69619/68314）、河北工程大学（64505/70931/71998）、西安工业大学（较高收费）（64505/—/—）
	公办	南京工程学院（59481/59236/60300）、湖南工业大学（60657/59236/60300）、沈阳理工大学（60657/66918/63644）、中国劳动关系学院（61944/63022/74466）、湖南理工学院（61944/68292/74466）、上海政法学院（64505/58004/41207）、东莞理工学院（64505/66918/52925）
省位次 64506 名~70991 名 （一本线上 36 分~40 分）	原 211	贵州大学（较高收费）（68278/85142/61408）
	双一流	天津中医药大学（较高收费）（67050/52020/59195）、宁波大学（较高收费）（68278/64280/62527）、河南大学迈阿密学院（68278/69619/83173）、上海体育大学（70991/66918/70771）

续表

2023 年分数段 （本科一批·理科）	院校分类	可报考院校 （括号内依次为 2023、2022、2021 年投档线对应的最低省位次）
省位次 64506 名~70991 名 （一本线上 36 分~40 分）	保研资格	甘肃中医药大学（65789/63022/70771）、河北师范大学（较高收费）（67050/70931/73198）、福建师范大学（软件类）（67050/72351/—）、天津财经大学（较高收费）（67050/78004/37676）、三峡大学（67050/98888/54949）、天津科技大学（68278/54405/51895）、北京工商大学（较高收费）（68278/69619/—）、长春中医药大学（68278/75105/83173）、昆明理工大学（68278/119754/48861）、北京语言大学（69662/44297/30319）、河北大学（69662/48530/43027）、北方工业大学（较高收费）（69662/63022/50842）、上海师范大学（较高收费）（69662/65632/93448）、黑龙江大学（69662/68292/57047）、华北水利水电大学（69662/70931/78166）、燕山大学（较高收费）（69662/109967/116712）、武汉工程大学（较高收费）（70991/76524/79430）、济南大学（70991/118120/45897）
	公办	常州大学（65789/83691/116712）、齐鲁工业大学（67050/64280/68314）、武汉纺织大学（67050/119754/64821）、上海应用技术大学（69662/80842/70771）、浙江财经大学（较高收费）（70991/73712/55959）
省位次 70992 名~77768 名 （一本线上 31 分~35 分）	原 211	东北林业大学（较高收费）（74961/72351/71998）
	中外合作	西交利物浦大学（72337/85142/74466）
	保研资格	安徽理工大学（较高收费）（72337/73712/74466）、广西医科大学（72337/85142/30319）、长江大学（72337/88126/102673）、西安石油大学（73607/85142/51895）、长春理工大学（较高收费）（73607/85142/89520）、天津师范大学（73607/119754/43977）、西藏民族大学（73607/—/—）、东北电力大学（较高收费）（74961/47459/52925）、天津外国语大学（较高收费）（74961/73712/64821）、太原科技大学（74961/78004/76893）、江西理工大学（74961/82265/66016）、安徽财经大学（较高收费）（74961/82265/104040）、西安科技大学（较高收费）（76354/66918/59195）、重庆师范大学（较高收费）（76354/70931/60300）、石家庄铁道大学（76354/106694/53926）、天津外国语大学（76354/106694/58092）、南通大学（76354/119754/46947）、中南民族大学（76354/119754/48861）、河北师范大学（77768/65632/61408）、曲阜师范大学（77768/73712/61408）
	公办	浙大宁波理工学院（72337/70931/70771）、浙江科技学院（72337/72351/66016）、上海立信会计金融学院（73607/69619/101319）、江苏海洋大学（73607/80842/97392）、上海第二工业大学（73607/86614/48861）、北京物资学院（73607/98888/69571）、上海电机学院（74961/83691/99984）、湖州师范学院（76354/66918/70771）、东华理工大学（76354/88126/116712）
省位次 77769 名~84884 名 （一本线上 26 分~30 分）	原 211	海南大学（较高收费）（83430/78004/59195）、辽宁大学（其他单列）（84884/40090/—）
	中外合作	宁波诺丁汉大学（81975/92680/88238）
	保研资格	山东理工大学（79143/86614/97392）、华北理工大学（79143/113165/66016）、西安建筑科技大学（较高收费）（80568/78004/81978）、湖北大学（较高收费）（80568/83691/94763）、哈尔滨理工大学（80568/98888/58092）、桂林理工大学（81975/80842/80734）、天津科技大学（较高收费）（81975/85142/73198）、四川师范大学（81975/119754/44925）、湖南中医药大学（81975/119754/46947）、福建师范大学（83430/92680/43027）、安徽理工大学（83430/95771/61408）、东北石油大学（83430/95771/116712）、西南科技大学（84884/103576/53926）、山东财经大学（84884/118120/42114）

续表

2023年分数段 （本科一批·理科）	院校分类	可报考院校 （括号内依次为2023、2022、2021年投档线对应的最低省位次）
省位次77769名~84884名 （一本线上26分~30分）	公办	四川轻化工大学（79143/73712/74466）、平顶山学院（80568/88126/98686）、大连民族大学（81975/83691/85633）、苏州科技大学（较高收费）（81975/88126/71998）、南阳理工学院（医护类）（81975/—/—）、天津美术学院（83430/73712/—）、上海应用技术大学（较高收费）（83430/76524/71998）、中国人民警察大学（83430/82265/80734）、南昌工程学院（83430/88126/78166）、中国民用航空飞行学院（83430/91117/93448）、河北科技大学（83430/94214/116712）、北京印刷学院（84884/106694/62527）
省位次84885名~92225名 （一本线上21分~25分）	双一流	河南大学（医护类）（87738/88126/97392）
	中外合作	深圳北理莫斯科大学（86255/106694/—）
	保研资格	西南医科大学（86255/40090/37676）、山东农业大学（86255/91117/88238）、辽宁科技大学（86255/92680/108202）、新疆医科大学（86255/98888/69571）、中南林业科技大学（86255/118120/64821）、温州医科大学（87738/52020/54949）、安徽农业大学（87738/78004/85633）、福建师范大学（其他单列）（87738/82265/89520）、山西医科大学（87738/119754/38526）、湖北中医药大学（87738/119754/66016）、山西财经大学（89231/56758/47907）、安徽师范大学（89231/103576/51895）、宁夏医科大学（89231/119754/48861）、安徽财经大学（89231/119754/57047）、福建农林大学（90770/83691/80734）、湖南农业大学（90770/85142/70771）、陕西科技大学（较高收费）（90770/89626/89520）、河南理工大学（90770/94214/92075）、河南工业大学（较高收费）（90770/97348/111038）、河南科技大学（92225/73712/79430）、西华师范大学（92225/83691/81978）、吉林财经大学（92225/92680/76893）、大连工业大学（92225/94214/60300）、湖北工业大学（较高收费）（92225/95771/99984）、河南理工大学（软件类）（92225/103576/113880）、河南理工大学（中外合作办学）（92225/109967/116712）、江西师范大学（92225/119754/49827）
	公办	信阳师范大学（86255/83691/86942）、塔里木大学（86255/86614/112446）、浙大城市学院（86255/108302/63644）、常州大学（较高收费）（86255/108302/74466）、重庆工商大学（86255/118120/49827）、北京第二外国语学院（87738/44297/42114）、江西科技师范大学（87738/83691/81978）、新乡医学院（87738/86614/85633）、温州大学（87738/—/—）、郑州轻工业大学（89231/83691/85633）、湖北汽车工业学院（90770/92680/93448）、洛阳师范学院（92225/85142/92075）
省位次92226名~99673名 （一本线上16分~20分）	原211	四川农业大学（较高收费）（95116/91117/111038）
	双一流	河南大学（与濮阳市联办濮阳工学院）（95116/101946/104040）、河南大学（与开封大学联合办学）（98157/94214/94763）
	内港合作	北京师范大学-香港浸会大学联合国际学院（93677/101946/102673）
	保研资格	辽宁工程技术大学（93677/100394/90783）、杭州师范大学（较高收费）（93677/—/—）、黑龙江中医药大学（95116/89626/83173）、兰州理工大学（95116/98888/66016）、河南财经政法大学（软件类）（95116/98888/108202）、山东建筑大学（95116/118120/67119）、沈阳农业大学（98157/105128/101319）、沈阳航空航天大学（较高收费）（98157/106694/104040）、哈尔滨商业大学（99673/119754/86942）

续表

2023年分数段（本科一批·理科）	院校分类	可报考院校（括号内依次为2023、2022、2021年投档线对应的最低省位次）
省位次92226名~99673名（一本线上16分~20分）	公办	北方民族大学（93677/94214/96108）、辽宁石油化工大学（93677/105128/88238）、上海电机学院（较高收费）（96633/94214/—）、浙江农林大学（较高收费）（96633/131529/79430）、浙江农林大学（98157/59236/59195）、安徽建筑大学（98157/95771/68314）、温州大学（较高收费）（98157/—/—）、上海健康医学院（99673/109967/85633）
省位次99674名~107463名（一本线上11分~15分）	双一流	河南大学（中外合作办学）（105904/66918/71998）
	中外合作	广东以色列理工学院（101260/116434/109592）、温州肯恩大学（104360/114789/111038）
	保研资格	沈阳建筑大学（101260/119754/74466）、内蒙古科技大学（102802/111579/90783）、海南师范大学（104360/76524/71998）、青岛科技大学（较高收费）（104360/109967/96108）、河南科技大学（软件类）（104360/—/—）、中国医科大学（较高收费）（105904/49754/53926）、天津商业大学（105904/119754/67119）、浙江师范大学（较高收费）（105904/—/—）、山东科技大学（较高收费）（107463/108302/109592）、沈阳农业大学（较高收费）（107463/—/—）
	公办	上海商学院（101260/—/—）、黄淮学院（104360/106694/113880）、洛阳理工学院（104360/109967/116712）、郑州轻工业大学（中外合作办学）（104360/116434/—）、河南科技学院（105904/105128/109592）、南阳理工学院（107463/113165/93448）、沈阳理工大学（较高收费）（107463/119754/—）
省位次107464名~115516名（一本线上6分~10分）	原211	东北农业大学（较高收费）（109013/86614/113880）、北京体育大学（较高收费）（109013/—/—）、贵州大学（特殊类）（110642/—/—）
	保研资格	重庆师范大学（109013/48530/47907）、河南中医药大学（109013/111579/101319）、长春理工大学（其他单列）（110642/91117/—）、吉林财经大学（较高收费）（110642/109967/69571）、昆明理工大学（较高收费）（110642/111579/111038）、河南财经政法大学（112300/63022/63644）、河南科技大学（医护类）（112300/109967/111038）、大连外国语大学（112300/119754/55959）、浙江理工大学（较高收费）（113938/69619/55959）、天津外国语大学（特殊类）（115516/78004/115307）、东北财经大学（较高收费）（115516/108302/58092）
	公办	赣南师范大学（109013/83691/75663）、郑州航空工业管理学院（109013/103576/106846）、南京工程学院（较高收费）（109013/—/—）、南阳师范学院（110642/94214/94763）、中原工学院（115516/106694/105431）、安阳师范学院（115516/114789/—）
	民办	北京理工大学珠海学院（113938/114789/108202）
省位次115517名~125465名（一本线上5分以内）	原211	东北农业大学（其他单列）（122128/—/—）
	保研资格	河南工业大学（117138/86614/80734）、辽宁科技大学（较高收费）（118760/119754/无）、西北师范大学（120414/58004/63644）、四川外国语大学（122128/48530/46947）、西安外国语大学（122128/58004/34265）、河南农业大学（123771/101946/104040）、河南科技大学（较高收费）（123771/119754/—）、河南师范大学（125465/73712/70771）、江西理工大学（其他单列）

续表

2023 年分数段 （本科一批·理科）	院校分类	可报考院校 （括号内依次为 2023、2022、2021 年投档线对应的最低省位次）
省位次 115517 名~125465 名 （一本线上 5 分以内）	保研资格	（125465/111579/—）、河南财经政法大学（较高收费）（125465/119754/116712）、华北水利水电大学乌拉尔学院（125465/119754/116712）、长江大学（较高收费）（125465/119754/116712）、河南科技大学莫动理工学院（125465/119754/—）、河南中医药大学（较高收费）（125465/119754/—）、山东建筑大学（较高收费）（125465/—/—）
	公办	安阳工学院（117138/111579/116712）、浙江科技学院（较高收费）（122128/114789/98686）、中原工学院（软件类）（122128/116434/116712）、河南工程学院（123771/—/—）、商丘师范学院（123771/—/—）、湖南工商大学（125465/85142/59195）、河南城建学院（125465/109967/115307）、新乡学院（125465/111579/111038）、中原工学院中原彼得堡航空学院（125465/119754/116712）、周口师范学院（125465/—/—）、海南医学院（较高收费）（无/—/—）
	民办	黄河科技学院（125465/119754/115307）
一本线下降分录取	保研资格	河南科技大学（农林类）（127155/116434/134151）、河南农业大学（中外合作办学）（130500/119754/122496）、河南农业大学（办学就读地点在许昌）（160353/154495/—）

第五节　本科二批(理科)各分数段对应可报考院校统计

详细内容见表 4-5。

表 4-5　本科二批(理科)各分数段对应可报考院校统计

2023 年分数段 (本科二批·理科)	院校分类	可报考院校 (括号内依次为 2023、2022、2021 年投档线对应的最低省位次)
省位次 42150 名~47216 名 (一本线上 56 分~60 分)	保研资格	贵州医科大学(46132/52020/58092)
省位次 64506 名~70991 名 (一本线上 36 分~40 分)	公办	皖南医学院(70991/64280/64821)
省位次 70992 名~77768 名 (一本线上 31 分~35 分)	保研资格	昆明医科大学(77768/91117/62527)
	公办	锦州医科大学(73607/91117/118136)、滨州医学院(74961/111579/131200)
省位次 84885 名~92225 名 (一本线上 21 分~25 分)	保研资格	华东交通大学(86255/92680/93448)
	公办	承德医学院(86255/121353/118136)、湖北医药学院(89231/98888/102673)
省位次 92226 名~99673 名 (一本线上 16 分~20 分)	保研资格	山西医科大学(95116/114789/108202)
	公办	沈阳医学院(95116/113165/150381)、广东警官学院(98157/100394/89520)
省位次 99674 名~107463 名 (一本线上 11 分~15 分)	原 211	北京中医药大学(104360/101946/86942)
	保研资格	山东中医药大学(101260/97348/109592)、遵义医科大学(105904/98888/108202)、江苏师范大学(105904/109967/104040)
	公办	武汉轻工大学(101260/100394/102673)、嘉兴学院(102802/126499/125339)、陆军工程大学(104360/98888/89520)、重庆理工大学(105904/100394/92075)、重庆工商大学(107463/108302/105431)、西安财经大学(107463/109967/86942)、上海第二工业大学(107463/109967/99984)、厦门理工学院(107463/109967/112446)
省位次 107464 名~115516 名 (一本线上 6 分~10 分)	保研资格	兰州交通大学(109013/106694/102673)、大连交通大学(109013/116434/112446)、广西师范大学(110642/103576/109592)、太原科技大学(110642/109967/115307)、南昌航空大学(110642/113165/119572)、哈尔滨师范大学(较高收费)(113938/114789/119572)
	公办	沈阳理工大学(109013/111579/131200)、成都工业学院(110642/106694/108202)、湖南医药学院(110642/106694/113880)、上海商学院(112300/111579/104040)、山东政法学院(112300/113165/109592)、浙江海洋大学(112300/113165/123956)、北京石油化工学院(112300/114789/115307)、金陵科技学院(112300/116434/115307)、杭州医学院(112300/116434/122496)、苏州城市学院(112300/116434/126766)、武汉商学院(113938/114789/113880)、无锡学院(113938/123094/142881)、大连大学(115516/113165/109592)、江苏海洋大学(115516/114789/113880)、天津城建大学(其他单列)(115516/119754/122496)、湖北科技学院(115516/121353/119572)、厦门医学院(115516/135000/115307)
省位次 115517 名~125465 名 (一本线上 5 分以内)	保研资格	西南民族大学(117138/109967/104040)、长春工业大学(117138/118120/142881)、河南财经政法大学(与河南省人民检察院联办)(117138/119754/

续表

2023 年分数段 （本科二批·理科）	院校分类	可报考院校 （括号内依次为 2023、2022、2021 年投档线对应的最低省位次）
省位次 115517 名～125465 名 （一本线上 5 分以内）	保研资格	121053）、河北中医药大学（117138/131529/111038）、云南师范大学（118760/109967/105431）、广西中医药大学（118760/114789/123956）、河北工程大学（118760/119754/126766）、河北医科大学（120414/108302/69571）、沈阳航空航天大学（120414/114789/112446）、辽宁科技大学（其他单列）（120414/118120/126766）、安徽中医药大学（120414/121353/111038）、福建中医药大学（120414/128203/121053）、桂林理工大学（122128/119754/109592）、江西中医药大学（122128/119754/115307）、辽宁科技大学（122128/124830/139904）、辽宁师范大学（123771/119754/115307）、沈阳工业大学（123771/121353/121053）、延安大学（123771/123094/122496）、贵州医科大学（较高收费）（123771/142023/138510）、广东海洋大学（125465/118120/128279）、沈阳师范大学（其他单列）（125465/124830/123956）
	公办	北京联合大学（117138/103576/105431）、江苏理工学院（117138/118120/116712）、常州工学院（117138/119754/123956）、厦门理工学院（异地校区）（117138/123094/—）、南阳理工学院（与南阳医学高等专科学校联办）（117138/124830/121053）、鲁东大学（118760/114789/113880）、北华航天工业学院（118760/116434/121053）、长沙学院（118760/118120/115307）、烟台大学（118760/119754/108202）、广东药科大学（118760/119754/135597）、河北北方学院（118760/123094/118136）、陕西中医药大学（118760/169125/101319）、淮北师范大学（120414/116434/102673）、临沂大学（120414/118120/121053）、常熟理工学院（120414/119754/125339）、广东金融学院（122128/113165/121053）、湖北师范大学（122128/118120/112446）、南昌医学院（122128/121353/118136）、浙江水利水电学院（122128/121353/119572）、贵州财经大学（122128/123094/—）、济宁医学院（122128/126499/156390）、温州理工学院（122128/135000/159463）、福建理工大学（122128/142023/145875）、重庆科技学院（123771/116434/112446）、湖南财政经济学院（123771/116434/113880）、西安航空学院（123771/118120/123956）、湖州师范学院（123771/129863/128279）、广西科技大学（123771/133288/148869）、云南中医药大学（123771/191481/119572）、浙江传媒学院（125465/108302/98686）、中国劳动关系学院（125465/118120/113880）、云南警官学院（125465/128203/118136）、湖北理工学院（125465/138531/153381）、南昌工程学院（较高收费）（125465/142023/135597）、大理大学（125465/142023/138510）、江苏理工学院（较高收费）（125465/149109/—）、齐齐哈尔医学院（125465/163606/198637）
省位次 125466 名～132206 名 （二本线上 101 分～104 分）	保研资格	山西中医药大学（127155/123094/126766）、海南师范大学（软件类）（127155/128203/129750）、五邑大学（127155/138531/116712）、辽宁中医药大学（127155/145574/293683）、天津理工大学（128863/100394/106846）、广西医科大学（128863/116434/112446）、山西财经大学（128863/116434/118136）、哈尔滨医科大学（130500/124830/121053）、黑龙江科技大学（130500/161752/227590）、渤海大学（132206/123094/125339）、甘肃中医药大学（132206/178470/122496）
	公办	陕西理工大学（127155/109967/115307）、广东技术师范大学（127155/119754/112446）、湖北经济学院（127155/121353/112446）、四川警察学院（127155/121353/126766）、西安文理学院（127155/123094/118136）、宁波工

续表

2023 年分数段 (本科二批·理科)	院校分类	可报考院校 (括号内依次为 2023、2022、2021 年投档线对应的最低省位次)
省位次 125466 名~132206 名 (二本线上 101 分~104 分)	公办	程学院(127155/128203/125339)、辽宁工业大学(127155/136824/142881)、四川美术学院(127155/195268/102673)、河南警察学院(127155/—/—)、湖南第一师范学院(128863/111579/105431)、中华女子学院(128863/121353/115307)、北京农学院(128863/124830/116712)、长春大学(128863/128203/135597)、潍坊医学院(128863/142023/85633)、西安医学院(128863/—/—)、西安财经大学(较高收费)(130500/124830/138510)、河北地质大学(130500/126499/123956)、江苏第二师范学院(130500/128203/111038)、湖南工学院(130500/131529/126766)、景德镇陶瓷大学(130500/140270/137053)、新乡医学院(中外课程合作)(130500/145574/131200)、河北地质大学(较高收费)(130500/—/—)、广东金融学院(较高收费)(130500/—/—)、四川轻化工大学(132206/113165/106846)、南京晓庄学院(132206/119754/113880)、中原工学院(132206/121353/129750)、厦门理工学院(其他单列)(132206/124830/119572)、吉林警察学院(132206/126499/125339)、闽南师范大学(软件类)(132206/126499/147350)、桂林航天工业学院(软件类)(132206/129863/129750)、贵州警察学院(132206/129863/131200)、南昌工程学院(132206/131529/122496)、滁州学院(132206/133288/131200)、湖北工程学院(132206/136824/131200)、甘肃医学院(132206/145574/112446)、嘉兴南湖学院(132206/145574/165585)、首都体育学院(132206/163606/121053)、牡丹江医学院(132206/163606/221117)
	民办	安徽医科大学临床医学院(127155/—/—)
省位次 132207 名~140854 名 (二本线上 96 分~100 分)	原 211	西藏大学(135648/116434/116712)
	保研资格	吉首大学(133928/129863/132697)、云南农业大学(133928/135000/165585)、沈阳化工大学(133928/143788/297990)、西北师范大学(135648/121353/119572)、西北民族大学(135648/136824/132697)、华北水利水电大学(与黄河水利职业技术学院联办)(135648/138531/145875)、内蒙古师范大学(135648/140270/134151)、云南民族大学(135648/140270/286455)、贵州中医药大学(135648/152694/113880)、天津商业大学(135648/232453/156390)、聊城大学(137351/114789/121053)、海南师范大学(137351/124830/132697)、西南医科大学(137351/128203/118136)、大连海洋大学(137351/135000/131200)、江苏师范大学(较高收费)(137351/136824/142881)、大连交通大学(较高收费)(137351/138531/137053)、蚌埠医学院(137351/142023/129750)、江西农业大学(137351/143788/141361)、福建农林大学(137351/145574/145875)、云南师范大学(较高收费)(137351/—/—)、渤海大学(软件类)(139053/142023/144391)、河南科技大学(与河南工业职业技术学院联办)(139053/145574/147350)、华北水利水电大学(与河南经贸职业学院联办)(139053/147371/148869)、华北水利水电大学(140854/142023/118136)、青海师范大学(140854/143788/145875)、大连海洋大学(较高收费)(140854/143788/—)
	公办	重庆文理学院(133928/123094/119572)、长沙师范学院(133928/133288/134151)、郑州轻工业大学(133928/136824/135597)、湖北民族大学(133928/143788/156390)、长治医学院(133928/161752/94763)、山东第一医科大学(135648/111579/119572)、井冈山大学(135648/129863/134151)、重庆第二师范学院(135648/135000/128279)、山东交通学院(135648/135000/129750)、广东石油化工学院(135648/138531/142881)、湖州学院(135648/150900/171656)、常熟理工学院(较高收费)(137351/154495/148869)、合肥学院(139053/116434/111038)、天津城建大学(139053/128203/

续表

2023年分数段（本科二批·理科）	院校分类	可报考院校（括号内依次为2023、2022、2021年投档线对应的最低省位次）
省位次132207名~140854名（二本线上96分~100分）	公办	126766）、华北科技学院（139053/128203/135597）、成都工业学院（异地校区）（139053/136824/137053）、徐州工程学院（139053/145574/148869）、江西科技师范大学（139053/145574/156390）、湖北文理学院（139053/145574/170142）、台州学院（139053/147371/123956）、吉林医药学院（139053/152694/174842）、沈阳工程学院（139053/154495/168671）、桂林医学院（140854/118120/112446）、湖北第二师范学院（140854/128203/115307）、沈阳大学（140854/128203/123956）、青岛农业大学（140854/135000/134151）、仲恺农业工程学院（140854/138531/147350）、怀化学院（140854/142023/141361）、湖北汽车工业学院（140854/142023/147350）、天津职业技术师范大学（140854/142023/148869）、丽水学院（140854/150900/159463）、大连民族大学（140854/152694/104040）
	民办	山东协和学院（较高收费）（133928/170904/173219）、遵义医科大学医学与科技学院（137351/138531/128279）
省位次140855名~149644名（二本线上91分~95分）	保研资格	河北农业大学（142648/123094/121053）、西藏民族大学（142648/138531/148869）、西南林业大学（144399/142023/147350）、河南师范大学（144399/143788/144391）、渤海大学（其他单列）（144399/—/—）、内蒙古工业大学（146079/158176/159463）、海南师范大学（较高收费）（146079/163606/150381）、山西农业大学（147888/156364/203404）、西南林业大学（较高收费）（149644/133288/135597）、昆明医科大学（较高收费）（149644/143788/123956）
	公办	厦门理工学院（较高收费）（142648/126499/126766）、衡阳师范学院（142648/136824/132697）、洛阳理工学院（142648/136824/144391）、北方民族大学（142648/138531/139904）、桂林航天工业学院（142648/142023/150381）、北华大学（142648/145574/145875）、湘南学院（144399/118120/118136）、内蒙古医科大学（144399/121353/144391）、南宁师范大学（144399/126499/125339）、新疆第二医学院（144399/129863/134151）、山西大同大学（144399/140270/126766）、海南医学院（144399/143788/132697）、山东管理学院（144399/145574/150381）、兰州财经大学（其他单列）（144399/145574/193798）、浙江水利水电学院（较高收费）（144399/152694/162483）、南京工业职业技术大学（144399/170904/—）、邵阳学院（144399/281322/126766）、福建警察学院（146079/140270/137053）、泉州师范学院（较高收费）（146079/147371/150381）、宿迁学院（146079/147371/151865）、绍兴文理学院（146079/226591/116712）、安徽工程大学（147888/126499/132697）、信阳师范大学（147888/133288/132697）、黄冈师范学院（147888/138531/138510）、齐鲁师范学院（147888/140270/138510）、龙岩学院（软件类）（147888/145574/144391）、衢州学院（147888/149109/144391）、长江师范学院（147888/149109/189083）、莆田学院（147888/152694/148869）、新疆警察学院（147888/165467/—）、安庆师范大学（147888/184122/105431）、重庆三峡学院（149644/123094/121053）、天津中德应用技术大学（149644/145574/147350）、南阳理工学院（149644/145574/148869）、北部湾大学（149644/150900/148869）、北华航天工业学院（较高收费）（149644/170904/203404）、滨州学院（149644/202992/283600）
省位次149645名~158506名（二本线上86分~90分）	保研资格	云南财经大学（151419/126499/137053）、吉林师范大学（151419/135000/132697）、黑龙江中医药大学（151419/147371/145875）、广西医科大学（较高

续表

2023年分数段（本科二批·理科）	院校分类	可报考院校（括号内依次为2023、2022、2021年投档线对应的最低省位次）
省位次149645名~158506名（二本线上86分~90分）	保研资格	收费）(151419/—/—)、长春中医药大学(153160/123094/148869)、沈阳师范大学(153160/150900/145875)、河南理工大学(与平顶山工业职业技术学院联办)(153160/159996/165585)、新疆医科大学(154946/131529/131200)、长春工业大学(较高收费)(154946/154495/153381)、吉林农业大学(156724/145574/147350)、沈阳化工大学(较高收费)(156724/—/—)、山西师范大学(158506/118120/115307)、河南农业大学(办学就读地点在许昌)(158506/159996/171656)、甘肃农业大学(158506/174690/287920)
	公办	太原学院(151419/152694/147350)、兰州财经大学(较高收费)(151419/—/—)、浙江外国语学院(153160/124830/106846)、太原工业学院(153160/150900/141361)、汉江师范学院(153160/156364/156390)、黄山学院(153160/156364/164055)、河南工程学院(153160/156364/164055)、宜宾学院(153160/158176/156390)、安徽科技学院(153160/163606/295123)、昆明学院(153160/169125/137053)、天津职业技术师范大学(较高收费)(154946/156364/156390)、内蒙古科技大学包头医学院(154946/176553/154848)、桂林航天工业学院(较高收费)(154946/176553/—)、甘肃政法大学(156724/123094/115307)、湖南城市学院(156724/150900/142881)、信阳师范大学(医护类)(156724/152694/154848)、贵州理工学院(156724/156364/151865)、吉林建筑大学(156724/159996/187565)、闽江学院(156724/165467/129750)、肇庆学院(156724/184122/289382)、北华航天工业学院(其他单列)(156724/—/—)、广西警察学院(158506/154495/150381)、岭南师范学院(158506/156364/154848)、兰州工业学院(158506/158176/156390)、广西民族大学(158506/159996/151865)、淮阴工学院(158506/159996/154848)、许昌学院(158506/163606/170142)、北方民族大学(较高收费)(158506/163606/—)、山西科技学院(158506/176553/—)、广西财经学院(158506/199130/129750)
	民办	华北理工大学冀唐学院(151419/240478/139904)、长沙医学院(153160/165467/134151)、南京审计大学金审学院(156724/135000/138510)
省位次158507名~167514名（二本线上81分~85分）	保研资格	天津体育学院(160353/138531/137053)、河北农业大学(较高收费)(160353/158176/187565)、内蒙古农业大学(162074/165467/192193)、河南理工大学(与鹤壁市政府联办工程技术学院)(163896/174690/147350)、河北经贸大学(165708/116434/109592)、河南中医药大学(165708/167270/165585)、贵州师范大学(165708/180296/145875)、河南工业大学(中外合作办学)(167514/149109/150381)
	公办	咸阳师范学院(160353/135000/137053)、泰州学院(160353/156364/154848)、武汉轻工大学(较高收费)(160353/158176/151865)、渭南师范学院(160353/159996/156390)、徐州工程学院(较高收费)(160353/159996/164055)、赣南科技学院(160353/165467/176475)、宜春学院(160353/165467/189083)、山东石油化工学院(160353/174690/184349)、盐城工学院(160353/174690/293683)、淮阴师范学院(160353/187789/280640)、湖南工程学院(160353/193391/135597)、郑州轻工业大学(与河南轻工职业学院联办)(160353/—/—)、兰州财经大学(162074/136824/115307)、闽南师范大学(162074/167270/138510)、贵阳学院(162074/169125/173219)、韩山师范学院(162074/178470/216337)、浙江传媒学院(较高收费)(162074/—/—)、北京联合大学(较高收费)(163896/159996/162483)、西昌学院(163896/161752/160983)、沧州师范学院(163896/167270/164055)、新余学院(163896/

续表

2023 年分数段 （本科二批・理科）	院校分类	可报考院校 （括号内依次为 2023、2022、2021 年投档线对应的最低省位次）
省位次 158507 名~167514 名 （二本线上 81 分~85 分）	公办	169125/162483）、长春工程学院（163896/170904/189083）、信阳师范大学（较高收费）（163896/184122/219532）、郑州航空工业管理学院（中外合作办学）（163896/185944/187565）、河北金融学院（165708/133288/122496）、浙江海洋大学（较高收费）（165708/142023/128279）、淮南师范学院（165708/158176/157920）、湖南女子学院（165708/159996/156390）、德州学院（165708/163606/165585）、赣东学院（165708/169125/181262）、潍坊学院（165708/189615/257747）、赣南医学院（165708/305497/129750）、九江学院（167514/149109/142881）、山西工学院（167514/170904/178120）、齐齐哈尔大学（167514/191481/241940）、湖南文理学院（167514/210875/135597）
	民办	齐鲁医药学院（162074/232453/245065）
省位次 167515 名~176563 名 （二本线上 76 分~80 分）	保研资格	河北工程大学（较高收费）（169362/165467/193798）、黑龙江中医药大学（异地校区）（169362/187789/160983）、贵州师范大学（其他单列）（169362/—/—）、福建农林大学（较高收费）（171116/159996/184349）、吉林师范大学（较高收费）（171116/193391/176475）、河南师范大学（中外合作办学）（172946/154495/157920）、华北水利水电大学（中外合作办学）（172946/161752/168671）、长春中医药大学（较高收费）（172946/165467/181262）、吉林师范大学（其他单列）（172946/180296/165585）、河南理工大学（172946/—/—）、黑龙江八一农垦大学（174777/161752/162483）、成都体育学院（174777/165467/141361）、青海民族大学（174777/169125/164055）、福建中医药大学（较高收费）（174777/—/—）
	公办	盐城师范学院（169362/145574/142881）、长春师范大学（169362/149109/156390）、惠州学院（169362/154495/131200）、景德镇学院（169362/159996/167136）、乐山师范学院（169362/169125/164055）、天津农学院（169362/170904/174842）、湖北理工学院（较高收费）（169362/170904/174842）、河南科技学院（169362/176553/263892）、广州航海学院（169362/195268/—）、重庆科技学院（较高收费）（171116/163606/173219）、铜仁学院（171116/172819/171656）、山东交通学院（较高收费）（171116/—/—）、长春师范大学（较高收费）（172946/159996/162483）、保定学院（172946/165467/153381）、宁夏师范学院（172946/170904/167136）、合肥师范学院（172946/172819/259330）、内蒙古财经大学（172946/176553/147350）、平顶山学院（医护类）（172946/176553/176475）、河南工学院（172946/180296/185975）、山东工商学院（172946/271716/126766）、成都师范学院（172946/—/—）、韶关学院（174777/119754/125339）、滇西应用技术大学（174777/174690/179665）、郑州轻工业大学（与济源职业技术学院联办）（174777/176553/182785）、四川文理学院（174777/180296/197054）、河北建筑工程学院（174777/187789/296564）、宿州学院（174777/195268/216337）、赣南师范大学（174777/312751/125339）、长治学院（176563/167270/162483）、唐山学院（176563/170904/165585）、邢台学院（176563/172819/170142）、郑州轻工业大学（与河南应用技术职业学院联办）（176563/189615/—）、铜陵学院（176563/191481/284988）
	民办	电子科技大学成都学院（169362/158176/154848）、南京医科大学康达学院（176563/195268/200256）
省位次 176564 名~185833 名 （二本线上 71 分~75 分）	保研资格	河南中医药大学（较高收费）（178469/197206/—）、河南科技大学（与三门峡市政府联办应用工程学院）（178469/244367/141361）、佳木斯大学（182126/

续表

2023 年分数段（本科二批·理科）	院校分类	可报考院校（括号内依次为 2023、2022、2021 年投档线对应的最低省位次）
省位次 176564 名~185833 名（二本线上 71 分~75 分）	保研资格	199130/297990）、新疆师范大学（184018/169125/182785）、辽宁师范大学（较高收费）（184018/182223/224338）
	公办	洛阳师范学院（178469/123094/128279）、荆楚理工学院（178469/142023/139904）、大连大学（较高收费）（178469/193391/193798）、宁波工程学院（较高收费）（178469/212825/148869）、防灾科技学院（180297/131529/128279）、绵阳师范学院（180297/159996/148869）、晋中学院（180297/174690/176475）、中原工学院（与河南职业技术学院联办）（180297/189615/198637）、贵州师范学院（182126/147371/151865）、周口师范学院（182126/170904/178120）、郑州工程技术学院（182126/174690/173219）、南阳理工学院（软件类）（182126/174690/176475）、黄淮学院（182126/180296/184349）、洛阳师范学院（软件类）（182126/182223/184349）、海南热带海洋学院（182126/189615/217907）、巢湖学院（182126/195268/297990）、福建江夏学院（182126/244367/142881）、右江民族医学院（184018/123094/229192）、兰州文理学院（184018/152694/151865）、广西科技师范学院（184018/176553/181262）、北京农学院（较高收费）（184018/178470/153381）、贵阳康养职业大学（184018/193391/—）、泉州师范学院（184018/199130/144391）、北华大学（较高收费）（184018/199130/171656）、辽宁工业大学（较高收费）（184018/214799/—）、沈阳大学（较高收费）（185833/165467/162483）、陕西学前师范学院（185833/185944/147350）、上饶师范学院（185833/185944/165585）、湖南人文科技学院（185833/187789/230786）、安阳工学院（185833/189615/197054）、运城学院（185833/195268/229192）
	民办	南京理工大学紫金学院（182126/170904/168671）、南京传媒学院（184018/167270/170142）、上海视觉艺术学院（184018/205021/170142）、锦州医科大学医疗学院（184018/210875/209890）、东南大学成贤学院（185833/236478/165585）
省位次 185834 名~195041 名（二本线上 66 分~70 分）	保研资格	内蒙古科技大学（187640/195268/296564）、北京服装学院（189445/138531/119572）、哈尔滨师范大学（191323/129863/123956）、新疆财经大学（191323/187789/233927）、沈阳师范大学（较高收费）（193156/244367/181262）、新疆农业大学（195041/193391/203404）
	公办	阜阳师范大学（187640/133288/135597）、华北科技学院（农林矿）（187640/170904/176475）、吉林工商学院（187640/182223/176475）、安徽艺术学院（187640/187789/203404）、浙江万里学院（187640/189615/185975）、廊坊师范学院（187640/189615/221117）、黑龙江工程学院（187640/202992/259330）、皖西学院（187640/—/—）、重庆文理学院（其他单列）（187640/—/—）、湖南科技学院（189445/128203/126766）、宁德师范学院（189445/170904/168671）、阿坝师范学院（189445/178470/185975）、武夷学院（189445/182223/181262）、平顶山学院（189445/184122/185975）、河南城建学院（189445/184122/224338）、新乡学院（189445/189615/193798）、吉林化工学院（189445/191481/222771）、池州学院（189445/193391/276009）、辽宁科技学院（189445/197206/217907）、营口理工学院（189445/201077/290800）、河北水利电力学院（189445/230549/129750）、沈阳理工大学（其他单列）（189445/—/—）、泰山学院（191323/158176/156390）、安康学院（191323/193391/184349）、内蒙古民族大学（191323/195268/208283）、山西工程技术学院（191323/197206/206643）、河北工业职业技术大学（191323/197206/—）、陇东学院（191323/201077/190631）、山东农业工程学院（191323/

续表

2023 年分数段（本科二批·理科）	院校分类	可报考院校（括号内依次为 2023、2022、2021 年投档线对应的最低省位次）
省位次 185834 名~195041 名（二本线上 66 分~70 分）	公办	201077/297990）、天水师范学院（191323/210875/179665）、浙江药科职业大学（191323/210875/—）、宝鸡文理学院（191323/228597/153381）、福建商学院（191323/312751/147350）、内江师范学院（193156/140270/156390）、嘉应学院（193156/161752/154848）、忻州师范学院（193156/182223/189083）、南阳师范学院（异地校区）（193156/185944/185975）、商洛学院（193156/187789/187565）、攀枝花学院（193156/189615/122496）、河南工程学院（软件类）（193156/189615/206643）、山西能源学院（193156/191481/190631）、哈尔滨学院（193156/195268/198637）、山西工学院（较高收费）（193156/210875/—）、玉溪师范学院（195041/176553/162483）、甘肃民族师范学院（195041/185944/190631）、河西学院（195041/195268/184349）、河北科技工程职业技术大学（195041/195268/—）、滇西科技师范学院（195041/197206/189083）、牡丹江师范学院（195041/197206/206643）、邯郸学院（195041/199130/201854）、四川旅游学院（195041/201077/164055）、贵州工程应用技术学院（195041/212825/189083）、龙岩学院（195041/246348/168671）、贵州民族大学（195041/—/—）
	民办	南京邮电大学通达学院（191323/187789/192193）、西南交通大学希望学院（191323/195268/182785）、北京中医药大学东方学院（191323/275482/198637）
省位次 195042 名~204468 名（二本线上 61 分~65 分）	保研资格	云南农业大学（较高收费）（200616/216733/283600）、河南财经政法大学（与俄罗斯人民友谊大学合办）（202505/145574/135597）、贵州中医药大学（较高收费）（204468/220603/283600）
	公办	鞍山师范学院（197003/184122/182785）、昭通学院（197003/185944/200256）、玉林师范学院（197003/193391/189083）、安顺学院（197003/195268/214734）、遵义师范学院（197003/197206/189083）、河北石油职业技术大学（197003/197206/190631）、榆林学院（197003/197206/203404）、黑河学院（197003/199130/198637）、黑龙江工业学院（197003/199130/200256）、辽东学院（197003/199130/229192）、山西工程科技职业大学（197003/199130/—）、商丘师范学院（与商丘职业技术学院联办）（197003/205021/197054）、兰州石化职业技术大学（197003/205021/—）、枣庄学院（197003/216733/192193）、信阳师范大学（软件类）（197003/—/—）、山西传媒学院（198806/156364/150381）、衡水学院（198806/174690/165585）、福建技术师范学院（198806/187789/185975）、亳州学院（198806/197206/184349）、贺州学院（198806/197206/213085）、百色学院（198806/202992/185975）、曲靖师范学院（198806/206955/190631）、梧州学院（198806/314509/156390）、重庆文理学院（较高收费）（200616/185944/173219）、大庆师范学院（200616/195268/192193）、河池学院（200616/195268/225988）、集宁师范学院（200616/197206/190631）、绥化学院（200616/199130/192193）、赤峰学院（200616/201077/208283）、桂林旅游学院（200616/201077/214734）、吉林农业科技学院（200616/202992/214734）、黔南民族师范学院（200616/212825/187565）、凯里学院（200616/250298/185975）、吉林建筑大学（较高收费）（200616/305497/157920）、沈阳理工大学（较高收费）（200616/312751/173219）、红河学院（200616/312751/195410）、吕梁学院（202505/184122/184349）、信阳农林学院（202505/197206/195410）、安阳师范学院（软件类）（202505/199130/197054）、普洱学院（202505/199130/201854）、河南牧业经济学院（农林矿）（202505/199130/205000）、唐山师范学院（202505/201077/

续表

2023 年分数段 （本科二批·理科）	院校分类	可报考院校 （括号内依次为 2023、2022、2021 年投档线对应的最低省位次）
省位次 195042 名~204468 名 （二本线上 61 分~65 分）	公办	187565）、广西科技大学（较高收费）（202505/202992/193798）、河南牧业经济学院（软件类）（202505/205021/233927）、信阳师范大学（中外合作办学）（202505/208851/200256）、哈尔滨金融学院（202505/218632/165585）、河南牧业经济学院（204468/178470/181262）、白城师范学院（204468/193391/192193）、楚雄师范学院（204468/199130/195410）、安阳师范学院（中外合作办学）（204468/199130/200256）、保山学院（204468/201077/—）、呼伦贝尔学院（204468/206955/203404）、许昌学院（较高收费）（204468/206955/253042）、郑州航空工业管理学院南乌拉尔学院（204468/212825/253042）、兰州资源环境职业技术大学（204468/214799/—）
	民办	河北师范大学汇华学院（197003/195268/187565）、南京航空航天大学金城学院（197003/208851/205000）、苏州大学应用技术学院（198806/199130/195410）、南京工业大学浦江学院（198806/205021/208283）、湖北医药学院药护学院（198806/305497/162483）、石家庄铁道大学四方学院（200616/201077/203404）、湖南理工学院南湖学院（200616/205021/200256）、四川传媒学院（200616/—/—）、苏州科技大学天平学院（202505/187789/189083）、湖南工业大学科技学院（202505/202992/209890）
省位次 204469 名~214176 名 （二本线上 56 分~60 分）	保研资格	河南中医药大学（与嵩山少林武术职业学院联合办学）（210220/214799/208283）、辽宁中医药大学（较高收费）（210220/222608/274530）、吉林农业大学（较高收费）（214176/208851/216337）
	公办	塔里木大学（206385/205021/237132）、新疆工程学院（206385/206955/251493）、商丘师范学院（软件类）（206385/210875/—）、郑州师范学院（中外合作办学）（206385/214799/—）、洛阳师范学院（中外合作办学）（206385/226591/185975）、陕西理工大学（较高收费）（206385/256194/—）、文山学院（206385/312751/192193）、三明学院（208260/167270/164055）、琼台师范学院（208260/170904/162483）、长春大学（较高收费）（208260/187789/168671）、河北民族师范学院（208260/191481/292189）、萍乡学院（208260/193391/190631）、洛阳理工学院（中外合作办学）（208260/212825/200256）、广西农业职业技术大学（208260/214799/—）、信阳师范大学（异地校区）（208260/—/—）、南京特殊教育师范学院（210220/161752/156390）、菏泽学院（210220/170904/168671）、豫章师范学院（210220/170904/176475）、南阳师范学院（软件类）（210220/202992/198637）、黄淮学院（中外合作办学）（210220/205021/203404）、鄂尔多斯应用技术学院（210220/205021/213085）、喀什大学（210220/206955/205000）、新疆政法学院（210220/208851/208283）、新疆工程学院（较高收费）（210220/214799/238693）、河套学院（210220/287021/189083）、锦州医科大学（医护类）（210220/—/—）、太原师范学院（212192/123094/128279）、兰州城市学院（212192/187789/159463）、周口师范学院（较高收费）（212192/205021/209890）、新疆理工学院（212192/210875/206643）、哈尔滨体育学院（212192/212825/211482）、新疆科技学院（212192/214799/208283）、西藏农牧学院（212192/214799/214734）、广西财经学院（较高收费）（212192/218632/263892）、长春大学（特殊类型）（212192/—/—）、平顶山学院（软件类）（212192/—/—）、通化师范学院（214176/193391/190631）、呼和浩特民族学院（214176/201077/206643）、伊犁师范大学（214176/202992/203404）、呼和浩特民族学院（较高收费）（214176/206955/214734）、昌吉学院（214176/210875/217907）、南阳理工学院（中外合作办学）（214176/216733/229192）

续表

2023年分数段（本科二批·理科）	院校分类	可报考院校（括号内依次为2023、2022、2021年投档线对应的最低省位次）
省位次204469名~214176名（二本线上56分~60分）	民办	江苏科技大学苏州理工学院（206385/201077/198637）、西安交通大学城市学院（206385/214799/200256）、杭州电子科技大学信息工程学院（206385/224604/262361）、湘潭大学兴湘学院（208260/205021/200256）、赣南师范大学科技学院（208260/206955/195410）、长沙理工大学城南学院（208260/208851/197054）、中国矿业大学徐海学院（208260/208851/201854）、湖南文理学院芙蓉学院（208260/212825/222771）、重庆工程学院（210220/208851/203404）、中南林业科技大学涉外学院（210220/214799/222771）、江苏大学京江学院（210220/216733/201854）、南昌大学科学技术学院（210220/216733/203404）、茅台学院（210220/218632/205000）、南昌航空大学科技学院（210220/224604/206643）、重庆人文科技学院（212192/208851/211482）、扬州大学广陵学院（212192/212825/195410）、集美大学诚毅学院（212192/214799/195410）、贵州中医药大学时珍学院（212192/214799/201854）、长江大学文理学院（212192/218632/214734）、天津医科大学临床医学院（212192/222608/211482）、江西财经大学现代经济管理学院（212192/222608/217907）、成都锦城学院（212192/222608/297990）、辽宁中医药大学杏林学院（212192/242380/217907）、重庆财经学院（214176/208851/192193）、重庆工商大学派斯学院（214176/212825/214734）、南华大学船山学院（214176/216733/213085）、北京理工大学珠海学院（214176/218632/233927）、常州大学怀德学院（214176/222608/209890）、四川大学锦江学院（214176/224604/201854）、青海大学昆仑学院（214176/224604/225988）、吉首大学张家界学院（214176/230549/233927）、南京理工大学泰州科技学院（214176/232453/200256）、南京师范大学中北学院（214176/260151/198637）、河北工程大学科信学院（214176/279381/198637）
省位次214177名~223738名（二本线上51分~55分）	保研资格	华北水利水电大学（与嵩山少林武术职业学院联办）（216090/214799/193798）、渤海大学（特殊类型）（216090/250298/293683）、广西艺术学院（217952/180296/190631）
	公办	郑州大学体育学院（216090/224604/178120）、阜阳师范大学（较高收费）（216090/230549/—）、新乡学院（中外合作办学）（216090/232453/227590）、荆楚理工学院（较高收费）（216090/248312/—）、吉林医药学院（较高收费）（217952/205021/201854）、河南城建学院（中外合作办学）（217952/218632/211482）、周口师范学院（中外合作办学）（217952/224604/222771）、昌吉学院（较高收费）（217952/226591/211482）、西藏藏医药大学（217952/—/—）、内蒙古科技大学包头师范学院（219911/185944/189083）、榆林学院（较高收费）（219911/230549/216337）、长春师范大学（其他单列）（221856/199130/192193）、商丘师范学院（中外合作办学）（221856/226591/219532）、平顶山学院（中外合作办学）（221856/238493/237132）、锦州医科大学（较高收费）（221856/256194/—）、安阳工学院（中外合作办学）（其他单列）（221856/—/—）、贵州商学院（223738/263993/217907）、长春大学（其他单列）（223738/298177/—）
	民办	厦门大学嘉庚学院（216090/226591/280640）、广西中医药大学赛恩斯新医药学院（216090/236478/219532）、江苏师范大学科文学院（217952/212825/208283）、南京师范大学泰州学院（217952/220603/209890）、湖北工程学院新技术学院（217952/228597/208283）、昆明医科大学海源学院（219911/214799/157920）、武汉晴川学院（219911/222608/221117）、江西农业大学南昌商学院（219911/224604/217907）、武汉生物工程学院（219911/232453/

续表

2023 年分数段（本科二批·理科）	院校分类	可报考院校（括号内依次为 2023、2022、2021 年投档线对应的最低省位次）
省位次 214177 名~223738 名（二本线上 51 分~55 分）	民办	209890）、重庆城市科技学院（219911/232453/283600）、西安理工大学高科学院（221856/224604/229192）、南通大学杏林学院（221856/226591/224338）、湖南农业大学东方科技学院（221856/234449/292189）、辽宁何氏医学院（221856/236478/240321）、三峡大学科技学院（221856/240478/289382）、重庆对外经贸学院（223738/220603/217907）、湖北工业大学工程技术学院（223738/248312/293683）、湖南科技大学潇湘学院（223738/312751/201854）
省位次 223739 名~233549 名（二本线上 46 分~50 分）	公办	许昌学院（中外合作办学）（225698/222608/211482）、河南牧业经济学院（中外合作办学）（225698/230549/219532）、商洛学院（较高收费）（225698/254266/—）、南阳师范学院（中外合作办学）（227633/222608/214734）、吉林农业科技学院（较高收费）（227633/240478/219532）、商丘师范学院（229602/163606/165585）、济宁学院（229602/176553/171656）、台州学院（较高收费）（229602/232453/296564）、湖北工程学院（较高收费）（229602/240478/273082）、北部湾大学（其他单列）（229602/—/—）、南阳师范学院（农林矿）（231580/182223/189083）、吉林工程技术师范学院（231580/191481/190631）、长春工程学院（较高收费）（231580/212825/205000）、长江师范学院（较高收费）（231580/238493/201854）、南昌师范学院（233549/133288/135597）、安阳师范学院（233549/152694/154848）、张家口学院（233549/165467/162483）、邯郸学院（较高收费）（233549/252264/293683）、平顶山学院马拉加工程学院（233549/—/—）
	民办	新乡医学院三全学院（225698/220603/216337）、武汉文理学院（225698/222608/213085）、湖北文理学院理工学院（225698/228597/248295）、晋中信息学院（225698/234449/224338）、武昌首义学院（225698/236478/221117）、重庆移通学院（225698/248312/283600）、西南财经大学天府学院（其他单列）（225698/—/—）、信阳学院（227633/228597/235515）、四川工业科技学院（227633/232453/225988）、上海财经大学浙江学院（227633/242380/201854）、黄河科技学院（227633/242380/238693）、湖北师范大学文理学院（229602/216733/205000）、珠海科技学院（229602/238493/266965）、温州医科大学仁济学院（229602/254266/217907）、成都理工大学工程技术学院（229602/312751/195410）、西安培华学院（231580/220603/217907）、郑州科技学院（231580/236478/230786）、武汉华夏理工学院（231580/242380/238693）、中国计量大学现代科技学院（231580/242380/245065）、天津理工大学中环信息学院（231580/244367/240321）、潍坊科技学院（231580/248312/245065）、贵州医科大学神奇民族医药学院（233549/135000/132697）、江西师范大学科学技术学院（233549/208851/208283）、武汉工程大学邮电与信息工程学院（233549/234449/233927）、浙江师范大学行知学院（233549/236478/232325）、马鞍山学院（233549/240478/241940）、福建农林大学金山学院（233549/256194/235515）、文华学院（233549/265962/222771）、湖北大学知行学院（233549/305497/205000）
省位次 233550 名~243094 名（二本线上 41 分~45 分）	保研资格	西北师范大学（较高收费）（237404/169125/245065）、新疆农业大学（较高收费）（237404/288892/222771）

续表

2023 年分数段（本科二批·理科）	院校分类	可报考院校（括号内依次为 2023、2022、2021 年投档线对应的最低省位次）
省位次 233550 名~243094 名（二本线上 41 分~45 分）	公办	凯里学院（较高收费）（235469/263993/—）、天津城建大学（较高收费）（237404/208851/189083）、安阳工学院（中外合作办学）（237404/234449/221117）、通化师范学院（较高收费）（237404/252264/225988）、吉林化工学院（较高收费）（237404/310959/—）、锦州医科大学（其他单列）（237404/—/—）、六盘水师范学院（239276/169125/170142）、吉林工程技术师范学院（较高收费）（239276/279381/221117）、河北环境工程学院（241174/180296/179665）、河南科技学院苏梅国际学院（241174/250298/—）、辽宁工业大学（其他单列）（241174/—/—）、沈阳体育学院（243094/174690/171656）
	民办	湖北恩施学院（235469/193391/213085）、大连医科大学中山学院（235469/234449/227590）、山西晋中理工学院（235469/246348/274530）、沧州交通学院（235469/254266/254608）、烟台理工学院（235469/254266/297990）、郑州西亚斯学院（237404/250298/245065）、青岛农业大学海都学院（237404/254266/241940）、武昌工学院（237404/265962/227590）、三江学院（239276/226591/216337）、四川外国语大学成都学院（239276/236478/195410）、广西民族大学相思湖学院（239276/248312/243532）、西安建筑科技大学华清学院（239276/256194/225988）、武昌理工学院（241174/222608/216337）、电子科技大学中山学院（241174/240478/240321）、无锡太湖学院（241174/242380/227590）、南通理工学院（241174/246348/245065）、浙江工商大学杭州商学院（241174/256194/240321）、武汉工商学院（241174/256194/256159）、安徽信息工程学院（241174/—/—）、南京财经大学红山学院（243094/296338/205000）
省位次 243095 名~252817 名（二本线上 36 分~40 分）	保研资格	渤海大学（较高收费）（247029/172819/162483）、武汉体育学院（249000/126499/128279）
	公办	白城师范学院（较高收费）（250931/—/—）
	民办	桂林学院（245035/244367/241940）、武昌理工学院（较高收费）（245035/248312/248295）、天津外国语大学滨海外事学院（245035/279381/217907）、西南财经大学天府学院（245035/310959/203404）、青岛滨海学院（247029/287021/295123）、山东财经大学东方学院（247029/290759/260851）、北京城市学院（247029/292646/237132）、广州软件学院（249000/170904/203404）、重庆外语外事学院（249000/224604/214734）、广州理工学院（249000/265962/—）、南昌理工学院（249000/267903/292189）、成都东软学院（249000/314509/201854）、福州大学至诚学院（249000/314509/224338）、西安外事学院（250931/252264/241940）、河南开封科技传媒学院（250931/254266/251493）、福建师范大学协和学院（250931/263993/227590）、江西科技学院（250931/273612/297990）、武汉学院（250931/312751/225988）、中原科技学院（250931/314509/227590）、绵阳城市学院（252817/256194/253042）、郑州工商学院（252817/258144/254608）、郑州经贸学院（252817/260151/251493）、湖北恩施学院（较高收费）（252817/—/—）、上海杉达学院（其他单列）（252817/无/279013）
省位次 252818 名~262241 名（二本线上 31 分~35 分）	保研资格	青海民族大学（较高收费）（254693/279381/—）
	公办	佛山科学技术学院（254693/147371/132697）、北部湾大学（较高收费）（254693/287021/297990）、南阳师范学院（262241/149109/148869）、石家庄学院（262241/154495/154848）、海南热带海洋学院（较高收费）（262241/265962/227590）

续表

2023 年分数段 (本科二批·理科)	院校分类	可报考院校 (括号内依次为 2023、2022、2021 年投档线对应的最低省位次)
省位次 252818 名~262241 名 (二本线上 31 分~35 分)	民办	西安思源学院(254693/254266/245065)、烟台科技学院(254693/262086/248295)、武汉城市学院(254693/273612/297990)、北京理工大学珠海学院(较高收费)(254693/277403/268493)、武汉工程科技学院(254693/277403/289382)、内蒙古大学创业学院(256642/260151/241940)、郑州升达经贸管理学院(256642/265962/243532)、武汉东湖学院(256642/275482/289382)、南昌交通学院(256642/283237/295123)、汉口学院(258525/269806/297990)、齐鲁理工学院(258525/273612/262361)、燕京理工学院(258525/292646/238693)、山西应用科技学院(260429/262086/257747)、郑州西亚斯学院(数字技术产业学院)(260429/262086/—)、西京学院(260429/277403/233927)、重庆机电职业技术大学(262241/254266/254608)、郑州商学院(262241/262086/257747)、西安财经大学行知学院(262241/307335/222771)、浙江工业大学之江学院(262241/312751/222771)、宁波大学科学技术学院(262241/314509/233927)
省位次 262242 名~271868 名 (二本线上 26 分~30 分)	民办	绍兴文理学院元培学院(264262/267903/249868)、大连理工大学城市学院(264262/267903/256159)、皖江工学院(264262/269806/257747)、武汉纺织大学外经贸学院(264262/279381/276009)、宁夏大学新华学院(264262/283237/243532)、贵州黔南经济学院(264262/307335/211482)、北京科技大学天津学院(264262/312751/230786)、重庆财经学院(较高收费)(264262/—/—)、山东协和学院(266148/267903/276009)、西安明德理工学院(266148/277403/279013)、西安交通工程学院(266148/292646/241940)、吉林动画学院(266148/312751/219532)、烟台南山学院(266148/314509/227590)、福建师范大学协和学院(其他单列)(266148/—/—)、蚌埠工商学院(268026/256194/248295)、景德镇艺术职业大学(268026/288892/293683)、天津财经大学珠江学院(268026/301870/248295)、四川工商学院(268026/303736/201854)、山西工商学院(268026/310959/243532)、西安科技大学高新学院(较高收费)(268026/—/—)、商丘学院(269959/265962/254608)、合肥城市学院(269959/273612/296564)、郑州工业应用技术学院(269959/273612/297990)、新乡工程学院(269959/277403/297990)、南昌工学院(269959/279381/293683)、淮北理工学院(269959/288892/—)、南昌应用技术师范学院(269959/290759/219532)、浙江理工大学科技与艺术学院(269959/310959/237132)、河北传媒学院(269959/—/—)、吉利学院(271868/262086/256159)、广东科技学院(271868/265962/257747)、安阳学院(271868/267903/—)、荆州学院(271868/273612/271535)、浙江树人学院(271868/281322/246717)、昆明文理学院(271868/288892/254608)、郑州财经学院(271868/292646/248295)、武汉设计工程学院(271868/294463/246717)、西安科技大学高新学院(271868/—/—)
省位次 271869 名~281485 名 (二本线上 21 分~25 分)	公办	桂林旅游学院(较高收费)(275766/290759/296564)、郑州师范学院(281485/138531/135597)、贵州财经大学(较高收费)(281485/197206/200256)
	民办	西安欧亚学院(273775/271716/273082)、云南大学滇池学院(273775/273612/273082)、南昌职业大学(273775/283237/274530)、浙江农林大学暨阳学院(273775/296338/253042)、浙江财经大学东方学院(273775/307335/237132)、湖北经济学院法商学院(275766/263993/253042)、商丘学院(应用科技学院,办学地点在开封)(275766/275482/262361)、武汉体育学院体育科技学院(275766/294463/246717)、湖北商贸学院(277702/275482/254608)、商丘工学院(277702/277403/269968)、青岛黄海学院(277702/

续表

2023 年分数段（本科二批 · 理科）	院校分类	可报考院校（括号内依次为 2023、2022、2021 年投档线对应的最低省位次）
省位次 271869 名~281485 名（二本线上 21 分~25 分）	民办	277403/269968）、河北科技学院（277702/277403/276009）、运城职业技术大学（277702/277403/—）、湖南应用技术学院（277702/285152/282125）、青岛工学院（277702/287021/262361）、陕西国际商贸学院（277702/312751/257747）、天津财经大学珠江学院（较高收费）（279582/279381/265432）、黄河交通学院（279582/283237/273082）、陕西科技大学镐京学院（279582/287021/263892）、青岛城市学院（279582/287021/292189）、西安科技大学高新学院（其他单列）（279582/294463/253042）、天津商业大学宝德学院（279582/309180/243532）、河北东方学院（279582/314509/243532）、安徽新华学院（281485/275482/296564）、贵阳信息科技学院（281485/281322/297990）、黄河科技学院（应用技术学院）（281485/285152/273082）、广州新华学院（281485/285152/292189）、内蒙古鸿德文理学院（281485/288892/266965）、广州城市理工学院（281485/288892/297990）、云南经济管理学院（281485/292646/276009）、广州软件学院（较高收费）（281485/310959/—）、华北理工大学轻工学院（281485/314509/240321）
省位次 281486 名~290883 名（二本线上 16 分~20 分）	公办	河南牧业经济学院卡洛理工国际学院（283404/321577/—）
	民办	上海杉达学院（较高收费）（283404/244367/221117）、保定理工学院（283404/283237/273082）、河南科技职业大学（283404/285152/273082）、延安大学西安创新学院（283404/287021/259330）、山东现代学院（283404/288892/280640）、大连科技学院（283404/290759/273082）、上海师范大学天华学院（283404/296338/260851）、湘潭理工学院（283404/307335/248295）、桂林信息科技学院（283404/312751/266965）、河北地质大学华信学院（283404/314509/257747）、河北工程技术学院（285277/275482/295123）、西安信息职业大学（285277/281322/271535）、昆明城市学院（285277/281322/286455）、新疆天山职业技术大学（285277/287021/257747）、陕西服装工程学院（285277/287021/273082）、江西应用科技学院（285277/287021/284988）、山东华宇工学院（285277/287021/297990）、泉州职业技术大学（285277/288892/273082）、厦门工学院（285277/294463/287920）、广东东软学院（285277/296338/260851）、福建师范大学协和学院（较高收费）（285277/309180/251493）、山东外国语职业技术大学（285277/312751/265432）、江西服装学院（285277/314509/273082）、黑龙江财经学院（287135/285152/273082）、广州南方学院（287135/288892/284988）、西安汽车职业大学（287135/290759/276009）、长春光华学院（287135/292646/287920）、浙江广厦建设职业技术大学（287135/292646/—）、四川文化艺术学院（287135/294463/256159）、青岛恒星科技学院（287135/296338/273082）、丽江文化旅游学院（287135/303736/277505）、闽南科技学院（287135/305497/254608）、大连财经学院（287135/305497/265432）、云南艺术学院文华学院（287135/310959/251493）、昆明理工大学津桥学院（287135/310959/254608）、厦门华厦学院（287135/314509/265432）、西安欧亚学院（较高收费）（287135/—/—）、西安工商学院（289014/273612/262361）、兰州信息科技学院（289014/277403/297990）、南宁学院（289014/281322/237132）、仰恩大学（289014/281322/260851）、兰州博文科技学院（289014/281322/297990）、安徽外国语学院（289014/285152/295123）、大连东软信息学院（289014/287021/269968）、哈尔滨广厦学院（289014/288892/273082）、天津仁爱学院（289014/292646/296564）、沈阳工学院（289014/294463/274530）、南宁理工学院（289014/296338/296564）、河北外国语学院（289014/305497/265432）、宁夏理工学院（289014/309180/268493）、哈尔滨剑桥学院（289014/314509/277505）、郑州科技学院（较高收费）（290883/

续表

2023 年分数段（本科二批·理科）	院校分类	可报考院校（括号内依次为 2023、2022、2021 年投档线对应的最低省位次）
省位次 281486 名~290883 名（二本线上 16 分~20 分）	民办	267903/262361）、柳州工学院（290883/281322/290800）、吉林师范大学博达学院（290883/283237/296564）、辽宁理工职业大学（290883/287021/—）、银川科技学院（290883/290759/279013）、长春电子科技学院（290883/290759/297990）、哈尔滨信息工程学院（290883/294463/273082）、长春科技学院（290883/294463/297990）、长春人文学院（290883/296338/293683）、沈阳科技学院（290883/298177/276009）、辽宁理工学院（290883/298177/279013）、广东培正学院（290883/309180/274530）、广州商学院（290883/310959/232325）、福州理工学院（290883/312751/257747）、泰山科技学院（290883/312751/262361）
省位次 290884 名~300076 名（二本线上 11 分~15 分）	保研资格	沈阳师范大学（特殊类型）（300076/—/—）
	公办	海南医学院（较高收费）（294589/—/—）
	民办	西安翻译学院（292709/277403/265432）、长春财经学院（292709/292646/293683）、哈尔滨石油学院（292709/294463/277505）、闽南理工学院（292709/301870/269968）、广西城市职业大学（292709/301870/276009）、哈尔滨华德学院（292709/303736/273082）、重庆移通学院（较高收费）（292709/303736/295123）、哈尔滨远东理工学院（292709/305497/277505）、山东英才学院（292709/309180/269968）、长春工业大学人文信息学院（292709/310959/282125）、吉林建筑科技学院（294589/288892/297990）、黑龙江东方学院（294589/290759/283600）、长春建筑学院（294589/290759/297990）、辽宁财贸学院（294589/292646/283600）、宁波财经学院（294589/294463/259330）、长春大学旅游学院（294589/294463/295123）、大连工业大学艺术与信息工程学院（294589/300059/277505）、广东外语外贸大学南国商学院（294589/301870/254608）、辽宁师范大学海华学院（294589/303736/273082）、沈阳城市建设学院（294589/303736/277505）、郑州西亚斯学院（中外合作办学）（294589/303736/280640）、郑州商学院（较高收费）（294589/307335/—）、温州商学院（294589/310959/273082）、广西外国语学院（294589/312751/262361）、泉州信息工程学院（296409/281322/268493）、吉林外国语大学（296409/287021/297990）、天津仁爱学院（其他单列）（296409/290759/—）、沈阳城市学院（296409/292646/277505）、齐齐哈尔工程学院（296409/296338/279013）、东莞城市学院（296409/300059/293683）、广东理工学院（296409/309180/260851）、北京邮电大学世纪学院（296409/309180/280640）、上海杉达学院（296409/314509/266965）、安徽文达信息工程学院（298246/265962/260851）、福建农林大学金山学院（较高收费）（298246/290759/277505）、黑龙江工商学院（298246/298177/280640）、广州华商学院（298246/301870/273082）、江西应用科技学院（较高收费）（298246/301870/—）、广州华立学院（298246/305497/268493）、黑龙江工程学院昆仑旅游学院（298246/309180/280640）、上海中侨职业技术大学（298246/310959/283600）、浙江越秀外国语学院（298246/312751/265432）、上海建桥学院（较高收费）（298246/312751/296564）、天津天狮学院（298246/314509/257747）、湖南涉外经济学院（298246/314509/266965）、上海建桥学院（特殊类型）（298246/—/—）、华南农业大学珠江学院（300076/269806/268493）、安徽三联学院（300076/279381/268493）、山东工程职业技术大学（300076/281322/268493）、银川能源学院（300076/281322/276009）、黑龙江外国语学院（300076/298177/277505）、吉林外国语大学（较高收费）（300076/300059/296564）、辽宁对外经贸学院（300076/303736/283600）、北京工业大学耿丹学院（300076/305497/282125）、海口经济学院（300076/309180/286455）、福州外语外贸学院（300076/314509/265432）、上海建桥学院（300076/314509/282125）、广州南方学院（较高收费）（300076/314509/—）

续表

2023年分数段 （本科二批·理科）	院校分类	可报考院校 （括号内依次为2023、2022、2021年投档线对应的最低省位次）
省位次300077名~309237名 （二本线上6分~10分）	公办	四川旅游学院（较高收费）（301909/—/—）、榆林学院（其他单列）（305605/—/—）、河南财政金融学院（309237/165467/164055）
	民办	兰州工商学院（301909/279381/289382）、福州工商学院（301909/288892/269968）、广州南方学院（其他单列）（301909/312751/—）、广州商学院（其他单列）（301909/314509/279013）、广东工商职业技术大学（301909/—/—）、三亚学院（其他单列）（303789/310959/274530）、泉州信息工程学院（较高收费）（303789/312751/279013）、四川电影电视学院（305605/174690/198637）、成都银杏酒店管理学院（307409/265962/277505）、阳光学院（较高收费）（307409/298177/296564）、阳光学院（307409/300059/277505）、广州工商学院（307409/314509/276009）、浙江越秀外国语学院（较高收费）（309237/285152/282125）、海南科技职业大学（309237/298177/279013）、广州商学院（较高收费）（309237/312751/—）
省位次309238名~320263名 （二本线上5分以内）	公办	三明学院（较高收费）（316583/248312/297990）、岭南师范学院（较高收费）（318459/230549/246717）、南阳师范学院（中外合作办学）（较高收费）（320263/—/—）、湖南人文科技学院（较高收费）（无/222608/201854）
	民办	三亚学院（311112/279381/282125）、上海建桥学院（其他单列）（314815/230549/—）、三亚学院（较高收费）（316583/294463/—）、上海兴伟学院（316583/310959/286455）、上海立达学院（318459/314509/287920）、北京第二外国语学院中瑞酒店管理学院（318459/314509/295123）、广州工商学院（较高收费）（318459/—/—）、上海外国语大学贤达经济人文学院（较高收费）（320263/309180/287920）、首都师范大学科德学院（320263/309180/292189）、北京第二外国语学院中瑞酒店管理学院（较高收费）（320263/310959/296564）、上海外国语大学贤达经济人文学院（320263/312751/283600）、北京工商大学嘉华学院（320263/312751/286455）
二本线下降分录取	公办	河南牧业经济学院（较高收费）（325658/—/—）

第六节　高职高专批（理科）各分数段对应可报考院校统计

本节中的院校分类，公办包含保研资格高校、公办本科高校和公办专科高校，民办包含民办本科高校、民办专科高校和中外合作办学的专科高校。

由于河南省教育考试院暂未公布高职高专批2023年平行志愿投档分数线，本节为2022年数据（见表4-6，不含2023年不在河南省招生的院校计划），仅供参考。2023年数据在河南省教育考试院公布后以电子版形式发送。

表4-6　高职高专批（理科）各分数段对应可报考院校统计

2022年分数段 （高职高专批·理科）	院校分类	可报考院校
二本线及以上	公办	深圳职业技术大学、张家口学院、山东医学高等专科学校、南京铁道职业技术学院、华北理工大学、沈阳医学院、东北石油大学、无锡职业技术学院、山东中医药高等专科学校、北京青年政治学院、汉江师范学院、金华职业技术学院、云南农业大学、重庆医药高等专科学校、桂林理工大学、江西医学高等专科学校、陕西工业职业技术学院、

续表

2022年分数段（高职高专批·理科）	院校分类	可报考院校
二本线及以上	公办	天津中德应用技术大学、武汉职业技术学院、新乡学院、安徽中医药高等专科学校、北京电子科技职业学院、成都航空职业技术学院、荆楚理工学院、宁波职业技术学院、苏州卫生职业技术学院、杭州职业技术学院、天津师范大学、长沙航空职业技术学院、浙江金融职业学院、安徽医学高等专科学校、北京工业职业技术学院（较高收费）、桂林航天工业学院、湖北中医药高等专科学校、苏州市职业大学、中国劳动关系学院、重庆电子工程职业学院、重庆工业职业技术学院、常州信息职业技术学院、南京信息职业技术学院、信阳师范大学（较高收费）、浙江机电职业技术学院、广东轻工职业技术学院、焦作师范高等专科学校、北京工业职业技术学院、辽东学院、益阳医学高等专科学校、重庆三峡医药高等专科学校、杭州科技职业技术学院、江西师范高等专科学校、武汉软件工程职业学院、郑州幼儿师范高等专科学校、遵义医药高等专科学校、江苏经贸职业技术学院、洛阳理工学院（软件类）、陕西国防工业职业技术学院、天津医学高等专科学校、浙江经济职业技术学院、郑州师范学院、安阳工学院、许昌学院、长沙卫生职业学院
	民办	辽宁理工职业大学
省位次314510名~321577名（专科线上211分~214分）	公办	鞍山师范学院、北京信息职业技术学院、连云港师范高等专科学校、商丘师范学院（中外合作办学）、苏州经贸职业技术学院、天津电子信息职业技术学院、长沙民政职业技术学院、北京农业职业学院、黄河水利职业技术学院、南京机电职业技术学院、西安电力高等专科学校、重庆工商职业学院、黄淮学院、河南财经政法大学（与爱尔兰合办）、石家庄邮电职业技术学院、武汉城市职业学院
	民办	商丘学院、西安科技大学高新学院
省位次321578名~330301名（专科线上206分~210分）	公办	安阳师范学院（中外合作办学）、湖南信息职业技术学院、南京科技职业学院、平顶山学院、上海电子信息职业技术学院、长春医学高等专科学校、河南经贸职业学院、湖北幼儿师范高等专科学校、桐城师范高等专科学校、武汉铁路职业技术学院、赣州师范高等专科学校、天津市职业大学、湖南大众传媒职业技术学院、邢台医学高等专科学校、重庆城市管理职业学院、北京交通运输职业学院、北京交通职业技术学院、湖南幼儿师范高等专科学校、武汉工程职业技术学院、浙江经贸职业技术学院
	民办	成都理工大学工程技术学院、四川大学锦江学院
省位次330302名~338741名（专科线上201分~205分）	公办	吉林警察学院、江苏卫生健康职业学院、四川工程职业技术学院、广州民航职业技术学院、开封大学、苏州工业职业技术学院、天津现代职业技术学院、西安航空职业技术学院、广东科学技术职业学院、河南职业技术学院、江苏城市职业学院、上海民航职业技术学院、石家庄幼儿师范高等专科学校、温州职业技术学院、重庆工程职业技术学院、南通职业大学、南阳医学高等专科学校（其他单列）、杨凌职业技术学院、浙江商业职业技术学院、重庆财经职业学院、白城医学高等专科学校、浙江工商职业技术学院、郑州铁路职业技术学院、郑州幼儿师范高等专科学校（较高收费）
	民办	西安医学高等专科学校、武汉生物工程学院
省位次338742名~346832名（专科线上196分~200分）	公办	浙江交通职业技术学院、成都纺织高等专科学校、曲靖医学高等专科学校、武汉电力职业技术学院、重庆电力高等专科学校、河南工业职业技术学院、四川司法警官职业学院、河南医学高等专科学校、南京城市职业学院、芜湖职业技术学院、郑州电力高等专科学校、河北金融学院、河北软件职业技术学院、焦作大学、西安铁路职业技术学院
	民办	三峡大学科技学院、武汉学院

续表

2022 年分数段（高职高专批・理科）	院校分类	可报考院校
省位次 346833 名～354629 名（专科线上 191 分～195 分）	公办	承德护理职业学院、上海城建职业学院、上海科学技术职业学院、郑州工程技术学院（软件类）、安阳幼儿师范高等专科学校、常州机电职业技术学院、广州番禺职业技术学院、江苏农林职业技术学院、江苏医药职业学院、江西中医药高等专科学校、开封大学（软件类）、浙江工贸职业技术学院、四川建筑职业技术学院、肇庆医学高等专科学校、浙江工业职业技术学院、江苏工程职业技术学院、山东商业职业技术学院、四川交通职业技术学院、武汉交通职业学院、重庆航天职业技术学院、河南检察职业学院、南阳医学高等专科学校
	民办	四川外国语大学成都学院
省位次 354630 名～362196 名（专科线上 186 分～190 分）	公办	江西水利职业学院、南京交通职业技术学院、山西职业技术学院、浙江建设职业技术学院、淄博职业学院、江苏农牧科技职业学院、安庆医药高等专科学校、上饶幼儿师范高等专科学校、襄阳职业技术学院、浙江邮电职业技术学院、郑州职业技术学院、山西工程科技职业大学、石家庄铁路职业技术学院、重庆幼儿师范高等专科学校、河南经贸职业学院（软件类）、河南牧业经济学院、湖南高速铁路职业技术学院、江苏建筑职业技术学院、江西信息应用职业技术学院、青岛职业技术学院、厦门城市职业学院
省位次 362197 名～369640 名（专科线上 181 分～185 分）	公办	浙江同济科技职业学院、河南牧业经济学院（软件类）、湖北职业技术学院、洛阳理工学院（中外合作办学）、湖北财税职业学院、湖南铁道职业技术学院、山东外贸职业学院、天津滨海职业学院、天津轻工职业技术学院、咸阳职业技术学院、枣庄职业学院、安徽职业技术学院、北京财贸职业学院、上海工艺美术职业学院、天津机电职业技术学院、黑龙江旅游职业技术学院
省位次 369641 名～376701 名（专科线上 176 分～180 分）	公办	黔南民族医学高等专科学校、云南财经职业学院、海南热带海洋学院、兰州石化职业技术大学、上海出版印刷高等专科学校、上海交通职业技术学院、浙江旅游职业学院、河南司法警官职业学院、江苏护理职业学院、漯河医学高等专科学校、许昌职业技术学院、长沙职业技术学院、郑州电力高等专科学校（较高收费）、福建卫生职业技术学院、广州铁路职业技术学院、河南工程学院（软件类，其他单列）、河南交通职业技术学院、湖北科技职业学院、江苏海事职业技术学院、江西电力职业技术学院、武汉船舶职业技术学院、河南农业职业学院、河南信息统计职业学院、陕西铁路工程职业技术学院（较高收费）、温州科技职业学院
省位次 376702 名～383490 名（专科线上 171 分～175 分）	公办	江苏信息职业技术学院、陕西财经职业技术学院、陕西交通职业技术学院、陕西铁路工程职业技术学院、四川文化产业职业学院、皖西卫生职业学院、重庆建筑工程职业学院、重庆三峡职业学院、北京劳动保障职业学院、楚雄医药高等专科学校、广州卫生职业技术学院、贵州交通职业技术学院、河北轨道运输职业技术学院、黄冈职业技术学院、昆明冶金高等专科学校、苏州农业职业技术学院、苏州信息职业技术学院、东莞职业技术学院、广东省外语艺术职业学院、湖北水利水电职业技术学院、上海行健职业学院、无锡商业职业技术学院、重庆水利电力职业技术学院、保定电力职业技术学院、河北工业职业技术大学、信阳职业技术学院、郑州铁路职业技术学院（软件类）、郑州财税金融职业学院
	民办	郑州科技学院
省位次 383491 名～389899 名（专科线上 166 分～170 分）	公办	广州城市职业学院、闽江师范高等专科学校、山东畜牧兽医职业学院、商丘医学高等专科学校、广州民航职业技术学院（较高收费）、河北建材职业技术学院、河南建筑

续表

2022 年分数段（高职高专批·理科）	院校分类	可报考院校
省位次 383491 名～389899 名（专科线上 166 分～170 分）	公办	职业技术学院、河南应用技术职业学院、湖北生物科技职业学院、湖州职业技术学院、山东化工职业学院、武汉警官职业学院、西安职业技术学院、哈密职业技术学院、河南财政金融学院（中外合作办学）、湖南科技职业学院、九江职业大学、顺德职业技术学院、徐州工业职业技术学院、郑州信息科技职业学院、广西电力职业技术学院、河南水利与环境职业学院
省位次 389900 名～396225 名（专科线上 161 分～165 分）	公办	海南体育职业技术学院、张家界航空工业职业技术学院、海南政法职业学院、湖南交通职业技术学院、山东职业学院、运城幼儿师范高等专科学校、北京经济管理职业学院、上海出版印刷高等专科学校（较高收费）、驻马店幼儿师范高等专科学校、常州工程职业技术学院、汉中职业技术学院、湖北三峡职业技术学院、湖南工业职业技术学院、惠州卫生职业技术学院、南阳医学高等专科学校（中外合作办学）、广东机电职业技术学院
省位次 396226 名～402376 名（专科线上 156 分～160 分）	公办	福建电力职业技术学院、山东理工职业学院、上海农林职业技术学院、天津铁道职业技术学院、长江工程职业技术学院、鹤壁职业技术学院、江苏电子信息职业学院、江苏食品药品职业技术学院、九江职业技术学院、宁波城市职业技术学院、无锡城市职业技术学院、福建信息职业技术学院、河南医学高等专科学校（较高收费）、湖南铁路科技职业技术学院、江苏商贸职业学院、山东科技职业学院、四川护理职业学院、北京社会管理职业学院、河南工程学院（中外合作办学）、河南林业职业学院、石家庄职业技术学院、江苏航运职业技术学院、洛阳职业技术学院、郑州卫生健康职业学院
	民办	湖北师范大学文理学院、湖南三一工业职业技术学院、文华学院、眉山药科职业学院
省位次 402377 名～408438 名（专科线上 151 分～155 分）	公办	广州科技贸易职业学院、河北科技工程职业技术大学、日照职业技术学院、河北司法警官职业学院、河北正定师范高等专科学校、河南测绘职业学院、嘉兴职业技术学院、山东药品食品职业学院、郑州铁路职业技术学院（中外合作办学）、辽宁工程职业学院、扬州市职业大学、海南经贸职业技术学院、许昌职业技术学院（软件类）、河南工业贸易职业学院、铜仁幼儿师范高等专科学校、漳州卫生职业学院、郑州工业安全职业学院
	民办	重庆科创职业学院、上海杉达学院、郑州商学院
省位次 408439 名～413996 名（专科线上 146 分～150 分）	公办	广东工贸职业技术学院、辽宁省交通高等专科学校、柳州铁道职业技术学院、泉州幼儿师范高等专科学校、商丘职业技术学院、天津交通职业学院、长沙商贸旅游职业技术学院、抚顺师范高等专科学校、湖北交通职业技术学院、山西省财政税务专科学校、武汉铁路桥梁职业学院、四川航天职业技术学院、湖南工程职业技术学院、濮阳医学高等专科学校、上海旅游高等专科学校（较高收费）、皖北卫生职业学院
	民办	漳州科技职业学院
省位次 413997 名～419612 名（专科线上 141 分～145 分）	公办	河南交通职业技术学院（其他单列）、绵阳职业技术学院、义乌工商职业技术学院、广东交通职业技术学院、菏泽医学专科学校、丽水职业技术学院、山东水利职业学院、江苏航空职业技术学院、泸州职业技术学院、广东水利电力职业技术学院、河南护理职业学院、湖南邮电职业技术学院、济南护理职业学院、内蒙古建筑职业技术学院、陕西机电职业技术学院、湖北国土资源职业学院、黄河水利职业技术学院（中外合作办学）、平顶山工业职业技术学院、三峡电力职业学院、陕西职业技术学院、浙江纺织服装职业技术学院、周口职业技术学院

续表

2022 年分数段（高职高专批·理科）	院校分类	可报考院校
省位次 413997 名~419612 名（专科线上 141 分~145 分）	民办	成都文理学院、黄河交通学院、沈阳北软信息职业技术学院、长江大学文理学院
省位次 419613 名~424972 名（专科线上 136 分~140 分）	公办	安阳职业技术学院、大庆医学高等专科学校、南京旅游职业学院、三门峡职业技术学院、盐城幼儿师范高等专科学校、浙江国际海运职业技术学院、宝鸡职业技术学院、抚州幼儿师范高等专科学校、河南工业职业技术学院（较高收费）、黄淮学院（中外合作办学）、吉林铁道职业技术学院、江西司法警官职业学院、包头铁道职业技术学院、广东水利电力职业技术学院（较高收费）、河南职业技术学院（较高收费）、黑龙江护理高等专科学校、塔城职业技术学院、新疆师范高等专科学校、湖北铁道运输职业学院、淮南联合大学、廊坊卫生职业学院、辽宁铁道职业技术学院、山东商务职业学院、威海职业学院、郑州旅游职业学院
	民办	石家庄人民医学高等专科学校、武汉东湖学院、西南财经大学天府学院
省位次 424973 名~430221 名（专科线上 131 分~135 分）	公办	海南卫生健康职业学院、陕西能源职业技术学院、新乡职业技术学院、重庆旅游职业学院、广东茂名幼儿师范专科学校、河南艺术职业学院、江西交通职业技术学院、仙桃职业学院、哈尔滨铁道职业技术学院、山西机电职业技术学院、苏州工业园区服务外包职业学院、广东食品药品职业学院、广东司法警官职业学院、河南推拿职业学院、湖北工业职业技术学院、湖南汽车工程职业学院、湖南水利水电职业技术学院、辽宁医药职业学院、黔东南民族职业技术学院、山东信息职业技术学院、重庆安全技术职业学院、驻马店职业技术学院、河南轻工职业学院、湖南商务职业技术学院、江西生物科技职业学院、厦门海洋职业技术学院、苏州健雄职业技术学院、新疆政法学院
	民办	黄河科技学院、江西应用科技学院、武汉文理学院、北京科技职业学院、河南科技职业大学、齐鲁医药学院、郑州澍青医学高等专科学校（较高收费）、石家庄医学高等专科学校（较高收费）、西安外事学院
省位次 430222 名~435220 名（专科线上 126 分~130 分）	公办	河北化工医药职业技术学院、湖北轻工职业技术学院、连云港职业技术学院、陕西邮电职业技术学院、泰州职业技术学院、长江职业学院、镇江市高等专科学校、德宏职业学院、江苏财经职业技术学院、兰州资源环境职业技术大学、南通科技职业学院、濮阳职业技术学院、安徽电子信息职业技术学院、广西卫生职业技术学院、湖南化工职业技术学院、济源职业技术学院、江西传媒职业学院、平顶山职业技术学院、漳州职业技术学院、常州工业职业技术学院、江西财经职业学院、江西应用技术职业学院
	民办	山东协和学院（较高收费）、哈尔滨应用职业技术学院、石家庄医学高等专科学校、电子科技大学成都学院、南昌理工学院、烟台南山学院
省位次 435221 名~439701 名（专科线上 121 分~125 分）	公办	常州纺织服装职业技术学院、广东理工职业学院、广西幼儿师范高等专科学校、河北交通职业技术学院、河南机电职业学院、开封大学（中外合作办学）、上海南湖职业技术学院、安徽国防科技职业学院、河南工业和信息化职业学院、满洲里俄语职业学院、浙江农业商贸职业学院、珠海城市职业技术学院、安徽审计职业学院、湖北交通职业技术学院（较高收费）、江苏财会职业学院、天津城市职业学院、大连职业技术学院、河南物流职业学院、青岛港湾职业技术学院、渭南职业技术学院、安阳师范学院（软件类）、湖北工程职业学院、湖南司法警官职业学院、淮北职业技术学院、荆州职业技术学院、泰山护理职业学院、新疆铁道职业技术学院
	民办	武昌工学院、西安翻译学院、郑州澍青医学高等专科学校

续表

2022 年分数段（高职高专批 · 理科）	院校分类	可报考院校
省位次 439702 名~444296 名（专科线上 116 分~120 分）	公办	甘肃警察职业学院、河南女子职业学院、开封文化艺术职业学院、漯河职业技术学院、台州科技职业学院、长沙环境保护职业技术学院、中山职业技术学院、济南职业学院、天津公安警官职业学院、辽宁民族师范高等专科学校、陕西青年职业学院、沈阳职业技术学院、江苏安全技术职业学院、鄂州职业大学、广东建设职业技术学院、合肥通用职业技术学院、江苏旅游职业学院、商丘医学高等专科学校（中外合作办学）
	民办	杭州万向职业技术学院、温州商学院、武汉工商学院、郑州工业应用技术学院
省位次 444297 名~448594 名（专科线上 111 分~115 分）	公办	安康职业技术学院、湖北生态工程职业技术学院、吉安职业技术学院、乌鲁木齐职业大学、哈尔滨幼儿师范高等专科学校、天津工业职业学院、郑州工程技术学院（中外合作办学）、广东江门中医药职业学院、吉林司法警官职业学院、江门职业技术学院、徐州生物工程职业技术学院、安徽交通职业技术学院、桂林旅游学院、河南护理职业学院（较高收费）、河南地矿职业学院、商洛职业技术学院
	民办	石家庄财经职业学院、泉州轻工职业学院、云南医药健康职业学院、北京经贸职业学院
省位次 448595 名~452616 名（专科线上 106 分~110 分）	公办	朝阳师范高等专科学校、河南质量工程职业学院、萍乡卫生职业学院、山东城市建设职业学院、苏州工业园区职业技术学院、郑州财税金融职业学院（较高收费）、福建船政交通职业学院、吉林工业职业技术学院、南阳农业职业学院、陕西航空职业技术学院、天津商务职业学院、海南软件职业技术学院、辽宁农业职业技术学院、武汉航海职业技术学院、长春金融高等专科学校、安徽新闻出版职业技术学院、湖南城建职业技术学院、吉林水利电力职业学院、随州职业技术学院、淮南职业技术学院、许昌电气职业学院
	民办	湖北孝感美珈职业学院、新疆天山职业技术大学、西安交通工程学院、安阳学院（较高收费）、四川文化艺术学院
省位次 448595 名~452616 名（专科线上 101 分~105 分）	公办	湖北城市建设职业技术学院、内蒙古电子信息职业技术学院、沙洲职业工学院、安徽粮食工程职业学院、福州职业技术学院、辽宁轨道交通职业学院、河南牧业经济学院（中外合作办学）、南阳科技职业学院、三门峡职业技术学院（软件类）、许昌学院（中外合作办学）、锦州师范高等专科学校、齐齐哈尔高等师范专科学校、天津生物工程职业技术学院、盐城工业职业技术学院、河南经贸职业学院（其他单列）、惠州工程职业学院、上海行健职业学院（较高收费）
	民办	北京经济技术职业学院、汉口学院、四川电影电视学院
省位次 456570 名~460407 名（专科线上 96 分~100 分）	公办	甘肃建筑职业技术学院、哈尔滨职业技术学院、江西工程职业学院、泉州经贸职业技术学院、武汉民政职业学院、广东南华工商职业学院、河南对外经济贸易职业学院、聊城职业技术学院、江苏城乡建设职业学院、克拉玛依职业技术学院、永城职业学院、黑龙江交通职业技术学院、黑龙江职业学院、天津渤海职业技术学院、威海海洋职业学院
	民办	西安科技大学高新学院（较高收费）、西安思源学院、长春早期教育职业学院
省位次 460408 名~463916 名（专科线上 91 分~95 分）	公办	广东工程职业技术学院、广西金融职业技术学院、黑龙江司法警官职业学院、山西工程职业学院、黔南民族职业技术学院、滨州职业学院、黑龙江建筑职业技术学院、辽宁地质工程职业学院、云南国土资源职业学院、北京京北职业技术学院、广西工业职业技术学院、太原城市职业技术学院、山东经贸职业学院

续表

2022年分数段（高职高专批·理科）	院校分类	可报考院校
省位次460408名~463916名（专科线上91分~95分）	民办	青岛航空科技职业学院、武汉纺织大学外经贸学院、石家庄理工职业学院、曲阜远东职业技术学院、郑州升达经贸管理学院、烟台理工学院
省位次463917名~467171名（专科线上86分~90分）	公办	辽宁经济职业技术学院、内蒙古机电职业技术学院、三明医学科技职业学院、阜阳职业技术学院、武汉船舶职业技术学院（较高收费）、亳州职业技术学院、青岛酒店管理职业技术学院、浙江安防职业技术学院
	民办	重庆机电职业技术大学、郑州经贸学院
省位次467172名~470388名（专科线上81分~85分）	公办	大兴安岭职业学院、哈尔滨科学技术职业学院、海南外国语职业学院、河南测绘职业学院（较高收费）、江西农业工程职业学院、山东服装职业学院、襄阳汽车职业技术学院、邯郸职业技术学院、江阴职业技术学院、河南水利与环境职业学院（较高收费）、衡水职业技术学院、山东工业职业学院、江西工业工程职业技术学院、汝州职业技术学院、咸宁职业技术学院
	民办	泉州纺织服装职业学院、四川工业科技学院、保定理工学院、民办合肥经济技术职业学院、西安明德理工学院、苏州托普信息职业技术学院、武昌理工学院、重庆艺术工程职业学院
省位次470389名~473522名（专科线上76分~80分）	公办	商丘职业技术学院（软件类）、上海旅游高等专科学校、天津国土资源和房屋职业学院、信阳艺术职业学院、六安职业技术学院、天津中德应用技术大学（较高收费）、河南经贸职业学院（中外合作办学）、三门峡社会管理职业学院、山东交通职业学院、阿勒泰职业技术学院、铜仁职业技术学院、安徽城市管理职业学院、巴音郭楞职业技术学院、荆门职业学院、天津海运职业学院、潍坊职业学院
	民办	江西软件职业技术大学、陕西服装工程学院、上海建桥学院、硅湖职业技术学院、湖北工程学院新技术学院、漯河食品职业学院、蚌埠经济技术职业学院、哈尔滨城市职业学院、山东力明科技职业学院（较高收费）
省位次473523名~476448名（专科线上71分~75分）	公办	渤海船舶职业学院、荆州理工职业学院、铜川职业技术学院、广西建设职业技术学院、吉林交通职业技术学院、郑州职业技术学院（较高收费）、天津石油职业技术学院
	民办	北京培黎职业学院、广元中核职业技术学院、北京汇佳职业学院
省位次476449名~479124名（专科线上66分~70分）	公办	天津城市建设管理职业技术学院、郑州卫生健康职业学院（较高收费）、广东农工商职业技术学院、黎明职业大学、安徽中澳科技职业学院、张家口职业技术学院、河北能源职业技术学院、宣化科技职业学院、云南林业职业技术学院
	民办	山东协和学院、武汉传媒学院、武汉信息传播职业技术学院、西安海棠职业学院、丽江文化旅游学院、沈阳城市建设学院、漳州理工职业学院、洛阳科技职业学院、天津天狮学院、西安高新科技职业学院、东营科技职业学院、郑州轨道工程职业学院
省位次479125名~481702名（专科线上61分~65分）	公办	山东交通职业学院（异地校区）、河北对外经贸职业学院、鹤壁职业技术学院（较高收费）、江西冶金职业技术学院、莱芜职业技术学院、铁岭师范高等专科学校、清远职业技术学院、洛阳文化旅游职业学院
	民办	江西枫林涉外经贸职业学院、桂林生命与健康职业技术学院、江西航空职业技术学院、青岛黄海学院、上海立达学院、武汉商贸职业学院、福州软件职业技术学院、海口经济学院、昆山登云科技职业学院、天府新区航空旅游职业学院、武汉外语外事职业学院

续表

2022 年分数段 （高职高专批·理科）	院校分类	可报考院校
省位次 481703 名~484159 名 （专科线上 56 分~60 分）	公办	海南职业技术学院、濮阳石油化工职业技术学院、福建水利电力职业技术学院、三门峡职业技术学院（中外合作办学）、新疆农业职业技术学院、抚顺职业技术学院、福建林业职业技术学院、周口文理职业学院、兰考三农职业学院
	民办	厦门东海职业技术学院、重庆建筑科技职业学院、大连科技学院、海南工商职业学院
省位次 484160 名~486492 名 （专科线上 51 分~55 分）	公办	黑龙江民族职业学院、怀化职业技术学院、黑龙江农业工程职业学院、临汾职业技术学院、辽宁机电职业技术学院、新疆石河子职业技术学院
	民办	四川城市职业学院、天津滨海汽车工程职业学院、安徽绿海商务职业学院、四川科技职业学院、武汉工程科技学院、银川科技学院、三亚中瑞酒店管理职业学院
省位次 486493 名~488647 名 （专科线上 46 分~50 分）	公办	山西水利职业技术学院、辽阳职业技术学院、新疆职业大学、包头钢铁职业技术学院、邯郸科技职业学院、晋城职业技术学院
	民办	大连装备制造职业技术学院、沈阳工学院、合肥共达职业技术学院、南昌大学共青学院、苏州百年职业学院、广州东华职业学院、广州华商职业学院、陕西国际商贸学院、吉林建筑科技学院、新疆现代职业技术学院、大连枫叶职业技术学院
省位次 488648 名~490751 名 （专科线上 41 分~45 分）	公办	广西机电职业技术学院、宁夏职业技术学院、甘肃工业职业技术学院、广东环境保护工程职业学院、茂名职业技术学院、新疆应用职业技术学院、宁夏工商职业技术学院
	民办	黄河科技学院（中外合作办学）、四川国际标榜职业学院、武昌职业学院（较高收费）、郑州电子信息职业技术学院、嘉兴南洋职业技术学院、广东创新科技职业学院、辽宁理工学院、厦门南洋职业学院、武汉设计工程学院、云南经济管理学院、郑州城市职业学院、郑州黄河护理职业学院、重庆信息技术职业学院
省位次 490752 名~492581 名 （专科线上 36 分~40 分）	公办	辽源职业技术学院、广东女子职业技术学院、漳州城市职业学院、河南应用技术职业学院（较高收费）、泉州工艺美术职业学院、辽宁轻工职业学院、宣城职业技术学院
	民办	鹤壁能源化工职业学院、山东外事职业大学、私立华联学院、宿迁泽达职业技术学院、成都银杏酒店管理学院、厦门兴才职业技术学院、郑州电力职业技术学院、惠州经济职业技术学院、焦作工贸职业学院、烟台科技学院、青岛农业大学海都学院
省位次 492582 名~494367 名 （专科线上 31 分~35 分）	公办	廊坊燕京职业技术学院、伊春职业学院、安徽冶金科技职业学院、广西现代职业技术学院、海南经贸职业技术学院（较高收费）
	民办	江西科技职业学院、厦门华天涉外职业技术学院、广东亚视演艺职业学院、金山职业技术学院、泰山科技学院、广州松田职业学院、青岛求实职业技术学院、四川长江职业学院、三亚城市职业学院、燕京理工学院、郑州理工职业学院
省位次 494368 名~495929 名 （专科线上 26 分~30 分）	公办	平顶山工业职业技术学院（较高收费）、七台河职业学院、新疆交通职业技术学院、福建生物工程职业技术学院、和田师范专科学校、新疆轻工职业技术学院、中山火炬职业技术学院、牡丹江大学、吉林电子信息职业技术学院

续表

2022 年分数段（高职高专批·理科）	院校分类	可报考院校
省位次 494368 名~495929 名（专科线上 26 分~30 分）	民办	广州现代信息工程职业技术学院、金肯职业技术学院、辽宁传媒学院、石家庄科技信息职业学院、福州墨尔本理工职业学院、广东酒店管理职业技术学院、辽宁何氏医学院、西安工商学院、烟台黄金职业学院、郑州信息工程职业学院、重庆经贸职业学院、曹妃甸职业技术学院、九州职业技术学院、上海震旦职业学院、许昌陶瓷职业学院、广西理工职业技术学院、湖北开放职业学院、齐鲁理工学院、重庆海联职业技术学院
省位次 495930 名~497490 名（专科线上 21 分~25 分）	公办	广西体育高等专科学校、宿迁职业技术学院、阳江职业技术学院、菏泽学院、闽西职业技术学院、山东劳动职业技术学院、保险职业学院、喀什职业技术学院、烟台汽车工程职业学院、广东农工商职业技术学院（较高收费）、新疆建设职业技术学院
	民办	正德职业技术学院、山东外国语职业技术大学、广东碧桂园职业学院、山西信息职业技术学院、榆林能源科技职业学院、山东力明科技职业学院、广州南洋理工职业学院
省位次 497491 名~498881 名（专科线上 16 分~20 分）	公办	黑龙江幼儿师范高等专科学校、大庆职业学院、新疆铁道职业技术学院（其他单列）
	民办	广州涉外经济职业技术学院、陕西电子信息职业技术学院、资阳环境科技职业学院、大连东软信息学院、上海邦德职业技术学院、哈尔滨传媒职业学院、扬州中瑞酒店职业学院、广西经济职业学院、山东工程职业技术大学、无锡南洋职业技术学院、郑州升达经贸管理学院（较高收费）、大连软件职业学院、上海中侨职业技术大学
省位次 498882 名~500133 名（专科线上 11 分~15 分）	公办	阜新高等专科学校、黑龙江农垦职业学院、宁德职业技术学院、营口职业技术学院、博尔塔拉职业技术学院、辽宁职业学院、新疆工业职业技术学院、宁夏建设职业技术学院、石河子工程职业技术学院、长治职业技术学院
	民办	湖北恩施学院、长春健康职业学院、华北理工大学轻工学院、三亚航空旅游职业学院、西安城市建设职业学院、浙江广厦建设职业技术大学、荆州学院、泉州海洋职业学院、潍坊理工学院
省位次 500134 名~501295 名（专科线上 6 分~10 分）	公办	阿克苏职业技术学院、塔里木职业技术学院、郑州信息科技职业学院（较高收费）、河南工业贸易职业学院（较高收费）、辽宁装备制造职业技术学院、汕头职业技术学院、铁门关职业技术学院、恩施职业技术学院、惠州城市职业学院、三峡旅游职业技术学院、河南机电职业学院（异地校区）、河南艺术职业学院（较高收费）、辽宁金融职业学院
	民办	大连财经学院、广西科技职业学院、明达职业技术学院、上海工商职业技术学院、上海思博职业技术学院、四川华新现代职业学院、潍坊工商职业学院、郑州信息工程职业学院（较高收费）、北京科技经营管理学院、绵阳飞行职业学院、山东海事职业学院、山东圣翰财贸职业学院、钟山职业技术学院、湖北健康职业学院、江西泰豪动漫职业学院、三亚理工职业学院、太湖创意职业技术学院、潍坊科技学院、郑州城建职业学院、广州城建职业学院、南昌交通学院、南阳职业学院、山东英才学院、武昌首义学院
省位次 501296 名~502581 名（专科线上 5 分以内）	公办	福建农业职业技术学院、盘锦职业技术学院、辽宁建筑职业学院、西藏职业技术学院、新乡职业技术学院（较高收费）、河北劳动关系职业学院、辽宁城市建设职业技术学院、临沂职业学院、湖南安全技术职业学院、商丘职业技术学院（较高收费）、和田

续表

2022 年分数段 (高职高专批·理科)	院校分类	可报考院校
省位次 501296 名~502581 名 (专科线上 5 分以内)	公办	职业技术学院、河北旅游职业学院、鹤岗师范高等专科学校、黑龙江能源职业学院、黑龙江商业职业学院、湖南劳动人事职业学院、江西机电职业技术学院、江西婺源茶业职业学院、潞安职业技术学院、洛阳职业技术学院(较高收费)、新疆生产建设兵团兴新职业技术学院、盐城工业职业技术学院(较高收费)、枣庄职业学院(较高收费)、长春师范高等专科学校、重庆工程职业技术学院(较高收费)
	民办	广州华夏职业学院、南昌工学院、厦门软件职业技术学院、上海工商外国语职业学院、武汉晴川学院、西安信息职业大学、中原科技学院、广东工商职业技术大学、海南科技职业大学、四川西南航空职业学院、广东岭南职业技术学院、广东文理职业学院、日照航海工程职业学院、商丘学院(应用科技学院,办学地点在开封)、上海东海职业技术学院、潍坊环境工程职业学院、武汉光谷职业学院、武汉科技职业学院、共青科技职业学院、广东新安职业技术学院、湖北文理学院理工学院、湖南外国语职业学院、黄冈科技职业学院、江西新能源科技职业学院、南昌职业大学、青岛恒星科技学院、西安欧亚学院、新乡医学院三全学院、长江艺术工程职业学院、重庆交通职业学院、北京网络职业学院、渤海理工职业学院、大连航运职业技术学院、大连汽车职业技术学院、阜阳科技职业学院、广西英华国际职业学院、广州华立科技职业学院、广州华南商贸职业学院、广州科技职业技术大学、桂林山水职业学院、哈尔滨北方航空职业技术学院、海南健康管理职业技术学院、鹤壁汽车工程职业学院、黑龙江三江美术职业学院、湖北商贸学院、黄山健康职业学院、吉林师范大学博达学院、江海职业技术学院、江西应用科技学院(较高收费)、辽宁广告职业学院、林州建筑职业技术学院、南昌影视传播职业学院、厦门安防科技职业学院、山东艺术设计职业学院、上海工商外国语职业学院(较高收费)、上海济光职业技术学院、上海民远职业技术学院、石家庄工程职业学院、石家庄工商职业学院、四川西南航空职业学院(较高收费)、嵩山少林武术职业学院、苏州高博软件技术职业学院、武昌职业学院、西安汽车职业大学、新疆科信职业技术学院、信阳航空职业学院、信阳涉外职业技术学院、炎黄职业技术学院、长春大学旅游学院、长春科技学院、长春信息技术职业学院、长垣烹饪职业技术学院、郑州电子商务职业学院、郑州商贸旅游职业学院、郑州体育职业学院、郑州医药健康职业学院
专科线下降分录取	公办	黑龙江农业经济职业学院、黑龙江生态工程职业学院、南阳农业职业学院(较高收费)、伊犁职业技术学院、黑龙江林业职业技术学院

第七节　各分数段对应可报考院校统计表格使用说明

一、2024 届考生高考前使用说明

(一)高考前,各位考生及家长可以根据考生平时大型考试的成绩来初步定位考生的院校范围,具体方法见表 4-7:

表 4-7　高考前初步定位考生的院校范围操作方法

操作步骤	事项
第一步	查询考生某次大型考试的成绩及该次考试的批次线(具体可以咨询考生的班主任老师)
第二步	利用线差修正法计算该考生当次模拟考试分数大致等同于 2023 年高考的分数

续表

操作步骤	事项
第三步	定位考生分数段
第四步	定位考生院校范围：考生成绩所在分数段及上一个、下一个分数段内的高校

（二）举例说明：

假设某一文科考生（理科考生方法相同），其院校范围定位的步骤是：

第一步：查询考生某次大型考试的成绩及该次考试的批次线。假设该次考试考生成绩为632分，该次考试划定的一本线为532分。

第二步：利用线差修正法计算出该考生当次模拟考试分数大致等同于2023年高考的640分。

【编者按】线差修正法相对于线差法而言，精准度会更高一些。假定某次模拟考试考生成绩为A，划定的一本线为E、二本线为F，转换公式如下：

（1）本科一批（文科）：等同2023年高考分数=（A-E）/（750-E）×203+547，四舍五入求整数；203为2023年文科一本线547分和满分750的差值。

（2）本科二批（文科）：分数=（A-F）/（E-F）×82+465，四舍五入求整数；82为2023年文科一本线547分和二本线465的差值。

（3）本科一批（理科）：分数=（A-E）/（750-E）×236+514，四舍五入求整数；236为2023年理科一本线514分和满分750的差值。

（4）本科二批（理科）：分数=（A-F）/（E-F）×105+409，四舍五入求整数；105为2023年理科一本线514分和二本线409的差值。

第三步：定位考生分数段。2023年文科一本线为547分，该考生线差为一本线上93分，其分数段为“一本线上91分~95分”。

第四步：定位考生院校范围。该考生分数段为“一本线上91分~95分”，故“一本线上96分~100分”“一本线上91分~95分”“一本线上86分~90分”这三个分数段对应可报考院校为考生的院校范围（见表4-8）。

表4-8　本科一批（文科）各分数段对应可报考院校统计（部分节选）

2023年分数段 （本科一批·文科）	院校 分类	可报考院校 （括号内依次为2023、2022、2021年投档线对应最低省位次）
省位次397名~544名 （一本线上96分~100分）	原985	南开大学（453/588/383）、北京师范大学（480/521/507）……
省位次545名~744名 （一本线上91分~95分）	原985	中山大学（619/759/785）、厦门大学（652/759/667）……
省位次745名~989名 （一本线上86分~90分）	原985	东南大学（839/883/896）、哈尔滨工业大学（深圳）（839/—/—）……

二、2024届考生高考后使用说明

（一）2024届考生高考后使用说明（见表4-9）：

表 4-9　2024 届考生高考后使用说明

操作步骤	事项	
第一步:查找省位次	通过“河南省 2024 年普通高校招生分数段统计表”查找省位次	
第二步:确定分数段	按照省位次定位考生分数段	
第三步:选择院校	在排名分数段以上分数段的院校	冲一冲:选择一所院校作为平行志愿 1、2
	在排名分数段内的院校	冲一冲:选择一所院校作为平行志愿 3、4
	下一个分数段的院校	稳一稳:选择两所院校作为平行志愿 5、6、7、8
	再下一个分数段的院校	保一保:选择一所院校作为平行志愿 9、10
	再下一个分数段的院校	垫一垫:选择一所院校作为平行志愿 11、12
第四步:确定志愿	结合专业测评结果及近三年专业录取位次,筛选出适合考生的院校和专业	
特别提醒: 1. 建议每个院校志愿都选择同意“专业调剂”选项,这样可以降低退档的风险。 2. 保底院校建议以省内高校为主,尽量不要选择近三年录取位次波动比较大的高校、招生计划明显减少的高校、较高收费(含中外合作办学)和招生计划较少的高校。		

(二)举例说明:

假设某一文科考生(理科考生方法相同)高考分数 635 分,其填报志愿的步骤是:

第一步:查找省位次。假设通过当年河南省教育考试院公布的“河南省 2024 年普通高校招生分数段统计表(文科)”,查找得知此分数对应的累计考生人数为 823 人,即该考生的最低省位次为第 873 名。

第二步:确定分数段。该考生最低省位次为第 873 名,对应 2023 年分数段为“省位次 745 名~989 名”。

第三步:选择院校。该考生需要参考的表格是“本科一批(文科)各分数段对应可报考院校统计”,该生的分数段是“省位次 745 名~989 名”,我们在其以上的分数段、该分数段及下面三个分数段内按照下表中“填报方案”要求进行院校选择(见表 4-10)。

表 4-10　本科一批(文科)各分数段对应可报考院校统计(部分节选)

2023 年分数段 (本科一批・文科)	院校分类	可报考院校 (括号内依次为 2023、2022、2021 年投档线对应最低省位次)	填报方案
……	……	……	冲一冲:选择一所院校作为平行志愿 1、2
省位次 545 名~744 名 (一本线上 91 分~95 分)	原 985	中山大学(619/759/785)……	
省位次 745 名~989 名 (一本线上 86 分~90 分)	原 985	东南大学(839/883/896)……	冲一冲:选择一所院校作为平行志愿 3、4
省位次 990 名~1310 名 (一本线上 81 分~85 分)	原 985	天津大学(1041/996/1031)……	稳一稳:选择两所院校作为平行志愿 5、6、7、8
	原 211	对外经济贸易大学(1041/1051/1031)……	
省位次 1311 名~1676 名 (一本线上 76 分~80 分)	原 985	四川大学(1451/1331/840)……	保一保:选择一所院校作为平行志愿 9、10
	原 211	中南财经政法大学(1595/2572/1917)	
	保研资格	中国社会科学院大学(1676/1573/1425)	

续表

2023 年分数段（本科一批 · 文科）	院校分类	可报考院校（括号内依次为 2023、2022、2021 年投档线对应最低省位次）	填报方案
省位次 1677 名~2147 名（一本线上 71 分~75 分）	原 985	山东大学威海分校（1861/1666/1708）……	垫一垫：选择一所院校作为平行志愿 11、12
	原 211	北京外国语大学（1954/1750/1802）……	
	保研资格	西南政法大学（2053/2836/2519）	
特别提醒：高考出分后请参照省位次进行报考，一定不要使用分数或者线差（例如一本线上 XX 分）报考。			

第四步：通过本书对应章节依次查找每个意向院校的信息，之后在各高校招办官网查询往年专业录取分数线、录取位次等信息，通过当年的《招生考试之友》查找当年的招生院校、专业等信息，进而筛选出目标院校和专业。

第五章 河南省 2021—2023 年普通高校招生平行投档信息统计

第一节 河南省 2021—2023 年普通高校招生本科一批院校平行投档信息统计(文科)

详细内容见表 5-1。表格说明详见本章第五节。

表 5-1 河南省 2021—2023 年普通高校招生本科一批院校平行投档信息统计(文科)

院校基本信息·本科一批(文科)							2023 年投档情况				2022 年投档情况					2021 年投档情况				
院校代号	院校名称	所在区域	所在地	城市分类	院校类型	院校分类	招生计划	投档线	线差	位次	招生计划	实际投档	投档线	位次	2023 年同位分	招生计划	实际投档	投档线	位次	2023 年同位分
1115	清华大学	北京	北京	一线	综合	原 985	2	**685**	138	10	2	4	652	11	**681**	2	3	677	—	—
1105	北京大学	北京	北京	一线	综合	原 985	32	**672**	125	46	32	32	639	59	**669**	32	32	669	52	**670**
1290	上海交通大学	上海	上海	一线	综合	原 985	1	**668**	121	76	1	1	637	78	**667**	1	1	667	70	**668**
1130	复旦大学	上海	上海	一线	综合	原 985	16	**665**	118	108	16	16	633	110	**664**	10	10	663	108	**665**
1110	中国人民大学	北京	北京	一线	综合	原 985	41	**661**	114	162	40	40	624	245	**655**	40	40	662	121	**663**
1160	南京大学	江苏	南京	新一线	综合	原 985	17	**658**	111	194	17	17	626	200	**657**	16	16	659	174	**659**
1195	浙江大学	浙江	杭州	新一线	综合	原 985	24	**655**	108	254	21	21	622	283	**653**	21	21	658	190	**658**
1180	武汉大学	湖北	武汉	新一线	综合	原 985	85	**648**	101	396	92	92	615	458	**645**	99	99	648	454	**645**
1165	南开大学	天津	天津	新一线	综合	原 985	38	**646**	99	453	39	39	611	588	**641**	41	41	650	383	**648**
1400	北京师范大学	北京	北京	一线	师范	原 985	34	**645**	98	480	37	37	613	521	**643**	39	39	647	507	**644**
1310	同济大学	上海	上海	一线	理工	原 985	15	**643**	96	544	15	15	609	669	**639**	15	15	645	617	**641**
1215	中山大学	广东	广州	一线	综合	原 985	41	**641**	94	619	51	51	607	759	**637**	51	51	642	785	**637**
1190	厦门大学	福建	厦门	二线	综合	原 985	29	**640**	93	652	29	29	607	759	**637**	29	29	644	667	**639**
1485	北京航空航天大学	北京	北京	一线	理工	原 985	10	**639**	92	700	10	10	607	759	**637**	10	10	643	720	**638**
1125	东南大学	江苏	南京	新一线	综合	原 985	13	**636**	89	839	12	12	605	883	**635**	12	12	640	896	**634**
1497	哈尔滨工业大学(深圳)	广东	深圳	一线	理工	原 985	2	**636**	89	839	—	—	—	—	—	—	—	—	—	—

续表

院校基本信息・本科一批(文科)							2023 年投档情况				2022 年投档情况					2021 年投档情况				
院校代号	院校名称	所在区域	所在地	城市分类	院校类型	院校分类	招生计划	投档线	线差	位次	招生计划	实际投档	投档线	位次	2023 年同位分	招生计划	实际投档	投档线	位次	2023 年同位分
1185	西安交通大学	陕西	西安	新一线	综合	原 985	15	**635**	88	886	13	13	604	946	**633**	12	12	640	896	**634**
1410	华东师范大学	上海	上海	一线	师范	原 985	30	**635**	88	886	33	33	605	883	**635**	36	39	643	720	**638**
1140	华中科技大学	湖北	武汉	新一线	综合	原 985	44	**634**	87	927	43	43	604	946	**633**	42	42	640	896	**634**
1401	北京师范大学(珠海校区)	广东	珠海	二线	师范	原 985	8	**633**	86	989	10	10	599	1260	**628**	8	8	633	1425	**626**
1490	北京理工大学	北京	北京	一线	理工	原 985	11	**633**	86	989	11	11	602	1051	**631**	10	10	634	1351	**627**
1305	天津大学	天津	天津	新一线	理工	原 985	33	**632**	85	1041	24	24	603	996	**632**	25	25	638	1031	**632**
1445	上海财经大学	上海	上海	一线	财经	原 211	14	**632**	85	1041	14	14	601	1118	**630**	14	14	641	840	**635**
1450	对外经济贸易大学	北京	北京	一线	财经	原 211	30	**632**	85	1041	29	29	602	1051	**631**	31	33	638	1031	**632**
1210	中南大学	湖南	长沙	新一线	综合	原 985	23	**630**	83	1168	23	23	598	1331	**627**	23	23	636	1195	**629**
1355	重庆大学	重庆	重庆	新一线	综合	原 985	10	**630**	83	1168	10	10	599	1260	**628**	12	12	634	1351	**627**
1465	中国政法大学	北京	北京	一线	政法	原 211	58	**630**	83	1168	55	55	590	2097	**618**	55	55	637	1109	**630**
1113	中国人民大学(苏州校区)	江苏	苏州	新一线	综合	原 985	5	**629**	82	1233	4	4	598	1331	**627**	4	4	604	5874	**593**
1135	湖南大学	湖南	长沙	新一线	综合	原 985	31	**629**	82	1233	28	28	597	1415	**626**	32	32	634	1351	**627**
1460	中央财经大学	北京	北京	一线	财经	原 211	30	**628**	81	1310	30	30	595	1573	**624**	32	32	636	1195	**629**
1131	复旦大学医学院	上海	上海	一线	医药	原 985	2	**626**	79	1451	2	2	581	3294	**608**	—	—	—	—	**—**
1175	四川大学	四川	成都	新一线	综合	原 985	23	**626**	79	1451	17	17	598	1331	**627**	9	9	641	840	**635**
1495	哈尔滨工业大学	黑龙江	哈尔滨	二线	理工	原 985	10	**626**	79	1451	19	19	569	5617	**595**	18	18	631	1610	**623**
1375	中国农业大学	北京	北京	一线	农林	原 985	16	**625**	78	1528	15	16	594	1666	**623**	15	16	633	1425	**626**
1205	中南财经政法大学	湖北	武汉	新一线	财经	原 211	106	**624**	77	1595	106	106	586	2572	**614**	106	106	628	1917	**620**
0191	中国社会科学院大学	北京	北京	一线	综合	保研资格	23	**623**	76	1676	23	23	595	1573	**624**	23	23	633	1425	**626**
1170	山东大学	山东	济南	二线	综合	原 985	61	**623**	76	1676	60	60	598	1331	**627**	55	55	636	1195	**629**
1250	电子科技大学	四川	成都	新一线	理工	原 985	8	**623**	76	1676	10	10	594	1666	**623**	10	10	630	1708	**622**
1280	华南理工大学	广东	广州	一线	理工	原 985	21	**623**	76	1676	23	23	592	1853	**621**	23	23	630	1708	**622**
1173	山东大学威海分校	山东	威海	三线	综合	原 985	27	**621**	74	1861	18	18	594	1666	**623**	20	20	630	1708	**622**
1515	西北工业大学	陕西	西安	新一线	理工	原 985	12	**621**	74	1861	12	12	591	1979	**619**	7	7	627	2026	**619**
1120	北京交通大学	北京	北京	一线	理工	原 211	10	**620**	73	1954	9	9	588	2334	**616**	8	8	618	3294	**608**
1165	南开大学(较高收费)	天津	天津	新一线	综合	原 985	5	**620**	73	1954	5	5	592	1853	**621**	5	5	627	2026	**619**
1430	北京外国语大学	北京	北京	一线	语言	原 211	23	**620**	73	1954	19	19	593	1750	**622**	16	16	629	1802	**621**
1790	上海大学	上海	上海	一线	综合	原 211	15	**620**	73	1954	15	15	591	1979	**619**	15	15	626	2133	**618**

续表

院校基本信息·本科一批(文科)							2023年投档情况				2022年投档情况					2021年投档情况				
院校代号	院校名称	所在区域	所在地	城市分类	院校类型	院校分类	招生计划	投档线	线差	位次	招生计划	实际投档	投档线	位次	2023年同位分	招生计划	实际投档	投档线	位次	2023年同位分
1145	吉林大学	吉林	长春	二线	综合	原985	49	**619**	72	2053	51	51	598	1331	**627**	62	62	631	1610	**623**
1180	武汉大学(其他单列)	湖北	武汉	新一线	综合	原985	5	**619**	72	2053	10	10	590	2097	**618**	8	8	607	5241	**596**
2030	西南政法大学	重庆	重庆	新一线	政法	保研资格	44	**619**	72	2053	44	44	584	2836	**612**	54	55	623	2519	**614**
1100	中央民族大学	北京	北京	一线	民族	原985	45	**618**	71	2147	51	51	588	2334	**616**	24	25	631	1610	**623**
1455	西南财经大学	四川	成都	新一线	财经	原211	30	**618**	71	2147	33	33	590	2097	**618**	30	32	627	2026	**619**
1400	北京师范大学(其他单列)	北京	北京	一线	师范	原985	2	**617**	70	2240	2	2	582	3138	**609**	2	2	639	966	**633**
1496	哈尔滨工业大学(威海)	山东	威海	三线	理工	原985	20	**617**	70	2240	—	—	—	—	**—**	—	—	—	—	**—**
0110	中国人民公安大学	北京	北京	一线	政法	双一流	3	**616**	69	2356	3	3	584	2836	**612**	3	3	622	2650	**613**
1235	北京邮电大学	北京	北京	一线	理工	原211	12	**616**	69	2356	14	15	588	2334	**616**	14	15	624	2380	**615**
1245	大连理工大学	辽宁	大连	二线	理工	原985	18	**615**	68	2482	10	10	589	2203	**617**	—	—	—	—	**—**
1440	上海外国语大学	上海	上海	一线	语言	原211	9	**615**	68	2482	9	9	544	14280	**567**	9	9	635	1273	**628**
1470	中国传媒大学	北京	北京	一线	语言	原211	18	**615**	68	2482	21	21	587	2452	**615**	20	20	632	1511	**625**
1505	南京航空航天大学	江苏	南京	新一线	理工	原211	24	**615**	68	2482	22	22	587	2452	**615**	26	26	622	2650	**613**
1330	中国海洋大学	山东	青岛	新一线	综合	原985	34	**614**	67	2600	35	35	578	3783	**605**	31	32	628	1917	**620**
1390	北京中医药大学	北京	北京	一线	医药	原211	5	**614**	67	2600	5	5	593	1750	**622**	5	5	625	2250	**616**
1810	华东政法大学	上海	上海	一线	政法	保研资格	62	**614**	67	2600	62	62	564	6902	**589**	61	62	622	2650	**613**
2030	西南政法大学(较高收费)	重庆	重庆	新一线	政法	保研资格	5	**614**	67	2600	5	5	584	2836	**612**	5	5	624	2380	**615**
1520	暨南大学	广东	广州	一线	综合	原211	18	**613**	66	2720	17	18	587	2452	**615**	21	22	623	2519	**614**
1180	武汉大学(医护类)	湖北	武汉	新一线	综合	原985	2	**612**	65	2853	2	2	587	2452	**615**	3	3	620	2955	**611**
1830	苏州大学	江苏	苏州	新一线	综合	原211	37	**612**	65	2853	25	25	588	2334	**616**	25	28	624	2380	**615**
1155	兰州大学	甘肃	兰州	三线	综合	原985	29	**611**	64	2985	33	33	590	2097	**618**	32	32	627	2026	**619**
1255	东北大学	辽宁	沈阳	二线	理工	原985	42	**611**	64	2985	37	38	584	2836	**612**	37	37	625	2250	**616**
1425	西南大学	重庆	重庆	新一线	综合	原211	14	**611**	64	2985	16	16	586	2572	**614**	17	17	624	2380	**615**
1790	上海大学(较高收费)	上海	上海	一线	综合	原211	4	**611**	64	2985	5	5	572	4934	**598**	5	5	623	2519	**614**
1230	北京科技大学	北京	北京	一线	理工	原211	23	**610**	63	3112	23	15	544	14280	**567**	23	23	625	2250	**616**
1270	河海大学	江苏	南京	新一线	理工	原211	29	**610**	63	3112	28	28	581	3294	**608**	30	30	617	3477	**607**
1415	华中师范大学	湖北	武汉	新一线	师范	原211	51	**610**	63	3112	54	54	590	2097	**618**	50	50	626	2133	**618**
1855	南京师范大学	江苏	南京	新一线	师范	原211	23	**610**	63	3112	25	25	584	2836	**612**	24	24	624	2380	**615**
2115	西北政法大学	陕西	西安	新一线	政法	保研资格	44	**610**	63	3112	43	43	577	3958	**604**	42	43	614	3948	**604**

续表

院校基本信息·本科一批(文科)							2023 年投档情况				2022 年投档情况					2021 年投档情况				
院校代号	院校名称	所在区域	所在地	城市分类	院校类型	院校分类	招生计划	投档线	线差	位次	招生计划	实际投档	投档线	位次	2023 年同位分	招生计划	实际投档	投档线	位次	2023 年同位分
1150	江南大学	江苏	无锡	二线	综合	原 211	28	**609**	62	3260	31	33	575	4339	**601**	34	34	599	7011	**588**
1285	大连海事大学	辽宁	大连	二线	理工	原 211	13	**609**	62	3260	13	13	573	4713	**599**	13	13	611	4474	**601**
1370	西北农林科技大学	陕西	咸阳	三线	农林	原 985	30	**608**	61	3394	39	40	579	3609	**606**	40	41	615	3798	**605**
1380	北京林业大学	北京	北京	一线	农林	原 211	14	**608**	61	3394	13	13	582	3138	**609**	13	13	621	2798	**612**
2090	西北大学	陕西	西安	新一线	综合	原 211	20	**608**	61	3394	21	21	582	3138	**609**	24	24	620	2955	**611**
1330	中国海洋大学(较高收费)	山东	青岛	新一线	综合	原 985	4	**607**	60	3541	4	4	584	2836	**612**	4	4	619	3125	**609**
1375	中国农业大学(较高收费)	北京	北京	一线	农林	原 985	7	**607**	60	3541	6	6	574	4515	**600**	6	6	612	4295	**602**
1220	华北电力大学(北京)	北京	北京	一线	理工	原 211	10	**606**	59	3681	10	10	574	4515	**600**	10	10	620	2955	**611**
1295	中国石油大学(北京)	北京	北京	一线	理工	原 211	9	**606**	59	3681	11	11	577	3958	**604**	11	11	610	4672	**600**
1965	深圳大学	广东	深圳	一线	综合	保研资格	23	**606**	59	3681	22	22	580	3451	**607**	21	21	619	3125	**609**
1170	山东大学(医护类)	山东	济南	二线	综合	原 985	6	**605**	58	3838	4	4	574	4515	**600**	2	2	605	5658	**594**
1240	长安大学	陕西	西安	新一线	理工	原 211	14	**605**	58	3838	16	16	577	3958	**604**	17	17	612	4295	**602**
1258	东北大学秦皇岛分校	河北	秦皇岛	四线	理工	原 985	2	**605**	58	3838	2	2	574	4515	**600**	—	—	—	—	**—**
1420	陕西师范大学	陕西	西安	新一线	师范	原 211	59	**605**	58	3838	52	55	579	3609	**606**	44	48	620	2955	**611**
1985	华南师范大学	广东	广州	一线	师范	原 211	25	**605**	58	3838	23	23	573	4713	**599**	15	15	621	2798	**612**
1315	武汉理工大学(较高收费)	湖北	武汉	新一线	理工	原 211	3	**604**	57	3990	3	3	573	4713	**599**	3	3	590	9516	**580**
1910	南昌大学	江西	南昌	二线	综合	原 211	36	**604**	57	3990	39	39	577	3958	**604**	34	34	612	4295	**602**
1935	湖南师范大学	湖南	长沙	新一线	师范	原 211	39	**604**	57	3990	37	37	580	3451	**607**	20	20	619	3125	**609**
1225	北京化工大学	北京	北京	一线	理工	原 211	18	**603**	56	4164	18	16	532	20478	**553**	19	19	616	3636	**606**
1300	中国石油大学(华东)	山东	青岛	新一线	理工	原 211	4	**603**	56	4164	14	14	577	3958	**604**	25	25	611	4474	**601**
1315	武汉理工大学	湖北	武汉	新一线	理工	原 211	37	**603**	56	4164	37	38	577	3958	**604**	41	41	615	3798	**605**
1335	中国地质大学(北京)	北京	北京	一线	理工	原 211	5	**603**	56	4164	5	5	564	6902	**589**	5	5	622	2650	**613**
1395	中国药科大学	江苏	南京	新一线	医药	原 211	6	**603**	56	4164	6	6	576	4149	**603**	5	10	608	5050	**597**
1405	东北师范大学	吉林	长春	二线	师范	原 211	37	**603**	56	4164	37	37	581	3294	**608**	36	36	614	3948	**604**
1455	西南财经大学(较高收费)	四川	成都	新一线	财经	原 211	6	**603**	56	4164	5	5	578	3783	**605**	4	4	613	4108	**603**
2225	首都师范大学	北京	北京	一线	师范	双一流	6	**603**	56	4164	6	6	580	3451	**607**	6	6	619	3125	**609**
1175	四川大学(其他单列)	四川	成都	新一线	综合	原 985	5	**602**	55	4335	4	4	581	3294	**608**	5	5	604	5874	**593**
1275	华东理工大学	上海	上海	一线	理工	原 211	42	**602**	55	4335	42	40	535	18792	**557**	40	40	621	2798	**612**
1500	哈尔滨工程大学	黑龙江	哈尔滨	二线	理工	原 211	18	**602**	55	4335	19	19	573	4713	**599**	26	26	609	4834	**599**

续表

院校基本信息·本科一批(文科)							2023 年投档情况				2022 年投档情况					2021 年投档情况				
院校代号	院校名称	所在区域	所在地	城市分类	院校类型	院校分类	招生计划	投档线	线差	位次	招生计划	实际投档	投档线	位次	2023 年同位分	招生计划	实际投档	投档线	位次	2023 年同位分
1885	安徽大学	安徽	合肥	新一线	综合	原 211	33	**602**	55	4335	34	36	577	3958	**604**	34	36	612	4295	**602**
6000	郑州大学	河南	郑州	新一线	综合	原 211	373	**602**	55	4335	400	404	578	3783	**605**	550	556	613	4108	**603**
1190	厦门大学(异地校区)	—	—	—	综合	原 985	9	**601**	54	4492	9	9	570	5373	**596**	9	9	608	5050	**597**
1320	西安电子科技大学	陕西	西安	新一线	理工	原 211	45	**601**	54	4492	44	46	577	3958	**604**	47	48	612	4295	**602**
1340	中国地质大学(武汉)	湖北	武汉	新一线	理工	原 211	19	**601**	54	4492	14	14	578	3783	**605**	16	16	616	3636	**606**
1350	中国矿业大学	江苏	徐州	二线	理工	原 211	33	**601**	54	4492	22	22	574	4515	**600**	24	24	611	4474	**601**
1895	福州大学	福建	福州	二线	理工	原 211	10	**601**	54	4492	10	10	575	4339	**601**	10	10	615	3798	**605**
1975	广州中医药大学	广东	广州	一线	医药	双一流	10	**601**	54	4492	10	10	565	6625	**590**	11	11	590	9516	**580**
2500	首都经济贸易大学	北京	北京	一线	财经	保研资格	9	**601**	54	4492	9	9	567	6099	**592**	9	10	609	4834	**599**
1345	中国矿业大学(北京)	北京	北京	一线	理工	原 211	12	**600**	53	4685	12	11	533	19938	**554**	11	11	618	3294	**608**
1470	中国传媒大学(较高收费)	北京	北京	一线	语言	原 211	4	**600**	53	4685	—	—	—	—	—	—	—	—	—	—
2080	云南大学	云南	昆明	新一线	综合	原 211	21	**600**	53	4685	20	20	570	5373	**596**	23	23	612	4295	**602**
1200	华北电力大学(保定)	河北	保定	二线	理工	原 211	17	**599**	52	4867	17	17	573	4713	**599**	17	17	607	5241	**596**
1265	合肥工业大学	安徽	合肥	新一线	理工	原 211	17	**599**	52	4867	15	12	550	11606	**574**	15	15	610	4672	**600**
1268	合肥工业大学(宣城校区)	安徽	宣城	四线	理工	原 211	23	**599**	52	4867	23	23	572	4934	**598**	23	23	607	5241	**596**
1365	南京农业大学	江苏	南京	新一线	农林	原 211	34	**599**	52	4867	34	36	573	4713	**599**	31	31	611	4474	**601**
1427	西南大学(荣昌校区)	重庆	重庆	新一线	综合	原 211	8	**599**	52	4867	9	9	571	5159	**597**	7	7	609	4834	**599**
1630	河北工业大学	天津	天津	新一线	理工	原 211	8	**599**	52	4867	8	8	569	5617	**595**	10	10	610	4672	**600**
2365	太原理工大学	山西	太原	二线	理工	原 211	10	**599**	52	4867	10	10	572	4934	**598**	10	10	609	4834	**599**
2620	成都中医药大学	四川	成都	新一线	医药	双一流	13	**599**	52	4867	10	10	571	5159	**597**	11	11	590	9516	**580**
1360	华中农业大学	湖北	武汉	新一线	农林	原 211	53	**598**	51	5035	53	53	575	4339	**601**	53	53	609	4834	**599**
1435	北京语言大学	北京	北京	一线	语言	保研资格	25	**598**	51	5035	24	24	571	5159	**597**	22	22	609	4834	**599**
1680	内蒙古大学	内蒙古	呼和浩特	三线	综合	原 211	15	**598**	51	5035	14	14	567	6099	**592**	12	12	604	5874	**593**
2305	贵州大学	贵州	贵阳	二线	综合	原 211	23	**598**	51	5035	24	25	570	5373	**596**	20	21	608	5050	**597**
1150	江南大学(较高收费)	江苏	无锡	二线	综合	原 211	3	**597**	50	5216	3	3	566	6352	**591**	3	3	600	6776	**589**
1425	西南大学(较高收费)	重庆	重庆	新一线	综合	原 211	6	**597**	50	5216	6	6	570	5373	**596**	6	6	583	11833	**573**
1860	南京信息工程大学	江苏	南京	新一线	理工	双一流	36	**597**	50	5216	32	32	567	6099	**592**	32	32	605	5658	**594**
2000	广西大学	广西	南宁	二线	综合	原 211	31	**597**	50	5216	31	31	571	5159	**597**	31	31	608	5050	**597**
9925	中国美术学院	浙江	杭州	新一线	艺术	双一流	2	**597**	50	5216	2	2	565	6625	**590**	—	—	—	—	**—**

续表

院校基本信息·本科一批(文科)							2023 年投档情况				2022 年投档情况					2021 年投档情况				
院校代号	院校名称	所在区域	所在地	城市分类	院校类型	院校分类	招生计划	投档线	线差	位次	招生计划	实际投档	投档线	位次	2023 年同位分	招生计划	实际投档	投档线	位次	2023 年同位分
1690	辽宁大学	辽宁	沈阳	二线	综合	原 211	44	**596**	49	5430	43	43	575	4339	**601**	49	49	610	4672	**600**
0001	北京体育大学	北京	北京	一线	体育	原 211	17	**595**	48	5618	21	21	570	5373	**596**	16	16	597	7506	**586**
1121	北京交通大学(威海校区)	山东	威海	三线	理工	原 211	4	**595**	48	5618	5	5	571	5159	**597**	5	5	603	6107	**592**
2750	海南大学	海南	海口	三线	综合	原 211	82	**595**	48	5618	100	110	567	6099	**592**	55	57	609	4834	**599**
1660	山西大学	山西	太原	二线	综合	双一流	25	**594**	47	5816	27	27	565	6625	**590**	25	25	592	8893	**582**
1930	湘潭大学	湖南	湘潭	四线	综合	双一流	63	**594**	47	5816	67	67	566	6352	**591**	55	57	600	6776	**589**
2240	南京审计大学	江苏	南京	新一线	财经	公办	50	**594**	47	5816	52	52	562	7464	**587**	52	52	602	6319	**591**
1725	东北财经大学	辽宁	大连	二线	财经	保研资格	12	**593**	46	6067	10	10	559	8379	**583**	12	12	595	8043	**585**
2315	南京邮电大学	江苏	南京	新一线	理工	双一流	25	**593**	46	6067	25	25	563	7157	**588**	23	23	590	9516	**580**
2505	南京林业大学	江苏	南京	新一线	农林	双一流	6	**593**	46	6067	6	6	561	7749	**586**	6	6	602	6319	**591**
1760	东北农业大学	黑龙江	哈尔滨	二线	农林	原 211	23	**592**	45	6256	19	19	567	6099	**592**	19	19	604	5874	**593**
1880	宁波大学	浙江	宁波	新一线	综合	双一流	9	**592**	45	6256	9	9	567	6099	**592**	10	10	608	5050	**597**
2210	湖北大学	湖北	武汉	新一线	综合	保研资格	32	**592**	45	6256	30	32	565	6625	**590**	32	32	595	8043	**585**
2265	南京财经大学	江苏	南京	新一线	财经	公办	34	**592**	45	6256	34	35	563	7157	**588**	33	33	596	7782	**585**
2575	浙江师范大学	浙江	金华	二线	师范	保研资格	11	**592**	45	6256	23	23	567	6099	**592**	8	8	605	5658	**594**
2755	宁夏大学	宁夏	银川	三线	综合	原 211	19	**592**	45	6256	16	16	566	6352	**591**	20	20	604	5874	**593**
9902	中央美术学院	北京	北京	一线	艺术	双一流	1	**592**	45	6256	—	—	—	—	—	—	—	—	—	—
1405	东北师范大学(较高收费)	吉林	长春	二线	师范	原 211	5	**591**	44	6468	5	5	566	6352	**591**	2	2	608	5050	**597**
1690	辽宁大学(其他单列)	辽宁	沈阳	二线	综合	原 211	2	**591**	44	6468	2	2	555	9721	**579**	—	—	—	—	—
1805	上海对外经贸大学	上海	上海	一线	财经	保研资格	31	**591**	44	6468	36	36	557	9039	**581**	43	41	558	22987	**549**
2240	南京审计大学(较高收费)	江苏	南京	新一线	财经	公办	2	**591**	44	6468	2	2	572	4934	**598**	2	2	607	5241	**596**
2525	天津工业大学	天津	天津	新一线	理工	双一流	12	**591**	44	6468	10	10	565	6625	**590**	10	10	601	6544	**590**
1325	西南交通大学	四川	成都	新一线	理工	原 211	29	**590**	43	6734	24	24	579	3609	**606**	25	25	619	3125	**609**
1385	东北林业大学	黑龙江	哈尔滨	二线	农林	原 211	39	**590**	43	6734	40	40	548	12452	**571**	41	41	606	5444	**595**
1835	扬州大学	江苏	扬州	三线	综合	保研资格	33	**590**	43	6734	35	35	558	8687	**582**	36	36	598	7239	**587**
2515	西南石油大学	四川	成都	新一线	理工	双一流	21	**590**	43	6734	21	21	564	6902	**589**	32	32	595	8043	**585**
4065	浙江财经大学	浙江	杭州	新一线	财经	公办	16	**590**	43	6734	16	17	560	8055	**584**	7	7	604	5874	**593**
5995	郑州大学(中外合作办学)	河南	郑州	新一线	综合	原 211	130	**590**	43	6734	130	130	567	6099	**592**	135	135	602	6319	**591**
6005	河南大学	河南	开封	四线	综合	双一流	444	**590**	43	6734	501	511	567	6099	**592**	670	683	598	7239	**587**

续表

院校基本信息·本科一批(文科)							2023 年投档情况				2022 年投档情况					2021 年投档情况				
院校代号	院校名称	所在区域	所在地	城市分类	院校类型	院校分类	招生计划	投档线	线差	位次	招生计划	实际投档	投档线	位次	2023 年同位分	招生计划	实际投档	投档线	位次	2023 年同位分
1550	北京工商大学	北京	北京	一线	财经	保研资格	5	**589**	42	6955	5	5	565	6625	**590**	5	5	588	10158	**578**
2785	河北大学	河北	保定	二线	综合	保研资格	23	**589**	42	6955	23	23	563	7157	**588**	23	23	595	8043	**585**
1740	延边大学	吉林	延边	四线	综合	原 211	22	**588**	41	7217	23	23	558	8687	**582**	21	21	601	6544	**590**
1840	江苏大学	江苏	镇江	三线	综合	保研资格	10	**588**	41	7217	10	10	535	18792	**557**	10	10	603	6107	**592**
1960	广东外语外贸大学	广东	广州	一线	语言	保研资格	19	**588**	41	7217	19	19	558	8687	**582**	17	17	592	8893	**582**
2220	武汉科技大学	湖北	武汉	新一线	理工	保研资格	28	**588**	41	7217	31	32	562	7464	**587**	36	39	595	8043	**585**
3835	南京中医药大学	江苏	南京	新一线	医药	双一流	24	**588**	41	7217	20	20	569	5617	**595**	20	20	604	5874	**593**
4880	广东财经大学	广东	广州	一线	财经	公办	3	**588**	41	7217	6	6	559	8379	**583**	10	10	586	10825	**576**
5610	上海政法学院	上海	上海	一线	政法	公办	58	**588**	41	7217	58	58	540	16182	**562**	58	58	601	6544	**590**
1103	中南民族大学	湖北	武汉	新一线	民族	保研资格	75	**587**	40	7495	45	45	559	8379	**583**	40	40	594	8313	**584**
1690	辽宁大学(特殊类)	辽宁	沈阳	二线	综合	原 211	3	**587**	40	7495	—	—	—	—	—	—	—	—	—	—
2120	新疆大学	新疆	乌鲁木齐	三线	综合	原 211	57	**587**	40	7495	63	63	561	7749	**586**	72	72	595	8043	**585**
2340	汕头大学	广东	汕头	三线	综合	保研资格	17	**587**	40	7495	17	17	559	8379	**583**	15	15	590	9516	**580**
4395	山东师范大学	山东	济南	二线	师范	保研资格	30	**587**	40	7495	28	28	562	7464	**587**	29	29	595	8043	**585**
1296	中国石油大学(北京)克拉玛依校区	新疆	克拉玛依	五线	理工	原 211	25	**586**	39	7755	25	25	557	9039	**581**	19	20	591	9192	**581**
1635	燕山大学	河北	秦皇岛	四线	理工	保研资格	18	**586**	39	7755	22	22	559	8379	**583**	20	20	593	8604	**583**
2230	天津财经大学(较高收费)	天津	天津	新一线	财经	保研资格	2	**586**	39	7755	2	2	560	8055	**584**	2	2	595	8043	**585**
2405	天津师范大学	天津	天津	新一线	师范	保研资格	62	**586**	39	7755	64	64	560	8055	**584**	92	92	594	8313	**584**
3020	西南民族大学	四川	成都	新一线	民族	保研资格	10	**586**	39	7755	11	11	559	8379	**583**	14	14	595	8043	**585**
3400	山西中医药大学	山西	晋中	四线	医药	保研资格	2	**586**	39	7755	2	2	560	8055	**584**	2	2	592	8893	**582**
2325	华侨大学	福建	泉州	二线	综合	保研资格	36	**585**	38	8045	32	32	556	9374	**580**	30	30	586	10825	**576**
2395	集美大学	福建	厦门	二线	综合	保研资格	16	**585**	38	8045	15	15	551	11198	**575**	14	14	595	8043	**585**
2850	广州大学	广东	广州	一线	综合	保研资格	9	**585**	38	8045	11	11	558	8687	**582**	11	11	590	9516	**580**
2875	上海海洋大学	上海	上海	一线	农林	双一流	33	**585**	38	8045	25	25	558	8687	**582**	26	26	593	8604	**583**
2895	武汉工程大学	湖北	武汉	新一线	理工	保研资格	18	**585**	38	8045	18	18	558	8687	**582**	14	14	593	8604	**583**
2300	长沙理工大学	湖南	长沙	新一线	理工	保研资格	20	**584**	37	8335	24	24	557	9039	**581**	21	21	593	8604	**583**
2565	南通大学	江苏	南通	二线	综合	保研资格	36	**584**	37	8335	36	36	557	9039	**581**	30	30	592	8893	**582**
2895	武汉工程大学(其他单列)	湖北	武汉	新一线	理工	保研资格	2	**584**	37	8335	—	—	—	—	—	—	—	—	—	—
4485	山东财经大学	山东	济南	二线	财经	保研资格	36	**584**	37	8335	36	36	560	8055	**584**	45	45	594	8313	**584**

续表

院校基本信息·本科一批(文科)							2023 年投档情况				2022 年投档情况					2021 年投档情况				
院校代号	院校名称	所在区域	所在地	城市分类	院校类型	院校分类	招生计划	投档线	线差	位次	招生计划	实际投档	投档线	位次	2023 年同位分	招生计划	实际投档	投档线	位次	2023 年同位分
5080	四川师范大学(较高收费)	四川	成都	新一线	师范	保研资格	1	**584**	37	8335	1	1	555	9721	**579**	—	—	—	—	**—**
1740	延边大学(较高收费)	吉林	延边	四线	综合	原 211	2	**583**	36	8647	2	2	529	22242	**550**	2	2	593	8604	**583**
2100	西安建筑科技大学	陕西	西安	新一线	理工	保研资格	8	**583**	36	8647	6	6	556	9374	**580**	6	6	589	9839	**579**
2125	青海大学	青海	西宁	四线	综合	原 211	17	**583**	36	8647	18	18	557	9039	**581**	20	20	592	8893	**582**
2290	中国计量大学	浙江	杭州	新一线	理工	公办	10	**583**	36	8647	3	3	558	8687	**582**	2	2	598	7239	**587**
2310	南方医科大学	广东	广州	一线	医药	保研资格	25	**583**	36	8647	22	22	546	13354	**569**	18	18	582	12151	**572**
2380	北京信息科技大学	北京	北京	一线	理工	保研资格	6	**583**	36	8647	6	6	557	9039	**581**	6	6	595	8043	**585**
2600	天津中医药大学	天津	天津	新一线	医药	双一流	13	**583**	36	8647	14	14	556	9374	**580**	14	14	588	10158	**578**
4350	济南大学	山东	济南	二线	综合	保研资格	28	**583**	36	8647	30	30	557	9039	**581**	28	28	592	8893	**582**
1690	辽宁大学(较高收费)	辽宁	沈阳	二线	综合	原 211	6	**582**	35	8929	9	9	559	8379	**583**	5	5	593	8604	**583**
1845	南京工业大学	江苏	南京	新一线	理工	保研资格	12	**582**	35	8929	11	11	529	22242	**550**	9	9	599	7011	**588**
1915	江西财经大学	江西	南昌	二线	财经	保研资格	30	**582**	35	8929	25	25	550	11606	**574**	30	31	559	22467	**550**
2130	石河子大学	新疆	石河子	—	综合	原 211	42	**582**	35	8929	48	48	555	9721	**579**	60	60	588	10158	**578**
2320	北方工业大学	北京	北京	一线	理工	保研资格	12	**582**	35	8929	9	9	541	15679	**563**	9	9	593	8604	**583**
2450	成都理工大学	四川	宜宾	四线	理工	双一流	5	**582**	35	8929	9	9	557	9039	**581**	8	8	589	9839	**579**
2855	广州医科大学	广东	广州	一线	医药	双一流	6	**582**	35	8929	6	6	554	10083	**578**	6	6	581	12520	**571**
1805	上海对外经贸大学(较高收费)	上海	上海	一线	财经	保研资格	12	**581**	34	9252	6	6	553	10473	**577**	6	6	595	8043	**585**
2215	中国民航大学	天津	天津	新一线	理工	保研资格	23	**581**	34	9252	8	8	550	11606	**574**	8	8	595	8043	**585**
2550	北京联合大学	北京	北京	一线	综合	公办	5	**581**	34	9252	6	6	553	10473	**577**	7	7	589	9839	**579**
2920	山西财经大学	山西	太原	二线	财经	保研资格	13	**581**	34	9252	13	13	557	9039	**581**	15	15	592	8893	**582**
4055	杭州师范大学	浙江	杭州	新一线	师范	保研资格	32	**581**	34	9252	44	44	530	21635	**551**	43	43	598	7239	**587**
5055	重庆师范大学	重庆	重庆	新一线	师范	保研资格	37	**581**	34	9252	33	33	559	8379	**583**	32	32	593	8604	**583**
5230	昆明理工大学	云南	昆明	新一线	理工	保研资格	7	**581**	34	9252	7	7	555	9721	**579**	6	6	589	9839	**579**
5390	西安财经大学	陕西	西安	新一线	财经	公办	20	**581**	34	9252	20	20	554	10083	**578**	22	22	584	11502	**574**
0015	上海体育大学	上海	上海	一线	体育	双一流	10	**580**	33	9567	13	13	556	9374	**580**	8	8	587	10498	**577**
2035	重庆邮电大学	重庆	重庆	新一线	理工	保研资格	2	**580**	33	9567	2	2	557	9039	**581**	2	2	592	8893	**582**
2205	青岛大学	山东	青岛	新一线	综合	保研资格	20	**580**	33	9567	21	21	559	8379	**583**	19	19	593	8604	**583**
2755	宁夏大学(较高收费)	宁夏	银川	三线	综合	原 211	8	**580**	33	9567	8	8	554	10083	**578**	8	8	586	10825	**576**
3035	中国劳动关系学院	北京	北京	一线	财经	公办	12	**580**	33	9567	12	14	548	12452	**571**	7	8	577	14016	**567**

续表

院校基本信息·本科一批(文科)							2023年投档情况				2022年投档情况					2021年投档情况				
院校代号	院校名称	所在区域	所在地	城市分类	院校类型	院校分类	招生计划	投档线	线差	位次	招生计划	实际投档	投档线	位次	2023年同位分	招生计划	实际投档	投档线	位次	2023年同位分
5100	西华大学	四川	成都	新一线	综合	保研资格	20	**580**	33	9567	18	18	557	9039	**581**	20	20	590	9516	**580**
5590	成都大学	四川	成都	新一线	综合	公办	47	**580**	33	9567	17	17	551	11198	**575**	17	17	588	10158	**578**
1145	吉林大学(其他单列)	吉林	长春	二线	综合	原985	4	**579**	32	9919	4	4	583	2997	**610**	4	4	610	4672	**600**
2255	浙江理工大学	浙江	杭州	新一线	理工	保研资格	9	**579**	32	9919	9	9	536	18232	**558**	16	16	599	7011	**588**
3890	苏州科技大学	江苏	苏州	新一线	理工	公办	35	**579**	32	9919	37	37	554	10083	**578**	37	37	590	9516	**580**
4025	浙江农林大学	浙江	杭州	新一线	农林	公办	20	**579**	32	9919	20	20	552	10832	**576**	19	19	588	10158	**578**
4400	曲阜师范大学	山东	济宁	三线	师范	保研资格	21	**579**	32	9919	21	21	553	10473	**577**	21	21	587	10498	**577**
5080	四川师范大学	四川	成都	新一线	师范	保研资格	23	**579**	32	9919	29	29	559	8379	**583**	28	28	594	8313	**584**
2110	西安外国语大学	陕西	西安	新一线	语言	保研资格	12	**578**	31	10258	11	11	551	11198	**575**	8	8	604	5874	**593**
2615	湖南中医药大学	湖南	长沙	新一线	医药	保研资格	27	**578**	31	10258	27	21	528	22832	**549**	23	24	584	11502	**574**
4525	江汉大学	湖北	武汉	新一线	综合	公办	40	**578**	31	10258	25	25	550	11606	**574**	45	45	580	12890	**570**
1565	北京第二外国语学院	北京	北京	一线	语言	公办	21	**577**	30	10636	18	8	539	16677	**561**	13	13	607	5241	**596**
2535	西安科技大学	陕西	西安	新一线	理工	保研资格	6	**577**	30	10636	6	6	551	11198	**575**	6	6	589	9839	**579**
2930	广东工业大学	广东	广州	一线	理工	保研资格	15	**577**	30	10636	10	10	539	16677	**561**	10	10	593	8604	**583**
1966	深圳技术大学	广东	深圳	一线	综合	公办	16	**576**	29	10980	16	16	550	11606	**574**	10	10	588	10158	**578**
2095	陕西科技大学	陕西	西安	新一线	理工	保研资格	8	**576**	29	10980	10	10	549	12022	**572**	10	10	588	10158	**578**
2780	山东科技大学	山东	青岛	新一线	综合	保研资格	10	**576**	29	10980	14	14	546	13354	**569**	18	18	582	12151	**572**
2860	上海海事大学	上海	上海	一线	理工	保研资格	18	**576**	29	10980	18	18	531	21061	**552**	22	22	599	7011	**588**
2925	上海立信会计金融学院	上海	上海	一线	财经	公办	40	**576**	29	10980	37	37	544	14280	**567**	40	40	588	10158	**578**
5455	甘肃政法大学	甘肃	兰州	三线	政法	公办	36	**575**	28	11312	26	26	547	12892	**570**	27	32	575	14815	**565**
2230	天津财经大学	天津	天津	新一线	财经	保研资格	40	**574**	27	11649	32	31	527	23432	**548**	32	32	598	7239	**587**
2295	南华大学	湖南	衡阳	三线	综合	保研资格	11	**574**	27	11649	11	11	546	13354	**569**	11	11	577	14016	**567**
2330	西安工业大学	陕西	西安	新一线	理工	保研资格	8	**574**	27	11649	4	4	547	12892	**570**	4	4	583	11833	**573**
2390	上海师范大学	上海	上海	一线	师范	保研资格	116	**574**	27	11649	113	113	530	21635	**551**	106	106	604	5874	**593**
4060	浙江工商大学	浙江	杭州	新一线	财经	保研资格	18	**574**	27	11649	19	19	558	8687	**582**	11	11	601	6544	**590**
4550	湖北工业大学	湖北	武汉	新一线	理工	保研资格	14	**574**	27	11649	14	14	549	12022	**572**	14	14	588	10158	**578**
2105	西安邮电大学	陕西	西安	新一线	理工	公办	14	**573**	26	11988	15	15	546	13354	**569**	14	14	587	10498	**577**
2250	天津外国语大学	天津	天津	新一线	语言	保研资格	40	**573**	26	11988	40	40	548	12452	**571**	35	35	594	8313	**584**
3040	上海电力大学	上海	上海	一线	理工	公办	10	**573**	26	11988	10	7	528	22832	**549**	10	10	594	8313	**584**

续表

院校基本信息·本科一批(文科)							2023 年投档情况				2022 年投档情况					2021 年投档情况				
院校代号	院校名称	所在区域	所在地	城市分类	院校类型	院校分类	招生计划	投档线	线差	位次	招生计划	实际投档	投档线	位次	2023 年同位分	招生计划	实际投档	投档线	位次	2023 年同位分
9901	中央戏剧学院	北京	北京	一线	艺术	双一流	10	**573**	26	11988	11	11	568	5830	**593**	10	10	601	6544	**590**
2385	安徽财经大学	安徽	蚌埠	三线	财经	保研资格	29	**572**	25	12361	33	33	542	15204	**564**	33	33	587	10498	**577**
2520	西安工程大学	陕西	西安	新一线	理工	保研资格	11	**572**	25	12361	18	18	546	13354	**569**	22	22	579	13277	**569**
2910	四川外国语大学	重庆	重庆	新一线	语言	保研资格	22	**572**	25	12361	17	17	546	13354	**569**	21	21	594	8313	**584**
2440	长江大学	湖北	荆州	三线	综合	保研资格	35	**571**	24	12758	36	37	548	12452	**571**	40	42	581	12520	**571**
2610	黑龙江中医药大学	黑龙江	哈尔滨	二线	医药	保研资格	16	**571**	24	12758	15	15	543	14743	**565**	12	12	586	10825	**576**
2885	华东交通大学	江西	南昌	二线	理工	保研资格	22	**571**	24	12758	24	24	532	20478	**553**	24	24	579	13277	**569**
3595	大连外国语大学(较高收费)	辽宁	大连	二线	语言	保研资格	1	**571**	24	12758	1	1	543	14743	**565**	1	1	585	11165	**575**
3780	上海工程技术大学	上海	上海	一线	理工	公办	5	**571**	24	12758	8	8	543	14743	**565**	7	7	576	14388	**566**
4260	江西师范大学	江西	南昌	二线	师范	保研资格	38	**571**	24	12758	37	37	555	9721	**579**	46	52	590	9516	**580**
6080	河南财经政法大学	河南	郑州	新一线	财经	保研资格	953	**571**	24	12758	739	776	550	11606	**574**	890	917	583	11833	**573**
1795	上海理工大学	上海	上海	一线	理工	保研资格	28	**570**	23	13130	28	28	559	8379	**583**	28	32	599	7011	**588**
2510	西南科技大学	四川	绵阳	三线	理工	保研资格	18	**570**	23	13130	18	18	545	13783	**568**	18	19	581	12520	**571**
3200	天津科技大学(较高收费)	天津	天津	新一线	理工	保研资格	4	**570**	23	13130	6	6	544	14280	**567**	5	5	581	12520	**571**
4205	福建师范大学	福建	福州	二线	师范	保研资格	28	**570**	23	13130	29	29	559	8379	**583**	36	36	594	8313	**584**
5410	西北师范大学	甘肃	兰州	三线	师范	保研资格	29	**570**	23	13130	18	18	553	10473	**577**	21	21	586	10825	**576**
1760	东北农业大学(其他单列)	黑龙江	哈尔滨	二线	农林	原 211	2	**569**	22	13524	—	—	—	—	—	—	—	—	—	—
2250	天津外国语大学(较高收费)	天津	天津	新一线	语言	保研资格	5	**569**	22	13524	5	5	548	12452	**571**	5	5	581	12520	**571**
2905	三峡大学	湖北	宜昌	三线	综合	保研资格	31	**569**	22	13524	34	36	548	12452	**571**	34	36	579	13277	**569**
3690	吉林财经大学	吉林	长春	二线	财经	保研资格	36	**569**	22	13524	29	29	543	14743	**565**	35	35	578	13628	**568**
3960	浙江传媒学院	浙江	杭州	新一线	语言	公办	9	**569**	22	13524	9	9	552	10832	**576**	—	—	—	—	—
4575	武汉纺织大学	湖北	武汉	新一线	理工	公办	25	**569**	22	13524	25	25	543	14743	**565**	24	28	577	14016	**567**
1640	石家庄铁道大学	河北	石家庄	二线	理工	保研资格	10	**568**	21	13933	10	10	543	14743	**565**	10	10	579	13277	**569**
3665	长春中医药大学	吉林	长春	二线	医药	保研资格	12	**568**	21	13933	8	8	542	15204	**564**	5	5	571	16517	**561**
4050	温州大学	浙江	温州	二线	综合	公办	40	**568**	21	13933	—	—	—	—	—	—	—	—	—	—
6823	浙大城市学院	浙江	杭州	新一线	理工	公办	52	**568**	21	13933	40	40	547	12892	**570**	40	40	580	12890	**570**
2400	北京物资学院	北京	北京	一线	财经	公办	12	**567**	20	14300	12	13	538	17210	**560**	13	13	579	13277	**569**
2865	重庆交通大学	重庆	重庆	新一线	理工	保研资格	12	**567**	20	14300	13	13	528	22832	**549**	13	13	590	9516	**580**
3880	南京工程学院	江苏	南京	新一线	理工	公办	21	**567**	20	14300	25	25	545	13783	**568**	24	24	578	13628	**568**

续表

院校基本信息·本科一批(文科)							2023 年投档情况				2022 年投档情况					2021 年投档情况				
院校代号	院校名称	所在区域	所在地	城市分类	院校类型	院校分类	招生计划	投档线	线差	位次	招生计划	实际投档	投档线	位次	2023 年同位分	招生计划	实际投档	投档线	位次	2023 年同位分
4100	安徽师范大学	安徽	芜湖	三线	师范	保研资格	30	**567**	20	14300	22	24	557	9039	**581**	30	32	589	9839	**579**
4300	江西中医药大学	江西	南昌	二线	医药	保研资格	2	**567**	20	14300	2	2	545	13783	**568**	4	4	580	12890	**570**
1795	上海理工大学(较高收费)	上海	上海	一线	理工	保研资格	7	**566**	19	14694	7	7	540	16182	**562**	7	7	595	8043	**585**
2390	上海师范大学(较高收费)	上海	上海	一线	师范	保研资格	12	**566**	19	14694	18	13	535	18792	**557**	15	15	593	8604	**583**
2410	青岛理工大学	山东	青岛	新一线	理工	保研资格	10	**566**	19	14694	5	5	542	15204	**564**	4	4	570	17000	**560**
2915	西安石油大学	陕西	西安	新一线	理工	保研资格	16	**566**	19	14694	11	11	551	11198	**575**	11	11	584	11502	**574**
4090	安徽农业大学	安徽	合肥	新一线	农林	保研资格	8	**566**	19	14694	12	13	541	15679	**563**	8	8	571	16517	**561**
6030	河南师范大学	河南	新乡	三线	师范	保研资格	1557	**566**	19	14694	1852	1889	546	13354	**569**	1818	1854	576	14388	**566**
2655	湖北中医药大学	湖北	武汉	新一线	医药	保研资格	36	**565**	18	15078	39	39	535	18792	**557**	40	40	572	16090	**562**
3240	天津商业大学	天津	天津	新一线	财经	保研资格	101	**565**	18	15078	83	83	544	14280	**567**	86	86	582	12151	**572**
4040	湖州师范学院	浙江	湖州	三线	师范	公办	16	**565**	18	15078	16	16	545	13783	**568**	14	14	576	14388	**566**
4065	浙江财经大学(较高收费)	浙江	杭州	新一线	财经	公办	5	**565**	18	15078	5	5	553	10473	**577**	4	4	575	14815	**565**
4770	湖南理工学院	湖南	岳阳	三线	理工	公办	7	**565**	18	15078	7	7	540	16182	**562**	2	5	572	16090	**562**
4775	湖南工商大学	湖南	长沙	新一线	财经	公办	15	**565**	18	15078	14	14	539	16677	**561**	11	11	587	10498	**577**
6005	河南大学(医护类)	河南	开封	四线	综合	双一流	55	**565**	18	15078	47	47	540	16182	**562**	45	45	568	17951	**558**
9907	中国戏曲学院	北京	北京	一线	艺术	公办	3	**565**	18	15078	4	4	552	10832	**576**	4	4	588	10158	**578**
9919	上海戏剧学院	上海	上海	一线	艺术	公办	3	**565**	18	15078	3	3	564	6902	**589**	2	2	598	7239	**587**
2250	天津外国语大学(特殊类)	天津	天津	新一线	语言	保研资格	3	**564**	17	15484	3	3	551	11198	**575**	6	6	577	14016	**567**
2270	江苏科技大学	江苏	镇江	三线	理工	保研资格	26	**564**	17	15484	20	20	553	10473	**577**	20	20	587	10498	**577**
2305	贵州大学(特殊类)	贵州	贵阳	二线	综合	原 211	7	**564**	17	15484	7	7	544	14280	**567**	7	7	583	11833	**573**
2425	湖南科技大学	湖南	湘潭	四线	综合	保研资格	18	**564**	17	15484	14	14	538	17210	**560**	11	12	589	9839	**579**
3860	江苏海洋大学	江苏	连云港	三线	理工	公办	12	**564**	17	15484	9	9	540	16182	**562**	6	6	566	18908	**556**
5035	重庆理工大学	重庆	重庆	新一线	理工	公办	13	**564**	17	15484	13	13	541	15679	**563**	10	10	589	9839	**579**
0001	北京体育大学(较高收费)	海南	陵水	—	体育	原 211	4	**563**	16	15937	—	—	—	—	—	—	—	—	—	—
2870	天津理工大学	天津	天津	新一线	理工	保研资格	33	**563**	16	15937	33	23	528	22832	**549**	33	33	585	11165	**575**
2880	常州大学	江苏	常州	二线	理工	公办	21	**563**	16	15937	16	16	546	13354	**569**	25	25	581	12520	**571**
3695	黑龙江大学	黑龙江	哈尔滨	二线	综合	保研资格	63	**563**	16	15937	56	56	545	13783	**568**	45	48	587	10498	**577**
4275	东华理工大学	江西	抚州	四线	理工	公办	12	**563**	16	15937	10	10	537	17699	**559**	13	8	561	21385	**552**
5135	西华师范大学	四川	南充	三线	师范	保研资格	55	**563**	16	15937	32	32	542	15204	**564**	57	57	572	16090	**562**

续表

院校基本信息·本科一批(文科)							2023 年投档情况				2022 年投档情况					2021 年投档情况				
院校代号	院校名称	所在区域	所在地	城市分类	院校类型	院校分类	招生计划	投档线	线差	位次	招生计划	实际投档	投档线	位次	2023 年同位分	招生计划	实际投档	投档线	位次	2023 年同位分
6085	河南科技大学	河南	洛阳	三线	综合	保研资格	330	**563**	16	15937	255	268	543	14743	**565**	284	290	572	16090	**562**
1765	哈尔滨医科大学	黑龙江	哈尔滨	二线	医药	保研资格	13	**562**	15	16394	13	13	535	18792	**557**	15	15	569	17492	**559**
2435	江西理工大学	江西	赣州	三线	理工	保研资格	18	**562**	15	16394	15	15	538	17210	**560**	13	13	561	21385	**552**
4310	江西科技师范大学	江西	南昌	二线	师范	公办	13	**562**	15	16394	10	12	542	15204	**564**	8	16	571	16517	**561**
4690	吉首大学	湖南	湘西	五线	综合	保研资格	12	**562**	15	16394	12	12	541	15679	**563**	12	12	572	16090	**562**
5010	海南师范大学	海南	海口	三线	师范	保研资格	99	**562**	15	16394	112	112	543	14743	**565**	110	110	575	14815	**565**
1189	西交利物浦大学	江苏	苏州	新一线	理工	中外合作	47	**561**	14	16864	50	50	529	22242	**550**	51	51	569	17492	**559**
3200	天津科技大学	天津	天津	新一线	理工	保研资格	62	**561**	14	16864	62	47	528	22832	**549**	54	54	587	10498	**577**
1491	深圳北理莫斯科大学	广东	深圳	一线	综合	中外合作	2	**560**	13	17388	3	3	528	22832	**549**	—	—	—	—	—
2530	中北大学	山西	太原	二线	理工	保研资格	7	**560**	13	17388	5	5	544	14280	**567**	6	6	577	14016	**567**
3015	北方民族大学	宁夏	银川	三线	民族	公办	13	**560**	13	17388	12	12	535	18792	**557**	9	9	566	18908	**556**
3815	上海应用技术大学	上海	上海	一线	理工	公办	23	**560**	13	17388	21	21	531	21061	**552**	19	20	577	14016	**567**
4700	湖南农业大学	湖南	长沙	新一线	农林	保研资格	24	**560**	13	17388	26	26	533	19938	**554**	21	21	580	12890	**570**
5105	四川轻化工大学	四川	自贡	五线	理工	公办	5	**560**	13	17388	4	4	538	17210	**560**	4	4	572	16090	**562**
2795	沈阳工业大学	辽宁	沈阳	二线	理工	保研资格	12	**559**	12	17865	12	13	539	16677	**561**	11	11	571	16517	**561**
2800	中南林业科技大学	湖南	长沙	新一线	农林	保研资格	39	**559**	12	17865	41	41	525	24695	**546**	28	29	579	13277	**569**
2875	上海海洋大学(较高收费)	上海	上海	一线	农林	双一流	10	**559**	12	17865	10	10	550	11606	**574**	10	10	588	10158	**578**
4385	山东农业大学	山东	泰安	三线	农林	保研资格	32	**559**	12	17865	21	21	535	18792	**557**	19	19	569	17492	**559**
5420	甘肃中医药大学	甘肃	兰州	三线	医药	保研资格	3	**559**	12	17865	4	4	538	17210	**560**	2	2	567	18414	**557**
5595	上海电机学院	上海	上海	一线	理工	公办	6	**559**	12	17865	9	9	538	17210	**560**	13	13	568	17951	**558**
6008	河南大学(与濮阳市联办濮阳工学院)	河南	濮阳	四线	综合	双一流	30	**559**	12	17865	45	45	530	21635	**551**	—	—	—	—	**—**
6075	南阳理工学院	河南	南阳	三线	理工	公办	6	**559**	12	17865	12	12	532	20478	**553**	15	15	563	20389	**554**
2345	宁波诺丁汉大学	浙江	宁波	新一线	综合	中外合作	22	**558**	11	18371	22	22	534	19375	**556**	20	20	572	16090	**562**
3725	哈尔滨商业大学	黑龙江	哈尔滨	二线	财经	保研资格	43	**558**	11	18371	24	24	537	17699	**559**	24	24	578	13628	**568**
4345	南昌工程学院	江西	南昌	二线	理工	公办	10	**558**	11	18371	10	10	537	17699	**559**	10	10	569	17492	**559**
6065	信阳师范大学	河南	信阳	三线	师范	公办	936	**558**	11	18371	960	970	535	18792	**557**	835	852	564	19891	**555**
6603	浙大宁波理工学院	浙江	宁波	新一线	理工	公办	26	**558**	11	18371	26	26	539	16677	**561**	21	21	570	17000	**560**
4195	福建农林大学	福建	福州	二线	农林	保研资格	5	**557**	10	18861	2	2	538	17210	**560**	2	2	573	15646	**563**

续表

院校基本信息·本科一批(文科)							2023 年投档情况				2022 年投档情况					2021 年投档情况				
院校代号	院校名称	所在区域	所在地	城市分类	院校类型	院校分类	招生计划	投档线	线差	位次	招生计划	实际投档	投档线	位次	2023 年同位分	招生计划	实际投档	投档线	位次	2023 年同位分
4305	赣南师范大学	江西	赣州	三线	师范	公办	13	**557**	10	18861	13	13	538	17210	**560**	8	9	572	16090	**562**
6035	洛阳师范学院	河南	洛阳	三线	师范	公办	141	**557**	10	18861	100	100	535	18792	**557**	101	101	562	20879	**553**
1695	辽宁工程技术大学	辽宁	阜新	五线	理工	保研资格	17	**556**	9	19379	17	17	531	21061	**552**	15	15	567	18414	**557**
2430	南昌航空大学	江西	南昌	二线	理工	保研资格	19	**556**	9	19379	24	24	533	19938	**554**	15	15	577	14016	**567**
2810	安徽工业大学	安徽	马鞍山	四线	理工	保研资格	9	**556**	9	19379	11	11	533	19938	**554**	11	11	575	14815	**565**
3280	河北师范大学	河北	石家庄	二线	师范	保研资格	11	**556**	9	19379	11	11	558	8687	**582**	11	11	592	8893	**582**
3595	大连外国语大学	辽宁	大连	二线	语言	保研资格	52	**556**	9	19379	50	50	528	22832	**549**	50	50	589	9839	**579**
4125	安徽建筑大学	安徽	合肥	新一线	理工	公办	7	**556**	9	19379	8	8	540	16182	**562**	8	8	573	15646	**563**
4200	福建医科大学	福建	福州	二线	医药	保研资格	8	**556**	9	19379	8	8	536	18232	**558**	13	13	570	17000	**560**
4925	桂林电子科技大学	广西	桂林	三线	理工	保研资格	35	**556**	9	19379	37	43	530	21635	**551**	—	—	—	—	**—**
5110	川北医学院	四川	南充	三线	医药	公办	10	**556**	9	19379	10	10	534	19375	**556**	10	10	565	19410	**555**
5595	上海电机学院(较高收费)	上海	上海	一线	理工	公办	2	**556**	9	19379	2	2	532	20478	**553**	2	2	562	20879	**553**
6931	北京理工大学珠海学院	广东	珠海	二线	综合	民办	2	**556**	9	19379	2	1	530	21635	**551**	2	2	559	22467	**550**
2375	东北石油大学	黑龙江	大庆	四线	理工	保研资格	29	**555**	8	19907	27	27	534	19375	**556**	25	25	565	19410	**555**
2890	重庆工商大学	重庆	重庆	新一线	综合	公办	38	**555**	8	19907	32	32	551	11198	**575**	29	29	592	8893	**582**
4010	浙江科技学院	浙江	杭州	新一线	理工	公办	16	**555**	8	19907	9	9	543	14743	**565**	3	3	577	14016	**567**
6010	河南农业大学	河南	郑州	新一线	农林	保研资格	295	**555**	8	19907	319	345	538	17210	**560**	448	452	569	17492	**559**
2285	沈阳建筑大学	辽宁	沈阳	二线	理工	保研资格	2	**554**	7	20464	2	2	532	20478	**553**	2	2	569	17492	**559**
2350	大连民族大学	辽宁	大连	二线	民族	公办	10	**554**	7	20464	8	8	536	18232	**558**	3	3	570	17000	**560**
2630	山西医科大学	山西	晋中	四线	医药	保研资格	7	**554**	7	20464	3	3	529	22242	**550**	—	—	—	—	**—**
3175	北京印刷学院	北京	北京	一线	理工	公办	17	**554**	7	20464	17	17	551	11198	**575**	16	16	584	11502	**574**
4370	山东理工大学	山东	淄博	三线	理工	保研资格	16	**554**	7	20464	18	18	536	18232	**558**	18	18	572	16090	**562**
4735	湖南工业大学	湖南	株洲	三线	理工	公办	48	**554**	7	20464	24	24	544	14280	**567**	15	15	579	13277	**569**
5605	上海商学院	上海	上海	一线	财经	公办	12	**554**	7	20464	—	—	—	—	—	—	—	—	—	—
6015	河南中医药大学	河南	郑州	新一线	医药	保研资格	655	**554**	7	20464	652	685	531	21061	**552**	716	737	561	21385	**552**
6095	华北水利水电大学	河南	郑州	新一线	理工	保研资格	570	**554**	7	20464	585	597	536	18232	**558**	488	498	568	17951	**558**
6100	河南理工大学	河南	焦作	四线	理工	保研资格	522	**554**	7	20464	491	511	533	19938	**554**	424	437	565	19410	**555**
7501	上海第二工业大学	上海	上海	一线	理工	公办	6	**554**	7	20464	—	—	—	—	—	—	—	—	—	—
3310	华北理工大学	河北	唐山	三线	综合	保研资格	13	**553**	6	21011	9	9	533	19938	**554**	7	7	564	19891	**555**

续表

院校基本信息·本科一批(文科)							2023 年投档情况				2022 年投档情况					2021 年投档情况				
院校代号	院校名称	所在区域	所在地	城市分类	院校类型	院校分类	招生计划	投档线	线差	位次	招生计划	实际投档	投档线	位次	2023 年同位分	招生计划	实际投档	投档线	位次	2023 年同位分
6110	郑州轻工业大学	河南	郑州	新一线	理工	公办	200	**553**	6	21011	205	215	534	19375	**556**	178	190	566	18908	**556**
1745	长春理工大学	吉林	长春	二线	理工	保研资格	7	**552**	5	21540	7	7	527	23432	**548**	7	7	577	14016	**567**
3530	大连工业大学	辽宁	大连	二线	理工	保研资格	12	**552**	5	21540	11	11	532	20478	**553**	8	8	569	17492	**559**
4415	山东建筑大学	山东	济南	二线	理工	保研资格	7	**552**	5	21540	7	5	531	21061	**552**	2	2	587	10498	**577**
6070	南阳师范学院	河南	南阳	三线	师范	公办	58	**552**	5	21540	50	51	533	19938	**554**	25	26	564	19891	**555**
6090	郑州航空工业管理学院	河南	郑州	新一线	财经	公办	446	**552**	5	21540	516	552	530	21635	**551**	463	491	561	21385	**552**
3060	中国民用航空飞行学院	四川	德阳	四线	理工	公办	10	**551**	4	22132	10	10	532	20478	**553**	6	6	564	19891	**555**
3705	哈尔滨理工大学	黑龙江	哈尔滨	二线	理工	保研资格	20	**551**	4	22132	20	7	527	23432	**548**	—	—	—	—	**—**
5095	成都信息工程大学	四川	成都	新一线	理工	公办	12	**551**	4	22132	3	4	550	11606	**574**	9	10	580	12890	**570**
6105	河南工业大学	河南	郑州	新一线	理工	保研资格	427	**551**	4	22132	474	517	540	16182	**562**	358	365	573	15646	**563**
2360	温州肯恩大学	浙江	温州	二线	综合	中外合作	11	**550**	3	22698	15	6	527	23432	**548**	14	14	558	22987	**549**
4890	北京师范大学-香港浸会大学联合国际学院	广东	珠海	二线	综合	内港合作	18	**550**	3	22698	16	16	535	18792	**557**	14	14	570	17000	**560**
1880	宁波大学(较高收费)	浙江	宁波	新一线	综合	双一流	5	**549**	2	23282	6	6	547	12892	**570**	5	5	584	11502	**574**
2780	山东科技大学(较高收费)	山东	济南	二线	综合	保研资格	5	**549**	2	23282	5	1	531	21061	**552**	5	5	568	17951	**558**
3815	上海应用技术大学(较高收费)	上海	上海	一线	理工	公办	7	**549**	2	23282	7	6	530	21635	**551**	7	7	569	17492	**559**
6025	河南科技学院	河南	新乡	三线	师范	公办	115	**549**	2	23282	95	100	528	22832	**549**	90	93	559	22467	**550**
6115	中原工学院	河南	郑州	新一线	理工	公办	215	**549**	2	23282	132	154	529	22242	**550**	231	245	561	21385	**552**
6055	商丘师范学院	河南	商丘	三线	师范	公办	60	**548**	1	23831	—	—	—	—	—	—	—	—	—	—
1725	东北财经大学(较高收费)	辽宁	大连	二线	财经	保研资格	14	**547**	0	24386	14	11	529	22242	**550**	10	10	591	9192	**581**
2750	海南大学(较高收费)	海南	海口	三线	综合	原 211	28	**547**	0	24386	29	26	536	18232	**558**	15	19	586	10825	**576**
3690	吉林财经大学(较高收费)	吉林	长春	二线	财经	保研资格	8	**547**	0	24386	7	7	531	21061	**552**	4	4	572	16090	**562**
4205	福建师范大学(较高收费)	福建	福州	二线	师范	保研资格	6	**547**	0	24386	8	8	531	21061	**552**	8	8	569	17492	**559**
6009	河南大学(中外合作办学)	河南	开封	四线	综合	双一流	366	**547**	0	24386	381	385	534	19375	**556**	280	286	573	15646	**563**
6020	新乡医学院	河南	新乡	三线	医药	公办	190	**547**	0	24386	238	203	527	23432	**548**	238	250	558	22987	**549**
6050	安阳师范学院	河南	安阳	三线	师范	公办	20	**547**	0	24386	—	—	—	—	—	—	—	—	—	—
6060	周口师范学院	河南	周口	三线	师范	公办	120	**547**	0	24386	—	—	—	—	—	—	—	—	—	—
6080	河南财经政法大学(较高收费)	河南	郑州	新一线	财经	保研资格	705	**547**	0	24386	735	484	527	23432	**548**	415	427	562	20879	**553**
6155	河南工程学院	河南	郑州	新一线	理工	公办	65	**547**	0	24386	—	—	—	—	—	—	—	—	—	—
6012	河南农业大学(中外合作办学)	河南	郑州	新一线	农林	保研资格	70	**530**	−17	35614	70	70	519	28595	**540**	70	70	554	25301	**545**

第二节 河南省2021—2023年普通高校招生本科二批院校平行投档信息统计(文科)

详细内容见表5-2。表格说明详见本章第五节。

表5-2 河南省2021—2023年普通高校招生本科二批院校平行投档信息统计(文科)

院校基本信息·本科二批(文科)							2023年投档情况				2022年投档情况					2021年投档情况				
院校代号	院校名称	所在区域	所在地	城市分类	院校类型	院校分类	招生计划	投档线	线差	位次	招生计划	实际投档	投档线	位次	2023年同位分	招生计划	实际投档	投档线	位次	2023年同位分
4885	广东警官学院	广东	广州	一线	政法	公办	2	**558**	93	18371	4	4	532	20478	**553**	2	2	562	20879	**553**
3995	嘉兴学院	浙江	嘉兴	二线	财经	公办	18	**557**	92	18861	12	12	532	20478	**553**	10	10	563	20389	**554**
4225	福建中医药大学	福建	福州	二线	医药	保研资格	11	**557**	92	18861	13	13	525	24695	**546**	13	13	553	25867	**544**
4785	五邑大学	广东	江门	三线	综合	保研资格	1	**556**	91	19379	1	1	535	18792	**557**	1	1	559	22467	**550**
4870	广东技术师范大学	广东	广州	一线	师范	公办	3	**555**	90	19907	11	12	523	25960	**544**	11	12	556	24136	**547**
3265	河北中医药大学	河北	石家庄	二线	医药	保研资格	12	**554**	89	20464	12	12	528	22832	**549**	12	12	554	25301	**545**
3930	江苏师范大学	江苏	徐州	二线	师范	保研资格	33	**554**	89	20464	32	32	533	19938	**554**	32	36	566	18908	**556**
4135	安徽中医药大学	安徽	合肥	新一线	医药	保研资格	14	**554**	89	20464	14	14	525	24695	**546**	14	14	556	24136	**547**
5180	贵州医科大学	贵州	贵阳	二线	医药	保研资格	1	**554**	89	20464	—	—	—	—	—	—	—	—	—	—
2350	大连民族大学	辽宁	大连	二线	民族	公办	7	**553**	88	21011	2	2	529	22242	**550**	2	4	558	22987	**549**
2545	河北工程大学	河北	邯郸	三线	理工	保研资格	4	**553**	88	21011	4	4	527	23432	**548**	3	3	560	21943	**551**
2890	重庆工商大学	重庆	重庆	新一线	综合	公办	10	**553**	88	21011	10	10	533	19938	**554**	10	10	565	19410	**555**
3370	山西师范大学	山西	太原	二线	师范	保研资格	9	**553**	88	21011	12	12	530	21635	**551**	12	12	561	21385	**552**
3920	南京晓庄学院	江苏	南京	新一线	师范	公办	13	**553**	88	21011	14	14	528	22832	**549**	15	15	560	21943	**551**
7205	湖南第一师范学院	湖南	长沙	新一线	师范	公办	5	**553**	88	21011	5	5	530	21635	**551**	5	5	561	21385	**552**
4355	聊城大学	山东	聊城	三线	综合	保研资格	5	**552**	87	21540	10	10	530	21635	**551**	10	10	558	22987	**549**
4375	山东政法学院	山东	济南	二线	政法	公办	18	**552**	87	21540	18	18	529	22242	**550**	18	18	561	21385	**552**
4595	湖北师范大学	湖北	黄石	四线	师范	公办	28	**552**	87	21540	28	28	530	21635	**551**	32	32	562	20879	**553**
5260	云南中医药大学	云南	昆明	新一线	医药	公办	6	**552**	87	21540	6	6	524	25322	**545**	7	7	558	22987	**549**
2885	华东交通大学	江西	南昌	二线	理工	保研资格	8	**551**	86	22132	8	8	525	24695	**546**	8	8	560	21943	**551**
3400	山西中医药大学	山西	晋中	四线	医药	保研资格	15	**551**	86	22132	17	17	527	23432	**548**	16	16	553	25867	**544**
3960	浙江传媒学院	浙江	嘉兴	二线	语言	公办	19	**551**	86	22132	23	23	538	17210	**560**	30	30	569	17492	**559**

续表

院校基本信息 · 本科二批（文科）							2023 年投档情况				2022 年投档情况					2021 年投档情况				
院校代号	院校名称	所在区域	所在地	城市分类	院校类型	院校分类	招生计划	投档线	线差	位次	招生计划	实际投档	投档线	位次	2023 年同位分	招生计划	实际投档	投档线	位次	2023 年同位分
4480	鲁东大学	山东	烟台	二线	综合	公办	7	**551**	86	22132	7	7	531	21061	**552**	7	7	562	20879	**553**
4565	武汉轻工大学	湖北	武汉	新一线	理工	公办	10	**551**	86	22132	10	12	530	21635	**551**	10	11	559	22467	**550**
5605	上海商学院	上海	上海	一线	财经	公办	6	**551**	86	22132	15	15	526	24075	**547**	15	15	564	19891	**555**
3020	西南民族大学	四川	成都	新一线	民族	保研资格	49	**550**	85	22698	52	52	526	24075	**547**	8	8	571	16517	**561**
3035	中国劳动关系学院	北京	北京	一线	财经	公办	35	**550**	85	22698	40	40	526	24075	**547**	40	41	559	22467	**550**
3275	河北医科大学	河北	石家庄	二线	医药	保研资格	4	**550**	85	22698	6	6	526	24075	**547**	6	6	557	23563	**548**
5395	西安文理学院	陕西	西安	新一线	师范	公办	7	**550**	85	22698	6	6	524	25322	**545**	8	8	556	24136	**547**
6083	河南财经政法大学（与河南省人民检察院联办）	河南	郑州	新一线	财经	保研资格	60	**550**	85	22698	75	79	526	24075	**547**	98	98	556	24136	**547**
3285	河北经贸大学	河北	石家庄	二线	财经	保研资格	23	**549**	84	23282	22	22	529	22242	**550**	24	24	561	21385	**552**
4950	广西中医药大学	广西	南宁	二线	医药	保研资格	5	**549**	84	23282	5	5	524	25322	**545**	4	4	515	52443	**509**
4955	南宁师范大学	广西	南宁	二线	师范	公办	12	**549**	84	23282	12	12	525	24695	**546**	12	12	554	25301	**545**
5050	重庆文理学院	重庆	重庆	新一线	综合	公办	6	**549**	84	23282	6	6	522	26589	**543**	6	6	557	23563	**548**
5185	贵州中医药大学	贵州	贵阳	二线	医药	保研资格	6	**549**	84	23282	6	6	523	25960	**544**	6	6	529	41562	**522**
5300	西藏大学	西藏	拉萨	五线	综合	原 211	25	**549**	84	23282	33	33	526	24075	**547**	18	18	559	22467	**550**
5550	云南警官学院	云南	昆明	新一线	政法	公办	2	**549**	84	23282	2	2	524	25322	**545**	2	2	553	25867	**544**
3450	内蒙古师范大学	内蒙古	呼和浩特	三线	师范	保研资格	16	**548**	83	23831	15	25	523	25960	**544**	20	20	547	29417	**538**
3490	大连大学	辽宁	大连	二线	综合	公办	17	**548**	83	23831	15	15	526	24075	**547**	17	17	556	24136	**547**
5205	贵州财经大学	贵州	贵阳	二线	财经	公办	5	**548**	83	23831	14	14	522	26589	**543**	15	15	518	49952	**512**
7563	湖北第二师范学院	湖北	武汉	新一线	师范	公办	19	**548**	83	23831	19	19	527	23432	**548**	22	22	557	23563	**548**
4165	淮北师范大学	安徽	淮北	四线	师范	公办	16	**547**	82	24386	14	14	531	21061	**552**	14	16	559	22467	**550**
4365	烟台大学	山东	烟台	二线	综合	公办	6	**547**	82	24386	6	6	529	22242	**550**	10	10	553	25867	**544**
5045	长江师范学院	重庆	重庆	新一线	师范	公办	6	**547**	82	24386	6	6	523	25960	**544**	2	2	553	25867	**544**
5390	西安财经大学	陕西	西安	新一线	财经	公办	2	**547**	82	24386	2	2	529	22242	**550**	2	2	560	21943	**551**
3100	中华女子学院	北京	北京	一线	语言	公办	27	**546**	81	24938	24	24	525	24695	**546**	25	25	556	24136	**547**
3910	盐城师范学院	江苏	盐城	三线	师范	公办	6	**546**	81	24938	6	6	523	25960	**544**	10	10	553	25867	**544**
3960	浙江传媒学院（较高收费）	浙江	杭州	新一线	语言	公办	4	**546**	81	24938	4	4	525	24695	**546**	—	—	—	—	—
4795	广东金融学院	广东	广州	一线	财经	公办	15	**546**	81	24938	16	19	525	24695	**546**	26	28	550	27622	**541**
5035	重庆理工大学	重庆	重庆	新一线	理工	公办	16	**546**	81	24938	17	17	530	21635	**551**	17	17	561	21385	**552**

续表

院校基本信息·本科二批(文科)							2023 年投档情况				2022 年投档情况					2021 年投档情况				
院校代号	院校名称	所在区域	所在地	城市分类	院校类型	院校分类	招生计划	投档线	线差	位次	招生计划	实际投档	投档线	位次	2023 年同位分	招生计划	实际投档	投档线	位次	2023 年同位分
5240	云南师范大学(较高收费)	云南	昆明	新一线	师范	保研资格	3	546	81	24938	4	4	523	25960	544	—	—	—	—	—
5280	云南财经大学	云南	昆明	新一线	财经	保研资格	34	546	81	24938	28	28	524	25322	545	30	30	559	22467	550
5455	甘肃政法大学	甘肃	兰州	三线	政法	公办	18	546	81	24938	16	16	524	25322	545	9	9	556	24136	547
6621	苏州城市学院	江苏	苏州	新一线	综合	公办	65	546	81	24938	78	78	523	25960	544	78	78	550	27622	541
7501	上海第二工业大学	上海	上海	一线	理工	公办	17	546	81	24938	28	28	526	24075	547	28	28	559	22467	550
0005	首都体育学院	北京	北京	一线	体育	公办	5	545	80	25536	5	5	523	25960	544	6	6	548	28836	539
2550	北京联合大学	北京	北京	一线	综合	公办	21	545	80	25536	11	11	531	21061	552	18	18	559	22467	550
2630	山西医科大学	山西	吕梁	五线	医药	保研资格	6	545	80	25536	6	6	516	30778	536	10	10	474	88448	474
2900	太原科技大学	山西	太原	二线	理工	保研资格	18	545	80	25536	18	18	524	25322	545	20	20	548	28836	539
3565	大连海洋大学	辽宁	大连	二线	农林	保研资格	9	545	80	25536	9	9	524	25322	545	7	11	544	31286	536
4435	青岛农业大学	山东	青岛	新一线	农林	公办	5	545	80	25536	10	10	523	25960	544	8	8	554	25301	545
4600	黄冈师范学院	湖北	黄冈	三线	师范	公办	34	545	80	25536	34	34	521	27264	542	26	26	547	29417	538
5240	云南师范大学	云南	昆明	新一线	师范	保研资格	26	545	80	25536	20	20	531	21061	552	18	18	566	18908	556
5345	陕西理工大学	陕西	汉中	四线	理工	公办	3	545	80	25536	3	3	525	24695	546	6	6	556	24136	547
5655	重庆科技学院	重庆	重庆	新一线	理工	公办	13	545	80	25536	17	17	519	28595	540	10	10	552	26451	543
5690	四川警察学院	四川	泸州	四线	政法	公办	2	545	80	25536	5	5	521	27264	542	2	5	547	29417	538
6140	河南警察学院	河南	郑州	新一线	政法	公办	100	545	80	25536	—	—	—	—	—	—	—	—	—	—
6620	无锡学院	江苏	无锡	二线	综合	公办	12	545	80	25536	12	12	523	25960	544	8	8	549	28244	540
9922	南京艺术学院	江苏	南京	新一线	艺术	保研资格	5	545	80	25536	6	6	526	24075	547	8	8	556	24136	547
3165	北京石油化工学院	北京	北京	一线	理工	公办	4	544	79	26174	4	4	522	26589	543	4	4	558	22987	549
3180	北京农学院	北京	北京	一线	农林	公办	12	544	79	26174	10	10	508	36969	528	10	10	559	22467	550
3590	渤海大学	辽宁	锦州	四线	综合	保研资格	29	544	79	26174	42	42	520	27943	541	47	47	535	37377	527
3860	江苏海洋大学	江苏	连云港	三线	理工	公办	14	544	79	26174	10	10	524	25322	545	14	14	558	22987	549
3985	台州学院	浙江	台州	二线	综合	公办	14	544	79	26174	14	14	523	25960	544	8	8	555	24689	546
4145	阜阳师范大学	安徽	阜阳	三线	师范	公办	29	544	79	26174	21	21	523	25960	544	22	22	550	27622	541
4255	江西农业大学	江西	南昌	二线	农林	保研资格	5	544	79	26174	5	5	526	24075	547	7	7	553	25867	544
4545	湖北文理学院	湖北	襄阳	三线	综合	公办	23	544	79	26174	24	30	521	27264	542	31	31	550	27622	541
4615	湖北经济学院	湖北	武汉	新一线	财经	公办	44	544	79	26174	30	30	526	24075	547	32	32	559	22467	550
4815	东莞理工学院	广东	东莞	新一线	理工	公办	6	544	79	26174	6	6	526	24075	547	6	6	557	23563	548

续表

院校基本信息·本科二批(文科)							2023 年投档情况				2022 年投档情况					2021 年投档情况				
院校代号	院校名称	所在区域	所在地	城市分类	院校类型	院校分类	招生计划	投档线	线差	位次	招生计划	实际投档	投档线	位次	2023 年同位分	招生计划	实际投档	投档线	位次	2023 年同位分
5105	四川轻化工大学	四川	自贡	五线	理工	公办	16	**544**	79	26174	15	15	510	35431	**530**	8	8	559	22467	**550**
5570	厦门理工学院	福建	厦门	二线	理工	公办	23	**544**	79	26174	23	23	524	25322	**545**	23	23	555	24689	**546**
6115	中原工学院	河南	郑州	新一线	理工	公办	46	**544**	79	26174	52	55	526	24075	**547**	60	100	554	25301	**545**
7156	福建警察学院	福建	福州	二线	政法	公办	5	**544**	79	26174	8	8	521	27264	**542**	7	7	546	30047	**537**
3240	天津商业大学	天津	天津	新一线	财经	保研资格	10	**543**	78	26791	32	32	473	69846	**491**	32	32	541	33219	**533**
3520	辽宁师范大学	辽宁	大连	二线	师范	保研资格	43	**543**	78	26791	44	44	532	20478	**553**	41	41	561	21385	**552**
4020	浙江海洋大学	浙江	舟山	四线	农林	公办	14	**543**	78	26791	18	18	528	22832	**549**	20	28	555	24689	**546**
4790	长沙学院	湖南	长沙	新一线	理工	公办	10	**543**	78	26791	10	10	522	26589	**543**	12	12	554	25301	**545**
4915	广西师范大学	广西	桂林	三线	师范	保研资格	31	**543**	78	26791	29	29	528	22832	**549**	30	30	561	21385	**552**
5635	金陵科技学院	江苏	南京	新一线	综合	公办	21	**543**	78	26791	21	21	521	27264	**542**	21	21	545	30649	**536**
6698	南昌医学院	江西	南昌	二线	医药	公办	7	**543**	78	26791	10	10	515	31505	**535**	8	8	549	28244	**540**
6967	嘉兴南湖学院	浙江	嘉兴	二线	财经	公办	3	**543**	78	26791	—	—	—	—	—	—	—	—	—	—
7208	湖南财政经济学院	湖南	长沙	新一线	财经	公办	14	**543**	78	26791	17	17	524	25322	**545**	15	17	557	23563	**548**
9199	贵州警察学院	贵州	贵阳	二线	政法	公办	1	**543**	78	26791	3	3	517	30019	**537**	3	3	543	31926	**535**
9940	四川美术学院	重庆	重庆	新一线	艺术	公办	3	**543**	78	26791	3	3	519	28595	**540**	3	3	492	72125	**489**
3325	承德医学院	河北	承德	四线	医药	公办	2	**542**	77	27428	2	2	517	30019	**537**	2	2	550	27622	**541**
3495	沈阳大学	辽宁	沈阳	二线	综合	公办	39	**542**	77	27428	37	37	522	26589	**543**	35	35	550	27622	**541**
3550	沈阳航空航天大学	辽宁	沈阳	二线	理工	保研资格	3	**542**	77	27428	4	4	525	24695	**546**	4	4	557	23563	**548**
5250	西南林业大学	云南	昆明	新一线	农林	保研资格	18	**542**	77	27428	17	17	517	30019	**537**	16	16	556	24136	**547**
5285	云南民族大学	云南	昆明	新一线	民族	保研资格	14	**542**	77	27428	14	14	523	25960	**544**	14	14	557	23563	**548**
5330	延安大学	陕西	延安	五线	综合	保研资格	16	**542**	77	27428	16	21	525	24695	**546**	18	19	556	24136	**547**
6079	南阳理工学院(与南阳医学高等专科学校联办)	河南	南阳	三线	理工	公办	25	**542**	77	27428	25	25	516	30778	**536**	25	25	547	29417	**538**
7292	西安航空学院	陕西	西安	新一线	理工	公办	3	**542**	77	27428	6	6	520	27943	**541**	6	6	550	27622	**541**
3410	太原师范学院	山西	晋中	四线	师范	公办	17	**541**	76	28035	20	20	523	25960	**544**	17	22	549	28244	**540**
3525	沈阳师范大学	辽宁	沈阳	二线	师范	保研资格	31	**541**	76	28035	31	31	522	26589	**543**	30	30	554	25301	**545**
3950	常熟理工学院	江苏	苏州	新一线	综合	公办	11	**541**	76	28035	13	13	483	59583	**501**	15	15	552	26451	**543**
3965	宁波工程学院	浙江	宁波	新一线	理工	公办	16	**541**	76	28035	20	20	517	30019	**537**	20	20	507	59025	**502**
4625	湖北民族大学	湖北	恩施	四线	民族	公办	57	**541**	76	28035	44	44	518	29283	**539**	44	44	547	29417	**538**

续表

院校基本信息·本科二批(文科)							2023 年投档情况				2022 年投档情况					2021 年投档情况				
院校代号	院校名称	所在区域	所在地	城市分类	院校类型	院校分类	招生计划	投档线	线差	位次	招生计划	实际投档	投档线	位次	2023 年同位分	招生计划	实际投档	投档线	位次	2023 年同位分
5245	大理大学	云南	大理	四线	综合	公办	22	**541**	76	28035	18	18	519	28595	**540**	18	18	552	26451	**543**
5415	兰州交通大学	甘肃	兰州	三线	理工	保研资格	13	**541**	76	28035	9	9	516	30778	**536**	7	7	557	23563	**548**
5450	兰州财经大学	甘肃	兰州	三线	财经	公办	49	**541**	76	28035	36	36	522	26589	**543**	16	16	554	25301	**545**
5570	厦门理工学院(其他单列)	福建	厦门	二线	理工	公办	6	**541**	76	28035	6	6	519	28595	**540**	6	6	551	27046	**542**
5858	浙江外国语学院(较高收费)	浙江	杭州	新一线	语言	公办	2	**541**	76	28035	2	2	514	32268	**534**	1	1	558	22987	**549**
2555	大连交通大学(较高收费)	辽宁	大连	二线	理工	保研资格	4	**540**	75	28646	4	4	519	28595	**540**	4	4	545	30649	**536**
2920	山西财经大学	山西	太原	二线	财经	保研资格	26	**540**	75	28646	20	21	526	24075	**547**	21	21	559	22467	**550**
3245	石家庄学院	河北	石家庄	二线	师范	公办	15	**540**	75	28646	15	15	515	31505	**535**	15	15	545	30649	**536**
3620	北华大学	吉林	吉林	四线	综合	公办	63	**540**	75	28646	64	64	518	29283	**539**	65	65	549	28244	**540**
4040	湖州师范学院	浙江	湖州	三线	师范	公办	23	**540**	75	28646	24	24	516	30778	**536**	22	22	549	28244	**540**
5170	贵州师范大学	贵州	贵阳	二线	师范	保研资格	5	**540**	75	28646	—	—	—	—	—	—	—	—	—	—
5640	徐州工程学院	江苏	徐州	二线	理工	公办	35	**540**	75	28646	35	35	517	30019	**537**	35	35	547	29417	**538**
5705	河北金融学院	河北	保定	二线	财经	公办	16	**540**	75	28646	16	16	523	25960	**544**	18	18	554	25301	**545**
5858	浙江外国语学院	浙江	杭州	新一线	语言	公办	54	**540**	75	28646	58	58	527	23432	**548**	35	35	560	21943	**551**
7132	浙江水利水电学院	浙江	杭州	新一线	理工	公办	19	**540**	75	28646	19	19	522	26589	**543**	15	15	553	25867	**544**
8857	武汉商学院	湖北	武汉	新一线	财经	公办	16	**540**	75	28646	18	18	514	32268	**534**	12	12	557	23563	**548**
2555	大连交通大学	辽宁	大连	二线	理工	保研资格	8	**539**	74	29286	8	8	517	30019	**537**	3	3	561	21385	**552**
3080	华北科技学院	河北	廊坊	三线	理工	公办	58	**539**	74	29286	58	58	516	30778	**536**	52	52	549	28244	**540**
4410	潍坊学院	山东	潍坊	二线	综合	公办	14	**539**	74	29286	14	14	515	31505	**535**	20	20	542	32574	**534**
4840	广东第二师范学院	广东	广州	一线	师范	公办	2	**539**	74	29286	2	2	530	21635	**551**	6	7	561	21385	**552**
5005	海南医学院	海南	海口	三线	医药	公办	19	**539**	74	29286	19	19	503	41009	**522**	18	18	552	26451	**543**
5570	厦门理工学院(较高收费)	福建	厦门	二线	理工	公办	9	**539**	74	29286	10	10	516	30778	**536**	10	10	546	30047	**537**
6035	洛阳师范学院	河南	洛阳	三线	师范	公办	983	**539**	74	29286	958	977	523	25960	**544**	1041	1062	550	27622	**541**
6087	华北水利水电大学(与河南经贸职业学院联办)	河南	郑州	新一线	理工	保研资格	50	**539**	74	29286	60	60	515	31505	**535**	60	60	546	30047	**537**
6965	温州理工学院	浙江	温州	二线	师范	公办	38	**539**	74	29286	22	22	510	35431	**530**	—	—	—	—	—
2935	辽宁科技大学	辽宁	鞍山	四线	理工	保研资格	11	**538**	73	29932	8	8	518	29283	**539**	8	8	546	30047	**537**
3010	西北民族大学	甘肃	兰州	三线	民族	保研资格	29	**538**	73	29932	30	30	519	28595	**540**	12	12	548	28836	**539**
3180	北京农学院(较高收费)	北京	北京	一线	农林	公办	2	**538**	73	29932	—	—	—	—	—	—	—	—	—	—

续表

院校基本信息·本科二批(文科)							2023 年投档情况				2022 年投档情况					2021 年投档情况				
院校代号	院校名称	所在区域	所在地	城市分类	院校类型	院校分类	招生计划	投档线	线差	位次	招生计划	实际投档	投档线	位次	2023 年同位分	招生计划	实际投档	投档线	位次	2023 年同位分
3865	江苏第二师范学院	江苏	南京	新一线	师范	公办	55	**538**	73	29932	45	45	527	23432	**548**	41	41	559	22467	**550**
4280	景德镇陶瓷大学	江西	景德镇	四线	理工	公办	12	**538**	73	29932	15	15	509	36213	**529**	8	9	547	29417	**538**
4300	江西中医药大学	江西	南昌	二线	医药	保研资格	8	**538**	73	29932	5	5	472	70900	**490**	6	6	555	24689	**546**
4430	山东交通学院	山东	济南	二线	理工	公办	4	**538**	73	29932	6	6	510	35431	**530**	4	4	555	24689	**546**
4965	广西民族大学	广西	南宁	二线	民族	公办	22	**538**	73	29932	19	19	519	28595	**540**	22	22	549	28244	**540**
5030	重庆三峡学院	重庆	重庆	新一线	综合	公办	22	**538**	73	29932	14	14	519	28595	**540**	12	12	554	25301	**545**
5130	内江师范学院	四川	内江	四线	师范	公办	19	**538**	73	29932	10	10	517	30019	**537**	25	25	539	34627	**531**
5310	西藏民族大学	陕西	咸阳	三线	民族	保研资格	52	**538**	73	29932	56	56	516	30778	**536**	35	35	542	32574	**534**
5450	兰州财经大学(较高收费)	甘肃	兰州	三线	财经	公办	2	**538**	73	29932	4	4	518	29283	**539**	6	6	548	28836	**539**
1765	哈尔滨医科大学	黑龙江	大庆	四线	医药	保研资格	21	**537**	72	30602	17	17	517	30019	**537**	15	15	550	27622	**541**
2650	广西医科大学	广西	南宁	二线	医药	保研资格	11	**537**	72	30602	14	14	511	34631	**531**	14	14	549	28244	**540**
4150	安庆师范大学	安徽	安庆	三线	师范	公办	20	**537**	72	30602	20	20	521	27264	**542**	14	14	552	26451	**543**
4210	闽江学院	福建	福州	二线	理工	公办	41	**537**	72	30602	49	49	514	32268	**534**	53	53	551	27046	**542**
4975	广西财经学院	广西	南宁	二线	财经	公办	11	**537**	72	30602	8	8	518	29283	**539**	12	12	547	29417	**538**
5410	西北师范大学	甘肃	兰州	三线	师范	保研资格	13	**537**	72	30602	18	18	507	37767	**527**	16	16	558	22987	**549**
6070	南阳师范学院	河南	南阳	三线	师范	公办	546	**537**	72	30602	578	584	518	29283	**539**	597	609	543	31926	**535**
6324	郑州轻工业大学(与河南轻工职业学院联办)	河南	郑州	新一线	理工	公办	20	**537**	72	30602	—	—	—	—	—	—	—	—	—	—
2610	黑龙江中医药大学	黑龙江	哈尔滨	二线	医药	保研资格	2	**536**	71	31297	2	2	510	35431	**530**	2	2	520	48420	**514**
3540	辽宁工业大学	辽宁	锦州	四线	理工	公办	10	**536**	71	31297	13	13	514	32268	**534**	16	14	541	33219	**533**
5235	云南农业大学	云南	昆明	新一线	农林	保研资格	5	**536**	71	31297	6	6	516	30778	**536**	3	3	535	37377	**527**
6065	信阳师范大学	河南	信阳	三线	师范	公办	363	**536**	71	31297	334	341	524	25322	**545**	641	654	552	26451	**543**
9844	山东协和学院(较高收费)	山东	济南	二线	医药	民办	2	**536**	71	31297	2	2	508	36969	**528**	1	1	527	43003	**520**
3150	北京服装学院	北京	北京	一线	艺术	保研资格	8	**535**	70	31980	8	9	524	25322	**545**	11	12	553	25867	**544**
3315	北华航天工业学院	河北	廊坊	三线	理工	公办	9	**535**	70	31980	6	6	515	31505	**535**	6	6	547	29417	**538**
3415	山西大同大学	山西	大同	四线	综合	公办	30	**535**	70	31980	30	30	513	32998	**533**	12	12	549	28244	**540**
3625	长春大学	吉林	长春	二线	综合	公办	23	**535**	70	31980	31	31	514	32268	**534**	39	39	536	36701	**528**
3905	淮阴师范学院	江苏	淮安	三线	师范	公办	30	**535**	70	31980	19	19	513	32998	**533**	21	21	543	31926	**535**
4195	福建农林大学	福建	泉州	二线	农林	保研资格	11	**535**	70	31980	15	15	516	30778	**536**	15	15	545	30649	**536**

续表

院校基本信息·本科二批(文科)							2023 年投档情况				2022 年投档情况					2021 年投档情况				
院校代号	院校名称	所在区域	所在地	城市分类	院校类型	院校分类	招生计划	投档线	线差	位次	招生计划	实际投档	投档线	位次	2023 年同位分	招生计划	实际投档	投档线	位次	2023 年同位分
4875	肇庆学院	广东	肇庆	三线	综合	公办	15	**535**	70	31980	20	26	511	34631	**531**	50	52	540	33915	**532**
5385	咸阳师范学院	陕西	咸阳	三线	师范	公办	16	**535**	70	31980	10	10	517	30019	**537**	14	14	547	29417	**538**
5405	甘肃农业大学	甘肃	兰州	三线	农林	保研资格	5	**535**	70	31980	5	5	511	34631	**531**	4	2	466	96112	**467**
5620	西安医学院	陕西	西安	新一线	医药	公办	15	**535**	70	31980	15	21	511	34631	**531**	11	20	542	32574	**534**
6022	新乡医学院(中外课程合作)	河南	新乡	三线	医药	公办	20	**535**	70	31980	20	20	506	38592	**526**	50	50	529	41562	**522**
7461	福建江夏学院	福建	福州	二线	财经	公办	47	**535**	70	31980	47	47	513	32998	**533**	53	53	546	30047	**537**
8730	宿迁学院	江苏	宿迁	三线	综合	公办	5	**535**	70	31980	11	11	510	35431	**530**	8	8	536	36701	**528**
3210	天津城建大学	天津	天津	新一线	理工	公办	12	**534**	69	32697	11	11	522	26589	**543**	12	12	550	27622	**541**
3225	天津职业技术师范大学	天津	天津	新一线	师范	公办	12	**534**	69	32697	13	13	520	27943	**541**	12	12	553	25867	**544**
3925	江苏理工学院	江苏	常州	二线	理工	公办	12	**534**	69	32697	20	20	516	30778	**536**	24	24	555	24689	**546**
4160	巢湖学院	安徽	合肥	新一线	师范	公办	21	**534**	69	32697	27	27	508	36969	**528**	16	16	542	32574	**534**
4315	井冈山大学	江西	吉安	四线	综合	公办	11	**534**	69	32697	11	11	517	30019	**537**	11	11	549	28244	**540**
4320	上饶师范学院	江西	上饶	三线	师范	公办	16	**534**	69	32697	16	16	511	34631	**531**	19	22	539	34627	**531**
5380	渭南师范学院	陕西	渭南	三线	师范	公办	20	**534**	69	32697	20	20	511	34631	**531**	14	14	540	33915	**532**
5450	兰州财经大学(其他单列)	甘肃	兰州	三线	财经	公办	2	**534**	69	32697	—	—	—	—	—	—	—	—	—	—
6013	河南农业大学(办学就读地点在许昌)	河南	许昌	四线	农林	保研资格	110	**534**	69	32697	110	116	511	34631	**531**	220	222	532	39426	**525**
6088	河南科技大学(与三门峡市政府联办应用工程学院)	河南	三门峡	五线	综合	保研资格	85	**534**	69	32697	480	480	469	74062	**487**	40	40	540	33915	**532**
7206	长沙师范学院	湖南	长沙	新一线	师范	公办	4	**534**	69	32697	4	4	513	32998	**533**	4	6	543	31926	**535**
3015	北方民族大学	宁夏	银川	三线	民族	公办	12	**533**	68	33412	4	8	508	36969	**528**	2	2	478	84787	**477**
3545	沈阳理工大学	辽宁	沈阳	二线	理工	公办	8	**533**	68	33412	8	8	502	41865	**521**	11	11	550	27622	**541**
3665	长春中医药大学	吉林	长春	二线	医药	保研资格	9	**533**	68	33412	7	7	510	35431	**530**	8	8	534	38026	**526**
3720	哈尔滨师范大学	黑龙江	哈尔滨	二线	师范	保研资格	31	**533**	68	33412	31	57	505	39414	**525**	44	62	556	24136	**547**
4230	泉州师范学院	福建	泉州	二线	师范	公办	30	**533**	68	33412	34	34	515	31505	**535**	31	31	549	28244	**540**
4305	赣南师范大学	江西	赣州	三线	师范	公办	12	**533**	68	33412	12	6	445	100731	**463**	19	19	556	24136	**547**
5115	西南医科大学	四川	泸州	四线	医药	保研资格	18	**533**	68	33412	—	—	—	—	—	—	—	—	—	—
5685	北部湾大学	广西	钦州	五线	综合	公办	4	**533**	68	33412	5	5	511	34631	**531**	4	4	541	33219	**533**
7098	吉林警察学院	吉林	长春	二线	政法	公办	16	**533**	68	33412	16	16	504	40236	**523**	16	16	504	61580	**499**

续表

院校基本信息·本科二批(文科)							2023 年投档情况				2022 年投档情况					2021 年投档情况				
院校代号	院校名称	所在区域	所在地	城市分类	院校类型	院校分类	招生计划	投档线	线差	位次	招生计划	实际投档	投档线	位次	2023 年同位分	招生计划	实际投档	投档线	位次	2023 年同位分
4495	山东工商学院	山东	烟台	二线	理工	公办	21	**532**	67	34153	22	22	475	67740	**493**	24	24	552	26451	**543**
4540	湖北科技学院	湖北	咸宁	四线	综合	公办	28	**532**	67	34153	30	30	514	32268	**534**	28	28	546	30047	**537**
4690	吉首大学	湖南	湘西	五线	综合	保研资格	14	**532**	67	34153	10	10	515	31505	**535**	10	12	533	38698	**525**
5085	攀枝花学院	四川	攀枝花	五线	综合	公办	8	**532**	67	34153	5	5	506	38592	**526**	3	3	535	37377	**527**
7608	上海杉达学院(其他单列)	上海	上海	一线	财经	民办	3	**532**	67	34153	7	0	无	—	—	2	2	474	88448	**474**
2430	南昌航空大学	江西	南昌	二线	理工	保研资格	6	**531**	66	34873	4	4	525	24695	**546**	6	7	556	24136	**547**
3350	河北地质大学	河北	石家庄	二线	财经	公办	21	**531**	66	34873	16	16	517	30019	**537**	14	14	544	31286	**536**
4215	莆田学院	福建	莆田	三线	综合	公办	16	**531**	66	34873	16	16	514	32268	**534**	31	31	544	31286	**536**
4220	福建理工大学	福建	福州	二线	理工	公办	9	**531**	66	34873	21	21	506	38592	**526**	29	29	527	43003	**520**
4510	湖北理工学院	湖北	黄石	四线	理工	公办	18	**531**	66	34873	18	18	511	34631	**531**	7	7	536	36701	**528**
5490	防灾科技学院	河北	廊坊	三线	理工	公办	35	**531**	66	34873	35	35	517	30019	**537**	33	37	548	28836	**539**
5505	新疆师范大学	新疆	乌鲁木齐	三线	师范	保研资格	73	**531**	66	34873	84	84	509	36213	**529**	75	75	541	33219	**533**
6065	信阳师范大学(医护类)	河南	信阳	三线	师范	公办	52	**531**	66	34873	30	30	508	36969	**528**	10	10	538	35289	**530**
6170	郑州师范学院	河南	郑州	新一线	师范	公办	1059	**531**	66	34873	1011	1031	517	30019	**537**	1162	1174	545	30649	**536**
3555	沈阳化工大学	辽宁	沈阳	二线	理工	保研资格	11	**530**	65	35614	12	12	509	36213	**529**	11	11	480	82978	**479**
3635	吉林农业大学	吉林	长春	二线	农林	保研资格	20	**530**	65	35614	21	21	511	34631	**531**	10	10	551	27046	**542**
3675	长春师范大学	吉林	长春	二线	师范	公办	65	**530**	65	35614	59	59	515	31505	**535**	55	57	543	31926	**535**
4110	皖西学院	安徽	六安	三线	师范	公办	5	**530**	65	35614	15	15	510	35431	**530**	10	10	527	43003	**520**
4975	广西财经学院(较高收费)	广西	南宁	二线	财经	公办	3	**530**	65	35614	3	3	505	39414	**525**	3	3	517	50796	**511**
5010	海南师范大学	海南	海口	三线	师范	保研资格	13	**530**	65	35614	8	8	512	33818	**532**	8	8	560	21943	**551**
5210	贵州民族大学	贵州	贵阳	二线	民族	公办	2	**530**	65	35614	—	—	—	—	—	—	—	—	—	—
6015	河南中医药大学(较高收费)	河南	郑州	新一线	医药	保研资格	20	**530**	65	35614	20	30	493	49917	**512**	—	—	—	—	—
7195	汉江师范学院	湖北	十堰	四线	师范	公办	21	**530**	65	35614	22	22	511	34631	**531**	24	24	537	36000	**529**
3745	黑龙江科技大学	黑龙江	哈尔滨	二线	理工	保研资格	40	**529**	64	36366	40	47	513	32998	**533**	48	55	540	33915	**532**
4920	广西科技大学	广西	柳州	三线	理工	公办	3	**529**	64	36366	3	3	480	62599	**498**	2	2	545	30649	**536**
5120	绵阳师范学院	四川	绵阳	三线	师范	公办	13	**529**	64	36366	13	13	511	34631	**531**	12	12	540	33915	**532**
5215	贵阳学院	贵州	贵阳	二线	综合	公办	6	**529**	64	36366	6	6	507	37767	**527**	5	5	537	36000	**529**
5335	陕西学前师范学院	陕西	西安	新一线	师范	公办	26	**529**	64	36366	25	32	506	38592	**526**	21	21	540	33915	**532**
6050	安阳师范学院	河南	安阳	三线	师范	公办	1260	**529**	64	36366	1401	1443	512	33818	**532**	1209	1233	537	36000	**529**

续表

院校基本信息·本科二批(文科)							2023 年投档情况				2022 年投档情况					2021 年投档情况				
院校代号	院校名称	所在区域	所在地	城市分类	院校类型	院校分类	招生计划	投档线	线差	位次	招生计划	实际投档	投档线	位次	2023 年同位分	招生计划	实际投档	投档线	位次	2023 年同位分
6963	湖州学院	浙江	湖州	三线	师范	公办	13	**529**	64	36366	8	8	512	33818	**532**	20	20	531	40157	**524**
8176	太原学院	山西	太原	二线	理工	公办	8	**529**	64	36366	8	8	507	37767	**527**	9	9	537	36000	**529**
3455	内蒙古民族大学	内蒙古	通辽	五线	综合	公办	17	**528**	63	37150	17	17	508	36969	**528**	17	17	533	38698	**525**
4440	滨州学院	山东	滨州	四线	师范	公办	10	**528**	63	37150	5	5	497	46291	**516**	4	4	533	38698	**525**
4445	菏泽学院	山东	菏泽	三线	综合	公办	2	**528**	63	37150	2	2	506	38592	**526**	2	2	526	43777	**519**
4715	湘南学院	湖南	郴州	四线	理工	公办	6	**528**	63	37150	6	6	510	35431	**530**	6	8	527	43003	**520**
5040	重庆第二师范学院	重庆	重庆	新一线	师范	公办	24	**528**	63	37150	24	24	517	30019	**537**	16	17	555	24689	**546**
5270	玉溪师范学院	云南	玉溪	五线	师范	公办	8	**528**	63	37150	8	8	504	40236	**523**	8	8	532	39426	**525**
6025	河南科技学院	河南	新乡	三线	师范	公办	603	**528**	63	37150	587	599	507	37767	**527**	632	657	529	41562	**522**
3220	天津农学院	天津	天津	新一线	农林	公办	29	**527**	62	37925	29	29	511	34631	**531**	27	27	540	33915	**532**
3640	吉林师范大学	吉林	四平	五线	师范	保研资格	39	**527**	62	37925	33	33	525	24695	**546**	39	39	554	25301	**545**
4175	铜陵学院	安徽	铜陵	四线	财经	公办	20	**527**	62	37925	20	20	500	43646	**519**	20	11	467	95210	**468**
4235	闽南师范大学	福建	漳州	三线	师范	公办	60	**527**	62	37925	57	57	521	27264	**542**	63	63	553	25867	**544**
4810	广东石油化工学院	广东	茂名	四线	综合	公办	10	**527**	62	37925	10	10	496	47205	**515**	—	—	—	—	—
4995	成都师范学院	四川	成都	新一线	师范	公办	11	**527**	62	37925	—	—	—	—	—	—	—	—	—	—
5475	青海民族大学	青海	西宁	四线	民族	保研资格	10	**527**	62	37925	12	12	511	34631	**531**	16	16	531	40157	**524**
5560	昆明学院	云南	昆明	新一线	综合	公办	10	**527**	62	37925	14	14	512	33818	**532**	12	12	543	31926	**535**
3350	河北地质大学(较高收费)	河北	石家庄	二线	财经	公办	3	**526**	61	38692	3	3	518	29283	**539**	3	3	551	27046	**542**
3360	山西农业大学	山西	晋中	四线	农林	保研资格	14	**526**	61	38692	12	12	491	51788	**510**	10	10	551	27046	**542**
4045	合肥师范学院	安徽	合肥	新一线	师范	公办	43	**526**	61	38692	43	43	515	31505	**535**	43	43	551	27046	**542**
4465	山东第一医科大学	山东	泰安	三线	医药	公办	12	**526**	61	38692	5	5	515	31505	**535**	5	5	541	33219	**533**
5420	甘肃中医药大学	甘肃	兰州	三线	医药	保研资格	12	**526**	61	38692	9	9	508	36969	**528**	2	2	537	36000	**529**
6069	信阳师范大学(中外合作办学)	河南	信阳	三线	师范	公办	84	**526**	61	38692	91	91	498	45402	**517**	78	79	524	45291	**517**
6160	洛阳理工学院	河南	洛阳	三线	综合	公办	785	**526**	61	38692	680	687	508	36969	**528**	593	593	536	36701	**528**
6639	南京审计大学金审学院	江苏	南京	新一线	综合	民办	9	**526**	61	38692	9	9	511	34631	**531**	9	9	542	32574	**534**
7155	福建商学院	福建	福州	二线	财经	公办	50	**526**	61	38692	37	37	510	35431	**530**	33	33	539	34627	**531**
7701	天津中德应用技术大学	天津	天津	新一线	理工	公办	15	**526**	61	38692	11	11	509	36213	**529**	13	13	542	32574	**534**
2610	黑龙江中医药大学(异地校区)	黑龙江	佳木斯	四线	医药	保研资格	31	**525**	60	39465	30	30	500	43646	**519**	16	16	533	38698	**525**
3295	唐山学院	河北	唐山	三线	理工	公办	5	**525**	60	39465	5	5	496	47205	**515**	5	5	533	38698	**525**

续表

院校基本信息·本科二批(文科)							2023 年投档情况				2022 年投档情况					2021 年投档情况				
院校代号	院校名称	所在区域	所在地	城市分类	院校类型	院校分类	招生计划	投档线	线差	位次	招生计划	实际投档	投档线	位次	2023 年同位分	招生计划	实际投档	投档线	位次	2023 年同位分
3480	内蒙古财经大学	内蒙古	呼和浩特	三线	财经	公办	20	**525**	60	39465	20	20	503	41009	**522**	20	14	466	96112	**467**
4035	衢州学院	浙江	衢州	四线	理工	公办	20	**525**	60	39465	20	20	475	67740	**493**	15	15	542	32574	**534**
4070	丽水学院	浙江	丽水	四线	师范	公办	23	**525**	60	39465	21	21	484	58561	**502**	20	20	547	29417	**538**
5340	宝鸡文理学院	陕西	宝鸡	四线	师范	公办	14	**525**	60	39465	16	16	499	44536	**518**	16	16	542	32574	**534**
5430	天水师范学院	甘肃	天水	五线	师范	公办	8	**525**	60	39465	8	8	504	40236	**523**	8	8	528	42273	**521**
6015	河南中医药大学	河南	郑州	新一线	医药	保研资格	50	**525**	60	39465	50	50	502	41865	**521**	50	51	527	43003	**520**
6040	许昌学院	河南	许昌	四线	理工	公办	869	**525**	60	39465	844	861	503	41009	**522**	734	741	527	43003	**520**
6082	河南财经政法大学(与俄罗斯人民友谊大学合办)	河南	郑州	新一线	财经	保研资格	105	**525**	60	39465	110	110	519	28595	**540**	56	56	557	23563	**548**
6608	山东石油化工学院	山东	东营	四线	理工	公办	20	**525**	60	39465	23	23	495	48113	**514**	23	23	518	49952	**512**
7335	新疆警察学院	新疆	乌鲁木齐	三线	政法	公办	4	**525**	60	39465	3	3	495	48113	**514**	—	—	—	—	—
0006	天津体育学院	天津	天津	新一线	体育	保研资格	8	**524**	59	40213	5	5	517	30019	**537**	8	7	466	96112	**467**
3345	唐山师范学院	河北	唐山	三线	师范	公办	10	**524**	59	40213	10	10	502	41865	**521**	10	10	535	37377	**527**
3980	绍兴文理学院	浙江	绍兴	二线	师范	公办	35	**524**	59	40213	35	35	522	26589	**543**	30	30	559	22467	**550**
4610	湖北工程学院	湖北	孝感	四线	理工	公办	19	**524**	59	40213	19	26	498	45402	**517**	19	18	468	94296	**469**
4845	韶关学院	广东	韶关	四线	综合	公办	20	**524**	59	40213	2	2	510	35431	**530**	6	6	531	40157	**524**
4850	惠州学院	广东	惠州	二线	综合	公办	4	**524**	59	40213	2	2	511	34631	**531**	4	4	521	47608	**514**
5145	西昌学院	四川	凉山	五线	综合	公办	5	**524**	59	40213	3	3	503	41009	**522**	2	2	530	40857	**523**
5525	新疆财经大学	新疆	乌鲁木齐	三线	财经	保研资格	67	**524**	59	40213	56	56	506	38592	**526**	48	48	537	36000	**529**
6055	商丘师范学院	河南	商丘	三线	师范	公办	952	**524**	59	40213	884	893	507	37767	**527**	1048	1079	531	40157	**524**
6060	周口师范学院	河南	周口	三线	师范	公办	438	**524**	59	40213	511	526	505	39414	**525**	730	737	529	41562	**522**
7041	沧州师范学院	河北	沧州	三线	师范	公办	12	**524**	59	40213	12	12	501	42740	**520**	10	10	530	40857	**523**
7153	宁德师范学院	福建	宁德	三线	师范	公办	31	**524**	59	40213	30	30	502	41865	**521**	30	30	531	40157	**524**
7161	景德镇学院	江西	景德镇	四线	综合	公办	3	**524**	59	40213	4	4	503	41009	**522**	4	4	532	39426	**525**
7252	成都工业学院	四川	宜宾	四线	理工	公办	3	**524**	59	40213	—	—	—	—	—	—	—	—	—	—
3460	内蒙古科技大学	内蒙古	包头	四线	综合	保研资格	7	**523**	58	41006	6	6	483	59583	**501**	10	10	547	29417	**538**
3710	齐齐哈尔大学	黑龙江	齐齐哈尔	四线	综合	公办	30	**523**	58	41006	34	42	496	47205	**515**	38	38	543	31926	**535**
3715	黑龙江八一农垦大学	黑龙江	大庆	四线	农林	保研资格	23	**523**	58	41006	14	14	514	32268	**534**	12	12	543	31926	**535**
5665	榆林学院	陕西	榆林	四线	师范	公办	16	**523**	58	41006	13	13	496	47205	**515**	15	15	513	54068	**507**

续表

院校基本信息·本科二批(文科)							2023 年投档情况				2022 年投档情况					2021 年投档情况				
院校代号	院校名称	所在区域	所在地	城市分类	院校类型	院校分类	招生计划	投档线	线差	位次	招生计划	实际投档	投档线	位次	2023 年同位分	招生计划	实际投档	投档线	位次	2023 年同位分
6150	黄淮学院	河南	驻马店	三线	综合	公办	373	**523**	58	41006	473	473	500	43646	**519**	497	507	524	45291	**517**
6155	河南工程学院	河南	郑州	新一线	理工	公办	245	**523**	58	41006	369	380	508	36969	**528**	331	338	537	36000	**529**
8508	南京工业职业技术大学	江苏	南京	新一线	理工	公办	11	**523**	58	41006	12	12	496	47205	**515**	—	—	—	—	—
4390	山东中医药大学	山东	济南	二线	医药	保研资格	5	**522**	57	41762	3	3	532	20478	**553**	2	2	560	21943	**551**
5000	海南热带海洋学院	海南	三亚	三线	综合	公办	67	**522**	57	41762	68	68	502	41865	**521**	62	65	534	38026	**526**
5500	新疆农业大学	新疆	乌鲁木齐	三线	农林	保研资格	40	**522**	57	41762	39	39	499	44536	**518**	63	63	521	47608	**514**
6695	赣南科技学院	江西	赣州	三线	理工	公办	12	**522**	57	41762	10	10	498	45402	**517**	10	10	525	44512	**518**
6763	华北理工大学冀唐学院	河北	唐山	三线	医药	民办	25	**522**	57	41762	25	25	490	52692	**509**	25	25	517	50796	**511**
4270	宜春学院	江西	宜春	三线	综合	公办	21	**521**	56	42606	21	21	493	49917	**512**	21	22	477	85681	**477**
4555	湖北汽车工业学院	湖北	十堰	四线	理工	公办	20	**521**	56	42606	20	20	493	49917	**512**	—	—	—	—	—
5125	乐山师范学院	四川	乐山	四线	师范	公办	17	**521**	56	42606	12	12	509	36213	**529**	4	4	542	32574	**534**
5565	福建技术师范学院	福建	福州	二线	师范	公办	24	**521**	56	42606	16	16	501	42740	**520**	26	26	526	43777	**519**
6696	赣东学院	江西	抚州	四线	理工	公办	10	**521**	56	42606	10	10	499	44536	**518**	7	11	520	48420	**514**
6948	南京理工大学紫金学院	江苏	南京	新一线	理工	民办	16	**521**	56	42606	13	13	501	42740	**520**	13	13	537	36000	**529**
7126	泰州学院	江苏	泰州	三线	师范	公办	39	**521**	56	42606	51	51	511	34631	**531**	36	36	541	33219	**533**
7233	广西警察学院	广西	南宁	二线	政法	公办	15	**521**	56	42606	7	7	503	41009	**522**	4	8	532	39426	**525**
3250	衡水学院	河北	衡水	四线	师范	公办	8	**520**	55	43401	8	8	501	42740	**520**	6	6	528	42273	**521**
3260	张家口学院	河北	张家口	四线	综合	公办	15	**520**	55	43401	14	14	491	51788	**510**	13	13	528	42273	**521**
5275	楚雄师范学院	云南	楚雄	五线	师范	公办	3	**520**	55	43401	3	3	492	50820	**511**	—	—	—	—	—
5625	安康学院	陕西	安康	五线	综合	公办	14	**520**	55	43401	10	10	500	43646	**519**	8	8	527	43003	**520**
6107	河南工业大学(中外合作办学)	河南	郑州	新一线	理工	保研资格	136	**520**	55	43401	123	123	512	33818	**532**	134	135	545	30649	**536**
6215	河南财政金融学院	河南	郑州	新一线	财经	公办	1306	**520**	55	43401	1287	1287	502	41865	**521**	1153	1153	532	39426	**525**
7460	南京特殊教育师范学院	江苏	南京	新一线	师范	公办	36	**520**	55	43401	29	29	508	36969	**528**	43	43	532	39426	**525**
0019	武汉体育学院	湖北	武汉	新一线	体育	保研资格	16	**519**	54	44191	14	14	517	30019	**537**	10	10	554	25301	**545**
3430	晋中学院	山西	晋中	四线	师范	公办	25	**519**	54	44191	17	17	501	42740	**520**	8	8	528	42273	**521**
3870	淮阴工学院	江苏	淮安	三线	理工	公办	30	**519**	54	44191	30	30	495	48113	**514**	24	12	468	94296	**469**
4855	韩山师范学院	广东	潮州	三线	师范	公办	2	**519**	54	44191	2	6	500	43646	**519**	6	18	530	40857	**523**
5540	四川文理学院	四川	达州	四线	综合	公办	28	**519**	54	44191	28	28	501	42740	**520**	11	11	531	40157	**524**
5675	宁夏师范学院	宁夏	固原	五线	师范	公办	7	**519**	54	44191	11	11	502	41865	**521**	7	7	534	38026	**526**

续表

院校基本信息·本科二批(文科)							2023 年投档情况				2022 年投档情况					2021 年投档情况				
院校代号	院校名称	所在区域	所在地	城市分类	院校类型	院校分类	招生计划	投档线	线差	位次	招生计划	实际投档	投档线	位次	2023 年同位分	招生计划	实际投档	投档线	位次	2023 年同位分
6120	河南城建学院	河南	平顶山	四线	理工	公办	164	**519**	54	44191	112	116	498	45402	**517**	284	290	523	46101	**516**
6125	平顶山学院	河南	平顶山	四线	综合	公办	979	**519**	54	44191	933	952	497	46291	**516**	939	948	521	47608	**514**
6165	新乡学院	河南	新乡	三线	理工	公办	768	**519**	54	44191	750	773	499	44536	**518**	735	750	525	44512	**518**
6876	湘潭大学兴湘学院	湖南	湘潭	四线	综合	民办	4	**519**	54	44191	4	4	492	50820	**511**	4	6	517	50796	**511**
7164	新余学院	江西	新余	五线	综合	公办	5	**519**	54	44191	5	5	501	42740	**520**	5	5	530	40857	**523**
7304	甘肃民族师范学院	甘肃	甘南	五线	师范	公办	2	**519**	54	44191	4	4	496	47205	**515**	4	4	520	48420	**514**
7348	琼台师范学院	海南	海口	三线	师范	公办	42	**519**	54	44191	39	39	500	43646	**519**	42	42	529	41562	**522**
3380	运城学院	山西	运城	四线	师范	公办	25	**518**	53	45001	25	25	498	45402	**517**	24	24	527	43003	**520**
3435	长治学院	山西	长治	四线	师范	公办	12	**518**	53	45001	13	13	494	48998	**513**	7	7	530	40857	**523**
3585	鞍山师范学院	辽宁	鞍山	四线	师范	公办	55	**518**	53	45001	52	52	493	49917	**512**	45	45	517	50796	**511**
3730	哈尔滨学院	黑龙江	哈尔滨	二线	综合	公办	54	**518**	53	45001	54	54	477	65677	**495**	63	63	532	39426	**525**
4405	德州学院	山东	德州	三线	综合	公办	10	**518**	53	45001	10	10	506	38592	**526**	10	10	532	39426	**525**
4590	湖北医药学院	湖北	十堰	四线	医药	公办	26	**518**	53	45001	19	19	469	74062	**487**	15	15	547	29417	**538**
5535	贺州学院	广西	贺州	五线	综合	公办	12	**518**	53	45001	15	15	496	47205	**515**	5	5	519	49184	**513**
5660	商洛学院	陕西	商洛	五线	综合	公办	6	**518**	53	45001	6	6	495	48113	**514**	7	7	517	50796	**511**
6075	南阳理工学院	河南	南阳	三线	理工	公办	438	**518**	53	45001	479	489	496	47205	**515**	299	308	522	46841	**515**
7228	广西科技师范学院	广西	来宾	五线	师范	公办	17	**518**	53	45001	20	20	497	46291	**516**	18	18	522	46841	**515**
9958	安徽艺术学院	安徽	合肥	新一线	艺术	公办	3	**518**	53	45001	3	3	499	44536	**518**	3	3	517	50796	**511**
3463	内蒙古科技大学包头师范学院	内蒙古	包头	四线	师范	公办	24	**517**	52	45874	15	15	495	48113	**514**	13	13	520	48420	**514**
3520	辽宁师范大学(较高收费)	辽宁	大连	二线	师范	保研资格	10	**517**	52	45874	10	10	493	49917	**512**	10	10	535	37377	**527**
3630	长春工业大学	吉林	长春	二线	理工	保研资格	16	**517**	52	45874	20	20	521	27264	**542**	19	19	551	27046	**542**
3685	通化师范学院	吉林	通化	五线	师范	公办	23	**517**	52	45874	23	23	496	47205	**515**	34	34	522	46841	**515**
3760	牡丹江师范学院	黑龙江	牡丹江	四线	师范	公办	33	**517**	52	45874	38	38	497	46291	**516**	38	38	522	46841	**515**
4750	湖南文理学院	湖南	常德	三线	综合	公办	6	**517**	52	45874	8	6	445	100731	**463**	8	8	553	25867	**544**
4760	怀化学院	湖南	怀化	四线	综合	公办	16	**517**	52	45874	13	13	505	39414	**525**	10	10	533	38698	**525**
4865	嘉应学院	广东	梅州	四线	综合	公办	18	**517**	52	45874	18	18	486	56565	**505**	10	10	534	38026	**526**
5200	黔南民族师范学院	贵州	黔南	四线	师范	公办	3	**517**	52	45874	5	5	496	47205	**515**	8	8	520	48420	**514**
5435	河西学院	甘肃	张掖	五线	综合	公办	16	**517**	52	45874	12	12	493	49917	**512**	12	12	521	47608	**514**
5530	河池学院	广西	河池	五线	综合	公办	10	**517**	52	45874	8	8	494	48998	**513**	10	10	519	49184	**513**

续表

院校基本信息·本科二批(文科)							2023 年投档情况				2022 年投档情况					2021 年投档情况				
院校代号	院校名称	所在区域	所在地	城市分类	院校类型	院校分类	招生计划	投档线	线差	位次	招生计划	实际投档	投档线	位次	2023 年同位分	招生计划	实际投档	投档线	位次	2023 年同位分
5862	滇西应用技术大学	云南	大理	四线	综合	公办	5	**517**	52	45874	5	5	489	53630	**508**	2	2	525	44512	**518**
6868	湖南理工学院南湖学院	湖南	岳阳	三线	理工	民办	2	**517**	52	45874	2	2	489	53630	**508**	2	2	515	52443	**509**
7039	河北民族师范学院	河北	承德	四线	师范	公办	15	**517**	52	45874	18	18	496	47205	**515**	10	9	466	96112	**467**
7147	池州学院	安徽	池州	五线	师范	公办	15	**517**	52	45874	13	13	466	77310	**484**	7	7	525	44512	**518**
7273	兴义民族师范学院	贵州	黔西南	五线	师范	公办	1	**517**	52	45874	1	1	496	47205	**515**	3	3	520	48420	**514**
7283	昭通学院	云南	昭通	五线	师范	公办	3	**517**	52	45874	3	3	495	48113	**514**	3	3	521	47608	**514**
7285	保山学院	云南	保山	五线	综合	公办	2	**517**	52	45874	2	2	502	41865	**521**	—	—	—	—	—
7617	长沙医学院	湖南	长沙	新一线	医药	民办	8	**517**	52	45874	8	8	497	46291	**516**	8	10	524	45291	**517**
8691	山东青年政治学院	山东	济南	二线	综合	公办	10	**517**	52	45874	10	10	501	42740	**520**	15	15	528	42273	**521**
3570	锦州医科大学	辽宁	锦州	四线	医药	公办	2	**516**	51	46681	2	2	494	48998	**513**	4	4	545	30649	**536**
3670	白城师范学院	吉林	白城	五线	师范	公办	39	**516**	51	46681	48	48	494	48998	**513**	53	53	521	47608	**514**
3765	大庆师范学院	黑龙江	大庆	四线	综合	公办	46	**516**	51	46681	45	45	494	48998	**513**	59	59	520	48420	**514**
4710	邵阳学院	湖南	邵阳	四线	理工	公办	4	**516**	51	46681	5	5	470	72970	**488**	5	5	531	40157	**524**
4725	湖南工程学院	湖南	湘潭	四线	理工	公办	4	**516**	51	46681	4	4	469	74062	**487**	4	4	540	33915	**532**
4780	湖南女子学院	湖南	长沙	新一线	语言	公办	29	**516**	51	46681	26	26	499	44536	**518**	26	26	528	42273	**521**
4960	玉林师范学院	广西	玉林	四线	师范	公办	14	**516**	51	46681	25	25	493	49917	**512**	20	20	518	49952	**512**
5040	重庆第二师范学院(较高收费)	重庆	重庆	新一线	师范	公办	4	**516**	51	46681	5	5	493	49917	**512**	—	—	—	—	—
5265	曲靖师范学院	云南	曲靖	四线	师范	公办	16	**516**	51	46681	17	17	476	66739	**494**	17	17	529	41562	**522**
5520	伊犁师范大学	新疆	伊犁	五线	师范	公办	94	**516**	51	46681	127	127	491	51788	**510**	73	73	518	49952	**512**
5545	安顺学院	贵州	安顺	五线	综合	公办	4	**516**	51	46681	6	6	478	64636	**496**	4	4	522	46841	**515**
5580	龙岩学院	福建	龙岩	四线	综合	公办	28	**516**	51	46681	29	29	492	50820	**511**	28	28	527	43003	**520**
5630	贵州工程应用技术学院	贵州	毕节	四线	师范	公办	4	**516**	51	46681	4	4	494	48998	**513**	4	4	519	49184	**513**
5680	百色学院	广西	百色	五线	综合	公办	18	**516**	51	46681	18	18	493	49917	**512**	20	20	520	48420	**514**
6125	平顶山学院(医护类)	河南	平顶山	四线	综合	公办	102	**516**	51	46681	83	83	494	48998	**513**	77	77	519	49184	**513**
7259	阿坝师范学院	四川	阿坝	五线	师范	公办	12	**516**	51	46681	6	6	495	48113	**514**	6	6	523	46101	**516**
7293	滇西科技师范学院	云南	临沧	五线	师范	公办	2	**516**	51	46681	2	2	493	49917	**512**	8	8	518	49952	**512**
7600	浙江万里学院	浙江	宁波	新一线	理工	公办	46	**516**	51	46681	46	46	496	47205	**515**	50	50	520	48420	**514**
3340	廊坊师范学院	河北	廊坊	三线	师范	公办	10	**515**	50	47550	10	10	503	41009	**522**	10	10	537	36000	**529**
3405	忻州师范学院	山西	忻州	五线	师范	公办	14	**515**	50	47550	12	12	496	47205	**515**	14	14	524	45291	**517**

续表

院校基本信息·本科二批(文科)							2023 年投档情况				2022 年投档情况					2021 年投档情况				
院校代号	院校名称	所在区域	所在地	城市分类	院校类型	院校分类	招生计划	投档线	线差	位次	招生计划	实际投档	投档线	位次	2023 年同位分	招生计划	实际投档	投档线	位次	2023 年同位分
3470	赤峰学院	内蒙古	赤峰	四线	综合	公办	8	**515**	50	47550	8	8	492	50820	**511**	8	8	515	52443	**509**
3615	辽东学院	辽宁	丹东	五线	财经	公办	31	**515**	50	47550	39	39	493	49917	**512**	33	33	518	49952	**512**
3640	吉林师范大学(特殊类型)	吉林	四平	五线	师范	保研资格	8	**515**	50	47550	8	8	500	43646	**519**	8	8	524	45291	**517**
4755	衡阳师范学院	湖南	衡阳	三线	师范	公办	9	**515**	50	47550	9	9	521	27264	**542**	9	9	553	25867	**544**
5859	山东农业工程学院	山东	淄博	三线	农林	公办	30	**515**	50	47550	28	28	489	53630	**508**	28	28	525	44512	**518**
6045	河南牧业经济学院	河南	郑州	新一线	农林	公办	908	**515**	50	47550	1363	1377	497	46291	**516**	1397	1411	522	46841	**515**
6135	安阳工学院	河南	安阳	三线	理工	公办	617	**515**	50	47550	326	326	495	48113	**514**	375	379	520	48420	**514**
7037	保定学院	河北	保定	二线	师范	公办	14	**515**	50	47550	14	14	508	36969	**528**	14	15	542	32574	**534**
7152	武夷学院	福建	南平	四线	综合	公办	25	**515**	50	47550	18	18	495	48113	**514**	26	26	529	41562	**522**
7502	荆楚理工学院	湖北	荆门	四线	理工	公办	12	**515**	50	47550	8	8	455	89426	**473**	3	3	535	37377	**527**
3395	长治医学院	山西	长治	四线	医药	公办	6	**514**	49	48434	4	4	488	54646	**507**	4	4	535	37377	**527**
3490	大连大学(较高收费)	辽宁	大连	二线	综合	公办	17	**514**	49	48434	17	17	480	62599	**498**	17	17	537	36000	**529**
3625	长春大学(特殊类型)	吉林	长春	二线	综合	公办	8	**514**	49	48434	—	—	—	—	—	—	—	—	—	—
3735	黑河学院	黑龙江	黑河	五线	综合	公办	18	**514**	49	48434	17	17	493	49917	**512**	34	34	516	51641	**510**
3750	齐齐哈尔医学院	黑龙江	齐齐哈尔	四线	医药	公办	35	**514**	49	48434	37	37	491	51788	**510**	36	36	502	63254	**498**
4265	九江学院	江西	九江	三线	综合	公办	32	**514**	49	48434	33	33	472	70900	**490**	31	31	537	36000	**529**
4685	湖南人文科技学院	湖南	娄底	四线	师范	公办	7	**514**	49	48434	10	10	494	48998	**513**	12	11	473	89423	**473**
5170	贵州师范大学(较高收费)	贵州	贵阳	二线	师范	保研资格	2	**514**	49	48434	—	—	—	—	—	—	—	—	—	—
5205	贵州财经大学(较高收费)	贵州	贵阳	二线	财经	公办	10	**514**	49	48434	6	6	500	43646	**519**	—	—	—	—	—
5575	三明学院	福建	三明	四线	综合	公办	19	**514**	49	48434	24	24	485	57598	**503**	19	19	535	37377	**527**
5615	陇东学院	甘肃	庆阳	五线	师范	公办	6	**514**	49	48434	6	6	491	51788	**510**	4	4	521	47608	**514**
6052	安阳师范学院(中外合作办学)	河南	安阳	三线	师范	公办	70	**514**	49	48434	70	70	492	50820	**511**	70	70	516	51641	**510**
6606	厦门大学嘉庚学院	福建	漳州	三线	综合	民办	44	**514**	49	48434	44	44	495	48113	**514**	40	40	540	33915	**532**
7014	贵阳康养职业大学	贵州	贵阳	二线	医药	公办	2	**514**	49	48434	2	2	485	57598	**503**	—	—	—	—	—
7051	吕梁学院	山西	吕梁	五线	师范	公办	7	**514**	49	48434	8	8	495	48113	**514**	8	8	521	47608	**514**
7148	亳州学院	安徽	亳州	四线	师范	公办	14	**514**	49	48434	22	22	494	48998	**513**	6	6	526	43777	**519**
7229	桂林旅游学院	广西	桂林	三线	财经	公办	10	**514**	49	48434	9	9	493	49917	**512**	11	11	502	63254	**498**
3110	塔里木大学	新疆	阿拉尔	—	综合	公办	102	**513**	48	49322	112	112	492	50820	**511**	64	64	509	57325	**504**
3420	太原工业学院	山西	太原	二线	理工	公办	6	**513**	48	49322	7	7	507	37767	**527**	8	8	541	33219	**533**

续表

院校基本信息·本科二批（文科）							2023 年投档情况				2022 年投档情况					2021 年投档情况				
院校代号	院校名称	所在区域	所在地	城市分类	院校类型	院校分类	招生计划	投档线	线差	位次	招生计划	实际投档	投档线	位次	2023 年同位分	招生计划	实际投档	投档线	位次	2023 年同位分
3515	辽宁科技学院	辽宁	本溪	五线	理工	公办	17	**513**	48	49322	17	17	492	50820	**511**	17	14	484	79316	**482**
4145	阜阳师范大学（较高收费）	安徽	阜阳	三线	师范	公办	2	**513**	48	49322	2	2	486	56565	**505**	—	—	—	—	—
4450	潍坊医学院	山东	潍坊	二线	医药	公办	13	**513**	48	49322	14	10	447	98565	**465**	14	14	543	31926	**535**
5585	红河学院	云南	红河	四线	综合	公办	17	**513**	48	49322	17	17	481	61568	**499**	22	22	521	47608	**514**
5850	吉林医药学院	吉林	吉林	四线	医药	公办	2	**513**	48	49322	2	2	492	50820	**511**	3	2	490	73919	**487**
5856	山西工程技术学院	山西	阳泉	五线	理工	公办	4	**513**	48	49322	4	4	493	49917	**512**	4	4	525	44512	**518**
6145	信阳农林学院	河南	信阳	三线	农林	公办	858	**513**	48	49322	893	902	493	49917	**512**	676	703	518	49952	**512**
6214	河南工学院	河南	新乡	三线	理工	公办	330	**513**	48	49322	360	371	493	49917	**512**	300	306	519	49184	**513**
6617	南京师范大学中北学院	江苏	镇江	三线	综合	民办	43	**513**	48	49322	39	39	492	50820	**511**	36	36	521	47608	**514**
6625	扬州大学广陵学院	江苏	扬州	三线	综合	民办	34	**513**	48	49322	42	42	491	51788	**510**	42	42	518	49952	**512**
6636	河北师范大学汇华学院	河北	石家庄	二线	师范	民办	29	**513**	48	49322	29	29	493	49917	**512**	29	29	519	49184	**513**
6700	赣南师范大学科技学院	江西	赣州	三线	师范	民办	4	**513**	48	49322	4	4	492	50820	**511**	4	4	516	51641	**510**
6875	南华大学船山学院	湖南	衡阳	三线	理工	民办	2	**513**	48	49322	2	2	492	50820	**511**	4	4	515	52443	**509**
6886	广西中医药大学赛恩斯新医药学院	广西	南宁	二线	医药	民办	22	**513**	48	49322	34	34	486	56565	**505**	49	49	508	58200	**503**
6921	新疆政法学院	新疆	图木舒克	—	综合	公办	71	**513**	48	49322	29	30	491	51788	**510**	16	16	512	54859	**506**
6952	南京师范大学泰州学院	江苏	泰州	三线	师范	民办	47	**513**	48	49322	48	48	491	51788	**510**	55	55	516	51641	**510**
7064	呼和浩特民族学院	内蒙古	呼和浩特	三线	语言	公办	19	**513**	48	49322	14	14	492	50820	**511**	9	9	519	49184	**513**
7106	哈尔滨金融学院	黑龙江	哈尔滨	二线	财经	公办	58	**513**	48	49322	63	63	457	87224	**475**	66	66	532	39426	**525**
7163	萍乡学院	江西	萍乡	五线	综合	公办	5	**513**	48	49322	5	5	489	53630	**508**	5	5	523	46101	**516**
7176	济宁学院	山东	济宁	三线	师范	公办	10	**513**	48	49322	10	10	497	46291	**516**	10	10	523	46101	**516**
7401	兰州文理学院	甘肃	兰州	三线	综合	公办	17	**513**	48	49322	12	12	497	46291	**516**	10	10	528	42273	**521**
3300	河北建筑工程学院	河北	张家口	四线	理工	公办	5	**512**	47	50271	5	5	493	49917	**512**	8	8	528	42273	**521**
3525	沈阳师范大学（较高收费）	辽宁	沈阳	二线	师范	保研资格	5	**512**	47	50271	4	4	483	59583	**501**	4	4	530	40857	**523**
3645	长春工程学院	吉林	长春	二线	理工	公办	7	**512**	47	50271	8	8	454	90557	**472**	4	2	529	41562	**522**
3655	吉林化工学院	吉林	吉林	四线	理工	公办	20	**512**	47	50271	10	10	491	51788	**510**	—	—	—	—	—
3740	黑龙江工程学院	黑龙江	哈尔滨	二线	理工	公办	10	**512**	47	50271	11	11	468	75194	**486**	9	9	538	35289	**530**
3770	绥化学院	黑龙江	绥化	五线	综合	公办	24	**512**	47	50271	21	21	492	50820	**511**	18	18	517	50796	**511**
3775	吉林农业科技学院	吉林	吉林	四线	农林	公办	26	**512**	47	50271	25	25	492	50820	**511**	22	22	494	70291	**491**
4195	福建农林大学（较高收费）	福建	福州	二线	农林	保研资格	13	**512**	47	50271	15	15	508	36969	**528**	15	15	542	32574	**534**

续表

院校基本信息·本科二批(文科)							2023 年投档情况				2022 年投档情况					2021 年投档情况				
院校代号	院校名称	所在区域	所在地	城市分类	院校类型	院校分类	招生计划	投档线	线差	位次	招生计划	实际投档	投档线	位次	2023 年同位分	招生计划	实际投档	投档线	位次	2023 年同位分
4425	山东女子学院	山东	济南	二线	综合	公办	30	**512**	47	50271	30	30	489	53630	**508**	30	12	467	95210	**468**
4970	梧州学院	广西	梧州	五线	综合	公办	6	**512**	47	50271	3	3	492	50820	**511**	8	8	527	43003	**520**
5170	贵州师范大学(其他单列)	贵州	贵阳	二线	师范	保研资格	4	**512**	47	50271	6	6	490	52692	**509**	6	6	477	85681	**477**
5495	呼伦贝尔学院	内蒙古	呼伦贝尔	五线	综合	公办	8	**512**	47	50271	8	8	492	50820	**511**	8	8	517	50796	**511**
5510	喀什大学	新疆	喀什	五线	师范	公办	193	**512**	47	50271	219	228	489	53630	**508**	205	207	516	51641	**510**
5710	吉林工商学院	吉林	长春	二线	财经	公办	35	**512**	47	50271	35	35	468	75194	**486**	35	35	536	36701	**528**
5855	山西传媒学院	山西	晋中	四线	艺术	公办	34	**512**	47	50271	27	27	474	68793	**492**	27	27	539	34627	**531**
6070	南阳师范学院(异地校区)	河南	郑州	新一线	师范	公办	70	**512**	47	50271	70	70	493	49917	**512**	70	70	518	49952	**512**
6613	北京中医药大学东方学院	河北	沧州	三线	综合	民办	8	**512**	47	50271	8	8	469	74062	**487**	9	9	534	38026	**526**
6874	吉首大学张家界学院	湖南	张家界	五线	综合	民办	6	**512**	47	50271	6	6	486	56565	**505**	6	6	508	58200	**503**
7010	兰州资源环境职业技术大学	甘肃	兰州	三线	理工	公办	5	**512**	47	50271	5	5	488	54646	**507**	—	—	—	—	—
7011	山西工程科技职业大学	山西	晋中	四线	理工	公办	23	**512**	47	50271	2	2	491	51788	**510**	—	—	—	—	—
7254	四川旅游学院	四川	成都	新一线	综合	公办	18	**512**	47	50271	22	15	450	95097	**468**	25	25	541	33219	**533**
7278	六盘水师范学院	贵州	六盘水	五线	师范	公办	2	**512**	47	50271	2	2	492	50820	**511**	2	2	529	41562	**522**
4860	岭南师范学院	广东	湛江	三线	师范	公办	26	**511**	46	51170	7	7	520	27943	**541**	8	10	548	28836	**539**
5670	兰州城市学院	甘肃	兰州	三线	综合	公办	14	**511**	46	51170	3	3	502	41865	**521**	3	3	535	37377	**527**
6250	郑州工程技术学院	河南	郑州	新一线	理工	公办	460	**511**	46	51170	545	550	493	49917	**512**	353	357	520	48420	**514**
6628	南京财经大学红山学院	江苏	镇江	三线	综合	民办	64	**511**	46	51170	64	64	489	53630	**508**	64	64	515	52443	**509**
6867	湖南科技大学潇湘学院	湖南	湘潭	四线	综合	民办	5	**511**	46	51170	6	6	485	57598	**503**	6	6	516	51641	**510**
6922	新疆科技学院	新疆	巴音郭楞	五线	财经	公办	31	**511**	46	51170	90	90	489	53630	**508**	49	49	514	53242	**508**
7009	兰州石化职业技术大学	甘肃	兰州	三线	理工	公办	4	**511**	46	51170	2	2	486	56565	**505**	—	—	—	—	—
7013	广西农业职业技术大学	广西	南宁	二线	农林	公办	7	**511**	46	51170	5	5	488	54646	**507**	—	—	—	—	—
7331	新疆工程学院	新疆	乌鲁木齐	三线	理工	公办	7	**511**	46	51170	6	6	491	51788	**510**	6	6	515	52443	**509**
7400	河套学院	内蒙古	巴彦淖尔	五线	综合	公办	18	**511**	46	51170	18	18	490	52692	**509**	13	13	516	51641	**510**
8386	黑龙江工业学院	黑龙江	鸡西	五线	综合	公办	42	**511**	46	51170	42	42	491	51788	**510**	57	57	516	51641	**510**
9945	云南艺术学院	云南	昆明	新一线	艺术	公办	9	**511**	46	51170	3	3	504	40236	**523**	—	—	—	—	—
5010	海南师范大学(较高收费)	海南	海口	三线	师范	保研资格	5	**510**	45	52072	5	6	492	50820	**511**	5	7	523	46101	**516**
5515	昌吉学院	新疆	昌吉	五线	师范	公办	115	**510**	45	52072	105	105	488	54646	**507**	110	110	513	54068	**507**
5575	三明学院(较高收费)	福建	三明	四线	综合	公办	5	**510**	45	52072	5	5	488	54646	**507**	16	16	506	59906	**501**

续表

院校基本信息·本科二批(文科)							2023 年投档情况				2022 年投档情况					2021 年投档情况				
院校代号	院校名称	所在区域	所在地	城市分类	院校类型	院校分类	招生计划	投档线	线差	位次	招生计划	实际投档	投档线	位次	2023 年同位分	招生计划	实际投档	投档线	位次	2023 年同位分
6004	郑州大学体育学院	河南	郑州	新一线	体育	公办	195	**510**	45	52072	195	195	491	51788	**510**	195	196	520	48420	**514**
6017	河南中医药大学(与嵩山少林武术职业学院联合办学)	河南	郑州	新一线	医药	保研资格	80	**510**	45	52072	80	93	490	52692	**509**	120	124	513	54068	**507**
6153	黄淮学院(中外合作办学)	河南	驻马店	三线	综合	公办	16	**510**	45	52072	15	15	493	49917	**512**	38	38	515	52443	**509**
6812	中国矿业大学徐海学院	江苏	徐州	二线	理工	民办	29	**510**	45	52072	24	24	489	53630	**508**	29	29	513	54068	**507**
6877	中南林业科技大学涉外学院	湖南	长沙	新一线	综合	民办	2	**510**	45	52072	5	5	481	61568	**499**	7	7	505	60750	**500**
6923	新疆理工学院	新疆	阿克苏	五线	理工	公办	24	**510**	45	52072	15	15	489	53630	**508**	28	28	514	53242	**508**
6925	新疆第二医学院	新疆	克拉玛依	五线	医药	公办	2	**510**	45	52072	1	1	491	51788	**510**	—	—	—	—	—
7007	河北工业职业技术大学	河北	石家庄	二线	理工	公办	5	**510**	45	52072	—	—	—	—	—	—	—	—	—	—
7012	河北石油职业技术大学	河北	承德	四线	理工	公办	22	**510**	45	52072	13	13	489	53630	**508**	—	—	—	—	—
8139	河北环境工程学院	河北	秦皇岛	四线	综合	公办	9	**510**	45	52072	11	11	458	86120	**476**	9	9	528	42273	**521**
8212	鄂尔多斯应用技术学院	内蒙古	鄂尔多斯	四线	综合	公办	4	**510**	45	52072	4	4	489	53630	**508**	4	4	515	52443	**509**
3590	渤海大学(较高收费)	辽宁	锦州	四线	综合	保研资格	24	**509**	44	52940	10	10	509	36213	**529**	10	10	536	36701	**528**
5315	西藏农牧学院	西藏	林芝	五线	农林	公办	12	**509**	44	52940	7	7	487	55616	**506**	4	4	513	54068	**507**
6058	商丘师范学院(与商丘职业技术学院联办)	河南	商丘	三线	师范	公办	40	**509**	44	52940	20	20	491	51788	**510**	20	20	517	50796	**511**
6632	河北工程大学科信学院	河北	邯郸	三线	理工	民办	5	**509**	44	52940	5	5	490	52692	**509**	5	5	514	53242	**508**
6664	成都锦城学院	四川	成都	新一线	综合	民办	38	**509**	44	52940	36	36	489	53630	**508**	36	40	513	54068	**507**
6849	湖北师范大学文理学院	湖北	黄石	四线	师范	民办	16	**509**	44	52940	15	15	489	53630	**508**	15	15	513	54068	**507**
6864	长沙理工大学城南学院	湖南	长沙	新一线	理工	民办	16	**509**	44	52940	16	16	486	56565	**505**	16	16	518	49952	**512**
6949	南京航空航天大学金城学院	江苏	南京	新一线	理工	民办	7	**509**	44	52940	5	3	482	60563	**500**	19	19	513	54068	**507**
6953	浙江工业大学之江学院	浙江	绍兴	二线	理工	民办	31	**509**	44	52940	18	18	485	57598	**503**	18	18	507	59025	**502**
6972	集美大学诚毅学院	福建	厦门	二线	综合	民办	21	**509**	44	52940	20	20	498	45402	**517**	17	17	529	41562	**522**
7008	河北科技工程职业技术大学	河北	邢台	三线	理工	公办	24	**509**	44	52940	12	12	490	52692	**509**	—	—	—	—	—
7063	集宁师范学院	内蒙古	乌兰察布	五线	师范	公办	16	**509**	44	52940	16	16	494	48998	**513**	17	17	519	49184	**513**
9951	新疆艺术学院	新疆	乌鲁木齐	三线	艺术	公办	5	**509**	44	52940	5	5	485	57598	**503**	6	6	513	54068	**507**
3685	通化师范学院(其他单列)	吉林	通化	五线	师范	公办	3	**508**	43	53842	3	3	487	55616	**506**	—	—	—	—	—
6607	东南大学成贤学院	江苏	南京	新一线	综合	民办	9	**508**	43	53842	15	17	485	57598	**503**	15	16	518	49952	**512**
6626	江苏师范大学科文学院	江苏	徐州	二线	综合	民办	62	**508**	43	53842	58	58	490	52692	**509**	66	66	512	54859	**506**

续表

院校基本信息·本科二批（文科）							2023 年投档情况				2022 年投档情况					2021 年投档情况				
院校代号	院校名称	所在区域	所在地	城市分类	院校类型	院校分类	招生计划	投档线	线差	位次	招生计划	实际投档	投档线	位次	2023 年同位分	招生计划	实际投档	投档线	位次	2023 年同位分
6627	南京邮电大学通达学院	江苏	扬州	三线	综合	民办	16	**508**	43	53842	12	12	485	57598	**503**	10	10	519	49184	**513**
6693	江西师范大学科学技术学院	江西	九江	三线	综合	民办	18	**508**	43	53842	18	18	488	54646	**507**	18	18	511	55670	**506**
6703	南昌大学共青学院	江西	九江	三线	综合	民办	5	**508**	43	53842	3	3	486	56565	**505**	6	11	506	59906	**501**
6713	重庆财经学院	重庆	重庆	新一线	财经	民办	22	**508**	43	53842	23	23	487	55616	**506**	21	30	511	55670	**506**
6843	湖北大学知行学院	湖北	武汉	新一线	理工	民办	17	**508**	43	53842	18	18	478	64636	**496**	12	12	516	51641	**510**
6968	中国计量大学现代科技学院	浙江	金华	二线	理工	民办	10	**508**	43	53842	—	—	—	—	—	—	—	—	—	—
6987	贵州医科大学神奇民族医药学院	贵州	贵阳	二线	医药	民办	1	**508**	43	53842	—	—	—	—	—	—	—	—	—	—
4500	山东管理学院	山东	济南	二线	综合	公办	40	**507**	42	54739	21	21	518	29283	**539**	20	20	550	27622	**541**
6098	华北水利水电大学（与嵩山少林武术职业学院联办）	河南	郑州	新一线	理工	保研资格	200	**507**	42	54739	205	223	482	60563	**500**	210	215	515	52443	**509**
6616	南京工业大学浦江学院	江苏	南京	新一线	综合	民办	10	**507**	42	54739	10	10	486	56565	**505**	10	10	515	52443	**509**
6618	南京医科大学康达学院	江苏	连云港	三线	综合	民办	12	**507**	42	54739	12	12	482	60563	**500**	12	12	509	57325	**504**
6622	苏州大学应用技术学院	江苏	苏州	新一线	综合	民办	34	**507**	42	54739	34	34	488	54646	**507**	34	34	513	54068	**507**
6624	江苏大学京江学院	江苏	镇江	三线	综合	民办	21	**507**	42	54739	21	21	484	58561	**502**	21	21	516	51641	**510**
6859	湖北工程学院新技术学院	湖北	孝感	四线	理工	民办	14	**507**	42	54739	14	14	486	56565	**505**	18	18	509	57325	**504**
7279	贵州商学院	贵州	贵阳	二线	财经	公办	2	**507**	42	54739	2	2	482	60563	**500**	2	2	506	59906	**501**
6042	许昌学院（中外合作办学）	河南	许昌	四线	理工	公办	110	**506**	41	55694	110	110	488	54646	**507**	203	205	507	59025	**502**
6060	周口师范学院（较高收费）	河南	周口	三线	师范	公办	300	**506**	41	55694	150	150	489	53630	**508**	70	70	512	54859	**506**
6598	上海财经大学浙江学院	浙江	金华	二线	财经	民办	14	**506**	41	55694	14	13	485	57598	**503**	14	14	522	46841	**515**
6604	重庆人文科技学院	重庆	重庆	新一线	综合	民办	30	**506**	41	55694	31	31	483	59583	**501**	28	32	509	57325	**504**
6629	江苏科技大学苏州理工学院	江苏	苏州	新一线	综合	民办	6	**506**	41	55694	6	6	488	54646	**507**	12	12	514	53242	**508**
6838	武昌理工学院	湖北	武汉	新一线	理工	民办	3	**506**	41	55694	5	5	478	64636	**496**	10	10	501	64100	**497**
6842	长江大学文理学院	湖北	荆州	三线	理工	民办	23	**506**	41	55694	24	24	482	60563	**500**	22	22	506	59906	**501**
6862	武汉学院	湖北	武汉	新一线	财经	民办	39	**506**	41	55694	35	35	486	56565	**505**	50	53	512	54859	**506**
9956	内蒙古艺术学院	内蒙古	呼和浩特	三线	艺术	公办	7	**506**	41	55694	9	9	485	57598	**503**	10	10	512	54859	**506**
4685	湖南人文科技学院（较高收费）	湖南	娄底	四线	师范	公办	3	**505**	40	56660	2	2	488	54646	**507**	3	3	516	51641	**510**
5000	海南热带海洋学院（较高收费）	海南	三亚	三线	综合	公办	5	**505**	40	56660	5	5	482	60563	**500**	9	9	508	58200	**503**
6630	常州大学怀德学院	江苏	泰州	三线	综合	民办	15	**505**	40	56660	22	22	482	60563	**500**	22	23	505	60750	**500**
6667	南通大学杏林学院	江苏	南通	二线	综合	民办	34	**505**	40	56660	34	34	485	57598	**503**	27	27	508	58200	**503**

续表

院校基本信息·本科二批(文科)							2023年投档情况				2022年投档情况					2021年投档情况				
院校代号	院校名称	所在区域	所在地	城市分类	院校类型	院校分类	招生计划	投档线	线差	位次	招生计划	实际投档	投档线	位次	2023年同位分	招生计划	实际投档	投档线	位次	2023年同位分
6692	江西农业大学南昌商学院	江西	九江	三线	综合	民办	14	**505**	40	56660	15	15	480	62599	**498**	15	15	507	59025	**502**
6712	重庆对外经贸学院	重庆	重庆	新一线	财经	民办	42	**505**	40	56660	49	49	483	59583	**501**	36	36	508	58200	**503**
6714	重庆工商大学派斯学院	重庆	重庆	新一线	财经	民办	14	**505**	40	56660	14	14	480	62599	**498**	12	12	505	60750	**500**
6894	电子科技大学成都学院	四川	成都	新一线	理工	民办	6	**505**	40	56660	6	6	479	63579	**497**	8	8	515	52443	**509**
7629	齐鲁医药学院	山东	淄博	三线	医药	民办	18	**505**	40	56660	16	16	463	80605	**481**	14	14	532	39426	**525**
5140	宜宾学院	四川	宜宾	四线	综合	公办	6	**504**	39	57594	6	6	505	39414	**525**	8	8	533	38698	**525**
5500	新疆农业大学(较高收费)	新疆	乌鲁木齐	三线	农林	保研资格	21	**504**	39	57594	20	20	485	57598	**503**	20	20	502	63254	**498**
6623	苏州科技大学天平学院	江苏	苏州	新一线	综合	民办	10	**504**	39	57594	10	10	488	54646	**507**	18	20	513	54068	**507**
6697	南昌航空大学科技学院	江西	九江	三线	理工	民办	7	**504**	39	57594	7	7	482	60563	**500**	2	2	505	60750	**500**
6765	石家庄铁道大学四方学院	河北	石家庄	二线	理工	民办	10	**504**	39	57594	10	10	488	54646	**507**	10	20	511	55670	**506**
6851	三峡大学科技学院	湖北	宜昌	三线	理工	民办	16	**504**	39	57594	23	23	482	60563	**500**	19	19	507	59025	**502**
6869	湖南农业大学东方科技学院	湖南	长沙	新一线	农林	民办	3	**504**	39	57594	3	3	484	58561	**502**	—	—	—	—	—
0012	哈尔滨体育学院	黑龙江	哈尔滨	二线	体育	公办	14	**503**	38	58552	14	14	492	50820	**511**	18	18	516	51641	**510**
3675	长春师范大学(较高收费)	吉林	长春	二线	师范	公办	11	**503**	38	58552	11	11	489	53630	**508**	11	11	515	52443	**509**
3680	吉林工程技术师范学院	吉林	长春	二线	师范	公办	35	**503**	38	58552	15	15	496	47205	**515**	30	32	520	48420	**514**
6057	商丘师范学院(中外合作办学)	河南	商丘	三线	师范	公办	70	**503**	38	58552	110	110	483	59583	**501**	110	110	506	59906	**501**
6699	江西财经大学现代经济管理学院	江西	九江	三线	财经	民办	8	**503**	38	58552	7	7	479	63579	**497**	10	10	488	75691	**486**
6850	武汉文理学院	湖北	武汉	新一线	财经	民办	28	**503**	38	58552	26	26	481	61568	**499**	27	27	506	59906	**501**
6931	北京理工大学珠海学院	广东	珠海	二线	综合	民办	38	**503**	38	58552	36	37	474	68793	**492**	36	36	519	49184	**513**
6983	西南交通大学希望学院	四川	成都	新一线	综合	民办	5	**503**	38	58552	9	9	476	66739	**494**	5	5	502	63254	**498**
9679	重庆工程学院	重庆	重庆	新一线	理工	民办	14	**503**	38	58552	10	10	484	58561	**502**	10	12	498	66708	**494**
4475	临沂大学	山东	临沂	二线	综合	公办	11	**502**	37	59523	11	11	525	24695	**546**	12	12	556	24136	**547**
6501	河南开封科技传媒学院	河南	开封	四线	财经	民办	1076	**502**	37	59523	1073	1084	485	57598	**503**	944	978	509	57325	**504**
6677	西南财经大学天府学院	四川	成都	新一线	财经	民办	21	**502**	37	59523	23	23	482	60563	**500**	7	10	513	54068	**507**
6678	四川大学锦江学院	四川	眉山	四线	综合	民办	6	**502**	37	59523	5	13	477	65677	**495**	2	2	498	66708	**494**
6784	辽宁中医药大学杏林学院	辽宁	沈阳	二线	医药	民办	46	**502**	37	59523	46	46	472	70900	**490**	48	48	501	64100	**497**
6839	武昌首义学院	湖北	武汉	新一线	理工	民办	26	**502**	37	59523	24	26	482	60563	**500**	22	29	504	61580	**499**
6970	浙江财经大学东方学院	浙江	嘉兴	二线	财经	民办	33	**502**	37	59523	33	33	467	76258	**485**	27	27	508	58200	**503**
3640	吉林师范大学(其他单列)	吉林	四平	五线	师范	保研资格	11	**501**	36	60463	6	6	501	42740	**520**	6	6	529	41562	**522**

续表

院校基本信息・本科二批(文科)							2023 年投档情况				2022 年投档情况					2021 年投档情况				
院校代号	院校名称	所在区域	所在地	城市分类	院校类型	院校分类	招生计划	投档线	线差	位次	招生计划	实际投档	投档线	位次	2023 年同位分	招生计划	实际投档	投档线	位次	2023 年同位分
4860	岭南师范学院(较高收费)	广东	湛江	三线	师范	公办	2	**501**	36	60463	3	3	464	79496	**482**	—	—	—	—	—
6178	河南科技学院苏梅国际学院	河南	新乡	三线	师范	公办	30	**501**	36	60463	30	30	475	67740	**493**	—	—	—	—	—
6705	内蒙古大学创业学院	内蒙古	呼和浩特	三线	综合	民办	12	**501**	36	60463	12	12	479	63579	**497**	12	12	498	66708	**494**
6990	西安建筑科技大学华清学院	陕西	西安	新一线	理工	民办	9	**501**	36	60463	9	9	474	68793	**492**	10	10	498	66708	**494**
7610	三江学院	江苏	南京	新一线	综合	民办	45	**501**	36	60463	52	52	486	56565	**505**	54	54	512	54859	**506**
5465	青海师范大学	青海	西宁	四线	师范	保研资格	10	**500**	35	61450	10	10	518	29283	**539**	15	15	545	30649	**536**
6508	信阳学院	河南	信阳	三线	师范	民办	2315	**500**	35	61450	2254	2278	475	67740	**493**	2326	2352	489	74794	**487**
6691	南昌大学科学技术学院	江西	九江	三线	综合	民办	10	**500**	35	61450	8	2	481	61568	**499**	7	7	508	58200	**503**
6884	桂林学院	广西	桂林	三线	综合	民办	8	**500**	35	61450	11	3	476	66739	**494**	22	22	506	59906	**501**
6951	南京理工大学泰州科技学院	江苏	泰州	三线	理工	民办	8	**500**	35	61450	2	2	463	80605	**481**	2	0	无	—	—
6954	浙江师范大学行知学院	浙江	金华	二线	综合	民办	20	**500**	35	61450	24	24	472	70900	**490**	18	18	507	59025	**502**
6964	绍兴文理学院元培学院	浙江	绍兴	二线	师范	民办	25	**500**	35	61450	20	20	477	65677	**495**	20	20	499	65834	**495**
6966	浙江工商大学杭州商学院	浙江	杭州	新一线	财经	民办	28	**500**	35	61450	28	28	476	66739	**494**	29	29	510	56491	**505**
7605	北京城市学院	北京	北京	一线	综合	民办	16	**500**	35	61450	19	23	455	89426	**473**	20	35	493	71190	**490**
3855	常州工学院	江苏	常州	二线	理工	公办	4	**499**	34	62431	8	8	517	30019	**537**	13	13	543	31926	**535**
4470	泰山学院	山东	泰安	三线	综合	公办	7	**499**	34	62431	—	—	—	—	—	—	—	—	—	—
6883	广西民族大学相思湖学院	广西	南宁	二线	民族	民办	35	**499**	34	62431	35	35	476	66739	**494**	61	61	492	72125	**489**
9928	山东工艺美术学院	山东	济南	二线	艺术	公办	11	**499**	34	62431	—	—	—	—	—	—	—	—	—	—
6045	河南牧业经济学院(较高收费)	河南	郑州	新一线	农林	公办	400	**498**	33	63418	—	—	—	—	—	—	—	—	—	—
6047	河南牧业经济学院(中外合作办学)	河南	郑州	新一线	农林	公办	70	**498**	33	63418	364	364	480	62599	**498**	372	372	501	64100	**497**
6130	黄河科技学院	河南	郑州	新一线	理工	民办	823	**498**	33	63418	865	874	474	68793	**492**	731	738	502	63254	**498**
6891	成都理工大学工程技术学院	四川	乐山	四线	理工	民办	7	**498**	33	63418	7	7	477	65677	**495**	7	7	468	94296	**469**
6959	浙江农林大学暨阳学院	浙江	绍兴	二线	农林	民办	10	**498**	33	63418	13	13	466	77310	**484**	15	15	501	64100	**497**
6609	文华学院	湖北	武汉	新一线	理工	民办	26	**497**	32	64494	26	26	476	66739	**494**	26	30	470	92392	**470**
6649	山东财经大学东方学院	山东	泰安	三线	综合	民办	22	**497**	32	64494	17	17	479	63579	**497**	31	31	503	62413	**499**
6837	汉口学院	湖北	武汉	新一线	理工	民办	12	**497**	32	64494	17	17	477	65677	**495**	17	18	500	64927	**496**
6847	湖北恩施学院	湖北	恩施	四线	理工	民办	14	**497**	32	64494	16	16	468	75194	**486**	26	26	479	83858	**478**
6858	湖北文理学院理工学院	湖北	襄阳	三线	理工	民办	11	**497**	32	64494	5	5	473	69846	**491**	6	9	493	71190	**490**
6931	北京理工大学珠海学院(较高收费)	广东	珠海	二线	综合	民办	11	**497**	32	64494	14	15	475	67740	**493**	14	14	503	62413	**499**

续表

院校基本信息·本科二批(文科)							2023年投档情况				2022年投档情况					2021年投档情况				
院校代号	院校名称	所在区域	所在地	城市分类	院校类型	院校分类	招生计划	投档线	线差	位次	招生计划	实际投档	投档线	位次	2023年同位分	招生计划	实际投档	投档线	位次	2023年同位分
6977	燕京理工学院	河北	廊坊	三线	综合	民办	5	**497**	32	64494	5	5	472	70900	**490**	5	9	495	69370	**492**
7616	武汉生物工程学院	湖北	武汉	新一线	理工	民办	11	**497**	32	64494	13	13	477	65677	**495**	13	13	498	66708	**494**
5385	咸阳师范学院(较高收费)	陕西	咸阳	三线	师范	公办	5	**496**	31	65488	3	3	479	63579	**497**	—	—	—	—	—
6137	安阳工学院(中外合作办学)	河南	安阳	三线	理工	公办	61	**496**	31	65488	53	53	479	63579	**497**	43	43	500	64927	**496**
6663	重庆城市科技学院	重庆	重庆	新一线	综合	民办	22	**496**	31	65488	26	26	447	98565	**465**	13	14	511	55670	**506**
6872	湖南文理学院芙蓉学院	湖南	常德	三线	综合	民办	4	**496**	31	65488	4	4	447	98565	**465**	4	4	508	58200	**503**
6892	四川传媒学院	四川	成都	新一线	艺术	民办	6	**496**	31	65488	—	—	—	—	—	—	—	—	—	—
6915	青海大学昆仑学院	青海	西宁	四线	综合	民办	10	**496**	31	65488	10	10	448	97409	**466**	10	10	506	59906	**501**
4565	武汉轻工大学(较高收费)	湖北	武汉	新一线	理工	公办	20	**495**	30	66442	20	20	510	35431	**530**	25	25	539	34627	**531**
5660	商洛学院(较高收费)	陕西	商洛	五线	综合	公办	2	**495**	30	66442	2	2	468	75194	**486**	—	—	—	—	—
6857	武汉体育学院体育科技学院	湖北	武汉	新一线	体育	民办	3	**495**	30	66442	3	3	473	69846	**491**	3	3	505	60750	**500**
7604	河北传媒学院	河北	石家庄	二线	艺术	民办	4	**495**	30	66442	—	—	—	—	—	—	—	—	—	—
3575	辽宁中医药大学	辽宁	沈阳	二线	医药	保研资格	10	**494**	29	67461	5	5	508	36969	**528**	—	—	—	—	—
6650	潍坊理工学院	山东	潍坊	二线	综合	民办	3	**494**	29	67461	3	0	无	—	—	3	3	510	56491	**505**
6669	福州大学至诚学院	福建	福州	二线	综合	民办	16	**494**	29	67461	14	12	480	62599	**498**	15	15	512	54859	**506**
6711	重庆外语外事学院	重庆	重庆	新一线	语言	民办	45	**494**	29	67461	47	47	453	91756	**471**	29	29	512	54859	**506**
6813	蚌埠工商学院	安徽	蚌埠	三线	财经	民办	8	**494**	29	67461	8	8	472	70900	**490**	10	10	488	75691	**486**
6863	武汉工商学院	湖北	武汉	新一线	财经	民办	20	**494**	29	67461	12	12	470	72970	**488**	4	6	499	65834	**495**
7602	西安培华学院	陕西	西安	新一线	财经	民办	55	**494**	29	67461	50	50	478	64636	**496**	46	46	504	61580	**499**
3660	吉林建筑大学	吉林	长春	二线	理工	公办	11	**493**	28	68466	11	11	509	36213	**529**	12	12	539	34627	**531**
6950	南京传媒学院	江苏	南京	新一线	艺术	民办	19	**493**	28	68466	19	20	502	41865	**521**	32	32	528	42273	**521**
6955	宁波大学科学技术学院	浙江	宁波	新一线	综合	民办	14	**493**	28	68466	11	9	473	69846	**491**	10	10	508	58200	**503**
6976	北京科技大学天津学院	天津	天津	新一线	综合	民办	45	**493**	28	68466	41	38	461	82819	**479**	35	35	509	57325	**504**
9133	四川电影电视学院	四川	成都	新一线	艺术	民办	3	**493**	28	68466	1	0	无	—	—	2	2	510	56491	**505**
6195	郑州升达经贸管理学院	河南	郑州	新一线	财经	民办	1789	**492**	27	69544	1599	1647	469	74062	**487**	1576	1623	496	68472	**492**
6612	天津理工大学中环信息学院	天津	天津	新一线	综合	民办	16	**492**	27	69544	18	17	458	86120	**476**	15	15	502	63254	**498**
6721	宁夏大学新华学院	宁夏	银川	三线	综合	民办	4	**492**	27	69544	4	4	478	64636	**496**	7	7	488	75691	**486**
3670	白城师范学院(较高收费)	吉林	白城	五线	师范	公办	3	**491**	26	70584	—	—	—	—	—	—	—	—	—	—
6643	晋中信息学院	山西	晋中	四线	农林	民办	33	**491**	26	70584	27	27	469	74062	**487**	27	27	490	73919	**487**

续表

院校基本信息·本科二批(文科)							2023 年投档情况				2022 年投档情况					2021 年投档情况				
院校代号	院校名称	所在区域	所在地	城市分类	院校类型	院校分类	招生计划	投档线	线差	位次	招生计划	实际投档	投档线	位次	2023 年同位分	招生计划	实际投档	投档线	位次	2023 年同位分
6690	皖江工学院	安徽	马鞍山	四线	综合	民办	5	**491**	26	70584	5	6	465	78388	**483**	5	5	485	78405	**483**
6811	无锡太湖学院	江苏	无锡	二线	综合	民办	102	**491**	26	70584	102	102	472	70900	**490**	114	114	496	68472	**492**
6816	马鞍山学院	安徽	马鞍山	四线	理工	民办	5	**491**	26	70584	5	5	464	79496	**482**	5	5	485	78405	**483**
3640	吉林师范大学(较高收费)	吉林	四平	五线	师范	保研资格	6	**490**	25	71671	3	3	505	39414	**525**	3	3	527	43003	**520**
6003	郑州西亚斯学院	河南	郑州	新一线	综合	民办	2348	**490**	25	71671	1709	1709	470	72970	**488**	2008	2028	491	73024	**488**
6502	中原科技学院	河南	许昌	四线	理工	民办	1659	**490**	25	71671	1563	1563	461	82819	**479**	1124	1124	508	58200	**503**
6988	西安交通大学城市学院	陕西	西安	新一线	理工	民办	12	**490**	25	71671	13	13	448	97409	**466**	8	8	515	52443	**509**
6661	天津财经大学珠江学院	天津	天津	新一线	综合	民办	121	**489**	24	72712	119	119	446	99663	**464**	96	96	507	59025	**502**
6685	西安理工大学高科学院	陕西	西安	新一线	理工	民办	4	**489**	24	72712	4	4	466	77310	**484**	4	4	487	76616	**485**
6889	重庆移通学院	重庆	重庆	新一线	理工	民办	59	**489**	24	72712	28	28	469	74062	**487**	10	10	506	59906	**501**
6932	珠海科技学院	广东	珠海	二线	综合	民办	31	**488**	23	73795	26	26	465	78388	**483**	24	26	509	57325	**504**
4705	湖南城市学院	湖南	益阳	四线	综合	公办	12	**487**	22	74845	12	12	512	33818	**532**	11	12	545	30649	**536**
6504	郑州经贸学院	河南	郑州	新一线	财经	民办	1361	**487**	22	74845	1340	1380	467	76258	**485**	1162	1197	496	68472	**492**
6505	新乡医学院三全学院	河南	新乡	三线	医药	民办	656	**487**	22	74845	762	777	455	89426	**473**	600	606	494	70291	**491**
6702	南昌应用技术师范学院	江西	南昌	二线	理工	民办	11	**487**	22	74845	11	11	460	83883	**478**	12	1	466	96112	**467**
6817	合肥城市学院	安徽	合肥	新一线	理工	民办	6	**487**	22	74845	6	6	445	100731	**463**	4	2	505	60750	**500**
7221	桂林航天工业学院	广西	桂林	三线	理工	公办	10	**487**	22	74845	10	10	501	42740	**520**	10	10	528	42273	**521**
7611	浙江树人学院	浙江	绍兴	二线	理工	民办	45	**487**	22	74845	44	44	463	80605	**481**	44	44	482	81132	**481**
6596	沧州交通学院	河北	沧州	三线	理工	民办	10	**486**	21	75936	10	10	465	78388	**483**	15	10	472	90400	**472**
6689	福建农林大学金山学院	福建	福州	二线	农林	民办	10	**486**	21	75936	11	11	464	79496	**482**	10	10	492	72125	**489**
6860	湖北医药学院药护学院	湖北	十堰	四线	医药	民办	25	**486**	21	75936	25	25	447	98565	**465**	—	—	—	—	—
6895	四川工商学院	四川	眉山	四线	综合	民办	8	**486**	21	75936	8	8	468	75194	**486**	3	2	468	94296	**469**
6897	四川外国语大学成都学院	四川	成都	新一线	语言	民办	34	**486**	21	75936	25	26	450	95097	**468**	24	26	519	49184	**513**
6986	贵阳信息科技学院	贵州	贵阳	二线	综合	民办	3	**486**	21	75936	—	—	—	—	—	—	—	—	—	—
6510	郑州商学院	河南	郑州	新一线	财经	民办	1382	**485**	20	76959	1461	1461	464	79496	**482**	1715	1715	482	81132	**481**
6682	福建师范大学协和学院	福建	福州	二线	综合	民办	23	**485**	20	76959	25	25	481	61568	**499**	24	24	506	59906	**501**
6781	大连医科大学中山学院	辽宁	大连	二线	医药	民办	27	**485**	20	76959	27	27	449	96236	**467**	26	26	489	74794	**487**
6833	烟台理工学院	山东	烟台	二线	综合	民办	12	**485**	20	76959	11	9	445	100731	**463**	8	5	494	70291	**491**
7624	西京学院	陕西	西安	新一线	理工	民办	24	**485**	20	76959	25	25	465	78388	**483**	24	24	494	70291	**491**

续表

院校基本信息·本科二批(文科)							2023年投档情况				2022年投档情况					2021年投档情况				
院校代号	院校名称	所在区域	所在地	城市分类	院校类型	院校分类	招生计划	投档线	线差	位次	招生计划	实际投档	投档线	位次	2023年同位分	招生计划	实际投档	投档线	位次	2023年同位分
6185	郑州财经学院	河南	郑州	新一线	财经	民办	1768	**484**	19	78045	1679	1679	465	78388	**483**	1359	1386	491	73024	**488**
6905	昆明医科大学海源学院	云南	昆明	新一线	医药	民办	5	**484**	19	78045	5	5	466	77310	**484**	5	5	489	74794	**487**
7626	南昌理工学院	江西	南昌	二线	综合	民办	18	**484**	19	78045	16	16	457	87224	**475**	11	16	481	82022	**480**
7634	潍坊科技学院	山东	潍坊	二线	综合	民办	19	**484**	19	78045	22	22	464	79496	**482**	22	22	485	78405	**483**
8121	河北东方学院	河北	廊坊	三线	综合	民办	9	**484**	19	78045	9	9	464	79496	**482**	19	19	492	72125	**489**
6899	贵州黔南经济学院	贵州	黔南	四线	财经	民办	5	**483**	18	79190	4	3	447	98565	**465**	4	4	494	70291	**491**
7287	文山学院	云南	文山	五线	师范	公办	5	**483**	18	79190	5	5	493	49917	**512**	5	5	518	49952	**512**
7623	西安外事学院	陕西	西安	新一线	财经	民办	40	**483**	18	79190	48	48	464	79496	**482**	50	50	492	72125	**489**
7627	西安思源学院	陕西	西安	新一线	理工	民办	51	**483**	18	79190	46	46	465	78388	**483**	44	44	490	73919	**487**
9828	山西工商学院	山西	太原	二线	财经	民办	18	**483**	18	79190	15	15	465	78388	**483**	21	21	487	76616	**485**
6507	安阳学院	河南	安阳	三线	师范	民办	1292	**482**	17	80259	115	115	461	82819	**479**	—	—	—	—	—
6879	广州商学院	广东	广州	一线	财经	民办	5	**482**	17	80259	5	8	445	100731	**463**	6	6	494	70291	**491**
6908	昆明城市学院	云南	昆明	新一线	综合	民办	35	**482**	17	80259	9	9	464	79496	**482**	8	8	487	76616	**485**
9538	南昌工学院	江西	南昌	二线	理工	民办	7	**482**	17	80259	10	10	456	88323	**474**	6	6	470	92392	**470**
6200	商丘学院	河南	商丘	三线	综合	民办	757	**481**	16	81310	650	690	462	81692	**480**	526	566	481	82022	**480**
6601	天津仁爱学院	天津	天津	新一线	综合	民办	31	**481**	16	81310	34	7	448	97409	**466**	43	43	508	58200	**503**
6694	南昌交通学院	江西	宜春	三线	理工	民办	16	**481**	16	81310	16	16	460	83883	**478**	16	16	478	84787	**477**
6996	上海视觉艺术学院	上海	上海	一线	艺术	民办	3	**481**	16	81310	3	3	492	50820	**511**	3	2	492	72125	**489**
4310	江西科技师范大学	江西	南昌	二线	师范	公办	10	**480**	15	82422	9	9	521	27264	**542**	7	7	547	29417	**538**
6506	郑州工商学院	河南	郑州	新一线	理工	民办	1955	**480**	15	82422	1938	1977	461	82819	**479**	1406	1420	486	77519	**484**
6646	青岛工学院	山东	青岛	新一线	综合	民办	28	**480**	15	82422	38	38	457	87224	**475**	43	43	474	88448	**474**
6647	青岛农业大学海都学院	山东	烟台	二线	综合	民办	12	**480**	15	82422	12	12	469	74062	**487**	10	10	484	79316	**482**
6706	内蒙古鸿德文理学院	内蒙古	呼和浩特	三线	师范	民办	22	**480**	15	82422	22	22	458	86120	**476**	20	20	473	89423	**473**
6752	天津商业大学宝德学院	天津	天津	新一线	财经	民办	25	**480**	15	82422	25	24	460	83883	**478**	32	32	501	64100	**497**
6991	西安财经大学行知学院	陕西	西安	新一线	财经	民办	25	**480**	15	82422	25	25	465	78388	**483**	25	25	491	73024	**488**
7612	安徽新华学院	安徽	合肥	新一线	理工	民办	20	**480**	15	82422	20	20	458	86120	**476**	30	22	467	95210	**468**
3675	长春师范大学(其他单列)	吉林	长春	二线	师范	公办	13	**479**	14	83482	13	13	495	48113	**514**	14	14	521	47608	**514**
6180	郑州科技学院	河南	郑州	新一线	理工	民办	941	**479**	14	83482	1310	1330	461	82819	**479**	1049	1059	488	75691	**486**
6202	商丘学院(应用科技学院,办学地点在开封)	河南	开封	四线	综合	民办	542	**479**	14	83482	551	551	459	84968	**477**	860	860	477	85681	**477**

续表

院校基本信息·本科二批(文科)							2023 年投档情况				2022 年投档情况					2021 年投档情况				
院校代号	院校名称	所在区域	所在地	城市分类	院校类型	院校分类	招生计划	投档线	线差	位次	招生计划	实际投档	投档线	位次	2023 年同位分	招生计划	实际投档	投档线	位次	2023 年同位分
6503	新乡工程学院	河南	新乡	三线	理工	民办	880	**479**	14	83482	940	587	445	100731	**463**	830	855	498	66708	**494**
6595	四川文化艺术学院	四川	绵阳	三线	艺术	民办	10	**479**	14	83482	13	13	468	75194	**486**	5	9	477	85681	**477**
6645	山西晋中理工学院	山西	晋中	四线	理工	民办	2	**479**	14	83482	2	2	463	80605	**481**	5	5	481	82022	**480**
6672	武汉晴川学院	湖北	武汉	新一线	综合	民办	10	**479**	14	83482	9	5	446	99663	**464**	6	6	507	59025	**502**
6679	绵阳城市学院	四川	绵阳	三线	理工	民办	10	**479**	14	83482	10	10	461	82819	**479**	10	10	479	83858	**478**
6754	天津外国语大学滨海外事学院	天津	天津	新一线	语言	民办	9	**479**	14	83482	25	22	445	100731	**463**	7	7	514	53242	**508**
6822	淮北理工学院	安徽	淮北	四线	理工	民办	10	**479**	14	83482	10	10	445	100731	**463**	—	—	—	—	—
6852	武昌工学院	湖北	武汉	新一线	理工	民办	34	**479**	14	83482	33	35	455	89426	**473**	20	25	490	73919	**487**
6906	云南大学滇池学院	云南	昆明	新一线	综合	民办	36	**479**	14	83482	37	37	457	87224	**475**	36	38	466	96112	**467**
9860	四川工业科技学院	四川	德阳	四线	综合	民办	17	**479**	14	83482	10	10	462	81692	**480**	8	8	481	82022	**480**
4345	南昌工程学院	江西	南昌	二线	理工	公办	8	**478**	13	84597	8	8	515	31505	**535**	10	10	549	28244	**540**
4930	桂林理工大学	广西	桂林	三线	理工	保研资格	18	**478**	13	84597	18	18	517	30019	**537**	18	18	547	29417	**538**
6043	河南牧业经济学院卡洛理工国际学院	河南	郑州	新一线	农林	公办	80	**478**	13	84597	80	80	445	100731	**463**	—	—	—	—	—
6175	郑州工业应用技术学院	河南	郑州	新一线	理工	民办	862	**478**	13	84597	1201	1224	458	86120	**476**	1098	1100	479	83858	**478**
6655	大连财经学院	辽宁	大连	二线	财经	民办	67	**478**	13	84597	66	66	451	93931	**469**	68	68	474	88448	**474**
6836	武汉东湖学院	湖北	武汉	新一线	理工	民办	50	**478**	13	84597	47	39	446	99663	**464**	26	29	504	61580	**499**
6855	武汉纺织大学外经贸学院	湖北	武汉	新一线	财经	民办	14	**478**	13	84597	17	17	458	86120	**476**	16	16	478	84787	**477**
6856	武汉华夏理工学院	湖北	武汉	新一线	理工	民办	16	**478**	13	84597	9	9	447	98565	**465**	12	12	499	65834	**495**
6861	武汉工程科技学院	湖北	武汉	新一线	理工	民办	3	**478**	13	84597	4	4	447	98565	**465**	20	20	490	73919	**487**
6994	延安大学西安创新学院	陕西	西安	新一线	综合	民办	5	**478**	13	84597	10	10	445	100731	**463**	12	12	478	84787	**477**
9061	南宁学院	广西	南宁	二线	理工	民办	12	**478**	13	84597	9	9	466	77310	**484**	10	10	490	73919	**487**
8177	山西应用科技学院	山西	太原	二线	综合	民办	17	**477**	12	85701	15	15	454	90557	**472**	37	37	473	89423	**473**
9677	重庆机电职业技术大学	重庆	重庆	新一线	理工	民办	22	**477**	12	85701	22	22	457	87224	**475**	13	13	476	86581	**476**
9700	成都东软学院	四川	成都	新一线	理工	民办	32	**477**	12	85701	32	28	446	99663	**464**	34	34	502	63254	**498**
9862	云南经济管理学院	云南	昆明	新一线	财经	民办	26	**477**	12	85701	21	21	452	92856	**470**	17	17	475	87514	**475**
6205	商丘工学院	河南	商丘	三线	理工	民办	1167	**476**	11	86775	1239	1239	454	90557	**472**	810	852	474	88448	**474**
6648	齐鲁理工学院	山东	济南	二线	综合	民办	37	**476**	11	86775	37	37	453	91756	**471**	33	33	473	89423	**473**
6796	长春人文学院	吉林	长春	二线	综合	民办	32	**476**	11	86775	31	30	445	100731	**463**	34	6	485	78405	**483**

续表

院校基本信息·本科二批（文科）							2023 年投档情况				2022 年投档情况					2021 年投档情况				
院校代号	院校名称	所在区域	所在地	城市分类	院校类型	院校分类	招生计划	投档线	线差	位次	招生计划	实际投档	投档线	位次	2023 年同位分	招生计划	实际投档	投档线	位次	2023 年同位分
6879	广州商学院（较高收费）	广东	广州	一线	财经	民办	15	**476**	11	86775	11	9	446	99663	**464**	12	6	468	94296	**469**
7601	仰恩大学	福建	泉州	二线	综合	民办	15	**476**	11	86775	15	15	456	88323	**474**	12	12	472	90400	**472**
8438	运城职业技术大学	山西	运城	四线	综合	民办	9	**476**	11	86775	2	2	454	90557	**472**	—	—	—	—	—
6133	黄河科技学院（应用技术学院）	河南	济源	—	理工	民办	80	**475**	10	87898	80	80	455	89426	**473**	60	60	473	89423	**473**
6226	黄河交通学院	河南	焦作	四线	理工	民办	1250	**475**	10	87898	1207	1207	453	91756	**471**	940	940	473	89423	**473**
6670	辽宁师范大学海华学院	辽宁	大连	二线	师范	民办	56	**475**	10	87898	60	60	454	90557	**472**	57	57	473	89423	**473**
6676	广东外语外贸大学南国商学院	广东	广州	一线	财经	民办	6	**475**	10	87898	6	4	452	92856	**470**	6	6	498	66708	**494**
6686	西安科技大学高新学院	陕西	西安	新一线	理工	民办	2	**475**	10	87898	2	2	460	83883	**478**	2	2	501	64100	**497**
6806	黑龙江财经学院	黑龙江	哈尔滨	二线	财经	民办	14	**475**	10	87898	21	21	452	92856	**470**	21	35	472	90400	**472**
6841	荆州学院	湖北	荆州	三线	理工	民办	69	**475**	10	87898	60	60	453	91756	**471**	63	31	466	96112	**467**
6846	湖北经济学院法商学院	湖北	武汉	新一线	财经	民办	69	**475**	10	87898	63	54	446	99663	**464**	60	60	491	73024	**488**
6854	武汉城市学院	湖北	武汉	新一线	理工	民办	37	**475**	10	87898	35	16	449	96236	**467**	20	20	496	68472	**492**
6909	云南艺术学院文华学院	云南	昆明	新一线	艺术	民办	9	**475**	10	87898	5	5	454	90557	**472**	7	7	475	87514	**475**
7613	江西科技学院	江西	南昌	二线	综合	民办	8	**475**	10	87898	6	6	452	92856	**470**	6	6	476	86581	**476**
9848	湖南应用技术学院	湖南	常德	三线	综合	民办	4	**475**	10	87898	4	4	450	95097	**468**	4	4	494	70291	**491**
6304	河南科技职业大学	河南	周口	三线	理工	民办	730	**474**	9	88985	600	600	453	91756	**471**	470	470	472	90400	**472**
6665	西安明德理工学院	陕西	西安	新一线	综合	民办	24	**474**	9	88985	20	20	453	91756	**471**	20	18	466	96112	**467**
6807	哈尔滨广厦学院	黑龙江	哈尔滨	二线	综合	民办	5	**474**	9	88985	2	2	448	97409	**466**	11	11	469	93316	**470**
6844	湖北工业大学工程技术学院	湖北	武汉	新一线	理工	民办	25	**474**	9	88985	20	12	451	93931	**469**	18	18	507	59025	**502**
6978	武汉工程大学邮电与信息工程学院	湖北	武汉	新一线	理工	民办	7	**474**	9	88985	7	11	468	75194	**486**	7	7	498	66708	**494**
6985	成都银杏酒店管理学院	四川	成都	新一线	财经	民办	9	**474**	9	88985	6	5	446	99663	**464**	21	21	484	79316	**482**
6993	西安工商学院	陕西	西安	新一线	理工	民办	44	**474**	9	88985	45	45	455	89426	**473**	55	55	472	90400	**472**
6997	昆明文理学院	云南	昆明	新一线	综合	民办	10	**474**	9	88985	10	8	445	100731	**463**	12	12	487	76616	**485**
6998	昆明理工大学津桥学院	云南	昆明	新一线	理工	民办	10	**474**	9	88985	10	6	454	90557	**472**	10	10	486	77519	**484**
7622	西安欧亚学院	陕西	西安	新一线	财经	民办	51	**474**	9	88985	53	53	456	88323	**474**	49	51	481	82022	**480**
8665	安徽文达信息工程学院	安徽	合肥	新一线	理工	民办	35	**474**	9	88985	23	23	454	90557	**472**	23	23	472	90400	**472**
9553	山东现代学院	山东	济南	二线	综合	民办	39	**474**	9	88985	60	60	451	93931	**469**	57	57	473	89423	**473**
9870	新疆天山职业技术大学	新疆	乌鲁木齐	三线	理工	民办	58	**474**	9	88985	35	35	452	92856	**470**	17	17	477	85681	**477**

续表

院校基本信息·本科二批（文科）							2023 年投档情况				2022 年投档情况					2021 年投档情况				
院校代号	院校名称	所在区域	所在地	城市分类	院校类型	院校分类	招生计划	投档线	线差	位次	招生计划	实际投档	投档线	位次	2023 年同位分	招生计划	实际投档	投档线	位次	2023 年同位分
0023	成都体育学院	四川	成都	新一线	体育	保研资格	16	**473**	8	90113	18	18	514	32268	**534**	18	18	548	28836	**539**
6662	广州新华学院	广东	东莞	新一线	综合	民办	61	**473**	8	90113	54	60	457	87224	**475**	56	44	467	95210	**468**
6800	吉林师范大学博达学院	吉林	四平	五线	师范	民办	26	**473**	8	90113	25	25	451	93931	**469**	26	8	467	95210	**468**
6838	武昌理工学院（较高收费）	湖北	武汉	新一线	理工	民办	9	**473**	8	90113	9	9	452	92856	**470**	4	2	467	95210	**468**
6845	湖北商贸学院	湖北	武汉	新一线	财经	民办	20	**473**	8	90113	20	19	445	100731	**463**	30	30	490	73919	**487**
6907	丽江文化旅游学院	云南	丽江	五线	综合	民办	58	**473**	8	90113	56	56	450	95097	**468**	53	57	471	91379	**471**
6911	兰州信息科技学院	甘肃	兰州	三线	理工	民办	12	**473**	8	90113	—	—	—	—	—	—	—	—	—	—
6926	保定理工学院	河北	保定	二线	综合	民办	8	**473**	8	90113	8	8	452	92856	**470**	8	8	468	94296	**469**
6946	上海外国语大学贤达经济人文学院（较高收费）	上海	上海	一线	财经	民办	27	**473**	8	90113	24	6	445	100731	**463**	14	5	466	96112	**467**
6969	北京邮电大学世纪学院	北京	北京	一线	综合	民办	20	**473**	8	90113	20	21	446	99663	**464**	21	23	477	85681	**477**
6992	陕西科技大学镐京学院	陕西	西安	新一线	理工	民办	30	**473**	8	90113	30	30	452	92856	**470**	32	32	471	91379	**471**
7607	黑龙江东方学院	黑龙江	哈尔滨	二线	综合	民办	65	**473**	8	90113	65	65	452	92856	**470**	60	60	469	93316	**470**
7614	烟台南山学院	山东	烟台	二线	理工	民办	60	**473**	8	90113	60	24	446	99663	**464**	56	56	502	63254	**498**
8218	山东外国语职业技术大学	山东	日照	四线	语言	民办	18	**473**	8	90113	17	17	452	92856	**470**	20	20	471	91379	**471**
8609	宁波财经学院	浙江	宁波	新一线	理工	民办	42	**473**	8	90113	42	42	458	86120	**476**	40	42	478	84787	**477**
9432	河北科技学院	河北	唐山	三线	理工	民办	10	**473**	8	90113	9	9	452	92856	**470**	7	7	469	93316	**470**
9554	青岛黄海学院	山东	青岛	新一线	综合	民办	28	**473**	8	90113	31	31	452	92856	**470**	21	21	473	89423	**473**
9601	北海艺术设计学院	广西	北海	四线	艺术	民办	30	**473**	8	90113	11	11	459	84968	**477**	10	16	476	86581	**476**
9844	山东协和学院	山东	济南	二线	医药	民办	81	**473**	8	90113	80	80	451	93931	**469**	80	80	473	89423	**473**
9845	山东华宇工学院	山东	德州	三线	理工	民办	25	**473**	8	90113	30	30	451	93931	**469**	50	16	466	96112	**467**
5994	郑州西亚斯学院（中外合作办学）	河南	郑州	新一线	综合	民办	216	**472**	7	91243	307	307	448	97409	**466**	262	262	468	94296	**469**
6605	大连理工大学城市学院	辽宁	大连	二线	理工	民办	16	**472**	7	91243	14	14	451	93931	**469**	13	13	475	87514	**475**
6631	华北理工大学轻工学院	河北	唐山	三线	理工	民办	15	**472**	7	91243	15	3	445	100731	**463**	15	15	487	76616	**485**
6660	烟台科技学院	山东	烟台	二线	综合	民办	15	**472**	7	91243	32	12	446	99663	**464**	19	19	502	63254	**498**
6686	西安科技大学高新学院（其他单列）	陕西	西安	新一线	理工	民办	1	**472**	7	91243	1	1	452	92856	**470**	—	—	—	—	—
6832	泰山科技学院	山东	泰安	三线	综合	民办	7	**472**	7	91243	8	8	451	93931	**469**	6	6	468	94296	**469**
6870	湘潭理工学院	湖南	湘潭	四线	财经	民办	2	**472**	7	91243	2	0	无	—	—	2	4	498	66708	**494**
7625	宁夏理工学院	宁夏	石嘴山	五线	综合	民办	202	**472**	7	91243	202	211	446	99663	**464**	185	185	473	89423	**473**

续表

院校基本信息·本科二批(文科)							2023年投档情况				2022年投档情况					2021年投档情况				
院校代号	院校名称	所在区域	所在地	城市分类	院校类型	院校分类	招生计划	投档线	线差	位次	招生计划	实际投档	投档线	位次	2023年同位分	招生计划	实际投档	投档线	位次	2023年同位分
7628	陕西国际商贸学院	陕西	西安	新一线	财经	民办	19	**472**	7	91243	22	22	450	95097	**468**	20	20	481	82022	**480**
8664	安徽三联学院	安徽	合肥	新一线	理工	民办	35	**472**	7	91243	30	30	453	91756	**471**	11	11	472	90400	**472**
9259	陕西服装工程学院	陕西	西安	新一线	理工	民办	29	**472**	7	91243	27	28	450	95097	**468**	27	27	471	91379	**471**
9381	泉州职业技术大学	福建	泉州	二线	综合	民办	15	**472**	7	91243	10	10	451	93931	**469**	10	10	471	91379	**471**
9551	青岛恒星科技学院	山东	青岛	新一线	综合	民办	20	**472**	7	91243	24	24	450	95097	**468**	25	25	471	91379	**471**
9710	西安交通工程学院	陕西	西安	新一线	理工	民办	40	**472**	7	91243	30	30	458	86120	**476**	45	45	478	84787	**477**
9866	西安汽车职业大学	陕西	西安	新一线	理工	民办	24	**472**	7	91243	25	25	449	96236	**467**	5	5	471	91379	**471**
6614	辽宁财贸学院	辽宁	葫芦岛	五线	综合	民办	30	**471**	6	92333	30	30	450	95097	**468**	30	40	468	94296	**469**
6673	武汉设计工程学院	湖北	武汉	新一线	农林	民办	7	**471**	6	92333	8	6	445	100731	**463**	—	—	—	—	—
6682	福建师范大学协和学院(其他单列)	福建	福州	二线	综合	民办	3	**471**	6	92333	—	—	—	—	—	—	—	—	—	—
6683	福州工商学院	福建	福州	二线	理工	民办	12	**471**	6	92333	12	12	450	95097	**468**	12	12	472	90400	**472**
6707	银川科技学院	宁夏	银川	三线	综合	民办	53	**471**	6	92333	52	52	451	93931	**469**	43	44	470	92392	**470**
6791	长春光华学院	吉林	长春	二线	综合	民办	16	**471**	6	92333	10	10	450	95097	**468**	8	6	472	90400	**472**
6794	长春电子科技学院	吉林	长春	二线	理工	民办	20	**471**	6	92333	18	18	450	95097	**468**	18	4	469	93316	**470**
6795	长春财经学院	吉林	长春	二线	财经	民办	30	**471**	6	92333	29	29	451	93931	**469**	25	13	466	96112	**467**
6799	长春科技学院	吉林	长春	二线	综合	民办	91	**471**	6	92333	89	89	448	97409	**466**	85	23	466	96112	**467**
6910	兰州博文科技学院	甘肃	兰州	三线	理工	民办	14	**471**	6	92333	9	9	452	92856	**470**	9	4	470	92392	**470**
6939	大连科技学院	辽宁	大连	二线	理工	民办	40	**471**	6	92333	37	37	449	96236	**467**	27	27	471	91379	**471**
7603	吉林外国语大学(较高收费)	吉林	长春	二线	语言	民办	6	**471**	6	92333	9	6	463	80605	**481**	5	5	483	80250	**482**
7615	青岛滨海学院	山东	青岛	新一线	综合	民办	50	**471**	6	92333	50	45	445	100731	**463**	50	50	476	86581	**476**
8015	吉利学院	四川	成都	新一线	综合	民办	16	**471**	6	92333	5	5	452	92856	**470**	4	4	471	91379	**471**
8043	辽宁传媒学院	辽宁	沈阳	二线	艺术	民办	15	**471**	6	92333	18	18	452	92856	**470**	27	27	470	92392	**470**
8216	山东工程职业技术大学	山东	济南	二线	理工	民办	5	**471**	6	92333	3	3	451	93931	**469**	3	3	472	90400	**472**
8258	西安信息职业大学	陕西	西安	新一线	理工	民办	16	**471**	6	92333	15	15	454	90557	**472**	—	—	—	—	—
8542	南通理工学院	江苏	南通	二线	理工	民办	46	**471**	6	92333	48	48	459	84968	**477**	48	48	476	86581	**476**
8720	江西应用科技学院	江西	南昌	二线	综合	民办	8	**471**	6	92333	8	8	449	96236	**467**	4	8	471	91379	**471**
9493	浙江广厦建设职业技术大学	浙江	金华	二线	综合	民办	10	**471**	6	92333	18	18	448	97409	**466**	—	—	—	—	—
9539	南昌职业大学	江西	南昌	二线	综合	民办	4	**471**	6	92333	5	5	452	92856	**470**	5	7	467	95210	**468**
9540	江西服装学院	江西	南昌	二线	艺术	民办	7	**471**	6	92333	8	8	446	99663	**464**	7	7	470	92392	**470**

续表

院校基本信息·本科二批(文科)							2023 年投档情况				2022 年投档情况					2021 年投档情况				
院校代号	院校名称	所在区域	所在地	城市分类	院校类型	院校分类	招生计划	投档线	线差	位次	招生计划	实际投档	投档线	位次	2023 年同位分	招生计划	实际投档	投档线	位次	2023 年同位分
9868	银川能源学院	宁夏	银川	三线	理工	民办	13	**471**	6	92333	15	15	452	92856	**470**	17	17	470	92392	**470**
6654	辽宁理工学院	辽宁	锦州	四线	综合	民办	26	**470**	5	93542	36	36	448	97409	**466**	32	32	468	94296	**469**
6684	闽南科技学院	福建	泉州	二线	理工	民办	21	**470**	5	93542	14	12	445	100731	**463**	14	14	483	80250	**482**
6688	广州理工学院	广东	广州	一线	理工	民办	17	**470**	5	93542	12	7	445	100731	**463**	—	—	—	—	—
6786	沈阳工学院	辽宁	抚顺	五线	理工	民办	26	**470**	5	93542	22	22	450	95097	**468**	24	24	469	93316	**470**
6787	沈阳科技学院	辽宁	沈阳	二线	理工	民办	20	**470**	5	93542	19	19	448	97409	**466**	27	27	469	93316	**470**
6792	长春大学旅游学院	吉林	长春	二线	综合	民办	73	**470**	5	93542	65	65	447	98565	**465**	64	19	466	96112	**467**
6793	长春工业大学人文信息学院	吉林	长春	二线	理工	民办	67	**470**	5	93542	48	48	447	98565	**465**	48	17	467	95210	**468**
6798	长春建筑学院	吉林	长春	二线	理工	民办	21	**470**	5	93542	21	18	445	100731	**463**	21	3	474	88448	**474**
6805	哈尔滨远东理工学院	黑龙江	哈尔滨	二线	理工	民办	16	**470**	5	93542	21	21	450	95097	**468**	21	21	468	94296	**469**
6825	厦门工学院	福建	厦门	二线	理工	民办	80	**470**	5	93542	79	46	447	98565	**465**	43	43	486	77519	**484**
6888	南宁理工学院	广西	南宁	二线	理工	民办	37	**470**	5	93542	40	33	445	100731	**463**	32	5	472	90400	**472**
6974	青岛城市学院	山东	青岛	新一线	理工	民办	19	**470**	5	93542	19	9	445	100731	**463**	19	10	497	67589	**493**
8390	哈尔滨信息工程学院	黑龙江	哈尔滨	二线	理工	民办	24	**470**	5	93542	26	26	448	97409	**466**	27	32	470	92392	**470**
9378	厦门华厦学院	福建	厦门	二线	综合	民办	11	**470**	5	93542	11	10	450	95097	**468**	9	9	498	66708	**494**
9592	广东东软学院	广东	佛山	二线	理工	民办	9	**470**	5	93542	9	9	446	99663	**464**	8	8	470	92392	**470**
9727	泉州信息工程学院	福建	泉州	二线	理工	民办	17	**470**	5	93542	20	20	451	93931	**469**	18	18	473	89423	**473**
9730	福州理工学院	福建	福州	二线	财经	民办	15	**470**	5	93542	15	12	445	100731	**463**	—	—	—	—	—
9858	广西外国语学院	广西	南宁	二线	综合	民办	46	**470**	5	93542	43	43	449	96236	**467**	46	35	466	96112	**467**
4340	南昌师范学院	江西	南昌	二线	师范	公办	8	**469**	4	94646	9	9	517	30019	**537**	9	9	550	27622	**541**
5650	湖南科技学院	湖南	永州	四线	综合	公办	12	**469**	4	94646	17	17	509	36213	**529**	17	18	540	33915	**532**
6597	北京第二外国语学院中瑞酒店管理学院	北京	北京	一线	语言	民办	16	**469**	4	94646	7	3	446	99663	**464**	9	2	470	92392	**470**
6640	温州商学院	浙江	温州	二线	综合	民办	45	**469**	4	94646	43	43	449	96236	**467**	42	42	469	93316	**470**
6656	大连工业大学艺术与信息工程学院	辽宁	大连	二线	理工	民办	21	**469**	4	94646	22	22	448	97409	**466**	16	16	469	93316	**470**
6671	沈阳城市建设学院	辽宁	沈阳	二线	理工	民办	24	**469**	4	94646	19	19	448	97409	**466**	20	20	468	94296	**469**
6682	福建师范大学协和学院(较高收费)	福建	福州	二线	综合	民办	6	**469**	4	94646	4	4	457	87224	**475**	4	4	477	85681	**477**
6689	福建农林大学金山学院(较高收费)	福建	福州	二线	农林	民办	4	**469**	4	94646	4	4	450	95097	**468**	4	4	466	96112	**467**

续表

院校基本信息·本科二批(文科)							2023 年投档情况				2022 年投档情况					2021 年投档情况				
院校代号	院校名称	所在区域	所在地	城市分类	院校类型	院校分类	招生计划	投档线	线差	位次	招生计划	实际投档	投档线	位次	2023 年同位分	招生计划	实际投档	投档线	位次	2023 年同位分
6797	吉林建筑科技学院	吉林	长春	二线	理工	民办	16	**469**	4	94646	16	16	448	97409	**466**	18	4	467	95210	**468**
6803	黑龙江工商学院	黑龙江	哈尔滨	二线	农林	民办	60	**469**	4	94646	60	60	448	97409	**466**	45	35	466	96112	**467**
6887	桂林信息科技学院	广西	桂林	三线	理工	民办	19	**469**	4	94646	20	5	447	98565	**465**	18	18	490	73919	**487**
6913	兰州工商学院	甘肃	兰州	三线	财经	民办	16	**469**	4	94646	12	11	445	100731	**463**	10	10	490	73919	**487**
6943	大连东软信息学院	辽宁	大连	二线	理工	民办	35	**469**	4	94646	35	35	448	97409	**466**	44	44	468	94296	**469**
6971	华南农业大学珠江学院	广东	广州	一线	农林	民办	8	**469**	4	94646	5	5	453	91756	**471**	4	4	475	87514	**475**
6975	三亚学院(较高收费)	海南	三亚	三线	综合	民办	2	**469**	4	94646	2	2	446	99663	**464**	—	—	—	—	**—**
7608	上海杉达学院(较高收费)	上海	上海	一线	财经	民办	4	**469**	4	94646	3	3	466	77310	**484**	3	3	476	86581	**476**
7618	湖南涉外经济学院	湖南	长沙	新一线	综合	民办	30	**469**	4	94646	32	15	445	100731	**463**	36	36	481	82022	**480**
7630	闽南理工学院	福建	泉州	二线	理工	民办	24	**469**	4	94646	20	20	451	93931	**469**	23	23	472	90400	**472**
8226	广西城市职业大学	广西	崇左	五线	综合	民办	15	**469**	4	94646	15	15	450	95097	**468**	10	10	467	95210	**468**
8389	齐齐哈尔工程学院	黑龙江	齐齐哈尔	四线	综合	民办	9	**469**	4	94646	11	11	449	96236	**467**	10	10	468	94296	**469**
8668	安徽外国语学院	安徽	合肥	新一线	语言	民办	17	**469**	4	94646	15	13	445	100731	**463**	10	8	479	83858	**478**
8778	山东英才学院	山东	济南	二线	综合	民办	13	**469**	4	94646	13	13	446	99663	**464**	12	12	470	92392	**470**
9436	河北外国语学院	河北	石家庄	二线	综合	民办	10	**469**	4	94646	10	10	448	97409	**466**	25	23	473	89423	**473**
6652	沈阳城市学院	辽宁	沈阳	二线	综合	民办	28	**468**	3	95805	30	30	447	98565	**465**	42	42	472	90400	**472**
6675	广州南方学院(其他单列)	广东	广州	一线	综合	民办	3	**468**	3	95805	4	0	无	—	—	—	—	—	—	—
6809	哈尔滨剑桥学院	黑龙江	哈尔滨	二线	综合	民办	6	**468**	3	95805	—	—	—	—	—	—	—	—	—	—
6810	黑龙江工程学院昆仑旅游学院	黑龙江	哈尔滨	二线	理工	民办	210	**468**	3	95805	253	253	446	99663	**464**	100	112	467	95210	**468**
7229	桂林旅游学院(较高收费)	广西	桂林	三线	财经	公办	6	**468**	3	95805	6	6	448	97409	**466**	6	6	477	85681	**477**
9851	广东理工学院	广东	肇庆	三线	理工	民办	30	**468**	3	95805	28	21	445	100731	**463**	26	26	470	92392	**470**
6675	广州南方学院	广东	广州	一线	综合	民办	19	**467**	2	96864	25	11	445	100731	**463**	29	30	494	70291	**491**
6681	阳光学院	福建	福州	二线	理工	民办	27	**467**	2	96864	35	34	445	100731	**463**	30	30	472	90400	**472**
6687	广州华商学院	广东	广州	一线	财经	民办	13	**467**	2	96864	12	3	446	99663	**464**	10	6	473	89423	**473**
6802	哈尔滨石油学院	黑龙江	哈尔滨	二线	理工	民办	21	**467**	2	96864	22	22	450	95097	**468**	32	32	469	93316	**470**
6804	哈尔滨华德学院	黑龙江	哈尔滨	二线	理工	民办	28	**467**	2	96864	—	—	—	—	—	—	—	—	—	—
6808	黑龙江外国语学院	黑龙江	哈尔滨	二线	师范	民办	75	**467**	2	96864	85	85	448	97409	**466**	95	95	467	95210	**468**
6934	北京工商大学嘉华学院	北京	北京	一线	财经	民办	10	**467**	2	96864	9	3	448	97409	**466**	10	4	469	93316	**470**
6981	广州华立学院	广东	广州	一线	理工	民办	12	**467**	2	96864	12	12	450	95097	**468**	10	10	468	94296	**469**

续表

院校基本信息·本科二批（文科）							2023 年投档情况				2022 年投档情况					2021 年投档情况				
院校代号	院校名称	所在区域	所在地	城市分类	院校类型	院校分类	招生计划	投档线	线差	位次	招生计划	实际投档	投档线	位次	2023 年同位分	招生计划	实际投档	投档线	位次	2023 年同位分
7606	辽宁对外经贸学院	辽宁	大连	二线	财经	民办	48	**467**	2	96864	43	43	449	96236	**467**	42	42	466	96112	**467**
7609	上海建桥学院	上海	上海	一线	综合	民办	122	**467**	2	96864	119	126	445	100731	**463**	136	136	466	96112	**467**
8127	河北工程技术学院	河北	石家庄	二线	财经	民办	25	**467**	2	96864	3	3	453	91756	**471**	3	3	492	72125	**489**
9728	福州外语外贸学院	福建	福州	二线	财经	民办	46	**467**	2	96864	43	12	445	100731	**463**	34	34	480	82978	**479**
3625	长春大学(较高收费)	吉林	长春	二线	综合	公办	2	**466**	1	97978	3	3	495	48113	**514**	3	3	499	65834	**495**
6031	河南师范大学(中外合作办学)	河南	新乡	三线	师范	保研资格	50	**466**	1	97978	50	50	520	27943	**541**	50	50	550	27622	**541**
6610	北京工业大学耿丹学院	北京	北京	一线	综合	民办	12	**466**	1	97978	13	8	452	92856	**470**	10	16	475	87514	**475**
6764	河北地质大学华信学院	河北	石家庄	二线	财经	民办	24	**466**	1	97978	24	9	472	70900	**490**	20	20	498	66708	**494**
6882	柳州工学院	广西	柳州	三线	理工	民办	30	**466**	1	97978	30	30	458	86120	**476**	30	30	478	84787	**477**
7603	吉林外国语大学	吉林	长春	二线	语言	民办	94	**466**	1	97978	76	76	462	81692	**480**	79	70	469	93316	**470**
7620	广东培正学院	广东	广州	一线	财经	民办	20	**466**	1	97978	16	10	445	100731	**463**	10	10	480	82978	**479**
8454	上海中侨职业技术大学	上海	上海	一线	综合	民办	56	**466**	1	97978	40	33	445	100731	**463**	32	8	466	96112	**467**
8596	浙江越秀外国语学院	浙江	绍兴	二线	语言	民办	27	**466**	1	97978	27	27	448	97409	**466**	30	27	466	96112	**467**
5235	云南农业大学(较高收费)	云南	昆明	新一线	农林	保研资格	2	**465**	0	99108	2	2	513	32998	**533**	2	2	539	34627	**531**
6072	南阳师范学院(中外合作办学)(较高收费)	河南	南阳	三线	师范	公办	30	**465**	0	99108	—	—	—	—	—	—	—	—	—	—
6602	电子科技大学中山学院	广东	中山	二线	综合	民办	40	**465**	0	99108	54	35	446	99663	**464**	49	51	500	64927	**496**
6615	上海师范大学天华学院	上海	上海	一线	综合	民办	70	**465**	0	99108	62	62	454	90557	**472**	74	74	475	87514	**475**
6674	广州城市理工学院	广东	广州	一线	理工	民办	63	**465**	0	99108	14	12	445	100731	**463**	14	10	495	69370	**492**
6681	阳光学院(较高收费)	福建	福州	二线	理工	民办	3	**465**	0	99108	3	0	无	—	—	—	—	—	—	—
6879	广州商学院(其他单列)	广东	广州	一线	财经	民办	4	**465**	0	99108	2	1	445	100731	**463**	—	—	—	—	—
6933	首都师范大学科德学院	北京	北京	一线	语言	民办	4	**465**	0	99108	4	7	445	100731	**463**	3	2	468	94296	**469**
6946	上海外国语大学贤达经济人文学院	上海	上海	一线	财经	民办	48	**465**	0	99108	47	19	445	100731	**463**	44	32	466	96112	**467**
6975	三亚学院	海南	三亚	三线	综合	民办	159	**465**	0	99108	164	164	448	97409	**466**	144	144	474	88448	**474**
6975	三亚学院(其他单列)	海南	三亚	三线	综合	民办	6	**465**	0	99108	5	4	446	99663	**464**	5	4	466	96112	**467**
6980	广州软件学院	广东	广州	一线	理工	民办	8	**465**	0	99108	6	4	451	93931	**469**	12	12	478	84787	**477**
6984	东莞城市学院	广东	东莞	新一线	理工	民办	25	**465**	0	99108	24	11	448	97409	**466**	16	16	476	86581	**476**
7608	上海杉达学院	上海	上海	一线	财经	民办	60	**465**	0	99108	65	65	448	97409	**466**	67	67	479	83858	**478**

续表

院校基本信息·本科二批(文科)							2023 年投档情况				2022 年投档情况					2021 年投档情况				
院校代号	院校名称	所在区域	所在地	城市分类	院校类型	院校分类	招生计划	投档线	线差	位次	招生计划	实际投档	投档线	位次	2023 年同位分	招生计划	实际投档	投档线	位次	2023 年同位分
7621	西安翻译学院	陕西	西安	新一线	语言	民办	85	**465**	0	99108	93	93	457	87224	**475**	76	88	485	78405	**483**
7635	天津天狮学院	天津	天津	新一线	综合	民办	19	**465**	0	99108	32	11	445	100731	**463**	21	21	494	70291	**491**
7636	海口经济学院	海南	海口	三线	财经	民办	68	**465**	0	99108	66	44	445	100731	**463**	49	27	466	96112	**467**
9083	海南科技职业大学	海南	海口	三线	理工	民办	80	**465**	0	99108	63	63	448	97409	**466**	40	40	467	95210	**468**
9835	上海立达学院	上海	上海	一线	综合	民办	12	**465**	0	99108	10	9	445	100731	**463**	30	3	466	96112	**467**
9850	广东工商职业技术大学	广东	肇庆	三线	综合	民办	15	**465**	0	99108	—	—	—	—	—	—	—	—	—	—
9852	广东科技学院	广东	东莞	新一线	综合	民办	35	**465**	0	99108	30	30	451	93931	**469**	30	30	469	93316	**470**
9853	广州工商学院	广东	佛山	二线	综合	民办	17	**465**	0	99108	5	3	447	98565	**465**	7	2	470	92392	**470**
9938	广西艺术学院	广西	南宁	二线	艺术	保研资格	12	**465**	0	99108	16	16	492	50820	**511**	14	14	516	51641	**510**
6889	重庆移通学院(较高收费)	重庆	重庆	新一线	理工	民办	4	无	—	无	3	1	454	90557	**472**	—	—	—	—	—
8596	浙江越秀外国语学院(较高收费)	浙江	绍兴	二线	语言	民办	2	无	—	无	2	1	446	99663	**464**	2	0	无	—	—

第三节　河南省 2021—2023 年普通高校招生本科一批院校平行投档信息统计(理科)

详细内容见表 5-3。表格说明详见本章第五节。

表 5-3　河南省 2021—2023 年普通高校招生本科一批院校平行投档信息统计(理科)

院校基本信息·本科一批(理科)							2023 年投档情况				2022 年投档情况					2021 年投档情况				
院校代号	院校名称	所在区域	所在地	城市分类	院校类型	院校分类	招生计划	投档线	线差	位次	招生计划	实际投档	投档线	位次	2023 年同位分	招生计划	实际投档	投档线	位次	2023 年同位分
1115	清华大学	北京	北京	一线	综合	原 985	60	**698**	184	94	61	64	684	82	**698**	62	63	699	83	**698**
1105	北京大学	北京	北京	一线	综合	原 985	26	**696**	182	109	26	26	683	95	**697**	27	27	697	111	**695**
1290	上海交通大学	上海	上海	一线	综合	原 985	13	**691**	177	198	12	12	678	198	**691**	14	17	692	203	**690**
1131	复旦大学医学院	上海	上海	一线	医药	原 985	3	**689**	175	239	3	3	673	331	**685**	9	9	684	472	**682**
2260	上海交通大学医学院	上海	上海	一线	医药	原 985	3	**688**	174	270	3	3	673	331	**685**	4	6	689	286	**687**
1106	北京大学医学部	北京	北京	一线	医药	原 985	35	**683**	169	431	35	35	675	276	**687**	34	34	690	255	**688**
1290	上海交通大学(其他单列)	上海	上海	一线	综合	原 985	54	**683**	169	431	68	68	663	734	**676**	68	68	669	1500	**664**
1106	北京大学医学部(其他单列)	北京	北京	一线	医药	原 985	3	**681**	167	518	3	3	672	369	**684**	3	3	688	315	**686**
1130	复旦大学	上海	上海	一线	综合	原 985	48	**681**	167	518	50	50	668	488	**681**	11	11	691	227	**689**
1195	浙江大学	浙江	杭州	新一线	综合	原 985	39	**679**	165	585	38	38	666	574	**679**	38	43	686	383	**684**
1106	北京大学医学部(医护类)	北京	北京	一线	医药	原 985	6	**678**	164	621	5	6	664	681	**677**	5	5	678	774	**675**
1525	中国科学技术大学	安徽	合肥	新一线	理工	原 985	91	**676**	162	738	91	91	660	895	**673**	91	91	679	716	**676**
1160	南京大学	江苏	南京	新一线	综合	原 985	75	**673**	159	914	75	75	657	1071	**670**	66	66	677	836	**674**
2260	上海交通大学医学院(医护类)	上海	上海	一线	医药	原 985	25	**673**	159	914	19	19	660	895	**673**	13	13	675	982	**671**
0175	中国科学院大学	北京	北京	一线	综合	双一流	31	**670**	156	1089	31	31	659	955	**672**	31	31	677	836	**674**
1110	中国人民大学	北京	北京	一线	综合	原 985	34	**669**	155	1165	39	39	643	2458	**655**	39	39	671	1290	**667**
1290	上海交通大学(特殊类)	上海	上海	一线	综合	原 985	34	**669**	155	1165	19	19	655	1232	**668**	30	30	653	3815	**646**
1485	北京航空航天大学	北京	北京	一线	理工	原 985	134	**667**	153	1319	136	136	655	1232	**668**	136	136	674	1046	**670**
1497	哈尔滨工业大学(深圳)	广东	深圳	一线	理工	原 985	46	**666**	152	1407	54	56	651	1570	**664**	54	54	667	1730	**662**
1490	北京理工大学	北京	北京	一线	理工	原 985	74	**664**	150	1571	74	74	650	1663	**662**	69	69	664	2055	**658**
1290	上海交通大学(农林矿)	上海	上海	一线	综合	原 985	20	**659**	145	2043	20	20	643	2458	**655**	10	10	648	4866	**641**
1495	哈尔滨工业大学	黑龙江	哈尔滨	二线	理工	原 985	67	**659**	145	2043	85	85	637	3333	**649**	90	90	656	3232	**650**

续表

院校基本信息·本科一批(理科)							2023 年投档情况				2022 年投档情况					2021 年投档情况				
院校代号	院校名称	所在区域	所在地	城市分类	院校类型	院校分类	招生计划	投档线	线差	位次	招生计划	实际投档	投档线	位次	2023 年同位分	招生计划	实际投档	投档线	位次	2023 年同位分
1185	西安交通大学	陕西	西安	新一线	综合	原 985	129	**657**	143	2272	120	120	637	3333	**649**	154	156	658	2928	**652**
1131	复旦大学医学院(其他单列)	上海	上海	一线	医药	原 985	24	**654**	140	2672	22	22	637	3333	**649**	22	22	611	18927	**604**
1310	同济大学(医护类)	上海	上海	一线	理工	原 985	11	**654**	140	2672	11	11	643	2458	**655**	10	10	659	2750	**653**
1125	东南大学	江苏	南京	新一线	综合	原 985	100	**653**	139	2804	141	141	633	4040	**645**	149	149	651	4219	**644**
1196	浙江大学医学院	浙江	杭州	新一线	医药	原 985	13	**650**	136	3275	13	13	656	1147	**669**	13	13	668	1606	**663**
1165	南开大学	天津	天津	新一线	综合	原 985	64	**649**	135	3414	58	58	587	23098	**597**	60	60	665	1945	**659**
1490	北京理工大学(其他单列)	北京	北京	一线	理工	原 985	60	**649**	135	3414	60	65	633	4040	**645**	63	63	638	7501	**630**
0305	国防科技大学	湖南	长沙	新一线	军事	原 985	50	**646**	132	3921	50	50	634	3843	**646**	50	50	650	4428	**643**
1250	电子科技大学	四川	成都	新一线	理工	原 985	175	**646**	132	3921	171	171	629	4848	**641**	178	182	651	4219	**644**
1215	中山大学	广东	广州	一线	综合	原 985	129	**645**	131	4102	119	119	629	4848	**641**	119	121	645	5586	**637**
1515	西北工业大学	陕西	西安	新一线	理工	原 985	238	**644**	130	4301	229	240	627	5267	**639**	234	234	645	5586	**637**
1251	电子科技大学(沙河校区)	四川	成都	新一线	理工	原 985	69	**642**	128	4712	65	65	628	5058	**640**	61	61	646	5337	**639**
1180	武汉大学	湖北	武汉	新一线	综合	原 985	424	**641**	127	4934	416	416	637	3333	**649**	398	398	654	3618	**647**
1310	同济大学	上海	上海	一线	理工	原 985	109	**641**	127	4934	114	114	564	43252	**573**	114	114	667	1730	**662**
1310	同济大学(较高收费)	上海	上海	一线	理工	原 985	9	**639**	125	5359	8	8	634	3843	**646**	8	8	660	2582	**654**
1496	哈尔滨工业大学(威海)	山东	威海	三线	理工	原 985	99	**639**	125	5359	135	135	620	7180	**632**	136	136	641	6621	**633**
1160	南京大学(较高收费)	江苏	南京	新一线	综合	原 985	5	**638**	124	5568	—	—	—	—	—	—	—	—	—	—
1165	南开大学(其他单列)	天津	天津	新一线	综合	原 985	29	**638**	124	5568	35	35	613	9522	**624**	35	36	651	4219	**644**
1185	西安交通大学(医护类)	陕西	西安	新一线	综合	原 985	58	**638**	124	5568	53	53	621	6875	**633**	70	70	635	8421	**628**
1190	厦门大学	福建	厦门	二线	综合	原 985	63	**638**	124	5568	98	98	628	5058	**640**	101	101	649	4632	**642**
1235	北京邮电大学	北京	北京	一线	理工	原 211	129	**638**	124	5568	126	127	624	6028	**636**	127	128	646	5337	**639**
1280	华南理工大学	广东	广州	一线	理工	原 985	89	**638**	124	5568	90	90	621	6875	**633**	98	99	644	5865	**636**
1400	北京师范大学	北京	北京	一线	师范	原 985	70	**638**	124	5568	78	80	626	5504	**638**	78	78	636	8107	**628**
1125	东南大学(医护类)	江苏	南京	新一线	综合	原 985	21	**636**	122	6059	21	21	610	10741	**621**	13	13	621	13845	**614**
1485	北京航空航天大学(较高收费)	浙江	杭州	新一线	理工	原 985	8	**636**	122	6059	—	—	—	—	—	—	—	—	—	—
1113	中国人民大学(苏州校区)	江苏	苏州	新一线	综合	原 985	5	**635**	121	6311	4	4	624	6028	**636**	4	4	601	25226	**594**
1305	天津大学(医护类)	天津	天津	新一线	理工	原 985	12	**634**	120	6603	12	12	616	8467	**627**	13	13	626	11699	**619**
1140	华中科技大学	湖北	武汉	新一线	综合	原 985	339	**633**	119	6878	356	356	638	3161	**650**	337	340	658	2928	**652**
1185	西安交通大学(其他单列)	陕西	西安	新一线	综合	原 985	30	**633**	119	6878	—	—	—	—	—	—	—	—	—	—

续表

院校基本信息·本科一批(理科)							2023 年投档情况				2022 年投档情况					2021 年投档情况				
院校代号	院校名称	所在区域	所在地	城市分类	院校类型	院校分类	招生计划	投档线	线差	位次	招生计划	实际投档	投档线	位次	2023 年同位分	招生计划	实际投档	投档线	位次	2023 年同位分
1196	浙江大学医学院(较高收费)	浙江	嘉兴	二线	医药	原 985	5	**633**	119	6878	5	5	601	14755	**612**	5	7	628	10919	**621**
1305	天津大学	天津	天津	新一线	理工	原 985	195	**633**	119	6878	198	200	622	6598	**634**	77	77	652	4022	**645**
1190	厦门大学(医护类)	福建	厦门	二线	综合	原 985	14	**632**	118	7185	18	18	614	9163	**625**	15	15	627	11294	**620**
1320	西安电子科技大学	陕西	西安	新一线	理工	原 211	230	**632**	118	7185	234	239	617	8122	**628**	260	263	635	8421	**628**
1500	哈尔滨工程大学(特殊类)	黑龙江	哈尔滨	二线	理工	原 211	2	**630**	116	7810	—	—	—	—	—	—	—	—	—	—
1245	大连理工大学	辽宁	大连	二线	理工	原 985	196	**629**	115	8100	204	204	610	10741	**621**	214	218	633	9067	**626**
1145	吉林大学(软件类)	吉林	长春	二线	综合	原 985	20	**628**	114	8437	15	15	616	8467	**627**	15	15	632	9454	**625**
1496	哈尔滨工业大学(威海)(其他单列)	山东	威海	三线	理工	原 985	30	**628**	114	8437	—	—	—	—	—	—	—	—	—	—
1175	四川大学	四川	成都	新一线	综合	原 985	161	**627**	113	8771	173	175	618	7814	**629**	181	183	642	6374	**634**
1505	南京航空航天大学	江苏	南京	新一线	理工	原 211	177	**627**	113	8771	177	180	613	9522	**624**	172	172	627	11294	**620**
6000	郑州大学(其他单列)	河南	郑州	新一线	综合	原 211	180	**627**	113	8771	180	180	613	9522	**624**	180	180	627	11294	**620**
1125	东南大学(其他单列)	江苏	南京	新一线	综合	原 985	40	**626**	112	9098	—	—	—	—	—	—	—	—	—	—
1401	北京师范大学(珠海校区)	广东	珠海	二线	师范	原 985	32	**626**	112	9098	31	31	614	9163	**625**	17	17	629	10535	**622**
0191	中国社会科学院大学	北京	北京	一线	综合	保研资格	6	**625**	111	9462	6	6	608	11637	**619**	6	6	641	6621	**633**
1410	华东师范大学	上海	上海	一线	师范	原 985	67	**625**	111	9462	59	59	579	29255	**589**	56	60	650	4428	**643**
1495	哈尔滨工业大学(较高收费)	黑龙江	哈尔滨	二线	理工	原 985	10	**625**	111	9462	8	8	603	13797	**614**	—	—	—	—	—
1180	武汉大学(其他单列)	湖北	武汉	新一线	综合	原 985	4	**624**	110	9823	4	4	614	9163	**625**	4	4	624	12534	**617**
1510	南京理工大学	江苏	南京	新一线	理工	原 211	152	**624**	110	9823	148	148	610	10741	**621**	144	144	625	12135	**618**
1355	重庆大学	重庆	重庆	新一线	综合	原 985	150	**623**	109	10186	153	155	612	9863	**623**	144	151	637	7791	**630**
1120	北京交通大学	北京	北京	一线	理工	原 211	137	**622**	108	10580	135	135	610	10741	**621**	131	131	625	12135	**618**
1140	华中科技大学(医护类)	湖北	武汉	新一线	综合	原 985	62	**622**	108	10580	44	46	608	11637	**619**	47	47	524	108202	**524**
1210	中南大学	湖南	长沙	新一线	综合	原 985	372	**621**	107	10964	369	369	609	11202	**620**	369	369	632	9454	**625**
1230	北京科技大学	北京	北京	一线	理工	原 211	147	**621**	107	10964	151	151	604	13355	**615**	151	155	625	12135	**618**
1251	电子科技大学(沙河校区)(较高收费)	四川	成都	新一线	理工	原 985	35	**621**	107	10964	38	39	606	12461	**617**	38	38	630	10181	**623**
1355	重庆大学(较高收费)	重庆	重庆	新一线	综合	原 985	5	**621**	107	10964	5	5	606	12461	**617**	5	5	624	12534	**617**
1375	中国农业大学	北京	北京	一线	农林	原 985	116	**620**	106	11310	115	115	604	13355	**615**	113	115	627	11294	**620**
1830	苏州大学	江苏	苏州	新一线	综合	原 211	100	**620**	106	11310	126	131	604	13355	**615**	123	128	621	13845	**614**
1135	湖南大学	湖南	长沙	新一线	综合	原 985	266	**619**	105	11731	269	269	615	8816	**626**	252	255	633	9067	**626**

续表

院校基本信息·本科一批（理科）							2023 年投档情况				2022 年投档情况					2021 年投档情况				
院校代号	院校名称	所在区域	所在地	城市分类	院校类型	院校分类	招生计划	投档线	线差	位次	招生计划	实际投档	投档线	位次	2023 年同位分	招生计划	实际投档	投档线	位次	2023 年同位分
1173	山东大学威海分校	山东	威海	三线	综合	原 985	93	**619**	105	11731	84	84	607	12067	**618**	88	89	627	11294	**620**
1190	厦门大学（其他单列）	福建	厦门	二线	综合	原 985	39	**618**	104	12162	—	—	—	—	—	—	—	—	—	—
1445	上海财经大学	上海	上海	一线	财经	原 211	45	**617**	103	12626	45	45	613	9522	**624**	45	45	642	6374	**634**
1500	哈尔滨工程大学	黑龙江	哈尔滨	二线	理工	原 211	198	**617**	103	12626	225	225	599	15751	**610**	222	222	615	16706	**608**
1175	四川大学（较高收费）	四川	成都	新一线	综合	原 985	15	**616**	102	13053	12	12	602	14255	**613**	16	16	621	13845	**614**
1220	华北电力大学（北京）	北京	北京	一线	理工	原 211	105	**615**	101	13508	105	105	603	13797	**614**	105	105	622	13376	**615**
1237	北京邮电大学（宏福校区）	北京	北京	一线	理工	原 211	34	**614**	100	13937	34	34	600	15216	**611**	33	34	616	16166	**609**
1255	东北大学	辽宁	沈阳	二线	理工	原 985	122	**614**	100	13937	124	126	591	20499	**601**	104	109	628	10919	**621**
1465	中国政法大学	北京	北京	一线	政法	原 211	42	**613**	99	14404	45	45	610	10741	**621**	45	45	631	9815	**624**
1245	大连理工大学（其他单列）	辽宁	大连	二线	理工	原 985	15	**612**	98	14902	15	15	600	15216	**611**	15	15	619	14767	**612**
1515	西北工业大学（较高收费）	陕西	西安	新一线	理工	原 985	20	**612**	98	14902	20	20	594	18630	**605**	20	20	611	18927	**604**
2200	首都医科大学	北京	北京	一线	医药	保研资格	25	**612**	98	14902	25	26	625	5771	**637**	25	26	615	16706	**608**
1170	山东大学	山东	济南	二线	综合	原 985	240	**611**	97	15415	236	236	619	7490	**631**	253	256	638	7501	**630**
1251	电子科技大学（沙河校区）（异地校区）	海南	陵水	—	理工	原 985	9	**611**	97	15415	10	10	593	19260	**603**	—	—	—	—	—
1275	华东理工大学	上海	上海	一线	理工	原 211	106	**611**	97	15415	104	104	569	38099	**579**	101	101	623	12952	**616**
1330	中国海洋大学	山东	青岛	新一线	综合	原 985	122	**610**	96	15925	102	104	597	16878	**608**	91	93	624	12534	**617**
1560	北京工业大学	北京	北京	一线	理工	原 211	10	**610**	96	15925	8	8	596	17463	**607**	9	11	623	12952	**616**
1965	深圳大学	广东	深圳	一线	综合	保研资格	49	**610**	96	15925	45	45	596	17463	**607**	42	42	615	16706	**608**
2315	南京邮电大学	江苏	南京	新一线	理工	双一流	90	**610**	96	15925	90	90	582	26826	**592**	92	92	602	24547	**595**
1145	吉林大学	吉林	长春	二线	综合	原 985	400	**609**	95	16466	548	548	530	86614	**538**	545	545	626	11699	**619**
1315	武汉理工大学	湖北	武汉	新一线	理工	原 211	415	**609**	95	16466	414	418	601	14755	**612**	410	415	618	15229	**611**
1450	对外经济贸易大学	北京	北京	一线	财经	原 211	36	**609**	95	16466	38	38	618	7814	**629**	35	35	642	6374	**634**
1790	上海大学	上海	上海	一线	综合	原 211	178	**609**	95	16466	186	188	589	21800	**599**	201	201	621	13845	**614**
1150	江南大学	江苏	无锡	二线	综合	原 211	148	**608**	94	17028	140	148	589	21800	**599**	131	136	605	22560	**598**
1173	山东大学威海分校（较高收费）	山东	威海	三线	综合	原 985	25	**608**	94	17028	47	47	589	21800	**599**	47	48	612	18358	**605**
1200	华北电力大学（保定）	河北	保定	二线	理工	原 211	128	**608**	94	17028	128	131	591	20499	**601**	128	131	609	20081	**602**
1258	东北大学秦皇岛分校	河北	秦皇岛	四线	理工	原 985	152	**608**	94	17028	159	162	592	19875	**602**	161	164	614	17248	**607**
1270	河海大学	江苏	南京	新一线	理工	原 211	219	**608**	94	17028	201	209	596	17463	**607**	190	196	613	17797	**606**

续表

院校基本信息・本科一批(理科)							2023 年投档情况				2022 年投档情况					2021 年投档情况				
院校代号	院校名称	所在区域	所在地	城市分类	院校类型	院校分类	招生计划	投档线	线差	位次	招生计划	实际投档	投档线	位次	2023 年同位分	招生计划	实际投档	投档线	位次	2023 年同位分
1495	哈尔滨工业大学(异地校区)	广东	深圳	一线	理工	原 985	5	**608**	94	17028	3	3	586	23793	**596**	—	—	—	—	—
1225	北京化工大学	北京	北京	一线	理工	原 211	135	**607**	93	17545	135	135	593	19260	**603**	130	130	612	18358	**605**
1325	西南交通大学	四川	成都	新一线	理工	原 211	210	**607**	93	17545	215	215	594	18630	**605**	217	217	615	16706	**608**
1460	中央财经大学(较高收费)	北京	北京	一线	财经	原 211	8	**607**	93	17545	8	8	601	14755	**612**	8	8	617	15697	**610**
0450	空军军医大学	陕西	西安	新一线	军事	原 211	32	**606**	92	18105	32	32	586	23793	**596**	32	32	600	25941	**593**
1155	兰州大学	甘肃	兰州	三线	综合	原 985	96	**606**	92	18105	105	105	602	14255	**613**	104	104	625	12135	**618**
1245	大连理工大学(较高收费)	辽宁	大连	二线	理工	原 985	10	**606**	92	18105	10	10	592	19875	**602**	10	10	620	14309	**613**
1520	暨南大学	广东	广州	一线	综合	原 211	58	**606**	92	18105	54	57	600	15216	**611**	53	56	617	15697	**610**
2030	西南政法大学	重庆	重庆	新一线	政法	保研资格	39	**606**	92	18105	39	40	594	18630	**605**	27	28	612	18358	**605**
2635	大连医科大学	辽宁	大连	二线	医药	保研资格	48	**606**	92	18105	46	46	581	27613	**591**	39	39	545	80734	**542**
1480	北京协和医学院	北京	北京	一线	医药	双一流	3	**605**	91	18689	2	2	596	17463	**607**	—	—	—	—	—
2090	西北大学	陕西	西安	新一线	综合	原 211	30	**605**	91	18689	28	29	595	18060	**606**	27	27	615	16706	**608**
1885	安徽大学	安徽	合肥	新一线	综合	原 211	51	**604**	90	19248	52	54	585	24528	**595**	53	55	601	25226	**594**
1248	大连理工大学(盘锦校区)	辽宁	盘锦	四线	理工	原 985	52	**603**	89	19849	52	52	591	20499	**601**	52	52	613	17797	**606**
1258	东北大学秦皇岛分校(较高收费)	河北	秦皇岛	四线	理工	原 985	25	**603**	89	19849	13	13	587	23098	**597**	13	13	602	24547	**595**
1320	西安电子科技大学(较高收费)	陕西	西安	新一线	理工	原 211	42	**603**	89	19849	36	36	593	19260	**603**	20	20	615	16706	**608**
1630	河北工业大学	天津	天津	新一线	理工	原 211	22	**603**	89	19849	22	22	590	21142	**600**	16	16	610	19481	**603**
2025	重庆医科大学(较高收费)	重庆	重庆	新一线	医药	保研资格	2	**603**	89	19849	2	2	587	23098	**597**	5	5	592	31893	**586**
2030	西南政法大学(较高收费)	重庆	重庆	新一线	政法	保研资格	3	**603**	89	19849	3	3	593	19260	**603**	3	3	610	19481	**603**
1265	合肥工业大学	安徽	合肥	新一线	理工	原 211	250	**601**	87	21021	251	251	588	22462	**598**	248	250	606	21866	**599**
1295	中国石油大学(北京)	北京	北京	一线	理工	原 211	109	**601**	87	21021	104	104	584	25296	**594**	97	97	609	20081	**602**
1460	中央财经大学	北京	北京	一线	财经	原 211	64	**601**	87	21021	64	64	615	8816	**626**	62	62	632	9454	**625**
1520	暨南大学(其他单列)	广东	广州	一线	综合	原 211	2	**601**	87	21021	2	2	583	26058	**593**	3	3	602	24547	**595**
2420	杭州电子科技大学	浙江	杭州	新一线	理工	保研资格	89	**601**	87	21021	86	86	584	25296	**594**	85	85	602	24547	**595**
1240	长安大学	陕西	西安	新一线	理工	原 211	249	**600**	86	21690	247	249	587	23098	**597**	244	246	603	23896	**596**
1285	大连海事大学	辽宁	大连	二线	理工	原 211	133	**600**	86	21690	131	131	587	23098	**597**	131	134	600	25941	**593**
1395	中国药科大学	江苏	南京	新一线	医药	原 211	97	**600**	86	21690	97	99	586	23793	**596**	98	100	604	23232	**597**
1100	中央民族大学	北京	北京	一线	民族	原 985	114	**599**	85	22358	110	110	594	18630	**605**	27	28	623	12952	**616**
1145	吉林大学(较高收费)	吉林	长春	二线	综合	原 985	5	**599**	85	22358	5	5	584	25296	**594**	5	5	612	18358	**605**

续表

院校基本信息·本科一批(理科)							2023 年投档情况				2022 年投档情况					2021 年投档情况				
院校代号	院校名称	所在区域	所在地	城市分类	院校类型	院校分类	招生计划	投档线	线差	位次	招生计划	实际投档	投档线	位次	2023 年同位分	招生计划	实际投档	投档线	位次	2023 年同位分
1155	兰州大学(较高收费)	甘肃	兰州	三线	综合	原 985	23	**599**	85	22358	23	23	589	21800	**599**	23	23	606	21866	**599**
1237	北京邮电大学(宏福校区)(异地校区)	海南	陵水	—	理工	原 211	7	**599**	85	22358	6	6	584	25296	**594**	—	—	—	—	—
1255	东北大学(农林矿)	辽宁	沈阳	二线	理工	原 985	72	**599**	85	22358	75	76	579	29255	**589**	95	84	520	113880	**521**
1275	华东理工大学(较高收费)	上海	上海	一线	理工	原 211	6	**599**	85	22358	6	6	592	19875	**602**	9	9	614	17248	**607**
9902	中央美术学院	北京	北京	一线	艺术	双一流	1	**599**	85	22358	—	—	—	—	—	—	—	—	—	—
1185	西安交通大学(较高收费)	陕西	西安	新一线	综合	原 985	17	**598**	84	23029	17	17	594	18630	**605**	—	—	—	—	—
1425	西南大学	重庆	重庆	新一线	综合	原 211	47	**598**	84	23029	71	72	588	22462	**598**	69	70	613	17797	**606**
1430	北京外国语大学	北京	北京	一线	语言	原 211	16	**598**	84	23029	18	18	593	19260	**603**	16	16	629	10535	**622**
1260	东华大学	上海	上海	一线	理工	原 211	102	**597**	83	23710	102	103	575	32661	**585**	100	103	616	16166	**609**
1300	中国石油大学(华东)	山东	青岛	新一线	理工	原 211	294	**597**	83	23710	282	282	578	30098	**588**	272	272	597	28109	**590**
1335	中国地质大学(北京)	北京	北京	一线	理工	原 211	75	**597**	83	23710	75	75	583	26058	**593**	75	77	600	25941	**593**
1855	南京师范大学	江苏	南京	新一线	师范	原 211	42	**597**	83	23710	41	41	580	28410	**590**	44	44	616	16166	**609**
1910	南昌大学	江西	南昌	二线	综合	原 211	164	**597**	83	23710	152	152	580	28410	**590**	137	148	603	23896	**596**
2035	重庆邮电大学	重庆	重庆	新一线	理工	保研资格	104	**597**	83	23710	94	98	581	27613	**591**	95	100	600	25941	**593**
2305	贵州大学(其他单列)	贵州	贵阳	二线	综合	原 211	4	**597**	83	23710	4	4	581	27613	**591**	—	—	—	—	—
0445	陆军军医大学	重庆	重庆	新一线	军事	公办	23	**596**	82	24444	23	23	599	15751	**610**	23	23	604	23232	**597**
1120	北京交通大学(较高收费)	北京	北京	一线	理工	原 211	9	**596**	82	24444	8	8	586	23793	**596**	12	12	584	38526	**578**
1340	中国地质大学(武汉)	湖北	武汉	新一线	理工	原 211	204	**596**	82	24444	210	210	584	25296	**594**	208	212	606	21866	**599**
1350	中国矿业大学	江苏	徐州	二线	理工	原 211	352	**596**	82	24444	369	369	581	27613	**591**	365	365	601	25226	**594**
1605	天津医科大学	天津	天津	新一线	医药	原 211	50	**596**	82	24444	46	46	553	55587	**562**	46	46	621	13845	**614**
2365	太原理工大学	山西	太原	二线	理工	原 211	83	**596**	82	24444	79	79	580	28410	**590**	91	93	601	25226	**594**
1340	中国地质大学(武汉)(较高收费)	湖北	武汉	新一线	理工	原 211	6	**595**	81	25156	6	6	584	25296	**594**	6	6	599	26645	**592**
1500	哈尔滨工程大学(其他单列)	黑龙江	哈尔滨	二线	理工	原 211	15	**595**	81	25156	14	14	576	31813	**586**	12	12	584	38526	**578**
1895	福州大学	福建	福州	二线	理工	原 211	56	**595**	81	25156	58	61	582	26826	**592**	60	60	599	26645	**592**
2035	重庆邮电大学(软件类)	重庆	重庆	新一线	理工	保研资格	15	**595**	81	25156	15	15	580	28410	**590**	—	—	—	—	—
2420	杭州电子科技大学(较高收费)	浙江	杭州	新一线	理工	保研资格	8	**595**	81	25156	9	9	584	25296	**594**	10	10	599	26645	**592**
3275	河北医科大学	河北	石家庄	二线	医药	保研资格	20	**595**	81	25156	11	11	594	18630	**605**	11	11	614	17248	**607**
5190	遵义医科大学(异地校区)	广东	珠海	二线	医药	保研资格	7	**595**	81	25156	7	7	582	26826	**592**	7	7	596	28854	**590**

续表

院校基本信息·本科一批(理科)							2023 年投档情况				2022 年投档情况					2021 年投档情况				
院校代号	院校名称	所在区域	所在地	城市分类	院校类型	院校分类	招生计划	投档线	线差	位次	招生计划	实际投档	投档线	位次	2023 年同位分	招生计划	实际投档	投档线	位次	2023 年同位分
9919	上海戏剧学院	上海	上海	一线	艺术	公办	1	**595**	81	25156	1	1	588	22462	**598**	2	2	573	48861	**568**
1100	中央民族大学(较高收费)	海南	陵水	—	民族	原 985	5	**594**	80	25874	—	—	—	—	—	—	—	—	—	—
1790	上海大学(较高收费)	上海	上海	一线	综合	原 211	44	**594**	80	25874	41	41	585	24528	**595**	31	31	606	21866	**599**
2605	中国医科大学	辽宁	沈阳	二线	医药	保研资格	31	**594**	80	25874	27	27	563	44297	**572**	31	31	610	19481	**603**
3040	上海电力大学(较高收费)	上海	上海	一线	理工	公办	10	**594**	80	25874	10	10	581	27613	**591**	10	10	596	28854	**590**
1140	华中科技大学(特殊类)	湖北	武汉	新一线	综合	原 985	8	**593**	79	26587	10	10	580	28410	**590**	16	16	591	32664	**585**
1145	吉林大学(农林矿)	吉林	长春	二线	综合	原 985	42	**593**	79	26587	43	43	584	25296	**594**	43	43	604	23232	**597**
1415	华中师范大学	湖北	武汉	新一线	师范	原 211	88	**593**	79	26587	87	87	594	18630	**605**	78	78	620	14309	**613**
1440	上海外国语大学	上海	上海	一线	语言	原 211	15	**593**	79	26587	16	16	547	63022	**556**	16	16	628	10919	**621**
1860	南京信息工程大学	江苏	南京	新一线	理工	双一流	136	**593**	79	26587	140	140	580	28410	**590**	142	142	595	29573	**589**
1185	西安交通大学(特殊类)	陕西	西安	新一线	综合	原 985	12	**592**	78	27318	18	18	569	38099	**579**	—	—	—	—	—
2105	西安邮电大学	陕西	西安	新一线	理工	公办	58	**592**	78	27318	63	63	577	30905	**587**	58	58	594	30319	**588**
2525	天津工业大学	天津	天津	新一线	理工	双一流	53	**592**	78	27318	47	47	583	26058	**593**	85	85	596	28854	**590**
1121	北京交通大学(威海校区)	山东	威海	三线	理工	原 211	27	**591**	77	28052	30	30	575	32661	**585**	30	30	593	31136	**587**
1145	吉林大学(特殊类)	吉林	长春	二线	综合	原 985	146	**591**	77	28052	—	—	—	—	—	—	—	—	—	—
1145	吉林大学(医护类)	吉林	长春	二线	综合	原 985	13	**591**	77	28052	13	13	577	30905	**587**	13	13	592	31893	**586**
1175	四川大学(医护类)	四川	成都	新一线	综合	原 985	8	**591**	77	28052	8	8	582	26826	**592**	12	12	597	28109	**590**
1255	东北大学(较高收费)	辽宁	沈阳	二线	理工	原 985	10	**591**	77	28052	9	9	580	28410	**590**	5	7	585	37676	**579**
1315	武汉理工大学(较高收费)	湖北	武汉	新一线	理工	原 211	12	**591**	77	28052	16	16	578	30098	**588**	16	16	587	35958	**581**
1910	南昌大学(较高收费)	江西	南昌	二线	综合	原 211	30	**591**	77	28052	30	30	580	28410	**590**	35	35	592	31893	**586**
1935	湖南师范大学	湖南	长沙	新一线	师范	原 211	60	**591**	77	28052	56	56	570	37209	**580**	45	45	602	24547	**595**
1985	华南师范大学	广东	广州	一线	师范	原 211	25	**591**	77	28052	21	21	571	36261	**581**	18	19	613	17797	**606**
2225	首都师范大学	北京	北京	一线	师范	双一流	15	**591**	77	28052	15	16	582	26826	**592**	12	12	600	25941	**593**
1330	中国海洋大学(较高收费)	山东	青岛	新一线	综合	原 985	23	**590**	76	28881	29	29	583	26058	**593**	27	27	596	28854	**590**
1375	中国农业大学(较高收费)	北京	北京	一线	农林	原 985	8	**590**	76	28881	9	9	582	26826	**592**	9	9	598	27341	**591**
1455	西南财经大学	四川	成都	新一线	财经	原 211	49	**590**	76	28881	52	52	593	19260	**603**	49	49	622	13376	**615**
1470	中国传媒大学	北京	北京	一线	语言	原 211	48	**590**	76	28881	46	46	599	15751	**610**	47	47	619	14767	**612**
1560	北京工业大学(较高收费)	北京	北京	一线	理工	原 211	5	**590**	76	28881	7	7	571	36261	**581**	6	7	604	23232	**597**
2415	浙江工业大学(较高收费)	浙江	杭州	新一线	理工	保研资格	5	**590**	76	28881	5	5	576	31813	**586**	5	5	583	39420	**577**

续表

院校基本信息·本科一批(理科)							2023 年投档情况				2022 年投档情况					2021 年投档情况				
院校代号	院校名称	所在区域	所在地	城市分类	院校类型	院校分类	招生计划	投档线	线差	位次	招生计划	实际投档	投档线	位次	2023 年同位分	招生计划	实际投档	投档线	位次	2023 年同位分
2750	海南大学(其他单列)	海南	海口	三线	综合	原 211	20	**590**	76	28881	20	20	576	31813	**586**	20	20	589	34265	**583**
1248	大连理工大学(盘锦校区)(较高收费)	辽宁	盘锦	四线	理工	原 985	20	**589**	75	29681	20	20	577	30905	**587**	20	20	598	27341	**591**
1268	合肥工业大学(宣城校区)	安徽	宣城	四线	理工	原 211	178	**589**	75	29681	183	183	553	55587	**562**	171	174	598	27341	**591**
1370	西北农林科技大学	陕西	咸阳	三线	农林	原 985	420	**589**	75	29681	409	417	574	33525	**584**	395	403	601	25226	**594**
1420	陕西师范大学	陕西	西安	新一线	师范	原 211	109	**589**	75	29681	102	107	575	32661	**585**	113	115	602	24547	**595**
2815	安徽医科大学	安徽	合肥	新一线	医药	保研资格	18	**589**	75	29681	14	14	569	38099	**579**	14	14	532	97392	**531**
2905	三峡大学(较高收费)	湖北	宜昌	三线	综合	保研资格	2	**589**	75	29681	3	3	576	31813	**586**	3	3	580	42114	**575**
3830	南京医科大学	江苏	南京	新一线	医药	双一流	11	**589**	75	29681	11	11	522	98888	**530**	10	10	630	10181	**623**
6000	郑州大学	河南	郑州	新一线	综合	原 211	2962	**589**	75	29681	2965	3024	579	29255	**589**	2844	2901	603	23896	**596**
1170	山东大学(医护类)	山东	济南	二线	综合	原 985	6	**588**	74	30481	6	6	578	30098	**588**	6	6	594	30319	**588**
1270	河海大学(其他单列)	江苏	南京	新一线	理工	原 211	5	**588**	74	30481	7	7	576	31813	**586**	5	5	589	34265	**583**
1810	华东政法大学	上海	上海	一线	政法	保研资格	67	**588**	74	30481	67	69	576	31813	**586**	70	70	601	25226	**594**
1895	福州大学(较高收费)	福建	福州	二线	理工	原 211	10	**588**	74	30481	10	10	574	33525	**584**	10	10	590	33462	**584**
2035	重庆邮电大学(较高收费)	重庆	重庆	新一线	理工	保研资格	10	**588**	74	30481	10	10	573	34386	**583**	10	10	588	35077	**582**
2415	浙江工业大学	浙江	杭州	新一线	理工	保研资格	82	**588**	74	30481	89	94	582	26826	**592**	82	84	595	29573	**589**
2450	成都理工大学(异地校区)	四川	宜宾	四线	理工	双一流	26	**588**	74	30481	50	50	567	40090	**577**	58	58	581	41207	**575**
1345	中国矿业大学(北京)	北京	北京	一线	理工	原 211	135	**587**	73	31315	135	106	509	119754	**517**	119	121	602	24547	**595**
1380	北京林业大学	北京	北京	一线	农林	原 211	110	**587**	73	31315	110	112	581	27613	**591**	109	110	597	28109	**590**
1690	辽宁大学	辽宁	沈阳	二线	综合	原 211	57	**587**	73	31315	62	62	555	53255	**564**	69	69	599	26645	**592**
1895	福州大学(异地校区)	福建	泉州	二线	理工	原 211	24	**587**	73	31315	24	24	568	39068	**578**	12	12	586	36819	**580**
2855	广州医科大学	广东	广州	一线	医药	双一流	21	**587**	73	31315	21	21	542	69619	**551**	21	21	584	38526	**578**
1880	宁波大学	浙江	宁波	新一线	综合	双一流	94	**586**	72	32135	84	88	576	31813	**586**	90	90	595	29573	**589**
2090	西北大学(较高收费)	陕西	西安	新一线	综合	原 211	8	**586**	72	32135	8	8	574	33525	**584**	10	10	589	34265	**583**
3040	上海电力大学	上海	上海	一线	理工	公办	137	**586**	72	32135	137	137	576	31813	**586**	137	137	589	34265	**583**
6005	河南大学(其他单列)	河南	郑州	新一线	综合	双一流	170	**586**	72	32135	—	—	—	—	—	—	—	—	—	—
1360	华中农业大学	湖北	武汉	新一线	农林	原 211	297	**585**	71	33012	296	302	576	31813	**586**	296	299	597	28109	**590**
1930	湘潭大学	湖南	湘潭	四线	综合	双一流	106	**585**	71	33012	102	102	577	30905	**587**	96	101	585	37676	**579**
1315	武汉理工大学(其他单列)	湖北	武汉	新一线	理工	原 211	13	**584**	70	33845	15	15	571	36261	**581**	15	15	575	46947	**570**

续表

院校基本信息·本科一批(理科)							2023 年投档情况				2022 年投档情况					2021 年投档情况				
院校代号	院校名称	所在区域	所在地	城市分类	院校类型	院校分类	招生计划	投档线	线差	位次	招生计划	实际投档	投档线	位次	2023 年同位分	招生计划	实际投档	投档线	位次	2023 年同位分
1795	上海理工大学	上海	上海	一线	理工	保研资格	112	**584**	70	33845	108	112	571	36261	**581**	112	115	596	28854	**590**
1840	江苏大学	江苏	镇江	三线	综合	保研资格	201	**584**	70	33845	201	201	564	43252	**573**	200	200	569	52925	**564**
1975	广州中医药大学	广东	广州	一线	医药	双一流	21	**584**	70	33845	21	14	510	118120	**518**	21	21	583	39420	**577**
2105	西安邮电大学(较高收费)	陕西	西安	新一线	理工	公办	5	**584**	70	33845	6	6	568	39068	**578**	10	10	577	44925	**572**
2115	西北政法大学	陕西	西安	新一线	政法	保研资格	25	**584**	70	33845	16	16	588	22462	**598**	16	17	605	22560	**598**
2305	贵州大学	贵州	贵阳	二线	综合	原 211	54	**584**	70	33845	53	54	531	85142	**539**	62	65	598	27341	**591**
2515	西南石油大学	四川	成都	新一线	理工	双一流	162	**584**	70	33845	170	170	570	37209	**580**	152	152	584	38526	**578**
2805	西安理工大学	陕西	西安	新一线	理工	保研资格	72	**584**	70	33845	74	78	574	33525	**584**	74	78	592	31893	**586**
4200	福建医科大学	福建	福州	二线	医药	保研资格	112	**584**	70	33845	112	118	549	60499	**558**	107	110	533	96108	**532**
5190	遵义医科大学	贵州	遵义	三线	医药	保研资格	19	**584**	70	33845	17	17	573	34386	**583**	15	15	587	35958	**581**
0001	北京体育大学	北京	北京	一线	体育	原 211	16	**583**	69	34767	19	19	573	34386	**583**	23	23	571	50842	**566**
1190	厦门大学(异地校区)	—	—	—	综合	原 985	40	**583**	69	34767	41	41	570	37209	**580**	43	43	575	46947	**570**
1225	北京化工大学(较高收费)	北京	北京	一线	理工	原 211	20	**583**	69	34767	20	20	575	32661	**585**	22	22	593	31136	**587**
1251	电子科技大学(沙河校区)(医护类)	四川	成都	新一线	理工	原 985	5	**583**	69	34767	5	5	536	78004	**544**	10	10	620	14309	**613**
1455	西南财经大学(较高收费)	四川	成都	新一线	财经	原 211	6	**583**	69	34767	5	5	581	27613	**591**	12	12	595	29573	**589**
2310	南方医科大学	广东	广州	一线	医药	保研资格	45	**583**	69	34767	50	50	566	41164	**576**	52	52	566	55959	**562**
1240	长安大学(其他单列)	陕西	西安	新一线	理工	原 211	5	**582**	68	35635	—	—	—	—	—	—	—	—	—	—
1830	苏州大学(医护类)	江苏	苏州	新一线	综合	原 211	2	**582**	68	35635	—	—	—	—	—	—	—	—	—	—
1966	深圳技术大学	广东	深圳	一线	综合	公办	48	**582**	68	35635	50	51	570	37209	**580**	42	42	586	36819	**580**
2255	浙江理工大学	浙江	杭州	新一线	理工	保研资格	104	**582**	68	35635	103	106	571	36261	**581**	109	114	585	37676	**579**
2380	北京信息科技大学	北京	北京	一线	理工	保研资格	54	**582**	68	35635	54	55	570	37209	**580**	54	55	590	33462	**584**
5835	成都医学院	四川	成都	新一线	医药	公办	20	**582**	68	35635	20	20	573	34386	**583**	20	20	588	35077	**582**
1210	中南大学(较高收费)	湖南	长沙	新一线	综合	原 985	16	**581**	67	36540	16	16	597	16878	**608**	16	16	618	15229	**611**
1365	南京农业大学	江苏	南京	新一线	农林	原 211	239	**581**	67	36540	239	218	509	119754	**517**	235	235	598	27341	**591**
1427	西南大学(荣昌校区)	重庆	重庆	新一线	综合	原 211	39	**581**	67	36540	38	38	567	40090	**577**	40	41	573	48861	**568**
2205	青岛大学	山东	青岛	新一线	综合	保研资格	68	**581**	67	36540	67	67	570	37209	**580**	71	71	581	41207	**575**
2850	广州大学	广东	广州	一线	综合	保研资格	27	**581**	67	36540	25	25	561	46342	**570**	25	25	582	40304	**576**
4130	蚌埠医学院	安徽	蚌埠	三线	医药	保研资格	10	**581**	67	36540	10	10	568	39068	**578**	10	10	581	41207	**575**
5995	郑州大学(中外合作办学)	河南	郑州	新一线	综合	原 211	825	**581**	67	36540	825	833	571	36261	**581**	845	853	589	34265	**583**

续表

院校基本信息·本科一批(理科)							2023 年投档情况				2022 年投档情况					2021 年投档情况				
院校代号	院校名称	所在区域	所在地	城市分类	院校类型	院校分类	招生计划	投档线	线差	位次	招生计划	实际投档	投档线	位次	2023 年同位分	招生计划	实际投档	投档线	位次	2023 年同位分
1155	兰州大学(医护类)	甘肃	兰州	三线	综合	原 985	10	**580**	66	37479	10	10	564	43252	**573**	10	10	561	61408	**557**
1425	西南大学(较高收费)	重庆	重庆	新一线	综合	原 211	51	**580**	66	37479	51	53	569	38099	**579**	54	54	585	37676	**579**
1930	湘潭大学(较高收费)	湖南	湘潭	四线	综合	双一流	3	**580**	66	37479	3	3	561	46342	**570**	5	5	568	53926	**563**
1965	深圳大学(较高收费)	广东	深圳	一线	综合	保研资格	6	**580**	66	37479	6	6	570	37209	**580**	—	—	—	—	—
2365	太原理工大学(较高收费)	山西	太原	二线	理工	原 211	10	**580**	66	37479	10	10	567	40090	**577**	10	10	576	45897	**571**
2525	天津工业大学(较高收费)	天津	天津	新一线	理工	双一流	23	**580**	66	37479	23	23	568	39068	**578**	27	27	578	43977	**573**
2570	上海中医药大学	上海	上海	一线	医药	双一流	25	**580**	66	37479	25	25	537	76524	**545**	25	25	596	28854	**590**
2895	武汉工程大学	湖北	武汉	新一线	理工	保研资格	147	**580**	66	37479	149	171	570	37209	**580**	136	146	583	39420	**577**
3400	山西中医药大学	山西	晋中	四线	医药	保研资格	2	**580**	66	37479	2	2	562	45332	**571**	2	2	578	43977	**573**
3835	南京中医药大学	江苏	南京	新一线	医药	双一流	49	**580**	66	37479	53	53	570	37209	**580**	53	53	580	42114	**575**
4550	湖北工业大学	湖北	武汉	新一线	理工	保研资格	79	**580**	66	37479	79	79	564	43252	**573**	79	79	576	45897	**571**
1520	暨南大学(较高收费)	广东	广州	一线	综合	原 211	24	**579**	65	38365	26	26	567	40090	**577**	20	20	600	25941	**593**
1660	山西大学	山西	太原	二线	综合	双一流	92	**579**	65	38365	60	63	571	36261	**581**	68	69	573	48861	**568**
1845	南京工业大学	江苏	南京	新一线	理工	保研资格	198	**579**	65	38365	199	199	561	46342	**570**	201	201	578	43977	**573**
2025	重庆医科大学	重庆	重庆	新一线	医药	保研资格	44	**579**	65	38365	56	56	526	92680	**534**	53	57	599	26645	**592**
2080	云南大学	云南	昆明	新一线	综合	原 211	52	**579**	65	38365	53	53	584	25296	**594**	48	48	599	26645	**592**
1270	河海大学(较高收费)	江苏	常州	二线	理工	原 211	10	**578**	64	39314	10	10	572	35312	**582**	8	8	587	35958	**581**
1325	西南交通大学(较高收费)	四川	成都	新一线	理工	原 211	18	**578**	64	39314	16	16	569	38099	**579**	16	16	599	26645	**592**
1405	东北师范大学(较高收费)	吉林	长春	二线	师范	原 211	15	**578**	64	39314	13	13	572	35312	**582**	10	10	588	35077	**582**
1470	中国传媒大学(其他单列)	海南	陵水	—	语言	原 211	5	**578**	64	39314	5	5	560	47459	**569**	—	—	—	—	—
1740	延边大学	吉林	延边	四线	综合	原 211	41	**578**	64	39314	40	40	564	43252	**573**	39	39	585	37676	**579**
1240	长安大学(较高收费)	陕西	西安	新一线	理工	原 211	30	**577**	63	40252	30	30	567	40090	**577**	30	30	580	42114	**575**
1795	上海理工大学(较高收费)	上海	上海	一线	理工	保研资格	30	**577**	63	40252	34	35	563	44297	**572**	30	31	574	47907	**569**
2220	武汉科技大学	湖北	武汉	新一线	理工	保研资格	139	**577**	63	40252	140	143	574	33525	**584**	135	139	591	32664	**585**
2290	中国计量大学	浙江	杭州	新一线	理工	公办	116	**577**	63	40252	82	82	559	48530	**568**	73	73	532	97392	**531**
2320	北方工业大学	北京	北京	一线	理工	保研资格	48	**577**	63	40252	42	43	572	35312	**582**	42	42	587	35958	**581**
4465	山东第一医科大学	山东	济南	二线	医药	公办	20	**577**	63	40252	—	—	—	—	—	—	—	—	—	—
4925	桂林电子科技大学	广西	桂林	三线	理工	保研资格	132	**577**	63	40252	116	119	566	41164	**576**	113	116	581	41207	**575**
1150	江南大学(较高收费)	江苏	无锡	二线	综合	原 211	4	**576**	62	41196	4	4	570	37209	**580**	5	5	581	41207	**575**

续表

院校基本信息·本科一批(理科)							2023 年投档情况				2022 年投档情况					2021 年投档情况				
院校代号	院校名称	所在区域	所在地	城市分类	院校类型	院校分类	招生计划	投档线	线差	位次	招生计划	实际投档	投档线	位次	2023 年同位分	招生计划	实际投档	投档线	位次	2023 年同位分
1390	北京中医药大学	北京	北京	一线	医药	原 211	63	**576**	62	41196	63	64	581	27613	**591**	64	64	605	22560	**598**
1745	长春理工大学	吉林	长春	二线	理工	保研资格	36	**576**	62	41196	36	36	547	63022	**556**	33	33	573	48861	**568**
2000	广西大学	广西	南宁	二线	综合	原 211	72	**576**	62	41196	72	72	516	108302	**524**	72	72	597	28109	**590**
2125	青海大学	青海	西宁	四线	综合	原 211	142	**576**	62	41196	141	148	560	47459	**569**	135	138	580	42114	**575**
2300	长沙理工大学	湖南	长沙	新一线	理工	保研资格	157	**576**	62	41196	139	139	563	44297	**572**	123	125	581	41207	**575**
2505	南京林业大学	江苏	南京	新一线	农林	双一流	112	**576**	62	41196	112	112	548	61756	**557**	112	112	580	42114	**575**
1405	东北师范大学	吉林	长春	二线	师范	原 211	75	**575**	61	42149	79	79	587	23098	**597**	82	82	601	25226	**594**
1635	燕山大学	河北	秦皇岛	四线	理工	保研资格	82	**575**	61	42149	89	89	530	86614	**538**	85	85	587	35958	**581**
1805	上海对外经贸大学	上海	上海	一线	财经	保研资格	54	**575**	61	42149	59	59	563	44297	**572**	54	54	555	68314	**551**
2270	江苏科技大学	江苏	镇江	三线	理工	保研资格	161	**575**	61	42149	167	167	563	44297	**572**	164	164	574	47907	**569**
2340	汕头大学	广东	汕头	三线	综合	保研资格	49	**575**	61	42149	49	49	558	49754	**567**	37	37	575	46947	**570**
2450	成都理工大学	四川	成都	新一线	理工	双一流	91	**575**	61	42149	60	60	578	30098	**588**	51	51	596	28854	**590**
2500	首都经济贸易大学	北京	北京	一线	财经	保研资格	16	**575**	61	42149	23	23	565	42195	**574**	18	18	593	31136	**587**
1296	中国石油大学(北京)克拉玛依校区	新疆	克拉玛依	五线	理工	原 211	148	**574**	60	43114	144	150	560	47459	**569**	125	133	571	50842	**566**
1370	西北农林科技大学(较高收费)	陕西	咸阳	三线	农林	原 985	16	**574**	60	43114	14	14	564	43252	**573**	14	14	588	35077	**582**
1500	哈尔滨工程大学(较高收费)	黑龙江	哈尔滨	二线	理工	原 211	15	**574**	60	43114	15	15	570	37209	**580**	15	15	576	45897	**571**
1835	扬州大学	江苏	扬州	三线	综合	保研资格	96	**574**	60	43114	94	94	566	41164	**576**	92	92	580	42114	**575**
1885	安徽大学(较高收费)	安徽	合肥	新一线	综合	原 211	22	**574**	60	43114	22	22	566	41164	**576**	21	21	579	43027	**574**
2570	上海中医药大学(较高收费)	上海	上海	一线	医药	双一流	3	**574**	60	43114	3	3	576	31813	**586**	3	3	589	34265	**583**
2750	海南大学	海南	海口	三线	综合	原 211	406	**574**	60	43114	379	381	538	75105	**546**	360	362	594	30319	**588**
2755	宁夏大学	宁夏	银川	三线	综合	原 211	52	**574**	60	43114	56	56	565	42195	**574**	55	55	588	35077	**582**
3880	南京工程学院(其他单列)	江苏	南京	新一线	理工	公办	5	**574**	60	43114	13	13	552	56758	**561**	13	13	560	62527	**556**
1340	中国地质大学(武汉)(其他单列)	湖北	武汉	新一线	理工	原 211	6	**573**	59	44106	6	6	563	44297	**572**	6	6	570	51895	**565**
1350	中国矿业大学(较高收费)	江苏	徐州	二线	理工	原 211	12	**573**	59	44106	6	6	571	36261	**581**	—	—	—	—	—
1860	南京信息工程大学(较高收费)	江苏	南京	新一线	理工	双一流	16	**573**	59	44106	16	16	550	59236	**559**	14	14	535	93448	**534**
2240	南京审计大学	江苏	南京	新一线	财经	公办	93	**573**	59	44106	91	91	570	37209	**580**	91	91	589	34265	**583**
2240	南京审计大学(较高收费)	江苏	南京	新一线	财经	公办	8	**573**	59	44106	8	8	566	41164	**576**	8	8	582	40304	**576**
5095	成都信息工程大学	四川	成都	新一线	理工	公办	88	**573**	59	44106	42	46	562	45332	**571**	60	65	580	42114	**575**

续表

院校基本信息·本科一批(理科)							2023年投档情况				2022年投档情况					2021年投档情况				
院校代号	院校名称	所在区域	所在地	城市分类	院校类型	院校分类	招生计划	投档线	线差	位次	招生计划	实际投档	投档线	位次	2023年同位分	招生计划	实际投档	投档线	位次	2023年同位分
6006	河南大学(软件类)	河南	开封	四线	综合	双一流	633	**573**	59	44106	570	576	561	46342	**570**	706	713	566	55959	**562**
2080	云南大学(较高收费)	云南	昆明	新一线	综合	原211	5	**572**	58	45094	5	5	559	48530	**568**	5	5	577	44925	**572**
2095	陕西科技大学	陕西	西安	新一线	理工	保研资格	92	**572**	58	45094	72	73	556	52020	**565**	73	76	578	43977	**573**
2215	中国民航大学	天津	天津	新一线	理工	保研资格	238	**572**	58	45094	249	251	557	50915	**566**	246	246	567	54949	**562**
1205	中南财经政法大学	湖北	武汉	新一线	财经	原211	137	**571**	57	46132	136	136	597	16878	**608**	136	136	620	14309	**613**
1325	西南交通大学(其他单列)	四川	成都	新一线	理工	原211	6	**571**	57	46132	8	8	553	55587	**562**	—	—	—	—	—
1680	内蒙古大学	内蒙古	呼和浩特	三线	综合	原211	38	**571**	57	46132	37	37	559	48530	**568**	39	39	584	38526	**578**
1970	华南农业大学	广东	广州	一线	农林	双一流	143	**571**	57	46132	138	150	561	46342	**570**	143	152	573	48861	**568**
2090	西北大学(其他单列)	陕西	西安	新一线	综合	原211	2	**571**	57	46132	3	2	511	116434	**519**	2	2	594	30319	**588**
2930	广东工业大学	广东	广州	一线	理工	保研资格	59	**571**	57	46132	65	68	562	45332	**571**	65	65	582	40304	**576**
3550	沈阳航空航天大学	辽宁	沈阳	二线	理工	保研资格	140	**571**	57	46132	132	132	556	52020	**565**	145	145	570	51895	**565**
5620	西安医学院	陕西	西安	新一线	医药	公办	15	**571**	57	46132	15	15	562	45332	**571**	19	19	575	46947	**570**
1385	东北林业大学	黑龙江	哈尔滨	二线	农林	原211	273	**570**	56	47216	272	239	511	116434	**519**	270	275	590	33462	**584**
1690	辽宁大学(特殊类)	辽宁	沈阳	二线	综合	原211	5	**570**	56	47216	—	—	—	—	—	—	—	—	—	—
1715	沈阳药科大学	辽宁	本溪	五线	医药	保研资格	71	**570**	56	47216	64	64	547	63022	**556**	53	53	559	63644	**555**
1895	福州大学(农林矿)	福建	福州	二线	理工	原211	14	**570**	56	47216	12	12	561	46342	**570**	12	12	579	43027	**574**
2120	新疆大学(较高收费)	新疆	乌鲁木齐	三线	综合	原211	90	**570**	56	47216	87	87	559	48530	**568**	80	80	572	49827	**567**
2275	青岛科技大学	山东	青岛	新一线	理工	保研资格	53	**570**	56	47216	58	58	557	50915	**566**	61	61	572	49827	**567**
2755	宁夏大学(较高收费)	宁夏	银川	三线	综合	原211	7	**570**	56	47216	4	4	558	49754	**567**	—	—	—	—	—
4880	广东财经大学	广东	佛山	二线	财经	公办	3	**570**	56	47216	14	14	557	50915	**566**	14	14	568	53926	**563**
1380	北京林业大学(较高收费)	北京	北京	一线	农林	原211	4	**569**	55	48276	4	4	569	38099	**579**	4	4	588	35077	**582**
2325	华侨大学	福建	厦门	二线	综合	保研资格	107	**569**	55	48276	111	111	560	47459	**569**	104	106	572	49827	**567**
2430	南昌航空大学	江西	南昌	二线	理工	保研资格	118	**569**	55	48276	108	108	553	55587	**562**	109	112	561	61408	**557**
2430	南昌航空大学(其他单列)	江西	南昌	二线	理工	保研资格	10	**569**	55	48276	—	—	—	—	—	—	—	—	—	—
2530	中北大学	山西	太原	二线	理工	保研资格	132	**569**	55	48276	134	137	557	50915	**566**	126	127	575	46947	**570**
2555	大连交通大学	辽宁	大连	二线	理工	保研资格	51	**569**	55	48276	49	49	553	55587	**562**	47	47	568	53926	**563**
2575	浙江师范大学(软件类)	浙江	金华	二线	师范	保研资格	6	**569**	55	48276	8	8	557	50915	**566**	8	8	570	51895	**565**
2885	华东交通大学	江西	南昌	二线	理工	保研资格	111	**569**	55	48276	108	113	550	59236	**559**	102	104	567	54949	**562**
4065	浙江财经大学	浙江	杭州	新一线	财经	公办	38	**569**	55	48276	37	38	562	45332	**571**	16	18	586	36819	**580**

续表

院校基本信息·本科一批(理科)							2023 年投档情况				2022 年投档情况					2021 年投档情况				
院校代号	院校名称	所在区域	所在地	城市分类	院校类型	院校分类	招生计划	投档线	线差	位次	招生计划	实际投档	投档线	位次	2023 年同位分	招生计划	实际投档	投档线	位次	2023 年同位分
4295	赣南医学院	江西	赣州	三线	医药	公办	16	**569**	55	48276	18	18	558	49754	**567**	27	27	570	51895	**565**
5080	四川师范大学(较高收费)	四川	成都	新一线	师范	保研资格	1	**569**	55	48276	1	1	556	52020	**565**	—	—	—	—	—
5255	昆明医科大学	云南	昆明	新一线	医药	保研资格	20	**569**	55	48276	17	17	533	82265	**541**	17	17	579	43027	**574**
5375	陕西中医药大学	陕西	西安	新一线	医药	公办	7	**569**	55	48276	6	6	552	56758	**561**	5	10	554	69571	**551**
2210	湖北大学	湖北	武汉	新一线	综合	保研资格	101	**568**	54	49343	112	112	533	82265	**541**	115	115	579	43027	**574**
2355	四川农业大学	四川	雅安	五线	农林	原 211	156	**568**	54	49343	156	161	548	61756	**557**	156	159	589	34265	**583**
2550	北京联合大学	北京	北京	一线	综合	公办	3	**568**	54	49343	6	6	554	54405	**563**	7	7	566	55959	**562**
2860	上海海事大学(较高收费)	上海	上海	一线	理工	保研资格	22	**568**	54	49343	22	22	561	46342	**570**	22	22	576	45897	**571**
3020	西南民族大学	四川	成都	新一线	民族	保研资格	14	**568**	54	49343	15	15	557	50915	**566**	17	17	570	51895	**565**
5035	重庆理工大学	重庆	重庆	新一线	理工	公办	102	**568**	54	49343	104	106	556	52020	**565**	78	80	580	42114	**575**
5590	成都大学	四川	成都	新一线	综合	公办	109	**568**	54	49343	121	126	551	58004	**560**	111	111	572	49827	**567**
1550	北京工商大学	北京	北京	一线	财经	保研资格	50	**567**	53	50409	45	47	560	47459	**569**	50	51	581	41207	**575**
2405	天津师范大学(较高收费)	天津	天津	新一线	师范	保研资格	30	**567**	53	50409	30	30	557	50915	**566**	30	30	571	50842	**566**
2535	西安科技大学	陕西	西安	新一线	理工	保研资格	89	**567**	53	50409	82	84	545	65632	**554**	74	74	579	43027	**574**
3010	西北民族大学	甘肃	兰州	三线	民族	保研资格	5	**567**	53	50409	4	10	553	55587	**562**	4	4	569	52925	**564**
3960	浙江传媒学院	浙江	杭州	新一线	语言	公办	13	**567**	53	50409	12	12	549	60499	**558**	—	—	—	—	—
6005	河南大学	河南	开封	四线	综合	双一流	1257	**567**	53	50409	1627	1660	572	35312	**582**	1672	1705	586	36819	**580**
1765	哈尔滨医科大学	黑龙江	哈尔滨	二线	医药	保研资格	45	**566**	52	51529	45	45	592	19875	**602**	45	45	599	26645	**592**
2100	西安建筑科技大学	陕西	西安	新一线	理工	保研资格	65	**566**	52	51529	66	73	550	59236	**559**	61	65	583	39420	**577**
2390	上海师范大学	上海	上海	一线	师范	保研资格	125	**566**	52	51529	118	118	524	95771	**532**	125	125	578	43977	**573**
2395	集美大学	福建	厦门	二线	综合	保研资格	176	**566**	52	51529	177	177	554	54405	**563**	166	166	570	51895	**565**
2875	上海海洋大学	上海	上海	一线	农林	双一流	121	**566**	52	51529	105	109	545	65632	**554**	104	107	582	40304	**576**
4525	江汉大学	湖北	武汉	新一线	综合	公办	144	**566**	52	51529	156	156	551	58004	**560**	132	136	557	66016	**553**
1135	湖南大学(其他单列)	湖南	长沙	新一线	综合	原 985	1	**565**	51	52597	—	—	—	—	—	—	—	—	—	—
2520	西安工程大学	陕西	西安	新一线	理工	保研资格	156	**565**	51	52597	158	166	541	70931	**550**	162	162	559	63644	**555**
2575	浙江师范大学	浙江	金华	二线	师范	保研资格	30	**565**	51	52597	18	18	560	47459	**569**	16	17	574	47907	**569**
1725	东北财经大学	辽宁	大连	二线	财经	保研资格	23	**564**	50	53716	20	20	535	79411	**543**	16	16	595	29573	**589**
1740	延边大学(较高收费)	吉林	延边	四线	综合	原 211	2	**564**	50	53716	2	2	555	53255	**564**	2	2	570	51895	**565**
1760	东北农业大学	黑龙江	哈尔滨	二线	农林	原 211	169	**564**	50	53716	183	183	567	40090	**577**	179	189	585	37676	**579**

续表

院校基本信息·本科一批(理科)							2023 年投档情况				2022 年投档情况					2021 年投档情况				
院校代号	院校名称	所在区域	所在地	城市分类	院校类型	院校分类	招生计划	投档线	线差	位次	招生计划	实际投档	投档线	位次	2023 年同位分	招生计划	实际投档	投档线	位次	2023 年同位分
2265	南京财经大学	江苏	南京	新一线	财经	公办	62	**564**	50	53716	60	60	520	101946	**528**	61	61	583	39420	**577**
4060	浙江工商大学(较高收费)	浙江	杭州	新一线	财经	保研资格	28	**564**	50	53716	24	24	555	53255	**564**	20	20	564	58092	**560**
4395	山东师范大学	山东	济南	二线	师范	保研资格	57	**564**	50	53716	59	59	548	61756	**557**	56	56	569	52925	**564**
5300	西藏大学	西藏	拉萨	五线	综合	原 211	5	**564**	50	53716	—	—	—	—	—	—	—	—	—	—
5390	西安财经大学	陕西	西安	新一线	财经	公办	34	**564**	50	53716	34	34	552	56758	**561**	32	32	562	60300	**558**
6000	郑州大学(医护类)	河南	郑州	新一线	综合	原 211	200	**564**	50	53716	200	200	555	53255	**564**	200	202	567	54949	**562**
2230	天津财经大学	天津	天津	新一线	财经	保研资格	61	**563**	49	54864	61	61	551	58004	**560**	61	61	531	98686	**530**
2330	西安工业大学	陕西	西安	新一线	理工	保研资格	53	**563**	49	54864	68	68	546	64280	**555**	68	70	582	40304	**576**
2780	山东科技大学	山东	青岛	新一线	综合	保研资格	71	**563**	49	54864	67	67	534	80842	**542**	58	58	577	44925	**572**
2860	上海海事大学	上海	上海	一线	理工	保研资格	76	**563**	49	54864	76	76	525	94214	**533**	74	74	580	42114	**575**
4830	广东医科大学	广东	东莞	新一线	医药	公办	30	**563**	49	54864	30	32	527	91117	**535**	13	13	596	28854	**590**
5005	海南医学院	海南	海口	三线	医药	公办	71	**563**	49	54864	72	72	549	60499	**558**	69	69	547	78166	**544**
2280	北京建筑大学	北京	北京	一线	理工	保研资格	40	**562**	48	55999	40	40	531	85142	**539**	34	34	582	40304	**576**
2410	青岛理工大学	山东	青岛	新一线	理工	保研资格	70	**562**	48	55999	72	72	543	68292	**551**	73	73	521	112446	**521**
2620	成都中医药大学	四川	成都	新一线	医药	双一流	26	**562**	48	55999	29	29	552	56758	**561**	28	28	557	66016	**553**
5455	甘肃政法大学	甘肃	兰州	三线	政法	公办	9	**562**	48	55999	9	9	549	60499	**558**	11	13	554	69571	**551**
1285	大连海事大学(较高收费)	辽宁	大连	二线	理工	原 211	26	**561**	47	57115	26	26	548	61756	**557**	24	24	581	41207	**575**
1690	辽宁大学(较高收费)	辽宁	沈阳	二线	综合	原 211	8	**561**	47	57115	9	9	560	47459	**569**	7	7	570	51895	**565**
1915	江西财经大学	江西	南昌	二线	财经	保研资格	59	**561**	47	57115	54	54	542	69619	**551**	56	59	520	113880	**521**
2295	南华大学	湖南	衡阳	三线	综合	保研资格	114	**561**	47	57115	108	108	543	68292	**551**	99	99	558	64821	**554**
2795	沈阳工业大学	辽宁	沈阳	二线	理工	保研资格	75	**561**	47	57115	70	71	550	59236	**559**	69	69	567	54949	**562**
3780	上海工程技术大学	上海	上海	一线	理工	公办	159	**561**	47	57115	158	158	553	55587	**562**	158	161	567	54949	**562**
3900	徐州医科大学	江苏	徐州	二线	医药	保研资格	30	**561**	47	57115	30	30	554	54405	**563**	30	30	569	52925	**564**
5110	川北医学院	四川	南充	三线	医药	公办	30	**561**	47	57115	30	35	547	63022	**556**	30	35	567	54949	**562**
1805	上海对外经贸大学(较高收费)	上海	上海	一线	财经	保研资格	16	**560**	46	58304	12	12	557	50915	**566**	10	10	579	43027	**574**
2425	湖南科技大学	湖南	湘潭	四线	综合	保研资格	107	**560**	46	58304	96	96	531	85142	**539**	85	85	530	99984	**529**
2500	首都经济贸易大学(较高收费)	北京	北京	一线	财经	保研资格	7	**560**	46	58304	—	—	—	—	—	—	—	—	—	—
2865	重庆交通大学(较高收费)	重庆	重庆	新一线	理工	保研资格	7	**560**	46	58304	8	8	546	64280	**555**	8	4	542	84384	**540**
3890	苏州科技大学	江苏	苏州	新一线	理工	公办	83	**560**	46	58304	83	83	543	68292	**551**	86	86	580	42114	**575**

续表

院校基本信息·本科一批(理科)							2023 年投档情况				2022 年投档情况					2021 年投档情况				
院校代号	院校名称	所在区域	所在地	城市分类	院校类型	院校分类	招生计划	投档线	线差	位次	招生计划	实际投档	投档线	位次	2023 年同位分	招生计划	实际投档	投档线	位次	2023 年同位分
4060	浙江工商大学	浙江	杭州	新一线	财经	保研资格	21	**560**	46	58304	21	21	534	80842	**542**	19	19	583	39420	**577**
2810	安徽工业大学	安徽	马鞍山	四线	理工	保研资格	96	**559**	45	59481	84	84	544	66918	**553**	84	87	559	63644	**555**
3880	南京工程学院	江苏	南京	新一线	理工	公办	241	**559**	45	59481	242	242	550	59236	**559**	208	208	562	60300	**558**
4055	杭州师范大学	浙江	杭州	新一线	师范	保研资格	104	**559**	45	59481	105	105	520	101946	**528**	91	91	582	40304	**576**
2120	新疆大学	新疆	乌鲁木齐	三线	综合	原 211	358	**558**	44	60657	393	393	511	116434	**519**	380	380	579	43027	**574**
2130	石河子大学	新疆	石河子	—	综合	原 211	302	**558**	44	60657	304	334	551	58004	**560**	308	339	567	54949	**562**
2235	东北电力大学	吉林	吉林	四线	理工	保研资格	193	**558**	44	60657	191	191	529	88126	**537**	184	190	561	61408	**557**
2805	西安理工大学(较高收费)	陕西	西安	新一线	理工	保研资格	14	**558**	44	60657	10	10	557	50915	**566**	10	10	565	57047	**561**
3545	沈阳理工大学	辽宁	沈阳	二线	理工	公办	75	**558**	44	60657	58	58	544	66918	**553**	79	79	559	63644	**555**
4735	湖南工业大学	湖南	株洲	三线	理工	公办	169	**558**	44	60657	154	154	550	59236	**559**	156	188	562	60300	**558**
5415	兰州交通大学	甘肃	兰州	三线	理工	保研资格	126	**558**	44	60657	141	141	548	61756	**557**	149	150	562	60300	**558**
2505	南京林业大学(较高收费)	江苏	南京	新一线	农林	双一流	4	**557**	43	61944	4	4	549	60499	**558**	4	4	545	80734	**542**
2870	天津理工大学	天津	天津	新一线	理工	保研资格	265	**557**	43	61944	265	265	565	42195	**574**	269	269	578	43977	**573**
3035	中国劳动关系学院	北京	北京	一线	财经	公办	10	**557**	43	61944	10	12	547	63022	**556**	5	6	550	74466	**547**
4030	浙江中医药大学	浙江	杭州	新一线	医药	保研资格	164	**557**	43	61944	158	158	510	118120	**518**	70	70	556	67119	**552**
4770	湖南理工学院	湖南	岳阳	三线	理工	公办	5	**557**	43	61944	5	5	543	68292	**551**	2	9	550	74466	**547**
5100	西华大学	四川	成都	新一线	综合	保研资格	60	**557**	43	61944	62	62	544	66918	**553**	60	60	572	49827	**567**
1960	广东外语外贸大学	广东	广州	一线	语言	保研资格	18	**556**	42	63193	18	15	515	109967	**523**	16	16	590	33462	**584**
4300	江西中医药大学	江西	南昌	二线	医药	保研资格	14	**556**	42	63193	16	16	546	64280	**555**	12	16	559	63644	**555**
5400	兰州理工大学(较高收费)	甘肃	兰州	三线	理工	保研资格	10	**556**	42	63193	10	11	543	68292	**551**	10	10	560	62527	**556**
2025	重庆医科大学(医护类)	重庆	重庆	新一线	医药	保研资格	4	**555**	41	64505	2	2	544	66918	**553**	—	—	—	—	—
2330	西安工业大学(较高收费)	陕西	西安	新一线	理工	保研资格	10	**555**	41	64505	—	—	—	—	—	—	—	—	—	—
2545	河北工程大学	河北	邯郸	三线	理工	保研资格	32	**555**	41	64505	31	31	541	70931	**550**	35	35	552	71998	**549**
2600	天津中医药大学	天津	天津	新一线	医药	双一流	149	**555**	41	64505	156	148	509	119754	**517**	156	156	571	50842	**566**
2865	重庆交通大学	重庆	重庆	新一线	理工	保研资格	105	**555**	41	64505	103	103	561	46342	**570**	101	104	574	47907	**569**
4690	吉首大学	湖南	湘西	五线	综合	保研资格	10	**555**	41	64505	9	9	542	69619	**551**	12	12	555	68314	**551**
4815	东莞理工学院	广东	东莞	新一线	理工	公办	40	**555**	41	64505	40	40	544	66918	**553**	37	37	569	52925	**564**
5610	上海政法学院	上海	上海	一线	政法	公办	66	**555**	41	64505	66	66	551	58004	**560**	66	66	581	41207	**575**
2880	常州大学	江苏	常州	二线	理工	公办	139	**554**	40	65789	144	144	532	83691	**540**	132	125	518	116712	**519**

续表

院校基本信息·本科一批（理科）							2023年投档情况				2022年投档情况					2021年投档情况				
院校代号	院校名称	所在区域	所在地	城市分类	院校类型	院校分类	招生计划	投档线	线差	位次	招生计划	实际投档	投档线	位次	2023年同位分	招生计划	实际投档	投档线	位次	2023年同位分
5420	甘肃中医药大学	甘肃	兰州	三线	医药	保研资格	17	**554**	40	65789	11	11	547	63022	**556**	11	11	553	70771	**550**
2230	天津财经大学(较高收费)	天津	天津	新一线	财经	保研资格	5	**553**	39	67050	5	5	536	78004	**544**	5	5	585	37676	**579**
2600	天津中医药大学(较高收费)	天津	天津	新一线	医药	双一流	4	**553**	39	67050	4	1	556	52020	**565**	4	4	563	59195	**559**
2905	三峡大学	湖北	宜昌	三线	综合	保研资格	127	**553**	39	67050	123	129	522	98888	**530**	130	133	567	54949	**562**
3280	河北师范大学(较高收费)	河北	石家庄	二线	师范	保研资格	13	**553**	39	67050	13	13	541	70931	**550**	15	15	551	73198	**548**
4205	福建师范大学(软件类)	福建	福州	二线	师范	保研资格	10	**553**	39	67050	10	10	540	72351	**548**	—	—	—	—	—
4420	齐鲁工业大学	山东	济南	二线	理工	公办	137	**553**	39	67050	105	105	546	64280	**555**	95	95	555	68314	**551**
4575	武汉纺织大学	湖北	武汉	新一线	理工	公办	117	**553**	39	67050	117	72	509	119754	**517**	104	104	558	64821	**554**
1550	北京工商大学(较高收费)	北京	北京	一线	财经	保研资格	5	**552**	38	68278	5	5	542	69619	**551**	—	—	—	—	—
1880	宁波大学(较高收费)	浙江	宁波	新一线	综合	双一流	13	**552**	38	68278	12	12	546	64280	**555**	10	10	560	62527	**556**
2305	贵州大学(较高收费)	贵州	贵阳	二线	综合	原211	16	**552**	38	68278	25	26	531	85142	**539**	22	22	561	61408	**557**
3200	天津科技大学	天津	天津	新一线	理工	保研资格	333	**552**	38	68278	319	319	554	54405	**563**	314	318	570	51895	**565**
3665	长春中医药大学	吉林	长春	二线	医药	保研资格	64	**552**	38	68278	56	56	538	75105	**546**	43	43	543	83173	**541**
5230	昆明理工大学	云南	昆明	新一线	理工	保研资格	123	**552**	38	68278	113	110	509	119754	**517**	116	116	573	48861	**568**
6014	河南大学迈阿密学院	河南	开封	四线	综合	双一流	210	**552**	38	68278	150	153	542	69619	**551**	172	175	543	83173	**541**
1435	北京语言大学	北京	北京	一线	语言	保研资格	32	**551**	37	69662	30	30	563	44297	**572**	29	29	594	30319	**588**
1635	燕山大学(较高收费)	河北	秦皇岛	四线	理工	保研资格	10	**551**	37	69662	10	10	515	109967	**523**	10	10	518	116712	**519**
2320	北方工业大学(较高收费)	北京	北京	一线	理工	保研资格	6	**551**	37	69662	5	5	547	63022	**556**	5	5	571	50842	**566**
2390	上海师范大学(较高收费)	上海	上海	一线	师范	保研资格	34	**551**	37	69662	39	39	545	65632	**554**	37	37	535	93448	**534**
2785	河北大学	河北	保定	二线	综合	保研资格	79	**551**	37	69662	79	79	559	48530	**568**	79	79	579	43027	**574**
3695	黑龙江大学	黑龙江	哈尔滨	二线	综合	保研资格	100	**551**	37	69662	50	50	543	68292	**551**	51	53	565	57047	**561**
3815	上海应用技术大学	上海	上海	一线	理工	公办	229	**551**	37	69662	231	240	534	80842	**542**	234	241	553	70771	**550**
6095	华北水利水电大学	河南	郑州	新一线	理工	保研资格	2613	**551**	37	69662	2465	2539	541	70931	**550**	2527	2603	547	78166	**544**
0015	上海体育大学	上海	上海	一线	体育	双一流	44	**550**	36	70991	37	37	544	66918	**553**	42	42	553	70771	**550**
2895	武汉工程大学(较高收费)	湖北	武汉	新一线	理工	保研资格	8	**550**	36	70991	8	8	537	76524	**545**	15	18	546	79430	**543**
4065	浙江财经大学(较高收费)	浙江	杭州	新一线	财经	公办	5	**550**	36	70991	5	5	539	73712	**547**	3	3	566	55959	**562**
4350	济南大学	山东	济南	二线	综合	保研资格	84	**550**	36	70991	82	66	510	118120	**518**	84	84	576	45897	**571**
1189	西交利物浦大学	江苏	苏州	新一线	理工	中外合作	153	**549**	35	72337	140	140	531	85142	**539**	129	129	550	74466	**547**
2440	长江大学	湖北	荆州	三线	综合	保研资格	212	**549**	35	72337	206	210	529	88126	**537**	196	200	528	102673	**528**

续表

院校基本信息·本科一批(理科)							2023 年投档情况				2022 年投档情况					2021 年投档情况				
院校代号	院校名称	所在区域	所在地	城市分类	院校类型	院校分类	招生计划	投档线	线差	位次	招生计划	实际投档	投档线	位次	2023 年同位分	招生计划	实际投档	投档线	位次	2023 年同位分
2580	安徽理工大学(较高收费)	安徽	淮南	四线	理工	保研资格	4	**549**	35	72337	4	4	539	73712	**547**	4	4	550	74466	**547**
2650	广西医科大学	广西	南宁	二线	医药	保研资格	30	**549**	35	72337	25	25	531	85142	**539**	22	22	594	30319	**588**
4010	浙江科技学院	浙江	杭州	新一线	理工	公办	139	**549**	35	72337	141	141	540	72351	**548**	137	137	557	66016	**553**
6603	浙大宁波理工学院	浙江	宁波	新一线	理工	公办	149	**549**	35	72337	149	149	541	70931	**550**	154	154	553	70771	**550**
1745	长春理工大学(较高收费)	吉林	长春	二线	理工	保研资格	40	**548**	34	73607	41	41	531	85142	**539**	41	41	538	89520	**536**
2400	北京物资学院	北京	北京	一线	财经	公办	20	**548**	34	73607	20	20	522	98888	**530**	19	19	554	69571	**551**
2405	天津师范大学	天津	天津	新一线	师范	保研资格	155	**548**	34	73607	156	144	509	119754	**517**	207	207	578	43977	**573**
2915	西安石油大学	陕西	西安	新一线	理工	保研资格	105	**548**	34	73607	95	95	531	85142	**539**	87	92	570	51895	**565**
2925	上海立信会计金融学院	上海	上海	一线	财经	公办	115	**548**	34	73607	108	110	542	69619	**551**	105	105	529	101319	**528**
3860	江苏海洋大学	江苏	连云港	三线	理工	公办	40	**548**	34	73607	32	32	534	80842	**542**	18	18	532	97392	**531**
5310	西藏民族大学	陕西	咸阳	三线	民族	保研资格	15	**548**	34	73607	—	—	—	—	—	—	—	—	—	—
7501	上海第二工业大学	上海	上海	一线	理工	公办	119	**548**	34	73607	113	113	530	86614	**538**	112	115	573	48861	**568**
1385	东北林业大学(较高收费)	黑龙江	哈尔滨	二线	农林	原 211	60	**547**	33	74961	62	62	540	72351	**548**	60	60	552	71998	**549**
2235	东北电力大学(较高收费)	吉林	吉林	四线	理工	保研资格	23	**547**	33	74961	23	23	560	47459	**569**	23	23	569	52925	**564**
2250	天津外国语大学(较高收费)	天津	天津	新一线	语言	保研资格	5	**547**	33	74961	5	5	539	73712	**547**	5	5	558	64821	**554**
2385	安徽财经大学(较高收费)	安徽	蚌埠	三线	财经	保研资格	2	**547**	33	74961	2	2	533	82265	**541**	2	2	527	104040	**527**
2435	江西理工大学	江西	赣州	三线	理工	保研资格	157	**547**	33	74961	153	153	533	82265	**541**	136	136	557	66016	**553**
2900	太原科技大学	山西	太原	二线	理工	保研资格	62	**547**	33	74961	62	62	536	78004	**544**	82	82	548	76893	**545**
5595	上海电机学院	上海	上海	一线	理工	公办	79	**547**	33	74961	77	77	532	83691	**540**	85	85	530	99984	**529**
1103	中南民族大学	湖北	武汉	新一线	民族	保研资格	205	**546**	32	76354	122	115	509	119754	**517**	93	93	573	48861	**568**
1640	石家庄铁道大学	河北	石家庄	二线	理工	保研资格	118	**546**	32	76354	98	98	517	106694	**525**	98	104	568	53926	**563**
2250	天津外国语大学	天津	天津	新一线	语言	保研资格	28	**546**	32	76354	28	29	517	106694	**525**	31	31	564	58092	**560**
2535	西安科技大学(较高收费)	陕西	西安	新一线	理工	保研资格	2	**546**	32	76354	2	2	544	66918	**553**	6	3	563	59195	**559**
2565	南通大学	江苏	南通	二线	综合	保研资格	224	**546**	32	76354	227	224	509	119754	**517**	223	223	575	46947	**570**
4040	湖州师范学院	浙江	湖州	三线	师范	公办	17	**546**	32	76354	17	17	544	66918	**553**	15	15	553	70771	**550**
4275	东华理工大学	江西	南昌	二线	理工	公办	83	**546**	32	76354	80	80	529	88126	**537**	77	70	518	116712	**519**
5055	重庆师范大学(较高收费)	重庆	重庆	新一线	师范	保研资格	5	**546**	32	76354	4	4	541	70931	**550**	3	3	562	60300	**558**
3280	河北师范大学	河北	石家庄	二线	师范	保研资格	35	**545**	31	77768	35	35	545	65632	**554**	39	39	561	61408	**557**
4400	曲阜师范大学	山东	济宁	三线	师范	保研资格	47	**545**	31	77768	45	45	539	73712	**547**	41	41	561	61408	**557**

续表

院校基本信息·本科一批(理科)							2023年投档情况				2022年投档情况					2021年投档情况				
院校代号	院校名称	所在区域	所在地	城市分类	院校类型	院校分类	招生计划	投档线	线差	位次	招生计划	实际投档	投档线	位次	2023年同位分	招生计划	实际投档	投档线	位次	2023年同位分
3310	华北理工大学	河北	唐山	三线	综合	保研资格	162	**544**	30	79143	166	166	513	113165	**521**	168	168	557	66016	**553**
4370	山东理工大学	山东	淄博	三线	理工	保研资格	74	**544**	30	79143	62	62	530	86614	**538**	62	62	532	97392	**531**
5105	四川轻化工大学	四川	自贡	五线	理工	公办	16	**544**	30	79143	20	20	539	73712	**547**	16	16	550	74466	**547**
2100	西安建筑科技大学(较高收费)	陕西	西安	新一线	理工	保研资格	8	**543**	29	80568	8	8	536	78004	**544**	8	8	544	81978	**541**
2210	湖北大学(较高收费)	湖北	武汉	新一线	综合	保研资格	29	**543**	29	80568	26	26	532	83691	**540**	13	13	534	94763	**533**
3705	哈尔滨理工大学	黑龙江	哈尔滨	二线	理工	保研资格	233	**543**	29	80568	218	227	522	98888	**530**	258	258	564	58092	**560**
6125	平顶山学院	河南	平顶山	四线	综合	公办	60	**543**	29	80568	60	60	529	88126	**537**	60	60	531	98686	**530**
2345	宁波诺丁汉大学	浙江	宁波	新一线	综合	中外合作	44	**542**	28	81975	44	44	526	92680	**534**	36	38	539	88238	**537**
2350	大连民族大学	辽宁	大连	二线	民族	公办	39	**542**	28	81975	38	40	532	83691	**540**	18	19	541	85633	**539**
2615	湖南中医药大学	湖南	长沙	新一线	医药	保研资格	66	**542**	28	81975	66	33	509	119754	**517**	52	55	575	46947	**570**
3200	天津科技大学(较高收费)	天津	天津	新一线	理工	保研资格	18	**542**	28	81975	20	20	531	85142	**539**	22	22	551	73198	**548**
3890	苏州科技大学(较高收费)	江苏	苏州	新一线	理工	公办	10	**542**	28	81975	10	10	529	88126	**537**	7	7	552	71998	**549**
4930	桂林理工大学	广西	桂林	三线	理工	保研资格	128	**542**	28	81975	128	128	534	80842	**542**	125	125	545	80734	**542**
5080	四川师范大学	四川	成都	新一线	师范	保研资格	31	**542**	28	81975	58	48	509	119754	**517**	53	53	577	44925	**572**
6075	南阳理工学院(医护类)	河南	南阳	三线	理工	公办	11	**542**	28	81975	—	—	—	—	—	—	—	—	—	—
0120	中国人民警察大学	河北	廊坊	三线	政法	公办	20	**541**	27	83430	20	20	533	82265	**541**	22	22	545	80734	**542**
2375	东北石油大学	黑龙江	大庆	四线	理工	保研资格	298	**541**	27	83430	300	315	524	95771	**532**	294	282	518	116712	**519**
2540	河北科技大学	河北	石家庄	二线	理工	公办	96	**541**	27	83430	66	66	525	94214	**533**	86	74	518	116712	**519**
2580	安徽理工大学	安徽	淮南	四线	理工	保研资格	201	**541**	27	83430	201	201	524	95771	**532**	196	196	561	61408	**557**
2750	海南大学(较高收费)	海南	海口	三线	综合	原211	16	**541**	27	83430	8	8	536	78004	**544**	30	32	563	59195	**559**
3060	中国民用航空飞行学院	四川	德阳	四线	理工	公办	181	**541**	27	83430	180	180	527	91117	**535**	167	192	535	93448	**534**
3815	上海应用技术大学(较高收费)	上海	上海	一线	理工	公办	27	**541**	27	83430	27	27	537	76524	**545**	26	28	552	71998	**549**
4205	福建师范大学	福建	福州	二线	师范	保研资格	56	**541**	27	83430	53	53	526	92680	**534**	51	51	579	43027	**574**
4345	南昌工程学院	江西	南昌	二线	理工	公办	66	**541**	27	83430	62	62	529	88126	**537**	62	62	547	78166	**544**
9910	天津美术学院	天津	天津	新一线	艺术	公办	2	**541**	27	83430	2	2	539	73712	**547**	—	—	—	—	—
1690	辽宁大学(其他单列)	辽宁	沈阳	二线	综合	原211	7	**540**	26	84884	5	5	567	40090	**577**	—	—	—	—	—
2510	西南科技大学	四川	绵阳	三线	理工	保研资格	93	**540**	26	84884	89	89	519	103576	**527**	89	89	568	53926	**563**
3175	北京印刷学院	北京	北京	一线	理工	公办	37	**540**	26	84884	37	29	517	106694	**525**	39	39	560	62527	**556**
4485	山东财经大学	山东	济南	二线	财经	保研资格	69	**540**	26	84884	69	62	510	118120	**518**	60	60	580	42114	**575**

续表

院校基本信息·本科一批(理科)							2023 年投档情况				2022 年投档情况					2021 年投档情况				
院校代号	院校名称	所在区域	所在地	城市分类	院校类型	院校分类	招生计划	投档线	线差	位次	招生计划	实际投档	投档线	位次	2023 年同位分	招生计划	实际投档	投档线	位次	2023 年同位分
1491	深圳北理莫斯科大学	广东	深圳	一线	综合	中外合作	15	**539**	25	86255	15	22	517	106694	**525**	—	—	—	—	—
2625	新疆医科大学	新疆	乌鲁木齐	三线	医药	保研资格	204	**539**	25	86255	220	220	522	98888	**530**	216	216	554	69571	**551**
2800	中南林业科技大学	湖南	长沙	新一线	农林	保研资格	123	**539**	25	86255	115	115	510	118120	**518**	109	131	558	64821	**554**
2880	常州大学(较高收费)	江苏	常州	二线	理工	公办	2	**539**	25	86255	2	2	516	108302	**524**	2	2	550	74466	**547**
2890	重庆工商大学	重庆	重庆	新一线	综合	公办	70	**539**	25	86255	66	69	510	118120	**518**	64	64	572	49827	**567**
2935	辽宁科技大学	辽宁	鞍山	四线	理工	保研资格	33	**539**	25	86255	33	33	526	92680	**534**	33	33	524	108202	**524**
3110	塔里木大学	新疆	阿拉尔	—	综合	公办	23	**539**	25	86255	5	5	530	86614	**538**	15	15	521	112446	**521**
4385	山东农业大学	山东	泰安	三线	农林	保研资格	191	**539**	25	86255	159	159	527	91117	**535**	161	161	539	88238	**537**
5115	西南医科大学	四川	泸州	四线	医药	保研资格	23	**539**	25	86255	21	21	567	40090	**577**	26	26	585	37676	**579**
6065	信阳师范大学	河南	信阳	三线	师范	公办	805	**539**	25	86255	858	867	532	83691	**540**	795	803	540	86942	**538**
6823	浙大城市学院	浙江	杭州	新一线	理工	公办	128	**539**	25	86255	140	140	516	108302	**524**	140	140	559	63644	**555**
1565	北京第二外国语学院	北京	北京	一线	语言	公办	13	**538**	24	87738	17	17	563	44297	**572**	20	20	580	42114	**575**
2560	温州医科大学	浙江	温州	二线	医药	保研资格	105	**538**	24	87738	105	105	556	52020	**565**	78	78	567	54949	**562**
2630	山西医科大学	山西	太原	二线	医药	保研资格	53	**538**	24	87738	57	63	509	119754	**517**	35	35	584	38526	**578**
2655	湖北中医药大学	湖北	武汉	新一线	医药	保研资格	65	**538**	24	87738	62	62	509	119754	**517**	61	61	557	66016	**553**
4050	温州大学	浙江	温州	二线	综合	公办	50	**538**	24	87738	—	—	—	—	—	—	—	—	—	—
4090	安徽农业大学	安徽	合肥	新一线	农林	保研资格	91	**538**	24	87738	58	61	536	78004	**544**	52	55	541	85633	**539**
4205	福建师范大学(其他单列)	福建	福州	二线	师范	保研资格	27	**538**	24	87738	27	27	533	82265	**541**	33	33	538	89520	**536**
4310	江西科技师范大学	江西	南昌	二线	师范	公办	15	**538**	24	87738	16	24	532	83691	**540**	15	27	544	81978	**541**
6005	河南大学(医护类)	河南	开封	四线	综合	双一流	140	**538**	24	87738	140	140	529	88126	**537**	139	139	532	97392	**531**
6020	新乡医学院	河南	新乡	三线	医药	公办	2403	**538**	24	87738	2460	2681	530	86614	**538**	2261	2464	541	85633	**539**
2385	安徽财经大学	安徽	蚌埠	三线	财经	保研资格	78	**537**	23	89231	74	55	509	119754	**517**	74	74	565	57047	**561**
2920	山西财经大学	山西	太原	二线	财经	保研资格	18	**537**	23	89231	18	18	552	56758	**561**	19	19	574	47907	**569**
4100	安徽师范大学	安徽	芜湖	三线	师范	保研资格	45	**537**	23	89231	56	56	519	103576	**527**	46	49	570	51895	**565**
5485	宁夏医科大学	宁夏	银川	三线	医药	保研资格	42	**537**	23	89231	31	31	509	119754	**517**	20	20	573	48861	**568**
6110	郑州轻工业大学	河南	郑州	新一线	理工	公办	1854	**537**	23	89231	1677	1744	532	83691	**540**	1610	1691	541	85633	**539**
2095	陕西科技大学(较高收费)	陕西	西安	新一线	理工	保研资格	20	**536**	22	90770	20	22	528	89626	**536**	18	22	538	89520	**536**
4195	福建农林大学	福建	福州	二线	农林	保研资格	82	**536**	22	90770	36	36	532	83691	**540**	45	45	545	80734	**542**
4555	湖北汽车工业学院	湖北	十堰	四线	理工	公办	10	**536**	22	90770	10	20	526	92680	**534**	10	18	535	93448	**534**

续表

院校基本信息·本科一批(理科)							2023年投档情况				2022年投档情况					2021年投档情况				
院校代号	院校名称	所在区域	所在地	城市分类	院校类型	院校分类	招生计划	投档线	线差	位次	招生计划	实际投档	投档线	位次	2023年同位分	招生计划	实际投档	投档线	位次	2023年同位分
4700	湖南农业大学	湖南	长沙	新一线	农林	保研资格	75	**536**	22	90770	72	72	531	85142	**539**	57	57	553	70771	**550**
6100	河南理工大学	河南	焦作	四线	理工	保研资格	4667	**536**	22	90770	5023	5324	525	94214	**533**	4750	4940	536	92075	**535**
6105	河南工业大学(较高收费)	河南	郑州	新一线	理工	保研资格	1851	**536**	22	90770	1856	1893	523	97348	**531**	1270	1308	522	111038	**522**
3530	大连工业大学	辽宁	大连	二线	理工	保研资格	99	**535**	21	92225	99	105	525	94214	**533**	102	107	562	60300	**558**
3690	吉林财经大学	吉林	长春	二线	财经	保研资格	70	**535**	21	92225	66	66	526	92680	**534**	67	67	548	76893	**545**
4260	江西师范大学	江西	南昌	二线	师范	保研资格	51	**535**	21	92225	49	43	509	119754	**517**	57	59	572	49827	**567**
4550	湖北工业大学(较高收费)	湖北	武汉	新一线	理工	保研资格	25	**535**	21	92225	25	30	524	95771	**532**	25	25	530	99984	**529**
5135	西华师范大学	四川	南充	三线	师范	保研资格	47	**535**	21	92225	34	40	532	83691	**540**	54	59	544	81978	**541**
6035	洛阳师范学院	河南	洛阳	三线	师范	公办	125	**535**	21	92225	69	69	531	85142	**539**	58	58	536	92075	**535**
6085	河南科技大学	河南	洛阳	三线	综合	保研资格	3556	**535**	21	92225	3341	3508	539	73712	**547**	3283	3414	546	79430	**543**
6100	河南理工大学(软件类)	河南	焦作	四线	理工	保研资格	540	**535**	21	92225	570	576	519	103576	**527**	450	455	520	113880	**521**
6102	河南理工大学(中外合作办学)	河南	焦作	四线	理工	保研资格	168	**535**	21	92225	360	389	515	109967	**523**	360	189	518	116712	**519**
1695	辽宁工程技术大学	辽宁	阜新	五线	理工	保研资格	192	**534**	20	93677	191	191	521	100394	**529**	203	203	537	90783	**535**
2790	辽宁石油化工大学	辽宁	抚顺	五线	理工	公办	153	**534**	20	93677	151	151	518	105128	**526**	147	147	539	88238	**537**
3015	北方民族大学	宁夏	银川	三线	民族	公办	68	**534**	20	93677	45	49	525	94214	**533**	47	47	533	96108	**532**
4055	杭州师范大学(较高收费)	浙江	杭州	新一线	师范	保研资格	15	**534**	20	93677	—	—	—	—	—	—	—	—	—	—
4890	北京师范大学-香港浸会大学联合国际学院	广东	珠海	二线	综合	内港合作	40	**534**	20	93677	38	38	520	101946	**528**	40	40	528	102673	**528**
2355	四川农业大学(较高收费)	四川	雅安	五线	农林	原211	16	**533**	19	95116	16	16	527	91117	**535**	16	17	522	111038	**522**
2610	黑龙江中医药大学	黑龙江	哈尔滨	二线	医药	保研资格	76	**533**	19	95116	72	72	528	89626	**536**	88	88	543	83173	**541**
4415	山东建筑大学	山东	济南	二线	理工	保研资格	95	**533**	19	95116	53	43	510	118120	**518**	58	58	556	67119	**552**
5400	兰州理工大学	甘肃	兰州	三线	理工	保研资格	167	**533**	19	95116	152	155	522	98888	**530**	131	138	557	66016	**553**
6008	河南大学(与濮阳市联办濮阳工学院)	河南	濮阳	四线	综合	双一流	230	**533**	19	95116	215	226	520	101946	**528**	280	286	527	104040	**527**
6080	河南财经政法大学(软件类)	河南	郑州	新一线	财经	保研资格	200	**533**	19	95116	200	200	522	98888	**530**	200	200	524	108202	**524**
4025	浙江农林大学(较高收费)	浙江	杭州	新一线	农林	公办	3	**532**	18	96633	4	4	502	131529	**510**	4	4	546	79430	**543**
5595	上海电机学院(较高收费)	上海	上海	一线	理工	公办	13	**532**	18	96633	12	12	525	94214	**533**	—	—	—	—	—
1710	沈阳农业大学	辽宁	沈阳	二线	农林	保研资格	167	**531**	17	98157	169	192	518	105128	**526**	166	178	529	101319	**528**
3550	沈阳航空航天大学(较高收费)	辽宁	沈阳	二线	理工	保研资格	30	**531**	17	98157	38	38	517	106694	**525**	30	30	527	104040	**527**

续表

院校基本信息·本科一批(理科)							2023 年投档情况				2022 年投档情况					2021 年投档情况				
院校代号	院校名称	所在区域	所在地	城市分类	院校类型	院校分类	招生计划	投档线	线差	位次	招生计划	实际投档	投档线	位次	2023 年同位分	招生计划	实际投档	投档线	位次	2023 年同位分
4025	浙江农林大学	浙江	杭州	新一线	农林	公办	154	**531**	17	98157	145	145	550	59236	**559**	112	112	563	59195	**559**
4050	温州大学(较高收费)	浙江	温州	二线	综合	公办	5	**531**	17	98157	—	—	—	—	—	—	—	—	—	—
4125	安徽建筑大学	安徽	合肥	新一线	理工	公办	55	**531**	17	98157	52	52	524	95771	**532**	52	52	555	68314	**551**
6007	河南大学(与开封大学联合办学)	河南	开封	四线	综合	双一流	40	**531**	17	98157	40	40	525	94214	**533**	60	60	534	94763	**533**
3725	哈尔滨商业大学	黑龙江	哈尔滨	二线	财经	保研资格	104	**530**	16	99673	123	83	509	119754	**517**	123	123	540	86942	**538**
7113	上海健康医学院	上海	上海	一线	医药	公办	80	**530**	16	99673	80	80	515	109967	**523**	80	80	541	85633	**539**
2285	沈阳建筑大学	辽宁	沈阳	二线	理工	保研资格	104	**529**	15	101260	78	77	509	119754	**517**	94	94	550	74466	**547**
4800	广东以色列理工学院	广东	汕头	三线	理工	中外合作	20	**529**	15	101260	20	17	511	116434	**519**	8	6	523	109592	**523**
5605	上海商学院	上海	上海	一线	财经	公办	17	**529**	15	101260	—	—	—	—	—	—	—	—	—	—
3460	内蒙古科技大学	内蒙古	包头	四线	综合	保研资格	20	**528**	14	102802	20	20	514	111579	**522**	20	20	537	90783	**535**
2275	青岛科技大学(较高收费)	山东	青岛	新一线	理工	保研资格	30	**527**	13	104360	22	22	515	109967	**523**	19	19	533	96108	**532**
2360	温州肯恩大学	浙江	温州	二线	综合	中外合作	29	**527**	13	104360	25	25	512	114789	**520**	23	23	522	111038	**522**
5010	海南师范大学	海南	海口	三线	师范	保研资格	79	**527**	13	104360	86	86	537	76524	**545**	104	104	552	71998	**549**
6085	河南科技大学(软件类)	河南	洛阳	三线	综合	保研资格	760	**527**	13	104360	—	—	—	—	—	—	—	—	—	—
6113	郑州轻工业大学(中外合作办学)	河南	郑州	新一线	理工	公办	64	**527**	13	104360	54	54	511	116434	**519**	—	—	—	—	—
6150	黄淮学院	河南	驻马店	三线	综合	公办	35	**527**	13	104360	35	35	517	106694	**525**	30	30	520	113880	**521**
6160	洛阳理工学院	河南	洛阳	三线	综合	公办	470	**527**	13	104360	444	466	515	109967	**523**	78	50	518	116712	**519**
2575	浙江师范大学(较高收费)	浙江	金华	二线	师范	保研资格	3	**526**	12	105904	—	—	—	—	—	—	—	—	—	—
2605	中国医科大学(较高收费)	辽宁	沈阳	二线	医药	保研资格	6	**526**	12	105904	8	2	558	49754	**567**	6	6	568	53926	**563**
3240	天津商业大学	天津	天津	新一线	财经	保研资格	393	**526**	12	105904	370	292	509	119754	**517**	370	370	556	67119	**552**
6009	河南大学(中外合作办学)	河南	开封	四线	综合	双一流	706	**526**	12	105904	768	791	544	66918	**553**	773	812	552	71998	**549**
6025	河南科技学院	河南	新乡	三线	师范	公办	1035	**526**	12	105904	935	963	518	105128	**526**	815	839	523	109592	**523**
1710	沈阳农业大学(较高收费)	辽宁	沈阳	二线	农林	保研资格	4	**525**	11	107463	—	—	—	—	—	—	—	—	—	—
2780	山东科技大学(较高收费)	山东	济南	二线	综合	保研资格	5	**525**	11	107463	5	3	516	108302	**524**	10	4	523	109592	**523**
3545	沈阳理工大学(较高收费)	辽宁	沈阳	二线	理工	公办	10	**525**	11	107463	25	4	509	119754	**517**	—	—	—	—	—
6075	南阳理工学院	河南	南阳	三线	理工	公办	90	**525**	11	107463	143	150	513	113165	**521**	40	40	535	93448	**534**
0001	北京体育大学(较高收费)	海南	陵水	—	体育	原 211	4	**524**	10	109013	—	—	—	—	—	—	—	—	—	—
1760	东北农业大学(较高收费)	黑龙江	哈尔滨	二线	农林	原 211	10	**524**	10	109013	10	10	530	86614	**538**	10	10	520	113880	**521**
3880	南京工程学院(较高收费)	江苏	南京	新一线	理工	公办	11	**524**	10	109013	—	—	—	—	—	—	—	—	—	—

续表

院校基本信息·本科一批（理科）							2023 年投档情况				2022 年投档情况					2021 年投档情况				
院校代号	院校名称	所在区域	所在地	城市分类	院校类型	院校分类	招生计划	投档线	线差	位次	招生计划	实际投档	投档线	位次	2023 年同位分	招生计划	实际投档	投档线	位次	2023 年同位分
4305	赣南师范大学	江西	赣州	三线	师范	公办	50	**524**	10	109013	50	50	532	83691	**540**	36	36	549	75663	**546**
5055	重庆师范大学	重庆	重庆	新一线	师范	保研资格	53	**524**	10	109013	49	49	559	48530	**568**	36	36	574	47907	**569**
6015	河南中医药大学	河南	郑州	新一线	医药	保研资格	2597	**524**	10	109013	2499	2749	514	111579	**522**	2526	2728	529	101319	**528**
6090	郑州航空工业管理学院	河南	郑州	新一线	财经	公办	1932	**524**	10	109013	1740	1862	519	103576	**527**	2520	2696	525	106846	**525**
1745	长春理工大学(其他单列)	吉林	长春	二线	理工	保研资格	10	**523**	9	110642	8	8	527	91117	**535**	—	—	—	—	—
2305	贵州大学(特殊类)	贵州	贵阳	二线	综合	原 211	9	**523**	9	110642	—	—	—	—	—	—	—	—	—	—
3690	吉林财经大学(较高收费)	吉林	长春	二线	财经	保研资格	8	**523**	9	110642	10	4	515	109967	**523**	6	6	554	69571	**551**
5230	昆明理工大学(较高收费)	云南	昆明	新一线	理工	保研资格	10	**523**	9	110642	10	10	514	111579	**522**	10	10	522	111038	**522**
6070	南阳师范学院	河南	南阳	三线	师范	公办	485	**523**	9	110642	445	449	525	94214	**533**	308	317	534	94763	**533**
3595	大连外国语大学	辽宁	大连	二线	语言	保研资格	39	**522**	8	112300	39	24	509	119754	**517**	39	39	566	55959	**562**
6080	河南财经政法大学	河南	郑州	新一线	财经	保研资格	1131	**522**	8	112300	912	958	547	63022	**556**	1435	1464	559	63644	**555**
6085	河南科技大学(医护类)	河南	洛阳	三线	综合	保研资格	154	**522**	8	112300	162	164	515	109967	**523**	175	177	522	111038	**522**
2255	浙江理工大学(较高收费)	浙江	杭州	新一线	理工	保研资格	4	**521**	7	113938	4	4	542	69619	**551**	5	5	566	55959	**562**
6931	北京理工大学珠海学院	广东	珠海	二线	综合	民办	4	**521**	7	113938	4	4	512	114789	**520**	4	6	524	108202	**524**
1725	东北财经大学(较高收费)	辽宁	大连	二线	财经	保研资格	18	**520**	6	115516	18	11	516	108302	**524**	15	15	564	58092	**560**
2250	天津外国语大学(特殊类)	天津	天津	新一线	语言	保研资格	3	**520**	6	115516	3	3	536	78004	**544**	6	5	519	115307	**520**
6050	安阳师范学院	河南	安阳	三线	师范	公办	210	**520**	6	115516	150	156	512	114789	**520**	—	—	—	—	—
6115	中原工学院	河南	郑州	新一线	理工	公办	1885	**520**	6	115516	1565	1763	517	106694	**525**	1852	2067	526	105431	**526**
6105	河南工业大学	河南	郑州	新一线	理工	保研资格	2139	**519**	5	117138	2032	2073	530	86614	**538**	1703	1771	545	80734	**542**
6135	安阳工学院	河南	安阳	三线	理工	公办	186	**519**	5	117138	75	83	514	111579	**522**	40	35	518	116712	**519**
2935	辽宁科技大学(较高收费)	辽宁	鞍山	四线	理工	保研资格	2	**518**	4	118760	3	2	509	119754	**517**	3	0	无	—	—
5410	西北师范大学	甘肃	兰州	三线	师范	保研资格	39	**517**	3	120414	12	12	551	58004	**560**	40	40	559	63644	**555**
1760	东北农业大学(其他单列)	黑龙江	哈尔滨	二线	农林	原 211	8	**516**	2	122128	—	—	—	—	—	—	—	—	—	—
2110	西安外国语大学	陕西	西安	新一线	语言	保研资格	16	**516**	2	122128	15	15	551	58004	**560**	7	7	589	34265	**583**
2910	四川外国语大学	重庆	重庆	新一线	语言	保研资格	20	**516**	2	122128	15	15	559	48530	**568**	20	20	575	46947	**570**
4010	浙江科技学院(较高收费)	浙江	杭州	新一线	理工	公办	15	**516**	2	122128	20	14	512	114789	**520**	10	10	531	98686	**530**
6117	中原工学院(软件类)	河南	郑州	新一线	理工	公办	830	**516**	2	122128	530	530	511	116434	**519**	727	363	518	116712	**519**
6010	河南农业大学	河南	郑州	新一线	农林	保研资格	4036	**515**	1	123771	3559	3844	520	101946	**528**	4058	4301	527	104040	**527**
6055	商丘师范学院	河南	商丘	三线	师范	公办	80	**515**	1	123771	—	—	—	—	—	—	—	—	—	—

续表

院校基本信息·本科一批(理科)							2023 年投档情况				2022 年投档情况					2021 年投档情况				
院校代号	院校名称	所在区域	所在地	城市分类	院校类型	院校分类	招生计划	投档线	线差	位次	招生计划	实际投档	投档线	位次	2023 年同位分	招生计划	实际投档	投档线	位次	2023 年同位分
6085	河南科技大学(较高收费)	河南	洛阳	三线	综合	保研资格	460	**515**	1	123771	480	171	509	119754	**517**	—	—	—	—	—
6155	河南工程学院	河南	郑州	新一线	理工	公办	85	**515**	1	123771	—	—	—	—	—	—	—	—	—	—
2435	江西理工大学(其他单列)	江西	赣州	三线	理工	保研资格	15	**514**	0	125465	14	7	514	111579	**522**	—	—	—	—	—
2440	长江大学(较高收费)	湖北	荆州	三线	综合	保研资格	10	**514**	0	125465	12	9	509	119754	**517**	12	12	518	116712	**519**
4415	山东建筑大学(较高收费)	山东	济南	二线	理工	保研资格	8	**514**	0	125465	—	—	—	—	—	—	—	—	—	—
4775	湖南工商大学	湖南	长沙	新一线	财经	公办	64	**514**	0	125465	66	66	531	85142	**539**	48	50	563	59195	**559**
6015	河南中医药大学(较高收费)	河南	郑州	新一线	医药	保研资格	240	**514**	0	125465	240	28	509	119754	**517**	—	—	—	—	—
6030	河南师范大学	河南	新乡	三线	师范	保研资格	2922	**514**	0	125465	3130	3224	539	73712	**547**	2856	2942	553	70771	**550**
6060	周口师范学院	河南	周口	三线	师范	公办	90	**514**	0	125465	—	—	—	—	—	—	—	—	—	—
6080	河南财经政法大学(较高收费)	河南	郑州	新一线	财经	保研资格	1475	**514**	0	125465	1395	1356	509	119754	**517**	1165	1223	518	116712	**519**
6116	中原工学院中原彼得堡航空学院	河南	郑州	新一线	理工	公办	42	**514**	0	125465	92	23	509	119754	**517**	60	15	518	116712	**519**
6120	河南城建学院	河南	平顶山	四线	理工	公办	557	**514**	0	125465	238	257	515	109967	**523**	742	779	519	115307	**520**
6130	黄河科技学院	河南	郑州	新一线	理工	民办	90	**514**	0	125465	90	39	509	119754	**517**	96	22	519	115307	**520**
6165	新乡学院	河南	新乡	三线	理工	公办	269	**514**	0	125465	94	94	514	111579	**522**	61	61	522	111038	**522**
6395	华北水利水电大学乌拉尔学院	河南	郑州	新一线	理工	保研资格	203	**514**	0	125465	225	189	509	119754	**517**	235	200	518	116712	**519**
6399	河南科技大学莫动理工学院	河南	洛阳	三线	综合	保研资格	280	**514**	0	125465	280	150	509	119754	**517**	—	—	—	—	—
5005	海南医学院(较高收费)	海南	海口	三线	医药	公办	5	无	—	无	—	—	—	—	—	—	—	—	—	—
6396	河南科技大学(农林类)	河南	洛阳	三线	综合	保研资格	713	**513**	−1	127155	664	684	511	116434	**519**	678	692	506	134151	**508**
6012	河南农业大学(中外合作办学)	河南	郑州	新一线	农林	保研资格	30	**511**	−3	130500	85	86	509	119754	**517**	85	87	514	122496	**515**
6013	河南农业大学(办学就读地点在许昌)	河南	许昌	四线	农林	保研资格	900	**494**	−20	160353	840	414	489	154495	**497**	—	—	—	—	—

第四节 河南省 2021—2023 年普通高校招生本科二批院校平行投档信息统计（理科）

详细内容见表 5-4。表格说明详见本章第五节。

表 5-4 河南省 2021—2023 年普通高校招生本科二批院校平行投档信息统计（理科）

院校基本信息·本科二批（理科）							2023 年投档情况				2022 年投档情况					2021 年投档情况				
院校代号	院校名称	所在区域	所在地	城市分类	院校类型	院校分类	招生计划	投档线	线差	位次	招生计划	实际投档	投档线	位次	2023 年同位分	招生计划	实际投档	投档线	位次	2023 年同位分
5180	贵州医科大学	贵州	贵阳	二线	医药	保研资格	4	**571**	162	46132	4	4	556	52020	**565**	4	4	564	58092	**560**
4140	皖南医学院	安徽	芜湖	三线	医药	公办	8	**550**	141	70991	8	8	546	64280	**555**	8	8	558	64821	**554**
3570	锦州医科大学	辽宁	锦州	四线	医药	公办	32	**548**	139	73607	52	52	527	91117	**535**	54	56	517	118136	**518**
4460	滨州医学院	山东	烟台	二线	医药	公办	50	**547**	138	74961	50	50	514	111579	**522**	50	50	508	131200	**510**
5255	昆明医科大学	云南	昆明	新一线	医药	保研资格	1	**545**	136	77768	1	1	527	91117	**535**	1	1	560	62527	**556**
2885	华东交通大学	江西	南昌	二线	理工	保研资格	10	**539**	130	86255	11	11	526	92680	**534**	11	11	535	93448	**534**
3325	承德医学院	河北	承德	四线	医药	公办	8	**539**	130	86255	8	8	508	121353	**516**	8	8	517	118136	**518**
4590	湖北医药学院	湖北	十堰	四线	医药	公办	74	**537**	128	89231	81	81	522	98888	**530**	85	86	528	102673	**528**
2630	山西医科大学	山西	吕梁	五线	医药	保研资格	29	**533**	124	95116	29	29	512	114789	**520**	25	29	524	108202	**524**
3580	沈阳医学院	辽宁	沈阳	二线	医药	公办	103	**533**	124	95116	100	100	513	113165	**521**	100	100	495	150381	**499**
4885	广东警官学院	广东	广州	一线	政法	公办	2	**531**	122	98157	4	4	521	100394	**529**	2	2	538	89520	**536**
4390	山东中医药大学	山东	济南	二线	医药	保研资格	15	**529**	120	101260	6	6	523	97348	**531**	7	7	523	109592	**523**
4565	武汉轻工大学	湖北	武汉	新一线	理工	公办	60	**529**	120	101260	60	64	521	100394	**529**	45	48	528	102673	**528**
3995	嘉兴学院	浙江	嘉兴	二线	财经	公办	102	**528**	119	102802	108	108	505	126499	**513**	94	94	512	125339	**514**
0320	陆军工程大学	江苏	南京	新一线	军事	公办	5	**527**	118	104360	5	5	522	98888	**530**	5	5	538	89520	**536**
1390	北京中医药大学	北京	北京	一线	医药	原 211	14	**527**	118	104360	14	15	520	101946	**528**	13	16	540	86942	**538**
3930	江苏师范大学	江苏	徐州	二线	师范	保研资格	53	**526**	117	105904	53	56	515	109967	**523**	53	61	527	104040	**527**
5035	重庆理工大学	重庆	重庆	新一线	理工	公办	73	**526**	117	105904	70	70	521	100394	**529**	69	69	536	92075	**535**
5190	遵义医科大学	贵州	遵义	三线	医药	保研资格	5	**526**	117	105904	2	2	522	98888	**530**	3	5	524	108202	**524**
2890	重庆工商大学	重庆	重庆	新一线	综合	公办	30	**525**	116	107463	28	28	516	108302	**524**	26	26	526	105431	**526**
5390	西安财经大学	陕西	西安	新一线	财经	公办	2	**525**	116	107463	2	5	515	109967	**523**	2	2	540	86942	**538**
5570	厦门理工学院	福建	厦门	二线	理工	公办	109	**525**	116	107463	99	99	515	109967	**523**	93	93	521	112446	**521**

续表

院校基本信息·本科二批（理科）							2023 年投档情况				2022 年投档情况					2021 年投档情况				
院校代号	院校名称	所在区域	所在地	城市分类	院校类型	院校分类	招生计划	投档线	线差	位次	招生计划	实际投档	投档线	位次	2023 年同位分	招生计划	实际投档	投档线	位次	2023 年同位分
7501	上海第二工业大学	上海	上海	一线	理工	公办	42	**525**	116	107463	43	43	515	109967	**523**	44	45	530	99984	**529**
2555	大连交通大学	辽宁	大连	二线	理工	保研资格	19	**524**	115	109013	19	19	511	116434	**519**	24	24	521	112446	**521**
3545	沈阳理工大学	辽宁	沈阳	二线	理工	公办	50	**524**	115	109013	33	33	514	111579	**522**	55	55	508	131200	**510**
5415	兰州交通大学	甘肃	兰州	三线	理工	保研资格	86	**524**	115	109013	62	62	517	106694	**525**	44	46	528	102673	**528**
2430	南昌航空大学	江西	南昌	二线	理工	保研资格	15	**523**	114	110642	15	15	513	113165	**521**	13	13	516	119572	**517**
2900	太原科技大学	山西	太原	二线	理工	保研资格	84	**523**	114	110642	84	84	515	109967	**523**	82	82	519	115307	**520**
4915	广西师范大学	广西	桂林	三线	师范	保研资格	25	**523**	114	110642	31	31	519	103576	**527**	29	29	523	109592	**523**
7204	湖南医药学院	湖南	怀化	四线	医药	公办	6	**523**	114	110642	6	6	517	106694	**525**	6	8	520	113880	**521**
7252	成都工业学院	四川	成都	新一线	理工	公办	41	**523**	114	110642	31	31	517	106694	**525**	20	20	524	108202	**524**
3165	北京石油化工学院	北京	北京	一线	理工	公办	51	**522**	113	112300	51	55	512	114789	**520**	51	51	519	115307	**520**
4020	浙江海洋大学	浙江	舟山	四线	农林	公办	107	**522**	113	112300	92	92	513	113165	**521**	89	97	513	123956	**514**
4375	山东政法学院	山东	济南	二线	政法	公办	18	**522**	113	112300	18	18	513	113165	**521**	18	18	523	109592	**523**
5605	上海商学院	上海	上海	一线	财经	公办	15	**522**	113	112300	29	29	514	111579	**522**	28	28	527	104040	**527**
5635	金陵科技学院	江苏	南京	新一线	综合	公办	59	**522**	113	112300	59	59	511	116434	**519**	59	59	519	115307	**520**
6621	苏州城市学院	江苏	苏州	新一线	综合	公办	55	**522**	113	112300	52	52	511	116434	**519**	52	52	511	126766	**513**
7338	杭州医学院	浙江	杭州	新一线	医药	公办	80	**522**	113	112300	80	80	511	116434	**519**	50	50	514	122496	**515**
3720	哈尔滨师范大学(较高收费)	黑龙江	哈尔滨	二线	师范	保研资格	3	**521**	112	113938	3	3	512	114789	**520**	4	4	516	119572	**517**
6620	无锡学院	江苏	无锡	二线	综合	公办	144	**521**	112	113938	158	158	507	123094	**515**	196	196	500	142881	**503**
8857	武汉商学院	湖北	武汉	新一线	财经	公办	18	**521**	112	113938	8	8	512	114789	**520**	9	9	520	113880	**521**
3210	天津城建大学(其他单列)	天津	天津	新一线	理工	公办	22	**520**	111	115516	25	25	509	119754	**517**	25	25	514	122496	**515**
3490	大连大学	辽宁	大连	二线	综合	公办	82	**520**	111	115516	81	81	513	113165	**521**	80	80	523	109592	**523**
3860	江苏海洋大学	江苏	连云港	三线	理工	公办	24	**520**	111	115516	33	33	512	114789	**520**	42	42	520	113880	**521**
4540	湖北科技学院	湖北	咸宁	四线	综合	公办	62	**520**	111	115516	59	59	508	121353	**516**	61	61	516	119572	**517**
7157	厦门医学院	福建	厦门	二线	医药	公办	40	**520**	111	115516	35	35	500	135000	**508**	35	35	519	115307	**520**
2550	北京联合大学	北京	北京	一线	综合	公办	35	**519**	110	117138	26	26	519	103576	**527**	26	26	526	105431	**526**
3020	西南民族大学	四川	成都	新一线	民族	保研资格	114	**519**	110	117138	103	103	515	109967	**523**	16	16	527	104040	**527**
3265	河北中医药大学	河北	石家庄	二线	医药	保研资格	23	**519**	110	117138	23	24	502	131529	**510**	23	23	522	111038	**522**
3630	长春工业大学	吉林	长春	二线	理工	保研资格	97	**519**	110	117138	93	93	510	118120	**518**	87	92	500	142881	**503**
3855	常州工学院	江苏	常州	二线	理工	公办	8	**519**	110	117138	41	41	509	119754	**517**	31	31	513	123956	**514**

续表

院校基本信息·本科二批(理科)							2023 年投档情况				2022 年投档情况					2021 年投档情况				
院校代号	院校名称	所在区域	所在地	城市分类	院校类型	院校分类	招生计划	投档线	线差	位次	招生计划	实际投档	投档线	位次	2023 年同位分	招生计划	实际投档	投档线	位次	2023 年同位分
3925	江苏理工学院	江苏	常州	二线	理工	公办	75	**519**	110	117138	61	61	510	118120	**518**	61	61	518	116712	**519**
5570	厦门理工学院(异地校区)	福建	厦门	二线	理工	公办	6	**519**	110	117138	10	10	507	123094	**515**	—	—	—	—	—
6079	南阳理工学院(与南阳医学高等专科学校联办)	河南	南阳	三线	理工	公办	25	**519**	110	117138	25	25	506	124830	**514**	25	25	515	121053	**516**
6083	河南财经政法大学(与河南省人民检察院联办)	河南	郑州	新一线	财经	保研资格	60	**519**	110	117138	75	79	509	119754	**517**	98	98	515	121053	**516**
2545	河北工程大学	河北	邯郸	三线	理工	保研资格	92	**518**	109	118760	98	106	509	119754	**517**	91	95	511	126766	**513**
3315	北华航天工业学院	河北	廊坊	三线	理工	公办	21	**518**	109	118760	24	24	511	116434	**519**	24	24	515	121053	**516**
3320	河北北方学院	河北	张家口	四线	医药	公办	10	**518**	109	118760	10	10	507	123094	**515**	10	10	517	118136	**518**
4365	烟台大学	山东	烟台	二线	综合	公办	40	**518**	109	118760	30	30	509	119754	**517**	44	44	524	108202	**524**
4480	鲁东大学	山东	烟台	二线	综合	公办	47	**518**	109	118760	37	37	512	114789	**520**	37	37	520	113880	**521**
4790	长沙学院	湖南	长沙	新一线	理工	公办	29	**518**	109	118760	30	30	510	118120	**518**	28	28	519	115307	**520**
4835	广东药科大学	广东	云浮	五线	医药	公办	10	**518**	109	118760	20	20	509	119754	**517**	27	27	505	135597	**508**
4950	广西中医药大学	广西	南宁	二线	医药	保研资格	10	**518**	109	118760	10	10	512	114789	**520**	9	9	513	123956	**514**
5240	云南师范大学	云南	昆明	新一线	师范	保研资格	25	**518**	109	118760	32	32	515	109967	**523**	18	18	526	105431	**526**
5375	陕西中医药大学	陕西	西安	新一线	医药	公办	8	**518**	109	118760	9	33	481	169125	**489**	10	11	529	101319	**528**
2935	辽宁科技大学(其他单列)	辽宁	鞍山	四线	理工	保研资格	18	**517**	108	120414	18	18	510	118120	**518**	18	19	511	126766	**513**
3275	河北医科大学	河北	石家庄	二线	医药	保研资格	11	**517**	108	120414	13	13	516	108302	**524**	13	13	554	69571	**551**
3550	沈阳航空航天大学	辽宁	沈阳	二线	理工	保研资格	22	**517**	108	120414	19	19	512	114789	**520**	16	16	521	112446	**521**
3950	常熟理工学院	江苏	苏州	新一线	综合	公办	105	**517**	108	120414	99	99	509	119754	**517**	120	120	512	125339	**514**
4135	安徽中医药大学	安徽	合肥	新一线	医药	保研资格	29	**517**	108	120414	29	29	508	121353	**516**	24	24	522	111038	**522**
4165	淮北师范大学	安徽	淮北	四线	师范	公办	11	**517**	108	120414	11	13	511	116434	**519**	11	13	528	102673	**528**
4225	福建中医药大学	福建	福州	二线	医药	保研资格	93	**517**	108	120414	81	81	504	128203	**512**	81	81	515	121053	**516**
4475	临沂大学	山东	临沂	二线	综合	公办	38	**517**	108	120414	38	38	510	118120	**518**	37	37	515	121053	**516**
2935	辽宁科技大学	辽宁	鞍山	四线	理工	保研资格	98	**516**	107	122128	99	99	506	124830	**514**	92	92	502	139904	**505**
4220	福建理工大学	福建	福州	二线	理工	公办	320	**516**	107	122128	308	308	496	142023	**504**	271	271	498	145875	**502**
4300	江西中医药大学	江西	南昌	二线	医药	保研资格	18	**516**	107	122128	19	19	509	119754	**517**	11	11	519	115307	**520**
4455	济宁医学院	山东	济宁	三线	医药	公办	80	**516**	107	122128	80	80	505	126499	**513**	80	80	491	156390	**496**
4595	湖北师范大学	湖北	黄石	四线	师范	公办	80	**516**	107	122128	80	80	510	118120	**518**	72	72	521	112446	**521**

续表

院校基本信息·本科二批(理科)							2023 年投档情况				2022 年投档情况					2021 年投档情况				
院校代号	院校名称	所在区域	所在地	城市分类	院校类型	院校分类	招生计划	投档线	线差	位次	招生计划	实际投档	投档线	位次	2023 年同位分	招生计划	实际投档	投档线	位次	2023 年同位分
4795	广东金融学院	广东	广州	一线	财经	公办	14	**516**	107	122128	16	19	513	113165	**521**	26	28	515	121053	**516**
4930	桂林理工大学	广西	桂林	三线	理工	保研资格	4	**516**	107	122128	4	4	509	119754	**517**	4	4	523	109592	**523**
5205	贵州财经大学	贵州	贵阳	二线	财经	公办	7	**516**	107	122128	3	3	507	123094	**515**	—	—	—	—	—
6698	南昌医学院	江西	南昌	二线	医药	公办	23	**516**	107	122128	20	20	508	121353	**516**	22	22	517	118136	**518**
6965	温州理工学院	浙江	温州	二线	师范	公办	105	**516**	107	122128	111	111	500	135000	**508**	83	83	489	159463	**494**
7132	浙江水利水电学院	浙江	杭州	新一线	理工	公办	116	**516**	107	122128	116	116	508	121353	**516**	81	81	516	119572	**517**
2795	沈阳工业大学	辽宁	辽阳	五线	理工	保研资格	61	**515**	106	123771	61	61	508	121353	**516**	60	60	515	121053	**516**
3520	辽宁师范大学	辽宁	大连	二线	师范	保研资格	73	**515**	106	123771	71	71	509	119754	**517**	70	70	519	115307	**520**
4040	湖州师范学院	浙江	湖州	三线	师范	公办	44	**515**	106	123771	43	43	503	129863	**511**	39	39	510	128279	**512**
4920	广西科技大学	广西	柳州	三线	理工	公办	20	**515**	106	123771	18	18	501	133288	**509**	22	22	496	148869	**500**
5180	贵州医科大学(较高收费)	贵州	贵阳	二线	医药	保研资格	2	**515**	106	123771	2	2	496	142023	**504**	2	2	503	138510	**506**
5260	云南中医药大学	云南	昆明	新一线	医药	公办	14	**515**	106	123771	14	14	469	191481	**476**	13	13	516	119572	**517**
5330	延安大学	陕西	延安	五线	综合	保研资格	23	**515**	106	123771	17	22	507	123094	**515**	15	17	514	122496	**515**
5655	重庆科技学院	重庆	重庆	新一线	理工	公办	59	**515**	106	123771	65	65	511	116434	**519**	72	72	521	112446	**521**
7208	湖南财政经济学院	湖南	长沙	新一线	财经	公办	16	**515**	106	123771	13	13	511	116434	**519**	15	19	520	113880	**521**
7292	西安航空学院	陕西	西安	新一线	理工	公办	53	**515**	106	123771	44	44	510	118120	**518**	62	62	513	123956	**514**
3035	中国劳动关系学院	北京	北京	一线	财经	公办	34	**514**	105	125465	34	34	510	118120	**518**	34	35	520	113880	**521**
3525	沈阳师范大学(其他单列)	辽宁	沈阳	二线	师范	保研资格	11	**514**	105	125465	11	11	506	124830	**514**	9	9	513	123956	**514**
3750	齐齐哈尔医学院	黑龙江	齐齐哈尔	四线	医药	公办	187	**514**	105	125465	185	185	484	163606	**492**	186	186	464	198637	**473**
3925	江苏理工学院(较高收费)	江苏	常州	二线	理工	公办	3	**514**	105	125465	4	4	492	149109	**500**	—	—	—	—	—
3960	浙江传媒学院	浙江	杭州	新一线	语言	公办	41	**514**	105	125465	35	35	516	108302	**524**	48	49	531	98686	**530**
4345	南昌工程学院(较高收费)	江西	南昌	二线	理工	公办	4	**514**	105	125465	4	4	496	142023	**504**	4	4	505	135597	**508**
4510	湖北理工学院	湖北	黄石	四线	理工	公办	97	**514**	105	125465	87	87	498	138531	**506**	96	96	493	153381	**497**
4805	广东海洋大学	广东	湛江	三线	农林	保研资格	29	**514**	105	125465	33	33	510	118120	**518**	32	32	510	128279	**512**
5245	大理大学	云南	大理	四线	综合	公办	38	**514**	105	125465	42	42	496	142023	**504**	42	42	503	138510	**506**
5550	云南警官学院	云南	昆明	新一线	政法	公办	3	**514**	105	125465	3	3	504	128203	**512**	4	4	517	118136	**518**
3400	山西中医药大学	山西	晋中	四线	医药	保研资格	26	**513**	104	127155	24	24	507	123094	**515**	25	25	511	126766	**513**
3540	辽宁工业大学	辽宁	锦州	四线	理工	公办	151	**513**	104	127155	153	153	499	136824	**507**	147	147	500	142881	**503**
3575	辽宁中医药大学	辽宁	沈阳	二线	医药	保研资格	67	**513**	104	127155	60	60	494	145574	**502**	57	38	403	293683	**423**

续表

院校基本信息·本科二批(理科)							2023 年投档情况				2022 年投档情况					2021 年投档情况				
院校代号	院校名称	所在区域	所在地	城市分类	院校类型	院校分类	招生计划	投档线	线差	位次	招生计划	实际投档	投档线	位次	2023 年同位分	招生计划	实际投档	投档线	位次	2023 年同位分
3965	宁波工程学院	浙江	宁波	新一线	理工	公办	111	**513**	104	127155	114	114	504	128203	**512**	104	104	512	125339	**514**
4615	湖北经济学院	湖北	武汉	新一线	财经	公办	31	**513**	104	127155	40	43	508	121353	**516**	40	40	521	112446	**521**
4785	五邑大学	广东	江门	三线	综合	保研资格	29	**513**	104	127155	29	33	498	138531	**506**	27	32	518	116712	**519**
4870	广东技术师范大学	广东	广州	一线	师范	公办	10	**513**	104	127155	23	24	509	119754	**517**	15	16	521	112446	**521**
5010	海南师范大学(软件类)	海南	海口	三线	师范	保研资格	15	**513**	104	127155	15	15	504	128203	**512**	15	15	509	129750	**511**
5345	陕西理工大学	陕西	汉中	四线	理工	公办	4	**513**	104	127155	9	9	515	109967	**523**	27	27	519	115307	**520**
5395	西安文理学院	陕西	西安	新一线	师范	公办	15	**513**	104	127155	15	15	507	123094	**515**	11	11	517	118136	**518**
5690	四川警察学院	四川	泸州	四线	政法	公办	3	**513**	104	127155	5	5	508	121353	**516**	3	3	511	126766	**513**
6140	河南警察学院	河南	郑州	新一线	政法	公办	100	**513**	104	127155	—	—	—	—	—	—	—	—	—	—
6820	安徽医科大学临床医学院	安徽	合肥	新一线	医药	民办	5	**513**	104	127155	—	—	—	—	—	—	—	—	—	—
9940	四川美术学院	重庆	重庆	新一线	艺术	公办	3	**513**	104	127155	3	3	467	195268	**474**	3	3	528	102673	**528**
2650	广西医科大学	广西	南宁	二线	医药	保研资格	4	**512**	103	128863	10	10	511	116434	**519**	10	10	521	112446	**521**
2870	天津理工大学	天津	天津	新一线	理工	保研资格	31	**512**	103	128863	31	31	521	100394	**529**	31	31	525	106846	**525**
2920	山西财经大学	山西	太原	二线	财经	保研资格	26	**512**	103	128863	22	23	511	116434	**519**	28	28	517	118136	**518**
3100	中华女子学院	北京	北京	一线	语言	公办	21	**512**	103	128863	24	24	508	121353	**516**	20	21	519	115307	**520**
3180	北京农学院	北京	北京	一线	农林	公办	18	**512**	103	128863	21	21	506	124830	**514**	21	21	518	116712	**519**
3625	长春大学	吉林	长春	二线	综合	公办	44	**512**	103	128863	51	51	504	128203	**512**	66	66	505	135597	**508**
4450	潍坊医学院	山东	潍坊	二线	医药	公办	51	**512**	103	128863	50	50	496	142023	**504**	50	50	541	85633	**539**
5620	西安医学院	陕西	西安	新一线	医药	公办	4	**512**	103	128863	—	—	—	—	—	—	—	—	—	—
7205	湖南第一师范学院	湖南	长沙	新一线	师范	公办	13	**512**	103	128863	12	12	514	111579	**522**	7	7	526	105431	**526**
1765	哈尔滨医科大学	黑龙江	大庆	四线	医药	保研资格	76	**511**	102	130500	80	80	506	124830	**514**	78	78	515	121053	**516**
3350	河北地质大学	河北	石家庄	二线	财经	公办	65	**511**	102	130500	61	61	505	126499	**513**	64	66	513	123956	**514**
3350	河北地质大学(较高收费)	河北	石家庄	二线	财经	公办	10	**511**	102	130500	—	—	—	—	—	—	—	—	—	—
3745	黑龙江科技大学	黑龙江	哈尔滨	二线	理工	保研资格	132	**511**	102	130500	132	182	485	161752	**493**	124	174	446	227590	**458**
3865	江苏第二师范学院	江苏	南京	新一线	师范	公办	45	**511**	102	130500	55	55	504	128203	**512**	59	59	522	111038	**522**
4280	景德镇陶瓷大学	江西	景德镇	四线	理工	公办	33	**511**	102	130500	31	31	497	140270	**505**	32	33	504	137053	**507**
4795	广东金融学院(较高收费)	广东	广州	一线	财经	公办	1	**511**	102	130500	—	—	—	—	—	—	—	—	—	—
5390	西安财经大学(较高收费)	陕西	西安	新一线	财经	公办	9	**511**	102	130500	9	9	506	124830	**514**	9	11	503	138510	**506**
5715	湖南工学院	湖南	衡阳	三线	理工	公办	44	**511**	102	130500	44	44	502	131529	**510**	44	48	511	126766	**513**

续表

院校基本信息・本科二批(理科)							2023 年投档情况				2022 年投档情况					2021 年投档情况				
院校代号	院校名称	所在区域	所在地	城市分类	院校类型	院校分类	招生计划	投档线	线差	位次	招生计划	实际投档	投档线	位次	2023 年同位分	招生计划	实际投档	投档线	位次	2023 年同位分
6022	新乡医学院(中外课程合作)	河南	新乡	三线	医药	公办	380	**511**	102	130500	500	526	494	145574	**502**	450	459	508	131200	**510**
0005	首都体育学院	北京	北京	一线	体育	公办	5	**510**	101	132206	5	5	484	163606	**492**	6	8	515	121053	**516**
3590	渤海大学	辽宁	锦州	四线	综合	保研资格	52	**510**	101	132206	60	60	507	123094	**515**	55	55	512	125339	**514**
3755	牡丹江医学院	黑龙江	牡丹江	四线	医药	公办	170	**510**	101	132206	170	170	484	163606	**492**	170	170	450	221117	**461**
3920	南京晓庄学院	江苏	南京	新一线	师范	公办	46	**510**	101	132206	45	45	509	119754	**517**	49	49	520	113880	**521**
4075	滁州学院	安徽	滁州	三线	师范	公办	15	**510**	101	132206	20	20	501	133288	**509**	10	10	508	131200	**510**
4235	闽南师范大学(软件类)	福建	漳州	三线	师范	公办	5	**510**	101	132206	4	4	505	126499	**513**	4	4	497	147350	**501**
4345	南昌工程学院	江西	南昌	二线	理工	公办	22	**510**	101	132206	22	22	502	131529	**510**	20	20	514	122496	**515**
4610	湖北工程学院	湖北	孝感	四线	理工	公办	31	**510**	101	132206	29	29	499	136824	**507**	29	29	508	131200	**510**
5105	四川轻化工大学	四川	自贡	五线	理工	公办	20	**510**	101	132206	20	20	513	113165	**521**	30	30	525	106846	**525**
5420	甘肃中医药大学	甘肃	兰州	三线	医药	保研资格	41	**510**	101	132206	31	31	476	178470	**483**	33	35	514	122496	**515**
5570	厦门理工学院(其他单列)	福建	厦门	二线	理工	公办	11	**510**	101	132206	7	7	506	124830	**514**	7	7	516	119572	**517**
6115	中原工学院	河南	郑州	新一线	理工	公办	182	**510**	101	132206	181	192	508	121353	**516**	185	322	509	129750	**511**
6967	嘉兴南湖学院	浙江	嘉兴	二线	财经	公办	117	**510**	101	132206	120	120	494	145574	**502**	64	64	485	165585	**491**
7098	吉林警察学院	吉林	长春	二线	政法	公办	4	**510**	101	132206	4	4	505	126499	**513**	4	4	512	125339	**514**
7221	桂林航天工业学院(软件类)	广西	桂林	三线	理工	公办	4	**510**	101	132206	4	4	503	129863	**511**	4	4	509	129750	**511**
7307	甘肃医学院	甘肃	平凉	五线	医药	公办	25	**510**	101	132206	20	20	494	145574	**502**	13	13	521	112446	**521**
9199	贵州警察学院	贵州	贵阳	二线	政法	公办	4	**510**	101	132206	2	2	503	129863	**511**	2	2	508	131200	**510**
3395	长治医学院	山西	长治	四线	医药	公办	53	**509**	100	133928	55	55	485	161752	**493**	55	55	534	94763	**533**
3555	沈阳化工大学	辽宁	沈阳	二线	理工	保研资格	156	**509**	100	133928	155	155	495	143788	**503**	156	137	400	297990	**421**
4625	湖北民族大学	湖北	恩施	四线	民族	公办	45	**509**	100	133928	62	62	495	143788	**503**	67	67	491	156390	**496**
4690	吉首大学	湖南	湘西	五线	综合	保研资格	26	**509**	100	133928	17	17	503	129863	**511**	14	14	507	132697	**509**
5050	重庆文理学院	重庆	重庆	新一线	综合	公办	50	**509**	100	133928	41	43	507	123094	**515**	45	45	516	119572	**517**
5235	云南农业大学	云南	昆明	新一线	农林	保研资格	20	**509**	100	133928	19	19	500	135000	**508**	23	23	485	165585	**491**
6110	郑州轻工业大学	河南	郑州	新一线	理工	公办	1750	**509**	100	133928	1940	1990	499	136824	**507**	1760	1762	505	135597	**508**
7206	长沙师范学院	湖南	长沙	新一线	师范	公办	4	**509**	100	133928	4	4	501	133288	**509**	4	4	506	134151	**508**
9844	山东协和学院(较高收费)	山东	济南	二线	医药	民办	2	**509**	100	133928	2	2	480	170904	**488**	1	1	480	173219	**486**
3010	西北民族大学	甘肃	兰州	三线	民族	保研资格	73	**508**	99	135648	66	68	499	136824	**507**	19	19	507	132697	**509**
3240	天津商业大学	天津	天津	新一线	财经	保研资格	10	**508**	99	135648	27	27	448	232453	**455**	27	27	491	156390	**496**

续表

院校基本信息·本科二批(理科)							2023年投档情况				2022年投档情况					2021年投档情况				
院校代号	院校名称	所在区域	所在地	城市分类	院校类型	院校分类	招生计划	投档线	线差	位次	招生计划	实际投档	投档线	位次	2023年同位分	招生计划	实际投档	投档线	位次	2023年同位分
3450	内蒙古师范大学	内蒙古	呼和浩特	三线	师范	保研资格	20	**508**	99	135648	21	41	497	140270	**505**	25	25	506	134151	**508**
4315	井冈山大学	江西	吉安	四线	综合	公办	75	**508**	99	135648	75	75	503	129863	**511**	75	79	506	134151	**508**
4430	山东交通学院	山东	济南	二线	理工	公办	59	**508**	99	135648	50	50	500	135000	**508**	47	47	509	129750	**511**
4465	山东第一医科大学	山东	泰安	三线	医药	公办	68	**508**	99	135648	80	80	514	111579	**522**	80	80	516	119572	**517**
4810	广东石油化工学院	广东	茂名	四线	综合	公办	41	**508**	99	135648	46	50	498	138531	**506**	34	41	500	142881	**503**
5040	重庆第二师范学院	重庆	重庆	新一线	师范	公办	28	**508**	99	135648	22	23	500	135000	**508**	14	14	510	128279	**512**
5185	贵州中医药大学	贵州	贵阳	二线	医药	保研资格	14	**508**	99	135648	14	14	490	152694	**498**	14	14	520	113880	**521**
5285	云南民族大学	云南	昆明	新一线	民族	保研资格	7	**508**	99	135648	7	7	497	140270	**505**	7	7	408	286455	**427**
5300	西藏大学	西藏	拉萨	五线	综合	原211	83	**508**	99	135648	79	79	511	116434	**519**	92	92	518	116712	**519**
5410	西北师范大学	甘肃	兰州	三线	师范	保研资格	36	**508**	99	135648	57	57	508	121353	**516**	13	14	516	119572	**517**
6099	华北水利水电大学(与黄河水利职业技术学院联办)	河南	开封	四线	理工	保研资格	85	**508**	99	135648	85	90	498	138531	**506**	85	85	498	145875	**502**
6963	湖州学院	浙江	湖州	三线	师范	公办	62	**508**	99	135648	62	62	491	150900	**499**	50	50	481	171656	**487**
2555	大连交通大学(较高收费)	辽宁	大连	二线	理工	保研资格	23	**507**	98	137351	18	18	498	138531	**506**	18	18	504	137053	**507**
3565	大连海洋大学	辽宁	大连	二线	农林	保研资格	102	**507**	98	137351	100	105	500	135000	**508**	106	106	508	131200	**510**
3930	江苏师范大学(较高收费)	江苏	徐州	二线	师范	保研资格	15	**507**	98	137351	15	15	499	136824	**507**	15	15	500	142881	**503**
3950	常熟理工学院(较高收费)	江苏	苏州	新一线	综合	公办	9	**507**	98	137351	9	9	489	154495	**497**	9	9	496	148869	**500**
4130	蚌埠医学院	安徽	蚌埠	三线	医药	保研资格	10	**507**	98	137351	12	12	496	142023	**504**	10	10	509	129750	**511**
4195	福建农林大学	福建	福州	二线	农林	保研资格	64	**507**	98	137351	114	114	494	145574	**502**	124	124	498	145875	**502**
4255	江西农业大学	江西	南昌	二线	农林	保研资格	145	**507**	98	137351	145	145	495	143788	**503**	139	139	501	141361	**504**
4355	聊城大学	山东	聊城	三线	综合	保研资格	35	**507**	98	137351	30	30	512	114789	**520**	40	40	515	121053	**516**
5010	海南师范大学	海南	海口	三线	师范	保研资格	66	**507**	98	137351	51	51	506	124830	**514**	40	40	507	132697	**509**
5115	西南医科大学	四川	泸州	四线	医药	保研资格	14	**507**	98	137351	19	19	504	128203	**512**	14	14	517	118136	**518**
5240	云南师范大学(较高收费)	云南	昆明	新一线	师范	保研资格	3	**507**	98	137351	—	—	—	—	—	—	—	—	—	—
5860	遵义医科大学医学与科技学院	贵州	遵义	三线	医药	民办	8	**507**	98	137351	8	8	498	138531	**506**	6	6	510	128279	**512**
3080	华北科技学院	河北	廊坊	三线	理工	公办	141	**506**	97	139053	141	141	504	128203	**512**	147	147	505	135597	**508**
3210	天津城建大学	天津	天津	新一线	理工	公办	339	**506**	97	139053	349	351	504	128203	**512**	329	333	511	126766	**513**
3590	渤海大学(软件类)	辽宁	锦州	四线	综合	保研资格	16	**506**	97	139053	25	25	496	142023	**504**	25	25	499	144391	**503**
3610	沈阳工程学院	辽宁	沈阳	二线	理工	公办	120	**506**	97	139053	118	118	489	154495	**497**	118	118	483	168671	**489**

续表

院校基本信息·本科二批（理科）							2023 年投档情况				2022 年投档情况					2021 年投档情况				
院校代号	院校名称	所在区域	所在地	城市分类	院校类型	院校分类	招生计划	投档线	线差	位次	招生计划	实际投档	投档线	位次	2023 年同位分	招生计划	实际投档	投档线	位次	2023 年同位分
3985	台州学院	浙江	台州	二线	综合	公办	122	**506**	97	139053	117	117	493	147371	**501**	94	94	513	123956	**514**
4105	合肥学院	安徽	合肥	新一线	理工	公办	24	**506**	97	139053	28	31	511	116434	**519**	28	30	522	111038	**522**
4310	江西科技师范大学	江西	南昌	二线	师范	公办	37	**506**	97	139053	39	39	494	145574	**502**	44	44	491	156390	**496**
4545	湖北文理学院	湖北	襄阳	三线	综合	公办	76	**506**	97	139053	82	86	494	145574	**502**	72	84	482	170142	**488**
5640	徐州工程学院	江苏	徐州	二线	理工	公办	76	**506**	97	139053	76	76	494	145574	**502**	76	76	496	148869	**500**
5850	吉林医药学院	吉林	吉林	四线	医药	公办	75	**506**	97	139053	76	76	490	152694	**498**	75	75	479	174842	**485**
6087	华北水利水电大学（与河南经贸职业学院联办）	河南	郑州	新一线	理工	保研资格	140	**506**	97	139053	140	145	493	147371	**501**	140	140	496	148869	**500**
6089	河南科技大学（与河南工业职业技术学院联办）	河南	南阳	三线	综合	保研资格	120	**506**	97	139053	120	120	494	145574	**502**	120	120	497	147350	**501**
7252	成都工业学院（异地校区）	四川	宜宾	四线	理工	公办	22	**506**	97	139053	25	25	499	136824	**507**	16	16	504	137053	**507**
2350	大连民族大学	辽宁	大连	二线	民族	公办	33	**505**	96	140854	15	16	490	152694	**498**	5	5	527	104040	**527**
3225	天津职业技术师范大学	天津	天津	新一线	师范	公办	100	**505**	96	140854	89	89	496	142023	**504**	98	98	496	148869	**500**
3495	沈阳大学	辽宁	沈阳	二线	综合	公办	80	**505**	96	140854	80	80	504	128203	**512**	82	82	513	123956	**514**
3565	大连海洋大学（较高收费）	辽宁	大连	二线	农林	保研资格	4	**505**	96	140854	4	4	495	143788	**503**	—	—	—	—	—
4070	丽水学院	浙江	丽水	四线	师范	公办	74	**505**	96	140854	66	66	491	150900	**499**	47	47	489	159463	**494**
4435	青岛农业大学	山东	青岛	新一线	农林	公办	33	**505**	96	140854	16	16	500	135000	**508**	16	16	506	134151	**508**
4555	湖北汽车工业学院	湖北	十堰	四线	理工	公办	70	**505**	96	140854	75	75	496	142023	**504**	95	95	497	147350	**501**
4760	怀化学院	湖南	怀化	四线	综合	公办	26	**505**	96	140854	22	22	496	142023	**504**	20	24	501	141361	**504**
4825	仲恺农业工程学院	广东	广州	一线	农林	公办	10	**505**	96	140854	18	21	498	138531	**506**	36	38	497	147350	**501**
4945	桂林医学院	广西	桂林	三线	医药	公办	22	**505**	96	140854	20	20	510	118120	**518**	20	20	521	112446	**521**
5465	青海师范大学	青海	西宁	四线	师范	保研资格	25	**505**	96	140854	25	25	495	143788	**503**	21	21	498	145875	**502**
6095	华北水利水电大学	河南	信阳	三线	理工	保研资格	630	**505**	96	140854	630	650	496	142023	**504**	175	186	517	118136	**518**
7563	湖北第二师范学院	湖北	武汉	新一线	师范	公办	50	**505**	96	140854	50	50	504	128203	**512**	57	57	519	115307	**520**
3015	北方民族大学	宁夏	银川	三线	民族	公办	18	**504**	95	142648	10	12	498	138531	**506**	2	2	502	139904	**505**
3270	河北农业大学	河北	保定	二线	农林	保研资格	84	**504**	95	142648	51	51	507	123094	**515**	51	51	515	121053	**516**
3620	北华大学	吉林	吉林	四线	综合	公办	188	**504**	95	142648	189	189	494	145574	**502**	191	191	498	145875	**502**
4755	衡阳师范学院	湖南	衡阳	三线	师范	公办	14	**504**	95	142648	14	14	499	136824	**507**	14	14	507	132697	**509**
5310	西藏民族大学	陕西	咸阳	三线	民族	保研资格	23	**504**	95	142648	34	34	498	138531	**506**	50	50	496	148869	**500**

续表

院校基本信息·本科二批(理科)							2023 年投档情况				2022 年投档情况					2021 年投档情况				
院校代号	院校名称	所在区域	所在地	城市分类	院校类型	院校分类	招生计划	投档线	线差	位次	招生计划	实际投档	投档线	位次	2023 年同位分	招生计划	实际投档	投档线	位次	2023 年同位分
5570	厦门理工学院(较高收费)	福建	厦门	二线	理工	公办	14	**504**	95	142648	13	13	505	126499	**513**	26	26	511	126766	**513**
6160	洛阳理工学院	河南	洛阳	三线	综合	公办	1977	**504**	95	142648	1749	1766	499	136824	**507**	1959	1959	499	144391	**503**
7221	桂林航天工业学院	广西	桂林	三线	理工	公办	70	**504**	95	142648	70	70	496	142023	**504**	72	72	495	150381	**499**
3415	山西大同大学	山西	大同	四线	综合	公办	12	**503**	94	144399	12	12	497	140270	**505**	45	45	511	126766	**513**
3465	内蒙古医科大学	内蒙古	呼和浩特	三线	医药	公办	31	**503**	94	144399	31	31	508	121353	**516**	31	31	499	144391	**503**
3590	渤海大学(其他单列)	辽宁	锦州	四线	综合	保研资格	3	**503**	94	144399	—	—	—	—	—	—	—	—	—	—
4500	山东管理学院	山东	济南	二线	综合	公办	50	**503**	94	144399	19	19	494	145574	**502**	20	20	495	150381	**499**
4710	邵阳学院	湖南	邵阳	四线	理工	公办	28	**503**	94	144399	30	30	423	281322	**430**	34	34	511	126766	**513**
4715	湘南学院	湖南	郴州	四线	理工	公办	17	**503**	94	144399	17	17	510	118120	**518**	17	19	517	118136	**518**
4955	南宁师范大学	广西	南宁	二线	师范	公办	17	**503**	94	144399	16	16	505	126499	**513**	20	20	512	125339	**514**
5005	海南医学院	海南	海口	三线	医药	公办	91	**503**	94	144399	99	99	495	143788	**503**	102	102	507	132697	**509**
5250	西南林业大学	云南	昆明	新一线	农林	保研资格	50	**503**	94	144399	44	44	496	142023	**504**	45	45	497	147350	**501**
5450	兰州财经大学(其他单列)	甘肃	兰州	三线	财经	公办	2	**503**	94	144399	4	4	494	145574	**502**	6	6	467	193798	**475**
6030	河南师范大学	河南	新乡	三线	师范	保研资格	1990	**503**	94	144399	1980	2021	495	143788	**503**	2080	2103	499	144391	**503**
6925	新疆第二医学院	新疆	克拉玛依	五线	医药	公办	56	**503**	94	144399	58	58	503	129863	**511**	35	35	506	134151	**508**
7132	浙江水利水电学院(较高收费)	浙江	杭州	新一线	理工	公办	5	**503**	94	144399	5	5	490	152694	**498**	4	4	487	162483	**492**
8508	南京工业职业技术大学	江苏	南京	新一线	理工	公办	60	**503**	94	144399	44	44	480	170904	**488**	—	—	—	—	—
3440	内蒙古工业大学	内蒙古	呼和浩特	三线	理工	保研资格	96	**502**	93	146079	91	91	487	158176	**495**	91	91	489	159463	**494**
3980	绍兴文理学院	浙江	绍兴	二线	师范	公办	75	**502**	93	146079	70	70	451	226591	**458**	50	50	518	116712	**519**
4230	泉州师范学院(较高收费)	福建	泉州	二线	师范	公办	5	**502**	93	146079	5	5	493	147371	**501**	5	5	495	150381	**499**
5010	海南师范大学(较高收费)	海南	海口	三线	师范	保研资格	2	**502**	93	146079	2	2	484	163606	**492**	3	3	495	150381	**499**
7156	福建警察学院	福建	福州	二线	政法	公办	17	**502**	93	146079	14	14	497	140270	**505**	15	15	504	137053	**507**
8730	宿迁学院	江苏	宿迁	三线	综合	公办	25	**502**	93	146079	19	19	493	147371	**501**	22	22	494	151865	**498**
3360	山西农业大学	山西	晋中	四线	农林	保研资格	86	**501**	92	147888	82	82	488	156364	**496**	94	99	461	203404	**470**
4035	衢州学院	浙江	衢州	四线	理工	公办	85	**501**	92	147888	80	80	492	149109	**500**	75	75	499	144391	**503**
4120	安徽工程大学	安徽	芜湖	三线	理工	公办	55	**501**	92	147888	34	34	505	126499	**513**	14	14	507	132697	**509**
4150	安庆师范大学	安徽	安庆	三线	师范	公办	19	**501**	92	147888	19	19	473	184122	**480**	5	5	526	105431	**526**
4215	莆田学院	福建	莆田	三线	综合	公办	121	**501**	92	147888	113	113	490	152694	**498**	107	107	496	148869	**500**
4380	齐鲁师范学院	山东	济南	二线	师范	公办	10	**501**	92	147888	10	10	497	140270	**505**	5	5	503	138510	**506**

续表

院校基本信息·本科二批(理科)							2023 年投档情况				2022 年投档情况					2021 年投档情况				
院校代号	院校名称	所在区域	所在地	城市分类	院校类型	院校分类	招生计划	投档线	线差	位次	招生计划	实际投档	投档线	位次	2023 年同位分	招生计划	实际投档	投档线	位次	2023 年同位分
4600	黄冈师范学院	湖北	黄冈	三线	师范	公办	61	**501**	92	147888	61	61	498	138531	**506**	63	63	503	138510	**506**
5045	长江师范学院	重庆	重庆	新一线	师范	公办	41	**501**	92	147888	36	36	492	149109	**500**	35	37	470	189083	**478**
5580	龙岩学院(软件类)	福建	龙岩	四线	综合	公办	2	**501**	92	147888	2	2	494	145574	**502**	2	2	499	144391	**503**
6065	信阳师范大学	河南	信阳	三线	师范	公办	857	**501**	92	147888	1341	1381	501	133288	**509**	1170	1195	507	132697	**509**
7335	新疆警察学院	新疆	乌鲁木齐	三线	政法	公办	3	**501**	92	147888	4	4	483	165467	**491**	—	—	—	—	—
3315	北华航天工业学院(较高收费)	河北	廊坊	三线	理工	公办	5	**500**	91	149644	10	10	480	170904	**488**	10	10	461	203404	**470**
4440	滨州学院	山东	滨州	四线	师范	公办	38	**500**	91	149644	44	44	463	202992	**470**	23	17	410	283600	**428**
5030	重庆三峡学院	重庆	重庆	新一线	综合	公办	38	**500**	91	149644	36	36	507	123094	**515**	38	38	515	121053	**516**
5250	西南林业大学(较高收费)	云南	昆明	新一线	农林	保研资格	1	**500**	91	149644	1	1	501	133288	**509**	1	1	505	135597	**508**
5255	昆明医科大学(较高收费)	云南	昆明	新一线	医药	保研资格	5	**500**	91	149644	2	2	495	143788	**503**	2	2	513	123956	**514**
5685	北部湾大学	广西	钦州	五线	综合	公办	7	**500**	91	149644	11	11	491	150900	**499**	13	13	496	148869	**500**
6075	南阳理工学院	河南	南阳	三线	理工	公办	1390	**500**	91	149644	1416	1458	494	145574	**502**	1191	1215	496	148869	**500**
7701	天津中德应用技术大学	天津	天津	新一线	理工	公办	156	**500**	91	149644	166	166	494	145574	**502**	159	159	497	147350	**501**
2610	黑龙江中医药大学	黑龙江	哈尔滨	二线	医药	保研资格	42	**499**	90	151419	40	40	493	147371	**501**	59	59	498	145875	**502**
2650	广西医科大学(较高收费)	广西	南宁	二线	医药	保研资格	5	**499**	90	151419	—	—	—	—	—	—	—	—	—	—
3640	吉林师范大学	吉林	四平	五线	师范	保研资格	44	**499**	90	151419	28	28	500	135000	**508**	30	30	507	132697	**509**
5280	云南财经大学	云南	昆明	新一线	财经	保研资格	54	**499**	90	151419	52	52	505	126499	**513**	50	50	504	137053	**507**
5450	兰州财经大学(较高收费)	甘肃	兰州	三线	财经	公办	2	**499**	90	151419	—	—	—	—	—	—	—	—	—	—
6763	华北理工大学冀唐学院	河北	唐山	三线	医药	民办	30	**499**	90	151419	30	30	444	240478	**451**	30	30	502	139904	**505**
8176	太原学院	山西	太原	二线	理工	公办	32	**499**	90	151419	32	34	490	152694	**498**	23	23	497	147350	**501**
3420	太原工业学院	山西	太原	二线	理工	公办	49	**498**	89	153160	53	53	491	150900	**499**	57	57	501	141361	**504**
3525	沈阳师范大学	辽宁	沈阳	二线	师范	保研资格	70	**498**	89	153160	63	63	491	150900	**499**	60	60	498	145875	**502**
3665	长春中医药大学	吉林	长春	二线	医药	保研资格	19	**498**	89	153160	5	5	507	123094	**515**	8	8	496	148869	**500**
4115	黄山学院	安徽	黄山	四线	师范	公办	14	**498**	89	153160	14	14	488	156364	**496**	14	14	486	164055	**491**
4155	安徽科技学院	安徽	蚌埠	三线	师范	公办	56	**498**	89	153160	56	56	484	163606	**492**	51	42	402	295123	**422**
5140	宜宾学院	四川	宜宾	四线	综合	公办	14	**498**	89	153160	12	12	487	158176	**495**	10	10	491	156390	**496**
5560	昆明学院	云南	昆明	新一线	综合	公办	30	**498**	89	153160	28	28	481	169125	**489**	28	28	504	137053	**507**
5858	浙江外国语学院	浙江	杭州	新一线	语言	公办	44	**498**	89	153160	40	40	506	124830	**514**	33	33	525	106846	**525**

续表

院校基本信息·本科二批(理科)							2023 年投档情况				2022 年投档情况					2021 年投档情况				
院校代号	院校名称	所在区域	所在地	城市分类	院校类型	院校分类	招生计划	投档线	线差	位次	招生计划	实际投档	投档线	位次	2023 年同位分	招生计划	实际投档	投档线	位次	2023 年同位分
6094	河南理工大学(与平顶山工业职业技术学院联办)	河南	平顶山	四线	理工	保研资格	150	**498**	89	153160	150	158	486	159996	**494**	120	124	485	165585	**491**
6155	河南工程学院	河南	郑州	新一线	理工	公办	1778	**498**	89	153160	2112	2154	488	156364	**496**	2233	2255	486	164055	**491**
7195	汉江师范学院	湖北	十堰	四线	师范	公办	34	**498**	89	153160	36	36	488	156364	**496**	34	34	491	156390	**496**
7617	长沙医学院	湖南	长沙	新一线	医药	民办	8	**498**	89	153160	8	8	483	165467	**491**	8	11	506	134151	**508**
2625	新疆医科大学	新疆	乌鲁木齐	三线	医药	保研资格	113	**497**	88	154946	84	84	502	131529	**510**	84	84	508	131200	**510**
3225	天津职业技术师范大学(较高收费)	天津	天津	新一线	师范	公办	15	**497**	88	154946	15	15	488	156364	**496**	15	15	491	156390	**496**
3464	内蒙古科技大学包头医学院	内蒙古	包头	四线	医药	公办	40	**497**	88	154946	30	30	477	176553	**485**	26	26	492	154848	**497**
3630	长春工业大学(较高收费)	吉林	长春	二线	理工	保研资格	22	**497**	88	154946	22	22	489	154495	**497**	22	22	493	153381	**497**
7221	桂林航天工业学院(较高收费)	广西	桂林	三线	理工	公办	2	**497**	88	154946	2	2	477	176553	**485**	—	—	—	—	—
3315	北华航天工业学院(其他单列)	河北	廊坊	三线	理工	公办	5	**496**	87	156724	—	—	—	—	—	—	—	—	—	—
3555	沈阳化工大学(较高收费)	辽宁	沈阳	二线	理工	保研资格	2	**496**	87	156724	—	—	—	—	—	—	—	—	—	—
3635	吉林农业大学	吉林	长春	二线	农林	保研资格	123	**496**	87	156724	102	102	494	145574	**502**	99	103	497	147350	**501**
3660	吉林建筑大学	吉林	长春	二线	理工	公办	121	**496**	87	156724	109	109	486	159996	**494**	104	108	471	187565	**479**
4210	闽江学院	福建	福州	二线	理工	公办	114	**496**	87	156724	96	96	483	165467	**491**	92	92	509	129750	**511**
4705	湖南城市学院	湖南	益阳	四线	综合	公办	39	**496**	87	156724	38	38	491	150900	**499**	38	40	500	142881	**503**
4875	肇庆学院	广东	肇庆	三线	综合	公办	15	**496**	87	156724	30	42	473	184122	**480**	38	42	406	289382	**425**
5220	贵州理工学院	贵州	贵阳	二线	理工	公办	16	**496**	87	156724	8	8	488	156364	**496**	9	9	494	151865	**498**
5455	甘肃政法大学	甘肃	兰州	三线	政法	公办	16	**496**	87	156724	13	13	507	123094	**515**	7	7	519	115307	**520**
6065	信阳师范大学(医护类)	河南	信阳	三线	师范	公办	103	**496**	87	156724	60	60	490	152694	**498**	20	20	492	154848	**497**
6639	南京审计大学金审学院	江苏	南京	新一线	综合	民办	11	**496**	87	156724	11	11	500	135000	**508**	11	11	503	138510	**506**
3015	北方民族大学(较高收费)	宁夏	银川	三线	民族	公办	5	**495**	86	158506	2	2	484	163606	**492**	—	—	—	—	—
3370	山西师范大学	山西	太原	二线	师范	保研资格	14	**495**	86	158506	14	14	510	118120	**518**	14	14	519	115307	**520**
3870	淮阴工学院	江苏	淮安	三线	理工	公办	60	**495**	86	158506	60	60	486	159996	**494**	66	66	492	154848	**497**
4860	岭南师范学院	广东	湛江	三线	师范	公办	35	**495**	86	158506	6	6	488	156364	**496**	8	12	492	154848	**497**
4965	广西民族大学	广西	南宁	二线	民族	公办	68	**495**	86	158506	49	49	486	159996	**494**	41	41	494	151865	**498**
4975	广西财经学院	广西	南宁	二线	财经	公办	13	**495**	86	158506	15	15	465	199130	**472**	18	18	509	129750	**511**
5405	甘肃农业大学	甘肃	兰州	三线	农林	保研资格	95	**495**	86	158506	85	87	478	174690	**486**	63	73	407	287920	**426**

续表

院校基本信息·本科二批(理科)							2023年投档情况				2022年投档情况					2021年投档情况				
院校代号	院校名称	所在区域	所在地	城市分类	院校类型	院校分类	招生计划	投档线	线差	位次	招生计划	实际投档	投档线	位次	2023年同位分	招生计划	实际投档	投档线	位次	2023年同位分
6013	河南农业大学(办学就读地点在许昌)	河南	许昌	四线	农林	保研资格	130	**495**	86	158506	130	137	486	159996	**494**	200	208	481	171656	**487**
6040	许昌学院	河南	许昌	四线	理工	公办	2415	**495**	86	158506	2270	2293	484	163606	**492**	1974	2013	482	170142	**488**
6938	山西科技学院	山西	晋城	五线	理工	公办	40	**495**	86	158506	10	10	477	176553	**485**	—	—	—	—	—
7233	广西警察学院	广西	南宁	二线	政法	公办	16	**495**	86	158506	14	14	489	154495	**497**	13	13	495	150381	**499**
7301	兰州工业学院	甘肃	兰州	三线	理工	公办	50	**495**	86	158506	50	53	487	158176	**495**	50	50	491	156390	**496**
0006	天津体育学院	天津	天津	新一线	体育	保研资格	11	**494**	85	160353	12	12	498	138531	**506**	9	9	504	137053	**507**
3270	河北农业大学(较高收费)	河北	保定	二线	农林	保研资格	11	**494**	85	160353	4	4	487	158176	**495**	4	5	471	187565	**479**
3850	盐城工学院	江苏	盐城	三线	理工	公办	38	**494**	85	160353	38	38	478	174690	**486**	38	38	403	293683	**423**
3905	淮阴师范学院	江苏	淮安	三线	师范	公办	25	**494**	85	160353	35	35	471	187789	**478**	40	34	412	280640	**430**
4270	宜春学院	江西	宜春	三线	综合	公办	46	**494**	85	160353	44	44	483	165467	**491**	47	52	470	189083	**478**
4565	武汉轻工大学(较高收费)	湖北	武汉	新一线	理工	公办	25	**494**	85	160353	25	25	487	158176	**495**	35	35	494	151865	**498**
4725	湖南工程学院	湖南	湘潭	四线	理工	公办	22	**494**	85	160353	22	22	468	193391	**475**	20	20	505	135597	**508**
5380	渭南师范学院	陕西	渭南	三线	师范	公办	30	**494**	85	160353	30	30	486	159996	**494**	26	26	491	156390	**496**
5385	咸阳师范学院	陕西	咸阳	三线	师范	公办	19	**494**	85	160353	13	13	500	135000	**508**	13	13	504	137053	**507**
5640	徐州工程学院(较高收费)	江苏	徐州	二线	理工	公办	12	**494**	85	160353	12	12	486	159996	**494**	12	12	486	164055	**491**
6324	郑州轻工业大学(与河南轻工职业学院联办)	河南	郑州	新一线	理工	公办	20	**494**	85	160353	—	—	—	—	—	—	—	—	—	—
6608	山东石油化工学院	山东	东营	四线	理工	公办	60	**494**	85	160353	57	57	478	174690	**486**	57	57	473	184349	**480**
6695	赣南科技学院	江西	赣州	三线	理工	公办	35	**494**	85	160353	37	37	483	165467	**491**	38	40	478	176475	**485**
7126	泰州学院	江苏	泰州	三线	师范	公办	77	**494**	85	160353	60	60	488	156364	**496**	95	95	492	154848	**497**
3445	内蒙古农业大学	内蒙古	呼和浩特	三线	农林	保研资格	99	**493**	84	162074	99	99	483	165467	**491**	97	97	468	192193	**476**
3960	浙江传媒学院(较高收费)	浙江	嘉兴	二线	语言	公办	3	**493**	84	162074	—	—	—	—	—	—	—	—	—	—
4235	闽南师范大学	福建	漳州	三线	师范	公办	144	**493**	84	162074	138	138	482	167270	**490**	137	137	503	138510	**506**
4855	韩山师范学院	广东	潮州	三线	师范	公办	2	**493**	84	162074	2	7	476	178470	**483**	4	12	453	216337	**463**
5215	贵阳学院	贵州	贵阳	二线	综合	公办	16	**493**	84	162074	16	16	481	169125	**489**	13	13	480	173219	**486**
5450	兰州财经大学	甘肃	兰州	三线	财经	公办	78	**493**	84	162074	54	54	499	136824	**507**	38	38	519	115307	**520**
7629	齐鲁医药学院	山东	淄博	三线	医药	民办	27	**493**	84	162074	29	29	448	232453	**455**	31	31	435	245065	**448**
2550	北京联合大学(较高收费)	北京	北京	一线	综合	公办	26	**492**	83	163896	24	24	486	159996	**494**	17	17	487	162483	**492**

续表

院校基本信息·本科二批(理科)							2023 年投档情况				2022 年投档情况					2021 年投档情况				
院校代号	院校名称	所在区域	所在地	城市分类	院校类型	院校分类	招生计划	投档线	线差	位次	招生计划	实际投档	投档线	位次	2023 年同位分	招生计划	实际投档	投档线	位次	2023 年同位分
3645	长春工程学院	吉林	长春	二线	理工	公办	107	**492**	83	163896	86	86	480	170904	**488**	100	108	470	189083	**478**
5145	西昌学院	四川	凉山	五线	综合	公办	10	**492**	83	163896	7	7	485	161752	**493**	8	8	488	160983	**493**
6065	信阳师范大学(较高收费)	河南	信阳	三线	师范	公办	100	**492**	83	163896	300	300	473	184122	**480**	300	303	451	219532	**462**
6092	郑州航空工业管理学院(中外合作办学)	河南	郑州	新一线	财经	公办	55	**492**	83	163896	364	375	472	185944	**479**	376	376	471	187565	**479**
6104	河南理工大学(与鹤壁市政府联办工程技术学院)	河南	鹤壁	五线	理工	保研资格	1200	**492**	83	163896	240	247	478	174690	**486**	240	249	497	147350	**501**
7041	沧州师范学院	河北	沧州	三线	师范	公办	13	**492**	83	163896	13	13	482	167270	**490**	10	10	486	164055	**491**
7164	新余学院	江西	新余	五线	综合	公办	8	**492**	83	163896	6	6	481	169125	**489**	6	6	487	162483	**492**
3285	河北经贸大学	河北	石家庄	二线	财经	保研资格	27	**491**	82	165708	28	28	511	116434	**519**	26	26	523	109592	**523**
4020	浙江海洋大学(较高收费)	浙江	舟山	四线	农林	公办	4	**491**	82	165708	3	3	496	142023	**504**	3	3	510	128279	**512**
4170	淮南师范学院	安徽	淮南	四线	师范	公办	62	**491**	82	165708	58	58	487	158176	**495**	53	53	490	157920	**495**
4295	赣南医学院	江西	赣州	三线	医药	公办	23	**491**	82	165708	21	21	410	305497	**417**	12	12	509	129750	**511**
4405	德州学院	山东	德州	三线	综合	公办	30	**491**	82	165708	30	30	484	163606	**492**	30	30	485	165585	**491**
4410	潍坊学院	山东	潍坊	二线	综合	公办	33	**491**	82	165708	33	33	470	189615	**477**	32	32	427	257747	**442**
4780	湖南女子学院	湖南	长沙	新一线	语言	公办	7	**491**	82	165708	4	4	486	159996	**494**	4	4	491	156390	**496**
5170	贵州师范大学	贵州	贵阳	二线	师范	保研资格	9	**491**	82	165708	9	9	475	180296	**483**	6	6	498	145875	**502**
5705	河北金融学院	河北	保定	二线	财经	公办	29	**491**	82	165708	29	29	501	133288	**509**	22	22	514	122496	**515**
6015	河南中医药大学	河南	郑州	新一线	医药	保研资格	190	**491**	82	165708	190	192	482	167270	**490**	190	190	485	165585	**491**
6696	赣东学院	江西	抚州	四线	理工	公办	22	**491**	82	165708	21	21	481	169125	**489**	24	29	475	181262	**482**
3710	齐齐哈尔大学	黑龙江	齐齐哈尔	四线	综合	公办	114	**490**	81	167514	108	160	469	191481	**476**	150	170	437	241940	**450**
4265	九江学院	江西	九江	三线	综合	公办	44	**490**	81	167514	43	43	492	149109	**500**	39	39	500	142881	**503**
4750	湖南文理学院	湖南	常德	三线	综合	公办	13	**490**	81	167514	11	11	459	210875	**466**	11	11	505	135597	**508**
6107	河南工业大学(中外合作办学)	河南	郑州	新一线	理工	保研资格	230	**490**	81	167514	245	245	492	149109	**500**	237	239	495	150381	**499**
6642	山西工学院	山西	朔州	五线	理工	公办	23	**490**	81	167514	23	23	480	170904	**488**	19	23	477	178120	**484**
2545	河北工程大学(较高收费)	河北	邯郸	三线	理工	保研资格	10	**489**	80	169362	10	10	483	165467	**491**	10	10	467	193798	**475**
2610	黑龙江中医药大学(异地校区)	黑龙江	佳木斯	四线	医药	保研资格	83	**489**	80	169362	86	86	471	187789	**478**	107	107	488	160983	**493**
3220	天津农学院	天津	天津	新一线	农林	公办	260	**489**	80	169362	260	260	480	170904	**488**	262	262	479	174842	**485**
3675	长春师范大学	吉林	长春	二线	师范	公办	87	**489**	80	169362	85	85	492	149109	**500**	57	58	491	156390	**496**

续表

院校基本信息·本科二批(理科)							2023 年投档情况				2022 年投档情况					2021 年投档情况				
院校代号	院校名称	所在区域	所在地	城市分类	院校类型	院校分类	招生计划	投档线	线差	位次	招生计划	实际投档	投档线	位次	2023 年同位分	招生计划	实际投档	投档线	位次	2023 年同位分
3910	盐城师范学院	江苏	盐城	三线	师范	公办	30	**489**	80	169362	34	34	494	145574	**502**	30	30	500	142881	**503**
4510	湖北理工学院(较高收费)	湖北	黄石	四线	理工	公办	10	**489**	80	169362	8	8	480	170904	**488**	8	8	479	174842	**485**
4850	惠州学院	广东	惠州	二线	综合	公办	19	**489**	80	169362	3	3	489	154495	**497**	10	10	508	131200	**510**
5125	乐山师范学院	四川	乐山	四线	师范	公办	14	**489**	80	169362	16	16	481	169125	**489**	4	4	486	164055	**491**
5170	贵州师范大学(其他单列)	贵州	贵阳	二线	师范	保研资格	24	**489**	80	169362	—	—	—	—	—	—	—	—	—	—
6025	河南科技学院	河南	新乡	三线	师范	公办	1738	**489**	80	169362	2092	2155	477	176553	**485**	2430	2430	423	263892	**439**
6894	电子科技大学成都学院	四川	成都	新一线	理工	民办	32	**489**	80	169362	24	24	487	158176	**495**	22	22	492	154848	**497**
7161	景德镇学院	江西	景德镇	四线	综合	公办	3	**489**	80	169362	2	2	486	159996	**494**	2	2	484	167136	**490**
7211	广州航海学院	广东	广州	一线	理工	公办	33	**489**	80	169362	40	44	467	195268	**474**	—	—	—	—	—
3640	吉林师范大学(较高收费)	吉林	四平	五线	师范	保研资格	5	**488**	79	171116	8	5	468	193391	**475**	8	8	478	176475	**485**
4195	福建农林大学(较高收费)	福建	福州	二线	农林	保研资格	15	**488**	79	171116	15	15	486	159996	**494**	15	15	473	184349	**480**
4430	山东交通学院(较高收费)	山东	济南	二线	理工	公办	6	**488**	79	171116	—	—	—	—	—	—	—	—	—	—
5655	重庆科技学院(较高收费)	重庆	重庆	新一线	理工	公办	5	**488**	79	171116	5	5	484	163606	**492**	5	5	480	173219	**486**
5695	铜仁学院	贵州	铜仁	四线	综合	公办	10	**488**	79	171116	10	10	479	172819	**487**	10	10	481	171656	**487**
3480	内蒙古财经大学	内蒙古	呼和浩特	三线	财经	公办	21	**487**	78	172946	21	21	477	176553	**485**	21	21	497	147350	**501**
3640	吉林师范大学(其他单列)	吉林	四平	五线	师范	保研资格	8	**487**	78	172946	13	13	475	180296	**483**	13	13	485	165585	**491**
3665	长春中医药大学(较高收费)	吉林	长春	二线	医药	保研资格	5	**487**	78	172946	3	3	483	165467	**491**	8	8	475	181262	**482**
3675	长春师范大学(较高收费)	吉林	长春	二线	师范	公办	9	**487**	78	172946	9	9	486	159996	**494**	10	10	487	162483	**492**
4045	合肥师范学院	安徽	合肥	新一线	师范	公办	55	**487**	78	172946	55	55	479	172819	**487**	40	40	426	259330	**441**
4495	山东工商学院	山东	烟台	二线	理工	公办	79	**487**	78	172946	78	78	428	271716	**435**	76	76	511	126766	**513**
4995	成都师范学院	四川	成都	新一线	师范	公办	19	**487**	78	172946	—	—	—	—	—	—	—	—	—	—
5675	宁夏师范学院	宁夏	固原	五线	师范	公办	21	**487**	78	172946	19	19	480	170904	**488**	13	13	484	167136	**490**
6031	河南师范大学(中外合作办学)	河南	新乡	三线	师范	保研资格	270	**487**	78	172946	265	265	489	154495	**497**	270	270	490	157920	**495**
6097	华北水利水电大学(中外合作办学)	河南	郑州	新一线	理工	保研资格	306	**487**	78	172946	305	305	485	161752	**493**	305	305	483	168671	**489**
6100	河南理工大学	河南	郑州	新一线	理工	保研资格	120	**487**	78	172946	—	—	—	—	—	—	—	—	—	—
6125	平顶山学院(医护类)	河南	平顶山	四线	综合	公办	50	**487**	78	172946	40	40	477	176553	**485**	37	37	478	176475	**485**
6214	河南工学院	河南	新乡	三线	理工	公办	2602	**487**	78	172946	2905	2934	475	180296	**483**	2373	2397	472	185975	**479**
7037	保定学院	河北	保定	二线	师范	公办	13	**487**	78	172946	13	13	483	165467	**491**	13	13	493	153381	**497**
0023	成都体育学院	四川	成都	新一线	体育	保研资格	24	**486**	77	174777	19	19	483	165467	**491**	19	19	501	141361	**504**

续表

院校基本信息·本科二批(理科)							2023 年投档情况				2022 年投档情况					2021 年投档情况				
院校代号	院校名称	所在区域	所在地	城市分类	院校类型	院校分类	招生计划	投档线	线差	位次	招生计划	实际投档	投档线	位次	2023 年同位分	招生计划	实际投档	投档线	位次	2023 年同位分
3300	河北建筑工程学院	河北	张家口	四线	理工	公办	45	**486**	77	174777	45	45	471	187789	**478**	42	42	401	296564	**421**
3715	黑龙江八一农垦大学	黑龙江	大庆	四线	农林	保研资格	157	**486**	77	174777	166	166	485	161752	**493**	168	168	487	162483	**492**
4185	宿州学院	安徽	宿州	三线	师范	公办	12	**486**	77	174777	9	9	467	195268	**474**	12	12	453	216337	**463**
4225	福建中医药大学(较高收费)	福建	福州	二线	医药	保研资格	8	**486**	77	174777	—	—	—	—	—	—	—	—	—	—
4305	赣南师范大学	江西	赣州	三线	师范	公办	16	**486**	77	174777	16	13	406	312751	**413**	25	25	512	125339	**514**
4845	韶关学院	广东	韶关	四线	综合	公办	40	**486**	77	174777	6	6	509	119754	**517**	10	15	512	125339	**514**
5475	青海民族大学	青海	西宁	四线	民族	保研资格	31	**486**	77	174777	30	30	481	169125	**489**	20	20	486	164055	**491**
5540	四川文理学院	四川	达州	四线	综合	公办	28	**486**	77	174777	28	28	475	180296	**483**	11	11	465	197054	**473**
5862	滇西应用技术大学	云南	大理	四线	综合	公办	18	**486**	77	174777	18	18	478	174690	**486**	19	19	476	179665	**483**
6114	郑州轻工业大学(与济源职业技术学院联办)	河南	济源	—	理工	公办	200	**486**	77	174777	200	200	477	176553	**485**	200	200	474	182785	**481**
3290	邢台学院	河北	邢台	三线	师范	公办	5	**485**	76	176563	5	5	479	172819	**487**	5	5	482	170142	**488**
3295	唐山学院	河北	唐山	三线	理工	公办	25	**485**	76	176563	25	25	480	170904	**488**	25	25	485	165585	**491**
3435	长治学院	山西	长治	四线	师范	公办	12	**485**	76	176563	11	11	482	167270	**490**	9	9	487	162483	**492**
4175	铜陵学院	安徽	铜陵	四线	财经	公办	49	**485**	76	176563	49	49	469	191481	**476**	49	36	409	284988	**428**
6134	郑州轻工业大学(与河南应用技术职业学院联办)	河南	郑州	新一线	理工	公办	120	**485**	76	176563	120	120	470	189615	**477**	—	—	—	—	—
6618	南京医科大学康达学院	江苏	连云港	三线	综合	民办	20	**485**	76	176563	20	20	467	195268	**474**	20	20	463	200256	**472**
3490	大连大学(较高收费)	辽宁	大连	二线	综合	公办	18	**484**	75	178469	18	18	468	193391	**475**	18	18	467	193798	**475**
3965	宁波工程学院(较高收费)	浙江	宁波	新一线	理工	公办	13	**484**	75	178469	6	6	458	212825	**465**	6	6	496	148869	**500**
6015	河南中医药大学(较高收费)	河南	郑州	新一线	医药	保研资格	40	**484**	75	178469	40	50	466	197206	**473**	—	—	—	—	—
6035	洛阳师范学院	河南	洛阳	三线	师范	公办	1444	**484**	75	178469	1027	1058	507	123094	**515**	1303	1329	510	128279	**512**
6088	河南科技大学(与三门峡市政府联办应用工程学院)	河南	三门峡	五线	综合	保研资格	715	**484**	75	178469	1265	1265	442	244367	**449**	415	415	501	141361	**504**
7502	荆楚理工学院	湖北	荆门	四线	理工	公办	83	**484**	75	178469	74	74	496	142023	**504**	84	84	502	139904	**505**
3430	晋中学院	山西	晋中	四线	师范	公办	46	**483**	74	180297	24	24	478	174690	**486**	24	24	478	176475	**485**
5120	绵阳师范学院	四川	绵阳	三线	师范	公办	11	**483**	74	180297	11	11	486	159996	**494**	10	10	496	148869	**500**
5490	防灾科技学院	河北	廊坊	三线	理工	公办	135	**483**	74	180297	135	135	502	131529	**510**	137	141	510	128279	**512**

续表

院校基本信息·本科二批(理科)							2023 年投档情况				2022 年投档情况					2021 年投档情况				
院校代号	院校名称	所在区域	所在地	城市分类	院校类型	院校分类	招生计划	投档线	线差	位次	招生计划	实际投档	投档线	位次	2023 年同位分	招生计划	实际投档	投档线	位次	2023 年同位分
6118	中原工学院(与河南职业技术学院联办)	河南	郑州	新一线	理工	公办	100	**483**	74	180297	100	100	470	189615	**477**	160	160	464	198637	**473**
3700	佳木斯大学	黑龙江	佳木斯	四线	综合	保研资格	179	**482**	73	182126	175	175	465	199130	**472**	151	135	400	297990	**421**
4160	巢湖学院	安徽	合肥	新一线	师范	公办	23	**482**	73	182126	17	17	467	195268	**474**	23	19	400	297990	**421**
5000	海南热带海洋学院	海南	三亚	三线	综合	公办	100	**482**	73	182126	96	98	470	189615	**477**	85	87	452	217907	**463**
5175	贵州师范学院	贵州	贵阳	二线	师范	公办	12	**482**	73	182126	12	12	493	147371	**501**	12	12	494	151865	**498**
6038	洛阳师范学院(软件类)	河南	洛阳	三线	师范	公办	580	**482**	73	182126	580	580	474	182223	**481**	500	500	473	184349	**480**
6060	周口师范学院	河南	周口	三线	师范	公办	1379	**482**	73	182126	1428	1472	480	170904	**488**	1700	1734	477	178120	**484**
6077	南阳理工学院(软件类)	河南	南阳	三线	理工	公办	974	**482**	73	182126	832	832	478	174690	**486**	670	670	478	176475	**485**
6150	黄淮学院	河南	驻马店	三线	综合	公办	1883	**482**	73	182126	1736	1771	475	180296	**483**	1627	1660	473	184349	**480**
6250	郑州工程技术学院	河南	郑州	新一线	理工	公办	1347	**482**	73	182126	1540	1571	478	174690	**486**	1368	1395	480	173219	**486**
6948	南京理工大学紫金学院	江苏	南京	新一线	理工	民办	91	**482**	73	182126	77	77	480	170904	**488**	77	77	483	168671	**489**
7461	福建江夏学院	福建	福州	二线	财经	公办	106	**482**	73	182126	96	96	442	244367	**449**	92	92	500	142881	**503**
3180	北京农学院(较高收费)	北京	北京	一线	农林	公办	6	**481**	72	184018	6	6	476	178470	**483**	6	6	493	153381	**497**
3520	辽宁师范大学(较高收费)	辽宁	大连	二线	师范	保研资格	10	**481**	72	184018	10	10	474	182223	**481**	10	7	448	224338	**459**
3540	辽宁工业大学(较高收费)	辽宁	锦州	四线	理工	公办	7	**481**	72	184018	7	7	457	214799	**464**	—	—	—	—	—
3620	北华大学(较高收费)	吉林	吉林	四线	综合	公办	12	**481**	72	184018	10	10	465	199130	**472**	10	10	481	171656	**487**
4230	泉州师范学院	福建	泉州	二线	师范	公办	103	**481**	72	184018	99	99	465	199130	**472**	101	101	499	144391	**503**
4940	右江民族医学院	广西	百色	五线	医药	公办	14	**481**	72	184018	12	12	507	123094	**515**	12	12	445	229192	**457**
5505	新疆师范大学	新疆	乌鲁木齐	三线	师范	保研资格	227	**481**	72	184018	218	218	481	169125	**489**	189	189	474	182785	**481**
6783	锦州医科大学医疗学院	辽宁	锦州	四线	医药	民办	147	**481**	72	184018	145	145	459	210875	**466**	145	145	457	209890	**467**
6950	南京传媒学院	江苏	南京	新一线	艺术	民办	18	**481**	72	184018	18	18	482	167270	**490**	17	17	482	170142	**488**
6996	上海视觉艺术学院	上海	上海	一线	艺术	民办	2	**481**	72	184018	2	2	462	205021	**469**	2	2	482	170142	**488**
7014	贵阳康养职业大学	贵州	贵阳	二线	医药	公办	6	**481**	72	184018	6	6	468	193391	**475**	—	—	—	—	—
7228	广西科技师范学院	广西	来宾	五线	师范	公办	36	**481**	72	184018	35	35	477	176553	**485**	35	35	475	181262	**482**
7401	兰州文理学院	甘肃	兰州	三线	综合	公办	23	**481**	72	184018	16	16	490	152694	**498**	10	10	494	151865	**498**
3380	运城学院	山西	运城	四线	师范	公办	50	**480**	71	185833	50	50	467	195268	**474**	50	50	445	229192	**457**
3495	沈阳大学(较高收费)	辽宁	沈阳	二线	综合	公办	14	**480**	71	185833	14	14	483	165467	**491**	14	14	487	162483	**492**
4320	上饶师范学院	江西	上饶	三线	师范	公办	8	**480**	71	185833	8	8	472	185944	**479**	9	9	485	165585	**491**

续表

院校基本信息·本科二批(理科)							2023 年投档情况				2022 年投档情况					2021 年投档情况				
院校代号	院校名称	所在区域	所在地	城市分类	院校类型	院校分类	招生计划	投档线	线差	位次	招生计划	实际投档	投档线	位次	2023 年同位分	招生计划	实际投档	投档线	位次	2023 年同位分
4685	湖南人文科技学院	湖南	娄底	四线	师范	公办	7	**480**	71	185833	5	5	471	187789	**478**	6	7	444	230786	**456**
5335	陕西学前师范学院	陕西	西安	新一线	师范	公办	27	**480**	71	185833	23	31	472	185944	**479**	24	24	497	147350	**501**
6135	安阳工学院	河南	安阳	三线	理工	公办	2348	**480**	71	185833	2400	2424	470	189615	**477**	2350	2350	465	197054	**473**
6607	东南大学成贤学院	江苏	南京	新一线	综合	民办	21	**480**	71	185833	45	45	446	236478	**453**	45	47	485	165585	**491**
3080	华北科技学院(农林矿)	河北	廊坊	三线	理工	公办	20	**479**	70	187640	20	20	480	170904	**488**	20	20	478	176475	**485**
3340	廊坊师范学院	河北	廊坊	三线	师范	公办	10	**479**	70	187640	10	10	470	189615	**477**	10	10	450	221117	**461**
3460	内蒙古科技大学	内蒙古	包头	四线	综合	保研资格	115	**479**	70	187640	115	115	467	195268	**474**	111	62	401	296564	**421**
3740	黑龙江工程学院	黑龙江	哈尔滨	二线	理工	公办	140	**479**	70	187640	139	139	463	202992	**470**	141	141	426	259330	**441**
4110	皖西学院	安徽	六安	三线	师范	公办	10	**479**	70	187640	—	—	—	—	—	—	—	—	—	—
4145	阜阳师范大学	安徽	阜阳	三线	师范	公办	37	**479**	70	187640	25	25	501	133288	**509**	18	18	505	135597	**508**
5050	重庆文理学院(其他单列)	重庆	重庆	新一线	综合	公办	6	**479**	70	187640	—	—	—	—	—	—	—	—	—	—
5710	吉林工商学院	吉林	长春	二线	财经	公办	86	**479**	70	187640	86	86	474	182223	**481**	86	86	478	176475	**485**
7600	浙江万里学院	浙江	宁波	新一线	理工	公办	69	**479**	70	187640	69	69	470	189615	**477**	55	55	472	185975	**479**
9958	安徽艺术学院	安徽	合肥	新一线	艺术	公办	2	**479**	70	187640	2	2	471	187789	**478**	2	2	461	203404	**470**
3150	北京服装学院	北京	北京	一线	艺术	保研资格	32	**478**	69	189445	32	32	498	138531	**506**	29	31	516	119572	**517**
3515	辽宁科技学院	辽宁	本溪	五线	理工	公办	115	**478**	69	189445	113	113	466	197206	**473**	113	113	452	217907	**463**
3545	沈阳理工大学(其他单列)	辽宁	沈阳	二线	理工	公办	5	**478**	69	189445	—	—	—	—	—	—	—	—	—	—
3655	吉林化工学院	吉林	吉林	四线	理工	公办	171	**478**	69	189445	186	186	469	191481	**476**	191	194	449	222771	**460**
5650	湖南科技学院	湖南	永州	四线	综合	公办	24	**478**	69	189445	18	18	504	128203	**512**	18	19	511	126766	**513**
5857	营口理工学院	辽宁	营口	四线	理工	公办	112	**478**	69	189445	110	110	464	201077	**471**	110	86	405	290800	**425**
6120	河南城建学院	河南	平顶山	四线	理工	公办	1216	**478**	69	189445	660	673	473	184122	**480**	1813	1867	448	224338	**459**
6125	平顶山学院	河南	平顶山	四线	综合	公办	1916	**478**	69	189445	2087	2108	473	184122	**480**	1621	1637	472	185975	**479**
6165	新乡学院	河南	新乡	三线	理工	公办	2377	**478**	69	189445	2343	2366	470	189615	**477**	2072	2113	467	193798	**475**
7031	河北水利电力学院	河北	沧州	三线	理工	公办	15	**478**	69	189445	15	15	449	230549	**456**	5	5	509	129750	**511**
7147	池州学院	安徽	池州	五线	师范	公办	35	**478**	69	189445	13	13	468	193391	**475**	8	8	415	276009	**432**
7152	武夷学院	福建	南平	四线	综合	公办	133	**478**	69	189445	124	124	474	182223	**481**	125	125	475	181262	**482**
7153	宁德师范学院	福建	宁德	三线	师范	公办	61	**478**	69	189445	48	48	480	170904	**488**	43	43	483	168671	**489**
7259	阿坝师范学院	四川	阿坝	五线	师范	公办	8	**478**	69	189445	3	3	476	178470	**483**	3	3	472	185975	**479**
3455	内蒙古民族大学	内蒙古	通辽	五线	综合	公办	72	**477**	68	191323	54	54	467	195268	**474**	54	54	458	208283	**467**

续表

院校基本信息·本科二批(理科)							2023 年投档情况				2022 年投档情况					2021 年投档情况				
院校代号	院校名称	所在区域	所在地	城市分类	院校类型	院校分类	招生计划	投档线	线差	位次	招生计划	实际投档	投档线	位次	2023 年同位分	招生计划	实际投档	投档线	位次	2023 年同位分
3720	哈尔滨师范大学	黑龙江	哈尔滨	二线	师范	保研资格	62	**477**	68	191323	62	75	503	129863	**511**	96	110	513	123956	**514**
4470	泰山学院	山东	泰安	三线	综合	公办	38	**477**	68	191323	25	25	487	158176	**495**	25	25	491	156390	**496**
5340	宝鸡文理学院	陕西	宝鸡	四线	师范	公办	81	**477**	68	191323	79	79	450	228597	**457**	44	44	493	153381	**497**
5430	天水师范学院	甘肃	天水	五线	师范	公办	11	**477**	68	191323	4	4	459	210875	**466**	3	3	476	179665	**483**
5525	新疆财经大学	新疆	乌鲁木齐	三线	财经	保研资格	143	**477**	68	191323	114	114	471	187789	**478**	112	112	442	233927	**454**
5615	陇东学院	甘肃	庆阳	五线	师范	公办	24	**477**	68	191323	16	16	464	201077	**471**	11	11	469	190631	**477**
5625	安康学院	陕西	安康	五线	综合	公办	23	**477**	68	191323	13	13	468	193391	**475**	15	15	473	184349	**480**
5856	山西工程技术学院	山西	阳泉	五线	理工	公办	61	**477**	68	191323	66	66	466	197206	**473**	66	66	459	206643	**468**
5859	山东农业工程学院	山东	淄博	三线	农林	公办	30	**477**	68	191323	32	32	464	201077	**471**	32	28	400	297990	**421**
6613	北京中医药大学东方学院	河北	沧州	三线	综合	民办	12	**477**	68	191323	12	12	426	275482	**433**	11	11	464	198637	**473**
6627	南京邮电大学通达学院	江苏	扬州	三线	综合	民办	79	**477**	68	191323	73	73	471	187789	**478**	75	75	468	192193	**476**
6983	西南交通大学希望学院	四川	成都	新一线	综合	民办	10	**477**	68	191323	6	6	467	195268	**474**	10	10	474	182785	**481**
7006	浙江药科职业大学	浙江	宁波	新一线	医药	公办	50	**477**	68	191323	50	50	459	210875	**466**	—	—	—	—	—
7007	河北工业职业技术大学	河北	石家庄	二线	理工	公办	20	**477**	68	191323	20	20	466	197206	**473**	—	—	—	—	—
7155	福建商学院	福建	福州	二线	财经	公办	59	**477**	68	191323	43	43	406	312751	**413**	37	37	497	147350	**501**
3405	忻州师范学院	山西	忻州	五线	师范	公办	41	**476**	67	193156	43	43	474	182223	**481**	41	41	470	189083	**478**
3525	沈阳师范大学(较高收费)	辽宁	沈阳	二线	师范	保研资格	3	**476**	67	193156	3	3	442	244367	**449**	3	3	475	181262	**482**
3730	哈尔滨学院	黑龙江	哈尔滨	二线	综合	公办	91	**476**	67	193156	91	91	467	195268	**474**	132	132	464	198637	**473**
4865	嘉应学院	广东	梅州	四线	综合	公办	27	**476**	67	193156	25	25	485	161752	**493**	5	6	492	154848	**497**
5085	攀枝花学院	四川	攀枝花	五线	综合	公办	12	**476**	67	193156	11	11	470	189615	**477**	9	9	514	122496	**515**
5130	内江师范学院	四川	内江	四线	师范	公办	47	**476**	67	193156	16	16	497	140270	**505**	22	22	491	156390	**496**
5660	商洛学院	陕西	商洛	五线	综合	公办	14	**476**	67	193156	14	14	471	187789	**478**	20	20	471	187565	**479**
6070	南阳师范学院(异地校区)	河南	郑州	新一线	师范	公办	30	**476**	67	193156	30	30	472	185944	**479**	30	30	472	185975	**479**
6158	河南工程学院(软件类)	河南	郑州	新一线	理工	公办	1700	**476**	67	193156	990	1010	470	189615	**477**	600	630	459	206643	**468**
6642	山西工学院(较高收费)	山西	朔州	五线	理工	公办	2	**476**	67	193156	1	1	459	210875	**466**	—	—	—	—	—
8181	山西能源学院	山西	晋中	四线	理工	公办	57	**476**	67	193156	57	57	469	191481	**476**	57	57	469	190631	**477**
3255	邯郸学院	河北	邯郸	三线	师范	公办	14	**475**	66	195041	10	10	465	199130	**472**	14	14	462	201854	**471**
3760	牡丹江师范学院	黑龙江	牡丹江	四线	师范	公办	64	**475**	66	195041	64	64	466	197206	**473**	64	64	459	206643	**468**
5210	贵州民族大学	贵州	贵阳	二线	民族	公办	6	**475**	66	195041	—	—	—	—	—	—	—	—	—	—

续表

院校基本信息·本科二批（理科）							2023 年投档情况				2022 年投档情况					2021 年投档情况				
院校代号	院校名称	所在区域	所在地	城市分类	院校类型	院校分类	招生计划	投档线	线差	位次	招生计划	实际投档	投档线	位次	2023 年同位分	招生计划	实际投档	投档线	位次	2023 年同位分
5270	玉溪师范学院	云南	玉溪	五线	师范	公办	12	**475**	66	195041	12	12	477	176553	**485**	12	12	487	162483	**492**
5435	河西学院	甘肃	张掖	五线	综合	公办	36	**475**	66	195041	16	16	467	195268	**474**	14	14	473	184349	**480**
5500	新疆农业大学	新疆	乌鲁木齐	三线	农林	保研资格	309	**475**	66	195041	320	320	468	193391	**475**	292	292	461	203404	**470**
5580	龙岩学院	福建	龙岩	四线	综合	公办	105	**475**	66	195041	85	85	441	246348	**448**	86	86	483	168671	**489**
5630	贵州工程应用技术学院	贵州	毕节	四线	师范	公办	6	**475**	66	195041	6	6	458	212825	**465**	6	6	470	189083	**478**
7008	河北科技工程职业技术大学	河北	邢台	三线	理工	公办	96	**475**	66	195041	38	38	467	195268	**474**	—	—	—	—	—
7254	四川旅游学院	四川	成都	新一线	综合	公办	46	**475**	66	195041	45	45	464	201077	**471**	29	29	486	164055	**491**
7293	滇西科技师范学院	云南	临沧	五线	师范	公办	9	**475**	66	195041	9	9	466	197206	**473**	3	3	470	189083	**478**
7304	甘肃民族师范学院	甘肃	甘南	五线	师范	公办	13	**475**	66	195041	8	8	472	185944	**479**	8	8	469	190631	**477**
3585	鞍山师范学院	辽宁	鞍山	四线	师范	公办	45	**474**	65	197003	41	41	473	184122	**480**	49	49	474	182785	**481**
3615	辽东学院	辽宁	丹东	五线	财经	公办	118	**474**	65	197003	108	108	465	199130	**472**	104	104	445	229192	**457**
3735	黑河学院	黑龙江	黑河	五线	综合	公办	34	**474**	65	197003	25	33	465	199130	**472**	77	77	464	198637	**473**
4505	枣庄学院	山东	枣庄	四线	综合	公办	30	**474**	65	197003	20	20	456	216733	**463**	20	20	468	192193	**476**
4960	玉林师范学院	广西	玉林	四线	师范	公办	16	**474**	65	197003	5	5	468	193391	**475**	10	10	470	189083	**478**
5195	遵义师范学院	贵州	遵义	三线	师范	公办	6	**474**	65	197003	10	10	466	197206	**473**	8	8	470	189083	**478**
5545	安顺学院	贵州	安顺	五线	综合	公办	6	**474**	65	197003	4	4	467	195268	**474**	6	6	454	214734	**464**
5665	榆林学院	陕西	榆林	四线	师范	公办	39	**474**	65	197003	43	43	466	197206	**473**	33	33	461	203404	**470**
6058	商丘师范学院（与商丘职业技术学院联办）	河南	商丘	三线	师范	公办	60	**474**	65	197003	80	81	462	205021	**469**	80	80	465	197054	**473**
6065	信阳师范大学（软件类）	河南	信阳	三线	师范	公办	800	**474**	65	197003	—	—	—	—	—	—	—	—	—	—
6636	河北师范大学汇华学院	河北	石家庄	二线	师范	民办	16	**474**	65	197003	16	16	467	195268	**474**	16	16	471	187565	**479**
6949	南京航空航天大学金城学院	江苏	南京	新一线	理工	民办	8	**474**	65	197003	26	28	460	208851	**467**	54	54	460	205000	**469**
7009	兰州石化职业技术大学	甘肃	兰州	三线	理工	公办	21	**474**	65	197003	18	18	462	205021	**469**	—	—	—	—	—
7011	山西工程科技职业大学	山西	晋中	四线	理工	公办	37	**474**	65	197003	8	8	465	199130	**472**	—	—	—	—	—
7012	河北石油职业技术大学	河北	承德	四线	理工	公办	98	**474**	65	197003	67	67	466	197206	**473**	10	10	469	190631	**477**
7283	昭通学院	云南	昭通	五线	师范	公办	2	**474**	65	197003	2	2	472	185944	**479**	2	2	463	200256	**472**
8386	黑龙江工业学院	黑龙江	鸡西	五线	综合	公办	138	**474**	65	197003	138	138	465	199130	**472**	123	123	463	200256	**472**
3250	衡水学院	河北	衡水	四线	师范	公办	19	**473**	64	198806	19	19	478	174690	**486**	21	21	485	165585	**491**
4970	梧州学院	广西	梧州	五线	综合	公办	15	**473**	64	198806	22	19	405	314509	**412**	17	17	491	156390	**496**

续表

院校基本信息·本科二批(理科)							2023 年投档情况				2022 年投档情况					2021 年投档情况				
院校代号	院校名称	所在区域	所在地	城市分类	院校类型	院校分类	招生计划	投档线	线差	位次	招生计划	实际投档	投档线	位次	2023 年同位分	招生计划	实际投档	投档线	位次	2023 年同位分
5265	曲靖师范学院	云南	曲靖	四线	师范	公办	14	**473**	64	198806	15	15	461	206955	**468**	15	15	469	190631	**477**
5535	贺州学院	广西	贺州	五线	综合	公办	35	**473**	64	198806	25	25	466	197206	**473**	30	30	455	213085	**465**
5565	福建技术师范学院	福建	福州	二线	师范	公办	79	**473**	64	198806	84	84	471	187789	**478**	74	74	472	185975	**479**
5680	百色学院	广西	百色	五线	综合	公办	22	**473**	64	198806	22	22	463	202992	**470**	20	20	472	185975	**479**
5855	山西传媒学院	山西	晋中	四线	艺术	公办	22	**473**	64	198806	11	11	488	156364	**496**	11	13	495	150381	**499**
6616	南京工业大学浦江学院	江苏	南京	新一线	综合	民办	50	**473**	64	198806	50	50	462	205021	**469**	50	58	458	208283	**467**
6622	苏州大学应用技术学院	江苏	苏州	新一线	综合	民办	66	**473**	64	198806	66	66	465	199130	**472**	66	66	466	195410	**474**
6860	湖北医药学院药护学院	湖北	十堰	四线	医药	民办	85	**473**	64	198806	75	75	410	305497	**417**	100	103	487	162483	**492**
7148	亳州学院	安徽	亳州	四线	师范	公办	27	**473**	64	198806	19	19	466	197206	**473**	24	24	473	184349	**480**
3470	赤峰学院	内蒙古	赤峰	四线	综合	公办	14	**472**	63	200616	17	17	464	201077	**471**	17	17	458	208283	**467**
3545	沈阳理工大学(较高收费)	辽宁	沈阳	二线	理工	公办	10	**472**	63	200616	30	30	406	312751	**413**	10	10	480	173219	**486**
3660	吉林建筑大学(较高收费)	吉林	长春	二线	理工	公办	8	**472**	63	200616	8	8	410	305497	**417**	8	8	490	157920	**495**
3765	大庆师范学院	黑龙江	大庆	四线	综合	公办	86	**472**	63	200616	88	88	467	195268	**474**	120	120	468	192193	**476**
3770	绥化学院	黑龙江	绥化	五线	综合	公办	98	**472**	63	200616	85	85	465	199130	**472**	75	75	468	192193	**476**
3775	吉林农业科技学院	吉林	吉林	四线	农林	公办	121	**472**	63	200616	116	116	463	202992	**470**	127	127	454	214734	**464**
5050	重庆文理学院(较高收费)	重庆	重庆	新一线	综合	公办	5	**472**	63	200616	10	10	472	185944	**479**	6	6	480	173219	**486**
5200	黔南民族师范学院	贵州	黔南	四线	师范	公办	8	**472**	63	200616	15	15	458	212825	**465**	22	22	471	187565	**479**
5235	云南农业大学(较高收费)	云南	昆明	新一线	农林	保研资格	6	**472**	63	200616	6	6	456	216733	**463**	3	3	410	283600	**428**
5530	河池学院	广西	河池	五线	综合	公办	15	**472**	63	200616	16	16	467	195268	**474**	9	9	447	225988	**458**
5585	红河学院	云南	红河	四线	综合	公办	30	**472**	63	200616	30	29	406	312751	**413**	29	29	466	195410	**474**
5700	凯里学院	贵州	黔东南	四线	综合	公办	13	**472**	63	200616	10	10	439	250298	**446**	15	15	472	185975	**479**
6765	石家庄铁道大学四方学院	河北	石家庄	二线	理工	民办	60	**472**	63	200616	60	60	464	201077	**471**	60	72	461	203404	**470**
6868	湖南理工学院南湖学院	湖南	岳阳	三线	理工	民办	2	**472**	63	200616	2	2	462	205021	**469**	2	2	463	200256	**472**
6892	四川传媒学院	四川	成都	新一线	艺术	民办	4	**472**	63	200616	—	—	—	—	—	—	—	—	—	—
7063	集宁师范学院	内蒙古	乌兰察布	五线	师范	公办	22	**472**	63	200616	14	14	466	197206	**473**	14	14	469	190631	**477**
7229	桂林旅游学院	广西	桂林	三线	财经	公办	21	**472**	63	200616	16	16	464	201077	**471**	15	15	454	214734	**464**
3345	唐山师范学院	河北	唐山	三线	师范	公办	10	**471**	62	202505	10	10	464	201077	**471**	10	10	471	187565	**479**
4920	广西科技大学(较高收费)	广西	柳州	三线	理工	公办	18	**471**	62	202505	20	20	463	202992	**470**	17	17	467	193798	**475**
6045	河南牧业经济学院(农林矿)	河南	郑州	新一线	农林	公办	1151	**471**	62	202505	1060	1071	465	199130	**472**	1020	1030	460	205000	**469**

续表

院校基本信息·本科二批(理科)							2023年投档情况				2022年投档情况					2021年投档情况				
院校代号	院校名称	所在区域	所在地	城市分类	院校类型	院校分类	招生计划	投档线	线差	位次	招生计划	实际投档	投档线	位次	2023年同位分	招生计划	实际投档	投档线	位次	2023年同位分
6048	河南牧业经济学院(软件类)	河南	郑州	新一线	农林	公办	970	**471**	62	202505	1000	1010	462	205021	**469**	540	567	442	233927	**454**
6053	安阳师范学院(软件类)	河南	安阳	三线	师范	公办	460	**471**	62	202505	460	460	465	199130	**472**	400	400	465	197054	**473**
6069	信阳师范大学(中外合作办学)	河南	信阳	三线	师范	公办	298	**471**	62	202505	291	297	460	208851	**467**	341	344	463	200256	**472**
6082	河南财经政法大学(与俄罗斯人民友谊大学合办)	河南	郑州	新一线	财经	保研资格	170	**471**	62	202505	165	165	494	145574	**502**	219	219	505	135597	**508**
6145	信阳农林学院	河南	信阳	三线	农林	公办	2645	**471**	62	202505	2380	2428	466	197206	**473**	2267	2290	466	195410	**474**
6623	苏州科技大学天平学院	江苏	苏州	新一线	综合	民办	10	**471**	62	202505	10	10	471	187789	**478**	22	22	470	189083	**478**
6878	湖南工业大学科技学院	湖南	株洲	三线	理工	民办	5	**471**	62	202505	5	5	463	202992	**470**	5	10	457	209890	**467**
7051	吕梁学院	山西	吕梁	五线	师范	公办	32	**471**	62	202505	31	31	473	184122	**480**	31	31	473	184349	**480**
7106	哈尔滨金融学院	黑龙江	哈尔滨	二线	财经	公办	96	**471**	62	202505	91	91	455	218632	**462**	88	88	485	165585	**491**
7284	普洱学院	云南	普洱	五线	师范	公办	10	**471**	62	202505	10	10	465	199130	**472**	10	10	462	201854	**471**
3670	白城师范学院	吉林	白城	五线	师范	公办	70	**470**	61	204468	51	51	468	193391	**475**	51	51	468	192193	**476**
5185	贵州中医药大学(较高收费)	贵州	贵阳	二线	医药	保研资格	15	**470**	61	204468	15	15	454	220603	**461**	15	15	410	283600	**428**
5275	楚雄师范学院	云南	楚雄	五线	师范	公办	17	**470**	61	204468	15	15	465	199130	**472**	15	15	466	195410	**474**
5495	呼伦贝尔学院	内蒙古	呼伦贝尔	五线	综合	公办	28	**470**	61	204468	28	28	461	206955	**468**	23	23	461	203404	**470**
6040	许昌学院(较高收费)	河南	许昌	四线	理工	公办	390	**470**	61	204468	390	410	461	206955	**468**	180	180	430	253042	**444**
6045	河南牧业经济学院	河南	郑州	新一线	农林	公办	1499	**470**	61	204468	1731	1766	476	178470	**483**	1717	1734	475	181262	**482**
6052	安阳师范学院(中外合作办学)	河南	安阳	三线	师范	公办	50	**470**	61	204468	50	50	465	199130	**472**	50	50	463	200256	**472**
6398	郑州航空工业管理学院南乌拉尔学院	河南	郑州	新一线	财经	公办	215	**470**	61	204468	228	228	458	212825	**465**	239	239	430	253042	**444**
7010	兰州资源环境职业技术大学	甘肃	兰州	三线	理工	公办	19	**470**	61	204468	15	15	457	214799	**464**	—	—	—	—	—
7285	保山学院	云南	保山	五线	综合	公办	8	**470**	61	204468	8	8	464	201077	**471**	—	—	—	—	—
3110	塔里木大学	新疆	阿拉尔	—	综合	公办	695	**469**	60	206385	634	634	462	205021	**469**	609	609	440	237132	**453**
5345	陕西理工大学(较高收费)	陕西	汉中	四线	理工	公办	26	**469**	60	206385	21	42	436	256194	**443**	—	—	—	—	—
6037	洛阳师范学院(中外合作办学)	河南	洛阳	三线	师范	公办	100	**469**	60	206385	100	100	451	226591	**458**	110	110	472	185975	**479**
6055	商丘师范学院(软件类)	河南	商丘	三线	师范	公办	480	**469**	60	206385	480	504	459	210875	**466**	—	—	—	—	—
6172	郑州师范学院(中外合作办学)	河南	郑州	新一线	师范	公办	120	**469**	60	206385	120	120	457	214799	**464**	—	—	—	—	—
6629	江苏科技大学苏州理工学院	江苏	苏州	新一线	综合	民办	84	**469**	60	206385	84	84	464	201077	**471**	78	78	464	198637	**473**
6956	杭州电子科技大学信息工程学院	浙江	杭州	新一线	理工	民办	83	**469**	60	206385	83	83	452	224604	**459**	83	83	424	262361	**439**

续表

院校基本信息·本科二批(理科)							2023 年投档情况				2022 年投档情况					2021 年投档情况				
院校代号	院校名称	所在区域	所在地	城市分类	院校类型	院校分类	招生计划	投档线	线差	位次	招生计划	实际投档	投档线	位次	2023 年同位分	招生计划	实际投档	投档线	位次	2023 年同位分
6988	西安交通大学城市学院	陕西	西安	新一线	理工	民办	24	**469**	60	206385	25	25	457	214799	**464**	30	30	463	200256	**472**
7287	文山学院	云南	文山	五线	师范	公办	16	**469**	60	206385	16	9	406	312751	**413**	16	16	468	192193	**476**
7331	新疆工程学院	新疆	乌鲁木齐	三线	理工	公办	177	**469**	60	206385	176	176	461	206955	**468**	196	199	431	251493	**445**
3625	长春大学(较高收费)	吉林	长春	二线	综合	公办	23	**468**	59	208260	23	23	471	187789	**478**	20	20	483	168671	**489**
5575	三明学院	福建	三明	四线	综合	公办	72	**468**	59	208260	60	60	482	167270	**490**	44	44	486	164055	**491**
6065	信阳师范大学(异地校区)	河南	信阳	三线	师范	公办	1195	**468**	59	208260	—	—	—	—	—	—	—	—	—	—
6162	洛阳理工学院(中外合作办学)	河南	洛阳	三线	综合	公办	188	**468**	59	208260	188	188	458	212825	**465**	80	80	463	200256	**472**
6700	赣南师范大学科技学院	江西	赣州	三线	师范	民办	3	**468**	59	208260	3	3	461	206955	**468**	3	3	466	195410	**474**
6812	中国矿业大学徐海学院	江苏	徐州	二线	理工	民办	85	**468**	59	208260	70	70	460	208851	**467**	65	65	462	201854	**471**
6864	长沙理工大学城南学院	湖南	长沙	新一线	理工	民办	47	**468**	59	208260	47	47	460	208851	**467**	47	47	465	197054	**473**
6872	湖南文理学院芙蓉学院	湖南	常德	三线	综合	民办	2	**468**	59	208260	2	2	458	212825	**465**	2	2	449	222771	**460**
6876	湘潭大学兴湘学院	湖南	湘潭	四线	综合	民办	6	**468**	59	208260	6	6	462	205021	**469**	6	6	463	200256	**472**
7013	广西农业职业技术大学	广西	南宁	二线	农林	公办	8	**468**	59	208260	5	5	457	214799	**464**	—	—	—	—	—
7039	河北民族师范学院	河北	承德	四线	师范	公办	10	**468**	59	208260	7	7	469	191481	**476**	10	5	404	292189	**424**
7163	萍乡学院	江西	萍乡	五线	综合	公办	10	**468**	59	208260	10	10	468	193391	**475**	10	10	469	190631	**477**
7348	琼台师范学院	海南	海口	三线	师范	公办	49	**468**	59	208260	43	43	480	170904	**488**	40	40	487	162483	**492**
3570	锦州医科大学(医护类)	辽宁	锦州	四线	医药	公办	13	**467**	58	210220	—	—	—	—	—	—	—	—	—	—
3575	辽宁中医药大学(较高收费)	辽宁	沈阳	二线	医药	保研资格	10	**467**	58	210220	12	12	453	222608	**460**	10	10	416	274530	**433**
4445	菏泽学院	山东	菏泽	三线	综合	公办	6	**467**	58	210220	8	8	480	170904	**488**	8	8	483	168671	**489**
5510	喀什大学	新疆	喀什	五线	师范	公办	430	**467**	58	210220	407	411	461	206955	**468**	353	357	460	205000	**469**
6017	河南中医药大学(与嵩山少林武术职业学院联合办学)	河南	郑州	新一线	医药	保研资格	280	**467**	58	210220	190	240	457	214799	**464**	240	250	458	208283	**467**
6070	南阳师范学院(软件类)	河南	南阳	三线	师范	公办	748	**467**	58	210220	730	737	463	202992	**470**	617	623	464	198637	**473**
6153	黄淮学院(中外合作办学)	河南	驻马店	三线	综合	公办	86	**467**	58	210220	65	66	462	205021	**469**	91	93	461	203404	**470**
6624	江苏大学京江学院	江苏	镇江	三线	综合	民办	79	**467**	58	210220	79	79	456	216733	**463**	79	79	462	201854	**471**
6691	南昌大学科学技术学院	江西	九江	三线	综合	民办	22	**467**	58	210220	24	24	456	216733	**463**	25	25	461	203404	**470**
6697	南昌航空大学科技学院	江西	九江	三线	理工	民办	44	**467**	58	210220	37	37	452	224604	**459**	18	45	459	206643	**468**
6877	中南林业科技大学涉外学院	湖南	长沙	新一线	综合	民办	8	**467**	58	210220	8	8	457	214799	**464**	12	12	449	222771	**460**
6921	新疆政法学院	新疆	图木舒克	—	综合	公办	104	**467**	58	210220	56	57	460	208851	**467**	32	32	458	208283	**467**

续表

院校基本信息·本科二批(理科)							2023 年投档情况				2022 年投档情况					2021 年投档情况				
院校代号	院校名称	所在区域	所在地	城市分类	院校类型	院校分类	招生计划	投档线	线差	位次	招生计划	实际投档	投档线	位次	2023 年同位分	招生计划	实际投档	投档线	位次	2023 年同位分
7331	新疆工程学院(较高收费)	新疆	乌鲁木齐	三线	理工	公办	12	467	58	210220	23	23	457	214799	464	23	23	439	238693	452
7341	豫章师范学院	江西	南昌	二线	师范	公办	4	467	58	210220	4	4	480	170904	488	6	6	478	176475	485
7400	河套学院	内蒙古	巴彦淖尔	五线	综合	公办	17	467	58	210220	12	12	420	287021	427	8	8	470	189083	478
7460	南京特殊教育师范学院	江苏	南京	新一线	师范	公办	73	467	58	210220	67	67	485	161752	493	55	55	491	156390	496
7503	茅台学院	贵州	遵义	三线	综合	民办	25	467	58	210220	25	25	455	218632	462	24	24	460	205000	469
8212	鄂尔多斯应用技术学院	内蒙古	鄂尔多斯	四线	综合	公办	32	467	58	210220	32	32	462	205021	469	32	32	455	213085	465
9679	重庆工程学院	重庆	重庆	新一线	理工	民办	50	467	58	210220	34	40	460	208851	467	34	43	461	203404	470
0012	哈尔滨体育学院	黑龙江	哈尔滨	二线	体育	公办	31	466	57	212192	36	36	458	212825	465	36	36	456	211482	466
3410	太原师范学院	山西	晋中	四线	师范	公办	20	466	57	212192	20	20	507	123094	515	17	22	510	128279	512
3625	长春大学(特殊类型)	吉林	长春	二线	综合	公办	20	466	57	212192	—	—	—	—	—	—	—	—	—	—
4975	广西财经学院(较高收费)	广西	南宁	二线	财经	公办	13	466	57	212192	11	11	455	218632	462	4	4	423	263892	439
5315	西藏农牧学院	西藏	林芝	五线	农林	公办	83	466	57	212192	88	88	457	214799	464	81	81	454	214734	464
5670	兰州城市学院	甘肃	兰州	三线	综合	公办	32	466	57	212192	22	22	471	187789	478	10	10	489	159463	494
6060	周口师范学院(较高收费)	河南	周口	三线	师范	公办	420	466	57	212192	210	210	462	205021	469	110	110	457	209890	467
6128	平顶山学院(软件类)	河南	平顶山	四线	综合	公办	300	466	57	212192	—	—	—	—	—	—	—	—	—	—
6604	重庆人文科技学院	重庆	重庆	新一线	综合	民办	28	466	57	212192	22	22	460	208851	467	25	25	456	211482	466
6625	扬州大学广陵学院	江苏	扬州	三线	综合	民办	70	466	57	212192	62	62	458	212825	465	62	62	466	195410	474
6664	成都锦城学院	四川	成都	新一线	综合	民办	81	466	57	212192	83	83	453	222608	460	102	92	400	297990	421
6699	江西财经大学现代经济管理学院	江西	九江	三线	财经	民办	12	466	57	212192	13	13	453	222608	460	10	10	452	217907	463
6755	天津医科大学临床医学院	天津	天津	新一线	医药	民办	126	466	57	212192	126	126	453	222608	460	126	126	456	211482	466
6784	辽宁中医药大学杏林学院	辽宁	沈阳	二线	医药	民办	76	466	57	212192	74	74	443	242380	450	72	72	452	217907	463
6842	长江大学文理学院	湖北	荆州	三线	理工	民办	27	466	57	212192	25	25	455	218632	462	21	21	454	214734	464
6898	贵州中医药大学时珍学院	贵州	贵阳	二线	医药	民办	6	466	57	212192	6	6	457	214799	464	8	8	462	201854	471
6922	新疆科技学院	新疆	巴音郭楞	五线	财经	公办	144	466	57	212192	155	163	457	214799	464	101	101	458	208283	467
6923	新疆理工学院	新疆	阿克苏	五线	理工	公办	266	466	57	212192	275	275	459	210875	466	202	202	459	206643	468
6972	集美大学诚毅学院	福建	厦门	二线	综合	民办	47	466	57	212192	48	48	457	214799	464	45	45	466	195410	474
3635	吉林农业大学(较高收费)	吉林	长春	二线	农林	保研资格	19	465	56	214176	15	15	460	208851	467	18	18	453	216337	463
3685	通化师范学院	吉林	通化	五线	师范	公办	78	465	56	214176	48	48	468	193391	475	45	48	469	190631	477
5515	昌吉学院	新疆	昌吉	五线	师范	公办	360	465	56	214176	280	280	459	210875	466	290	290	452	217907	463

续表

院校基本信息·本科二批(理科)							2023 年投档情况				2022 年投档情况					2021 年投档情况				
院校代号	院校名称	所在区域	所在地	城市分类	院校类型	院校分类	招生计划	投档线	线差	位次	招生计划	实际投档	投档线	位次	2023 年同位分	招生计划	实际投档	投档线	位次	2023 年同位分
5520	伊犁师范大学	新疆	伊犁	五线	师范	公办	343	**465**	56	214176	261	261	463	202992	**470**	262	262	461	203404	**470**
6078	南阳理工学院(中外合作办学)	河南	南阳	三线	理工	公办	278	**465**	56	214176	278	278	456	216733	**463**	421	425	445	229192	**457**
6617	南京师范大学中北学院	江苏	镇江	三线	综合	民办	70	**465**	56	214176	75	75	434	260151	**441**	63	63	464	198637	**473**
6630	常州大学怀德学院	江苏	泰州	三线	综合	民办	30	**465**	56	214176	43	43	453	222608	**460**	43	43	457	209890	**467**
6632	河北工程大学科信学院	河北	邯郸	三线	理工	民办	50	**465**	56	214176	50	50	424	279381	**431**	50	50	464	198637	**473**
6678	四川大学锦江学院	四川	眉山	四线	综合	民办	11	**465**	56	214176	8	10	452	224604	**459**	9	10	462	201854	**471**
6713	重庆财经学院	重庆	重庆	新一线	财经	民办	29	**465**	56	214176	29	30	460	208851	**467**	29	29	468	192193	**476**
6714	重庆工商大学派斯学院	重庆	重庆	新一线	财经	民办	11	**465**	56	214176	5	5	458	212825	**465**	5	5	454	214734	**464**
6874	吉首大学张家界学院	湖南	张家界	五线	综合	民办	8	**465**	56	214176	8	8	449	230549	**456**	8	8	442	233927	**454**
6875	南华大学船山学院	湖南	衡阳	三线	理工	民办	8	**465**	56	214176	8	8	456	216733	**463**	6	6	455	213085	**465**
6915	青海大学昆仑学院	青海	西宁	四线	综合	民办	15	**465**	56	214176	15	15	452	224604	**459**	15	15	447	225988	**458**
6931	北京理工大学珠海学院	广东	珠海	二线	综合	民办	82	**465**	56	214176	88	94	455	218632	**462**	88	88	442	233927	**454**
6951	南京理工大学泰州科技学院	江苏	泰州	三线	理工	民办	67	**465**	56	214176	78	78	448	232453	**455**	78	78	463	200256	**472**
7064	呼和浩特民族学院	内蒙古	呼和浩特	三线	语言	公办	10	**465**	56	214176	10	10	464	201077	**471**	7	7	459	206643	**468**
7064	呼和浩特民族学院(较高收费)	内蒙古	呼和浩特	三线	语言	公办	4	**465**	56	214176	4	4	461	206955	**468**	6	6	454	214734	**464**
3590	渤海大学(特殊类型)	辽宁	锦州	四线	综合	保研资格	5	**464**	55	216090	6	6	439	250298	**446**	6	6	403	293683	**423**
4145	阜阳师范大学(较高收费)	安徽	阜阳	三线	师范	公办	2	**464**	55	216090	2	2	449	230549	**456**	—	—	—	—	—
6004	郑州大学体育学院	河南	郑州	新一线	体育	公办	105	**464**	55	216090	105	105	452	224604	**459**	105	105	477	178120	**484**
6098	华北水利水电大学(与嵩山少林武术职业学院联办)	河南	郑州	新一线	理工	保研资格	115	**464**	55	216090	120	120	457	214799	**464**	115	115	467	193798	**475**
6167	新乡学院(中外合作办学)	河南	新乡	三线	理工	公办	100	**464**	55	216090	240	240	448	232453	**455**	120	120	446	227590	**458**
6606	厦门大学嘉庚学院	福建	漳州	三线	综合	民办	80	**464**	55	216090	80	80	451	226591	**458**	84	84	412	280640	**430**
6886	广西中医药大学赛恩斯新医药学院	广西	南宁	二线	医药	民办	78	**464**	55	216090	66	66	446	236478	**453**	71	71	451	219532	**462**
7502	荆楚理工学院(较高收费)	湖北	荆门	四线	理工	公办	5	**464**	55	216090	5	5	440	248312	**447**	—	—	—	—	—
5515	昌吉学院(较高收费)	新疆	昌吉	五线	师范	公办	45	**463**	54	217952	45	45	451	226591	**458**	55	55	456	211482	**466**
5850	吉林医药学院(较高收费)	吉林	吉林	四线	医药	公办	5	**463**	54	217952	4	4	462	205021	**469**	4	4	462	201854	**471**
5861	西藏藏医药大学	西藏	拉萨	五线	医药	公办	3	**463**	54	217952	—	—	—	—	—	—	—	—	—	—
6063	周口师范学院(中外合作办学)	河南	周口	三线	师范	公办	240	**463**	54	217952	240	240	452	224604	**459**	240	240	449	222771	**460**

续表

院校基本信息·本科二批(理科)							2023 年投档情况				2022 年投档情况					2021 年投档情况				
院校代号	院校名称	所在区域	所在地	城市分类	院校类型	院校分类	招生计划	投档线	线差	位次	招生计划	实际投档	投档线	位次	2023 年同位分	招生计划	实际投档	投档线	位次	2023 年同位分
6122	河南城建学院(中外合作办学)	河南	平顶山	四线	理工	公办	300	**463**	54	217952	300	315	455	218632	**462**	280	294	456	211482	**466**
6626	江苏师范大学科文学院	江苏	徐州	二线	综合	民办	116	**463**	54	217952	120	120	458	212825	**465**	101	101	458	208283	**467**
6859	湖北工程学院新技术学院	湖北	孝感	四线	理工	民办	45	**463**	54	217952	35	35	450	228597	**457**	31	31	458	208283	**467**
6952	南京师范大学泰州学院	江苏	泰州	三线	师范	民办	78	**463**	54	217952	76	76	454	220603	**461**	74	74	457	209890	**467**
9938	广西艺术学院	广西	南宁	二线	艺术	保研资格	3	**463**	54	217952	5	5	475	180296	**483**	3	3	469	190631	**477**
3463	内蒙古科技大学包头师范学院	内蒙古	包头	四线	师范	公办	24	**462**	53	219911	16	16	472	185944	**479**	18	18	470	189083	**478**
5665	榆林学院(较高收费)	陕西	榆林	四线	师范	公办	4	**462**	53	219911	4	4	449	230549	**456**	2	2	453	216337	**463**
6663	重庆城市科技学院	重庆	重庆	新一线	综合	民办	43	**462**	53	219911	39	39	448	232453	**455**	20	21	410	283600	**428**
6672	武汉晴川学院	湖北	武汉	新一线	综合	民办	15	**462**	53	219911	10	10	453	222608	**460**	12	18	450	221117	**461**
6692	江西农业大学南昌商学院	江西	九江	三线	综合	民办	16	**462**	53	219911	15	15	452	224604	**459**	15	15	452	217907	**463**
6905	昆明医科大学海源学院	云南	昆明	新一线	医药	民办	25	**462**	53	219911	25	25	457	214799	**464**	25	25	490	157920	**495**
7616	武汉生物工程学院	湖北	武汉	新一线	理工	民办	29	**462**	53	219911	42	42	448	232453	**455**	42	42	457	209890	**467**
3570	锦州医科大学(较高收费)	辽宁	锦州	四线	医药	公办	4	**461**	52	221856	4	4	436	256194	**443**	—	—	—	—	—
3675	长春师范大学(其他单列)	吉林	长春	二线	师范	公办	13	**461**	52	221856	13	13	465	199130	**472**	14	14	468	192193	**476**
6057	商丘师范学院(中外合作办学)	河南	商丘	三线	师范	公办	290	**461**	52	221856	250	250	451	226591	**458**	250	253	451	219532	**462**
6127	平顶山学院(中外合作办学)	河南	平顶山	四线	综合	公办	120	**461**	52	221856	120	120	445	238493	**452**	220	220	440	237132	**453**
6137	安阳工学院(中外合作办学)(其他单列)	河南	安阳	三线	理工	公办	263	**461**	52	221856	—	—	—	—	—	—	—	—	—	—
6667	南通大学杏林学院	江苏	南通	二线	综合	民办	86	**461**	52	221856	86	86	451	226591	**458**	93	93	448	224338	**459**
6685	西安理工大学高科学院	陕西	西安	新一线	理工	民办	36	**461**	52	221856	26	26	452	224604	**459**	26	26	445	229192	**457**
6789	辽宁何氏医学院	辽宁	沈阳	二线	医药	民办	92	**461**	52	221856	90	90	446	236478	**453**	80	97	438	240321	**451**
6851	三峡大学科技学院	湖北	宜昌	三线	理工	民办	47	**461**	52	221856	38	39	444	240478	**451**	32	34	406	289382	**425**
6869	湖南农业大学东方科技学院	湖南	长沙	新一线	农林	民办	12	**461**	52	221856	12	12	447	234449	**454**	6	5	404	292189	**424**
3625	长春大学(其他单列)	吉林	长春	二线	综合	公办	17	**460**	51	223738	19	19	414	298177	**421**	—	—	—	—	—
6712	重庆对外经贸学院	重庆	重庆	新一线	财经	民办	44	**460**	51	223738	37	37	454	220603	**461**	24	24	452	217907	**463**
6844	湖北工业大学工程技术学院	湖北	武汉	新一线	理工	民办	41	**460**	51	223738	36	36	440	248312	**447**	28	29	403	293683	**423**
6867	湖南科技大学潇湘学院	湖南	湘潭	四线	综合	民办	9	**460**	51	223738	8	8	406	312751	**413**	8	9	462	201854	**471**
7279	贵州商学院	贵州	贵阳	二线	财经	公办	2	**460**	51	223738	2	2	432	263993	**439**	2	2	452	217907	**463**
5660	商洛学院(较高收费)	陕西	商洛	五线	综合	公办	2	**459**	50	225698	2	2	437	254266	**444**	—	—	—	—	—

续表

院校基本信息·本科二批(理科)							2023 年投档情况				2022 年投档情况					2021 年投档情况				
院校代号	院校名称	所在区域	所在地	城市分类	院校类型	院校分类	招生计划	投档线	线差	位次	招生计划	实际投档	投档线	位次	2023 年同位分	招生计划	实际投档	投档线	位次	2023 年同位分
6042	许昌学院(中外合作办学)	河南	许昌	四线	理工	公办	250	**459**	50	225698	130	130	453	222608	**460**	478	502	456	211482	**466**
6047	河南牧业经济学院(中外合作办学)	河南	郑州	新一线	农林	公办	50	**459**	50	225698	256	256	449	230549	**456**	248	248	451	219532	**462**
6505	新乡医学院三全学院	河南	新乡	三线	医药	民办	3349	**459**	50	225698	2758	2868	454	220603	**461**	2292	2430	453	216337	**463**
6643	晋中信息学院	山西	晋中	四线	农林	民办	47	**459**	50	225698	36	36	447	234449	**454**	36	36	448	224338	**459**
6677	西南财经大学天府学院(其他单列)	四川	成都	新一线	财经	民办	2	**459**	50	225698	—	—	—	—	—	—	—	—	—	—
6839	武昌首义学院	湖北	武汉	新一线	理工	民办	39	**459**	50	225698	38	41	446	236478	**453**	38	38	450	221117	**461**
6850	武汉文理学院	湖北	武汉	新一线	财经	民办	46	**459**	50	225698	43	43	453	222608	**460**	32	32	455	213085	**465**
6858	湖北文理学院理工学院	湖北	襄阳	三线	理工	民办	27	**459**	50	225698	23	23	450	228597	**457**	22	24	433	248295	**447**
6889	重庆移通学院	重庆	重庆	新一线	理工	民办	84	**459**	50	225698	39	52	440	248312	**447**	39	39	410	283600	**428**
3775	吉林农业科技学院(较高收费)	吉林	吉林	四线	农林	公办	20	**458**	49	227633	16	16	444	240478	**451**	8	8	451	219532	**462**
6072	南阳师范学院(中外合作办学)	河南	南阳	三线	师范	公办	198	**458**	49	227633	202	202	453	222608	**460**	178	178	454	214734	**464**
6130	黄河科技学院	河南	郑州	新一线	理工	民办	2470	**458**	49	227633	2554	2632	443	242380	**450**	2099	2200	439	238693	**452**
6508	信阳学院	河南	信阳	三线	师范	民办	2219	**458**	49	227633	2080	2107	450	228597	**457**	1885	1909	441	235515	**453**
6598	上海财经大学浙江学院	浙江	金华	二线	财经	民办	36	**458**	49	227633	36	36	443	242380	**450**	36	36	462	201854	**471**
9860	四川工业科技学院	四川	德阳	四线	综合	民办	13	**458**	49	227633	10	18	448	232453	**455**	12	12	447	225988	**458**
3985	台州学院(较高收费)	浙江	台州	二线	综合	公办	8	**457**	48	229602	8	8	448	232453	**455**	8	8	401	296564	**421**
4610	湖北工程学院(较高收费)	湖北	孝感	四线	理工	公办	40	**457**	48	229602	40	40	444	240478	**451**	40	35	417	273082	**434**
5685	北部湾大学(其他单列)	广西	钦州	五线	综合	公办	10	**457**	48	229602	—	—	—	—	—	—	—	—	—	—
6055	商丘师范学院	河南	商丘	三线	师范	公办	1322	**457**	48	229602	1287	1313	484	163606	**492**	1631	1664	485	165585	**491**
6849	湖北师范大学文理学院	湖北	黄石	四线	师范	民办	30	**457**	48	229602	21	21	456	216733	**463**	21	24	460	205000	**469**
6891	成都理工大学工程技术学院	四川	乐山	四线	理工	民办	13	**457**	48	229602	13	13	406	312751	**413**	13	13	466	195410	**474**
6932	珠海科技学院	广东	珠海	二线	综合	民办	50	**457**	48	229602	55	61	445	238493	**452**	46	46	421	266965	**437**
6960	温州医科大学仁济学院	浙江	温州	二线	医药	民办	75	**457**	48	229602	70	70	437	254266	**444**	70	70	452	217907	**463**
7176	济宁学院	山东	济宁	三线	师范	公办	10	**457**	48	229602	10	10	477	176553	**485**	10	10	481	171656	**487**
3645	长春工程学院(较高收费)	吉林	长春	二线	理工	公办	42	**456**	47	231580	42	42	458	212825	**465**	32	32	460	205000	**469**
3680	吉林工程技术师范学院	吉林	长春	二线	师范	公办	57	**456**	47	231580	75	75	469	191481	**476**	60	61	469	190631	**477**
5045	长江师范学院(较高收费)	重庆	重庆	新一线	师范	公办	8	**456**	47	231580	8	8	445	238493	**452**	8	8	462	201854	**471**
6070	南阳师范学院(农林矿)	河南	南阳	三线	师范	公办	42	**456**	47	231580	40	42	474	182223	**481**	50	52	470	189083	**478**
6180	郑州科技学院	河南	郑州	新一线	理工	民办	2530	**456**	47	231580	2352	2372	446	236478	**453**	2085	2123	444	230786	**456**

续表

院校基本信息·本科二批(理科)							2023 年投档情况				2022 年投档情况					2021 年投档情况				
院校代号	院校名称	所在区域	所在地	城市分类	院校类型	院校分类	招生计划	投档线	线差	位次	招生计划	实际投档	投档线	位次	2023 年同位分	招生计划	实际投档	投档线	位次	2023 年同位分
6612	天津理工大学中环信息学院	天津	天津	新一线	综合	民办	118	**456**	47	231580	116	116	442	244367	**449**	119	119	438	240321	**451**
6856	武汉华夏理工学院	湖北	武汉	新一线	理工	民办	25	**456**	47	231580	25	25	443	242380	**450**	22	24	439	238693	**452**
6968	中国计量大学现代科技学院	浙江	金华	二线	理工	民办	35	**456**	47	231580	35	35	443	242380	**450**	35	35	435	245065	**448**
7602	西安培华学院	陕西	西安	新一线	财经	民办	27	**456**	47	231580	34	34	454	220603	**461**	38	38	452	217907	**463**
7634	潍坊科技学院	山东	潍坊	二线	综合	民办	41	**456**	47	231580	38	38	440	248312	**447**	38	38	435	245065	**448**
3255	邯郸学院(较高收费)	河北	邯郸	三线	师范	公办	7	**455**	46	233549	6	6	438	252264	**445**	10	10	403	293683	**423**
3260	张家口学院	河北	张家口	四线	综合	公办	20	**455**	46	233549	21	21	483	165467	**491**	22	22	487	162483	**492**
4340	南昌师范学院	江西	南昌	二线	师范	公办	14	**455**	46	233549	13	13	501	133288	**509**	13	14	505	135597	**508**
6050	安阳师范学院	河南	安阳	三线	师范	公办	1873	**455**	46	233549	1697	1731	490	152694	**498**	1766	1819	492	154848	**497**
6149	平顶山学院马拉加工程学院	河南	平顶山	四线	综合	公办	300	**455**	46	233549	—	—	—	—	—	—	—	—	—	—
6609	文华学院	湖北	武汉	新一线	理工	民办	34	**455**	46	233549	36	48	431	265962	**438**	39	42	449	222771	**460**
6689	福建农林大学金山学院	福建	福州	二线	农林	民办	43	**455**	46	233549	42	42	436	256194	**443**	38	38	441	235515	**453**
6693	江西师范大学科学技术学院	江西	九江	三线	综合	民办	18	**455**	46	233549	18	18	460	208851	**467**	18	18	458	208283	**467**
6816	马鞍山学院	安徽	马鞍山	四线	理工	民办	35	**455**	46	233549	25	25	444	240478	**451**	25	25	437	241940	**450**
6843	湖北大学知行学院	湖北	武汉	新一线	理工	民办	19	**455**	46	233549	18	18	410	305497	**417**	13	13	460	205000	**469**
6954	浙江师范大学行知学院	浙江	金华	二线	综合	民办	50	**455**	46	233549	46	46	446	236478	**453**	52	52	443	232325	**455**
6978	武汉工程大学邮电与信息工程学院	湖北	武汉	新一线	理工	民办	68	**455**	46	233549	58	58	447	234449	**454**	48	48	442	233927	**454**
6987	贵州医科大学神奇民族医药学院	贵州	贵阳	二线	医药	民办	2	**455**	46	233549	3	3	500	135000	**508**	3	3	507	132697	**509**
5700	凯里学院(较高收费)	贵州	黔东南	四线	综合	公办	12	**454**	45	235469	10	10	432	263993	**439**	—	—	—	—	—
6596	沧州交通学院	河北	沧州	三线	理工	民办	75	**454**	45	235469	75	75	437	254266	**444**	70	70	429	254608	**444**
6645	山西晋中理工学院	山西	晋中	四线	理工	民办	28	**454**	45	235469	13	13	441	246348	**448**	10	10	416	274530	**433**
6781	大连医科大学中山学院	辽宁	大连	二线	医药	民办	54	**454**	45	235469	52	52	447	234449	**454**	43	43	446	227590	**458**
6833	烟台理工学院	山东	烟台	二线	综合	民办	8	**454**	45	235469	9	9	437	254266	**444**	12	12	400	297990	**421**
6847	湖北恩施学院	湖北	恩施	四线	理工	民办	19	**454**	45	235469	14	14	468	193391	**475**	14	14	455	213085	**465**
3210	天津城建大学(较高收费)	天津	天津	新一线	理工	公办	48	**453**	44	237404	36	36	460	208851	**467**	55	55	470	189083	**478**
3570	锦州医科大学(其他单列)	辽宁	锦州	四线	医药	公办	9	**453**	44	237404	—	—	—	—	—	—	—	—	—	—
3655	吉林化工学院(较高收费)	吉林	吉林	四线	理工	公办	45	**453**	44	237404	10	7	407	310959	**414**	—	—	—	—	—
3685	通化师范学院(较高收费)	吉林	通化	五线	师范	公办	15	**453**	44	237404	15	15	438	252264	**445**	10	10	447	225988	**458**

续表

院校基本信息·本科二批(理科)							2023 年投档情况				2022 年投档情况					2021 年投档情况				
院校代号	院校名称	所在区域	所在地	城市分类	院校类型	院校分类	招生计划	投档线	线差	位次	招生计划	实际投档	投档线	位次	2023 年同位分	招生计划	实际投档	投档线	位次	2023 年同位分
5410	西北师范大学(较高收费)	甘肃	兰州	三线	师范	保研资格	5	**453**	44	237404	6	6	481	169125	**489**	8	4	435	245065	**448**
5500	新疆农业大学(较高收费)	新疆	乌鲁木齐	三线	农林	保研资格	39	**453**	44	237404	25	25	419	288892	**426**	10	10	449	222771	**460**
6003	郑州西亚斯学院	河南	郑州	新一线	综合	民办	2754	**453**	44	237404	3327	3327	439	250298	**446**	3179	3243	435	245065	**448**
6137	安阳工学院(中外合作办学)	河南	安阳	三线	理工	公办	242	**453**	44	237404	512	512	447	234449	**454**	254	254	450	221117	**461**
6647	青岛农业大学海都学院	山东	烟台	二线	综合	民办	70	**453**	44	237404	70	70	437	254266	**444**	72	72	437	241940	**450**
6852	武昌工学院	湖北	武汉	新一线	理工	民办	25	**453**	44	237404	21	21	431	265962	**438**	32	42	446	227590	**458**
3680	吉林工程技术师范学院(较高收费)	吉林	长春	二线	师范	公办	40	**452**	43	239276	10	10	424	279381	**431**	10	10	450	221117	**461**
6883	广西民族大学相思湖学院	广西	南宁	二线	民族	民办	33	**452**	43	239276	33	33	440	248312	**447**	38	38	436	243532	**449**
6897	四川外国语大学成都学院	四川	成都	新一线	语言	民办	6	**452**	43	239276	22	24	446	236478	**453**	23	24	466	195410	**474**
6990	西安建筑科技大学华清学院	陕西	西安	新一线	理工	民办	39	**452**	43	239276	37	37	436	256194	**443**	38	38	447	225988	**458**
7278	六盘水师范学院	贵州	六盘水	五线	师范	公办	6	**452**	43	239276	6	6	481	169125	**489**	6	6	482	170142	**488**
7610	三江学院	江苏	南京	新一线	综合	民办	148	**452**	43	239276	143	143	451	226591	**458**	157	157	453	216337	**463**
3540	辽宁工业大学(其他单列)	辽宁	锦州	四线	理工	公办	7	**451**	42	241174	—	—	—	—	—	—	—	—	—	—
6178	河南科技学院苏梅国际学院	河南	新乡	三线	师范	公办	270	**451**	42	241174	270	270	439	250298	**446**	—	—	—	—	—
6602	电子科技大学中山学院	广东	中山	二线	综合	民办	110	**451**	42	241174	96	106	444	240478	**451**	101	104	438	240321	**451**
6811	无锡太湖学院	江苏	无锡	二线	综合	民办	160	**451**	42	241174	140	140	443	242380	**450**	133	133	446	227590	**458**
6815	安徽信息工程学院	安徽	芜湖	三线	理工	民办	20	**451**	42	241174	—	—	—	—	—	—	—	—	—	—
6838	武昌理工学院	湖北	武汉	新一线	理工	民办	4	**451**	42	241174	10	10	453	222608	**460**	11	11	453	216337	**463**
6863	武汉工商学院	湖北	武汉	新一线	财经	民办	26	**451**	42	241174	31	31	436	256194	**443**	46	50	428	256159	**443**
6966	浙江工商大学杭州商学院	浙江	杭州	新一线	财经	民办	42	**451**	42	241174	42	42	436	256194	**443**	41	41	438	240321	**451**
8139	河北环境工程学院	河北	秦皇岛	四线	综合	公办	26	**451**	42	241174	24	24	475	180296	**483**	16	16	476	179665	**483**
8542	南通理工学院	江苏	南通	二线	理工	民办	106	**451**	42	241174	89	91	441	246348	**448**	89	89	435	245065	**448**
0009	沈阳体育学院	辽宁	沈阳	二线	体育	公办	8	**450**	41	243094	8	8	478	174690	**486**	8	8	481	171656	**487**
6628	南京财经大学红山学院	江苏	镇江	三线	综合	民办	56	**450**	41	243094	56	49	415	296338	**422**	56	56	460	205000	**469**
6677	西南财经大学天府学院	四川	绵阳	三线	财经	民办	25	**449**	40	245035	23	19	407	310959	**414**	9	12	461	203404	**470**
6754	天津外国语大学滨海外事学院	天津	天津	新一线	语言	民办	5	**449**	40	245035	14	13	424	279381	**431**	6	6	452	217907	**463**
6838	武昌理工学院(较高收费)	湖北	武汉	新一线	理工	民办	19	**449**	40	245035	16	16	440	248312	**447**	18	18	433	248295	**447**
6884	桂林学院	广西	桂林	三线	综合	民办	34	**449**	40	245035	27	27	442	244367	**449**	37	37	437	241940	**450**
3590	渤海大学(较高收费)	辽宁	锦州	四线	综合	保研资格	22	**448**	39	247029	16	16	479	172819	**487**	16	16	487	162483	**492**

续表

院校基本信息·本科二批(理科)							2023 年投档情况				2022 年投档情况					2021 年投档情况				
院校代号	院校名称	所在区域	所在地	城市分类	院校类型	院校分类	招生计划	投档线	线差	位次	招生计划	实际投档	投档线	位次	2023 年同位分	招生计划	实际投档	投档线	位次	2023 年同位分
6649	山东财经大学东方学院	山东	泰安	三线	综合	民办	8	**448**	39	247029	13	13	418	290759	**425**	19	19	425	260851	**440**
7605	北京城市学院	北京	北京	一线	综合	民办	34	**448**	39	247029	38	49	417	292646	**424**	42	47	440	237132	**453**
7615	青岛滨海学院	山东	青岛	新一线	综合	民办	55	**448**	39	247029	55	55	420	287021	**427**	55	48	402	295123	**422**
0019	武汉体育学院	湖北	武汉	新一线	体育	保研资格	15	**447**	38	249000	17	17	505	126499	**513**	21	21	510	128279	**512**
6669	福州大学至诚学院	福建	福州	二线	综合	民办	95	**447**	38	249000	99	88	405	314509	**412**	81	81	448	224338	**459**
6688	广州理工学院	广东	广州	一线	理工	民办	13	**447**	38	249000	8	8	431	265962	**438**	—	—	—	—	—
6711	重庆外语外事学院	重庆	重庆	新一线	语言	民办	29	**447**	38	249000	27	27	452	224604	**459**	19	19	454	214734	**464**
6980	广州软件学院	广东	广州	一线	理工	民办	9	**447**	38	249000	1	1	480	170904	**488**	19	19	461	203404	**470**
7626	南昌理工学院	江西	南昌	二线	综合	民办	35	**447**	38	249000	37	37	430	267903	**437**	38	43	404	292189	**424**
9700	成都东软学院	四川	成都	新一线	理工	民办	60	**447**	38	249000	60	55	405	314509	**412**	60	60	462	201854	**471**
3670	白城师范学院(较高收费)	吉林	白城	五线	师范	公办	3	**446**	37	250931	—	—	—	—	—	—	—	—	—	—
6501	河南开封科技传媒学院	河南	开封	四线	财经	民办	1880	**446**	37	250931	1873	1917	437	254266	**444**	1460	1460	431	251493	**445**
6502	中原科技学院	河南	许昌	四线	理工	民办	1887	**446**	37	250931	1822	1836	405	314509	**412**	1464	1464	446	227590	**458**
6682	福建师范大学协和学院	福建	福州	二线	综合	民办	24	**446**	37	250931	27	27	432	263993	**439**	27	27	446	227590	**458**
6862	武汉学院	湖北	武汉	新一线	财经	民办	50	**446**	37	250931	49	49	406	312751	**413**	34	37	447	225988	**458**
7613	江西科技学院	江西	南昌	二线	综合	民办	7	**446**	37	250931	9	9	427	273612	**434**	9	8	400	297990	**421**
7623	西安外事学院	陕西	西安	新一线	财经	民办	34	**446**	37	250931	33	33	438	252264	**445**	24	24	437	241940	**450**
6504	郑州经贸学院	河南	郑州	新一线	财经	民办	2693	**445**	36	252817	2639	2665	434	260151	**441**	2330	2353	431	251493	**445**
6506	郑州工商学院	河南	郑州	新一线	理工	民办	2756	**445**	36	252817	2684	2738	435	258144	**442**	3268	3334	429	254608	**444**
6679	绵阳城市学院	四川	绵阳	三线	理工	民办	10	**445**	36	252817	10	10	436	256194	**443**	10	10	430	253042	**444**
6847	湖北恩施学院(较高收费)	湖北	恩施	四线	理工	民办	2	**445**	36	252817	—	—	—	—	—	—	—	—	—	—
7608	上海杉达学院(其他单列)	上海	上海	一线	财经	民办	1	**445**	36	252817	4	0	无	—	—	2	2	413	279013	**431**
4820	佛山科学技术学院	广东	佛山	二线	理工	公办	50	**444**	35	254693	40	42	493	147371	**501**	25	30	507	132697	**509**
5475	青海民族大学(较高收费)	青海	西宁	四线	民族	保研资格	6	**444**	35	254693	5	5	424	279381	**431**	—	—	—	—	—
5685	北部湾大学(较高收费)	广西	钦州	五线	综合	公办	24	**444**	35	254693	25	25	420	287021	**427**	19	10	400	297990	**421**
6660	烟台科技学院	山东	烟台	二线	综合	民办	55	**444**	35	254693	58	58	433	262086	**440**	66	66	433	248295	**447**
6854	武汉城市学院	湖北	武汉	新一线	理工	民办	30	**444**	35	254693	27	27	427	273612	**434**	32	22	400	297990	**421**
6861	武汉工程科技学院	湖北	武汉	新一线	理工	民办	6	**444**	35	254693	6	12	425	277403	**432**	20	20	406	289382	**425**
6931	北京理工大学珠海学院(较高收费)	广东	珠海	二线	综合	民办	24	**444**	35	254693	33	33	425	277403	**432**	33	41	420	268493	**436**

续表

院校基本信息·本科二批(理科)							2023 年投档情况				2022 年投档情况					2021 年投档情况				
院校代号	院校名称	所在区域	所在地	城市分类	院校类型	院校分类	招生计划	投档线	线差	位次	招生计划	实际投档	投档线	位次	2023 年同位分	招生计划	实际投档	投档线	位次	2023 年同位分
7627	西安思源学院	陕西	西安	新一线	理工	民办	57	**444**	35	254693	52	52	437	254266	**444**	54	60	435	245065	**448**
6195	郑州升达经贸管理学院	河南	郑州	新一线	财经	民办	3178	**443**	34	256642	3199	3231	431	265962	**438**	2774	2829	436	243532	**449**
6694	南昌交通学院	江西	宜春	三线	理工	民办	44	**443**	34	256642	44	44	422	283237	**429**	49	16	402	295123	**422**
6705	内蒙古大学创业学院	内蒙古	呼和浩特	三线	综合	民办	28	**443**	34	256642	18	18	434	260151	**441**	18	18	437	241940	**450**
6836	武汉东湖学院	湖北	武汉	新一线	理工	民办	91	**443**	34	256642	84	84	426	275482	**433**	85	79	406	289382	**425**
6648	齐鲁理工学院	山东	济南	二线	综合	民办	38	**442**	33	258525	38	38	427	273612	**434**	42	42	424	262361	**439**
6837	汉口学院	湖北	武汉	新一线	理工	民办	27	**442**	33	258525	27	27	429	269806	**436**	29	28	400	297990	**421**
6977	燕京理工学院	河北	廊坊	三线	综合	民办	9	**442**	33	258525	8	9	417	292646	**424**	8	14	439	238693	**452**
6179	郑州西亚斯学院(数字技术产业学院)	河南	郑州	新一线	综合	民办	960	**441**	32	260429	520	520	433	262086	**440**	—	—	—	—	—
7624	西京学院	陕西	西安	新一线	理工	民办	51	**441**	32	260429	47	68	425	277403	**432**	48	54	442	233927	**454**
8177	山西应用科技学院	山西	太原	二线	综合	民办	48	**441**	32	260429	35	35	433	262086	**440**	13	13	427	257747	**442**
3245	石家庄学院	河北	石家庄	二线	师范	公办	20	**440**	31	262241	20	20	489	154495	**497**	20	20	492	154848	**497**
5000	海南热带海洋学院(较高收费)	海南	三亚	三线	综合	公办	7	**440**	31	262241	7	7	431	265962	**438**	8	8	446	227590	**458**
6070	南阳师范学院	河南	南阳	三线	师范	公办	1170	**440**	31	262241	1181	1205	492	149109	**500**	1079	1101	496	148869	**500**
6510	郑州商学院	河南	郑州	新一线	财经	民办	2834	**440**	31	262241	2921	2921	433	262086	**440**	2603	2603	427	257747	**442**
6953	浙江工业大学之江学院	浙江	绍兴	二线	理工	民办	69	**440**	31	262241	77	53	406	312751	**413**	77	77	449	222771	**460**
6955	宁波大学科学技术学院	浙江	宁波	新一线	综合	民办	70	**440**	31	262241	65	63	405	314509	**412**	66	66	442	233927	**454**
6991	西安财经大学行知学院	陕西	西安	新一线	财经	民办	11	**440**	31	262241	11	11	409	307335	**416**	11	11	449	222771	**460**
9677	重庆机电职业技术大学	重庆	重庆	新一线	理工	民办	53	**440**	31	262241	24	29	437	254266	**444**	17	17	429	254608	**444**
6605	大连理工大学城市学院	辽宁	大连	二线	理工	民办	86	**439**	30	264262	86	86	430	267903	**437**	87	87	428	256159	**443**
6690	皖江工学院	安徽	马鞍山	四线	综合	民办	25	**439**	30	264262	25	30	429	269806	**436**	25	25	427	257747	**442**
6713	重庆财经学院(较高收费)	重庆	重庆	新一线	财经	民办	1	**439**	30	264262	—	—	—	—	—	—	—	—	—	—
6721	宁夏大学新华学院	宁夏	银川	三线	综合	民办	13	**439**	30	264262	13	13	422	283237	**429**	10	10	436	243532	**449**
6855	武汉纺织大学外经贸学院	湖北	武汉	新一线	财经	民办	43	**439**	30	264262	43	43	424	279381	**431**	37	35	415	276009	**432**
6899	贵州黔南经济学院	贵州	黔南	四线	财经	民办	2	**439**	30	264262	3	3	409	307335	**416**	3	3	456	211482	**466**
6964	绍兴文理学院元培学院	浙江	绍兴	二线	师范	民办	70	**439**	30	264262	60	60	430	267903	**437**	60	60	432	249868	**446**
6976	北京科技大学天津学院	天津	天津	新一线	综合	民办	330	**439**	30	264262	324	317	406	312751	**413**	273	277	444	230786	**456**

续表

院校基本信息·本科二批(理科)							2023 年投档情况				2022 年投档情况					2021 年投档情况				
院校代号	院校名称	所在区域	所在地	城市分类	院校类型	院校分类	招生计划	投档线	线差	位次	招生计划	实际投档	投档线	位次	2023 年同位分	招生计划	实际投档	投档线	位次	2023 年同位分
6665	西安明德理工学院	陕西	西安	新一线	综合	民办	49	**438**	29	266148	41	45	425	277403	**432**	49	49	413	279013	**431**
6682	福建师范大学协和学院(其他单列)	福建	福州	二线	综合	民办	3	**438**	29	266148	—	—	—	—	—	—	—	—	—	—
6801	吉林动画学院	吉林	长春	二线	艺术	民办	10	**438**	29	266148	10	8	406	312751	**413**	10	10	451	219532	**462**
7614	烟台南山学院	山东	烟台	二线	理工	民办	115	**438**	29	266148	115	69	405	314509	**412**	110	110	446	227590	**458**
9710	西安交通工程学院	陕西	西安	新一线	理工	民办	80	**438**	29	266148	87	87	417	292646	**424**	60	60	437	241940	**450**
9844	山东协和学院	山东	济南	二线	医药	民办	85	**438**	29	266148	83	83	430	267903	**437**	83	83	415	276009	**432**
6661	天津财经大学珠江学院	天津	天津	新一线	综合	民办	149	**437**	28	268026	151	171	412	301870	**419**	126	126	433	248295	**447**
6686	西安科技大学高新学院(较高收费)	陕西	西安	新一线	理工	民办	2	**437**	28	268026	—	—	—	—	—	—	—	—	—	—
6701	景德镇艺术职业大学	江西	景德镇	四线	理工	民办	4	**437**	28	268026	2	2	419	288892	**426**	3	3	403	293683	**423**
6813	蚌埠工商学院	安徽	蚌埠	三线	财经	民办	22	**437**	28	268026	22	22	436	256194	**443**	20	20	433	248295	**447**
6895	四川工商学院	四川	眉山	四线	综合	民办	4	**437**	28	268026	4	4	411	303736	**418**	2	2	462	201854	**471**
9828	山西工商学院	山西	太原	二线	财经	民办	17	**437**	28	268026	20	20	407	310959	**414**	14	14	436	243532	**449**
6175	郑州工业应用技术学院	河南	郑州	新一线	理工	民办	2164	**436**	27	269959	1951	1975	427	273612	**434**	1476	1424	400	297990	**421**
6200	商丘学院	河南	商丘	三线	综合	民办	1367	**436**	27	269959	1324	1324	431	265962	**438**	800	800	429	254608	**444**
6503	新乡工程学院	河南	新乡	三线	理工	民办	2900	**436**	27	269959	2600	2860	425	277403	**432**	1900	1800	400	297990	**421**
6702	南昌应用技术师范学院	江西	南昌	二线	理工	民办	11	**436**	27	269959	11	11	418	290759	**425**	12	1	451	219532	**462**
6817	合肥城市学院	安徽	合肥	新一线	理工	民办	44	**436**	27	269959	44	44	427	273612	**434**	26	26	401	296564	**421**
6822	淮北理工学院	安徽	淮北	四线	理工	民办	10	**436**	27	269959	10	10	419	288892	**426**	—	—	—	—	—
6957	浙江理工大学科技与艺术学院	浙江	绍兴	二线	理工	民办	52	**436**	27	269959	52	45	407	310959	**414**	52	52	440	237132	**453**
7604	河北传媒学院	河北	石家庄	二线	艺术	民办	6	**436**	27	269959	—	—	—	—	—	—	—	—	—	—
9538	南昌工学院	江西	南昌	二线	理工	民办	19	**436**	27	269959	16	16	424	279381	**431**	12	12	403	293683	**423**
6185	郑州财经学院	河南	郑州	新一线	财经	民办	3111	**435**	26	271868	3372	3372	417	292646	**424**	2884	2886	433	248295	**447**
6507	安阳学院	河南	安阳	三线	师范	民办	1963	**435**	26	271868	235	235	430	267903	**437**	—	—	—	—	—
6673	武汉设计工程学院	湖北	武汉	新一线	农林	民办	18	**435**	26	271868	17	17	416	294463	**423**	12	12	434	246717	**448**
6686	西安科技大学高新学院	陕西	西安	新一线	理工	民办	2	**435**	26	271868	—	—	—	—	—	—	—	—	—	—
6841	荆州学院	湖北	荆州	三线	理工	民办	91	**435**	26	271868	90	90	427	273612	**434**	77	77	418	271535	**435**
6997	昆明文理学院	云南	昆明	新一线	综合	民办	10	**435**	26	271868	10	10	419	288892	**426**	14	14	429	254608	**444**
7611	浙江树人学院	浙江	绍兴	二线	理工	民办	115	**435**	26	271868	106	106	423	281322	**430**	96	96	434	246717	**448**
8015	吉利学院	四川	成都	新一线	综合	民办	21	**435**	26	271868	7	7	433	262086	**440**	4	4	428	256159	**443**

续表

院校基本信息·本科二批(理科)							2023 年投档情况				2022 年投档情况					2021 年投档情况				
院校代号	院校名称	所在区域	所在地	城市分类	院校类型	院校分类	招生计划	投档线	线差	位次	招生计划	实际投档	投档线	位次	2023 年同位分	招生计划	实际投档	投档线	位次	2023 年同位分
9852	广东科技学院	广东	东莞	新一线	综合	民办	35	**435**	26	271868	30	30	431	265962	**438**	30	30	427	257747	**442**
6906	云南大学滇池学院	云南	昆明	新一线	综合	民办	20	**434**	25	273775	19	19	427	273612	**434**	20	22	417	273082	**434**
6959	浙江农林大学暨阳学院	浙江	绍兴	二线	农林	民办	55	**434**	25	273775	52	52	415	296338	**422**	50	50	430	253042	**444**
6970	浙江财经大学东方学院	浙江	嘉兴	二线	财经	民办	65	**434**	25	273775	65	50	409	307335	**416**	71	71	440	237132	**453**
7622	西安欧亚学院	陕西	西安	新一线	财经	民办	53	**434**	25	273775	51	51	428	271716	**435**	50	53	417	273082	**434**
9539	南昌职业大学	江西	南昌	二线	综合	民办	6	**434**	25	273775	5	5	422	283237	**429**	5	9	416	274530	**433**
6202	商丘学院(应用科技学院,办学地点在开封)	河南	开封	四线	综合	民办	1100	**433**	24	275766	1161	1161	426	275482	**433**	1060	1062	424	262361	**439**
6846	湖北经济学院法商学院	湖北	武汉	新一线	财经	民办	36	**433**	24	275766	32	32	432	263993	**439**	30	33	430	253042	**444**
6857	武汉体育学院体育科技学院	湖北	武汉	新一线	体育	民办	3	**433**	24	275766	3	3	416	294463	**423**	3	3	434	246717	**448**
7229	桂林旅游学院(较高收费)	广西	桂林	三线	财经	公办	4	**433**	24	275766	4	4	418	290759	**425**	4	4	401	296564	**421**
6205	商丘工学院	河南	商丘	三线	理工	民办	2310	**432**	23	277702	2357	2357	425	277403	**432**	2584	2584	419	269968	**435**
6646	青岛工学院	山东	青岛	新一线	综合	民办	104	**432**	23	277702	112	112	420	287021	**427**	107	107	424	262361	**439**
6845	湖北商贸学院	湖北	武汉	新一线	财经	民办	20	**432**	23	277702	25	25	426	275482	**433**	25	29	429	254608	**444**
7628	陕西国际商贸学院	陕西	西安	新一线	财经	民办	28	**432**	23	277702	26	21	406	312751	**413**	23	23	427	257747	**442**
8438	运城职业技术大学	山西	运城	四线	综合	民办	31	**432**	23	277702	18	18	425	277403	**432**	—	—	—	—	—
9432	河北科技学院	河北	唐山	三线	理工	民办	15	**432**	23	277702	16	16	425	277403	**432**	18	18	415	276009	**432**
9554	青岛黄海学院	山东	青岛	新一线	综合	民办	53	**432**	23	277702	47	47	425	277403	**432**	39	39	419	269968	**435**
9848	湖南应用技术学院	湖南	常德	三线	综合	民办	6	**432**	23	277702	6	6	421	285152	**428**	6	5	411	282125	**429**
6226	黄河交通学院	河南	焦作	四线	理工	民办	3250	**431**	22	279582	2973	2973	422	283237	**429**	2710	2712	417	273082	**434**
6661	天津财经大学珠江学院(较高收费)	天津	天津	新一线	综合	民办	10	**431**	22	279582	10	10	424	279381	**431**	10	10	422	265432	**438**
6686	西安科技大学高新学院(其他单列)	陕西	西安	新一线	理工	民办	3	**431**	22	279582	5	3	416	294463	**423**	4	4	430	253042	**444**
6752	天津商业大学宝德学院	天津	天津	新一线	财经	民办	31	**431**	22	279582	31	25	408	309180	**415**	43	43	436	243532	**449**
6974	青岛城市学院	山东	青岛	新一线	理工	民办	30	**431**	22	279582	30	30	420	287021	**427**	30	24	404	292189	**424**
6992	陕西科技大学镐京学院	陕西	西安	新一线	理工	民办	50	**431**	22	279582	50	50	420	287021	**427**	48	48	423	263892	**439**
8121	河北东方学院	河北	廊坊	三线	综合	民办	11	**431**	22	279582	16	16	405	314509	**412**	27	27	436	243532	**449**
5205	贵州财经大学(较高收费)	贵州	贵阳	二线	财经	公办	16	**430**	21	281485	15	15	466	197206	**473**	20	20	463	200256	**472**
6133	黄河科技学院(应用技术学院)	河南	济源	—	理工	民办	1220	**430**	21	281485	1120	1131	421	285152	**428**	1040	1050	417	273082	**434**
6170	郑州师范学院	河南	郑州	新一线	师范	公办	1331	**430**	21	281485	1338	1351	498	138531	**506**	1381	1395	505	135597	**508**

续表

院校基本信息·本科二批(理科)							2023 年投档情况				2022 年投档情况					2021 年投档情况				
院校代号	院校名称	所在区域	所在地	城市分类	院校类型	院校分类	招生计划	投档线	线差	位次	招生计划	实际投档	投档线	位次	2023 年同位分	招生计划	实际投档	投档线	位次	2023 年同位分
6631	华北理工大学轻工学院	河北	唐山	三线	理工	民办	55	**430**	21	281485	55	42	405	314509	**412**	55	57	438	240321	**451**
6662	广州新华学院	广东	东莞	新一线	综合	民办	69	**430**	21	281485	57	63	421	285152	**428**	56	35	404	292189	**424**
6674	广州城市理工学院	广东	广州	一线	理工	民办	88	**430**	21	281485	137	148	419	288892	**426**	126	76	400	297990	**421**
6706	内蒙古鸿德文理学院	内蒙古	呼和浩特	三线	师范	民办	18	**430**	21	281485	18	18	419	288892	**426**	20	20	421	266965	**437**
6980	广州软件学院(较高收费)	广东	广州	一线	理工	民办	6	**430**	21	281485	6	6	407	310959	**414**	—	—	—	—	—
6986	贵阳信息科技学院	贵州	贵阳	二线	综合	民办	12	**430**	21	281485	15	15	423	281322	**430**	12	12	400	297990	**421**
7612	安徽新华学院	安徽	合肥	新一线	理工	民办	30	**430**	21	281485	30	30	426	275482	**433**	30	18	401	296564	**421**
9862	云南经济管理学院	云南	昆明	新一线	财经	民办	26	**430**	21	281485	21	21	417	292646	**424**	13	13	415	276009	**432**
6043	河南牧业经济学院卡洛理工国际学院	河南	郑州	新一线	农林	公办	200	**429**	20	283404	200	200	401	321577	**408**	—	—	—	—	—
6304	河南科技职业大学	河南	周口	三线	理工	民办	3140	**429**	20	283404	2420	2420	421	285152	**428**	1830	1830	417	273082	**434**
6615	上海师范大学天华学院	上海	上海	一线	综合	民办	56	**429**	20	283404	64	64	415	296338	**422**	28	28	425	260851	**440**
6764	河北地质大学华信学院	河北	石家庄	二线	财经	民办	41	**429**	20	283404	41	17	405	314509	**412**	45	45	427	257747	**442**
6870	湘潭理工学院	湖南	湘潭	四线	财经	民办	4	**429**	20	283404	4	4	409	307335	**416**	4	7	433	248295	**447**
6887	桂林信息科技学院	广西	桂林	三线	理工	民办	58	**429**	20	283404	56	38	406	312751	**413**	54	54	421	266965	**437**
6926	保定理工学院	河北	保定	二线	综合	民办	12	**429**	20	283404	12	12	422	283237	**429**	12	12	417	273082	**434**
6939	大连科技学院	辽宁	大连	二线	理工	民办	110	**429**	20	283404	111	111	418	290759	**425**	121	121	417	273082	**434**
6994	延安大学西安创新学院	陕西	西安	新一线	综合	民办	8	**429**	20	283404	8	8	420	287021	**427**	18	18	426	259330	**441**
7608	上海杉达学院(较高收费)	上海	上海	一线	财经	民办	3	**429**	20	283404	3	3	442	244367	**449**	2	2	450	221117	**461**
9553	山东现代学院	山东	济南	二线	综合	民办	79	**429**	20	283404	162	162	419	288892	**426**	138	138	412	280640	**430**
6682	福建师范大学协和学院(较高收费)	福建	福州	二线	综合	民办	6	**428**	19	285277	9	6	408	309180	**415**	5	5	431	251493	**445**
6825	厦门工学院	福建	厦门	二线	理工	民办	193	**428**	19	285277	196	196	416	294463	**423**	172	172	407	287920	**426**
6908	昆明城市学院	云南	昆明	新一线	综合	民办	20	**428**	19	285277	11	11	423	281322	**430**	12	12	408	286455	**427**
8127	河北工程技术学院	河北	石家庄	二线	财经	民办	57	**428**	19	285277	10	10	426	275482	**433**	10	10	402	295123	**422**
8218	山东外国语职业技术大学	山东	日照	四线	语言	民办	12	**428**	19	285277	13	13	406	312751	**413**	10	10	422	265432	**438**
8258	西安信息职业大学	陕西	西安	新一线	理工	民办	95	**428**	19	285277	96	96	423	281322	**430**	81	81	418	271535	**435**
8720	江西应用科技学院	江西	南昌	二线	综合	民办	5	**428**	19	285277	5	5	420	287021	**427**	4	7	409	284988	**428**
9259	陕西服装工程学院	陕西	西安	新一线	理工	民办	11	**428**	19	285277	13	15	420	287021	**427**	11	11	417	273082	**434**

续表

院校基本信息·本科二批(理科)							2023 年投档情况				2022 年投档情况					2021 年投档情况				
院校代号	院校名称	所在区域	所在地	城市分类	院校类型	院校分类	招生计划	投档线	线差	位次	招生计划	实际投档	投档线	位次	2023 年同位分	招生计划	实际投档	投档线	位次	2023 年同位分
9381	泉州职业技术大学	福建	泉州	二线	综合	民办	45	**428**	19	285277	25	25	419	288892	**426**	25	25	417	273082	**434**
9540	江西服装学院	江西	南昌	二线	艺术	民办	4	**428**	19	285277	3	17	405	314509	**412**	7	7	417	273082	**434**
9592	广东东软学院	广东	佛山	二线	理工	民办	27	**428**	19	285277	27	27	415	296338	**422**	22	22	425	260851	**440**
9845	山东华宇工学院	山东	德州	三线	理工	民办	75	**428**	19	285277	70	70	420	287021	**427**	50	38	400	297990	**421**
9870	新疆天山职业技术大学	新疆	乌鲁木齐	三线	理工	民办	142	**428**	19	285277	85	85	420	287021	**427**	43	43	427	257747	**442**
6595	四川文化艺术学院	四川	绵阳	三线	艺术	民办	21	**427**	18	287135	17	17	416	294463	**423**	5	11	428	256159	**443**
6655	大连财经学院	辽宁	大连	二线	财经	民办	65	**427**	18	287135	64	64	410	305497	**417**	62	62	422	265432	**438**
6675	广州南方学院	广东	广州	一线	综合	民办	27	**427**	18	287135	21	21	419	288892	**426**	26	27	409	284988	**428**
6684	闽南科技学院	福建	泉州	二线	理工	民办	15	**427**	18	287135	22	11	410	305497	**417**	22	22	429	254608	**444**
6791	长春光华学院	吉林	长春	二线	综合	民办	15	**427**	18	287135	10	10	417	292646	**424**	7	2	407	287920	**426**
6806	黑龙江财经学院	黑龙江	哈尔滨	二线	财经	民办	16	**427**	18	287135	24	24	421	285152	**428**	24	40	417	273082	**434**
6907	丽江文化旅游学院	云南	丽江	五线	综合	民办	72	**427**	18	287135	74	74	411	303736	**418**	77	83	414	277505	**432**
6909	云南艺术学院文华学院	云南	昆明	新一线	艺术	民办	5	**427**	18	287135	3	3	407	310959	**414**	2	2	431	251493	**445**
6998	昆明理工大学津桥学院	云南	昆明	新一线	理工	民办	30	**427**	18	287135	30	30	407	310959	**414**	30	30	429	254608	**444**
7622	西安欧亚学院(较高收费)	陕西	西安	新一线	财经	民办	2	**427**	18	287135	—	—	—	—	—	—	—	—	—	—
9378	厦门华厦学院	福建	厦门	二线	综合	民办	44	**427**	18	287135	44	38	405	314509	**412**	31	31	422	265432	**438**
9493	浙江广厦建设职业技术大学	浙江	金华	二线	综合	民办	20	**427**	18	287135	21	21	417	292646	**424**	—	—	—	—	—
9551	青岛恒星科技学院	山东	青岛	新一线	综合	民办	20	**427**	18	287135	20	20	415	296338	**422**	25	25	417	273082	**434**
9866	西安汽车职业大学	陕西	西安	新一线	理工	民办	120	**427**	18	287135	125	125	418	290759	**425**	119	119	415	276009	**432**
6601	天津仁爱学院	天津	天津	新一线	综合	民办	277	**426**	17	289014	287	287	417	292646	**424**	323	253	401	296564	**421**
6786	沈阳工学院	辽宁	抚顺	五线	理工	民办	130	**426**	17	289014	126	126	416	294463	**423**	154	154	416	274530	**433**
6807	哈尔滨广厦学院	黑龙江	哈尔滨	二线	综合	民办	20	**426**	17	289014	6	6	419	288892	**426**	22	22	417	273082	**434**
6809	哈尔滨剑桥学院	黑龙江	哈尔滨	二线	综合	民办	15	**426**	17	289014	30	27	405	314509	**412**	28	51	414	277505	**432**
6888	南宁理工学院	广西	桂林	三线	理工	民办	64	**426**	17	289014	52	102	415	296338	**422**	68	15	401	296564	**421**
6910	兰州博文科技学院	甘肃	兰州	三线	理工	民办	41	**426**	17	289014	31	31	423	281322	**430**	31	29	400	297990	**421**
6911	兰州信息科技学院	甘肃	兰州	三线	理工	民办	104	**426**	17	289014	88	88	425	277403	**432**	44	25	400	297990	**421**
6943	大连东软信息学院	辽宁	大连	二线	理工	民办	128	**426**	17	289014	126	126	420	287021	**427**	147	167	419	269968	**435**
6993	西安工商学院	陕西	西安	新一线	理工	民办	75	**426**	17	289014	70	70	427	273612	**434**	60	60	424	262361	**439**
7601	仰恩大学	福建	泉州	二线	综合	民办	10	**426**	17	289014	10	10	423	281322	**430**	8	8	425	260851	**440**

续表

院校基本信息·本科二批(理科)							2023 年投档情况				2022 年投档情况					2021 年投档情况				
院校代号	院校名称	所在区域	所在地	城市分类	院校类型	院校分类	招生计划	投档线	线差	位次	招生计划	实际投档	投档线	位次	2023 年同位分	招生计划	实际投档	投档线	位次	2023 年同位分
7625	宁夏理工学院	宁夏	石嘴山	五线	综合	民办	474	**426**	17	289014	456	465	408	309180	**415**	382	382	420	268493	**436**
8668	安徽外国语学院	安徽	合肥	新一线	语言	民办	13	**426**	17	289014	15	15	421	285152	**428**	10	7	402	295123	**422**
9061	南宁学院	广西	南宁	二线	理工	民办	40	**426**	17	289014	25	25	423	281322	**430**	25	25	440	237132	**453**
9436	河北外国语学院	河北	石家庄	二线	综合	民办	10	**426**	17	289014	10	9	410	305497	**417**	25	25	422	265432	**438**
6180	郑州科技学院(较高收费)	河南	郑州	新一线	理工	民办	120	**425**	16	290883	120	120	430	267903	**437**	120	120	424	262361	**439**
6654	辽宁理工学院	辽宁	锦州	四线	综合	民办	134	**425**	16	290883	122	122	414	298177	**421**	126	126	413	279013	**431**
6707	银川科技学院	宁夏	银川	三线	综合	民办	86	**425**	16	290883	87	87	418	290759	**425**	84	84	413	279013	**431**
6787	沈阳科技学院	辽宁	沈阳	二线	理工	民办	114	**425**	16	290883	113	113	414	298177	**421**	105	105	415	276009	**432**
6794	长春电子科技学院	吉林	长春	二线	理工	民办	95	**425**	16	290883	87	87	418	290759	**425**	87	11	400	297990	**421**
6796	长春人文学院	吉林	长春	二线	综合	民办	49	**425**	16	290883	48	48	415	296338	**422**	60	7	403	293683	**423**
6799	长春科技学院	吉林	长春	二线	综合	民办	223	**425**	16	290883	215	215	416	294463	**423**	221	51	400	297990	**421**
6800	吉林师范大学博达学院	吉林	四平	五线	师范	民办	38	**425**	16	290883	38	38	422	283237	**429**	37	17	401	296564	**421**
6832	泰山科技学院	山东	泰安	三线	综合	民办	15	**425**	16	290883	18	18	406	312751	**413**	20	21	424	262361	**439**
6879	广州商学院	广东	广州	一线	财经	民办	7	**425**	16	290883	6	10	407	310959	**414**	8	8	443	232325	**455**
6882	柳州工学院	广西	柳州	三线	理工	民办	100	**425**	16	290883	100	100	423	281322	**430**	100	100	405	290800	**425**
7620	广东培正学院	广东	广州	一线	财经	民办	20	**425**	16	290883	14	10	408	309180	**415**	10	10	416	274530	**433**
8390	哈尔滨信息工程学院	黑龙江	哈尔滨	二线	理工	民办	67	**425**	16	290883	65	65	416	294463	**423**	64	79	417	273082	**434**
9730	福州理工学院	福建	福州	二线	财经	民办	32	**425**	16	290883	32	19	406	312751	**413**	47	47	427	257747	**442**
9830	辽宁理工职业大学	辽宁	锦州	四线	理工	民办	12	**425**	16	290883	9	9	420	287021	**427**	—	—	—	—	—
6793	长春工业大学人文信息学院	吉林	长春	二线	理工	民办	63	**424**	15	292709	42	42	407	310959	**414**	42	6	411	282125	**429**
6795	长春财经学院	吉林	长春	二线	财经	民办	49	**424**	15	292709	40	40	417	292646	**424**	44	10	403	293683	**423**
6802	哈尔滨石油学院	黑龙江	哈尔滨	二线	理工	民办	159	**424**	15	292709	133	133	416	294463	**423**	113	113	414	277505	**432**
6804	哈尔滨华德学院	黑龙江	哈尔滨	二线	理工	民办	157	**424**	15	292709	37	37	411	303736	**418**	37	37	417	273082	**434**
6805	哈尔滨远东理工学院	黑龙江	哈尔滨	二线	理工	民办	54	**424**	15	292709	49	49	410	305497	**417**	49	52	414	277505	**432**
6889	重庆移通学院(较高收费)	重庆	重庆	新一线	理工	民办	16	**424**	15	292709	8	13	411	303736	**418**	3	3	402	295123	**422**
7621	西安翻译学院	陕西	西安	新一线	语言	民办	43	**424**	15	292709	37	37	425	277403	**432**	37	41	422	265432	**438**
7630	闽南理工学院	福建	泉州	二线	理工	民办	60	**424**	15	292709	62	62	412	301870	**419**	65	65	419	269968	**435**
8226	广西城市职业大学	广西	崇左	五线	综合	民办	30	**424**	15	292709	15	15	412	301870	**419**	10	10	415	276009	**432**
8778	山东英才学院	山东	济南	二线	综合	民办	17	**424**	15	292709	17	17	408	309180	**415**	12	12	419	269968	**435**

续表

院校基本信息·本科二批(理科)							2023 年投档情况				2022 年投档情况					2021 年投档情况				
院校代号	院校名称	所在区域	所在地	城市分类	院校类型	院校分类	招生计划	投档线	线差	位次	招生计划	实际投档	投档线	位次	2023 年同位分	招生计划	实际投档	投档线	位次	2023 年同位分
5005	海南医学院(较高收费)	海南	海口	三线	医药	公办	9	**423**	14	294589	—	—	—	—	—	—	—	—	—	—
5994	郑州西亚斯学院(中外合作办学)	河南	郑州	新一线	综合	民办	663	**423**	14	294589	544	594	411	303736	**418**	488	488	412	280640	**430**
6510	郑州商学院(较高收费)	河南	郑州	新一线	财经	民办	120	**423**	14	294589	120	120	409	307335	**416**	—	—	—	—	—
6614	辽宁财贸学院	辽宁	葫芦岛	五线	综合	民办	52	**423**	14	294589	50	50	417	292646	**424**	40	60	410	283600	**428**
6640	温州商学院	浙江	温州	二线	综合	民办	63	**423**	14	294589	62	62	407	310959	**414**	58	58	417	273082	**434**
6656	大连工业大学艺术与信息工程学院	辽宁	大连	二线	理工	民办	81	**423**	14	294589	78	78	413	300059	**420**	84	84	414	277505	**432**
6670	辽宁师范大学海华学院	辽宁	大连	二线	师范	民办	57	**423**	14	294589	50	50	411	303736	**418**	53	53	417	273082	**434**
6671	沈阳城市建设学院	辽宁	沈阳	二线	理工	民办	108	**423**	14	294589	111	111	411	303736	**418**	120	120	414	277505	**432**
6676	广东外语外贸大学南国商学院	广东	广州	一线	财经	民办	6	**423**	14	294589	6	6	412	301870	**419**	6	6	429	254608	**444**
6792	长春大学旅游学院	吉林	长春	二线	综合	民办	57	**423**	14	294589	55	55	416	294463	**423**	56	13	402	295123	**422**
6797	吉林建筑科技学院	吉林	长春	二线	理工	民办	108	**423**	14	294589	88	88	419	288892	**426**	99	42	400	297990	**421**
6798	长春建筑学院	吉林	长春	二线	理工	民办	170	**423**	14	294589	142	142	418	290759	**425**	142	47	400	297990	**421**
7607	黑龙江东方学院	黑龙江	哈尔滨	二线	综合	民办	101	**423**	14	294589	101	101	418	290759	**425**	90	90	410	283600	**428**
8609	宁波财经学院	浙江	宁波	新一线	理工	民办	70	**423**	14	294589	70	70	416	294463	**423**	72	76	426	259330	**441**
9858	广西外国语学院	广西	南宁	二线	综合	民办	23	**423**	14	294589	22	22	406	312751	**413**	22	25	424	262361	**439**
6601	天津仁爱学院(其他单列)	天津	天津	新一线	综合	民办	50	**422**	13	296409	47	47	418	290759	**425**	—	—	—	—	—
6652	沈阳城市学院	辽宁	沈阳	二线	综合	民办	81	**422**	13	296409	80	80	417	292646	**424**	82	82	414	277505	**432**
6969	北京邮电大学世纪学院	北京	北京	一线	综合	民办	148	**422**	13	296409	149	176	408	309180	**415**	146	172	412	280640	**430**
6984	东莞城市学院	广东	东莞	新一线	理工	民办	27	**422**	13	296409	26	26	413	300059	**420**	13	12	403	293683	**423**
7603	吉林外国语大学	吉林	长春	二线	语言	民办	80	**422**	13	296409	64	64	420	287021	**427**	67	64	400	297990	**421**
7608	上海杉达学院	上海	上海	一线	财经	民办	125	**422**	13	296409	116	106	405	314509	**412**	122	122	421	266965	**437**
8389	齐齐哈尔工程学院	黑龙江	齐齐哈尔	四线	综合	民办	121	**422**	13	296409	119	119	415	296338	**422**	110	132	413	279013	**431**
9727	泉州信息工程学院	福建	泉州	二线	理工	民办	101	**422**	13	296409	96	96	423	281322	**430**	82	82	420	268493	**436**
9851	广东理工学院	广东	肇庆	三线	理工	民办	34	**422**	13	296409	29	29	408	309180	**415**	27	27	425	260851	**440**
6687	广州华商学院	广东	广州	一线	财经	民办	17	**421**	12	298246	8	8	412	301870	**419**	10	10	417	273082	**434**
6689	福建农林大学金山学院(较高收费)	福建	福州	二线	农林	民办	3	**421**	12	298246	3	1	418	290759	**425**	3	3	414	277505	**432**
6803	黑龙江工商学院	黑龙江	哈尔滨	二线	农林	民办	106	**421**	12	298246	100	100	414	298177	**421**	128	128	412	280640	**430**
6810	黑龙江工程学院昆仑旅游学院	黑龙江	哈尔滨	二线	理工	民办	341	**421**	12	298246	348	348	408	309180	**415**	100	111	412	280640	**430**
6981	广州华立学院	广东	广州	一线	理工	民办	22	**421**	12	298246	22	22	410	305497	**417**	13	13	420	268493	**436**

续表

院校基本信息·本科二批(理科)							2023年投档情况				2022年投档情况					2021年投档情况				
院校代号	院校名称	所在区域	所在地	城市分类	院校类型	院校分类	招生计划	投档线	线差	位次	招生计划	实际投档	投档线	位次	2023年同位分	招生计划	实际投档	投档线	位次	2023年同位分
7609	上海建桥学院(较高收费)	上海	上海	一线	综合	民办	5	**421**	12	298246	9	12	406	312751	**413**	6	5	401	296564	**421**
7609	上海建桥学院(特殊类型)	上海	上海	一线	综合	民办	5	**421**	12	298246	—	—	—	—	—	—	—	—	—	—
7618	湖南涉外经济学院	湖南	长沙	新一线	综合	民办	53	**421**	12	298246	51	31	405	314509	**412**	49	49	421	266965	**437**
7635	天津天狮学院	天津	天津	新一线	综合	民办	75	**421**	12	298246	84	46	405	314509	**412**	62	62	427	257747	**442**
8454	上海中侨职业技术大学	上海	上海	一线	综合	民办	65	**421**	12	298246	59	62	407	310959	**414**	28	28	410	283600	**428**
8596	浙江越秀外国语学院	浙江	绍兴	二线	语言	民办	34	**421**	12	298246	25	13	406	312751	**413**	26	26	422	265432	**438**
8665	安徽文达信息工程学院	安徽	合肥	新一线	理工	民办	69	**421**	12	298246	61	61	431	265962	**438**	41	41	425	260851	**440**
8720	江西应用科技学院(较高收费)	江西	南昌	二线	综合	民办	2	**421**	12	298246	2	2	412	301870	**419**	—	—	—	—	—
3525	沈阳师范大学(特殊类型)	辽宁	沈阳	二线	师范	保研资格	4	**420**	11	300076	—	—	—	—	—	—	—	—	—	—
6610	北京工业大学耿丹学院	北京	北京	一线	综合	民办	26	**420**	11	300076	14	14	410	305497	**417**	15	23	411	282125	**429**
6675	广州南方学院(较高收费)	广东	广州	一线	综合	民办	4	**420**	11	300076	4	4	405	314509	**412**	—	—	—	—	—
6808	黑龙江外国语学院	黑龙江	哈尔滨	二线	师范	民办	45	**420**	11	300076	45	45	414	298177	**421**	35	45	414	277505	**432**
6971	华南农业大学珠江学院	广东	广州	一线	农林	民办	10	**420**	11	300076	5	5	429	269806	**436**	4	4	420	268493	**436**
7603	吉林外国语大学(较高收费)	吉林	长春	二线	语言	民办	5	**420**	11	300076	6	6	413	300059	**420**	4	3	401	296564	**421**
7606	辽宁对外经贸学院	辽宁	大连	二线	财经	民办	90	**420**	11	300076	93	93	411	303736	**418**	106	116	410	283600	**428**
7609	上海建桥学院	上海	上海	一线	综合	民办	190	**420**	11	300076	194	210	405	314509	**412**	181	181	411	282125	**429**
7636	海口经济学院	海南	海口	三线	财经	民办	69	**420**	11	300076	89	94	408	309180	**415**	40	65	408	286455	**427**
8216	山东工程职业技术大学	山东	济南	二线	理工	民办	5	**420**	11	300076	7	7	423	281322	**430**	7	7	420	268493	**436**
8664	安徽三联学院	安徽	合肥	新一线	理工	民办	35	**420**	11	300076	20	20	424	279381	**431**	9	9	420	268493	**436**
9728	福州外语外贸学院	福建	福州	二线	财经	民办	83	**420**	11	300076	75	41	405	314509	**412**	60	60	422	265432	**438**
9868	银川能源学院	宁夏	银川	三线	理工	民办	27	**420**	11	300076	25	25	423	281322	**430**	23	23	415	276009	**432**
6675	广州南方学院(其他单列)	广东	广州	一线	综合	民办	4	**419**	10	301909	3	1	406	312751	**413**	—	—	—	—	—
6683	福州工商学院	福建	福州	二线	理工	民办	35	**419**	10	301909	35	35	419	288892	**426**	35	35	419	269968	**435**
6879	广州商学院(其他单列)	广东	广州	一线	财经	民办	15	**419**	10	301909	13	9	405	314509	**412**	12	12	413	279013	**431**
6913	兰州工商学院	甘肃	兰州	三线	财经	民办	23	**419**	10	301909	18	18	424	279381	**431**	20	20	406	289382	**425**
7254	四川旅游学院(较高收费)	四川	成都	新一线	综合	公办	5	**419**	10	301909	—	—	—	—	—	—	—	—	—	—
9850	广东工商职业技术大学	广东	肇庆	三线	综合	民办	30	**419**	10	301909	—	—	—	—	—	—	—	—	—	—
6975	三亚学院(其他单列)	海南	三亚	三线	综合	民办	8	**418**	9	303789	5	5	407	310959	**414**	5	5	416	274530	**433**
9727	泉州信息工程学院(较高收费)	福建	泉州	二线	理工	民办	15	**418**	9	303789	20	15	406	312751	**413**	15	15	413	279013	**431**

续表

院校基本信息 · 本科二批(理科)							2023 年投档情况				2022 年投档情况					2021 年投档情况				
院校代号	院校名称	所在区域	所在地	城市分类	院校类型	院校分类	招生计划	投档线	线差	位次	招生计划	实际投档	投档线	位次	2023 年同位分	招生计划	实际投档	投档线	位次	2023 年同位分
5665	榆林学院(其他单列)	陕西	榆林	四线	师范	公办	4	**417**	8	305605	—	—	—	—	—	—	—	—	—	—
9133	四川电影电视学院	四川	成都	新一线	艺术	民办	2	**417**	8	305605	1	1	478	174690	**486**	1	1	464	198637	**473**
6681	阳光学院	福建	福州	二线	理工	民办	84	**416**	7	307409	75	75	413	300059	**420**	59	59	414	277505	**432**
6681	阳光学院(较高收费)	福建	福州	二线	理工	民办	6	**416**	7	307409	7	7	414	298177	**421**	6	2	401	296564	**421**
6985	成都银杏酒店管理学院	四川	成都	新一线	财经	民办	6	**416**	7	307409	4	5	431	265962	**438**	19	19	414	277505	**432**
9853	广州工商学院	广东	佛山	二线	综合	民办	35	**416**	7	307409	5	18	405	314509	**412**	3	6	415	276009	**432**
6215	河南财政金融学院	河南	郑州	新一线	财经	公办	2054	**415**	6	309237	1995	1995	483	165467	**491**	2091	2091	486	164055	**491**
6879	广州商学院(较高收费)	广东	广州	一线	财经	民办	4	**415**	6	309237	2	2	406	312751	**413**	—	—	—	—	—
8596	浙江越秀外国语学院(较高收费)	浙江	绍兴	二线	语言	民办	2	**415**	6	309237	2	2	421	285152	**428**	2	2	411	282125	**429**
9083	海南科技职业大学	海南	海口	三线	理工	民办	112	**415**	6	309237	134	134	414	298177	**421**	79	81	413	279013	**431**
6975	三亚学院	海南	三亚	三线	综合	民办	111	**414**	5	311112	114	114	424	279381	**431**	137	137	411	282125	**429**
7609	上海建桥学院(其他单列)	上海	上海	一线	综合	民办	1	**412**	3	314815	1	1	449	230549	**456**	—	—	—	—	—
5575	三明学院(较高收费)	福建	三明	四线	综合	公办	25	**411**	2	316583	23	23	440	248312	**447**	39	31	400	297990	**421**
6975	三亚学院(较高收费)	海南	三亚	三线	综合	民办	2	**411**	2	316583	2	2	416	294463	**423**	—	—	—	—	—
8461	上海兴伟学院	上海	上海	一线	理工	民办	10	**411**	2	316583	10	4	407	310959	**414**	10	10	408	286455	**427**
4860	岭南师范学院(较高收费)	广东	湛江	三线	师范	公办	3	**410**	1	318459	2	2	449	230549	**456**	5	5	434	246717	**448**
6597	北京第二外国语学院中瑞酒店管理学院	北京	北京	一线	语言	民办	41	**410**	1	318459	49	15	405	314509	**412**	27	59	402	295123	**422**
9835	上海立达学院	上海	上海	一线	综合	民办	118	**410**	1	318459	120	59	405	314509	**412**	81	85	407	287920	**426**
9853	广州工商学院(较高收费)	广东	佛山	二线	综合	民办	23	**410**	1	318459	—	—	—	—	—	—	—	—	—	—
6072	南阳师范学院(中外合作办学)(较高收费)	河南	南阳	三线	师范	公办	30	**409**	0	320263	—	—	—	—	—	—	—	—	—	—
6597	北京第二外国语学院中瑞酒店管理学院(较高收费)	北京	北京	一线	语言	民办	9	**409**	0	320263	5	3	407	310959	**414**	3	5	401	296564	**421**
6933	首都师范大学科德学院	北京	北京	一线	语言	民办	4	**409**	0	320263	4	6	408	309180	**415**	3	10	404	292189	**424**
6934	北京工商大学嘉华学院	北京	北京	一线	财经	民办	22	**409**	0	320263	19	20	406	312751	**413**	18	30	408	286455	**427**
6946	上海外国语大学贤达经济人文学院	上海	上海	一线	财经	民办	39	**409**	0	320263	30	30	406	312751	**413**	44	44	410	283600	**428**

续表

院校基本信息·本科二批(理科)							2023 年投档情况				2022 年投档情况					2021 年投档情况				
院校代号	院校名称	所在区域	所在地	城市分类	院校类型	院校分类	招生计划	投档线	线差	位次	招生计划	实际投档	投档线	位次	2023 年同位分	招生计划	实际投档	投档线	位次	2023 年同位分
6946	上海外国语大学贤达经济人文学院(较高收费)	上海	上海	一线	财经	民办	13	**409**	0	320263	16	7	408	309180	**415**	13	15	407	287920	**426**
4685	湖南人文科技学院(较高收费)	湖南	娄底	四线	师范	公办	2	无	—	无	2	2	453	222608	**460**	2	2	462	201854	**471**
6045	河南牧业经济学院(较高收费)	河南	郑州	新一线	农林	公办	683	**406**	-3	325658	—	—	—	—	—	—	—	—	—	—

第五节　河南省 2021—2023 年普通高校招生平行投档信息统计表格说明

一、院校基本信息

1. 院校代号:4 位数字,河南省教育考试院给各个招生院校编制的代号,仅为方便河南考生网上填报高考志愿使用,无其他含义。

2. 院校名称:各招生单位的名称。如同一院校有若干个招生计划,河南省教育考试院一般情况下会在主招生计划以外的单列招生计划的院校名称后面加上不同的标注,以便区分。

3. 所在区域:高校所在的省份或直辖市,本书以高校实际所在区域进行标注。

4. 所在地:高校所在的城市,本书以高校实际所在城市进行标注。省管县(市、区)如有代管城市,标注的是其代管城市;如昆山市是江苏省辖县级市,由苏州市代管,则所在地标注为其代管城市"苏州"。省管县(市、区)如无代管城市,直接标注省管县(市、区)名称。

5. 城市分类:数据来源于"第一财经·新一线城市研究所"发布的《2023 城市商业魅力排行榜》。"第一财经·新一线城市研究所"围绕商业资源集聚度、城市枢纽性、城市人活跃度、生活方式多样性和未来可塑性五大一级维度,透过近 200 个主流消费品牌的商业门店数据、17 家互联网公司和数据机构的城市大数据,评估 337 座地级及以上城市的发展情况。算法综合"第一财经·新一线城市研究所"专家委员会打分的方式及主成分分析法综合得出最终结果,评选出一线城市、新一线城市、二线城市、三线城市、四线城市、五线城市。

6. 院校类型:根据教育部对学科门类的划分和高校各学科门类的比例,对高校进行类别的划分,主要反映大学的学科特点。

7. 院校分类

(1)原 985、原 211:2017 年教育部公布"'双一流'建设高校及建设学科名单"后,将"985 工程"和"211 工程"等重点建设项目统筹为"双一流"建设。但由于社会上目前比较认可的还是"985 工程"和"211 工程",本书特将原"985 工程"标注为"原 985",将原"211 工程"但未入选原"985 工程"标注为"原 211"。

(2)双一流:原 985、原 211 高校均入选"双一流",另有 32 所非原 985、非原 211 高校入选"双一流",本书中标注"双一流"的为此 32 所高校。

(3)中外合作:本书中标注的"中外合作"指的是独立法人的中外合作办学机构,均为民营机制高校。

(4)内港合作:本书中标注的"内港合作"指的是独立法人的内港合作办学机构,均为民营机制高校。

(5)保研资格:全国 366 所高校具有推荐优秀应届本科毕业生免试攻读硕士研究生(俗称"保研")资格,本书将未入选"双一流"的具有保研资格的高校标注为"保研资格"。

(6)公办:本书中标注的"公办"指的是不具备"推荐优秀应届本科毕业生免试攻读硕士研究生资格"的其他公办高校。

(7)民办:本书中标注的"民办"指的是除标注"中外合作""内港合作"外的所有民营机制的高校。

二、投档情况

1. 招生计划:当年该招生单位在河南省投放的招生计划人数。

2. 实际投档:当年该招生单位在河南省投档中实际投档的人数。如果实际投档人数大于或等于招生计划,说明该校当年在河南省投档满额;如果实际投档人数小于招生计划,说明该校当年在河南省投档未满额;2023 年本科一批、本科二批各院校平行志愿实际投档人数,河南省教育考试院暂未公布,故本书没有注明。

3. 投档线:当年该招生单位在河南省实际投档的最后一名考生的成绩。

4. 线差:当年该招生单位在河南省实际投档的最后一名考生的成绩与该招生单位所在招生批次的录取控制线(批次线)的差值。

5. 位次:当年该招生单位在河南省实际投档的最后一名考生的成绩对应的最低位次。

6. 2023 年同位次分数:2022 年、2021 年投档线按照位次换算的 2023 年分数,以便直观了解各高校近三年在河南省投档的波动情况。

第六章 “双一流”建设学科

世界一流大学和一流学科建设，简称“双一流”。建设世界一流大学和一流学科，是中共中央、国务院作出的重大战略决策，也是中国高等教育领域继“211 工程”“985 工程”之后的又一国家战略，有利于提升中国高等教育综合实力和国际竞争力，为实现“两个一百年”奋斗目标和实现中华民族伟大复兴的中国梦提供有力支撑。“双一流”建设吹响了中国高校冲刺国际前列、打造世界顶尖学府和顶尖学科的“冲锋号”。

2015 年 8 月 18 日，中央全面深化改革领导小组会议审议通过《统筹推进世界一流大学和一流学科建设总体方案》，对新时期高等教育重点建设做出新部署，**将“211 工程”“985 工程”及“优势学科创新平台”等重点建设项目，统一纳入世界一流大学和一流学科建设，**并于同年 11 月由国务院印发，决定统筹推进建设世界一流大学和一流学科。

2017 年 9 月 21 日，教育部、财政部、国家发展和改革委员会联合发布《关于公布世界一流大学和一流学科建设高校及建设学科名单的通知》，正式公布世界一流大学和一流学科建设高校及建设学科名单，首批双一流建设高校共计 137 所，其中世界一流大学建设高校 42 所（A 类 36 所，B 类 6 所），世界一流学科建设高校 95 所；双一流建设学科共计 465 个（其中自定学科 44 个）。

2022 年 2 月 14 日，教育部、财政部、国家发展改革委公布《第二轮“双一流”建设高校及建设学科名单》，公布第二轮“双一流”建设高校及建设学科名单和给予公开警示（含撤销）的首轮建设学科名单。公布的名单共有建设高校 147 所，不再区分一流大学建设高校和一流学科建设高校。建设学科中数学、物理、化学、生物学等基础学科布局 59 个、工程类学科 180 个、哲学社会科学学科 92 个。北京大学、清华大学自主建设的学科自行公布。

“双一流”重点在“建设”，可能目前部分高校入选学科的实力和世界一流学科相比还有一定的差距，但入选后受到政策和资金的支持，将会迎来飞速的发展。现将入选学科进行汇总（见表 6-1），以供参考。

表 6-1 第二轮“双一流”建设学科汇总

首字母	院校名称	第二轮“双一流”建设学科
A	安徽大学	材料科学与工程
B	北京大学	自主确定建设学科并自行公布
B	北京工业大学	土木工程
B	北京航空航天大学	力学、仪器科学与技术、材料科学与工程、控制科学与工程、计算机科学与技术、交通运输工程、航空宇航科学与技术、软件工程
B	北京化工大学	化学工程与技术
B	北京交通大学	系统科学
B	北京科技大学	科学技术史、材料科学与工程、冶金工程、矿业工程
B	北京理工大学	物理学、材料科学与工程、控制科学与工程、兵器科学与技术

续表

首字母	院校名称	第二轮“双一流”建设学科
B	北京林业大学	风景园林学、林学
B	北京师范大学	哲学、教育学、心理学、中国语言文学、外国语言文学、中国史、数学、地理学、系统科学、生态学、环境科学与工程、戏剧与影视学
B	北京体育大学	体育学
B	北京外国语大学	外国语言文学
B	北京协和医学院	生物学、生物医学工程、临床医学、公共卫生与预防医学、药学
B	北京邮电大学	信息与通信工程、计算机科学与技术
B	北京中医药大学	中医学、中西医结合、中药学
C	长安大学	交通运输工程
C	成都理工大学	地质资源与地质工程
C	成都中医药大学	中药学
C	重庆大学	机械工程、电气工程、土木工程
D	大连海事大学	交通运输工程
D	大连理工大学	力学、机械工程、化学工程与技术
D	电子科技大学	电子科学与技术、信息与通信工程
D	东北大学	冶金工程、控制科学与工程
D	东北林业大学	林业工程、林学
D	东北农业大学	畜牧学
D	东北师范大学	马克思主义理论、教育学、世界史、化学、统计学、材料科学与工程
D	东华大学	材料科学与工程、纺织科学与工程
D	东南大学	机械工程、材料科学与工程、电子科学与技术、信息与通信工程、控制科学与工程、计算机科学与技术、建筑学、土木工程、交通运输工程、生物医学工程、风景园林学、艺术学理论
D	对外经济贸易大学	应用经济学
F	福州大学	化学
F	复旦大学	哲学、应用经济学、政治学、马克思主义理论、中国语言文学、外国语言文学、中国史、数学、物理学、化学、生物学、生态学、材料科学与工程、环境科学与工程、基础医学、临床医学、公共卫生与预防医学、中西医结合、药学、集成电路科学与工程
G	广西大学	土木工程
G	广州医科大学	临床医学
G	广州中医药大学	中医学
G	贵州大学	植物保护
G	国防科技大学	信息与通信工程、计算机科学与技术、航空宇航科学与技术、软件工程、管理科学与工程
H	哈尔滨工程大学	船舶与海洋工程
H	哈尔滨工业大学	力学、机械工程、材料科学与工程、控制科学与工程、计算机科学与技术、土木工程、航空宇航科学与技术、环境科学与工程
H	海军军医大学	基础医学
H	海南大学	作物学

续表

首字母	院校名称	第二轮“双一流”建设学科
H	合肥工业大学	管理科学与工程
H	河北工业大学	电气工程
H	河海大学	水利工程、环境科学与工程
H	河南大学	生物学
H	湖南大学	化学、机械工程、电气工程
H	湖南师范大学	外国语言文学
H	华北电力大学	电气工程
H	华东理工大学	化学、材料科学与工程、化学工程与技术
H	华东师范大学	教育学、生态学、统计学
H	华南理工大学	化学、材料科学与工程、轻工技术与工程、食品科学与工程
H	华南农业大学	作物学
H	华南师范大学	物理学
H	华中科技大学	机械工程、光学工程、材料科学与工程、动力工程及工程热物理、电气工程、计算机科学与技术、基础医学、临床医学、公共卫生与预防医学
H	华中农业大学	生物学、园艺学、畜牧学、兽医学、农林经济管理
H	华中师范大学	政治学、教育学、中国语言文学
J	吉林大学	考古学、数学、物理学、化学、生物学、材料科学与工程
J	暨南大学	药学
J	江南大学	轻工技术与工程、食品科学与工程
K	空军军医大学	临床医学
L	兰州大学	化学、大气科学、生态学、草学
L	辽宁大学	应用经济学
N	南昌大学	材料科学与工程
N	南方科技大学	数学
N	南京大学	哲学、理论经济学、中国语言文学、外国语言文学、物理学、化学、天文学、大气科学、地质学、生物学、材料科学与工程、计算机科学与技术、化学工程与技术、矿业工程、环境科学与工程、图书情报与档案管理
N	南京航空航天大学	力学、控制科学与工程、航空宇航科学与技术
N	南京理工大学	兵器科学与技术
N	南京林业大学	林业工程
N	南京农业大学	作物学、农业资源与环境
N	南京师范大学	地理学
N	南京信息工程大学	大气科学
N	南京医科大学	公共卫生与预防医学
N	南京邮电大学	电子科学与技术
N	南京中医药大学	中药学
N	南开大学	应用经济学、世界史、数学、化学、统计学、材料科学与工程

续表

首字母	院校名称	第二轮"双一流"建设学科
N	内蒙古大学	生物学
N	宁波大学	力学
N	宁夏大学	化学工程与技术
Q	青海大学	生态学
Q	清华大学	自主确定建设学科并自行公布
S	山东大学	中国语言文学、数学、化学、临床医学
S	山西大学	哲学、物理学
S	陕西师范大学	中国语言文学
S	上海财经大学	应用经济学
S	上海大学	机械工程
S	上海海洋大学	水产
S	上海交通大学	数学、物理学、化学、生物学、机械工程、材料科学与工程、电子科学与技术、信息与通信工程、控制科学与工程、计算机科学与技术、土木工程、化学工程与技术、船舶与海洋工程、基础医学、临床医学、口腔医学、药学、工商管理
S	上海科技大学	材料科学与工程
S	上海体育大学	体育学
S	上海外国语大学	外国语言文学
S	上海音乐学院	音乐与舞蹈学
S	上海中医药大学	中医学、中药学
S	石河子大学	化学工程与技术
S	首都师范大学	数学
S	四川大学	数学、化学、材料科学与工程、基础医学、口腔医学、护理学
S	四川农业大学	作物学
S	苏州大学	材料科学与工程
T	太原理工大学	化学工程与技术
T	天津大学	化学、材料科学与工程、动力工程及工程热物理、化学工程与技术、管理科学与工程
T	天津工业大学	纺织科学与工程
T	天津医科大学	临床医学
T	天津中医药大学	中药学
T	同济大学	生物学、建筑学、土木工程、测绘科学与技术、环境科学与工程、城乡规划学、风景园林学、设计学
W	外交学院	政治学
W	武汉大学	理论经济学、法学、马克思主义理论、化学、地球物理学、生物学、土木工程、水利工程、测绘科学与技术、口腔医学、图书情报与档案管理
W	武汉理工大学	材料科学与工程
X	西安电子科技大学	信息与通信工程、计算机科学与技术

续表

首字母	院校名称	第二轮“双一流”建设学科
X	西安交通大学	力学、机械工程、材料科学与工程、动力工程及工程热物理、电气工程、控制科学与工程、管理科学与工程、工商管理
X	西北大学	考古学、地质学
X	西北工业大学	机械工程、材料科学与工程、航空宇航科学与技术
X	西北农林科技大学	植物保护、畜牧学
X	西南财经大学	应用经济学
X	西南大学	教育学、生物学
X	西南交通大学	交通运输工程
X	西南石油大学	石油与天然气工程
X	西藏大学	生态学
X	厦门大学	教育学、化学、海洋科学、生物学、生态学、统计学
X	湘潭大学	数学
X	新疆大学	马克思主义理论、化学、计算机科学与技术
Y	延边大学	外国语言文学
Y	云南大学	民族学、生态学
Z	浙江大学	化学、生物学、生态学、机械工程、光学工程、材料科学与工程、动力工程及工程热物理、电气工程、控制科学与工程、计算机科学与技术、土木工程、农业工程、环境科学与工程、软件工程、园艺学、植物保护、基础医学、临床医学、药学、管理科学与工程、农林经济管理
Z	郑州大学	化学、材料科学与工程、临床医学
Z	中国传媒大学	新闻传播学、戏剧与影视学
Z	中国地质大学(北京)	地质学、地质资源与地质工程
Z	中国地质大学(武汉)	地质学、地质资源与地质工程
Z	中国海洋大学	海洋科学、水产
Z	中国科学技术大学	数学、物理学、化学、天文学、地球物理学、生物学、科学技术史、材料科学与工程、计算机科学与技术、核科学与技术、安全科学与工程
Z	中国科学院大学	化学、材料科学与工程
Z	中国矿业大学	矿业工程、安全科学与工程
Z	中国矿业大学(北京)	矿业工程、安全科学与工程
Z	中国美术学院	美术学
Z	中国农业大学	生物学、农业工程、食品科学与工程、作物学、农业资源与环境、植物保护、畜牧学、兽医学、草学
Z	中国人民大学	哲学、理论经济学、应用经济学、法学、政治学、社会学、马克思主义理论、新闻传播学、中国史、统计学、工商管理、农林经济管理、公共管理、图书情报与档案管理
Z	中国人民公安大学	公安学
Z	中国石油大学(北京)	地质资源与地质工程、石油与天然气工程
Z	中国石油大学(华东)	地质资源与地质工程、石油与天然气工程
Z	中国药科大学	中药学

续表

首字母	院校名称	第二轮“双一流”建设学科
Z	中国音乐学院	音乐与舞蹈学
Z	中国政法大学	法学
Z	中南财经政法大学	法学
Z	中南大学	数学、材料科学与工程、冶金工程、矿业工程、交通运输工程
Z	中山大学	哲学、数学、化学、生物学、生态学、材料科学与工程、电子科学与技术、基础医学、临床医学、药学、工商管理
Z	中央财经大学	应用经济学
Z	中央美术学院	美术学、设计学
Z	中央民族大学	民族学
Z	中央戏剧学院	戏剧与影视学
Z	中央音乐学院	音乐与舞蹈学

第七章 366所具有推荐优秀应届本科毕业生免试攻读硕士研究生资格的院校名单

推荐免试研究生,简称“推免”,俗称“保研”,是指不用参加研究生考试而直接读研的一种形式。

普通高等学校推荐优秀应届本科毕业生免试攻读硕士学位研究生制度,是我国硕士研究生招生制度的重要组成部分,是激励广大在校学生勤奋学习、全面发展的有效措施。做好这项工作对于深化研究生招生制度改革,加大拔尖创新人才选拔培养力度,推动高等学校全面实施素质教育具有重要的意义。

全国共有366所高校具有推荐优秀应届本科毕业生免试攻读硕士研究生资格,具体名单见表7-1(按高校实际办学地点汇总)。

表7-1　366所具有推荐优秀应届本科毕业生免试攻读硕士研究生资格的院校名单

所在区域	院校分类	院校
安徽	原985	中国科学技术大学
	原211	安徽大学、合肥工业大学
	保研资格	安徽财经大学、安徽工业大学、安徽理工大学、安徽农业大学、安徽师范大学、安徽医科大学、安徽中医药大学、蚌埠医学院
北京	原985	北京大学、北京航空航天大学、北京理工大学、北京师范大学、清华大学、中国农业大学、中国人民大学、中央民族大学
	原211	北京工业大学、北京化工大学、北京交通大学、北京科技大学、北京林业大学、北京体育大学、北京外国语大学、北京邮电大学、北京中医药大学、对外经济贸易大学、华北电力大学、中国传媒大学、中国地质大学(北京)、中国矿业大学(北京)、中国石油大学(北京)、中国政法大学、中央财经大学、中央音乐学院
	双一流	北京协和医学院、首都师范大学、外交学院、中国科学院大学、中国人民公安大学、中国音乐学院、中央美术学院、中央戏剧学院
	保研资格	北方工业大学、北京电影学院、北京服装学院、北京工商大学、北京建筑大学、北京信息科技大学、北京语言大学、国际关系学院、首都经济贸易大学、首都医科大学、中国社会科学院大学
重庆	原985	重庆大学
	原211	西南大学
	保研资格	重庆交通大学、重庆师范大学、重庆医科大学、重庆邮电大学、四川外国语大学、西南政法大学
福建	原985	厦门大学
	原211	福州大学
	保研资格	福建农林大学、福建师范大学、福建医科大学、福建中医药大学、华侨大学、集美大学
甘肃	原985	兰州大学
	保研资格	甘肃农业大学、甘肃中医药大学、兰州交通大学、兰州理工大学、西北民族大学、西北师范大学

续表

所在区域	院校分类	院校
广东	原985	华南理工大学、中山大学
	原211	华南师范大学、暨南大学
	双一流	广州医科大学、广州中医药大学、华南农业大学、南方科技大学
	保研资格	广东工业大学、广东海洋大学、广东外语外贸大学、广州大学、南方医科大学、汕头大学、深圳大学、五邑大学
广西	原211	广西大学
	保研资格	广西师范大学、广西医科大学、广西艺术学院、广西中医药大学、桂林电子科技大学、桂林理工大学
贵州	原211	贵州大学
	保研资格	贵州师范大学、贵州医科大学、贵州中医药大学、遵义医科大学
海南	原211	海南大学
	保研资格	海南师范大学
河北	保研资格	河北大学、河北工程大学、河北经贸大学、河北农业大学、河北师范大学、河北医科大学、河北中医药大学、华北理工大学、石家庄铁道大学、燕山大学
河南	原211	郑州大学
	双一流	河南大学
	保研资格	河南财经政法大学、河南工业大学、河南科技大学、河南理工大学、河南农业大学、河南师范大学、河南中医药大学、华北水利水电大学
黑龙江	原985	哈尔滨工业大学
	原211	东北林业大学、东北农业大学、哈尔滨工程大学
	保研资格	东北石油大学、哈尔滨理工大学、哈尔滨商业大学、哈尔滨师范大学、哈尔滨医科大学、黑龙江八一农垦大学、黑龙江大学、黑龙江科技大学、黑龙江中医药大学、佳木斯大学
湖北	原985	华中科技大学、武汉大学
	原211	华中农业大学、华中师范大学、武汉理工大学、中国地质大学(武汉)、中南财经政法大学
	保研资格	长江大学、湖北大学、湖北工业大学、湖北中医药大学、三峡大学、武汉工程大学、武汉科技大学、武汉体育学院、中南民族大学
湖南	原985	湖南大学、中南大学
	原211	湖南师范大学
	双一流	湘潭大学
	保研资格	长沙理工大学、湖南科技大学、湖南农业大学、湖南中医药大学、吉首大学、南华大学、中南林业科技大学
吉林	原985	吉林大学
	原211	东北师范大学、延边大学
	保研资格	长春工业大学、长春理工大学、长春中医药大学、东北电力大学、吉林财经大学、吉林农业大学、吉林师范大学
江苏	原985	东南大学、南京大学
	原211	河海大学、江南大学、南京航空航天大学、南京理工大学、南京农业大学、南京师范大学、苏州大

续表

所在区域	院校分类	院校
江苏	原211	学、中国矿业大学、中国药科大学
	双一流	南京林业大学、南京信息工程大学、南京医科大学、南京邮电大学、南京中医药大学
	保研资格	江苏大学、江苏科技大学、江苏师范大学、南京工业大学、南京体育学院、南京艺术学院、南通大学、徐州医科大学、扬州大学
江西	原211	南昌大学
	保研资格	华东交通大学、江西财经大学、江西理工大学、江西农业大学、江西师范大学、江西中医药大学、南昌航空大学
辽宁	原985	大连理工大学、东北大学
	原211	大连海事大学、辽宁大学
	保研资格	渤海大学、大连工业大学、大连海洋大学、大连交通大学、大连外国语大学、大连医科大学、东北财经大学、辽宁工程技术大学、辽宁科技大学、辽宁师范大学、辽宁中医药大学、鲁迅美术学院、沈阳工业大学、沈阳航空航天大学、沈阳化工大学、沈阳建筑大学、沈阳农业大学、沈阳师范大学、沈阳药科大学、中国医科大学
内蒙古	原211	内蒙古大学
	保研资格	内蒙古工业大学、内蒙古科技大学、内蒙古农业大学、内蒙古师范大学
宁夏	原211	宁夏大学
	保研资格	宁夏医科大学
青海	原211	青海大学
	保研资格	青海民族大学、青海师范大学
山东	原985	山东大学、中国海洋大学
	原211	中国石油大学(华东)
	保研资格	济南大学、聊城大学、青岛大学、青岛科技大学、青岛理工大学、曲阜师范大学、山东财经大学、山东建筑大学、山东科技大学、山东理工大学、山东农业大学、山东师范大学、山东艺术学院、山东中医药大学
山西	原211	太原理工大学
	双一流	山西大学
	保研资格	山西财经大学、山西农业大学、山西师范大学、山西医科大学、山西中医药大学、太原科技大学、中北大学
陕西	原985	西安交通大学、西北工业大学、西北农林科技大学
	原211	长安大学、陕西师范大学、西安电子科技大学、西北大学
	保研资格	陕西科技大学、西安工程大学、西安工业大学、西安建筑科技大学、西安科技大学、西安理工大学、西安美术学院、西安石油大学、西安外国语大学、西北政法大学、西藏民族大学(西藏自治区主管高校,办学地点位于陕西省)、延安大学
上海	原985	复旦大学、华东师范大学、上海交通大学、同济大学
	原211	东华大学、华东理工大学、上海财经大学、上海大学、上海外国语大学
	双一流	上海海洋大学、上海科技大学、上海体育大学、上海音乐学院、上海中医药大学
	保研资格	华东政法大学、上海对外经贸大学、上海海事大学、上海理工大学、上海师范大学

续表

所在区域	院校分类	院校
四川	原985	电子科技大学、四川大学
	原211	四川农业大学、西南财经大学、西南交通大学
	双一流	成都理工大学、成都中医药大学、西南石油大学
	保研资格	成都体育学院、四川师范大学、西华大学、西华师范大学、西南科技大学、西南民族大学、西南医科大学
天津	原985	南开大学、天津大学
	原211	河北工业大学(河北省主管高校,办学地点位于天津市)、天津医科大学
	双一流	天津工业大学、天津中医药大学
	保研资格	天津财经大学、天津科技大学、天津理工大学、天津商业大学、天津师范大学、天津体育学院、天津外国语大学、中国民航大学
西藏	原211	西藏大学
新疆	原211	石河子大学、新疆大学
	保研资格	新疆财经大学、新疆农业大学、新疆师范大学、新疆医科大学
云南	原211	云南大学
	保研资格	昆明理工大学、昆明医科大学、西南林业大学、云南财经大学、云南民族大学、云南农业大学、云南师范大学
浙江	原985	浙江大学
	双一流	宁波大学、中国美术学院
	保研资格	杭州电子科技大学、杭州师范大学、温州医科大学、浙江工商大学、浙江工业大学、浙江理工大学、浙江师范大学、浙江中医药大学

第八章 院校索引表

考生及家长在使用本书前面章节时可能会遇到以下问题：想查询某一高校基本信息及近三年投档情况，想查询某一高校在河南省本科一批、本科二批投档线，但必须翻几遍书才能够找到，甚至会出现找不到的情况。为了方便家长快速查询到某一高校的以上信息，特编写本章索引表，具体使用方法如下。

一、查询院校基本情况及近三年投档情况

1. 假设想查询的高校为重庆大学，其第一个字的拼音首字母为“C”。

2. 在首字母为“C”的院校组中查询，找出“重庆大学”。

3. 重庆大学在河南省一共有两个招生单位，分别是“1355 重庆大学”和“1355 重庆大学(较高收费)”。

4. 假设想要查询的是“1355 重庆大学”理科一本的近三年投档情况，我们找到“1355 重庆大学”对应的 2023 年理科一本分数线为“623”。

5. 翻看本书第五章“2021—2023 年河南省普通高校招生平行投档信息统计”的第三节“2021—2023 年河南省普通高校招生本科一批院校平行投档信息统计表(理科)”，本部分是按照 2023 年高校在河南省的投档分数线由高到底进行排序，我们可以在 2023 年投档线为“623”的院校中快速查询到“1355 重庆大学”的基本信息及近三年的投档情况。

二、查询院校本科一批、本科二批投档分数线

1. 假设想查询的高校为新乡医学院，其第一个字的拼音首字母为“X”。

2. 在首字母为“X”的院校组中查询，找出“新乡医学院”。

3. 新乡医学院在河南省一共有两个招生单位，分别是“6020 新乡医学院”和“6022 新乡医学院(中外课程合作)”。

4. “6020 新乡医学院”对应的文科一本为 547、理科一本为 538，文科二本、理科二本为“—”，代表“6020 新乡医学院”2023 年在河南省文科一本投档线为 547 分、理科一本投档线为 538 分，文科二本、理科二本没有招生计划；“6022 新乡医学院(中外课程合作)”对应的文科一本、理科一本为“—”，文科二本为 535、理科二本为 511，代表“6022 新乡医学院(中外课程合作)”2023 年在河南省文科一本、理科一本没有招生计划，文科二本投档线为 535 分、理科二本投档线为 511 分。

5. 个别高校提档线为“无”，代表该高校 2023 年虽然在河南投放了招生计划，但该高校正常投档时实际投档数为“0”，即该高校平行志愿正常投档时没有接收到任何一个考生的档案，故没有投档分数线。

6. 如果一个高校在同一个科类的两个批次(例如理科一本和理科二本)均标注有分数，证明该招生单位 2023 年在河南省两个批次均有招生计划，本科二批考生报考时可以重点关注此类高校。

三、院校索引(见表8-1)

表8-1 院校索引

首字母	院校名称	院校代号	文科一本	文科二批	理科一本	理科二批
A	阿坝师范学院	7259	—	516	—	478
A	安徽财经大学	2385	572	—	537	—
A	安徽财经大学(较高收费)	2385	—	—	547	—
A	安徽大学	1885	602	—	604	—
A	安徽大学(较高收费)	1885	—	—	574	—
A	安徽工程大学	4120	—	—	—	501
A	安徽工业大学	2810	556	—	559	—
A	安徽建筑大学	4125	556	—	531	—
A	安徽科技学院	4155	—	—	—	498
A	安徽理工大学	2580	—	—	541	—
A	安徽理工大学(较高收费)	2580	—	—	549	—
A	安徽农业大学	4090	566	—	538	—
A	安徽三联学院	8664	—	472	—	420
A	安徽师范大学	4100	567	—	537	—
A	安徽外国语学院	8668	—	469	—	426
A	安徽文达信息工程学院	8665	—	474	—	421
A	安徽新华学院	7612	—	480	—	430
A	安徽信息工程学院	6815	—	—	—	451
A	安徽医科大学	2815	—	—	589	—
A	安徽医科大学临床医学院	6820	—	—	—	513
A	安徽艺术学院	9958	—	518	—	479
A	安徽中医药大学	4135	—	554	—	517
A	安康学院	5625	—	520	—	477
A	安庆师范大学	4150	—	537	—	501
A	安顺学院	5545	—	516	—	474
A	安阳工学院	6135	—	515	519	480
A	安阳工学院(中外合作办学)	6137	—	496	—	453
A	安阳工学院(中外合作办学)(其他单列)	6137	—	—	—	461
A	安阳师范学院	6050	547	529	520	455
A	安阳师范学院(软件类)	6053	—	—	—	471
A	安阳师范学院(中外合作办学)	6052	—	514	—	470
A	安阳学院	6507	—	482	—	435
A	鞍山师范学院	3585	—	518	—	474
B	白城师范学院	3670	—	516	—	470
B	白城师范学院(较高收费)	3670	—	491	—	446

续表

首字母	院校名称	院校代号	文科一本	文科二批	理科一本	理科二批
B	百色学院	5680	—	516	—	473
B	宝鸡文理学院	5340	—	525	—	477
B	保定理工学院	6926	—	473	—	429
B	保定学院	7037	—	515	—	487
B	保山学院	7285	—	517	—	470
B	北部湾大学	5685	—	533	—	500
B	北部湾大学(较高收费)	5685	—	—	—	444
B	北部湾大学(其他单列)	5685	—	—	—	457
B	北方工业大学	2320	582	—	577	—
B	北方工业大学(较高收费)	2320	—	—	551	—
B	北方民族大学	3015	560	533	534	504
B	北方民族大学(较高收费)	3015	—	—	—	495
B	北海艺术设计学院	9601	—	473	—	—
B	北华大学	3620	—	540	—	504
B	北华大学(较高收费)	3620	—	—	—	481
B	北华航天工业学院	3315	—	535	—	518
B	北华航天工业学院(较高收费)	3315	—	—	—	500
B	北华航天工业学院(其他单列)	3315	—	—	—	496
B	北京城市学院	7605	—	500	—	448
B	北京大学	1105	672	—	696	—
B	北京大学医学部	1106	—	—	683	—
B	北京大学医学部(其他单列)	1106	—	—	681	—
B	北京大学医学部(医护类)	1106	—	—	678	—
B	北京第二外国语学院	1565	577	—	538	—
B	北京第二外国语学院中瑞酒店管理学院	6597	—	469	—	410
B	北京第二外国语学院中瑞酒店管理学院(较高收费)	6597	—	—	—	409
B	北京服装学院	3150	—	535	—	478
B	北京工商大学	1550	589	—	567	—
B	北京工商大学(较高收费)	1550	—	—	552	—
B	北京工商大学嘉华学院	6934	—	467	—	409
B	北京工业大学	1560	—	—	610	—
B	北京工业大学(较高收费)	1560	—	—	590	—
B	北京工业大学耿丹学院	6610	—	466	—	420
B	北京航空航天大学	1485	639	—	667	—
B	北京航空航天大学(较高收费)	1485	—	—	636	—
B	北京化工大学	1225	603	—	607	—

续表

首字母	院校名称	院校代号	文科一本	文科二批	理科一本	理科二批
B	北京化工大学(较高收费)	1225	—	—	583	—
B	北京建筑大学	2280	—	—	562	—
B	北京交通大学	1120	620	—	622	—
B	北京交通大学(较高收费)	1120	—	—	596	—
B	北京交通大学(威海校区)	1121	595	—	591	—
B	北京科技大学	1230	610	—	621	—
B	北京科技大学天津学院	6976	—	493	—	439
B	北京理工大学	1490	633	—	664	—
B	北京理工大学(其他单列)	1490	—	—	649	—
B	北京理工大学珠海学院	6931	556	503	521	465
B	北京理工大学珠海学院(较高收费)	6931	—	497	—	444
B	北京联合大学	2550	581	545	568	519
B	北京联合大学(较高收费)	2550	—	—	—	492
B	北京林业大学	1380	608	—	587	—
B	北京林业大学(较高收费)	1380	—	—	569	—
B	北京农学院	3180	—	544	—	512
B	北京农学院(较高收费)	3180	—	538	—	481
B	北京师范大学	1400	645	—	638	—
B	北京师范大学(其他单列)	1400	617	—	—	—
B	北京师范大学(珠海校区)	1401	633	—	626	—
B	北京师范大学-香港浸会大学联合国际学院	4890	550	—	534	—
B	北京石油化工学院	3165	—	544	—	522
B	北京体育大学	0001	595	—	583	—
B	北京体育大学(较高收费)	0001	563	—	524	—
B	北京外国语大学	1430	620	—	598	—
B	北京物资学院	2400	567	—	548	—
B	北京协和医学院	1480	—	—	605	—
B	北京信息科技大学	2380	583	—	582	—
B	北京印刷学院	3175	554	—	540	—
B	北京邮电大学	1235	616	—	638	—
B	北京邮电大学(宏福校区)	1237	—	—	614	—
B	北京邮电大学(宏福校区)(异地校区)	1237	—	—	599	—
B	北京邮电大学世纪学院	6969	—	473	—	422
B	北京语言大学	1435	598	—	551	—
B	北京中医药大学	1390	614	—	576	527
B	北京中医药大学东方学院	6613	—	512	—	477
B	蚌埠工商学院	6813	—	494	—	437

续表

首字母	院校名称	院校代号	文科一本	文科二批	理科一本	理科二批
B	蚌埠医学院	4130	—	—	581	507
B	滨州学院	4440	—	528	—	500
B	滨州医学院	4460	—	—	—	547
B	亳州学院	7148	—	514	—	473
B	渤海大学	3590	—	544	—	510
B	渤海大学(较高收费)	3590	—	509	—	448
B	渤海大学(其他单列)	3590	—	—	—	503
B	渤海大学(软件类)	3590	—	—	—	506
B	渤海大学(特殊类型)	3590	—	—	—	464
C	沧州交通学院	6596	—	486	—	454
C	沧州师范学院	7041	—	524	—	492
C	昌吉学院	5515	—	510	—	465
C	昌吉学院(较高收费)	5515	—	—	—	463
C	长安大学	1240	605	—	600	—
C	长安大学(较高收费)	1240	—	—	577	—
C	长安大学(其他单列)	1240	—	—	582	—
C	长春财经学院	6795	—	471	—	424
C	长春大学	3625	—	535	—	512
C	长春大学(较高收费)	3625	—	466	—	468
C	长春大学(其他单列)	3625	—	—	—	460
C	长春大学(特殊类型)	3625	—	514	—	466
C	长春大学旅游学院	6792	—	470	—	423
C	长春电子科技学院	6794	—	471	—	425
C	长春工程学院	3645	—	512	—	492
C	长春工程学院(较高收费)	3645	—	—	—	456
C	长春工业大学	3630	—	517	—	519
C	长春工业大学(较高收费)	3630	—	—	—	497
C	长春工业大学人文信息学院	6793	—	470	—	424
C	长春光华学院	6791	—	471	—	427
C	长春建筑学院	6798	—	470	—	423
C	长春科技学院	6799	—	471	—	425
C	长春理工大学	1745	552	—	576	—
C	长春理工大学(较高收费)	1745	—	—	548	—
C	长春理工大学(其他单列)	1745	—	—	523	—
C	长春人文学院	6796	—	476	—	425
C	长春师范大学	3675	—	530	—	489
C	长春师范大学(较高收费)	3675	—	503	—	487

续表

首字母	院校名称	院校代号	文科一本	文科二批	理科一本	理科二批
C	长春师范大学(其他单列)	3675	—	479	—	461
C	长春中医药大学	3665	568	533	552	498
C	长春中医药大学(较高收费)	3665	—	—	—	487
C	长江大学	2440	571	—	549	—
C	长江大学(较高收费)	2440	—	—	514	—
C	长江大学文理学院	6842	—	506	—	466
C	长江师范学院	5045	—	547	—	501
C	长江师范学院(较高收费)	5045	—	—	—	456
C	长沙理工大学	2300	584	—	576	—
C	长沙理工大学城南学院	6864	—	509	—	468
C	长沙师范学院	7206	—	534	—	509
C	长沙学院	4790	—	543	—	518
C	长沙医学院	7617	—	517	—	498
C	长治学院	3435	—	518	—	485
C	长治医学院	3395	—	514	—	509
C	常熟理工学院	3950	—	541	—	517
C	常熟理工学院(较高收费)	3950	—	—	—	507
C	常州大学	2880	563	—	554	—
C	常州大学(较高收费)	2880	—	—	539	—
C	常州大学怀德学院	6630	—	505	—	465
C	常州工学院	3855	—	499	—	519
C	巢湖学院	4160	—	534	—	482
C	成都大学	5590	580	—	568	—
C	成都东软学院	9700	—	477	—	447
C	成都工业学院	7252	—	524	—	523
C	成都工业学院(异地校区)	7252	—	—	—	506
C	成都锦城学院	6664	—	509	—	466
C	成都理工大学	2450	582	—	575	—
C	成都理工大学(异地校区)	2450	—	—	588	—
C	成都理工大学工程技术学院	6891	—	498	—	457
C	成都师范学院	4995	—	527	—	487
C	成都体育学院	0023	—	473	—	486
C	成都信息工程大学	5095	551	—	573	—
C	成都医学院	5835	—	—	582	—
C	成都银杏酒店管理学院	6985	—	474	—	416
C	成都中医药大学	2620	599	—	562	—
C	承德医学院	3325	—	542	—	539

续表

首字母	院校名称	院校代号	文科一本	文科二批	理科一本	理科二批
C	池州学院	7147	—	517	—	478
C	赤峰学院	3470	—	515	—	472
C	重庆财经学院	6713	—	508	—	465
C	重庆财经学院(较高收费)	6713	—	—	—	439
C	重庆城市科技学院	6663	—	496	—	462
C	重庆大学	1355	630	—	623	—
C	重庆大学(较高收费)	1355	—	—	621	—
C	重庆第二师范学院	5040	—	528	—	508
C	重庆第二师范学院(较高收费)	5040	—	516	—	—
C	重庆对外经贸学院	6712	—	505	—	460
C	重庆工程学院	9679	—	503	—	467
C	重庆工商大学	2890	555	553	539	525
C	重庆工商大学派斯学院	6714	—	505	—	465
C	重庆机电职业技术大学	9677	—	477	—	440
C	重庆交通大学	2865	567	—	555	—
C	重庆交通大学(较高收费)	2865	—	—	560	—
C	重庆科技学院	5655	—	545	—	515
C	重庆科技学院(较高收费)	5655	—	—	—	488
C	重庆理工大学	5035	564	546	568	526
C	重庆人文科技学院	6604	—	506	—	466
C	重庆三峡学院	5030	—	538	—	500
C	重庆师范大学	5055	581	—	524	—
C	重庆师范大学(较高收费)	5055	—	—	546	—
C	重庆外语外事学院	6711	—	494	—	447
C	重庆文理学院	5050	—	549	—	509
C	重庆文理学院(较高收费)	5050	—	—	—	472
C	重庆文理学院(其他单列)	5050	—	—	—	479
C	重庆医科大学	2025	—	—	579	—
C	重庆医科大学(较高收费)	2025	—	—	603	—
C	重庆医科大学(医护类)	2025	—	—	555	—
C	重庆移通学院	6889	—	489	—	459
C	重庆移通学院(较高收费)	6889	—	无	—	424
C	重庆邮电大学	2035	580	—	597	—
C	重庆邮电大学(较高收费)	2035	—	—	588	—
C	重庆邮电大学(软件类)	2035	—	—	595	—
C	滁州学院	4075	—	—	—	510
C	楚雄师范学院	5275	—	520	—	470

续表

首字母	院校名称	院校代号	文科一本	文科二批	理科一本	理科二批
C	川北医学院	5110	556	—	561	—
D	大理大学	5245	—	541	—	514
D	大连财经学院	6655	—	478	—	427
D	大连大学	3490	—	548	—	520
D	大连大学(较高收费)	3490	—	514	—	484
D	大连东软信息学院	6943	—	469	—	426
D	大连工业大学	3530	552	—	535	—
D	大连工业大学艺术与信息工程学院	6656	—	469	—	423
D	大连海事大学	1285	609	—	600	—
D	大连海事大学(较高收费)	1285	—	—	561	—
D	大连海洋大学	3565	—	545	—	507
D	大连海洋大学(较高收费)	3565	—	—	—	505
D	大连交通大学	2555	—	539	569	524
D	大连交通大学(较高收费)	2555	—	540	—	507
D	大连科技学院	6939	—	471	—	429
D	大连理工大学	1245	615	—	629	—
D	大连理工大学(较高收费)	1245	—	—	606	—
D	大连理工大学(其他单列)	1245	—	—	612	—
D	大连理工大学(盘锦校区)	1248	—	—	603	—
D	大连理工大学(盘锦校区)(较高收费)	1248	—	—	589	—
D	大连理工大学城市学院	6605	—	472	—	439
D	大连民族大学	2350	554	553	542	505
D	大连外国语大学	3595	556	—	522	—
D	大连外国语大学(较高收费)	3595	571	—	—	—
D	大连医科大学	2635	—	—	606	—
D	大连医科大学中山学院	6781	—	485	—	454
D	大庆师范学院	3765	—	516	—	472
D	德州学院	4405	—	518	—	491
D	滇西科技师范学院	7293	—	516	—	475
D	滇西应用技术大学	5862	—	517	—	486
D	电子科技大学	1250	623	—	646	—
D	电子科技大学(沙河校区)	1251	—	—	642	—
D	电子科技大学(沙河校区)(较高收费)	1251	—	—	621	—
D	电子科技大学(沙河校区)(医护类)	1251	—	—	583	—
D	电子科技大学(沙河校区)(异地校区)	1251	—	—	611	—
D	电子科技大学成都学院	6894	—	505	—	489
D	电子科技大学中山学院	6602	—	465	—	451

续表

首字母	院校名称	院校代号	文科一本	文科二批	理科一本	理科二批
D	东北财经大学	1725	593	—	564	—
D	东北财经大学(较高收费)	1725	547	—	520	—
D	东北大学	1255	611	—	614	—
D	东北大学(较高收费)	1255	—	—	591	—
D	东北大学(农林矿)	1255	—	—	599	—
D	东北大学秦皇岛分校	1258	605	—	608	—
D	东北大学秦皇岛分校(较高收费)	1258	—	—	603	—
D	东北电力大学	2235	—	—	558	—
D	东北电力大学(较高收费)	2235	—	—	547	—
D	东北林业大学	1385	590	—	570	—
D	东北林业大学(较高收费)	1385	—	—	547	—
D	东北农业大学	1760	592	—	564	—
D	东北农业大学(较高收费)	1760	—	—	524	—
D	东北农业大学(其他单列)	1760	569	—	516	—
D	东北师范大学	1405	603	—	575	—
D	东北师范大学(较高收费)	1405	591	—	578	—
D	东北石油大学	2375	555	—	541	—
D	东莞城市学院	6984	—	465	—	422
D	东莞理工学院	4815	—	544	555	—
D	东华大学	1260	—	—	597	—
D	东华理工大学	4275	563	—	546	—
D	东南大学	1125	636	—	653	—
D	东南大学(其他单列)	1125	—	—	626	—
D	东南大学(医护类)	1125	—	—	636	—
D	东南大学成贤学院	6607	—	508	—	480
D	对外经济贸易大学	1450	632	—	609	—
E	鄂尔多斯应用技术学院	8212	—	510	—	467
F	防灾科技学院	5490	—	531	—	483
F	佛山科学技术学院	4820	—	—	—	444
F	福建技术师范学院	5565	—	521	—	473
F	福建江夏学院	7461	—	535	—	482
F	福建警察学院	7156	—	544	—	502
F	福建理工大学	4220	—	531	—	516
F	福建农林大学	4195	557	535	536	507
F	福建农林大学(较高收费)	4195	—	512	—	488
F	福建农林大学金山学院	6689	—	486	—	455
F	福建农林大学金山学院(较高收费)	6689	—	469	—	421

续表

首字母	院校名称	院校代号	文科一本	文科二批	理科一本	理科二批
F	福建商学院	7155	—	526	—	477
F	福建师范大学	4205	570	—	541	—
F	福建师范大学(较高收费)	4205	547	—	—	—
F	福建师范大学(其他单列)	4205	—	—	538	—
F	福建师范大学(软件类)	4205	—	—	553	—
F	福建师范大学协和学院	6682	—	485	—	446
F	福建师范大学协和学院(较高收费)	6682	—	469	—	428
F	福建师范大学协和学院(其他单列)	6682	—	471	—	438
F	福建医科大学	4200	556	—	584	—
F	福建中医药大学	4225	—	557	—	517
F	福建中医药大学(较高收费)	4225	—	—	—	486
F	福州大学	1895	601	—	595	—
F	福州大学(较高收费)	1895	—	—	588	—
F	福州大学(农林矿)	1895	—	—	570	—
F	福州大学(异地校区)	1895	—	—	587	—
F	福州大学至诚学院	6669	—	494	—	447
F	福州工商学院	6683	—	471	—	419
F	福州理工学院	9730	—	470	—	425
F	福州外语外贸学院	9728	—	467	—	420
F	阜阳师范大学	4145	—	544	—	479
F	阜阳师范大学(较高收费)	4145	—	513	—	464
F	复旦大学	1130	665	—	681	—
F	复旦大学医学院	1131	626	—	689	—
F	复旦大学医学院(其他单列)	1131	—	—	654	—
G	甘肃民族师范学院	7304	—	519	—	475
G	甘肃农业大学	5405	—	535	—	495
G	甘肃医学院	7307	—	—	—	510
G	甘肃政法大学	5455	575	546	562	496
G	甘肃中医药大学	5420	559	526	554	510
G	赣东学院	6696	—	521	—	491
G	赣南科技学院	6695	—	522	—	494
G	赣南师范大学	4305	557	533	524	486
G	赣南师范大学科技学院	6700	—	513	—	468
G	赣南医学院	4295	—	—	569	491
G	广东财经大学	4880	588	—	570	—
G	广东第二师范学院	4840	—	539	—	—
G	广东东软学院	9592	—	470	—	428

续表

首字母	院校名称	院校代号	文科一本	文科二批	理科一本	理科二批
G	广东工商职业技术大学	9850	—	465	—	419
G	广东工业大学	2930	577	—	571	—
G	广东海洋大学	4805	—	—	—	514
G	广东技术师范大学	4870	—	555	—	513
G	广东金融学院	4795	—	546	—	516
G	广东金融学院(较高收费)	4795	—	—	—	511
G	广东警官学院	4885	—	558	—	531
G	广东科技学院	9852	—	465	—	435
G	广东理工学院	9851	—	468	—	422
G	广东培正学院	7620	—	466	—	425
G	广东石油化工学院	4810	—	527	—	508
G	广东外语外贸大学	1960	588	—	556	—
G	广东外语外贸大学南国商学院	6676	—	475	—	423
G	广东药科大学	4835	—	—	—	518
G	广东医科大学	4830	—	—	563	—
G	广东以色列理工学院	4800	—	—	529	—
G	广西财经学院	4975	—	537	—	495
G	广西财经学院(较高收费)	4975	—	530	—	466
G	广西城市职业大学	8226	—	469	—	424
G	广西大学	2000	597	—	576	—
G	广西警察学院	7233	—	521	—	495
G	广西科技大学	4920	—	529	—	515
G	广西科技大学(较高收费)	4920	—	—	—	471
G	广西科技师范学院	7228	—	518	—	481
G	广西民族大学	4965	—	538	—	495
G	广西民族大学相思湖学院	6883	—	499	—	452
G	广西农业职业技术大学	7013	—	511	—	468
G	广西师范大学	4915	—	543	—	523
G	广西外国语学院	9858	—	470	—	423
G	广西医科大学	2650	—	537	549	512
G	广西医科大学(较高收费)	2650	—	—	—	499
G	广西艺术学院	9938	—	465	—	463
G	广西中医药大学	4950	—	549	—	518
G	广西中医药大学赛恩斯新医药学院	6886	—	513	—	464
G	广州城市理工学院	6674	—	465	—	430
G	广州大学	2850	585	—	581	—
G	广州工商学院	9853	—	465	—	416

续表

首字母	院校名称	院校代号	文科一本	文科二批	理科一本	理科二批
G	广州工商学院(较高收费)	9853	—	—	—	410
G	广州航海学院	7211	—	—	—	489
G	广州华立学院	6981	—	467	—	421
G	广州华商学院	6687	—	467	—	421
G	广州理工学院	6688	—	470	—	447
G	广州南方学院	6675	—	467	—	427
G	广州南方学院(较高收费)	6675	—	—	—	420
G	广州南方学院(其他单列)	6675	—	468	—	419
G	广州软件学院	6980	—	465	—	447
G	广州软件学院(较高收费)	6980	—	—	—	430
G	广州商学院	6879	—	482	—	425
G	广州商学院(较高收费)	6879	—	476	—	415
G	广州商学院(其他单列)	6879	—	465	—	419
G	广州新华学院	6662	—	473	—	430
G	广州医科大学	2855	582	—	587	—
G	广州中医药大学	1975	601	—	584	—
G	贵阳康养职业大学	7014	—	514	—	481
G	贵阳信息科技学院	6986	—	486	—	430
G	贵阳学院	5215	—	529	—	493
G	贵州财经大学	5205	—	548	—	516
G	贵州财经大学(较高收费)	5205	—	514	—	430
G	贵州大学	2305	598	—	584	—
G	贵州大学(较高收费)	2305	—	—	552	—
G	贵州大学(其他单列)	2305	—	—	597	—
G	贵州大学(特殊类)	2305	564	—	523	—
G	贵州工程应用技术学院	5630	—	516	—	475
G	贵州警察学院	9199	—	543	—	510
G	贵州理工学院	5220	—	—	—	496
G	贵州民族大学	5210	—	530	—	475
G	贵州黔南经济学院	6899	—	483	—	439
G	贵州商学院	7279	—	507	—	460
G	贵州师范大学	5170	—	540	—	491
G	贵州师范大学(较高收费)	5170	—	514	—	—
G	贵州师范大学(其他单列)	5170	—	512	—	489
G	贵州师范学院	5175	—	—	—	482
G	贵州医科大学	5180	—	554	—	571
G	贵州医科大学(较高收费)	5180	—	—	—	515

续表

首字母	院校名称	院校代号	文科一本	文科二批	理科一本	理科二批
G	贵州医科大学神奇民族医药学院	6987	—	508	—	455
G	贵州中医药大学	5185	—	549	—	508
G	贵州中医药大学(较高收费)	5185	—	—	—	470
G	贵州中医药大学时珍学院	6898	—	—	—	466
G	桂林电子科技大学	4925	556	—	577	—
G	桂林航天工业学院	7221	—	487	—	504
G	桂林航天工业学院(较高收费)	7221	—	—	—	497
G	桂林航天工业学院(软件类)	7221	—	—	—	510
G	桂林理工大学	4930	—	478	542	516
G	桂林旅游学院	7229	—	514	—	472
G	桂林旅游学院(较高收费)	7229	—	468	—	433
G	桂林信息科技学院	6887	—	469	—	429
G	桂林学院	6884	—	500	—	449
G	桂林医学院	4945	—	—	—	505
G	国防科技大学	0305	—	—	646	—
H	哈尔滨工程大学	1500	602	—	617	—
H	哈尔滨工程大学(较高收费)	1500	—	—	574	—
H	哈尔滨工程大学(其他单列)	1500	—	—	595	—
H	哈尔滨工程大学(特殊类)	1500	—	—	630	—
H	哈尔滨工业大学	1495	626	—	659	—
H	哈尔滨工业大学(较高收费)	1495	—	—	625	—
H	哈尔滨工业大学(深圳)	1497	636	—	666	—
H	哈尔滨工业大学(异地校区)	1495	—	—	608	—
H	哈尔滨工业大学(威海)	1496	617	—	639	—
H	哈尔滨工业大学(威海)(其他单列)	1496	—	—	628	—
H	哈尔滨广厦学院	6807	—	474	—	426
H	哈尔滨华德学院	6804	—	467	—	424
H	哈尔滨剑桥学院	6809	—	468	—	426
H	哈尔滨金融学院	7106	—	513	—	471
H	哈尔滨理工大学	3705	551	—	543	—
H	哈尔滨商业大学	3725	558	—	530	—
H	哈尔滨师范大学	3720	—	533	—	477
H	哈尔滨师范大学(较高收费)	3720	—	—	—	521
H	哈尔滨石油学院	6802	—	467	—	424
H	哈尔滨体育学院	0012	—	503	—	466
H	哈尔滨信息工程学院	8390	—	470	—	425
H	哈尔滨学院	3730	—	518	—	476

续表

首字母	院校名称	院校代号	文科一本	文科二批	理科一本	理科二批
H	哈尔滨医科大学	1765	562	537	566	511
H	哈尔滨远东理工学院	6805	—	470	—	424
H	海口经济学院	7636	—	465	—	420
H	海南大学	2750	595	—	574	—
H	海南大学(较高收费)	2750	547	—	541	—
H	海南大学(其他单列)	2750	—	—	590	—
H	海南科技职业大学	9083	—	465	—	415
H	海南热带海洋学院	5000	—	522	—	482
H	海南热带海洋学院(较高收费)	5000	—	505	—	440
H	海南师范大学	5010	562	530	527	507
H	海南师范大学(较高收费)	5010	—	510	—	502
H	海南师范大学(软件类)	5010	—	—	—	513
H	海南医学院	5005	—	539	563	503
H	海南医学院(较高收费)	5005	—	—	无	423
H	邯郸学院	3255	—	—	—	475
H	邯郸学院(较高收费)	3255	—	—	—	455
H	韩山师范学院	4855	—	519	—	493
H	汉江师范学院	7195	—	530	—	498
H	汉口学院	6837	—	497	—	442
H	杭州电子科技大学	2420	—	—	601	—
H	杭州电子科技大学(较高收费)	2420	—	—	595	—
H	杭州电子科技大学信息工程学院	6956	—	—	—	469
H	杭州师范大学	4055	581	—	559	—
H	杭州师范大学(较高收费)	4055	—	—	534	—
H	杭州医学院	7338	—	—	—	522
H	合肥城市学院	6817	—	487	—	436
H	合肥工业大学	1265	599	—	601	—
H	合肥工业大学(宣城校区)	1268	599	—	589	—
H	合肥师范学院	4045	—	526	—	487
H	合肥学院	4105	—	—	—	506
H	河北北方学院	3320	—	—	—	518
H	河北传媒学院	7604	—	495	—	436
H	河北大学	2785	589	—	551	—
H	河北地质大学	3350	—	531	—	511
H	河北地质大学(较高收费)	3350	—	526	—	511
H	河北地质大学华信学院	6764	—	466	—	429
H	河北东方学院	8121	—	484	—	431

续表

首字母	院校名称	院校代号	文科一本	文科二批	理科一本	理科二批
H	河北工程大学	2545	—	553	555	518
H	河北工程大学(较高收费)	2545	—	—	—	489
H	河北工程大学科信学院	6632	—	509	—	465
H	河北工程技术学院	8127	—	467	—	428
H	河北工业大学	1630	599	—	603	—
H	河北工业职业技术大学	7007	—	510	—	477
H	河北环境工程学院	8139	—	510	—	451
H	河北建筑工程学院	3300	—	512	—	486
H	河北金融学院	5705	—	540	—	491
H	河北经贸大学	3285	—	549	—	491
H	河北科技大学	2540	—	—	541	—
H	河北科技工程职业技术大学	7008	—	509	—	475
H	河北科技学院	9432	—	473	—	432
H	河北民族师范学院	7039	—	517	—	468
H	河北农业大学	3270	—	—	—	504
H	河北农业大学(较高收费)	3270	—	—	—	494
H	河北师范大学	3280	556	—	545	—
H	河北师范大学(较高收费)	3280	—	—	553	—
H	河北师范大学汇华学院	6636	—	513	—	474
H	河北石油职业技术大学	7012	—	510	—	474
H	河北水利电力学院	7031	—	—	—	478
H	河北外国语学院	9436	—	469	—	426
H	河北医科大学	3275	—	550	595	517
H	河北中医药大学	3265	—	554	—	519
H	河池学院	5530	—	517	—	472
H	河海大学	1270	610	—	608	—
H	河海大学(较高收费)	1270	—	—	578	—
H	河海大学(其他单列)	1270	—	—	588	—
H	河南财经政法大学	6080	571	—	522	—
H	河南财经政法大学(较高收费)	6080	547	—	514	—
H	河南财经政法大学(软件类)	6080	—	—	533	—
H	河南财经政法大学(与俄罗斯人民友谊大学合办)	6082	—	525	—	471
H	河南财经政法大学(与河南省人民检察院联办)	6083	—	550	—	519
H	河南财政金融学院	6215	—	520	—	415
H	河南城建学院	6120	—	519	514	478

续表

首字母	院校名称	院校代号	文科一本	文科二批	理科一本	理科二批
H	河南城建学院(中外合作办学)	6122	—	—	—	463
H	河南大学	6005	590	—	567	—
H	河南大学(其他单列)	6005	—	—	586	—
H	河南大学(软件类)	6006	—	—	573	—
H	河南大学(医护类)	6005	565	—	538	—
H	河南大学(中外合作办学)	6009	547	—	526	—
H	河南大学迈阿密学院	6014	—	—	552	—
H	河南大学(与开封大学联合办学)	6007	—	—	531	—
H	河南大学(与濮阳市联办濮阳工学院)	6008	559	—	533	—
H	河南工程学院	6155	547	523	515	498
H	河南工程学院(软件类)	6158	—	—	—	476
H	河南工学院	6214	—	513	—	487
H	河南工业大学	6105	551	—	519	—
H	河南工业大学(较高收费)	6105	—	—	536	—
H	河南工业大学(中外合作办学)	6107	—	520	—	490
H	河南警察学院	6140	—	545	—	513
H	河南开封科技传媒学院	6501	—	502	—	446
H	河南科技大学	6085	563	—	535	—
H	河南科技大学(较高收费)	6085	—	—	515	—
H	河南科技大学(农林类)	6396	—	—	513	—
H	河南科技大学(软件类)	6085	—	—	527	—
H	河南科技大学(医护类)	6085	—	—	522	—
H	河南科技大学莫动理工学院	6399	—	—	514	—
H	河南科技大学(与河南工业职业技术学院联办)	6089	—	—	—	506
H	河南科技大学(与三门峡市政府联办应用工程学院)	6088	—	534	—	484
H	河南科技学院	6025	549	528	526	489
H	河南科技学院苏梅国际学院	6178	—	501	—	451
H	河南科技职业大学	6304	—	474	—	429
H	河南理工大学	6100	554	—	536	487
H	河南理工大学(软件类)	6100	—	—	535	—
H	河南理工大学(中外合作办学)	6102	—	—	535	—
H	河南理工大学(与鹤壁市政府联办工程技术学院)	6104	—	—	—	492
H	河南理工大学(与平顶山工业职业技术学院联办)	6094	—	—	—	498

续表

首字母	院校名称	院校代号	文科一本	文科二批	理科一本	理科二批
H	河南牧业经济学院	6045	—	515	—	470
H	河南牧业经济学院(较高收费)	6045	—	498	—	406
H	河南牧业经济学院(农林矿)	6045	—	—	—	471
H	河南牧业经济学院(软件类)	6048	—	—	—	471
H	河南牧业经济学院(中外合作办学)	6047	—	498	—	459
H	河南牧业经济学院卡洛理工国际学院	6043	—	478	—	429
H	河南农业大学	6010	555	—	515	—
H	河南农业大学(办学就读地点在许昌)	6013	—	534	494	495
H	河南农业大学(中外合作办学)	6012	530	—	511	—
H	河南师范大学	6030	566	—	514	503
H	河南师范大学(中外合作办学)	6031	—	466	—	487
H	河南中医药大学	6015	554	525	524	491
H	河南中医药大学(较高收费)	6015	—	530	514	484
H	河南中医药大学(与嵩山少林武术职业学院联合办学)	6017	—	510	—	467
H	河套学院	7400	—	511	—	467
H	河西学院	5435	—	517	—	475
H	菏泽学院	4445	—	528	—	467
H	贺州学院	5535	—	518	—	473
H	黑河学院	3735	—	514	—	474
H	黑龙江八一农垦大学	3715	—	523	—	486
H	黑龙江财经学院	6806	—	475	—	427
H	黑龙江大学	3695	563	—	551	—
H	黑龙江东方学院	7607	—	473	—	423
H	黑龙江工程学院	3740	—	512	—	479
H	黑龙江工程学院昆仑旅游学院	6810	—	468	—	421
H	黑龙江工商学院	6803	—	469	—	421
H	黑龙江工业学院	8386	—	511	—	474
H	黑龙江科技大学	3745	—	529	—	511
H	黑龙江外国语学院	6808	—	467	—	420
H	黑龙江中医药大学	2610	571	536	533	499
H	黑龙江中医药大学(异地校区)	2610	—	525	—	489
H	衡水学院	3250	—	520	—	473
H	衡阳师范学院	4755	—	515	—	504
H	红河学院	5585	—	513	—	472
H	呼和浩特民族学院	7064	—	513	—	465
H	呼和浩特民族学院(较高收费)	7064	—	—	—	465

续表

首字母	院校名称	院校代号	文科一本	文科二批	理科一本	理科二批
H	呼伦贝尔学院	5495	—	512	—	470
H	湖北大学	2210	592	—	568	—
H	湖北大学(较高收费)	2210	—	—	543	—
H	湖北大学知行学院	6843	—	508	—	455
H	湖北第二师范学院	7563	—	548	—	505
H	湖北恩施学院	6847	—	497	—	454
H	湖北恩施学院(较高收费)	6847	—	—	—	445
H	湖北工程学院	4610	—	524	—	510
H	湖北工程学院(较高收费)	4610	—	—	—	457
H	湖北工程学院新技术学院	6859	—	507	—	463
H	湖北工业大学	4550	574	—	580	—
H	湖北工业大学(较高收费)	4550	—	—	535	—
H	湖北工业大学工程技术学院	6844	—	474	—	460
H	湖北经济学院	4615	—	544	—	513
H	湖北经济学院法商学院	6846	—	475	—	433
H	湖北科技学院	4540	—	532	—	520
H	湖北理工学院	4510	—	531	—	514
H	湖北理工学院(较高收费)	4510	—	—	—	489
H	湖北民族大学	4625	—	541	—	509
H	湖北汽车工业学院	4555	—	521	536	505
H	湖北商贸学院	6845	—	473	—	432
H	湖北师范大学	4595	—	552	—	516
H	湖北师范大学文理学院	6849	—	509	—	457
H	湖北文理学院	4545	—	544	—	506
H	湖北文理学院理工学院	6858	—	497	—	459
H	湖北医药学院	4590	—	518	—	537
H	湖北医药学院药护学院	6860	—	486	—	473
H	湖北中医药大学	2655	565	—	538	—
H	湖南财政经济学院	7208	—	543	—	515
H	湖南城市学院	4705	—	487	—	496
H	湖南大学	1135	629	—	619	—
H	湖南大学(其他单列)	1135	—	—	565	—
H	湖南第一师范学院	7205	—	553	—	512
H	湖南工程学院	4725	—	516	—	494
H	湖南工商大学	4775	565	—	514	—
H	湖南工学院	5715	—	—	—	511
H	湖南工业大学	4735	554	—	558	—

续表

首字母	院校名称	院校代号	文科一本	文科二批	理科一本	理科二批
H	湖南工业大学科技学院	6878	—	—	—	471
H	湖南科技大学	2425	564	—	560	—
H	湖南科技大学潇湘学院	6867	—	511	—	460
H	湖南科技学院	5650	—	469	—	478
H	湖南理工学院	4770	565	—	557	—
H	湖南理工学院南湖学院	6868	—	517	—	472
H	湖南农业大学	4700	560	—	536	—
H	湖南农业大学东方科技学院	6869	—	504	—	461
H	湖南女子学院	4780	—	516	—	491
H	湖南人文科技学院	4685	—	514	—	480
H	湖南人文科技学院(较高收费)	4685	—	505	—	无
H	湖南涉外经济学院	7618	—	469	—	421
H	湖南师范大学	1935	604	—	591	—
H	湖南文理学院	4750	—	517	—	490
H	湖南文理学院芙蓉学院	6872	—	496	—	468
H	湖南医药学院	7204	—	—	—	523
H	湖南应用技术学院	9848	—	475	—	432
H	湖南中医药大学	2615	578	—	542	—
H	湖州师范学院	4040	565	540	546	515
H	湖州学院	6963	—	529	—	508
H	华北电力大学(保定)	1200	599	—	608	—
H	华北电力大学(北京)	1220	606	—	615	—
H	华北科技学院	3080	—	539	—	506
H	华北科技学院(农林矿)	3080	—	—	—	479
H	华北理工大学	3310	553	—	544	—
H	华北理工大学冀唐学院	6763	—	522	—	499
H	华北理工大学轻工学院	6631	—	472	—	430
H	华北水利水电大学	6095	554	—	551	505
H	华北水利水电大学(中外合作办学)	6097	—	—	—	487
H	华北水利水电大学乌拉尔学院	6395	—	—	514	—
H	华北水利水电大学(与河南经贸职业学院联办)	6087	—	539	—	506
H	华北水利水电大学(与黄河水利职业技术学院联办)	6099	—	—	—	508
H	华北水利水电大学(与嵩山少林武术职业学院联办)	6098	—	507	—	464
H	华东交通大学	2885	571	551	569	539

续表

首字母	院校名称	院校代号	文科一本	文科二批	理科一本	理科二批
H	华东理工大学	1275	602	—	611	—
H	华东理工大学(较高收费)	1275	—	—	599	—
H	华东师范大学	1410	635	—	625	—
H	华东政法大学	1810	614	—	588	—
H	华南理工大学	1280	623	—	638	—
H	华南农业大学	1970	—	—	571	—
H	华南农业大学珠江学院	6971	—	469	—	420
H	华南师范大学	1985	605	—	591	—
H	华侨大学	2325	585	—	569	—
H	华中科技大学	1140	634	—	633	—
H	华中科技大学(特殊类)	1140	—	—	593	—
H	华中科技大学(医护类)	1140	—	—	622	—
H	华中农业大学	1360	598	—	585	—
H	华中师范大学	1415	610	—	593	—
H	怀化学院	4760	—	517	—	505
H	淮北理工学院	6822	—	479	—	436
H	淮北师范大学	4165	—	547	—	517
H	淮南师范学院	4170	—	—	—	491
H	淮阴工学院	3870	—	519	—	495
H	淮阴师范学院	3905	—	535	—	494
H	黄冈师范学院	4600	—	545	—	501
H	黄河交通学院	6226	—	475	—	431
H	黄河科技学院	6130	—	498	514	458
H	黄河科技学院(应用技术学院)	6133	—	475	—	430
H	黄淮学院	6150	—	523	527	482
H	黄淮学院(中外合作办学)	6153	—	510	—	467
H	黄山学院	4115	—	—	—	498
H	惠州学院	4850	—	524	—	489
J	吉利学院	8015	—	471	—	435
J	吉林财经大学	3690	569	—	535	—
J	吉林财经大学(较高收费)	3690	547	—	523	—
J	吉林大学	1145	619	—	609	—
J	吉林大学(较高收费)	1145	—	—	599	—
J	吉林大学(农林矿)	1145	—	—	593	—
J	吉林大学(其他单列)	1145	579	—	—	—
J	吉林大学(软件类)	1145	—	—	628	—
J	吉林大学(特殊类)	1145	—	—	591	—

续表

首字母	院校名称	院校代号	文科一本	文科二批	理科一本	理科二批
J	吉林大学(医护类)	1145	—	—	591	—
J	吉林动画学院	6801	—	—	—	438
J	吉林工程技术师范学院	3680	—	503	—	456
J	吉林工程技术师范学院(较高收费)	3680	—	—	—	452
J	吉林工商学院	5710	—	512	—	479
J	吉林化工学院	3655	—	512	—	478
J	吉林化工学院(较高收费)	3655	—	—	—	453
J	吉林建筑大学	3660	—	493	—	496
J	吉林建筑大学(较高收费)	3660	—	—	—	472
J	吉林建筑科技学院	6797	—	469	—	423
J	吉林警察学院	7098	—	533	—	510
J	吉林农业大学	3635	—	530	—	496
J	吉林农业大学(较高收费)	3635	—	—	—	465
J	吉林农业科技学院	3775	—	512	—	472
J	吉林农业科技学院(较高收费)	3775	—	—	—	458
J	吉林师范大学	3640	—	527	—	499
J	吉林师范大学(较高收费)	3640	—	490	—	488
J	吉林师范大学(其他单列)	3640	—	501	—	487
J	吉林师范大学(特殊类型)	3640	—	515	—	—
J	吉林师范大学博达学院	6800	—	473	—	425
J	吉林外国语大学	7603	—	466	—	422
J	吉林外国语大学(较高收费)	7603	—	471	—	420
J	吉林医药学院	5850	—	513	—	506
J	吉林医药学院(较高收费)	5850	—	—	—	463
J	吉首大学	4690	562	532	555	509
J	吉首大学张家界学院	6874	—	512	—	465
J	集美大学	2395	585	—	566	—
J	集美大学诚毅学院	6972	—	509	—	466
J	集宁师范学院	7063	—	509	—	472
J	济南大学	4350	583	—	550	—
J	济宁学院	7176	—	513	—	457
J	济宁医学院	4455	—	—	—	516
J	暨南大学	1520	613	—	606	—
J	暨南大学(较高收费)	1520	—	—	579	—
J	暨南大学(其他单列)	1520	—	—	601	—
J	佳木斯大学	3700	—	—	—	482
J	嘉兴南湖学院	6967	—	543	—	510

续表

首字母	院校名称	院校代号	文科一本	文科二批	理科一本	理科二批
J	嘉兴学院	3995	—	557	—	528
J	嘉应学院	4865	—	517	—	476
J	江汉大学	4525	578	—	566	—
J	江南大学	1150	609	—	608	—
J	江南大学(较高收费)	1150	597	—	576	—
J	江苏大学	1840	588	—	584	—
J	江苏大学京江学院	6624	—	507	—	467
J	江苏第二师范学院	3865	—	538	—	511
J	江苏海洋大学	3860	564	544	548	520
J	江苏科技大学	2270	564	—	575	—
J	江苏科技大学苏州理工学院	6629	—	506	—	469
J	江苏理工学院	3925	—	534	—	519
J	江苏理工学院(较高收费)	3925	—	—	—	514
J	江苏师范大学	3930	—	554	—	526
J	江苏师范大学(较高收费)	3930	—	—	—	507
J	江苏师范大学科文学院	6626	—	508	—	463
J	江西财经大学	1915	582	—	561	—
J	江西财经大学现代经济管理学院	6699	—	503	—	466
J	江西服装学院	9540	—	471	—	428
J	江西科技师范大学	4310	562	480	538	506
J	江西科技学院	7613	—	475	—	446
J	江西理工大学	2435	562	—	547	—
J	江西理工大学(其他单列)	2435	—	—	514	—
J	江西农业大学	4255	—	544	—	507
J	江西农业大学南昌商学院	6692	—	505	—	462
J	江西师范大学	4260	571	—	535	—
J	江西师范大学科学技术学院	6693	—	508	—	455
J	江西应用科技学院	8720	—	471	—	428
J	江西应用科技学院(较高收费)	8720	—	—	—	421
J	江西中医药大学	4300	567	538	556	516
J	金陵科技学院	5635	—	543	—	522
J	锦州医科大学	3570	—	516	—	548
J	锦州医科大学(较高收费)	3570	—	—	—	461
J	锦州医科大学(其他单列)	3570	—	—	—	453
J	锦州医科大学(医护类)	3570	—	—	—	467
J	锦州医科大学医疗学院	6783	—	—	—	481
J	晋中信息学院	6643	—	491	—	459

续表

首字母	院校名称	院校代号	文科一本	文科二批	理科一本	理科二批
J	晋中学院	3430	—	519	—	483
J	荆楚理工学院	7502	—	515	—	484
J	荆楚理工学院(较高收费)	7502	—	—	—	464
J	荆州学院	6841	—	475	—	435
J	井冈山大学	4315	—	534	—	508
J	景德镇陶瓷大学	4280	—	538	—	511
J	景德镇学院	7161	—	524	—	489
J	景德镇艺术职业大学	6701	—	—	—	437
J	九江学院	4265	—	514	—	490
K	喀什大学	5510	—	512	—	467
K	凯里学院	5700	—	—	—	472
K	凯里学院(较高收费)	5700	—	—	—	454
K	空军军医大学	0450	—	—	606	—
K	昆明城市学院	6908	—	482	—	428
K	昆明理工大学	5230	581	—	552	—
K	昆明理工大学(较高收费)	5230	—	—	523	—
K	昆明理工大学津桥学院	6998	—	474	—	427
K	昆明文理学院	6997	—	474	—	435
K	昆明学院	5560	—	527	—	498
K	昆明医科大学	5255	—	—	569	545
K	昆明医科大学(较高收费)	5255	—	—	—	500
K	昆明医科大学海源学院	6905	—	484	—	462
L	兰州博文科技学院	6910	—	471	—	426
L	兰州财经大学	5450	—	541	—	493
L	兰州财经大学(较高收费)	5450	—	538	—	499
L	兰州财经大学(其他单列)	5450	—	534	—	503
L	兰州城市学院	5670	—	511	—	466
L	兰州大学	1155	611	—	606	—
L	兰州大学(较高收费)	1155	—	—	599	—
L	兰州大学(医护类)	1155	—	—	580	—
L	兰州工商学院	6913	—	469	—	419
L	兰州工业学院	7301	—	—	—	495
L	兰州交通大学	5415	—	541	558	524
L	兰州理工大学	5400	—	—	533	—
L	兰州理工大学(较高收费)	5400	—	—	556	—
L	兰州石化职业技术大学	7009	—	511	—	474
L	兰州文理学院	7401	—	513	—	481

续表

首字母	院校名称	院校代号	文科一本	文科二批	理科一本	理科二批
L	兰州信息科技学院	6911	—	473	—	426
L	兰州资源环境职业技术大学	7010	—	512	—	470
L	廊坊师范学院	3340	—	515	—	479
L	乐山师范学院	5125	—	521	—	489
L	丽江文化旅游学院	6907	—	473	—	427
L	丽水学院	4070	—	525	—	505
L	辽东学院	3615	—	515	—	474
L	辽宁财贸学院	6614	—	471	—	423
L	辽宁传媒学院	8043	—	471	—	—
L	辽宁大学	1690	596	—	587	—
L	辽宁大学(较高收费)	1690	582	—	561	—
L	辽宁大学(其他单列)	1690	591	—	540	—
L	辽宁大学(特殊类)	1690	587	—	570	—
L	辽宁对外经贸学院	7606	—	467	—	420
L	辽宁工程技术大学	1695	556	—	534	—
L	辽宁工业大学	3540	—	536	—	513
L	辽宁工业大学(较高收费)	3540	—	—	—	481
L	辽宁工业大学(其他单列)	3540	—	—	—	451
L	辽宁何氏医学院	6789	—	—	—	461
L	辽宁科技大学	2935	—	538	539	516
L	辽宁科技大学(较高收费)	2935	—	—	518	—
L	辽宁科技大学(其他单列)	2935	—	—	—	517
L	辽宁科技学院	3515	—	513	—	478
L	辽宁理工学院	6654	—	470	—	425
L	辽宁理工职业大学	9830	—	—	—	425
L	辽宁师范大学	3520	—	543	—	515
L	辽宁师范大学(较高收费)	3520	—	517	—	481
L	辽宁师范大学海华学院	6670	—	475	—	423
L	辽宁石油化工大学	2790	—	—	534	—
L	辽宁中医药大学	3575	—	494	—	513
L	辽宁中医药大学(较高收费)	3575	—	—	—	467
L	辽宁中医药大学杏林学院	6784	—	502	—	466
L	聊城大学	4355	—	552	—	507
L	临沂大学	4475	—	502	—	517
L	岭南师范学院	4860	—	511	—	495
L	岭南师范学院(较高收费)	4860	—	501	—	410
L	柳州工学院	6882	—	466	—	425

续表

首字母	院校名称	院校代号	文科一本	文科二批	理科一本	理科二批
L	六盘水师范学院	7278	—	512	—	452
L	龙岩学院	5580	—	516	—	475
L	龙岩学院(软件类)	5580	—	—	—	501
L	陇东学院	5615	—	514	—	477
L	鲁东大学	4480	—	551	—	518
L	陆军工程大学	0320	—	—	—	527
L	陆军军医大学	0445	—	—	596	—
L	洛阳理工学院	6160	—	526	527	504
L	洛阳理工学院(中外合作办学)	6162	—	—	—	468
L	洛阳师范学院	6035	557	539	535	484
L	洛阳师范学院(软件类)	6038	—	—	—	482
L	洛阳师范学院(中外合作办学)	6037	—	—	—	469
L	吕梁学院	7051	—	514	—	471
M	马鞍山学院	6816	—	491	—	455
M	茅台学院	7503	—	—	—	467
M	绵阳城市学院	6679	—	479	—	445
M	绵阳师范学院	5120	—	529	—	483
M	闽江学院	4210	—	537	—	496
M	闽南科技学院	6684	—	470	—	427
M	闽南理工学院	7630	—	469	—	424
M	闽南师范大学	4235	—	527	—	493
M	闽南师范大学(软件类)	4235	—	—	—	510
M	牡丹江师范学院	3760	—	517	—	475
M	牡丹江医学院	3755	—	—	—	510
N	南昌大学	1910	604	—	597	—
N	南昌大学(较高收费)	1910	—	—	591	—
N	南昌大学共青学院	6703	—	508	—	—
N	南昌大学科学技术学院	6691	—	500	—	467
N	南昌工程学院	4345	558	478	541	510
N	南昌工程学院(较高收费)	4345	—	—	—	514
N	南昌工学院	9538	—	482	—	436
N	南昌航空大学	2430	556	531	569	523
N	南昌航空大学(其他单列)	2430	—	—	569	—
N	南昌航空大学科技学院	6697	—	504	—	467
N	南昌交通学院	6694	—	481	—	443
N	南昌理工学院	7626	—	484	—	447
N	南昌师范学院	4340	—	469	—	455

续表

首字母	院校名称	院校代号	文科一本	文科二批	理科一本	理科二批
N	南昌医学院	6698	—	543	—	516
N	南昌应用技术师范学院	6702	—	487	—	436
N	南昌职业大学	9539	—	471	—	434
N	南方医科大学	2310	583	—	583	—
N	南华大学	2295	574	—	561	—
N	南华大学船山学院	6875	—	513	—	465
N	南京财经大学	2265	592	—	564	—
N	南京财经大学红山学院	6628	—	511	—	450
N	南京传媒学院	6950	—	493	—	481
N	南京大学	1160	658	—	673	—
N	南京大学(较高收费)	1160	—	—	638	—
N	南京工程学院	3880	567	—	559	—
N	南京工程学院(较高收费)	3880	—	—	524	—
N	南京工程学院(其他单列)	3880	—	—	574	—
N	南京工业大学	1845	582	—	579	—
N	南京工业大学浦江学院	6616	—	507	—	473
N	南京工业职业技术大学	8508	—	523	—	503
N	南京航空航天大学	1505	615	—	627	—
N	南京航空航天大学金城学院	6949	—	509	—	474
N	南京理工大学	1510	—	—	624	—
N	南京理工大学泰州科技学院	6951	—	500	—	465
N	南京理工大学紫金学院	6948	—	521	—	482
N	南京林业大学	2505	593	—	576	—
N	南京林业大学(较高收费)	2505	—	—	557	—
N	南京农业大学	1365	599	—	581	—
N	南京审计大学	2240	594	—	573	—
N	南京审计大学(较高收费)	2240	591	—	573	—
N	南京审计大学金审学院	6639	—	526	—	496
N	南京师范大学	1855	610	—	597	—
N	南京师范大学泰州学院	6952	—	513	—	463
N	南京师范大学中北学院	6617	—	513	—	465
N	南京特殊教育师范学院	7460	—	520	—	467
N	南京晓庄学院	3920	—	553	—	510
N	南京信息工程大学	1860	597	—	593	—
N	南京信息工程大学(较高收费)	1860	—	—	573	—
N	南京医科大学	3830	—	—	589	—
N	南京医科大学康达学院	6618	—	507	—	485

续表

首字母	院校名称	院校代号	文科一本	文科二批	理科一本	理科二批
N	南京艺术学院	9922	—	545	—	—
N	南京邮电大学	2315	593	—	610	—
N	南京邮电大学通达学院	6627	—	508	—	477
N	南京中医药大学	3835	588	—	580	—
N	南开大学	1165	646	—	649	—
N	南开大学(较高收费)	1165	620	—	—	—
N	南开大学(其他单列)	1165	—	—	638	—
N	南宁理工学院	6888	—	470	—	426
N	南宁师范大学	4955	—	549	—	503
N	南宁学院	9061	—	478	—	426
N	南通大学	2565	584	—	546	—
N	南通大学杏林学院	6667	—	505	—	461
N	南通理工学院	8542	—	471	—	451
N	南阳理工学院	6075	559	518	525	500
N	南阳理工学院(软件类)	6077	—	—	—	482
N	南阳理工学院(医护类)	6075	—	—	542	—
N	南阳理工学院(中外合作办学)	6078	—	—	—	465
N	南阳理工学院(与南阳医学高等专科学校联办)	6079	—	542	—	519
N	南阳师范学院	6070	552	537	523	440
N	南阳师范学院(农林矿)	6070	—	—	—	456
N	南阳师范学院(软件类)	6070	—	—	—	467
N	南阳师范学院(异地校区)	6070	—	512	—	476
N	南阳师范学院(中外合作办学)	6072	—	—	—	458
N	南阳师范学院(中外合作办学)(较高收费)	6072	—	465	—	409
N	内江师范学院	5130	—	538	—	476
N	内蒙古财经大学	3480	—	525	—	487
N	内蒙古大学	1680	598	—	571	—
N	内蒙古大学创业学院	6705	—	501	—	443
N	内蒙古工业大学	3440	—	—	—	502
N	内蒙古鸿德文理学院	6706	—	480	—	430
N	内蒙古科技大学	3460	—	523	528	479
N	内蒙古科技大学包头师范学院	3463	—	517	—	462
N	内蒙古科技大学包头医学院	3464	—	—	—	497
N	内蒙古民族大学	3455	—	528	—	477
N	内蒙古农业大学	3445	—	—	—	493
N	内蒙古师范大学	3450	—	548	—	508

续表

首字母	院校名称	院校代号	文科一本	文科二批	理科一本	理科二批
N	内蒙古医科大学	3465	—	—	—	503
N	内蒙古艺术学院	9956	—	506	—	—
N	宁波财经学院	8609	—	473	—	423
N	宁波大学	1880	592	—	586	—
N	宁波大学(较高收费)	1880	549	—	552	—
N	宁波大学科学技术学院	6955	—	493	—	440
N	宁波工程学院	3965	—	541	—	513
N	宁波工程学院(较高收费)	3965	—	—	—	484
N	宁波诺丁汉大学	2345	558	—	542	—
N	宁德师范学院	7153	—	524	—	478
N	宁夏大学	2755	592	—	574	—
N	宁夏大学(较高收费)	2755	580	—	570	—
N	宁夏大学新华学院	6721	—	492	—	439
N	宁夏理工学院	7625	—	472	—	426
N	宁夏师范学院	5675	—	519	—	487
N	宁夏医科大学	5485	—	—	537	—
P	攀枝花学院	5085	—	532	—	476
P	平顶山学院	6125	—	519	543	478
P	平顶山学院(软件类)	6128	—	—	—	466
P	平顶山学院(医护类)	6125	—	516	—	487
P	平顶山学院(中外合作办学)	6127	—	—	—	461
P	平顶山学院马拉加工程学院	6149	—	—	—	455
P	萍乡学院	7163	—	513	—	468
P	莆田学院	4215	—	531	—	501
P	普洱学院	7284	—	—	—	471
Q	齐鲁工业大学	4420	—	—	553	—
Q	齐鲁理工学院	6648	—	476	—	442
Q	齐鲁师范学院	4380	—	—	—	501
Q	齐鲁医药学院	7629	—	505	—	493
Q	齐齐哈尔大学	3710	—	523	—	490
Q	齐齐哈尔工程学院	8389	—	469	—	422
Q	齐齐哈尔医学院	3750	—	514	—	514
Q	黔南民族师范学院	5200	—	517	—	472
Q	青岛滨海学院	7615	—	471	—	448
Q	青岛城市学院	6974	—	470	—	431
Q	青岛大学	2205	580	—	581	—
Q	青岛工学院	6646	—	480	—	432

续表

首字母	院校名称	院校代号	文科一本	文科二批	理科一本	理科二批
Q	青岛恒星科技学院	9551	—	472	—	427
Q	青岛黄海学院	9554	—	473	—	432
Q	青岛科技大学	2275	—	—	570	—
Q	青岛科技大学(较高收费)	2275	—	—	527	—
Q	青岛理工大学	2410	566	—	562	—
Q	青岛农业大学	4435	—	545	—	505
Q	青岛农业大学海都学院	6647	—	480	—	453
Q	青海大学	2125	583	—	576	—
Q	青海大学昆仑学院	6915	—	496	—	465
Q	青海民族大学	5475	—	527	—	486
Q	青海民族大学(较高收费)	5475	—	—	—	444
Q	青海师范大学	5465	—	500	—	505
Q	清华大学	1115	685	—	698	—
Q	琼台师范学院	7348	—	519	—	468
Q	曲阜师范大学	4400	579	—	545	—
Q	曲靖师范学院	5265	—	516	—	473
Q	衢州学院	4035	—	525	—	501
Q	泉州师范学院	4230	—	533	—	481
Q	泉州师范学院(较高收费)	4230	—	—	—	502
Q	泉州信息工程学院	9727	—	470	—	422
Q	泉州信息工程学院(较高收费)	9727	—	—	—	418
Q	泉州职业技术大学	9381	—	472	—	428
S	三江学院	7610	—	501	—	452
S	三明学院	5575	—	514	—	468
S	三明学院(较高收费)	5575	—	510	—	411
S	三峡大学	2905	569	—	553	—
S	三峡大学(较高收费)	2905	—	—	589	—
S	三峡大学科技学院	6851	—	504	—	461
S	三亚学院	6975	—	465	—	414
S	三亚学院(较高收费)	6975	—	469	—	411
S	三亚学院(其他单列)	6975	—	465	—	418
S	山东财经大学	4485	584	—	540	—
S	山东财经大学东方学院	6649	—	497	—	448
S	山东大学	1170	623	—	611	—
S	山东大学(医护类)	1170	605	—	588	—
S	山东大学威海分校	1173	621	—	619	—
S	山东大学威海分校(较高收费)	1173	—	—	608	—

续表

首字母	院校名称	院校代号	文科一本	文科二批	理科一本	理科二批
S	山东第一医科大学	4465	—	526	577	508
S	山东工程职业技术大学	8216	—	471	—	420
S	山东工商学院	4495	—	532	—	487
S	山东工艺美术学院	9928	—	499	—	—
S	山东管理学院	4500	—	507	—	503
S	山东华宇工学院	9845	—	473	—	428
S	山东建筑大学	4415	552	—	533	—
S	山东建筑大学(较高收费)	4415	—	—	514	—
S	山东交通学院	4430	—	538	—	508
S	山东交通学院(较高收费)	4430	—	—	—	488
S	山东科技大学	2780	576	—	563	—
S	山东科技大学(较高收费)	2780	549	—	525	—
S	山东理工大学	4370	554	—	544	—
S	山东农业大学	4385	559	—	539	—
S	山东农业工程学院	5859	—	515	—	477
S	山东女子学院	4425	—	512	—	—
S	山东青年政治学院	8691	—	517	—	—
S	山东师范大学	4395	587	—	564	—
S	山东石油化工学院	6608	—	525	—	494
S	山东外国语职业技术大学	8218	—	473	—	428
S	山东现代学院	9553	—	474	—	429
S	山东协和学院	9844	—	473	—	438
S	山东协和学院(较高收费)	9844	—	536	—	509
S	山东英才学院	8778	—	469	—	424
S	山东政法学院	4375	—	552	—	522
S	山东中医药大学	4390	—	522	—	529
S	山西财经大学	2920	581	540	537	512
S	山西传媒学院	5855	—	512	—	473
S	山西大同大学	3415	—	535	—	503
S	山西大学	1660	594	—	579	—
S	山西工程技术学院	5856	—	513	—	477
S	山西工程科技职业大学	7011	—	512	—	474
S	山西工商学院	9828	—	483	—	437
S	山西工学院	6642	—	—	—	490
S	山西工学院(较高收费)	6642	—	—	—	476
S	山西晋中理工学院	6645	—	479	—	454
S	山西科技学院	6938	—	—	—	495

续表

首字母	院校名称	院校代号	文科一本	文科二批	理科一本	理科二批
S	山西能源学院	8181	—	—	—	476
S	山西农业大学	3360	—	526	—	501
S	山西师范大学	3370	—	553	—	495
S	山西医科大学	2630	554	545	538	533
S	山西应用科技学院	8177	—	477	—	441
S	山西中医药大学	3400	586	551	580	513
S	陕西服装工程学院	9259	—	472	—	428
S	陕西国际商贸学院	7628	—	472	—	432
S	陕西科技大学	2095	576	—	572	—
S	陕西科技大学(较高收费)	2095	—	—	536	—
S	陕西科技大学镐京学院	6992	—	473	—	431
S	陕西理工大学	5345	—	545	—	513
S	陕西理工大学(较高收费)	5345	—	—	—	469
S	陕西师范大学	1420	605	—	589	—
S	陕西学前师范学院	5335	—	529	—	480
S	陕西中医药大学	5375	—	—	569	518
S	汕头大学	2340	587	—	575	—
S	商洛学院	5660	—	518	—	476
S	商洛学院(较高收费)	5660	—	495	—	459
S	商丘工学院	6205	—	476	—	432
S	商丘师范学院	6055	548	524	515	457
S	商丘师范学院(软件类)	6055	—	—	—	469
S	商丘师范学院(中外合作办学)	6057	—	503	—	461
S	商丘师范学院(与商丘职业技术学院联办)	6058	—	509	—	474
S	商丘学院	6200	—	481	—	436
S	商丘学院(应用科技学院,办学地点在开封)	6202	—	479	—	433
S	上海财经大学	1445	632	—	617	—
S	上海财经大学浙江学院	6598	—	506	—	458
S	上海大学	1790	620	—	609	—
S	上海大学(较高收费)	1790	611	—	594	—
S	上海第二工业大学	7501	554	546	548	525
S	上海电机学院	5595	559	—	547	—
S	上海电机学院(较高收费)	5595	556	—	532	—
S	上海电力大学	3040	573	—	586	—
S	上海电力大学(较高收费)	3040	—	—	594	—
S	上海对外经贸大学	1805	591	—	575	—
S	上海对外经贸大学(较高收费)	1805	581	—	560	—

续表

首字母	院校名称	院校代号	文科一本	文科二批	理科一本	理科二批
S	上海工程技术大学	3780	571	—	561	—
S	上海海事大学	2860	576	—	563	—
S	上海海事大学(较高收费)	2860	—	—	568	—
S	上海海洋大学	2875	585	—	566	—
S	上海海洋大学(较高收费)	2875	559	—	—	—
S	上海建桥学院	7609	—	467	—	420
S	上海建桥学院(较高收费)	7609	—	—	—	421
S	上海建桥学院(其他单列)	7609	—	—	—	412
S	上海建桥学院(特殊类型)	7609	—	—	—	421
S	上海健康医学院	7113	—	—	530	—
S	上海交通大学	1290	668	—	691	—
S	上海交通大学(农林矿)	1290	—	—	659	—
S	上海交通大学(其他单列)	1290	—	—	683	—
S	上海交通大学(特殊类)	1290	—	—	669	—
S	上海交通大学医学院	2260	—	—	688	—
S	上海交通大学医学院(医护类)	2260	—	—	673	—
S	上海理工大学	1795	570	—	584	—
S	上海理工大学(较高收费)	1795	566	—	577	—
S	上海立达学院	9835	—	465	—	410
S	上海立信会计金融学院	2925	576	—	548	—
S	上海杉达学院	7608	—	465	—	422
S	上海杉达学院(较高收费)	7608	—	469	—	429
S	上海杉达学院(其他单列)	7608	—	532	—	445
S	上海商学院	5605	554	551	529	522
S	上海师范大学	2390	574	—	566	—
S	上海师范大学(较高收费)	2390	566	—	551	—
S	上海师范大学天华学院	6615	—	465	—	429
S	上海视觉艺术学院	6996	—	481	—	481
S	上海体育大学	0015	580	—	550	—
S	上海外国语大学	1440	615	—	593	—
S	上海外国语大学贤达经济人文学院	6946	—	465	—	409
S	上海外国语大学贤达经济人文学院(较高收费)	6946	—	473	—	409
S	上海戏剧学院	9919	565	—	595	—
S	上海兴伟学院	8461	—	—	—	411
S	上海应用技术大学	3815	560	—	551	—
S	上海应用技术大学(较高收费)	3815	549	—	541	—

续表

首字母	院校名称	院校代号	文科一本	文科二批	理科一本	理科二批
S	上海政法学院	5610	588	—	555	—
S	上海中侨职业技术大学	8454	—	466	—	421
S	上海中医药大学	2570	—	—	580	—
S	上海中医药大学(较高收费)	2570	—	—	574	—
S	上饶师范学院	4320	—	534	—	480
S	韶关学院	4845	—	524	—	486
S	邵阳学院	4710	—	516	—	503
S	绍兴文理学院	3980	—	524	—	502
S	绍兴文理学院元培学院	6964	—	500	—	439
S	深圳北理莫斯科大学	1491	560	—	539	—
S	深圳大学	1965	606	—	610	—
S	深圳大学(较高收费)	1965	—	—	580	—
S	深圳技术大学	1966	576	—	582	—
S	沈阳城市建设学院	6671	—	469	—	423
S	沈阳城市学院	6652	—	468	—	422
S	沈阳大学	3495	—	542	—	505
S	沈阳大学(较高收费)	3495	—	—	—	480
S	沈阳工程学院	3610	—	—	—	506
S	沈阳工学院	6786	—	470	—	426
S	沈阳工业大学	2795	559	—	561	515
S	沈阳航空航天大学	3550	—	542	571	517
S	沈阳航空航天大学(较高收费)	3550	—	—	531	—
S	沈阳化工大学	3555	—	530	—	509
S	沈阳化工大学(较高收费)	3555	—	—	—	496
S	沈阳建筑大学	2285	554	—	529	—
S	沈阳科技学院	6787	—	470	—	425
S	沈阳理工大学	3545	—	533	558	524
S	沈阳理工大学(较高收费)	3545	—	—	525	472
S	沈阳理工大学(其他单列)	3545	—	—	—	478
S	沈阳农业大学	1710	—	—	531	—
S	沈阳农业大学(较高收费)	1710	—	—	525	—
S	沈阳师范大学	3525	—	541	—	498
S	沈阳师范大学(较高收费)	3525	—	512	—	476
S	沈阳师范大学(其他单列)	3525	—	—	—	514
S	沈阳师范大学(特殊类型)	3525	—	—	—	420
S	沈阳体育学院	0009	—	—	—	450
S	沈阳药科大学	1715	—	—	570	—

续表

首字母	院校名称	院校代号	文科一本	文科二批	理科一本	理科二批
S	沈阳医学院	3580	—	—	—	533
S	石河子大学	2130	582	—	558	—
S	石家庄铁道大学	1640	568	—	546	—
S	石家庄铁道大学四方学院	6765	—	504	—	472
S	石家庄学院	3245	—	540	—	440
S	首都经济贸易大学	2500	601	—	575	—
S	首都经济贸易大学(较高收费)	2500	—	—	560	—
S	首都师范大学	2225	603	—	591	—
S	首都师范大学科德学院	6933	—	465	—	409
S	首都体育学院	0005	—	545	—	510
S	首都医科大学	2200	—	—	612	—
S	四川传媒学院	6892	—	496	—	472
S	四川大学	1175	626	—	627	—
S	四川大学(较高收费)	1175	—	—	616	—
S	四川大学(其他单列)	1175	602	—	—	—
S	四川大学(医护类)	1175	—	—	591	—
S	四川大学锦江学院	6678	—	502	—	465
S	四川电影电视学院	9133	—	493	—	417
S	四川工商学院	6895	—	486	—	437
S	四川工业科技学院	9860	—	479	—	458
S	四川警察学院	5690	—	545	—	513
S	四川旅游学院	7254	—	512	—	475
S	四川旅游学院(较高收费)	7254	—	—	—	419
S	四川美术学院	9940	—	543	—	513
S	四川农业大学	2355	—	—	568	—
S	四川农业大学(较高收费)	2355	—	—	533	—
S	四川轻化工大学	5105	560	544	544	510
S	四川师范大学	5080	579	—	542	—
S	四川师范大学(较高收费)	5080	584	—	569	—
S	四川外国语大学	2910	572	—	516	—
S	四川外国语大学成都学院	6897	—	486	—	452
S	四川文化艺术学院	6595	—	479	—	427
S	四川文理学院	5540	—	519	—	486
S	苏州城市学院	6621	—	546	—	522
S	苏州大学	1830	612	—	620	—
S	苏州大学(医护类)	1830	—	—	582	—
S	苏州大学应用技术学院	6622	—	507	—	473

续表

首字母	院校名称	院校代号	文科一本	文科二批	理科一本	理科二批
S	苏州科技大学	3890	579	—	560	—
S	苏州科技大学(较高收费)	3890	—	—	542	—
S	苏州科技大学天平学院	6623	—	504	—	471
S	宿迁学院	8730	—	535	—	502
S	宿州学院	4185	—	—	—	486
S	绥化学院	3770	—	512	—	472
T	塔里木大学	3110	—	513	539	469
T	台州学院	3985	—	544	—	506
T	台州学院(较高收费)	3985	—	—	—	457
T	太原工业学院	3420	—	513	—	498
T	太原科技大学	2900	—	545	547	523
T	太原理工大学	2365	599	—	596	—
T	太原理工大学(较高收费)	2365	—	—	580	—
T	太原师范学院	3410	—	541	—	466
T	太原学院	8176	—	529	—	499
T	泰山科技学院	6832	—	472	—	425
T	泰山学院	4470	—	499	—	477
T	泰州学院	7126	—	521	—	494
T	唐山师范学院	3345	—	524	—	471
T	唐山学院	3295	—	525	—	485
T	天津财经大学	2230	574	—	563	—
T	天津财经大学(较高收费)	2230	586	—	553	—
T	天津财经大学珠江学院	6661	—	489	—	437
T	天津财经大学珠江学院(较高收费)	6661	—	—	—	431
T	天津城建大学	3210	—	534	—	506
T	天津城建大学(较高收费)	3210	—	—	—	453
T	天津城建大学(其他单列)	3210	—	—	—	520
T	天津大学	1305	632	—	633	—
T	天津大学(医护类)	1305	—	—	634	—
T	天津工业大学	2525	591	—	592	—
T	天津工业大学(较高收费)	2525	—	—	580	—
T	天津科技大学	3200	561	—	552	—
T	天津科技大学(较高收费)	3200	570	—	542	—
T	天津理工大学	2870	563	—	557	512
T	天津理工大学中环信息学院	6612	—	492	—	456
T	天津美术学院	9910	—	—	541	—
T	天津农学院	3220	—	527	—	489

续表

首字母	院校名称	院校代号	文科一本	文科二批	理科一本	理科二批
T	天津仁爱学院	6601	—	481	—	426
T	天津仁爱学院(其他单列)	6601	—	—	—	422
T	天津商业大学	3240	565	543	526	508
T	天津商业大学宝德学院	6752	—	480	—	431
T	天津师范大学	2405	586	—	548	—
T	天津师范大学(较高收费)	2405	—	—	567	—
T	天津体育学院	0006	—	524	—	494
T	天津天狮学院	7635	—	465	—	421
T	天津外国语大学	2250	573	—	546	—
T	天津外国语大学(较高收费)	2250	569	—	547	—
T	天津外国语大学(特殊类)	2250	564	—	520	—
T	天津外国语大学滨海外事学院	6754	—	479	—	449
T	天津医科大学	1605	—	—	596	—
T	天津医科大学临床医学院	6755	—	—	—	466
T	天津职业技术师范大学	3225	—	534	—	505
T	天津职业技术师范大学(较高收费)	3225	—	—	—	497
T	天津中德应用技术大学	7701	—	526	—	500
T	天津中医药大学	2600	583	—	555	—
T	天津中医药大学(较高收费)	2600	—	—	553	—
T	天水师范学院	5430	—	525	—	477
T	通化师范学院	3685	—	517	—	465
T	通化师范学院(较高收费)	3685	—	—	—	453
T	通化师范学院(其他单列)	3685	—	508	—	—
T	同济大学	1310	643	—	641	—
T	同济大学(较高收费)	1310	—	—	639	—
T	同济大学(医护类)	1310	—	—	654	—
T	铜陵学院	4175	—	527	—	485
T	铜仁学院	5695	—	—	—	488
W	皖江工学院	6690	—	491	—	439
W	皖南医学院	4140	—	—	—	550
W	皖西学院	4110	—	530	—	479
W	潍坊科技学院	7634	—	484	—	456
W	潍坊理工学院	6650	—	494	—	—
W	潍坊学院	4410	—	539	—	491
W	潍坊医学院	4450	—	513	—	512
W	渭南师范学院	5380	—	534	—	494
W	温州大学	4050	568	—	538	—

续表

首字母	院校名称	院校代号	文科一本	文科二批	理科一本	理科二批
W	温州大学(较高收费)	4050	—	—	531	—
W	温州肯恩大学	2360	550	—	527	—
W	温州理工学院	6965	—	539	—	516
W	温州商学院	6640	—	469	—	423
W	温州医科大学	2560	—	—	538	—
W	温州医科大学仁济学院	6960	—	—	—	457
W	文华学院	6609	—	497	—	455
W	文山学院	7287	—	483	—	469
W	无锡太湖学院	6811	—	491	—	451
W	无锡学院	6620	—	545	—	521
W	梧州学院	4970	—	512	—	473
W	五邑大学	4785	—	556	—	513
W	武昌工学院	6852	—	479	—	453
W	武昌理工学院	6838	—	506	—	451
W	武昌理工学院(较高收费)	6838	—	473	—	449
W	武昌首义学院	6839	—	502	—	459
W	武汉城市学院	6854	—	475	—	444
W	武汉大学	1180	648	—	641	—
W	武汉大学(其他单列)	1180	619	—	624	—
W	武汉大学(医护类)	1180	612	—	—	—
W	武汉东湖学院	6836	—	478	—	443
W	武汉纺织大学	4575	569	—	553	—
W	武汉纺织大学外经贸学院	6855	—	478	—	439
W	武汉工程大学	2895	585	—	580	—
W	武汉工程大学(较高收费)	2895	—	—	550	—
W	武汉工程大学(其他单列)	2895	584	—	—	—
W	武汉工程大学邮电与信息工程学院	6978	—	474	—	455
W	武汉工程科技学院	6861	—	478	—	444
W	武汉工商学院	6863	—	494	—	451
W	武汉华夏理工学院	6856	—	478	—	456
W	武汉科技大学	2220	588	—	577	—
W	武汉理工大学	1315	603	—	609	—
W	武汉理工大学(较高收费)	1315	604	—	591	—
W	武汉理工大学(其他单列)	1315	—	—	584	—
W	武汉轻工大学	4565	—	551	—	529
W	武汉轻工大学(较高收费)	4565	—	495	—	494
W	武汉晴川学院	6672	—	479	—	462

续表

首字母	院校名称	院校代号	文科一本	文科二批	理科一本	理科二批
W	武汉商学院	8857	—	540	—	521
W	武汉设计工程学院	6673	—	471	—	435
W	武汉生物工程学院	7616	—	497	—	462
W	武汉体育学院	0019	—	519	—	447
W	武汉体育学院体育科技学院	6857	—	495	—	433
W	武汉文理学院	6850	—	503	—	459
W	武汉学院	6862	—	506	—	446
W	武夷学院	7152	—	515	—	478
X	西安财经大学	5390	581	547	564	525
X	西安财经大学(较高收费)	5390	—	—	—	511
X	西安财经大学行知学院	6991	—	480	—	440
X	西安电子科技大学	1320	601	—	632	—
X	西安电子科技大学(较高收费)	1320	—	—	603	—
X	西安翻译学院	7621	—	465	—	424
X	西安工程大学	2520	572	—	565	—
X	西安工商学院	6993	—	474	—	426
X	西安工业大学	2330	574	—	563	—
X	西安工业大学(较高收费)	2330	—	—	555	—
X	西安航空学院	7292	—	542	—	515
X	西安建筑科技大学	2100	583	—	566	—
X	西安建筑科技大学(较高收费)	2100	—	—	543	—
X	西安建筑科技大学华清学院	6990	—	501	—	452
X	西安交通大学	1185	635	—	657	—
X	西安交通大学(较高收费)	1185	—	—	598	—
X	西安交通大学(其他单列)	1185	—	—	633	—
X	西安交通大学(特殊类)	1185	—	—	592	—
X	西安交通大学(医护类)	1185	—	—	638	—
X	西安交通大学城市学院	6988	—	490	—	469
X	西安交通工程学院	9710	—	472	—	438
X	西安科技大学	2535	577	—	567	—
X	西安科技大学(较高收费)	2535	—	—	546	—
X	西安科技大学高新学院	6686	—	475	—	435
X	西安科技大学高新学院(较高收费)	6686	—	—	—	437
X	西安科技大学高新学院(其他单列)	6686	—	472	—	431
X	西安理工大学	2805	—	—	584	—
X	西安理工大学(较高收费)	2805	—	—	558	—
X	西安理工大学高科学院	6685	—	489	—	461

续表

首字母	院校名称	院校代号	文科一本	文科二批	理科一本	理科二批
X	西安明德理工学院	6665	—	474	—	438
X	西安欧亚学院	7622	—	474	—	434
X	西安欧亚学院(较高收费)	7622	—	—	—	427
X	西安培华学院	7602	—	494	—	456
X	西安汽车职业大学	9866	—	472	—	427
X	西安石油大学	2915	566	—	548	—
X	西安思源学院	7627	—	483	—	444
X	西安外国语大学	2110	578	—	516	—
X	西安外事学院	7623	—	483	—	446
X	西安文理学院	5395	—	550	—	513
X	西安信息职业大学	8258	—	471	—	428
X	西安医学院	5620	—	535	571	512
X	西安邮电大学	2105	573	—	592	—
X	西安邮电大学(较高收费)	2105	—	—	584	—
X	西北大学	2090	608	—	605	—
X	西北大学(较高收费)	2090	—	—	586	—
X	西北大学(其他单列)	2090	—	—	571	—
X	西北工业大学	1515	621	—	644	—
X	西北工业大学(较高收费)	1515	—	—	612	—
X	西北民族大学	3010	—	538	567	508
X	西北农林科技大学	1370	608	—	589	—
X	西北农林科技大学(较高收费)	1370	—	—	574	—
X	西北师范大学	5410	570	537	517	508
X	西北师范大学(较高收费)	5410	—	—	—	453
X	西北政法大学	2115	610	—	584	—
X	西昌学院	5145	—	524	—	492
X	西华大学	5100	580	—	557	—
X	西华师范大学	5135	563	—	535	—
X	西交利物浦大学	1189	561	—	549	—
X	西京学院	7624	—	485	—	441
X	西南财经大学	1455	618	—	590	—
X	西南财经大学(较高收费)	1455	603	—	583	—
X	西南财经大学天府学院	6677	—	502	—	449
X	西南财经大学天府学院(其他单列)	6677	—	—	—	459
X	西南大学	1425	611	—	598	—
X	西南大学(较高收费)	1425	597	—	580	—
X	西南大学(荣昌校区)	1427	599	—	581	—

续表

首字母	院校名称	院校代号	文科一本	文科二批	理科一本	理科二批
X	西南交通大学	1325	590	—	607	—
X	西南交通大学(较高收费)	1325	—	—	578	—
X	西南交通大学(其他单列)	1325	—	—	571	—
X	西南交通大学希望学院	6983	—	503	—	477
X	西南科技大学	2510	570	—	540	—
X	西南林业大学	5250	—	542	—	503
X	西南林业大学(较高收费)	5250	—	—	—	500
X	西南民族大学	3020	586	550	568	519
X	西南石油大学	2515	590	—	584	—
X	西南医科大学	5115	—	533	539	507
X	西南政法大学	2030	619	—	606	—
X	西南政法大学(较高收费)	2030	614	—	603	—
X	西藏大学	5300	—	549	564	508
X	西藏民族大学	5310	—	538	548	504
X	西藏农牧学院	5315	—	509	—	466
X	西藏藏医药大学	5861	—	—	—	463
X	厦门大学	1190	640	—	638	—
X	厦门大学(其他单列)	1190	—	—	618	—
X	厦门大学(医护类)	1190	—	—	632	—
X	厦门大学(异地校区)	1190	601	—	583	—
X	厦门大学嘉庚学院	6606	—	514	—	464
X	厦门工学院	6825	—	470	—	428
X	厦门华厦学院	9378	—	470	—	427
X	厦门理工学院	5570	—	544	—	525
X	厦门理工学院(较高收费)	5570	—	539	—	504
X	厦门理工学院(其他单列)	5570	—	541	—	510
X	厦门理工学院(异地校区)	5570	—	—	—	519
X	厦门医学院	7157	—	—	—	520
X	咸阳师范学院	5385	—	535	—	494
X	咸阳师范学院(较高收费)	5385	—	496	—	—
X	湘南学院	4715	—	528	—	503
X	湘潭大学	1930	594	—	585	—
X	湘潭大学(较高收费)	1930	—	—	580	—
X	湘潭大学兴湘学院	6876	—	519	—	468
X	湘潭理工学院	6870	—	472	—	429
X	忻州师范学院	3405	—	515	—	476
X	新疆财经大学	5525	—	524	—	477

续表

首字母	院校名称	院校代号	文科一本	文科二批	理科一本	理科二批
X	新疆大学	2120	587	—	558	—
X	新疆大学(较高收费)	2120	—	—	570	—
X	新疆第二医学院	6925	—	510	—	503
X	新疆工程学院	7331	—	511	—	469
X	新疆工程学院(较高收费)	7331	—	—	—	467
X	新疆警察学院	7335	—	525	—	501
X	新疆科技学院	6922	—	511	—	466
X	新疆理工学院	6923	—	510	—	466
X	新疆农业大学	5500	—	522	—	475
X	新疆农业大学(较高收费)	5500	—	504	—	453
X	新疆师范大学	5505	—	531	—	481
X	新疆天山职业技术大学	9870	—	474	—	428
X	新疆医科大学	2625	—	—	539	497
X	新疆艺术学院	9951	—	509	—	—
X	新疆政法学院	6921	—	513	—	467
X	新乡工程学院	6503	—	479	—	436
X	新乡学院	6165	—	519	514	478
X	新乡学院(中外合作办学)	6167	—	—	—	464
X	新乡医学院	6020	547	—	538	—
X	新乡医学院(中外课程合作)	6022	—	535	—	511
X	新乡医学院三全学院	6505	—	487	—	459
X	新余学院	7164	—	519	—	492
X	信阳农林学院	6145	—	513	—	471
X	信阳师范大学	6065	558	536	539	501
X	信阳师范大学(较高收费)	6065	—	—	—	492
X	信阳师范大学(软件类)	6065	—	—	—	474
X	信阳师范大学(医护类)	6065	—	531	—	496
X	信阳师范大学(异地校区)	6065	—	—	—	468
X	信阳师范大学(中外合作办学)	6069	—	526	—	471
X	信阳学院	6508	—	500	—	458
X	兴义民族师范学院	7273	—	517	—	—
X	邢台学院	3290	—	—	—	485
X	徐州工程学院	5640	—	540	—	506
X	徐州工程学院(较高收费)	5640	—	—	—	494
X	徐州医科大学	3900	—	—	561	—
X	许昌学院	6040	—	525	—	495
X	许昌学院(较高收费)	6040	—	—	—	470

续表

首字母	院校名称	院校代号	文科一本	文科二批	理科一本	理科二批
X	许昌学院(中外合作办学)	6042	—	506	—	459
Y	烟台大学	4365	—	547	—	518
Y	烟台科技学院	6660	—	472	—	444
Y	烟台理工学院	6833	—	485	—	454
Y	烟台南山学院	7614	—	473	—	438
Y	延安大学	5330	—	542	—	515
Y	延安大学西安创新学院	6994	—	478	—	429
Y	延边大学	1740	588	—	578	—
Y	延边大学(较高收费)	1740	583	—	564	—
Y	盐城工学院	3850	—	—	—	494
Y	盐城师范学院	3910	—	546	—	489
Y	燕京理工学院	6977	—	497	—	442
Y	燕山大学	1635	586	—	575	—
Y	燕山大学(较高收费)	1635	—	—	551	—
Y	阳光学院	6681	—	467	—	416
Y	阳光学院(较高收费)	6681	—	465	—	416
Y	扬州大学	1835	590	—	574	—
Y	扬州大学广陵学院	6625	—	513	—	466
Y	仰恩大学	7601	—	476	—	426
Y	伊犁师范大学	5520	—	516	—	465
Y	宜宾学院	5140	—	504	—	498
Y	宜春学院	4270	—	521	—	494
Y	银川科技学院	6707	—	471	—	425
Y	银川能源学院	9868	—	471	—	420
Y	营口理工学院	5857	—	—	—	478
Y	右江民族医学院	4940	—	—	—	481
Y	榆林学院	5665	—	523	—	474
Y	榆林学院(较高收费)	5665	—	—	—	462
Y	榆林学院(其他单列)	5665	—	—	—	417
Y	玉林师范学院	4960	—	516	—	474
Y	玉溪师范学院	5270	—	528	—	475
Y	豫章师范学院	7341	—	—	—	467
Y	云南财经大学	5280	—	546	—	499
Y	云南大学	2080	600	—	579	—
Y	云南大学(较高收费)	2080	—	—	572	—
Y	云南大学滇池学院	6906	—	479	—	434
Y	云南经济管理学院	9862	—	477	—	430

续表

首字母	院校名称	院校代号	文科一本	文科二批	理科一本	理科二批
Y	云南警官学院	5550	—	549	—	514
Y	云南民族大学	5285	—	542	—	508
Y	云南农业大学	5235	—	536	—	509
Y	云南农业大学(较高收费)	5235	—	465	—	472
Y	云南师范大学	5240	—	545	—	518
Y	云南师范大学(较高收费)	5240	—	546	—	507
Y	云南艺术学院	9945	—	511	—	—
Y	云南艺术学院文华学院	6909	—	475	—	427
Y	云南中医药大学	5260	—	552	—	515
Y	运城学院	3380	—	518	—	480
Y	运城职业技术大学	8438	—	476	—	432
Z	枣庄学院	4505	—	—	—	474
Z	张家口学院	3260	—	520	—	455
Z	昭通学院	7283	—	517	—	474
Z	肇庆学院	4875	—	535	—	496
Z	浙大城市学院	6823	568	—	539	—
Z	浙大宁波理工学院	6603	558	—	549	—
Z	浙江财经大学	4065	590	—	569	—
Z	浙江财经大学(较高收费)	4065	565	—	550	—
Z	浙江财经大学东方学院	6970	—	502	—	434
Z	浙江传媒学院	3960	569	551	567	514
Z	浙江传媒学院(较高收费)	3960	—	546	—	493
Z	浙江大学	1195	655	—	679	—
Z	浙江大学医学院	1196	—	—	650	—
Z	浙江大学医学院(较高收费)	1196	—	—	633	—
Z	浙江工商大学	4060	574	—	560	—
Z	浙江工商大学(较高收费)	4060	—	—	564	—
Z	浙江工商大学杭州商学院	6966	—	500	—	451
Z	浙江工业大学	2415	—	—	588	—
Z	浙江工业大学(较高收费)	2415	—	—	590	—
Z	浙江工业大学之江学院	6953	—	509	—	440
Z	浙江广厦建设职业技术大学	9493	—	471	—	427
Z	浙江海洋大学	4020	—	543	—	522
Z	浙江海洋大学(较高收费)	4020	—	—	—	491
Z	浙江科技学院	4010	555	—	549	—
Z	浙江科技学院(较高收费)	4010	—	—	516	—
Z	浙江理工大学	2255	579	—	582	—

续表

首字母	院校名称	院校代号	文科一本	文科二批	理科一本	理科二批
Z	浙江理工大学(较高收费)	2255	—	—	521	—
Z	浙江理工大学科技与艺术学院	6957	—	—	—	436
Z	浙江农林大学	4025	579	—	531	—
Z	浙江农林大学(较高收费)	4025	—	—	532	—
Z	浙江农林大学暨阳学院	6959	—	498	—	434
Z	浙江师范大学	2575	592	—	565	—
Z	浙江师范大学(较高收费)	2575	—	—	526	—
Z	浙江师范大学(软件类)	2575	—	—	569	—
Z	浙江师范大学行知学院	6954	—	500	—	455
Z	浙江树人学院	7611	—	487	—	435
Z	浙江水利水电学院	7132	—	540	—	516
Z	浙江水利水电学院(较高收费)	7132	—	—	—	503
Z	浙江外国语学院	5858	—	540	—	498
Z	浙江外国语学院(较高收费)	5858	—	541	—	—
Z	浙江万里学院	7600	—	516	—	479
Z	浙江药科职业大学	7006	—	—	—	477
Z	浙江越秀外国语学院	8596	—	466	—	421
Z	浙江越秀外国语学院(较高收费)	8596	—	无	—	415
Z	浙江中医药大学	4030	—	—	557	—
Z	郑州财经学院	6185	—	484	—	435
Z	郑州大学	6000	602	—	589	—
Z	郑州大学(其他单列)	6000	—	—	627	—
Z	郑州大学(医护类)	6000	—	—	564	—
Z	郑州大学(中外合作办学)	5995	590	—	581	—
Z	郑州大学体育学院	6004	—	510	—	464
Z	郑州工程技术学院	6250	—	511	—	482
Z	郑州工商学院	6506	—	480	—	445
Z	郑州工业应用技术学院	6175	—	478	—	436
Z	郑州航空工业管理学院	6090	552	—	524	—
Z	郑州航空工业管理学院(中外合作办学)	6092	—	—	—	492
Z	郑州航空工业管理学院南乌拉尔学院	6398	—	—	—	470
Z	郑州经贸学院	6504	—	487	—	445
Z	郑州科技学院	6180	—	479	—	456
Z	郑州科技学院(较高收费)	6180	—	—	—	425
Z	郑州轻工业大学	6110	553	—	537	509
Z	郑州轻工业大学(中外合作办学)	6113	—	—	527	—
Z	郑州轻工业大学(与河南轻工职业学院联办)	6324	—	537	—	494

续表

首字母	院校名称	院校代号	文科一本	文科二批	理科一本	理科二批
Z	郑州轻工业大学(与河南应用技术职业学院联办)	6134	—	—	—	485
Z	郑州轻工业大学(与济源职业技术学院联办)	6114	—	—	—	486
Z	郑州商学院	6510	—	485	—	440
Z	郑州商学院(较高收费)	6510	—	—	—	423
Z	郑州升达经贸管理学院	6195	—	492	—	443
Z	郑州师范学院	6170	—	531	—	430
Z	郑州师范学院(中外合作办学)	6172	—	—	—	469
Z	郑州西亚斯学院	6003	—	490	—	453
Z	郑州西亚斯学院(数字技术产业学院)	6179	—	—	—	441
Z	郑州西亚斯学院(中外合作办学)	5994	—	472	—	423
Z	中北大学	2530	560	—	569	—
Z	中国传媒大学	1470	615	—	590	—
Z	中国传媒大学(较高收费)	1470	600	—	—	—
Z	中国传媒大学(其他单列)	1470	—	—	578	—
Z	中国地质大学(北京)	1335	603	—	597	—
Z	中国地质大学(武汉)	1340	601	—	596	—
Z	中国地质大学(武汉)(较高收费)	1340	—	—	595	—
Z	中国地质大学(武汉)(其他单列)	1340	—	—	573	—
Z	中国海洋大学	1330	614	—	610	—
Z	中国海洋大学(较高收费)	1330	607	—	590	—
Z	中国计量大学	2290	583	—	577	—
Z	中国计量大学现代科技学院	6968	—	508	—	456
Z	中国科学技术大学	1525	—	—	676	—
Z	中国科学院大学	0175	—	—	670	—
Z	中国矿业大学	1350	601	—	596	—
Z	中国矿业大学(北京)	1345	600	—	587	—
Z	中国矿业大学(较高收费)	1350	—	—	573	—
Z	中国矿业大学徐海学院	6812	—	510	—	468
Z	中国劳动关系学院	3035	580	550	557	514
Z	中国美术学院	9925	597	—	—	—
Z	中国民航大学	2215	581	—	572	—
Z	中国民用航空飞行学院	3060	551	—	541	—
Z	中国农业大学	1375	625	—	620	—
Z	中国农业大学(较高收费)	1375	607	—	590	—
Z	中国人民大学	1110	661	—	669	—
Z	中国人民大学(苏州校区)	1113	629	—	635	—

续表

首字母	院校名称	院校代号	文科一本	文科二批	理科一本	理科二批
Z	中国人民公安大学	0110	616	—	—	—
Z	中国人民警察大学	0120	—	—	541	—
Z	中国社会科学院大学	0191	623	—	625	—
Z	中国石油大学(北京)	1295	606	—	601	—
Z	中国石油大学(北京)克拉玛依校区	1296	586	—	574	—
Z	中国石油大学(华东)	1300	603	—	597	—
Z	中国戏曲学院	9907	565	—	—	—
Z	中国药科大学	1395	603	—	600	—
Z	中国医科大学	2605	—	—	594	—
Z	中国医科大学(较高收费)	2605	—	—	526	—
Z	中国政法大学	1465	630	—	613	—
Z	中华女子学院	3100	—	546	—	512
Z	中南财经政法大学	1205	624	—	571	—
Z	中南大学	1210	630	—	621	—
Z	中南大学(较高收费)	1210	—	—	581	—
Z	中南林业科技大学	2800	559	—	539	—
Z	中南林业科技大学涉外学院	6877	—	510	—	467
Z	中南民族大学	1103	587	—	546	—
Z	中山大学	1215	641	—	645	—
Z	中央财经大学	1460	628	—	601	—
Z	中央财经大学(较高收费)	1460	—	—	607	—
Z	中央美术学院	9902	592	—	599	—
Z	中央民族大学	1100	618	—	599	—
Z	中央民族大学(较高收费)	1100	—	—	594	—
Z	中央戏剧学院	9901	573	—	—	—
Z	中原工学院	6115	549	544	520	510
Z	中原工学院(软件类)	6117	—	—	516	—
Z	中原工学院中原彼得堡航空学院	6116	—	—	514	—
Z	中原工学院(与河南职业技术学院联办)	6118	—	—	—	483
Z	中原科技学院	6502	—	490	—	446
Z	仲恺农业工程学院	4825	—	—	—	505
Z	周口师范学院	6060	547	524	514	482
Z	周口师范学院(较高收费)	6060	—	506	—	466
Z	周口师范学院(中外合作办学)	6063	—	—	—	463
Z	珠海科技学院	6932	—	488	—	457
Z	遵义师范学院	5195	—	—	—	474
Z	遵义医科大学	5190	—	—	584	526

续表

首字母	院校名称	院校代号	文科一本	文科二批	理科一本	理科二批
Z	遵义医科大学(异地校区)	5190	—	—	595	—
Z	遵义医科大学医学与科技学院	5860	—	—	—	507